SCHRIFTEN ZUR LANDESKUNDE SIEBENBÜRGENS

ERGÄNZUNGSREIHE ZUM SIEBENBÜRGISCHEN ARCHIV

HERAUSGEGEBEN VOM
ARBEITSKREIS FÜR SIEBENBÜRGISCHE LANDESKUNDE E. V.
HEIDELBERG

Band 7/I

JOSEPH TRAUSCH, FRIEDRICH SCHULLER
HERMANN A. HIENZ

SCHRIFTSTELLER-LEXIKON DER SIEBENBÜRGER DEUTSCHEN

Unveränderter Nachdruck der Ausgaben
1868, 1870, 1871, 1902

Mit einer Einführung herausgegeben
und fortgeführt von

HERMANN A. HIENZ

1983
BÖHLAU VERLAG KÖLN WIEN

SCHRIFTSTELLER-LEXIKON DER SIEBENBÜRGER DEUTSCHEN

Band I

von

JOSEPH TRAUSCH

Unveränderter Nachdruck der unter dem Titel

*Schriftsteller-Lexikon
oder
biographisch-literärische
Denk-Blätter
der
Siebenbürger Deutschen*

1868 in Kronstadt erschienenen Ausgabe

Mit einer Einführung von
HERMANN A. HIENZ

1983
BÖHLAU VERLAG KÖLN WIEN

CIP-Kurztitelaufnahme der Deutschen Bibliothek

Trausch, Joseph:
Schriftsteller-Lexikon der Siebenbürger Deutschen / Joseph Trausch. Friedrich Schuller. Hermann A. Hienz. — Unveränd. Nachdr. / mit e. Einführung hrsg. u. fortgef. von Hermann A. Hienz. —
Köln, Wien: Böhlau
   (Schriften zur Landeskunde Siebenbürgens; Bd. 7)
   ISBN 3-412-03883-0
NE: Hienz, Hermann A. [Bearb.]; HST; GT
Bd. 1. — Unveränd. Nachdr. d. unter d. Titel Schriftsteller-Lexikon oder biographisch-literärische Denk-Blätter der Siebenbürger Deutschen erschienenen Ausg. (Bd. 1) Kronstadt 1868 / mit e. Einf. von Hermann A. Hienz. — 1983.

Copyright © 1983 by Böhlau Verlag GmbH & Cie, Köln
Alle Rechte vorbehalten

Ohne schriftliche Genehmigung des Verlages ist es nicht gestattet, das Werk unter Verwendung mechanischer, elektronischer und anderer Systeme in irgendeiner Weise zu verarbeiten und zu verbreiten. Insbesondere vorbehalten sind die Rechte der Vervielfältigung — auch von Teilen des Werkes — auf photomechanischem oder ähnlichem Wege, der tontechnischen Wiedergabe, des Vortrags, der Funk- und Fernsehsendung, der Speicherung in Datenverarbeitungsanlagen, der Übersetzung und der literarischen oder anderweitigen Bearbeitung.

Printed in Germany
Satz: Satz und Grafik Helmut Labs, Köln
Druck und Bindung: Proff GmbH & Co. KG, Bad Honnef
ISBN 3-412-03883-0

EINFÜHRUNG

Die Sammlung und Veröffentlichung von gedruckten und ungedruckten literarischen und wissenschaftlichen Arbeiten sowie der Lebensdaten ihrer Verfasser hat auch in Siebenbürgen eine lange Tradition. Es sei – um nur die wichtigsten zu nennen – an Georg Jeremias HANER (1707–1777), den 21. Bischof der evangelischen Kirche A.B. in Siebenbürgen, und sein Werk „De Scriptoribus Rerum Hungaricorum et Transsylvanicorum scriptisque eorundem antiquioribus, ordinae chronologico digestis" (Von ungarischen und siebenbürgischen Geschichtsschreibern und den älteren Schriften derselben in chronologischer Reihe geordnet) – erschienen 1774 in Wien – erinnert, an Joseph BENKÖ (1740–1814), einen Szekler, der Pfarrer und Lehrer am ungarischen Gymnasium in Oderhellen war und in einem seiner Werke über Siebenbürgen eine große Anzahl von siebenbürgischen Gelehrten und deren Schriften aufführt oder an den Gymnasiallehrer und späteren Stadtprediger von Hermannstadt, zuletzt Pfarrer in Hammersdorf, Johann SEIVERT (1735–1785) und dessen 1785 in Preßburg erschienenen „Nachrichten von siebenbürgischen Gelehrten und deren Schriften", in denen er Lebensskizzen und häufig noch in lateinischer Sprache verfaßte Schriften von nahezu zweihundert Siebenbürger Sachsen, die sich irgendwie literarisch betätigt hatten, festhielt. Eine gleiche Sammlung von Lebensdaten und Werken siebenbürgischer Ungarn und Szekler zu veröffentlichen, verhinderte sein früher Tod.

Für fast hundert Jahre war Seivert's Buch das einzige und daher unentbehrliche Quellenwerk der älteren sächsischen Literatur und ihrer Autoren. Gerade in dieser Zeit aber entwickelte sich in Siebenbürgen eine rege wissenschaftliche und literarische Tätigkeit, die nicht nur die Geschichts-, sondern auch die naturwissenschaftliche und volkskundliche Forschung, kurz die gesamte wissenschaftliche Erschließung des Landes, betraf und beinhaltete. Dieser Entwicklung entsprechend war es nur folgerichtig, daß sich Gleichgesinnte in wissenschaftlichen oder fachlichen Gremien zusammenschlossen und u.a.

den Verein für siebenbürgische Landeskunde (1842), den Siebenbürgisch-sächsischen Landwirtschaftsverein (1845) und den Siebenbürgischen Verein für Naturwissenschaften (1849) gründeten, deren Publikationsorgane – bei gleichzeitig aufblühendem Verlagswesen – mit dafür sorgten, daß die Forschungsergebnisse auch veröffentlicht und verbreitet wurden.

Diese Entwicklung führte zu dem Entschluß, die Arbeit von Seivert in Form eines Schriftsteller-Lexikons fortzuführen. Keiner war hierfür geeigneter als der damalige, von 1858–1869 in diesem Amt tätige, Vorsteher des Vereins für siebenbürgische Landeskunde Franz Joseph TRAUSCH (9.2.1795–16.11.1871). Trausch, in Kronstadt geboren, schlug nach dem juristischem Studium die Beamtenlaufbahn ein, die ihn über das siebenbürgische Gubernium in Klausenburg und die siebenbürgische Hofkanzlei in Wien als Magistratsbeamten wieder in seine Vaterstadt führte, wo er u.a. Stadtarchivar war, dann das Amt des Obernotärs, später auch das eines Senators bekleidete und schließlich Polizeidirektor wurde, um 1849 nach Hermannstadt zu übersiedeln, wo er als Rechtskonsulent, später als Kammerprokurator und zuletzt als Finanzrat tätig war. Er hatte sich schon in seiner Studienzeit intensiv mit siebenbürgischer Heimatkunde beschäftigt und war neben seiner hauptberuflichen Tätigkeit Zeit seines Lebens ein eifriger Sammler von Urkunden, Urkundenabschriften, Vorschriften, Chroniken, Handschriften, Genealogien, Biographien usw. Seine umfangreiche Dokumenten (Coronensia)-Sammlung und die überaus reichhaltige Handschriftensammlung umfaßten fast dreihundert Bände. Die von ihm herausgegebenen zum Teil handschriftlichen Urkundenbücher stellen wertvolle Vorarbeiten für entsprechende spätere Publikationen dar. Darüber hinaus veröffentlichte Trausch eine Reihe von historischen Arbeiten und unterstützte die Herausgabe deutscher periodischer Veröffentlichungen. Den Höhepunkt und Abschluß seiner jahrzehntelangen Sammlertätigkeit stellt aber das „Schriftsteller-Lexikon oder biographisch-literärische Denk-Blätter der Siebenbürger Deutschen" dar, dessen zwei erste Bände 1868 und 1870 erschienen. Während der Drucklegung des dritten Bandes, dessen Manuskript Trausch noch selbst 1871 abgeschlossen hatte, starb er jedoch. Nach seinem testamentarischen Willen vollendete Dr. jur. Eugen VON TRAUSCHENFELS (1833–1903), Magistratsbeamter und später Obernotär in Kronstadt, die Herausgabe dieses Bandes und damit des Gesamtwerkes von Trausch (1874).

1902 erschien dann von dem Hermannstädter Gymnasialprofessor Dr. phil. Friedrich SCHULLER (18.4.1857 – 21.10.1909) herausgegeben, ein vierter Band unter dem Titel „Schriftsteller-Lexikon der Siebenbürger Deutschen", der nicht nur Nachträge und Ergänzungen der drei ersten Bände enthält, sondern auch von ihm seit 1871 gesammelte biographische und bibliographische Daten von bis dahin nicht erfaßten siebenbürgisch-sächsischen Schriftstellern sowie ein alphabetisches Register zu allen vier Bänden, womit ein Nachschlagewerk geschaffen worden war, das Auskunft über Leben und Werk von 1204 Autoren gibt. Schuller war in Kleinscheuern geboren, studierte in Tübingen und Leipzig Theologie, Geschichte und Geographie und promovierte später an der philosophischen Fakultät der Universität Halle-Wittenberg. Bevor er in den Schuldienst eintrat, war er als Beamter an dem sächsischen National- und Hermannstädter Archiv tätig und hat später neben seiner langjährigen, zuletzt redaktionellen Tätigkeit beim Siebenbürgisch-Deutschen Tageblatt weitere, besonders kirchliche Archivarbeiten geleistet sowie Studien zur Geschichte und Volkskunde Siebenbürgens und von ihm gesammelte Urkunden bzw. selbst gefertigte Abschriften von solchen und Regesten veröffentlicht.

Nach dem ersten Weltkrieg führte Dr. phil. Hermann HIENZ (1886–1968), Professor am evangelischen Landeskirchenseminar in Hermannstadt und u.a. Autor der „Quellen zur Volks- und Heimatkunde der Siebenbürger Sachsen" bzw. – als deren wesentlich erweiterte Zweitauflage – der „Bücherkunde zur Volks- und Heimatforschung der Siebenbürger Sachsen", die Arbeiten von Trausch und Schuller mit der systematischen Sammlung weiterer Daten für die Zeit von 1902 bis 1932 fort. Hierbei berücksichtigte er aber nicht nur die Arbeiten der einzelnen Autoren, sondern auch Veröffentlichungen über diese („Daten über ihn") und die Sekundärliteratur. Sowohl persönliche als auch und vor allem äußere Umstände verzögerten zunächst die vorgesehene Veröffentlichung und machten sie schließlich ganz unmöglich.

Erst fast fünfzig Jahre nach der vorgesehenen Veröffentlichung gelang es mir, das testamentarische Vermächtnis meines Vaters zu verwirklichen und als Beilage zur Zeitschrift für Siebenbürgische Landes–

kunde 1980 mit der Veröfffentlichung der „Beiträge zum Schriftsteller-Lexikon der Siebenbürger Deutschen" zu beginnen, in dem ich nicht nur die von meinem Vater gesammelten Unterlagen verarbeitet und neu bibliographiert, sondern auch versucht habe, die jeweiligen Lebensbeschreibungen bis zum Tode der Betroffenen oder bei noch Lebenden bis zur Gegenwart fortzuführen und auch die Angaben über ihre Werke entsprechend zu vervollständigen. Die zehn ersten Folgen dieser Beiträge (1980–1984) werden, als fünfter Band des Schriftsteller-Lexikons zusammengefaßt, 1985 vorliegen, während die weiteren Bände – vorgesehen sind vier bis sechs – jeweils als geschlossener Band in angemessenen zeitlichen Abständen ebenfalls im Böhlau-Verlag erscheinen werden.

Schon vor der Veröffentlichung der Beiträge hat es nicht an Bemühungen gefehlt, in Fortführung der Arbeiten von Trausch, Schuller und H. Hienz biographische und bibliographische Daten siebenbürgischer Autoren weiter zu sammeln. Seit 1961 geschieht dies im Auftrage des Arbeitskreises für Siebenbürgische Landeskunde durch Balduin HERTER, seit 1964 durch die von Professor Dr. Otto FOLBERTH inaugurierte und in der Siebenbürgischen Zeitung in zwangloser Folge erscheinende „Siebenbürgische Bibliographie", in der Arbeiten über Siebenbürgen oder von Siebenbürgern – entsprechend der ursprünglichen Konzeption von Seivert auch von rumänischen und ungarischen Autoren – aufgeführt werden. Die Siebenbürgische Bibliothek in Gundelsheim verfügt heute über eine umfangreiche diesbezügliche Materialsammlung, die der Aufarbeitung harrt. In Siebenbürgen hat Carl ENGBER (1912–1982), unser nach Emil SIGERUS und Dr. Julius BIELZ bekanntester Transsylvanica-Sammler, sich ebenfalls jahrzehntelang um die Erfassung biographischer und bibliographischer Daten zum siebenbürgisch-deutschen Schrifttum aus der Zeit während und nach dem zweiten Weltkrieg bemüht.

So ist die Geschichte des Schriftsteller-Lexikons zugleich die Geschichte des und der Unvollendeten. Abgesehen davon, daß es in der Natur der Sache liegt, daß ein solches Werk bei Drucklegung kaum je aktuell sein kann, war es auch den meisten seiner Bearbeiter nicht vergönnt, den Abschluß oder die Veröffentlichung ihrer Arbeiten noch zu erleben.

Trausch und Schuller waren bei Fertigstellung ihrer Manuskripte zwar noch verhältnismäßig gegenwartsnah, was bis 1932 auch noch für die von H. Hienz gesammelten Unterlagen gilt. In der Folgezeit wurden die Lücken dann aber so groß und fehlte vor allem, infolge der widrigen Umstände der Kriegs- und Nachkriegszeit, eine koordinierte systematische Sammlung bio- und bibliographischer Daten siebenbürgisch-sächsischer Schriftsteller, so daß, trotz der begrüßenswerten, aber auch sehr mühevollen Ansätze in Form der „Siebenbürgischen Bibliographie", der Sammlung von Unterlagen in der Siebenbürgischen Bibliothek Gundelsheim und der „Beiträge zum Schriftsteller-Lexikon der Siebenbürger Deutschen", alle Bemühungen eine in vieler Hinsicht noch unbefriedigende Fortsetzung der ersten vier Bände des Schriftsteller-Lexikons darstellen.

Seivert war es nicht mehr vergönnt, den zweiten Band seiner „Nachrichten" zu veröffentlichen. Trausch erlebte das Erscheinen des dritten Bandes seines „Schriftsteller-Lexikon" nicht mehr und H. Hienz starb, bevor er sein Manuskript für die Zeit von 1902–1932 vollenden konnte. Engbers Bemühungen, entsprechende Daten aus der Kriegs- und Nachkriegszeit der Allgemeinheit zugängig zu machen, verhinderten ebenfalls zunächst die äußeren Umstände und dann endgültig sein Tod.

So bleibt es unserer Generation vorbehalten und zugleich deren Verpflichtung, die Arbeit an dem vor zweihundert Jahren begonnenen und seit achtzig Jahren seiner Fortführung harrenden Werk unter Berücksichtigung und Einbeziehung der in dieser Zeit hierfür immer wieder erfolgten Ansätze und Bemühungen verstärkt wieder aufzunehmen. Dies um so mehr, als zum einen die Quellen, auf die dabei zurückzugreifen unerläßlich ist, immer spärlicher fließen und über kurz oder lang vielleicht ganz versiegen werden, und die Zahl der Wissensträger bzw. Wissenskenner immer kleiner wird, zum andern aber auch, weil die bis zum zweiten Weltkrieg ziemlich geschlossene Gruppe der literarisch und wissenschaftlich publizistisch tätigen Siebenbürger Sachsen sich unter den Verhältnissen der letzten vierzig Jahre sehr verstreut hat und zugleich der zu bewältigende Stoff so umfangreich geworden ist, daß sowohl eine Erfassung der Autoren als auch eine solche ihrer Werke zunehmend schwieriger wird.

Es kommt daher dem dankenswerten Entschluß des Arbeitskreises für Siebenbürgische Landeskunde und der Bereitschaft des Böhlau-Verlages, diesen Entschluß zu verwirklichen und einen unveränderten Nachdruck der vier Bände des Trausch-Schuller'schen Schriftsteller-Lexikons herauszugeben, eine doppelte Bedeutung zu. Zum einen sind die Erstdrucke der vier Bände heute eine Rarität und jeder, der sie besitzt, hütet sie wie seine Augäpfel. Sie sind daher schon heute kaum noch der Allgemeinheit zugängig und werden es der nachrückenden Generation potentieller Benützer überhaupt nicht mehr sein. Andererseits bleiben sie aber nach wie vor für jeden, der sich mit der siebenbürgisch-deutschen Literatur bis zum Beginn dieses Jahrhunderts beschäftigen will oder muß als die einzige existierende bibliographische Enzykopläedie von wissenschaftlichem Rang ein unentbehrliches Nachschlagewerk. Es ist daher schon von diesem Gesichtspunkt aus ein solcher Nachdruck uneingeschränkt zu begrüßen. Zum andern geht das Leben und die schriftstellerische Tätigkeit vieler Autoren, die in diesen vier Bänden erfaßt wurden, über deren Erscheinungsdatum hinaus und sind seither weitere Generationen publizistisch tätiger Wissenschaftler und Schriftsteller in Siebenbürgen oder, dort gebürtig, außerhalb ihrer Heimat herangewachsen. Die Erfassung und Verarbeitung der biographischen und bibliographischen Daten dieses Zeitraumes und damit die Ergänzung und Fortführung des „Trausch-Schuller" kann aber nur dann von Nutzen sein und einen Sinn haben, wenn die bisherigen Bände verfügbar sind und so Alt und Neu sich zu einem Nachschlagewerk über die gesamte siebenbürgisch-deutsche Literatur zusammenfügen, wie es schon H. Hienz unter dem Arbeitstitel eines „Biographisch-bibliographischen Handbuch der Siebenbürger Sachsen" vorschwebte. Mit anderen Worten: Für die alte siebenbürgisch-deutsche Literatur ist und bleibt das Schriftsteller-Lexikon von Trausch und Schuller das Quellen- und Nachschlagewerk, für die Zeit nach dem zweiten Weltkrieg müssen entsprechende Daten zusammengetragen, verarbeitet und veröffentlicht werden und für die, die Jahrhundertwende übergreifende Literatur bis zum zweiten Weltkrieg bedarf es der Integration beider. So ist auch aus dieser Sicht der jetzt vorliegende Nachdruck nicht nur begrüßenswert, sondern eine dringende Notwendigkeit, zumal heute noch viel mehr als bei Herausgabe des vierten Bandes im Jahre 1902 die Aussage von Dr. Friedrich Schuller gilt, daß – so wünschenswert es auch wäre – „eine vollständige Neubearbeitung dieses Werkes gegenwärtig und für längere Zeit aus mehrfachen Gründen unmöglich ist".

Nachdruck, Ergänzungen und Fortführung des „Schriftsteller-

Lexikon der Siebenbürger Deutschen" haben heute wie vor zweihundert Jahren die gleiche Bestimmung, nämlich – wie Seivert dies in den ersten Zeilen seines Vorberichtes ausdrückt – „das Gedächtniß unserer sächsischen, und ausländischen Gelehrten, die im Schooße unserer Völkerschaft gelebt haben, sowohl, als die von ihnen hinterlassenen gedruckten und handschriftlichen Denkmäler ihres Fleißes, zu erneuern" und damit das schriftstellerische Kulturgut des Sachsenvolkes und die Kenntnis über das Leben und Wirken seiner Träger zu bewahren. Dies sollte ein Anliegen und Bedürfnis von uns allen sein.

Krefeld, den 28. Januar 1983

Hermann A. Hienz

Schriftsteller-Lexikon

oder

biographisch-literärische

Denk-Blätter

der

Siebenbürger Deutschen

von

Joseph Trausch,

k. Finanz-Rath in Pension, Ritter des k. k. Franz-Joseph-Ordens, Correspondent der
k. k. geologischen Reichs-Anstalt, Ehren-Mitglied des siebenbürgischen Vereins für
Naturwissenschaften in Hermannstadt, Curator des Kronstädter Kirchen-Bezirkes A. B
und Vorsteher des Vereins für siebenbürgische Landeskunde.

Kronstadt.

Druck und Verlag von Johann Gött & Sohn Heinrich.

1868.

Vorwort.

Die nachfolgenden Blätter sind eine neue ergänzte Auflage und Fortsetzung von Johann Seiverts Nachrichten von siebenbürgischen Gelehrten und ihren Schriften. Preßburg 1785.

Die Geschichte des Lebens und Wirkens meiner sächsischen Landsleute hat seit der Zeit, in welcher ich an dem Gymnasium meiner Vaterstadt studirte, stets ein besonderes Interesse für mich gehabt. Durch Zufall kam jenes in Kronstadt wenig bekannte Buch Seiverts in meine Hände. Es befriedigte meine Wißbegierde zum Theil, mehr noch aber regte es den eigenen Forschungstrieb an. Bald fand ich Gelegenheit, manches Fehlende zu ergänzen, und that es auch. Dann sammelte ich Nachträge nicht nur über die nach Seivert verstorbenen, sondern auch über die noch lebenden sächsischen Schriftsteller. Die biographischen Artikel in der Siebenbürgischen Quartal-Schrift und in den Siebenbürgischen Provinzialblättern boten dazu reichen Stoff. In den nachfolgenden Jahren setzte ich meine Forschungen bis auf die gegenwärtige Zeit fort, und ließ keine Gelegenheiten für meine Sammlung unbenützt, die sich mir durch vermehrte Bekanntschaften, weit mehr aber noch durch zeitweiligen Aufenthalt nicht nur in verschiedenen sächsischen Städten, sondern auch außerhalb dem Wohnkreise der Siebenbürger Sachsen darbot. Also entstanden diese Ergänzungen und Nachträge zum Seivertischen Werke, anfangs nur zu meiner Unterhaltung bestimmt. Der Gedanke, mit dieser Arbeit vor die Oeffentlichkeit zu treten, war mir Anfangs fremd. Später erst, als meine Forschungen größere Ausdehnung angenommen hatten, glaubte ich soviel des Wissenswerthen gesammelt zu haben, daß es mir Gewissenspflicht schien, die Früchte meiner Arbeit auch Andere genießen zu lassen. Möchten doch Viele, besonders meine lieben Volksgenossen daran Geschmack finden! Ich bin mir bewußt, das
                "Nonum prematur in annum"

nicht übersehen zu haben, fühle dagegen auch selbst, daß grade deswegen meine Arbeit hie und da — außer andern größern Mängeln — auch die Spuren einer vielfachen Unterbrechung in einer langen Reihe von Jahren an sich trägt, ein Mangel, dem ich bei vorgerückten Jahren und heterogenen Amts=Geschäften nicht nach Wunsch habe abhelfen können. Hauptsächlich in dieser Hinsicht mögen demnach wohlwollende Leser mein Buch mit freundlicher Nachsicht beurtheilen, und sich an dem Haupt=Inhalte meines Buchs für vorkommende Formfehler schadlos halten.

Außer den bereits erwähnten Zeitschriften: Siebenbürgische Quartal-Schrift in 7 Bänden — und Siebenbürgische Provinzialblätter in 5 Bänden, deren Herausgabe wir dem um unsere Literatur sehr verdienten ehemaligen Hermannstädter Stadtpfarrer Johann Filtsch (s. d. Art.) verdanken, — habe ich, nebst vielen anderen, an ihren Orten angeführten Quellen, auch folgende, theils durch Seivert nicht ausgebeutete, theils nur nach desselben Tode veröffentlichte Schriften benützt.

Alexii Horányi Memoria Hungarorum et Provincialium Scriptis editis notorum. Viennae et Posonii 1775—1777. 8-vo 3. Bde., nebst Ebendesselben Nova Memoria Hung. etc. Pestini 1792. 8-vo 1. Bd. A. bis C.

Jos. Benkö Transsilvania. Vindobonae 1778. 8-vo. 2. Band.

Barcia erudita, Handschrift von Georg Matthiä.

Elenchus alphabeticus Pastorum Barcensium. Handschrift von Thomas Tartler.

Bibliotheca Hungarica Danielis Cornides etc. Post. 1792. 8-vo.

H. G. Kovachich Scriptores rerum. Hungaricarum minores etc. Budae 1798. 8-vo. 2 Bde.

Sam. Kleins Nachrichten von den Lebens=Umständen und Schriften evangelischer Prediger in Ungarn. Leipzig und Ofen 1789. Octav. 2 Bände.

Catalogus Bibliothecae Hungaricae C. Francisci Széchényi. Pestini 1800—1807. 8-vo. 3 Bde., und Suplemente 4 Bände.

Catalogus Manuscriptorum Bibliothecae Nationalis Hungaricae Széchényiano Regnicolaris. Sopronii 1815. 8-vo. 3 Bände.

Bibliothecae Samuelis C. Teleki de Szék Pars III. et IV. Viennae 1811 et 1819. 8-vo.

Paulli Wallaszki Conspectus Reipublicae litterariae in Hungaria. Budae 1808. 8-vo.

III

Die in dem Besitz des Hermannstädter Stadtpfarrers Johann Filtsch und dann seines Sohnes gleiches Namens, Pfarrers zu Schellenberg, befindliche Handschrift Seiverts in zwei Quartbänden, unter dem Titel:

Specimen Transilvaniae literatae a Joanno Seiverth, Cibin. Trans. V. D. M. et p. n. Diacono Mercuriali. Cibinii A. 1770,

aus welcher Seiverts deutsches Werk „Nachrichten von Siebenbürgischen Gelehrten" Preßburg 1785 und die „Beiträge zur Gelehrten=Geschichte der Siebenbürgischen Ungarn und Szekler" in dem 5., 6. und 7. Band der Siebenbürgischen Quartal-Schrift, — entstanden sind, haben mir reichen Stoff gewährt zu denjenigen Artikeln, welche von den Verfassern oder auch Vertheidigern der vor Seiverts Zeit gedruckten akademischen Dissertationen handeln.

Dagegen bedauerte ich lange Zeit hindurch, und bedaure es zum Theil noch, daß ich, ohngeachtet aller darauf angewendeten Mühe, die nachbenannten Handschriften nicht habe benützen können:

1. Danielis Cornides Lucubrati Eruditi Transsilvaniae ingenti Volumine, eorum Biographiae, opera edita, verbo Historia totius Transsilvaniae literaria (angeführt in Horányi's Nova Memoria I. S. 682.) Da Seivert mit Cornides in besonders freundschaftlicher Verbindung stand und an mehreren Orten (z. B. S. XII. 90, 279, 327, 457 der Nachrichten von Siebenbürgischen Gelehrten) selbst erklärt, viele Beiträge von Cornides erhalten zu haben: so vermuthete ich zwar, daß in dem Cornidesischen Werke über Sächsische Schriftsteller nicht leicht etwas von Bedeutung vorkäme, was in Seiverts Nachrichten nicht schon enthalten wäre. Als ich jedoch nach längerer Zeit (im September 1856) Gelegenheit fand, diese in der Ladislaus Teleki'schen, nun der ungarischen Gelehrten=Gesellschaft, gehörigen Bibliothek zu Pest befindliche Cornidesische Handschrift selbst anzusehen, überzeugte ich mich, daß sie nicht das Werk des Cornides, sondern blos eine im Jahre 1771 durch Sam. Gunda für Cornides verfaßte Abschrift des J. Seivert'schen Specimen Transilvaniae literatae vom Jahre 1770 mit verändertem Titel ist.

2. Alexii Horányi Nova Memoria Hungarorum 2. und ff. Bände, von welchem Sammelwerke nur der oben angeführte erste, die Buchstaben A. B. und C. enthaltende Band im Druck erschienen ist. Dieses handschriftliche Werk habe ich weder in der Pester k. Universitäts-Bibliothek, noch in den Bibliotheken der Piaristen zu Pest, Ofen und Waitzen auffinden können; eben so wenig konnten mir darüber Probst

Georg Fejér, Bibliothekar Franz Toldy und andere Gelehrte Auskunft ertheilen. Nichtsdestoweniger vermuthe ich, es dürfte in der Pester Piaristenbibliothek unregistrirt unter anderen Papieren liegen, — wo es der bereitwillige Piarist Pater Gubitzer im Jahre 1848 zu suchen verhindert war. — Auffallend ist es jedoch, daß weder Professor Lubb. Schedius in der Einleitung zum 2. Bande des bei Leben des Verfassers Horányi († 11. September 1809) herausgegebenen Werkes Scriptores piarum Scholarum. Budae 1808 und 1809, noch Jallosits im 6. Bande des ungar. Conversations-Lexikons (Közhasznu Esmeretek tára. Pesten 1833) S. 322 bis 323 in der Biographie und dem Verzeichniß der Schriften Horányi's von diesem handschriftlichen Werke, ja selbst von dem gedruckten 1. Bande desselben Erwähnung machen; obgleich dasselbe l. Kovachichs Merkur von Ungarn 1786 S. 989 schon im Jahre 1786 „längst zum Druck in wenigstens 3 Octav-Bänden vollkommen fertig war, was auch aus Wallaszky's Conspectus Reipubl. lit. S. 42 hervorzugehen scheint.

3. Eine von dem am 25. September 1812 verstorbenen Professor der Theologie am Klausenburger reformirten Collegium Michael Pap Szathmári verfaßte Ungarisch=Siebenbürgische Gelehrten=Geschichte, welcher der Verfasser Bod's Magyar Athenás zum Grunde gelegt hat. (Laut den Siebenbürgischen Provinzialblättern IV. S. 258 bis 259.)

Nach der Auskunft meines verewigten Freundes Grafen Joseph Kemény existirte die im Jahre 1829 von ihm eingesehene Urschrift blos in einzelnen Blättern, welche des Verfassers Sohn, reformirter Pfarrer zu Vizakna, zu ergänzen, alsdann rein zu schreiben und endlich herauszugeben vorhatte. Nach des letzteren Tode sollen jedoch die erwähnten unvollendet gebliebenen Blätter bei der Schwiegertochter des Verfassers, aus Unkenntniß, nicht beachtet und in Verlust gerathen sein. —

Ueber diejenigen Sachsen, welche über Siebenbürgen und von Siebenbürgischen Angelegenheiten geschrieben haben, finden wir einige wenige Nachrichten mehr, als bei Seivert, in:

Joh. Joseph Roth's Dissertatio de Scriptoribus rerum Transilvanicarum Saxonicis. Fascic. I. Cibinii 1816, 8-vo. 56 S.

Joh. Dan. Käftners Diss. de Script. rerum Transs. Saxonicis. Fasc. II-dus. Cibinii 1819. 8-vo. 51 S.

Franz Sartori, k. k. Bücher=Censor in Wien erließ im Jahre 1811 eine Aufforderung an alle Schriftsteller des österr. Kaiserthums und ihre Verwandten oder Freunde, um Beiträge zu einem Gelehrten-Lexikon der österreichischen Monarchie, worin alle Schriftsteller, welche in dem österr. Kaiserthum geboren wurden, und nach dem Jahr 1700 starben, in der Art, wie in Meusels Gelehrtem Deutschland aufgenommen werden sollten. (S. Hormayrs Archiv für Geographie ꝛc. Nr. 72 und 73 vom 17. und 19. Juni 1811, S. 311—312 und Oesterreichische Annalen der Literatur und Kunst 1811, Juni-Heft S. 383—389.) Sartori wiederholte seine Aufforderung in den vaterländischen Blättern für den österr. Kaiserstaat 1817 (Nr. 26, 28, 29 und 30), — dann wieder in Hormayrs Archiv ꝛc. 1824 vom 30. April (Nr. 52, S. 288—292) und änderte in diesem letzteren Jahre seinen Plan in soweit ab, daß in seine Sammlung die Biographien aller, seit dem Schluß des Jahres 1800 in Oesterreich gestorbenen oder noch lebenden Schriftsteller, mit Ausnahme jener, welche in einer der lebenden nichtdeutschen Sprachen geschrieben hätten, aufgenommen werden, und also dieses Werk an do Luca's — bis 1776 reichendes — Gelehrtes Oesterreich sich anschließen sollte. Ob dieser Aufforderung durch Jemanden aus Siebenbürgen entsprochen worden sei? daran zweifle ich, — weiß aber, daß Sartori's Vorhaben weder vor, noch nach seinem im Jahre 1835 erfolgten Tode in Ausführung gekommen ist.

Ebensowenig dürfte des Grafen Joseph Dessewfy Aufruf an die ungarischen Schriftsteller in dem Tudományos Gyüjtemény, Pest bei Trattner 1822 S. 130 zur Einsendung von Nachrichten über ihr eigenes und anderer Magyarischer Gelehrten Leben, Ausbildung und Schriften, zur Zusammenstellung eines möglichst vollständigen biographischen Gelehrten-Lexikons der Magyaren, — eine Lieferung von Beiträgen auch über Siebenbürgisch-Sächsische-Schriftsteller mit zur Absicht und um soweniger zum Erfolg gehabt haben.

Dagegen verhieß Joseph Básthy ein solches Gelehrten-Lexikon aller Ungarn und Siebenbürger seit 1526 und sammelte unter beachtenswerthen Empfehlungen Pränumerationsgelder (zu 4 fl. C.-M. für 4 Bände) darauf ein. Ich selbst hatte die Ehre von ihm zu Beiträgen aufgefordert zu werden, wurde jedoch an der Erfüllung verhindert. Die Pränumeranten warteten lange vergeblich auf die versprochenen 4 Bände, bis es dem Verf. endlich gefiel, den ersten Band, aber nur gegen Herausgabe des Pränumerationsscheines, an dieselben zu verabfolgen. Dieser erste Band führt den Titel:

Magyarok Emléke, a velek rokon 's azon egy Kormány alatti Nemzetekével 1526 óta. Kiadta Básthy József. Elsö kötet. Budán nyomt a' Kir. Tud. Egyetem betüivel. 1836. 8-vo. VIII. 407 S.

Die Fortsetzung ist der Verfasser seinen Pränumeranten, zu ihrem großen Verdrusse schuldig geblieben, sowie derselbe auch die Soterinsische Ur-Handschrift „Transilvania celebris", die er vom Siebenbürgischen General-Perceptor Soterius von Sachsenheim entlehnte, zurückzustellen schuldig blieb.

In der Reihe der hier angeführten Literatur-Nachweisungen müssen an diesem Ort noch folgende, die ganze österreichische Monarchie umfassende Werke erwähnt werden, nämlich:

1. Die österreichische National-Encyklopädie ꝛc. (Von Franz Gröffer und Czikan.) Wien 1835 bis 1837 in sechs Oktavbänden.

2. National-Encyclopädie, alphabetische Darstellung des Wissenswürdigsten aus dem Gebiete des constitutionellen Staatslebens ꝛc. der Literatur und Kunst des österr. Kaiser-Reiches ꝛc. von der ältesten bis auf die neueste Zeit. (Von Moritz Bermann.) Wien 1850 und 1851. Octav. Hat mit dem 3. Hefte zu erscheinen aufgehört.

Ohne Vergleich wichtiger und weit umfangreicher ist das mit wahrem Bienenfleiß verfaßte

3-te Werk: Biographisches Lexikon des Kaiserthums Oesterreich, enthaltend die Lebens-Skizzen der denkwürdigen Personen, welche 1750 bis 1850 im Kaiserstaate und seinen Kronländern gelebt haben. Von Dr. Constant v. Wurzbach. Wien 1856 ꝛc. Octav, bis nun 17 Bände (bis zum Worte: „Meszlény").

In diesem Wurzbach'schen, unter Anderen durch zahlreiche Quellen-Angaben vor Andern ausgezeichneten, reichhaltigen Werke, sind wohl auch die Lebensläufe vieler Siebenbürger, welche sich um Vaterland und Literatur Verdienste erworben haben, mit vieler Umständlichkeit, in soweit die dem gelehrten Verfasser zu Gebote gestandenen Hülfsmittel dazu hinreichten, geschildert. Nichtsdestoweniger hege ich in Bezug auf meine Arbeit die Ueberzeugung, daß sie zur Ergänzung mancher Lücken, sowie zur Berichtigung vieler, die Siebenbürger Deutschen betreffender Stellen selbst des biographischen Lexikons dienen wird, — abgesehen davon, daß dieselbe als eine Monographie für sich die möglichste Vollständigkeit nach ihrem besonderen Ziele anstrebt und somit Details bringt, deren Aufnahme außerhalb dem Bereiche jenes, das ganze Kaiserthum umfassenden Werkes bleiben mußte.

Wohl würde meine Arbeit an Bedeutung und Werth gewinnen, wenn sie das Leben und Wirken **sämmtlicher siebenbürgischen Schriftsteller** umfaßte. Allein bei den unzureichenden Verbindungen mit den nichtdeutschen Bewohnern meines Vaterlandes für solche Zwecke, würde die Ausdehnung derselben auf alle Nationalitäten Siebenbürgens Mängel zur Folge haben, die mich billig Anstand nehmen ließen, dieselben vor die Oeffentlichkeit zu bringen. Ueberdieß gilt, was schon Seivert Seite XI seines hier nachfolgenden Vorberichtes sagte, daß nemlich die siebenbürgischen Ungarn und Szekler bereits ihre Herolde hätten, — von den Schriftstellern dieser — wenn auch dem Namen, so doch nicht der Sprache nach verschiedenen — beiden Nationen auch in der neueren Zeit betreff ihrer, in ungarischer Sprache veröffentlichten Schriften. Denn in dem ungarischen National-Werke:

„**Magyar-Irók.** Élet rajz Gyüjtemény. Gyüjték Ferenczy Jakab és Danielik Jozsef. Kiadja a szent István Társulat. Pest 1856. Emich Gusztáv Könyvnyomdája. 8-vo. VIII. 641 S. und dessen 2. Theil: „Második, az elsőt kiegészitő kötet. Gyüjté Danielik Jozsef. Pesten 1858. Nyomatott Gyurian Joszefnél. Ebenfalls Octav 422 S. nebst Register zu beiden Theilen S. 423—441", findet man ausführliche Biographien der ältern und neueren ungarischen Schriftsteller nicht nur Ungarns, sondern auch Siebenbürgens, nebst der Angabe ihrer Schriften.

Was die Literatur der **siebenbürgischen Romänen** betrifft, kann ich nur den Wunsch aussprechen, daß sich ein Kenner derselben, welcher die Hülfsmittel dazu besitzt, die Aufgabe stellen möge, die gelehrte Welt auch damit, und besonders mit ihren zahlreichen neuen Produkten bekannt zu machen.

Daß ich in meinem gegenwärtigen Werk auch die Verfasser kleiner Schriften und akademischer Dissertationen aufgezählt habe, und darin von Seiverts Absicht (s. dessen Vorrede S. XII), mir eine Abweichung erlaubte, wird hoffentlich in der Anerkennung meines Bestrebens nach Vollständigkeit Entschuldigung finden. Meusel, Denis (letzterer in dem Catalog der Szécsényi'schen Bibliothek) u. A. m. haben auch kleine Schriften nicht unbeachtet gelassen, und sowenig, wie ihre, ist es auch meine Absicht, dadurch die Verfasser derselben den Verfassern größerer Schriften an die Seite zu stellen, sie den Gelehrten beizuzählen und den Ruhm der Letzteren zu schmälern. Ebensowenig will ich durch Aufzählung einer größern

Anzahl von Schriftstellern als in Seiverts Nachrichten enthalten*), mein Verdienst erhöhen, besonders da ich Seiverts Leistungen die meinigen nicht gleichstellen zu können — unverholen bekenne. Indessen werden wohlwollende Leser nicht übersehen, daß mancher Verfasser einer kleinen Schrift in anderer Hinsicht sich um seine Nation Verdienste erwarb, welche der gelegenheitlichen Erwähnung auch in diesem Buche werth waren; abgesehen von den übrigen Vortheilen, welche wißbegierige Leser daraus in verschiedenen Beziehungen ziehen können. Sind doch unter andern auch die chronologischen Pfarrers-Verzeichnisse in den siebenbürgischen Provinzialblättern, — so trocken sie dem Leser erscheinen, — doch grade bei dieser Arbeit für mich sehr nützlich gewesen! Ich habe mich dabei stets des berühmten Statistikers Martin v. Schwarter erinnert, der mir im Jahre 1816 die Nützlichkeit dieser, von mir für die wenigstinteressanten Artikel der Provinzialblätter gehaltenen Verzeichnisse überzeugend auseinandersetzte. Ja ich habe bedauert, daß mir nicht umständlichere Verzeichnisse **dieser und aller anderen sächsischen Capitel** zu Gebote standen. Sie würden mir zur Berichtigung und Vermehrung mancher biographischen Angaben gute Dienste geleistet haben, — und eben in dieser Richtung muß ich gleichfalls die Nachsicht der Leser in Anspruch nehmen. Denn ich sehe selbst die Mangelhaftigkeit der meisten biographischen Artikel ein, kann jedoch versichern, daß ich zu ihrer möglichsten Vervollständigung nichts unterlassen habe. Ich habe vielleicht schon zu lange mit der Herausgabe gezögert, und das grade deswegen, um durch spätere Resultate meiner Forschungen, meiner Arbeit einen größern Werth und Vollständigkeit zu verschaffen. Und auch nun würde ich mich nicht zur Veröffentlichung entschlossen haben, hätte ich nicht dazu vielseitige Aufforderungen erhalten, und würde mir nicht die Pietät für die Nation, welche mir während meiner vieljährigen Dienstlaufbahn viele schmeichelhafte Beweise ihres Wohlwollens und Vertrauens gegeben hat, und welcher anzugehören ich mich von Kindheit an glücklich geschätzt habe, — die Erfüllung dieser Pflicht zur Gewissenssache machen. Dankbar übergebe ich somit im Gefühl meiner Pflicht das, was ich während länger als einem gewöhnlichen Menschen-Alter sammelte, so gut und soviel ich vermag, mit dem Wunsche, es mögen meine Nationsbrüder in meinen Nachrichten die von mir beab-

---

*) In Seiverts Buch zähle ich 47 Kronstädter, — 52 Hermannstädter, — 17 Mediascher, — 11 Schäßburger, — und 12 Bistritzer unter dessen sächsischen Gelehrten.

sichtigte Befriedigung und Belehrung finden, und dieselben geeignet sein, viele unserer Nachkommen dazu anzueifern, in die Fußstapfen der vielen würdigen Männer unserer Nation, denen auch ich ein Andenken stiften wollte, zu treten und sie an Verdiensten wenn möglich zu übertreffen! Also:

Accipe grato nopos, quae post mea fata revolvas! wiewohl ich auch an das „habent sua fata libelli" grade durch die mir vorgelegenen Seivertischen Nachrichten lebhaft erinnert werde. Waren doch dieselben selbst dem um die Geschichte der Sachsen so hochverdienten S ch l ö z e r so unbekannt, daß man in seinen kritischen Sammlungen keine Spur davon findet; und wer wird läugnen, daß sie für unsere National-Geschichte von größter Wichtigkeit sind?! Noch mehr, es ist das Seivertische Buch zur Seltenheit geworden, weil es bei dem Verleger, dem aus Hermannstadt gebürtigen Weber, — nicht gesucht wurde, und nach dessen Tode die meisten Exemplare als — Makulatur verbraucht worden sind. Diese Seltenheit hat das öftere Verlangen nach wiederholten Ausgaben veranlaßt, welchem durch Einverleibung des Seivertischen Werkes und meiner Ergänzungen in diesen Denkblättern entsprochen wird.

Als A n h a n g wird ein allgemeines alphabetisches Namens-Register aller von mir angeführten Schriftsteller und darnach ein wissenschaftliches Verzeichniß behufs der Uebersicht für diejenigen, welche die Leistungen der Sachsen nach bestimmten Fächern zu kennen verlangen, nachfolgen. Manche Leser dürften es vielleicht lieber gesehen haben, wenn ich auch meinem Buch die Eintheilung nach Fächern oder Zeitabschnitten gegeben hätte, wie z. B. Wallaszky that. Allein ich zog es vor, Meusels Beispiel zu befolgen, um Wiederholungen zu vermeiden, und über jeden Schriftsteller alles ihn Angehende in e i n e m Artikel zu sagen, — zumal ich von Seiverts Plan, ohne das Ganze zu verwirren, nicht abweichen konnte.

Auch besitzen wir bereits die in der angedeuteten Richtung nicht nur von den ungarischen und Szekler — sondern auch von den sächsischen Schriftstellern Siebenbürgens handelnden Arbeiten der beiden siebenbürgischen Gelehrten F r i e d r i ch S ch u l e r von L i b l o y und Alexander v. Szilágyi.

Erstere führt den Titel: Kurzer Ueberblick der Literatur-Geschichte Siebenbürgens von der ältesten Zeit bis zu Ende des vorigen Jahrhunderts. Hermannstadt gedruckt und im Verlag bei Georg von Closius. 1857. Octav. II. 112 Seiten.

Szilágyi's Arbeit (zugleich Recension der Vorhergehenden) ist unter dem Titel: „Erdély irodalom története, Különös tekintettel történeti irodalmára" in den Jahren 1857 bis 1859 in acht Abschnitten erschienen, welche das von Anton Csengery redigirte und herausgegebene Sammelwerk: „Buda-Pesti Szemle" Pest 1857 und ff. im 3. bis 7. Bande enthält.

Schlußlich bemerke ich, daß der dieser Sammlung eingeschaltete Seivertische Urtext durch die den betreffenden Stellen beigefügten Anfangsbuchstaben: Seiv. — Dagegen meine Ergänzungen und meine Fortsetzung selbst durch die Buchstaben: Tr. kenntlich gemacht sind.

Kronstadt am 18. Dezember 1867.

Joseph Trausch.

Vorbericht.[1]

Die Bestimmung dieser Blätter ist, das Gedächtniß unserer sächsischen, und ausländischen Gelehrten, die im Schooße unserer Völkerschaft gelebt haben, sowohl, als die von ihnen hinterlassenen gedruckten und handschriftlichen Denkmäler ihres Fleißes, zu erneuern. Wäre es nicht Unbilligkeit, wenn verdienstvolle Fremdlinge, beide in ihrem Vaterlande, und bei uns, vergessen bleiben sollten? Von Siebenbürgischen Ungern, und Seklern wird hier keiner auftreten; nicht, als hätte ich diesen Gelehrten, und ihren Schriften meine Aufmerksamkeit entzogen. Sie verdienen sie großen Theils auf eine vorzügliche Weise. Nein! sie würden das **zweite Bändchen**[2] ausmachen, wenn dieser Versuch Beifall erhielte. Sie sind auch nicht so vergessen, so unbekannt, als der größte Theil unsrer Sächsischen. Sie haben ihre Herolde. Peter Bod, dieser würdige und unermüdete Geistliche, hat sich auch aus diesem Gesichtspunkte, durch sein **Ungrisches Athen** (Magyar Athenás), um seine Nation wohl verdient gemacht, im Felde unsrer Gelehrten aber ist er ein durchreisender Fremdling.

---

[1] Um die Abnehmer dieser Blätter in den Besitz des vollständigen wesentlichen Inhaltes der Nachrichten Seiverts zu setzen, ist auch der vorstehende Vorbericht desselben in diese Sammlung aufgenommen worden; der dem Vorberichte von K. G. von Windisch beigefügte „Beytrag zur Biographie Johann Seiverts" dagegen kömmt in der Reihe der alphabetischen Artikel der gegenwärtigen Denkblätter unter Johann Seiverts Namen vor.

[2] Das versprochene zweite Bändchen zu vollenden wurde Seivert leider durch seinen frühzeitigen Tod verhindert. Blos die Artikel Ajtai bis Istvánfi hat, nach des Verfassers Tode, Johann Filtsch in dem 5., 6. und 7. Jahrgang der siebenbürgischen Quartalschrift unter dem Titel: „Beitrag zur Gelehrten-Geschichte der siebenbürgischen Ungern und Szekler" veröffentlicht

XII

Ich sah es also für ein Opfer an, das ich unsern verdienten Vätern schuldig wäre, ihre Geschichte, und Schriften nach Möglichkeit zu sammeln, und ihr Gedächtniß gegen die traurige Macht der Vergessenheit zu schützen. Muntern edle Thaten empfindsame Enkeln auf, ihren würdigen Ahnen ähnlich zu werden, vielleicht hat dieses erweckte Gedächtniß unsrer ruhenden Gelehrten, die ihre Muse von Amtsgeschäften nicht in Kretenser verwandelte, gleiche Wirkung bei ihren jetzt lebenden Nachkommen. Vielleicht werden auch einige durch diesen Versuch gereizet, unsre so umwölkte Literaturgeschichte immer mehr aufzuhellen, und zu ergänzen, was meine wärmste Begierde mit aller Zeit und Mühe nicht vollenden konnte.

Es ist wahr, die Zahl unsrer hier auftretenden Gelehrten, und ihrer Schriften, ist sehr mäßig. Vielleicht aber liegt die Ursache am wenigsten an ihnen selbst. Können nicht noch viele Denkmäler ihres Fleißes in Büchersammlungen, mir unbekannt, verborgen sein? Mein Wirkungskreis ist viel zu eingeschränkt, als das Gegentheil auch nur träumen zu können. Wie viele werden nicht die traurigen Verwüstungen unsers Vaterlandes in den vorigen Zeiten, vernichtet haben, wie viele die Tuchscheerer! Ehemals kein ungewöhnliches Schicksal unserer Büchersammlungen! Nach dem Tode ihrer Besitzer wurden sie den Tuchscheerern verhandelt, und oft die schätzbarsten Handschriften als unnütze Papiere verbraucht, oder den Motten und Mäusen überlassen. Beispiele sind verhaßt, sonst könnte ich mehr als eines anführen. Gewiß, eine Sorglosigkeit und Unachtsamkeit, die allen Tadel verdienet!

Hätten wir noch die vortreffliche Bibliothek, die unser unvergeßlicher **Honterus**, 1547, zu Kronstadt errichtete: so hoffte ich meine Aerndte gesegneter zu sehen. Sie war ein Schatz von gedruckten, und handschriftlichen Werken, der nach dem Urtheile ihrer Kenner, den ersten Rang nach der berühmten Mathias Korvinischen Bibliothek zu Ofen, verdiente. Hier fanden durch milde Unterstützung des dasigen Raths, die Ueberbleibsel der zerstörten Bibliotheken Griechenlands, ja der Ofner selbst, in Menge ihren Zufluchtsort. Allein, klägliches Schicksal! 1689, wurde sie gleichfalls ein Raub des schrecklichen Brandes, der den 21. April Kronstadt verheerte. Die Hermannstädtische Schulbibliothek, eine nicht zu verachtende Sammlung, hat mir genützt, und hätte mir wahrscheinlich noch mehr genützt, wann sie nicht manchen Verlust erlitten hätte. **Albert Huet**, Graf der Nation und Königsrichter zu Hermannstadt, ist wohl als ihr Stifter anzusehen, indem er Erbenlos, 1592, seinen schönen Bücherschatz an die Schule zu seinem Gedächtnisse schenkte, und die benachbarte

Kapelle des H. Königs Ladislaus, dazu einrichten ließ. Nachgehens vermehrten sie die Büchersammlungen eines Oltards, Nihelius und Miles; alle große Liebhaber der Vaterländischen Geschichte! Daher wundert es mich sehr, daß sie gar keine handschriftlichen historischen Werke besitzet, auch überhaupt an Mscr. ganz arm ist.¹)

Von Jahrhunderten her haben Künste und Wissenschaften unter der sächsischen Völkerschaft geblühet. Zu Anfang des 13. Jahrhunderts machte ihr **Klingsor** durch seine Dichtkunst Ehre; und sollte er der einzige seiner Landsleute gewesen sein, der den Musen geopfert hat? — **Johann von Rosenau** war ein geschickter Maler des 15. Jahrhunderts. Zwei Meisterstücke seines Pinsels sind mir bekannt. Die Kreuzigung Christi in dem Chore der Kathedralkirche zu Hermannstadt.²) Die verschiedenen Leidenschaften der gegenwärtigen Personen, deren eine große Menge ist, sind vortrefflich ausgedrückt. Ein ähnliches Gemälde von demselben, doch nur im Kleinen, befindet sich in der Kirche des H. Kreuzes zu Mortesdorf. Wären unsere alten Kirchengemälde und Altäre noch übrig: so würden wir gewiß mehrere denkwürdige Maler nennen können. — **Valentin Bakfort**, ein sächsischer Tonkünstler, erwarb sich zu Padua, 1576, folgende ruhmvolle Grabschrift:

Valentino Graevio, alias Bacfort, e Transylvania Saxonum Germaniae Colonia oriundo, quem fidibus novo plane, & inusitato artificio canentem audiens aetas nostra, ut alterum Orpheum, admirata obstupuit. Obiit An. M. D. LXXVI. Idibus Aug. Vix. An. LXIX. Natio Germanica unanimis, & Test. Execut. P. ³)

Im Jahre 1529, befand sich schon eine Buchdruckerei zu Hermannstadt. ⁴) Doch ich wende mich zu den Wissenschaften. So traurig ihr

---

¹) Vor etlichen zwanzig Jahren erlitt sie einen merklichen Verlust. Der damalige Schulrektor, ließ etliche Fuder Bücher daraus den Tuchscheerern verkaufen. Zwar sollten es nur unerhebliche sein, um bessern Schriften Raum zu machen. Allein zum Unglücke hatte der Aufseher, allemal ein Manteltragender Schüler (studiosus togatus), die Auswahl dabei, welche nun bei dem Mangel einer literarischen Kenntniß, nicht anders, als unglücklich ausfallen konnte. Man darf jetzt kaum, nach einem alten seltenen Werkchen fragen.

²) Darunter liest man: Hoc opus fecit Magister Joannes de Rosenaw. Anno Domini, Millesimo Quadringentesimo XLIVto.

³) Tröstlers Alt und N. L. Dacia. S. 192.

⁴) Dieses behauptet der ehemalige Pastor, Georg Soterius, aus einem Werkchen des Thom Gemmarius, welches in obenbemeldtem Jahre daselbst gedruckt

Zustand überhaupt bis zu dem 16. Jahrhunderte war, so können wir doch sagen, daß es an gelehrten Männern, nach dem Genius der Zeiten, unter unsern Sachsen gar nicht fehlte. Magister der freien Künste, Baffalauren, Doktore beider Rechte, und der Arzneikunst, waren gar keine seltenen Erscheinungen unter ihnen; besonders unter den Plebanen. Sollten denn unter so vielen keine, einige Denkmäler ihrer Einsichten, keine dankbar gegen das Vaterland, dessen Geschichte der Nachwelt hinterlassen haben? — Ein gleiches läßt mich der blühende Zustand der sächsischen Schulen hoffen. Die Hermannstädtische hatte noch vor der Reformation solche Lehrer, die ihr Ehre machten. Es sei mir erlaubt, ihr Gedächtniß hier noch einmal aufleben zu lassen. Von Schulrektoren bis auf das große Jahr 1543, sind mir bekannt geworden:

1) **Johann Arnold** von Krudenz, Baffalaur der freien Künste, 1446.
2) **Johann Mild**, Baffalaur der freien Künste, 1510, und wieder 1524. Er nennet sich Studii litterarii Director in Cibinio. Das folgende Jahr ward er Stadtnotarius.
3) **Simon de Apoldia**, war es 1517. Ob er ein Sachs von Pold unter dem Walde, oder von Trapold im Schäßburgerstuhle, oder gar ein Deutscher gewesen, ist mir unbekannt.
4) **Thomas Ball**. Ein geborner Hermannstädter, studirte in den Jahren 1514 bis 1516, zu Wien, erhielt den 5. März 1515, daselbst die Magisterwürde, ward auch den 12. Jänner, 1516 in die juristische Fakultät aufgenommen; worauf er den 3. des Heumonds, nach Hermannstadt zurück kam. Hier folgte er dem Vorhergehenden, 1517, den 26. Dec. im Schulrektorate, welches er zwei Jahre mit Ruhm verwaltete, und darauf wieder nach seinem geliebten Wien zurückkehrte; woselbst er dann 1520, zum Examinator Baccalaureandorum, deren damals zwei und zwanzig waren, erwählet wurde, und öffentliche Lesestunden über des Horaz Satyren, und Ovids Tristia, hielt. — Seine folgenden Schicksale kenne ich nicht. [1]

---

worden*), und sich zu seinen Zeiten in der dasigen Schulbibliothek befand. Jetzt aber sucht man es da vergebens. Ewig Schade!

[1] Da gewiß mehrere unsrer Sachsen auf dieser berühmten hohen Schule ihr Glück gefunden haben: so möchten die dasigen Büchersammlungen manche Beiträge zu unsrer Gelehrten-Geschichte geben können.

*) S. die Widerlegung dieser Sotorinischen Behauptung in meiner Abhandlung: „Wo und wann wurde die erste Buchdruckerei in Siebenbürgen errichtet", enthalten in „Kurz Magazin für Geschichte ꝛc. Siebenbürgens II. 340 ff. Tr.

5) **Magister Klemens**, von Oppeln, folgte ihm 1519, den 25. Dec.
6) **Andreas Martini**, Bakkalaur, war Mild's Nachfolger, 1526.
7) **Thomas**, Bakkalaur der freien Künste, war 1528 und 29 Rektor. Wahrscheinlich der **Thomas Gemmarius**, dessen ich im Folgenden gedenken werde.
8) **Martin Heintz** (Hontzius). Ein Hermannstädter, und ehemaliger Schüler des merkwürdigen **Johann Brentius**, verwaltete diesen Dienst 1543, bis 47 Noch lange vorher scheint er bei dasiger Schule gedient zu haben; denn Schesäus, der ihn als einen großen Astronomen rühmt, berichtet: Heinz habe fast um die Zeit, da Surdaster zu Hermannstadt predigte, sich bei der Schule und Kirche, um die Evangelische Lehre verdient gemacht. Dieses bewog mich ehemals zu der Muthmaßung, daß vielleicht Heinz der arme Schüler (Pauper Scholasticus) sey, dessen die Klagschrift des Kapitels an den Erzbischof zu Gran, Salkani, 1526, gedenket, daß er eine Evangelische Schule im Hechtischen Hause errichtet habe. — 1547, ward er zum Stadtpfarrer nach Medwisch berufen, allein die fürchterlichen Drohungen des Kanonikus und Bischöflichen Vikars, **Franziskus**, Plebanus zu Meschen, bewegten ihn gar bald wieder nach Hermannstadt zurück zu kehren. Hierauf ward er Pfarrer zu Kelnek unter dem Walde, und unterschrieb als Dechant des dasigen Kapitels, 1561, das Bekenntniß der Sächsischen Kirchen vom H. Abendmahle. Als er nachgehens den Beruf nach Mühlenbach erhielt, beschloß er sein würdiges Leben, ehe er noch feierlich eingeführet werden konnte*). — Die großen Veränderungen dieser Periode in der Kirche, gaben auch der Gelehrsamkeit eine ganz neue Gestalt. Dieses Feld wurde ausgedehnter, fleißiger und vortheilhafter bearbeitet, also auch unter unsern Vätern fruchtbarer. Die Sächsischen Schulen, besonders die Hermannstädtische, und Kronstädtische, haben in der Folgezeit die verdientesten Personen dem Staate und der Kirche geschenket.

---

1) Schmeitzel behauptet in seinem Sendschreiben de Statu Eccles. Lutheran. in Trasylv. S. 110: Mag. **Johann Dietrich**, sey der erste Evangelische Rektor der Hermannstädtischen Schule gewesen. Diesen Mann kenne ich gar nicht; hat ihn aber Schmeitzel nicht mit dem Mag. **Georg Deidrich** oder **Dietrich**, der 1591 Schulrektor war, verwechselt: so könnte er vielleicht der Nachfolger des Heinz sein; allein der erste Evangelische Rektor war er nicht, dieser war unser Heinz.

Alles dieses versichert mich, daß die Anzahl unsrer Sächsischen Schriftsteller viel größer sein werde, als sie in diesen Blättern erscheinet. Ich hätte sie zwar mit jetzt lebenden vermehren können: denn auch unsrer Periode fehlt es nicht an Männern, die von ihren ruhigen Stunden einen edlen Gebrauch machen, nur Schade! daß ihre würdigsten Schriften so wenige Hoffnung haben, jemals öffentlich in der Welt zu erscheinen; allein aus guten Gründen wählte ich nur die Todten. — Manche Werke, besonders historische Handschriften, hätte ich gern ihrem Inhalte, und Werthe nach bekannt gemacht; ich habe sie aber bloß anzeigen müssen. Vielleicht werden andere dadurch aufgemuntert, sie mit glücklicherm Erfolge auszuspähen. Meine Biographien sind auch großentheils nichts als Bruchstücke, und doch hat mir ihre Sammlung oft mehr Mühe und Zeit gekostet, als man glauben sollte. Wie manche Kirche= und Schulmatrikel, wie viele Tagebücher, Eberianische und andere Kalender, die einige Nachrichten enthielten, habe ich durchblättern müssen, bis ich von einer und der andern Person etwas bezeichnet fand! Doch läugne ich nicht, daß mir die Schriften eines **Georg Solerius** und **Joseph Teutsch**, manche Dienste geleistet; besonders habe ich hiebei die Gütigkeit eines verehrungswürdigen Freundes, des berühmten Herrn Magister Cornides zu rühmen.

Vielleicht ist aber diese Sammlung bei dem litterarischen Werke des **Herrn Horányi** ganz überflüssig. Dieses mögen unsre Leser entscheiden. So viel kann ich versichern, daß ich alle unsere Gelehrten, die der würdige Verfasser mehr anführt, bis auf den einzigen **Babler**, so gut kenne, als hätte derselbe überhaupt einen Auszug aus meiner Privatsammlung durch einen guten Freund erhalten. Da konnten freilich auch solche eine Stelle finden, die bloße Vertheidiger einer Akademischen Streitschrift, vielleicht oft stumme genug! gewesen, oder ein kleines Gedichtchen drucken lassen: allein selbige hier auftreten zu lassen, war wohl zu große Ehre für sie. Ich habe es also auch nicht gethan. — Bei Durchlesung des schätzbaren Horányischen Werks ist mir Einiges aufgefallen; Adolphus, für Adelphus, Guntsch, für Gunesch, Kindler, für Kinder, sind wohl Druckfehler. Den **Kreckwitz** erkennt kein Siebenbürger, so viel ich weiß, für seinen Landsmann. Er mag vielleicht unter dieser Larve seinen Nachrichten mehreres Gewicht haben geben wollen. — **Uncius** hat vielleicht **Zweyloth** geheißen; — ich glaube vielmehr, **Unch**. Dieses ist ein bekannter Geschlechtsname unter uns, und kann eben so gut in Uncius, als **Ungleich** in Unglerus, verwandelt werden. **Mich. Weis**, Richter zu Kronstadt, starb 1612. Er kann also keinen Antheil an der Akademischen Streitschrift zu Erlangen haben. — Bei Schriften unsrer Gelehrten bleibet öfters unangemerkt, was nur Handschriften sind. — Diese wenigen Anmerkungen werden meiner Zuversicht nach, von dem edlen Charakter des gelehrten Herrn Verfassers Vergebung erhalten.

Sollte eine gültige Aufnahme mich aufmuntern, auch unsere Ungrischen Gelehrten, und ihre Schriften herauszugeben: so würden die gelehrten Ausländer, die unter ihrer Nation gelebt haben, ebenfalls mit auftreten: ein **Alstet, Blandrata, Piskator, Sqarcialupi.** — Vielleicht würden manche Anmerkungen von ihnen, nicht alltägliche sein. Meiner Kenntniß nach, lassen ausländische Biographen den berüchtigten Arzt, **Blandrata,** 1582 oder 1586, in Polen ein Schlachtopfer seines Bruder Sohnes werden. Ich habe mehr als einen gleichzeitigen Bürgen, daß derselbe weder in Polen, noch in gemeldeten Jahren seinen Tod gefunden. **Blandrata** fand ihn zu Weißenburg (Alba Julia) 1588 den 5. Mai, in einem Alter von vier und achtzig Jahren, und daselbst auch seine Grabstätte. Sein Mörder war seiner Schwester Sohn, den er als seinen künftigen Erben bei sich im Hause hielt. Der Jüngling fragte ihn einmal: wie ein Mensch ermordet werden könnte, ohne daß man einige Merkmale davon erkennen könnte? Blandrata erklärte sich ganz offenherzig: wann ein schlafender Mensch auf dem Rücken liegend, einen heftigen Schlag mit einem Sandsacke auf die Herzgrube bekäme. — Diese gute Lehre merkte sich der schmachtende Erbe, und beschloß die erste Probe davon an seinem alten Vetter selbst zu machen. Sie gelang glücklich. Hierauf flüchtete er mit dessen Schätzen bei der Nacht davon. Da aber sein Mitgehilfe mit funfzig Dukaten unsichtbar ward, eilte er ihm nach, und ließ ihn zu Hermannstadt gefänglich setzen. Dieser verrieth hierauf das ganze Geheimniß der Bosheit, das vielleicht sonst unbekannt geblieben wäre. — Weichen übrigens meine Nachrichten von einem **Zwittinger, Bod,** u. a. dann und wann ab: so ist es niemals aus Unwissenheit; sondern aus überwiegenden Gründen geschehen.

Anhang

zur Note 1, Seite XIV des vorstehenden Vorberichtes.

In der „Series *Procuratorum Nationis Hungaricae*" Seite 246 bis 275 des J. J. Locherischen Speculum academicum Viennense. Viennae 1773 [1]) kommen vor, und zwar sämmtlich als Magistri:

Michael Altenberger de Cibinio 1491.
Thomas Altenberger de Cibinio, juris canonici Baccalaureus 1459 et 1464.
Servatius Beer de Corona 1496.
Martin Capinius de Cibinio Decretorum Doctor, *Decanus Facultatis juridicae* anno 1505, 1510, 1516, Juris. Pontificii Doctor et Proc. Nat. H. 1503.
Laur. Clomp de Corona Artium Magister 1494.
Joannes Croner Transylvanus 1509.
Petrus Götfart de Corona Artium Magister 1462. *Decanus Facultatis philosoph* 1471.
Gregorius de Cibinio 1481.
Hieronymus de Corona 1472.
Petr. Kötten de Apoldia inferiori 1457.
Mathias Knofloch de Corona 1488.
Valent. Kraus de Corona electus 14. April 1492.
Christian Borbadinus Kyzer de Enyedino 1519.

---

[1]) S. auch Heyferd Kirchenverfassung der A. C. V. in Siebenbürgen S. 20—21. — Kurz Nachlese rc. Seite 37—40. — Vgl. A' magyar tudom. Intézetek Közlönye, Beilage zum Uj magyar Museum 1850. S. LXXI—LXXII und Pester Zeitung vom 3. Sept. 1850 S. 1069.

Michael de Schesburk 1477 (viell. 1486 Pf. in Heltau. Prbl.-Bl. III. 7).
Valent. Pellifex ex Corona 1486.
Petrus de Corona, Artium Magister, S. Script. Licentiatus et Rector
    Universitatis Viennensis 1473.
Ant. Pogner de Corona S. Theol. Baccalaureus 1459 et 1463.
Paul. Pötchin de Corona S. Theol. Baccalaureus 1459 et 1463.
Joannes Prudel de Corona Artium Magister 1454.
Petr. Raszig de Cibinio 1456.
Jacobus Schaffnsd de Cibinio 1469.
Sebastian de Zridazel (Zeredahely) 1495.
Ladislaus Stuff Transylvanus, Philos. Artium et Medicinae Doctor 1555
    et 1561 usque 1566. *Rector Universitatis* anno 1566 nec non
    Decanus Facultatis medicae anno 1558 et 1567.
Steph. Teuerl de Schenk 1469.
Thomas Wall Transylvanus Cibiniensis electus 14. April 1521.[1)]
Jacobus Vexillifer Transylvanus 1505, 1508, 1512, 1515, 1522.
Valent. de Veresmarton, Juris canon. Baccalaureus, item Canonicus Ec-
    clesiae Strigoniensis 1461 et 1471.[2)]
Petrus Zeckel de Cibinio 1482.

    Sowohl in Wien, als auch in Pest und selbst im Auslande haben in neuerer Zeit die nachgenannten Siebenbürger Deutschen[3)] akademische Lehrämter bekleidet:

Mich. Gottl. Agnethler, aus Hermannstadt, Professor der Beredsamkeit, Poesie und der Alterthümer zu Helmstädt, gest. 1752.

Johann Gottl. von Fabiny aus Mediasch, Prof. der Augenheilkunst, kön. Rath und im J. 1845 magnificus der k. ungr. Landes-Universität in Pest gest. 1847.

Christian Flechtenmacher aus Kronstadt, öffentl. Rechtslehrer zu Jássy in der Moldau gest. 1843.

Valentin Greissing aus Kronstadt, Adjunkt der philosophischen Fakultät an der Universität zu Wittenberg, gest. 1701.

---

    1) War im J. 1522 und auch noch 1527 Pfarrer in Schellenberg (Provinzialblätter III. 4) und höchstwahrscheinlich eine Person mit Thom. Ball s. oben S. XIV. Nr 4.

    2) Ob er ein Siebenb. Sachse war? scheint ungewiß.

    3) Ueber ihre Lebensumstände und Schriften s. diese Denkblätter unter ihren Namen

Friedrich Leopold v. Hauenschild aus Hermannstadt, Professor der deutschen
Literatur am kaisl. russischen Lyceum in Zarskoëselo und Direktor
dieser Anstalt, gest. 1830.
Doctor Johann Hedwig aus Kronstadt, Professor der Medizin und
Botanik in Leipzig, gest. 1799.
Andreas Heldmann aus Birthälm, Prof. der deutschen Sprache in Upsala
und Gantmeister der Universität daselbst, gest. beil. 1730.
Michael Hißmann aus Hermannstadt, Doctor und ordentl. Prof. der
Philosophie in Göttingen, gest. 1784.
Paul Traug. Meißner aus Mediasch, Prof. der technischen Chemie am
k. k. polytechnischen Institut in Wien, gest. 1864.
Karl Meißner von Kronstadt gebürtig, Prof. der Mathematik an der
Universität zu Braunschweig, lebt noch.
Martin Schmeizel aus Kronstadt, k. preußischer Hof-Rath und ordentl.
Prof. des Staats-Rechts und der Geschichte in Halle, gest. 1747.
Doctor Karl Ludw. Sigmund aus Schäßburg, Professor der Medizin an
der k. k. Universität in Wien, und Primar-Arzt im k. k. Allgemeinen
Krankenhause daselbst, lebt noch.
Johann Georg Wenrich aus Schäßburg, Professor der biblischen Literatur
an der k. k. protestantisch-theologischen Lehr-Anstalt in Wien, gest.
1847.
Ferdinand Dillmann v. Dillmont aus Kronstadt, Prof. der Feld- und
beständigen Befestigungs- und Civil-Baukunst in der Militär-Akademie
zu Wiener-Neustadt, gest. als Major im k. k. Ingenieur-Corps 1857.

Tr. **Abrahami Johann,**

aus Tartlau, Kronstädter Distrikts, Sohn des Sároser Pfarrers und Großschenker Kapitelsdechanten gleichen Namens, wurde Prediger zu Agnethlen im Jahre 1691, dann Pfarrer in Werd 1694 und in Braller 1697, wo er im Juni 1705 sein Leben beschloß.

Er studirte 1683 am Kronstädter Gymnasium und verwaltete dann das Schul-Rektorat in Birthälm (laut der Kronstädter Schulmatrikel S. 78, in welcher er ein Sároser genannt wird). Am 17. Februar 1688 wurde er in die Zahl der Studirenden an der Universität zu Wittenberg aufgenommen, und vertheidigte daselbst in diesen und den nachfolgenden Jahren folgende zwei Streitschriften:

1. De Suscriptoribus, ex Historia ecclesiastica. Praes. Andr. Schulorus, Bistric. d. 13. Oct. 1688 Witeb. in 4-to 20 S.
2. σύν Θεῶ! Aeternam praedestinationis Oeconomiam ex Eph. I, 4. Praeside Joh. Deutschmann publico Eruditorum examini subjiciet Resp. J. A. a. 1689 d. 1. Mart. Wittenb. 4. — 18 S. mit der Zueignung an Magister Marcus Fronius.

(In beiden Streitschriften nennt sich Abrahami selbst Prásmár-Transylv.)

Tr. **Ackner Johann Michael,**

Sohn des evang. Pfarrers in Mehburg, Georg Ackner, wurde am 25. Januar 1782 zu Schäßburg geboren. Schon in seiner frühen Jugend zeichnete er sich durch Wißbegierde und seltene Anlagen, namentlich auch Vorliebe für die Plastik aus, indem er aus Thon die seltsamsten, viel Kunsttalent verrathenden Formen schuf, und im Backofen härtete, auch später noch manche gelungene Figur aus Holz und Alabaster schnitzte. Den ersten öffentlichen Unterricht erhielt er am Schäßburger ev. Gymnasium, das er in seinen unteren und oberen Klassen absolvirte, die philosophischen Studien machte er, um vor dem Besuch einer ausländischen Universität fremde Sitten und Menschen kennen zu lernen, in Hermannstadt. Gut vorbereitet verließ der 21=jährige Jüngling Vater-Haus und Land, um auf einer Universität Deutschlands sich für das Lehramt in Kirche und Schule auszubilden. Es war, wie Ackner selbst gestand, nicht so sehr innerer Trieb, als vielmehr der Wunsch, das Ausland mit seinen Kunstschätzen kennen zu lernen, was ihn zu dieser Berufswahl veranlaßte, da zu jener Zeit bloß die Studirenden der Theologie ihre Ausbildung jenseits der Reichsgrenzen zu suchen pflegten, Juristen, Mediziner und Techniker aber höchst selten aus Oesterreich hinauskamen. Im Jahr 1805 an der Universität zu **Wittenberg** immatriculirt, besuchte er daselbst besonders die Vorlesungen der Professoren Schröckh, Reinhard, Schleußner, Pölitz und Tschierer fleißig, bis Wittenberg noch vor Vollendung dieses seines ersten Studienjahres nach der Schlacht bei Jena, von der großen französischen Armee eingeschlossen wurde. Beim Einzuge Napoleons, von den Franzosen geschont, erhielt er vom General en chef, Davoust, einen Paß, mit dem er die ganze französische Armee passiren und nach Göttingen gelangen konnte, wo er unter den Professoren Heyne, Blumenbach, Stäudlin, Heeren, Mitscherlich, Beckmann u. a. m. seine Universitätsstudien vollendete. Von hieraus unternahm Ackner zum Abschluß seiner Universitätsjahre größere Reisen nach Berlin, Hamburg, an den Rhein, und von den aufgehäuften Kunstschätzen der damaligen Weltstadt hingerissen, nach **Paris**, die Naturschönheiten lockten ihn von da weiter in die Schweiz, und die alten Römerdenkmale nach Italien. Alle diese Reisen wurden zu Fuß gemacht und trugen zur späteren Richtung seiner wissenschaftlichen Bestrebungen, die sich namentlich auf dem Gebiet der Alterthumskunde und der Naturwissenschaften bewegten, nicht wenig bei. Von der Hochschule zurückgekehrt, erhielt er, obwohl ein Schäßburger, daher, bei der damals üblichen Abgeschlossenheit der einzelnen Kreise gegen einander, auf das Fortkommen im Schäßburger Stuhl angewiesen, einen Ruf an das Hermannstädter Gymnasium als Lehrer der Philologie und Archäologie. In dieser Stellung erwarb er sich die Liebe und Achtung seiner Schüler, von der namentlich auch J. K. **Schullers** Festgruß zur Feier seines fünfzigjährigen Dienstjubiläums[1] zum 80. Geburtsfest am

---

[1] Dem Nestor deutscher Forschung in Siebenbürgen, Johann Michael Ackner ꝛc. ꝛc. zur Feier des fünfzigjährigen Dienstjubiläums, gewidmet von Johann Carl Schuller, Hermannstadt 1858, Steinhaußen.

25. Januar 1862 ¹) und zum Namensfest am 29. September 1860 ²) laut sprechendes Zeugniß geben. Zum Prediger vorgerückt, mußte Ackner bei dem Mangel an Lehrkräften auch noch in diesem Beruf am Gymnasium Vorlesungen halten, namentlich leitete er die dortige Zeichenschule durch längere Zeit. Als Stadtprediger (Archidiaconus) wurde er am 2. Juni 1821 von der ev. Gemeinde in Hammersdorf zum Pfarrer gewählt. Hier fand er die gewünschte Muße, sich den Wissenschaften zu widmen. Im ersten Dezennium beschäftigten ihn Astronomie und Physik, zu deren Studium ihn schon sein Vater, ein gelehrter Mathematiker und Astronom ³) von dessen wissenschaftlicher Thätigkeit auf diesen Gebieten noch mehrere, bis auf den heutigen Tag erhaltene Manuskripte Zeugniß geben, angeleitet hatte. Im Jahr 1823 ward er vom damaligen ev. Superintendenten A. B. **Daniel Gräser** nach Birthälm berufen, um die Landschullehrer, die Letzterer daselbst auf einige Zeit zur Uebung und Prüfung in der Katechetik, Lehrmethode, dem Gesang und der Kirchenmusik versammelt hatte, auch einige Begriffe der Feldmeßkunst und Sternkunde beizubringen. Sein Unterricht blieb nicht ohne Erfolg. In den drei letzten Dezennien von 1830 an, widmete er sich, angeregt durch seine Freundschaft mit M. **A. Bielz** (s. d. Artikel) und dem k. preußischen geheimen Justizrath und General-Konsul in Jassy, J. A. Ritter von Neigebaur mit Vorliebe der Archäologie und den Naturwissenschaften, namentlich der Mineralogie und Geognosie und brachte auf zahlreichen Reisen in die verschiedenen Theile Siebenbürgens (1832 zweimal in's Hatzeger Thal, 1838 in das südwestliche Grenzgebirge vom Rothenthurmpaß bis Vulkan, zum eisernen Thor und in das westliche siebenbürgische Erzgebirge, 1839 durch das Fogarascher Gebirge, 1841 über Leschkirch, Reps, das Hérmányer Gebirge, in die Csik, Gyergyó und über Borszék, Holló, das Kelemengebirge, den Borgoer Paß nach Rodna und über Bistritz, Maros-Vásárhely und Mediasch nach Hermannstadt zurück), sowie durch gelegentliches Sammeln in seiner nächsten Umgebung eine ansehnliche Sammlung von Antiquitäten, Münzen, Mineralien, Gebirgsarten und Petrefakten zusammen.

In rastloser wissenschaftlicher Arbeit, geehrt von der h. Regierung,

---

¹) Transilvania N. F. Jahrg. 1862 S. 32.

²) Dem hochwürdigen Herrn Pfarrer in Hammersdorf Mich. Ackner ꝛc. ꝛc. zum Namensfeste gewidmet. 29 S. 1860.

³) S. „Beiträge zur mathematischen Geographie von Siebenbürgen" in der Siebenbürgischen Quartalschrift VII, 79–80.

die ihm 1854 das goldene Verdienstkreuz mit der Krone und 1858 (23. Sept.) anläßlich seines 50 jährigen Dienstjubiläums den Titel eines kaiserlichen Rathes verliehen, ausgezeichnet von den Männern der Wissenschaft im In= und Ausland, durch seine Wahl zum Ausschußmitglied des Vereins für siebenbürgische Landeskunde und des siebenbürgischen Vereins für Naturwissenschaften, vom Entstehen dieser Vereine an bis zu seinem Tode, durch die Ernennung zum Korrespondenten der k. k. Centralkommission für Erforschung und Erhaltung der Baudenkmale, sowie der k. k. geologischen Reichsanstalt in Wien, zum korrespondirenden Mitglied des archäologischen Institutes auf dem Kapitol zu Rom (21. April 1850), zum Mitglied der kaiserl. Leopoldinisch=Karolinischen Akademie der Naturforscher in Jena, unter dem Namen: Hausmann (März 1851), zum korrespondirenden Mitglied der Gelehrten=Gesellschaft in Krakau, sowie durch die Widmung der Abhandlung: Die Bronze=Alterthümer, eine Quelle der älteren siebenbürgischen Geschichte von Fr. Müller (Vereins-Archiv N. F. III. Bd., S. 333—382), geliebt und geachtet von Allen, die ihn kannten, wie dies z. B. die ihm von den beiden sächsischen Brudervereinen für Landeskunde und Naturwissenschaften zu seinem 50 jährigen Dienstjubiläum am 8. Oktober 1858 in Hermannstadt veranstaltete, auch von den Spitzen der damaligen Behörden ꝛc. ꝛc. besuchte Festtafel bewies, lebte Ackner in seltener Körperkraft, die es ihm im Jahre 1860 in seinem 78. Lebensjahre noch möglich machte, zur Sammlung und Revision der römisch-dacischen Inschriften für das von ihm und Fr. Müller (s. d. Art.) herausgegebene, erst nach seinem Tod mit Unterstützung der k. k. Akademie der Wissenschaften erschienene Werk: „Die römischen Inschriften in Dacien", — nach Wien, Triest und Venedig und von Wien auf der Donau zurück über Mehadia bis Turnu Soverin zu reisen, im stillen Frieden des Hammersdorfer Pfarrhauses 41 Jahre, bis er nach siebenwöchentlichen schweren Leiden in der Nacht vom 12. auf den 13. August 1862 in einem Alter von 81 Jahren verschied. Die „Transsilvania, Wochenschrift für siebenbürgische Landeskunde, Literatur und Landeskultur" Neue Folge, 2. Jahrgang 1862 brachte S. 169—173 einen Nekrolog desselben; ein biographisches Denkmal setzte ihm sein ältester und würdigster Schüler J. K. Schuller in der „Oesterr. Wochenschrift für Wissenschaft, Kunst und öffentliches Leben", Beilage zur k. Wiener Zeitung Nr. 4 vom 24 Januar 1863 S. 97—101, nachdem bereits in Benigni's Volkskalender für das Jahr 1858, redigirt von Karl Unverricht, Hermannstadt, Th. Steinhaußen S. XVII—XIX seine Biographie und sein aus der lithographischen Anstalt von J. G. Bach in Leipzig hervorgegangenes **Porträt** erschienen war. Seine naturhistorischen und archäologischen Sammlungen, sowie seine Bibliothek und hinterlassenen Manuskripte erwarb mit Unterstützung der Nations-Universität und des Vereins für siebenbürgische Landeskunde, der siebenbürgische Verein für Naturwissenschaften in Hermannstadt. Außer vielen kleinern, in der siebenbürgisch-deutschen Tagespresse, namentlich der Beilage des „Siebenbürger Boten", „Transilvania" und der Beilage der „Kronstädter Zeitung" den „Blättern für Geist, Gemüth und Vaterlandskunde" veröffentlichten Arbeiten meist naturwissenschaftlichen und archäologischen Inhaltes erschienen von Ackner folgende größere Arbeiten:

I. Selbständige Werke:

1. Antiqua Musei Parisiorum Monumenta. Cibinii J. Barth 1809. 8-vo 24 S.
2. **Mineralogie Siebenbürgens** mit geognostischen Andeutungen. Eine vom Verein zur Beförderung der Siebenbürgischen Landeskunde gekrönte Preisschrift. Hermannstadt, Druck und Verlag von Theodor Steinhaußen. 1. Lieferung 1847, 128 S. 2. Lieferung 1852, S. 129—224 nebst 8 lithog. Tafeln. 3. Lieferung 1855, S. 225 bis 367 und alphabetisches Register S. 368—391 mit einer geognostisch-oryktognostischen Karte Siebenbürgens und mit dem Vorwort des Verfassers ddto. Hammersdorf 30. Juli 1855 sammt Inhalt XV Seiten.
3. **Die römischen Inschriften in Dacien.** Gesammelt und bearbeitet von **M. J. Ackner** und **Friedr. Müller.** Wien 1865 8-vo. s. den Art. Müller Friedr.

II. Beiträge zum Archiv des Vereins für siebenbürgische Landeskunde und zu mehreren Zeitschriften, besonders zu den Blättern für Geist, Gemüth und Vaterlandskunde (Beilage zur Kronstädter Zeitung), — zur Transilvania (Beilage zum Siebenbürger Bothen) und Andere mehr, — von welchen hier bezeichnet werden:

4. Reise nach Várholy in antiquarischer Hinsicht im Jahre 1832. Beitrag zur Alterthumskunde von Siebenbürgen. (In der Zeitschrift Transilvania 1. Bd. 264—285 und 2. Bd. S. 222—285. Mit Abbildungen der beschriebenen antiquarischen Gegenstände.)
5. Die antiken Münzen, eine Quelle der ältern Geschichte Siebenbürgens. 101—275 nach Christo.

Im Archiv für die Kenntniß von Siebenbürgens Vorzeit und

Gegenwart 1. Bd., S. 69—96 und 297—331 nebst Fortsetzung und Schluß in dem Archiv des Vereins für siebenbürg. Landeskunde I. Bd. 2 Heft, S. 58—77.

Diese Abhandlung erschien mit Zusätzen vermehrt wieder in den „Mittheilungen der k. k. Central-Kommission zur Erforschung und Erhaltung der Baudenkmale, redig. von Karl Weiß. Wien bei Prandl und Meyer 1862. VII. Jahrgang S. 135—141 dann 164—173, ferner 195—199, weiter 221—228 und 247—251 (d. i. Mai bis Sept. 1862).

Auch im Separat-Abdruck unter dem Titel: Dacien in den antiken Münzen. Wien 4-to. [1]

6. Abhandlungen über Monumente, Steinschriften, Münzen und Itineranien aus der Römer-Zeit, mit besonderer Hinsicht auf Dacien. Ein Beitrag zur Archäologie Siebenbürgens. Nebst lith. Abdruck aus der Peutingerischen Tafel mit Beziehung auf Siebenbürgen und Erklärung der Peutingerischen lithogr. 3 Tafeln. In dem Archiv des Vereins für siebenb. Landeskunde. 1 Bd. 3 Heft, Seite 3—44.

7. Die römischen Alterthümer und deutschen Burgen in Siebenbürgen mit einer Uebersichtskarte von M. J. A. Aus dem Jahrbuch der k. k. Central-Kommission zur Erforschung und Erhaltung der Baudenkmale, Jahrg. 1856. Wien aus der k. k. Hof- und Staatsdruckerei 1856, 4-to, 50. S. Mit einer Karte unter dem Titel: Die Römischen Alterthümer und deutschen Burgen in Siebenbürgen, entworfen von M. J. A. 1854. Lith. Eduard S. Kallitzky, gedr. in der k. k. Hof- und Staats-Druckerei.

Die 2. Auflage erschien in 8-vo. ebendaselbst 1857 und stimmt mit dem vorerwähnten Separatabdruck in 4-to. wörtlich überein, mit dem Unterschied, daß die Vorrede der Oktav-Ausgabe in der Quart-Ausgabe Seite 1—3 in der Note enthalten ist.

Diese Abhandlung macht einen Theil der handschriftlichen „Siebenbürgischen archäologischen Arbeiten" des Verf. aus, welche (laut Nachricht des Verf. in der Note S. 4) umfaßten: a) Siebenbürgens römische Alterthümer in Abbildungen und kurzen Beschreibungen; b) Siebenbürgens Goldreichthum vom naturhistorischen Standpunkte betrachtet und aus der vaterländischen Geschichte und

---

[1] Vgl. die Artikel: Schmeizel und Johann Fillisch.

den alten Klassikern erwiesen; c) Siebenbürgens römisch-dacische Münzen aus dem Zeitraume von Trajan bis Aurelian — neue Auflage mit Verbesserungen und Zusätzen [1]) d) Siebenbürgens römische Kolonien und noch sichtbare Castra. e) Versuch einer Denkschrift für Erforschung und Erhaltung historischer Bau- und Kunst-Denkmale Siebenbürgens. f) Siebenbürgens gegenwärtige archäologische Forscher und Sammler mit ihren antiquarischen Sammlungen; endlich g) Entwurf einer Karte von Siebenbürgen mit Bezug auf seine vorzüglich römischen Alterthümer.

Der Verf. hat darum die seiner Schrift beigefügte, hier lit. g angedeutete Karte zur Veröffentlichung gewählt, „weil diese sich im „Allgemeinen auf alle angeführten Arbeiten bezieht oder wenigstens „sie berührt, und die sämmtlichen bis jetzt bekannten Alterthümer „beiläufig anzeigen soll."

8. Beitrag zur Geografie und Petrefaktenkunde des südöstlichen Siebenbürgens, vorzüglich der Schichten aus dem Bereich des Hermannstädter Bassins. (Bei der Akademie eingegangen den 12. November 1851.) s. l. et anno 4-to. 40. S. oder Seite 897—936 des 16. Bandes 1. Abtheil. der Verhandlungen der Leopoldinisch-Karolinischen Gesellschaft der Naturforscher zu Breßlau und Bonn 1854. Auch unter dem Titel: Novorum Actorum Academiae Caesareae Leopoldino-Carolinae Naturae Curiosorum Voluminis 24. Pars posterior.)

9. Die Colonien und militärischen Stand-Lager der Römer in Dacien im heutigen Siebenbürgen. Wien aus der k. k. Hof- und Staats-Druckerei 1857, 4-to. 38 S. (Aus dem Jahrbuche des II. Bandes der k. k. Central-Kommission zur Erforschung und Erhaltung der Baudenkmale besonders abgedruckt.)

10. Beschreibung des Hermannstädter Stuhls von J. K. Schuller (s. den Art.) in dem 8. Hefte des „Pittoresken Oesterreich oder Albums der österreichischen Monarchie." Von einer Gesellschaft Gelehrten und Künstler. Wien 1840 in gr. 4-to. Der Verfasser des naturwissenschaftlichen Theils dieser Beschreibung war Ackner.

III. Handschriften.

11. Ueber das Vorkommen fossiler Knochen des Mamuth zc. zc. bei Hammersdorf.

---

[1]) S. oben Nr. 5 „Die Antiken Münzen."

12. Oryctognosie Siebenbürgens mit geognostischen Andeutungen. 1844. Für dieses Werk wurde dem Verfasser durch den Ausschuß des Vereins für siebenbürgische Landeskunde der von der Vereins-Versammlung am 20. Mai 1842 für ein „Handbuch der Mineralogie Siebenbürgens aus dem geognostischen Standpunkte" bestimmte Preis von hundert Gulden Silbermünze zuerkannt (s. das Vereins-Protokoll Seite 12, 22, 74).

Davon erschien im Druck die „Mineralogie Siebenbürgens" ꝛc. (s. oben Nr. 2.)

Seiv. **Adami Michael,**

von Medwisch, weihte sich zu Leipzig der Gotteslehre, woselbst er als Verfasser 1690, eine Streitschrift vertheidigte. Nach seiner Zurückkunft in sein Vaterland, wurde er nach den gewöhnlichen vorhergehenden Diensten, Pfarrer zu Reußen. Von daher erhielt er 1703 den 1. Jänner den Beruf nach Neppendorf. Hier lebte er bis 1710, worauf er dem Stephan Adami in der Pfarre zu Kleinschelk folgte, und daselbst 1716 sein Leben beschloß. Wir haben von ihm:

Dissertatio Philologico - Philosophico - Theologica *de Potentia Dei*, praeside Mag. Car. Andrea Redel, qua auctor et respondens. d. 24. Sept. 1690. Lipsae in 4-to.[1]

Tr. **Adami Stephan,**

Pfarrer in seinem Geburtsorte Kleinschelken vom Jahre 1699—1710. starb daselbst 1710.
1. Disp. Theologica de primis Christianis Adamo et Eva, ex Gen. III. Praeside Jo. Deutschmann d. 16. Jan. 1691 Wittenb. 4.
2. Materia Philosophica ex Theologia Naturali veritatem Essentiae Divinae concernentem, praeside M. Abrah. Henr. Deutschmann ibid. 1691. 4.
3. Diss. Moralis, de Consultatione, sub praesidio M. Dieterici Otto Horneburgo-Bremensis. d. 28. Nov. 1691. ibid. 4.

---

[1] Eben diese Streitschrift ist unter dem Titel: Dissertatio Metaphsica, de Potentia, Dei — mit Weglassung der Zueigungsschrift an den M. Isaak Zabanius, und Andere, gedruckt.

Sein Vater **Stephan Adami** aus Kreutz gebürtig, ward Pfarrer in Rovás 1642, dann in Magarei 22. Dezember 1643, ferner Pfarrer in Martinsdorf 1653, nachher aber in Wurmloch 1657, weiter Stadtpfarrer in Mediasch 7. Mai 1658, im Jahre 1662 General-Dechant und am 8. Nov. 1666 Pfarrer zu Birthälm und Superintendent. In dieser Eigenschaft starb derselbe den 18. März 1679 im 74. Lebensjahre und hinterließ eine Sammlung vaterländischer Handschriften, welche Hauer im fürstlichen Siebenbürgen zum Jahre 1665 und Oberth in dem Archiv des siebenbürgischen Vereins, Neue Folge I. 203 erwähnen.

Tr. ### Adelphus Michael,
ein Siebenbürger.

1. Disp. de Fine Demonstrationis, praes. M. Leonh. Herrmanno Transilv. f. den Art. **Hermann**.
2. De Sacramentorum numero. Praeside Christoph. *Pelargo*. Francofurti. S. des Letzteren Locorum Theologicorum ΕΞΕΤΑΣΙΣ 1595. Decad. 7. Disp. 2.

Tr. ### Agnethler Michael,
Enkel des Hermannstädter Königs-Richters und Nations-Komes gleiches Namens und Sohn des als Provinzial-Notär zu Hermannstadt frühzeitig verstorbenen Martin Agnethler, geb. 29. Dez. 1652, starb als Pfarrer in Hamlesch, wohin er im J. 1686 berufen war, 1693.

1. Exercitatio Ethica, de bono hominis supremo ejusque instrumentis, praes. M. Ernesto König Rect. Gymn. Thorun. d. 17. Febr. 1678. Thoruni 4.
2. Diss. theol. de libero Arbitrio e formula christianae Concordiae, praes. Joh. Deutschmann d. 29. Mart. 1680. Wetteb. 4.

Sciv. ### Agnethler Michael Gottlieb,
Doktor der Weltweisheit und Arzneikunst, öffentlicher Lehrer der Beredsamkeit, Alterthümer und Dichtkunst zu Helmstadt und Mitglied der römisch-kaiserlichen Akademie der Naturforscher. Er stammte aus einem patricischen Geschlechte zu Hermannstadt ab, dessen eigentlicher Name Lang war, insgemein aber ward er nach seinem Stammorte, dem Säch-

sischen Marktflecken Agnethlen (Villa S. Agnethis) genannt. Die Geschichte der vorigen Jahrhunderte zeiget verschiedene verdiente Männer dieses Namens. **Johann Agatha** oder **Agnethler**, war Graf der Sächsischen Nation und Königsrichter zu Hermannstadt 1376—87. **Stephan Agnethler**, Stuhlrichter 1468; Johann Agnethler, Provinzialbürgermeister 1493, und einer gleiches Namens im Jahre 1510. Ob diese unter die Ahnen unsers Agnethlers zu rechnen sind, kann ich nicht entscheiden. Von dem folgenden ist es außer Zweifel. **Michael Lang** oder **Agnethler**, Stadthann zu Hermannstadt 1630, Stuhlrichter 1634, Bürgermeister 1638, ward das folgende Jahr zum Königsrichter erwählt und starb den 18. Mai 1645 im 65. Jahre seines Alters, mitten unter den bürgerlichen Unruhen zu Hermannstadt, an welchen er nicht wenig Ursache war, und die 1650 von sehr traurigen Folgen begleitet wurden. Da er seinen Erben wenige Glücksgüter, aber den ganzen Haß der Bürgerschaft hinterließ: so hat dieses Geschlecht seinen alten Glanz nicht wieder erlangen können. Er ist der Urgroßvater unseres Agnethlers.

Dieser wurde den 10. Juni 1719 zu Hermannstadt geboren, wosein Vater **Daniel Agnethler**, damals Rektor der Schule und erwählter Pfarrer zu Gerhardsau war. Seine Mutter Anna Maria, war eine geborne Fabricius. Ein besonderer Zufall macht das Leben seines Vaters merkwürdig. Er hatte ein außerordentlich glückliches Gedächtniß, allein durch ein hitziges Fieber, sah er sich davon so gänzlich verlassen, daß er weder lesen noch schreiben konnte, ja seinen eigenen Namen nicht wußte. Von diesem traurigen Zufalle hat er sich nie vollkommen erholen können, und starb bei großer Schwäche des Verstandes 1734. Unser Agnethler war von Jugend auf von schwächlicher Leibesbeschaffenheit und sehr unruhigem Schlafe. Einmal geschah es auf der Hermannstädtischen Schule, daß er sich Abends frühzeitig zu Bette begiebt, indem seine Velwohner noch bei ihren Büchern wachen. Bald bemerken diese bei ihm eine Aengstlichkeit, die einen Traum von Wassergefahren zu verrathen schien. Ein guter Freund nähert sich seinem Bette und ruft ihm mit gemäßigter Stimme zu: Schwimme! schwimme! du ersäufst! — Sogleich fängt Agnethler mit großer Heftigkeit an, Bewegungen eines Schwimmenden zu machen, bis er sich endlich durch einen heftigen Schlag auf die Bettspanne, aufwecket, und in vollem Schweiße und ganz abgemattet erwachet.

Im Jahre 1742 besuchte er die hohe Schule zu Halle im Magdeburgischen, um sich zu dem Dienste der Kirche zuzubereiten, wobei er sich zugleich auf die angenehme Kenntniß der Alterthümer und Numismatik legte. Allein nach vier Jahren nöthigten ihn die traurigen Aussichten seines kränklichen Zustandes, seine Gesundheit und sein künftiges Glück durch die Arzneikunst zu suchen. 1750 erhielt er die höchste Würde in der Weltweisheit und das folgende Jahr 1751 mit gleichem Beifalle in der Arzneikunst. Hierauf ward er nicht nur in die kaiserliche Akademie der Naturforscher aufgenommen, sondern er erhielt auch gegen das Ende des Weinmonats den Beruf zu einem öffentlichen Lehrer der Beredsamkeit, Alterthümer und Dichtkunst nach Helmstädt. Agnethler zog hin, aber nur zu seinem Grabe. Kaum fing er seine öffentlichen Vorlesungen mit einer Einleitung in alle Arten der Alterthümer an, so verfiel er in eine vollkommene Schwindsucht, daran er den 15. Jänner 1752 seine schöne Laufbahne in einem Alter von zwei und dreißig Jahren, sechs Monaten und fünf Tagen vollendete. Mit ihm ist das männliche Geschlecht des Agnethlerischen Hauses erloschen. Bei Gelegenheit seines Todes hat Dokter Johann Benedikt Carpzov zu Helmstädt ein Werkchen de Vita et Scriptis Mich. Gottlieb Agnethler P. P. in 4. herausgegeben. Seine Schriften sind folgende:

1. Bibliotheca b. Joh. Henr. Schulzii, cum praefatione Sigism. Jac. Baumgarten. Halae 1744. in 8.
2. Numophylacium Schulzianum. Digessit, descripsit, et perpetuis insigniorum rei numariae Scriptorum Commentariis illustratum, edidit Mich. Gottl. Agnethler, Transilvanus. *Pars Prior.* [1]) Accedunt selectiores clarorum Virorum ad b. Schulzium Epistolae; Lipsiae et Halae. 1746. in 4 mit 5 Kupfertafeln XII 418 S.
3. Nachricht von des seligen Herrn Prof. Schulzens deutschen Uebersetzung von Plutarchs Lebens-Beschreibungen berühmter Männer. Halle, 1746. in 4.
4. Medicus Romanus Servus, sexaginta solidis aestimatum, ex editione, M. G. Agnethler. Halae, 1746 in 8. [2])
5. *Caroli Linnaei*, Systema Naturae. Recusum, et Societatis, quae

---

[1]) Dieser Theil enthält die Münzen der alten Könige, Völker und Städte, wie auch der römischen Geschlechter. Der zweite Theil ist zwar auch ausgefertigt, aber noch ungedruckt.

[2]) Dieses Bökelmannische Werkchen wurde zum Gebrauche und auf Kosten einer Gesellschaft wieder aufgelegt. Auf dem Tittelblatte stehet zwar: Lugduni Batavorum, 1671; allein zu Ende liest man: Recusum 1746 paucis exemplis, in usum societatis, quae impensas contulit.

impensas contulit, usui accomodatum, curante M. G. Agnethlero, Saxone Transilvano. Editio altera, auctior et emendatior. Halae, 1747 gr. 8.

6. Ebendesselben Fundamenta Botanica, in quibus Theoria Botanices aphoristice traditur. Accedunt D. *Joh. Gesneri*, Dissertationes Physicae, in quibus Linnaei *Elementa Botanica* dilucide explicantur. Ex editione, et cum praefatione M. G. Agnethleri. Halae, 1747. gr. 8.

7. Ebendesselben Bibliotheca Botanica: Fundamentorum Botanicorum, Pars I. Editio nova, multo correctior, opera M. G. Agnethleri. Halae, 1747 groß 8.

8. Ebendesselben Classes Plantarum: Fundamentorum Botanicorum, Pars II. zu Halle in eben dem Jahre, in groß 8.

9. Martin Schmeitzels Erläuterung gold= und silberner Münzen von Siebenbürgen, welche zugleich auch die merkwürdigsten Begebenheiten des XVI., XVII. und XVIII. Jahrhunderts in selbigem Fürstenthume zu erkennen gibt, herausgegeben und mit einer Vorrede begleitet von M. G. Agnethler. Halle, 1748. in 4, mit 8 Kupfertafeln XII 96 S.

10. Bibliotheca b. Martini Schmeizelii. Accedit antiquorum et recentiorum quorundam Numismatum Descriptio, curante M. G. Agnethler. Halae, 1748. in 8. 160 S.

11. Steph. Blancardi Lexicon Medicum, denuo recognitum, variisque accessionibus locupletatum, curante M. G. Agnethler. Ebendaselbst 1748. in 8.

12. Laur. Joh. Nepom. Reen, Gesenaco-Westphalus, M. D. Plagii litterarii in Reg. Fridericianae Parnasso graviter accusatus, convictus, atque Hallensium Musarum decreto condemnatus. Interprete M. G. Agn. Ebendaselbst 1749 in 4.

13. Beschreibung des Schulzischen Münzkabinets. **Erster Theil.** Entworfen und mit kurzen Anmerkungen begleitet von M. G. Agnethler. Halle 1750, **zweiter, dritter und vierter Theil,** 1751 in 4. mit Kupfern.

14. Syrakusanische Könige und Tyrannen aus griechischen Münzen, zum sechsten Theile der allgemeinen Welthistorie. 1750. in 4.[1])

---

[1]) Diese Abhandlung befindet sich im dritten Theile der „Sammlung von Erläuterungsschriften und Zusätzen zur allgemeinen Welthistorie." S. 273 bis 898 Wenn aber der Verfasser aus Prof. Schulzens Erfahrung erweisen will, wie arm

15. Schreiben an Herrn D. Baumgarten, in welchem der s. Prof. Schulze gegen ungegründete Auflagen des berühmten Kanzlers von Ludwig vertheidigt wird. Halle, 1750 in 4.

Siebenbürgen an seltenen römischen Münzen sei: so betrügt er sich und seine Leser. Der ehrliche Schulze erhielt viele Münzen aus diesem Lande, aber gemeiniglich solche, die keine einheimischen Käufer fanden, gemeine, täglich vorkommende. Ich kann heilig und aus Erfahrung versichern, daß man in Siebenbürgen ohne ausländische Beihilfe, wohl 140 römische Geschlechter in Münzen sammeln könne, und manche Münzen, die Golz, Baillant und Morell nie gesehen. Die Münzen eines Helvius Pertinar, Didius Julianus, Vetranio, Prokoplus, Manlia Scantilla, Plotina, Marciana, Orbiana u. a. m sind seltene Erscheinungen. Ich habe sie aber mehr als einmal entdeckt, doch nicht in Nerz, denn eherne Münzen sind überhaupt in Siebenbürgen rar. Von griechischen Münzen sind Thasische, Macedonische, Apollonische und Dyrrachische sehr gemein; so auch Philippische, Alexandrische und Lysimachische; andere hingegen freilich selten zu finden. Nur von etlichen Jahren her, sind schöne Entdeckungen gemacht worden. Ein gewisser Bauer brachte einem Goldschmiede zu Hermannstadt eine ziemliche Menge Kaisermünzen des höhern Zeitalters, darunter ein Didius Julianus, nebst etlichen halben Monden von Golde war. Zum Zweitenmale brachte er wieder etliche goldne Monde, nebst zwölf Loth gleichfalls silberner Münzen, die so neu waren, als wären sie jetzt aus der Präge gekommen. Alle waren vom Kaiser Konstantius mit der Aufschrift: VOTIS XXX. MVLTIS XXXX; nur etliche mit: VOTIS XXV. MVLTIS XXX; und eine einzige vom Konstantius Gallus — In der Sakristei zu Meschen, im Medwischer Stuhle, fand man in einer blechernen Büchse dreihundert überaus wohl erhaltene römische Münzen von Silber, die meisten vom Trajan und Hadrian, doch auch eine Marciana. Bei Görgersdorf entdeckte ein walachischer Junge nach einem Platzregen Schätze von diesen Alterthümern. Er füllte davon seine Mütze, ohne sein Glück zu kennen. Als aber die Sache ruchbar ward, mußte alles nach Karlsburg in die Münze geliefert werden, wo sie ihren Untergang im Schmelztiegel fanden. Welche ich davon gesehen, schöne Geschlechtermünzen! bewegen mich, das Schicksal der übrigen zu bedauern. Im Jahre 1777, fand man auf dem Kastenhölzer Gebiete, über hundert Thasische Münzen mit dem Hercules Soter. Noch glücklicher war ein Walach in eben diesem Jahre im Gebiete von Großpolt, im Neußmärkter Stuhle. Er fand ein goldnes Schiffchen, am Gewichte 1 Mark 2 1/5 Loth und 18 Karat sein. Eine Spitze desselben führte einen Ochsenkopf und die andere den Kopf eines Widders. Ein sehr ähnliches Fahrzeug mit dem Horus und Cynocephalus, finden wir in des gelehrten Grafen Caylus Sammlung — Nürnberg 1766 Tab. 9 n. 2 abgebildet. Unbekannt mit seinem Glücke, bot es der Walach einem gewissen Geistlichen um etliche Siebenzehner an. Allein dieses seine ganze Klugheit bestand darin, daß er ihn nach Karlsburg in die Münze anwies. Hier erkannte man den Werth dieses schätzbaren Alterthums besser, bezahlte den Walachen bis zu seiner Verwunderung, und schmelzte es ohne Erbarmung ein. Doch erhielten noch Seine Erzellenz der Freiherr von Bruckenthal, Gubernator des Großfürstenthums Siebenbürgen, einen Abriß davon.

*

16. Dissertatio solemnis, de Lauro. Pro obtinenda doctrinae salutaris laurea, a d. XXXI Jan. 1751, defendit M. G. Agnethler, Eques Transilvanus-, Philosophiae Magister. Halae, 1751 in 4. [1]) VI. 72 S.

17. Commentatio de rarioribus thesauri Schulziani numis. Halae, 1751 in 4.

18. Index Bibliothecae, Res-Hungariae, Transilvaniae, vicinarumque Provinciarum illustrantis, quam Martin Schmeizel instruxit, M. G. Agnethler, Codicibus praecipue MSStis auxit, nuper autem munificentia magnifici Transilvanorum Metropolitanae Urbis Senatus, Cibiniensium Bibliothecae consecravit. Halae, 1751 in 8. [2]) 51 S.

19. Commentarius ad Arabicam Inscriptionem, Pallio Imperiali, *Pluviale* dicto, ante sexcentos et undeviginti annos, fllis aureis intextam. Augustiss. *Josepho Benedicto Augusto*, Archiduci Austriae consecrat M. G. Agnethler. *Cum tabb. aen.*[3])

20. Tr. Zwo kurze Nachrichten vom Schulzischen Münz-Kabinett, Halle 1746 und 1750. 4-to.

(Laut Adelungs Fortsetzung des Jöcher'schen Gelehrten-Lexikons 1. Band, Leipzig 1784. S. 311.)

21. Joh. Henr. Schulzii Isagoge in rem Numismaticam. Handschrift.

---

[1]) Sie ist auch unter der Aufschrift: Commentatio de Lauro, mit Weglassung der Zueigungsschriften und anderer Nebendinge gedruckt worden.

[2]) Von dieser Sammlung, die Agnethler 1748 erhandelte und vermehrte, schreibet er zwar bei N. XXXVI. S. 47: dein vero Patrum patriae jussu, sub finem anni 1750, Cibiniensium Bibliothecae publicae consecrati, eodemque anno in Transilvaniam devecti, nunc publicum Cibiniensium apparatum librarium exornant. Johann Benedikt Carpzov zu Helmstädt, wiederholet diese Nachricht in seinem Monum. aeternae Memoriae M. G. Agnethler dicato, darinnen er von dessen Leben und Schriften handelt, S. 20. Allein diese schöne Sammlung blieb über zwanzig Jahre zu Leipzig stehen. Endlich kam sie 1771 durch die Walachei in Siebenbürgen an. Was aber die Hermannstädtische Schulbibliothek davon erhalten, belohnet nicht einmal den Fuhrlohn und das Standgeld in Leipzig.

[3]) Diese Abhandlung ist nie gedruckt, ob es gleich im Ind. Bibl. R. Hung. S. 31 behauptet wird, mit dem Zusatze: Halae 1751. — Ferner schreibt Agnethler in seinem letzten Willen: „Unter meine unedirte Schriften gehören auch Schulzii Opuscula minora, auf Veranlassung eines Erfurtischen Buchführers Weber. Habe sie recht mühsam gesammelt und alles zum Drucke fertig gemacht. Es sollten VII Theile werden. Schulzens Münzkollegium wollte bald ediren, ingleichen Bibliothecam Hungaricam."

Tr.   Von Aguethlers Leben und Schriften handeln auch:
Meusels Lexikon der vom J. 1750 bis 1800 verstorbenen deutschen Schriftsteller. I. 29—32.
Erlanger gelehrte Zeitung vom Jahre 1753. Beitr. 77—79.
Dunkels hist. kritische Nachrichten. Bd. I. S. 8. S. 326—332.
Schmerfahls neue Nachrichten von jüngstverstorbenen Gelehrten. Bd. I. S. 174—176.
Horányi's und Woszprémi's bekannte Schriften u. a. m.

Tr. **Bemerkung zur Note Seiverts nach Nr. 14.** Von den in neuerer Zeit in Siebenbürgen entdeckten archäologischen Gegenständen hat man Nachrichten:
1. In dem Auszug aus dem Tagebuch J. M. Ackners vom J. 1836 bis 1845 in dem Archiv des Vereins für siebenb. Landeskunde 4. Bd. S. 18—35.
2. In den Decennal-Aufzeichnungen Ebendesselben vom J. 1845 bis 1855. In den Mittheilungen der k. k. Central-Kommission zur Erforschung und Erhaltung der Baudenkmale 2c. von K. Weiß. Wien 1856 und daraus in der Transsilvania, Beiblatt zum Siebenbürger Bothen vom J. 1856 Nr. 20, 22, 26—29, 38, 40.
3. In Friedr. Kenners Beiträgen zu einer Chronik der archäologischen Funde in der österr. Monarchie 1856 bis 1858. S. 377—402 des XXIV. Bandes des Archivs für Kunde österr. Geschichtsquellen. Wien 1860.
4. Ueber specielle archäologische Gegenstände z. B. über die bei Verespatak gefundenen Wachsurkunden u. a. m. findet man Nachrichten in verschiedenen Zeitschriften, über welche „Neigebaurs Dacien aus den Ueberresten des klassischen Alterthums, mit besonderer Rücksicht auf Siebenbürgen, Kronstadt 1851." S. 301—310, eine ziemlich reichhaltige Literatur (jedoch nur bis zum Jahre 1850) enthält [1])

Tr.   ## Albelius Simon,
geboren in Kronstadt am 26. März 1593 hatte am dasigen Gymnasium und an der Universität zu Wittenberg studirt, woher er im J. 1615 zurückkehrte und im nemlichen Jahre das Rektorat jenes Gymnasiums erhielt. Dieses bekleidete er bis zu seiner am 4. April 1619 erfolgten Wahl zum Kronstädter Stadtpfarrer, als welcher er am 19. Juli 1654 mit Tod abging.

---

[1]) Seit dem J. 1853 ist für die Erhaltung archäologischer Funde durch Nr. 44 des Anhangs zum bürgl. Gesetzbuchs für Siebenbürgen vorgesorgt.

Er genoß unter seinen Zeitgenossen und Gelehrten seines Vaterlandes großen Ruhm, und hatte eine so klare und eindringende Stimme, daß er in ziemlicher Entfernung außerhalb den Räumen der großen Pfarrkirche gehört wurde, wovon sich die Nachkommen noch lange zu erzählen wußten. Nach dem von seinen Vorgängern befolgten Gebrauche pflegte er wöchentlich zweimal, nemlich am Sonntag und Donnerstag früh zu predigen. Die Sonntag-Nachmittags=, sowie die Montags=, Dienstags= und Mittwochs-Predigten dagegen wurden von den vier Stadt-Predigern gehalten, und endlich auf seine Veranlassung ein fünfter Prediger angestellt, der für ihn die Donnerstags-Predigten abhielt.

Als Freund der Chemie legte Albelius auf dem Kronstädter Pfarrhof ein Laboratorium an, dessen Spuren sich lange nach seinem Ableben erhielten.

Während Albelius in den Jahren 1621, 1622, 1627, 1628, 1631, 1632, 1635, 1636, 1638, 1639 und 1641—1650 das Dekanat des Kronstädter Kapitels verwaltete, wendete er eine große Thätigkeit zur Regelung der kirchlichen Verhältnisse im Burzenlande an. So schaffte er u. a. die noch an einigen Orten des Kronstädter Kapitular-Bezirks gewöhnliche Ohren= oder Special-Beichte ab, die schon Titus Amicinus zu beseitigen begonnen hatte, und führte an Stelle derselben die bis heutigen Tags gewöhnliche allgemeine Beichte (Beichtgebet) ein.

Bei den in den Jahren 1627, 1647 und 1652 vorgenommenen Superintendentenwahlen wurde ihm die Ehre zu theil, ein Candidat zu dieser Würde zu sein, und selbst der Pasquillant Anbr. Graffius (s. den Art.) machte im J. 1642 in seiner wider die sächsischen Pfarrer gerichteten Sathre in Bezug auf Albelius eine rühmliche Ausnahme.

Die Verdienste unseres Albelius um das Schulwesen preiset nach Gebühr J. Dück in seiner Geschichte des Kronstädter Gymnasiums. Seite 51 ꝛc.

Sein Bildniß ist uns auf einem Grabstein aufbewahrt worden, welcher in der großen evangelischen Pfarrkirche zu Kronstadt sich befindet. Da er der einzige Sohn des Rosenauer Pfarrers Marcus Albelius († 15. Jan. 1602) war und zwar sieben Töchter aber keinen Sohn hinterließ, so erlosch mit seinem Tode der Familien-Name Albelius.

Sein Schriften sind:
1. Diss. de Iride, Halone, Virgis, Pareliis et Paraselinis. Wittebergae 1615. 4-to.

2. Joh. Amos Commenii Janua lingvarum reserata cura Sim. Albelii. Coronao 1638. in 8

Dieser Ausgabe ist auch eine Vorrede des Leipziger Professors L. Zacharias Schneider dto. Cal. Sextil. 1634 sammt Einleitung des Albelius beigedruckt.

Davon erschien die 10. Auflage zu Kronstadt im Jahre 1658. 8. XX 283 S.

Die Vorrede des Commenius ist datirt „in exilio 4. Martii 1631" nach welcher auf vier Seiten die „ad Scholasticos Coronenses omnium ordinum" gerichtete Einleitung des Herausgebers Albelius dto. 19. Cal. Febr. 1638 folgt, welche vom Nutzen dieses seit dem Jahre 1637 in Kronstadt eingeführten Buchs und der lateinischen Sprache, wie auch von der Nothwendigkeit ihrer Erlernung handelt.

3. Literae de reformatione Ecclesiae Coronensis ad Rev. ac Clar. dn Superintendentem Christianum Barth anno 1647 exaratae.

Gedruckt in Lampe's Historia Ecclesiae reformatae in Hungaria et Transilvania. Trajecti ad Rhenum 1728, Seite 693 bis 696 — und wieder in meinen Beiträgen und Aktenstücken zur Reformations-Geschichte von Kronstadt. Kronstadt 1865. S. 68—71.

4. Geschichte der Begebenheiten in Siebenbürgen, etwa vom Jahre 1590 angefangen, in Handschrift, welche M. Marcus Fronius (laut seiner Handschrift „Posteritati S. 1 und Diaconus Barcensis cap. II, art. 1, p. 2, § 10") noch benützt hat, seither aber nicht mehr vorhanden ist.

T r.
Albert Georg,

geboren in Kronstadt am 24. April 1807, studirte in Kronstadt, dann 1829 zu Preßburg, 1830 in Wien, und 1831 in Halle; — wurde Lehrer am Gymnasium seiner Vaterstadt im September 1831 und Prediger bei der evang. Stadtkirche daselbst im August 1843, welches Amt derselbe auch gegenwärtig bekleidet.

1. Rede zur ersten Jahres-Feier der österreichischen Reichs-Verfassung vom 4. März 1849, gehalten in der evang. Kathedralkirche in Kronstadt von G. A., Prediger an dieser Kirche, den 17. März 1850. Kronstadt 1850. Gebr. bei Johann Gött. 8. 10. S.

2. Predigt über die Dankbarkeit, welche wir den Wohlthätern unserer

Gemeinde schuldig sind, über Lucas V. 1—11 am 5. Sonntag nach Trinitatis 1851 in der evang. Stadtpfarrkirche zu Kronstadt gehalten von G. A., Prediger. Nebst einem möglichst genauen Verzeichniß aller Wohlthäter und Wohlthäteriner im Anhange. Kronstadt 1851. Gedruckt bei Johann Gött. 8. 14 S.

3. Die Lehre der heiligen Schrift von den Engeln Gottes. Predigt am Peter= und Paul=Tage 1863 in der evang. Stadtpfarrkirche zu Kronstadt gehalten. In meines Vaters Hause sind viele Wohnungen. Ev. Joh. 14, 2. Diese Predigt ist unentgeltlich zu bekommen auch in der hiesigen Haberl und Sindel'schen Buchhandlung. Kronstadt, Druck von Römer & Kamner. 1863. 8. 10 S.

4. Daß uns in der Erzählung der heil. Schrift von der Sindfluth im Wesentlichen eine geschichtliche Thatsache überliefert worden sei. Predigt über I. Mos. 7. V. 11—12, 21—23 und 8. 1—3, 18 bis 21, gehalten in der Stadtpfarrkirche zu Kronstadt am 10. Trinitatis=Sonntag 1864 von G. A., Prediger. Diese Predigt ist unentgeltlich zu haben in der Haberl und Hedwig'schen Buchhandlung. Kronstadt, Druck von Römer & Kamner. 1864. 8. 10 S.

T r. **Albrich Joh. Carl,**

geprüfter Advokat und ordentl. Lehrer des sächs. Privat=Rechtes in Hermannstadt, geboren in Leschkirch, wurde 1810 als Professor des sächsischen Privat=Rechts am Hermannstädter Gymnasium angestellt und starb in dieser Eigenschaft den 22. April 1839 im 51. Lebensjahre an der Abzehrung. Er schrieb:

1. Anleitung zu rechtsbeständiger und den siebenbürgisch=sächsischen Municipal=Gesetzen gemäßer Einrichtung schriftlicher Aufsätze, als Handbuch zunächst für Dorfs=Notäre in den sächs. Kreisen, zugleich aber auch als Formular=Buch für alle diejenigen, welche in den Fall kommen können, einen schriftlichen Aufsatz zu verfassen, bei welchem einige Rechtskenntniß erfordert wird, die sie jedoch nicht besitzen. Hermannstadt, bei Hochmeister. 1815. 8-vo. II. 163 S.
2. Handbuch des sächsischen Privat=Rechts, von Johann Carl Albrich, geprüften Advokaten und Professor der Rechte in der sächsischen Nation. Hermannstadt, gedruckt bei Martin Edlen von Hochmeister 1817, kl. 8-vo. XIII. 212 S.

Dem Comes Tartler und der Universität der L. sächsischen Nation zugeeignet.

3. Siebenbürgisches öffentliches Recht. 8-vo. 31 S. (Ohne Angabe des Jahres und Druckortes; in Hermannstadt bei Joh. Barth gedruckt, zum Behufe der Vorlesungen des Verf. am Hermannstädter Gymnasium.)

4. Prüfungsfragen für die Schüler der rechtswissenschaftlichen Vorlesungen am Hermannstädter Gymnasium A. C. Fol. 11 S. (Lithographirt bei Bielz in Hermannstadt, ohne Orts= und Jahres-Angabe.) Die Zahl der Fragen ist 294.

5. Vorschläge zu einigen Verbesserungen, welche der gegenwärtige Gang der Verwaltung in der sächsischen Nation bedarf. (Lithographirt bei Mich. Bielz in Hermannstadt im J. 1833.) Fol. 12 S.

Sie betreffen: a) Das Rangverhältniß der sächsischen zu andern Beamten, ihre Beförderung zu Dikasterien und ihre Gehalte. b) das sächsische Municipal=Recht, Gerichts=Ordnung und Strafrecht. c) Mängel in der politischen, gerichtlichen und ökonomischen Verwaltung.

Diese, vom Verfasser der sächs. Nations-Universität im Februar 1833 eingereichten Vorschläge wurden allen sächsischen Kreisbehörden von der Universität mitgetheilt, um derselben darüber ihre Bemerkungen zur weitern Verhandlung zu unterlegen. Einigen Mängeln ist zum Theil abgeholfen worden; manche Vorschläge des Verfassers dagegen waren unausführbar oder fromme Wünsche.

6. Erwerbung dinglicher Rechte durch Uebergabe, Pfandrecht, Schenkung und Tausch. Im Auftrag des Komes der sächs. Nation, entworfen zu Hermannstadt am 10. Mai 1838 durch J. C. Albrich und Conrad Schmidt, geprüften Advokaten beider Rechte. (Lithographirt bei Mich. Bielz in Hermannstadt 1838.) Fol. 15 S.

Von dem Nutzen ordentlicher Grundbücher überzeugt, hatte die sächs. Nations=Universität eine neue Grundbuchs=Vorschrift entworfen, über welche die kön. Bestätigung im August 1836 mit der beigefügten Verordnung erging: „Nach den in dieser Vorschrift aufgestellten Grundsätzen, die betreffenden Stellen der sächs. Statutar=Gesetze zu erläutern, mit neuen Rechts=Satzungen zu vermehren, und diese letzteren zur allerhöchsten Bestätigung einzuschicken." Den vorstehenden, zu diesem Ende ausgearbeiteten Entwurf theilte die sächs. Universität allen sächsischen Kreisen zur Aeußerung mit, ver=

faßte nach weiterer Berathung darüber eigne neue Satzungen und schickte dieselben vorschriftsmäßig ein, worauf deren allerh. Sanktion im Jahre 1845 erfolgte.

Tr. **Albrich Johann,**
geboren in Kronstadt am 7. September 1663 war ein Sohn des Mag. Martin Albrich, Pfarrers in Rosenau, wurde Magister der freien Künste und der Philosophie zu Wittenberg am 24. April 1683 und starb schon als Lector des Kronstädter Gymsiums am 14. Nov. 1690.

Am 9. Febr. 1681 in die Zahl der akademischen Studirenden zu Wittenberg aufgenommen, widmete er daselbst seine Zeit bis zum Jahre 1685 gewissenhaft seinem künftigen Lehrerberuf, um in die Fußstapfen seines würdigen Vaters zu treten, und gab heraus:

1. Undae lustrales in infelici Mercurio queis Dn. *Mart.* Albrichius[1]) Jur. Stud. in Aula — inter lavandum — mersus d. 15. Julii 1682 florentissimam vitam cum improvisa morte commutavit. Wittebergae, 4 Folio-Seiten.
2. Disp. theol. ex Augustanae Confessionis methodica repetitione, de confessione, praeside. Joh. Deutschmann M. Sept. 1683. Witeb. 4.
   Erschien auch in J. Deutschmann's Theosophia p. 17—32.
3. Disp. ex theologia Naturali de nomine dei sub Praesidio Christiani Donati d. 20. Aug. 1684. Witteb. 4. 4 S.
4. J. N. J. Dissertatio Pnevmatica de Spiritu in communi, Praeside M. Joh. Albrichio, Resp. Andrea Sattlero, Bistric. Transilvano d. 20. Aug. 1684. Witteb. 4. p. 20 S.
5. Τριαδογνωσιαν Primorum N. T. Fidelium ante publicum Christi praeconium s. Diss. de Mysterio SS. Trinitatis a primis N. T. fidelibus cognito et credito, ex Angelica conceptionis Joannis Baptistae denunciatione Luc. I. 1—17 praes. J. Deutschmann. Witteb. 1685. 4. 18 S.

Seiv. **Albrich Johann,**
von Kronstadt, der Arzneikunst Doctor, und Mitglied der römisch-kaiserlichen Akademie der Naturforscher. Er studirte zu Halle und Utrecht, und erhielt auf letzterer hohen Schule 1709 die Doktorwürde. In seinem Vaterlande ward er vom königlichen geheimen Regierungsrathe zum Sanitätsdoktor während der Pest, die 1718 und 19 wüthete, ernannt. Er

---

[1]) Bruder des Verfassers f. den Art. Mag. Mart. Albrich.

erwarb sich solche Verdienste, daß er nicht nur in den Kronstädtischen Rath; sondern auch 1740 den 25. Brachmonat in die kaiserliche Akademie, unter dem Namen Chrysippus III. aufgenommen wurde. 1749 war das letzte Jahr seines Lebens.

Tr. Dr. J. A. wurde geboren in Kronstadt den 1. September 1687, war der Sohn des Vorhergehenden, Lectors Johann Albrich und der Sara Schunkabunk. Er verlor frühzeitig seinen Vater, wurde aber von seinem Stiefvater, dem Stadt-Richter Stephan Filstich, zum Studiren ermuntert. Nach absolvirtem Gymnasialstudium zu Kronstadt, bezog er im September 1706 die Universität Halle, setzte sein Studium in Leyden fort und wurde am 23. Dezember 1709 zu Utrecht zum Doctor der Medicin graduirt. Im Jahr 1711 kehrte er in seine Vaterstadt zurück und verband sich bald mit Sara, der Tochter des reichen Stadt-Richters Georg Drauth 1712 den 26. Juli, mit welcher er einen Sohn Martin Gottlieb [1]) und eine Tochter Sara verehlichte Doctor Sam. Drauth zeugte. Nach der damaligen Sitte errichtete er auch eine Apotheke, nachdem die Stadt-Apotheke im Jahr 1689 vom Feuer verzehrt und das dazu gewidmete Gebäude verfallen war. Im Jahr 1715 wurde er zum Stadt-Physicus ernannt, und ihm schon nach drei Dienstjahren das härteste und traurigste Geschäft zu Theil, das ein Physicus erfahren kann. Es brach nemlich 1718 die Pest in Kronstadt aus, daher die meisten Magistratsbeamten auf das Land flüchteten, und in Kronstadt ein Directorium unterm Vorsitz des Senators Mich. Fronius [2]) bestellt wurde, dessen vorzüglichstes Mitglied als Arzt Albrich war. Bei aller Anstrengung gelang es jedoch seinen und dieses Directoriums Bemühungen nicht, das Uebel eher als gegen Ende des Jahres 1719 zu ersticken, indem dasselbe rings um Kronstadt ebenso schrecklich wüthete. Endlich erfolgte am 7. Jan. 1720 die Aufhebung der Sperre der Stadt und neues Leben trat wieder ein. Den Verlauf der Pest hat Albrich in seinen Observationibus und der beigefügten Historia selbst beschrieben, was von den Kronstädter Aerzten vor ihm nur Hegenitius noch gethan hat. Nebst dem Physikat bekleidete in der Folge Albrich auch den Dienst eines Kirchen-Curators bei der evang. Stadt-Kirche einige Jahre hindurch, und wurde am 13. Oktober 1729 ein Mitglied des Stadt-Rathes, trat jedoch erst am 18.

---

[1]) Dessen Sohn Joh. Martin erwarb sich als k. k. Hauptmann den Adel mit dem Prädikate von Albrichsfeld und starb im Ruhestand 1814 zu Kronstadt.

[2]) Vgl. die Artikel Fronius und Christoph.

Dezember 1730 diesen Dienst an, wie Neidel in seinem Tagebuche S. 547 glaubt, aus der Ursache, weil ihm der Rang nicht vor dem Senator Georg Schnell junior angewiesen wurde, welchem bleß bei Einziehung des Letzteren in den Stadt-Rath am 13. März 1724 in Abwesenheit des Stadt-Richters Georg Drauth vom Pro Judex Steph. Filstich zwar versprochen, aber nicht vom Magistrat verprotokollirt worden war. Er mußte sich also mit dem Rang als letzter Raths-Verwandter zur Zeit der geschehenen Aufnahme, der Gewohnheit gemäß begnügen. Unterdessen setzte Albrich auch als Senator die Ausübung der Heilkunst fort, und hatte als Arzt solchen Ruf, daß der Graf Richard Georg v. Laasperg damals in Kronstadt garnisonirender Oberst von Trautson Inf., den er behandelte, ihn in freien Kosten am 2. April 1727 nach Wien mitführte, um auf der Reise seines Rathes sich zu bedienen und seine Gesundheit herzustellen[1]). Vermuthlich damals wurde er der kaiserlich Leopoldinischen Akademie persönlich bekannt. Nachdem er am 1. März 1743 seine Gattin durch den Tod verloren hatte, trat er in die zweite Ehe im Jahre 1744 mit Susanna Fleischer, der Wittwe seines Stiefbruders und ehemaligen Kronstädter Rektors Joh. Filstich. Diese Ehe blieb kinderlos, nachdem dieselbe nicht viel über 2 Jahre gedauert hatte. Denn am 10. Dezember 1749 wurde Albrich von einem Schlagfluß gerührt, und am 23. desselben Monats vom Tode, dem er während der Pest glücklich entgangen war, seinen Angehörigen und seiner Vaterstadt entrissen. Neben der Medizin war die vaterländische Geschichte sein Lieblingsfach, und er hat sich um dieselbe, vorzüglich in Beziehung auf Kronstadt durch Sammeln schätzbarer handschriftlicher Nachrichten und das damit seinen Landsleuten zuerst gegebene rühmliche Beispiel, sowie hauptsächlich durch das nachbenannte Urkundenbuch eine unverwelkliche Lorbeerkrone erworben.

1. Diss. de Haemorrhagiis in genere. Traj. ad Rhen. 1709 in 4. 11 S.
2. Observationes de Peste Barcensi, praesortim Coronae, saeviter An. 1718 et 1719 grassante. Enthalten theils einen **kurzen historischen** Bericht von der in Kronstadt grassirenden Seuche A. 1718/19 — theils Historiam Medicam Pestis Coronensis, A. 1718 et 1719. Fol. [2])

---

[1]) Albrich kehrte zurück nach Kronstadt im nemlichen Jahr und traf den 21. Juli 1727 zu Hause ein.
[2]) Der berühmte D. Veßpremi entdeckt, daß Kölescheri einen Auszug davon unter seinem eigenen Namen, den Annal. physico-medics Vratislav. Tentam. VI. S 1316 habe einrücken lassen. S. dessen Centur. II. P. I. S. 7.

— 23 —

Das Albrichische handschriftliche Werk besteht in drei Theilen, in Folio, nemlich:

a) Pest=Protokoll, worinnen die zur Zeit der in Kronstadt und derselben Vorstädten Anno 1718 und 1719 grassirenden Seuche gemachte Anstalten und Pest=Bedienten zur künftigen Nachricht verzeichnet sind, mit Anfang des Oktobers 1718, wie ein Theil des l. Magistrats und der Bürgerschaft sammt der königl. Garnison ausgewichen und die Stadt gesperrt worden. 42 S.

b) Historischer kurzer Bericht von der in Kronstadt, deroselben Vorstädten und ganz Burzenland Anno 1718 und 1719 grassirten pestilentzialischen Seuche. 33 S.

c) Historia medica Pestis Coronensis. 14 S.

Die beiden ersten sind in deutscher, das letzte Stück hingegen in lateinischer Sprache geschrieben, sämmtlich Handschriften. Eine deutsche Uebersetzung aber des letzteren hat Dr. Martin Lange in die siebenbürgische Quartalschrift III. S. 121—142 eingerückt. Jedoch ist auch schon früher Albrichs Handschrift von Chenot (in Tractatu de pesto Vindob. 1766) und Andern benützt worden. Weszprémi's obenerwähnte Biogr. Medicorum Hung. et Tr. Centuria III. letzte Seite des Postscripts.[1]

---

[1] Die Pest hat im 18. Jahrhundert in verschiedenen Gegenden Siebenbürgens und zwar vom Jahr 1710 angefangen 10 Jahre hindurch (besonders in Kronstadt, 1718 und 1719), dann 1726, 1728, 1733, 1738, 1740, 1742, 1755 und 1756, 1763, 1770—1772 und 1795, wie auch im 19. Jahrhundert in Kronstadt 1813/14 und 1828 im Dezember grassirt.

Die Geschichte verschiedener dieser Jahre findet man in:

Sam. Köleséri Pestis Dacicae anni 1709. Scrutinium et Cura. Cibinii 1709. 12-mo. XII. 120 S.

Historia pestis, quae ab anno 1708—1730 in Transilvania etc. depopulabatur. Styrae 1716. 8-vo. Der richtigere Titel lautet: „Loimographia, seu Historia pestis, quae ab a 1708 ad 1713 inclusive Transilvaniam, Hungariam, Austriam, Pragam et Ratisbonam depopulabatur etc. primo a J. B. Werloschnig a Perenberg etc. adumbrata, deinde ab Antonio Loigk reassumta. Styrae 1716 fl. 8-vo. XLII. 499 S. Dieses Buch enthält keine Beschreibung der siebenb. Pest, sondern bloss S. 356 die kurze Erzählung, dass die Pest im Jänner 1708 durch Zigeuner aus der Walachei und Moldau in die Szekler Waldungen, 4 Meilen weit von Kronstadt eingeschleppt, und durch Ansteckung eines Bauern, welcher daselbst Holz gefällt habe, auf die Familie des Letzteren fortgepflanzt und durch ganz Siebenbürgen verbreitet worden sei.

3. Einige Briefe an Prof. Schulz zu Halle, im Numoph. Schulz. T. I. S. 324 ꝛc. und zwar:

Monita antiloimica occasione pestis anni 1719. Claudiopoli recrudescentis etc. communicata per Sam. Köleséri. Claudiopoli 1719 in 12-mo.

Johann Albrichs obenangeführte Schriften von den Jahren 1718 und 1719
Nemtlicher Ausweis der in den Jahren 1738 und 1739 in Siebenbürgen an der Pest erkrankten, genesenen und gestorbenen (41,722) Personen in der Zeitschrift Transilvania I. 78 b.

Adami Chenot Tractatus de Peste. Anno 1755 usque ad finem Januarii 1757. Vindob. 1766. 8-vo. XXVI. 246 S.

et inde: Benkö Transilvania. Viennae 1777. 8-vo. I. 54—56.

Georg M. G. Herrmanns historische Nachrichten von der im Jahr 1755 bis 1757 in Burzenland graſſirten pestilenzialischen Seuche. Mspt. Fol. 104 S.

Adami Chenot Historia Pestis Transilvanicae annorum 1770 et 1771. Budae 1799 in 8-vo. XLII. 139 S. und 1 Tabelle

Item Benkö Transilvania. Viennae 1777. 8-vo. I. 56—57. II. 428.

Martini Lange Rudimenta Doctrinae de peste. Viennae 1784. 8-vo. 96 S. Editio altera. Additae sunt Observationes pestis Transilvaniae 1786. Offenbach 1791. 8-vo. 124 S.

Dr. Mich. Neustädter: Die Pest im Burzenlande 1786. Hermannstadt 1793. XVI. 121 S. und 2 Tabellen.

Dr. Mich. Neustädter: Neueste Pestvorfälle bei Tömösch und Rothbach im Aug. 1795. In der Siebenb. Quartal-Schrift 5. Bd. S. 133—144.

Michaelis Intze Dissertatio de nupera peste Coronensi (b. i. 1813/4). Pesthini 1822 in 8-vo.

Dr. Johann Pleckers Gesch. der Pest zu Kronstadt in Siebenbürgen im Jahre 1828/9 nebst einem Bruchstück über die Pest im Allgemeinen und einigen Bemerkungen über die Tömöscher Contumaz und medizinische Gränz-Polizei. Ausgearbeitet auf Gubernial-Befehl den 30. Juni 1829. Mspt. Folio. 116 S.

Zur Verhinderung der Einschleppung und Verbreitung der Pest in Siebenbürgen wurde die erste Contumaz-Periode gegen die Walachei und Moldau 42 Tage hindurch (Quarantaine) im Jahre 1723 gehalten, und auch in der Folge, wenn sich dieses Uebel den siebenbürgischen Gränzen näherte, je nach dessen Bedeutung durch längere oder kürzere Termine fortgesetzt. Nichtsdestoweniger brachten die Pest im Jahr

1755 im Herbst der armenische Kaufmann Martin Georg über den Tömöscher Paß,

1770 einige Soldaten des 2. Szekler Gränz-Regiments über den Bozauer Paß nach Siebenbürgen, — dann

1813 im November der Kronstädter Maurer Jakob Teutschbier, und

1828 im November der Maros-Vásárhelyer Wagner Andreas Geréb sogar durch die Tömöscher Contumaz nach Kronstadt.

"Epistolae ad b. Schultzium exaratae duae extant in Numophylacio Schultziano Part. I pag. 324 seque quod *Agnethler* edidit Halae Magdeb. 1746. 4-to. Utraque anno 1740. Coronae scripta est. In *priore* harum de fatali generi sui Samuelis de Drauth. Med. Doct. et Nat. Curios. Chrysippi II. (f. b. A.) morte, quod in fornicatae camerae domus suae ruina sepeliretur, acerbe queritur, suas de peste Barcensi in Transilvania anno 1718 et 1719. Coronae potissimum saeviter grassante observationes medicas, mineram auri Trestiensem Transilvanicam, Numismata quaedam aurea, argentea, aerea, nec non terram bolarem Persicam Febrifugam, Tentzug dictam, Sandaraca Graecorum scatentem dono benevole offert. In *altera* gratias agit pro exmisso sibi ab Augusta Academia Diplomate, et aureum Lysimachi numum cum aliis nonnullis diversi moduli, illo potissimum aureo X solidos minores pendenti, quod justitia et concordia gerit inscriptionem, grato donat animo." Dieß meldet Weszprémi Biogr. Medicor. Hung etc. Cent. II. P. I. pag. 9—12.

4. Copia Manuscriptorum ex Auctorum autographo opera J. Albrichii M. D. ac Physici ordin. in lucem publicam posteritati productorum Anno 1726. Fol. 2 Bde.

Den Inhalt dieser in der Kronstädter Schul=Bibliothek aufbewahrten Sammlung hat Benkö in Transilvania II. 620—623 und daraus Horányi in Nova Memoria Hungaror I. 69—72 angeführt. — Diese und die Geschichte der Pest von 1718 meint ohnfehlbar Jof. Teutsch, indem er berichtet: Albrich habe collectanea über das, was er selbst erfahren, hinterlassen, da man andere oder ein eigentliches Tagebuch von Albrich nicht hat.

5. Palladium Coronense seu Thesaurus Literarum Donationalium, Statutoriarum, Introductoriarum, Relatoriarum, Reambulatoriarum, Privilegialium, Confirmatoriarum, Adjudicatoriarum, Emptionalium, Venditionalium, Impignoratoriarum, Contractualium, Transactionalium, Voctigalium etc. a divis Regibus Hungariae nec non Principibus ac Wajvodis Transylv. etc. Civitati Coronensi terraeque Barcza ob fidelia ejusdem servitia collatarum, opera Johannis Albrichii M. D. in lucem productus atque in ordinem digestus, manibus vero Praestantissimorum quorundam Studiosorum Academicorum in hunc Codicem congestus Anno Dni. 1714. Mspt. VI. 338 S. in Groß=Folio. (Eber de Initiis Saxonum p. 191 sagt vom Palladium:

„est Syntagma Litterarum veterum opera Joannis Albrich a. 1714 ex autographis transscriptarum.")

Dem Stadt-Richter und Gubernial-Rath Georg Draud, Pro-Judex Barth. Seuler, Pro-Quästor Stephan Filstich, Stadthannen Georg Czako v. Rosenfeld und übrigen Senatoren, dann dem Orator Lucas Seulen und der ganzen Kronstädter Communität zugeeignet.

Die Veranlassung zu diesem verdienstvollen Werke gibt Albrich in der Vorrede also an, daß im Landtag des J. 1713 davon gehandelt worden, wie theils Michael Mikes das Szunyogszeger Gebieth auf Kosten des Vlodényer Weichbildes zu erweitern sich bemühet; theils der Szekler Adel den von Altersher nach Marienburg, dann aber, vermöge Schenkungen an das Törzburger Schloß, ununterbrochen abgeführten Zehnten oder Mauth von dem aus den Szekler Stühlen nach Burzenland gebrachten Salz, ferner abzuliefern sich weigere. Dadurch aufmerksam gemacht auf den Werth der Kenntniß der Privilegien, habe er die Privilegien seiner Vaterstadt auf dem Rathhause zusammengesucht, geordnet, solchen den kurzen Inhalt indorsirt, dieselben des leichtern Auffindens wegen numerirt und in ihrer Reihe versorgt, zugleich von den wichtigsten derselben die Abschrift im Palladium von Anfang März an bis Ende August 1714 zu Stande gebracht (indem er solche in seinem Hause verschiedenen damaligen jungen Academicis, Juristen und Theologen in die Feder diktirte). Die Reihenfolge ist, daß den Dokumenten von ungarischen Königen, die von siebenbürgischen Fürsten, dann von Wohwoden, weiter die vom Weißenburger Capitul und zum Schluß einige andere folgen. Seine Absicht war (laut eigner Vorrede) theils dem Archivar, theils andern Beamten den Gebrauch der Privilegien zu erleichtern, unter allen die Kenntniß der Kronstädter Freiheiten zu befördern, die wichtigste Hülfsquelle der Geschichte, woraus durch Lehren der Vergangenheit Verhaltungen für die Zukunft genommen werden könnten, zu eröffnen, und endlich eine Abschrift zu liefern, welche, wenn es belieben sollte, durch irgend einen glaubwürdigen Ort (locum credibilom) beglaubigen zu lassen, den Verlust einer und der andern der darin vorkommenden Urkunden unschädlich machen könne. Auch verspricht Albrich, nebst einem Catalogus Regum et Principum, zum Palladium eigens ein doppeltes Register, nach den Materien sowohl, als auch alphabetisch zu verfertigen.

Er verfaßte sonach dazu absonderlich:

Index generalis Literarum Privilegialium etc. Brassoviensibus olim a Divis Hungariae Regibus et Transilvaniae Principibus concessarum omnium, nec non Literarum a Waivodis Transilvan. Capitulo Ecclesiae Albensis Transilv. Requisitoribus Literarum, Conventu Monasterii B. Mariae Virginis de Kolos-Monostra, Notariis publicis, aliisque (quae deinceps a Registratoribus describentur) editarum, ubi numerus romanus ordinem, quo sese excipiunt, numerus vero vulgaris annum, quo quaevis emanatae sunt, indicabit per J. A. Med. Drem inchoatus anno 1714. d. 1. mens. Septembr. Mspt. 36 Folio-Seiten.

In der Vorrede ermahnt Albrich die Registratores Archivi Coron. auch die andern noch zerstreut liegenden Kronstädter öffentlichen Schriften, besonders jene, welche die Schulden des Publici beträfen, zu ordnen, deren Inhalt in diesen damit fortzusetzenden Materien-Index summarisch zu verzeichnen, und dann aus diesem Index ein alphabetisches Register zu verfassen, damit die Nachkommen alles leicht finden und wider Angriffe sich vertheidigen könnten. Allein dieser gute Wunsch ist bis heute nicht in Erfüllung gegangen, indem die Akten bis zum Jahre 1690, wenn auch chronologisch zusammengelegt, jedoch noch nicht registrirt, und nur über die Privilegien erst um das Jahr 1780 ein **alphabetisches Register** vom Notarius **Paul Plecker** (mit Beziehung auf den im Jahre 1765 von Herrmann nach der neuen vom letztern vorgenommenen Rangierung der Privilegien verfaßten chronologischen Index) verfertigt worden ist.

Tr. ## Albrich Karl,

geboren in Hermannstadt, Sohn des im Jahre 1839 verstorbenen Advokaten Joh. Carl Albrich, diente als Professor am evang. Ober-Gymnasium in Schemnitz, und lehrte, am 1. April 1860 nach Hermannstadt berufen, seit Anfang des Schuljahres 1860/1 am evangl. Ober-Gymnasium seiner Vaterstadt Mathematik, Naturgeschichte und Physik bis er gelegentlich der Errichtung der **Oberrealschule** daselbst zum scientifischen Leiter dieser Anstalt und Lehrer der obbezeichneten Fächer an derselben berufen wurde.

Hemoramakroskop. Apparat für Bestimmung des Auf= und Unterganges der Sonne und der Tageslänge. Hermannstadt bei Th. Steinhausen 1866 (11 Steintafel in Fol.)
S. auch den Art. Gottfr. Capesius.

Seiv. **Albrich Martin,**

der freien Künste und Weltweisheit Magister, Pfarrer zu Rosenau im Burzenland, und Dechant des Kapitels. Sein Vater, Georg Albrich, war ein ansehnlicher Bürger zu Medwisch, woselbst auch Martin geboren worden. Nach seinen Universitätsjahren ward er außerordentlicher Professor bei der Medwischer Schule, begab sich aber 1655 den 5. Hornung nach Kronstadt, dahin er zum Rektorate berufen worden. Dieses verwaltete er bis 1660, da er nach dem Tode des Markus Deidrich die Pfarre zu Rosenau erhielt. Bei dieser Gemeine diente er vier und dreißig Jahre.

T r. Albrich wurde geboren in Mediasch am 10. Nov. 1630. Seine Familie stammte aus dem Orte Frauendorf bei Mediasch. Durch frühzeitige Entwicklung seiner Talente, erwarb er sich die Bewunderung seiner Lehrer, bezog, erst 15 Jahre alt, das Gymnasium zu Neusohl, verweilte sofort vier Jahre in den Schulen zu Iglau in Mähren, und begab sich dann an die Hochschulen zu Leipzig und Wittenberg. Am letzteren Orte wurde er Magister der Philosophie, nach seiner Rückkehr aber, nachdem er kurze Zeit als Lector in Mediasch gelehrt hatte, vom Kronstädter Richter Michael Herrmann zum Hauslehrer seiner Söhne berufen, und noch im nemlichen Jahre 1655 zum Rector des Kronstädter Gymnasiums gewählt. Seinen verdienstvollen Leistungen an dieser Schul-Anstalt hat **Dück in seiner Geschichte des Kronstädter Gymnasiums S. 59** das wohlverdiente Lob gezollt.

Während seinem Rectorate stand Albrich, — durch seine Gelehrsamkeit auch den Griechen in Konstantinopel bekannt geworden, — selbst mit dem dortigen Patriarchen in wissenschaftlichem Verkehr, und mit vielen Gelehrten Siebenbürgens und des Auslandes in fortwährender Verbindung.

Als Pfarrer zu Rosenau bekleidete er in den Jahren 1684—1687 und 1689—1690 das Dekanat des Kronstädter Capitels, — hatte bei dreimaligen Superintententenwahlen in den Jahren 1666—1686 und 1691 die Ehre, zu dieser höchsten Stelle in der sächsischen Geistlichkeit mitcandidirt zu werden, und erfreute sich auch bei der weltlichen Obrigkeit Kronstadts eines großen Ansehens. Daher kam es, daß im Jahre

1688 — als einige aufrührerische Bürger die Aufnahme der, unter dem Commando des Generalen Veterani zur Besatzung anrückenden, kaiserlichen Soldaten in das dasige Bergschloß hartnäckig verweigerten, und den dringendsten Ermahnungen der Vorgesetzten nicht Gehör geben wollten, — der Magistrat unsern Albrich und den damaligen Brenndörfer, nachmaligen Kronstädter Pfarrer Martin Harnung nach Kronstadt berief, um durch ihre Vorstellungen die Widerspenstigen von ihrer Tollkühnheit abzubringen. Dieser Aufforderung wurde denn auch von beiden Pfarrern, unter Anwendung ihrer Beredsamkeit, mit möglichstem Nachdruck entsprochen, aber leider ohne den gewünschten Erfolg, und zum Verderben nicht nur der Aufrührer, sondern auch der gesammten übrigen schuldlosen Bevölkerung. (S. Siebenbürgisches Vereins-Archiv, 1. Bd., 1 Heft, S. 121.)

Von seiner ersten, am 15. Februar 1659 verstorbenen Gattin Margaretha, Tochter des Mediascher Königs-Richters Michael Stamph, hinterließ Albrich eine Tochter Margaretha, welche als Witwe des Kronstädter Senators Andreas Ziegler, durch ihre eigene Schwiegertochter vergiftet 1729 in ihrem 71. Lebensjahre starb. Mit der zweiten Gattin Sara Schneeweiß verwitweten Johann Chrestels († 1682) zeugte A. zwei Söhne, nemlich **Martin** — der am 15. Juli 1682 im 21. Lebensjahre im Kockelfluß ertrank, und **Mag. Johann Albrich** (s. d. Art.) Seine dritte Gattin Sara Greissing verw. Markus Schankebank († 1687) gebar ihm einen Sohn **Georg** 1686. Dieser hatte, nachdem er an der Universitäten in Jena ein, in Leipzig zwei, und in Halle 5 Jahre verlebt, auf der Heimreise in Polen das Schicksal, als verdächtig 9 Tage in Haft gehalten und mit der Tortur geschreckt zu werden, bis er sich mit 36 Thalern freikaufte und also im Jahre 1708 nach Kronstadt zurückkehrte. Hier schloß er bald ein Ehe-Verlöbniß mit Rosina Plecker, die ihm jedoch schon am Hochzeitstage, den 27. Juni 1708 durch den Tod entrissen wurde. Er verehlichte sich sofort mit Martha, Tochter des Petersberger Pfarrers Andr. Krauß, starb aber, noch als Akademiker, schon am 12. April 1712 mit Hinterlassung einer einzigen Tochter. — Magister Martin Albrichs **vierte** Gattin war Martha, Tochter des Stadthannen Bartholomäus Hirscher, Witwe des Honigberger Pfarrers Paul Greissing (1688), welche nach seinem, am 27. September 1694 erfolgten Ableben, ihr drittes Ehebündniß am 11. Mai 1709 mit dem Stadtpfarrer Mag. **Marcus Fronius** (s. den Art.) schloß, als dessen dritte Gattin und hinterbliebene Witwe sie am 8. Juli 1718 mit Tod abging.

Obwohl sämmtliche vier Ehen Albrichs mit Kindern gesegnet waren, hat doch blos sein erwähnter Sohn zweiter Ehe Mag. **Johann A.** seine männliche Nachkommenschaft fortgepflanzt.

Von Mag. Martin Albrichs Schriften sind bekannt:

1. Disp. de Natura et Constitutione Logicae, in cel. Gymnasio Coronensi, respond. Stephano Dechano, Bistric. d. 7. Jun. Coronae, typis Mich. Hermanni. 1655 in 4. 58 S.
2. Dissertatio Theol. de Invocatione Sanctorum, respond. Joh. Klein. Coronae, 1655. 4. [1]) 32 S.

    Mit einer Zueignungsschrift an den walachischen Fürsten Konstantin Kantakuzen und der Bitte, daß sie von den walachischen Bischöfen beantwortet werden möchte. Ich zweifle aber sehr, daß er seine Absichten erreicht habe.
3. Synopsis Logicae, in qua praecepta selectiora exemplis illustrantur, controversiae nobiliores breviter deciduntur, Canones utiliores declarantur. — Ebend. 1655. in 8-vo. XVI. 256 S.
4. Theses de Coena magna, Resp. Bartol. Falk, Rupensi. Ebendas. 1655. in 4. 8 S.
5. Dicta S. Scripturae, maximam partem cardinalia et stringentia, una cum Definitionibus Loc. Theolog. principalioribus, b. Corandi Dieterici. Ebendas. 1656 in 8. VIII. 110 S.

    Diesem Buch ist eine Vorrede Albrichs auf 2 Seiten vorausgeschickt, woselbst derselbe die Absicht der Herausgabe „in usum juventutis Scholasticae Coronensis" angibt, damit sich nemlich diese Sprüche ihrem Gedächtnisse besser einprägen und sie in Stand gesetzt werden möchten, auch Anderen über ihre Glaubens-Sätze Rechenschaft zu geben und ketzerische Meinungen zu bekämpfen.
6. Opusculum Metaphysicum, in quo primo Praecepta in debita sua universalitate proposita, et post expeditas distinctiones nominales fideliter explicata. Secundo, Controversiae nobiliores breviter decisae, solutis potioribus objectionibus. Tertio canones utiliores limitati, confirmati et exemplis illustrati. Quarto ubique ferme usus, quem tum hi, tum istae et illa in Theologia habent insinuatus (In Disputationibus XII) Coronae typis Mich. Herrmann 1659. in 4. VIII. 219 S.

---

[1]) Vgl. meine Geschichte des Burzenländer Capitels S. 36 und die Artikel dieser Denkblätter: Jehann Benkner und Luc. Hirscher, sowie meine Beiträge und Aktenstücke zur Reformations-Geschichte von Kronstadt. S. 22.   T r.

Tr. Disp. I. De natura Metaphysicae Respondente Joanne Müllero Ruponsi, p. 8.

Disp. II. De Ente, Resp. Petro Fannenschmiedio, Coronensi. p. 9—26.

Disp. III. De Principio Entis, affectionumque essentia, Resp. Georgio Kapesio Szenavereschensi. p. 27—38.

Disp. IV. De affectionibus Entis in genere, et perfectione ejus in specie. Resp. Michaele Clausenburgero Mediensi. p. 39—62.

Disp. V. de Unitate et veritate, Resp. Joanne Falck Rupensi. p. 63—86.

Disp. VI. De Bonitate, duratione et ubietate, Resp. Andrea Grellio Schaesburgensi. p. 87—105.

Disp. VII. De Dependente et independente, Creato et increato, Finito et infinito, Corruptibili et incorruptibili, Resp. Andrea Lutschio, Bistriciensi. p. 121—136.

Disp. VIII. De Principio et principato, Causa et causato. Resp. Jacobo Gotterbarmet Mediensi p. 137—162.

Disp. IX. De Necessitate et Contingentia, Actu et potentia, Resp. Georgio Meschner, Coronensi. p. 106—120.

Disp. X. De Affectionibus disjunctis primariis mediatis, Resp. Joanne Schulero Bathoschensi. p. 163—184.

Disp. XI. De Absoluto et Respectivo etc. Resp. Michaele Roth, Rupensi. p. 185—204.

Disp. XII. De expressionibus essendi rationibus ad certas classes revocandis. Resp. Thoma Graffio, Coronensi. p. 205—219.

7. Canones Logici selectiores. Coronae, 1659. in 4. 4 S.
8. Disp. de Consumatione Saeculi. Resp. Johan. Schüler, Bistriciensi. Ebend. 1659. in 4. 4 S.
9. Theses miscellaneae, quas in J. Coronensium Gymnasio Praeside Martino Albrichio publice defendendas suscipit Jacobus Gotterbarmet Mediensis. Coronae charactere Hermanniano. 1656 in 4. 4 S.
10. Refutatio errorum Johannis Bayeri, Fanatici. 1677. Mspt.
11. Diarium vom Jahr 1658 und 1659. Mspt.
12. Oratio in festo Georgii habita ad Capitulum Barcense. 1686. 4-to. 16 S. Mspt.

Vormals wählte das Burzenländer Capitel seinen Dechanten alljährlich am Georgentage und der Dechant, welcher bis zu diesem Tage fungirt hatte, hielt bei der Abdankung eine feierliche Rede, wozu er sich einen beliebigen, oft geschichtlichen Text wählte. In dieser nach zweijährigem Decanat gehaltenen Rede theilt Albrich dem Capitel sein Schreiben vom Jahre 1684 an Cantacuzen, Fürsten der Walachei, mit, welchem er nicht lange vorher Luthers kleinen Catechismus mit der Bitte geschickt hatte, denselben aufmerksam zu lesen, und künftig die Lehren der Evangelischen, wenn nicht zu lieben, wenigstens nicht zu hassen. Cantacuzen übergab den Catechismus dem Bischof Cacavalla zur Prüfung, und schickte des Letztern Bemerkungen unserm Albrich. Obiges Schreiben enthält nun die Antwort Albrichs auf Cacavallas Bemerkungen, namentlich über die Einfachheit der Lehren des Catechismus und die Auslegung der 4. Bitte. Ob der Fürst oder Cacavalla darauf replicirte, wird von Albrich in der Rede nicht gemeldet.

(Diese Rede befindet sich unter den Filstichischen Handschriften in der Kronstädter Schulbibliothek.)

S. meine Beiträge und Aktenstücke zur Reformations-Geschichte von Kronstadt, S. 22.

Tr. **Albrich Wolfgang,**

aus Leschkirch, vertheidigte die Streitschrift:
Disputatio theologica de bonis operibus, praeside Joanne Deutschmann, d. 14. Martii 1694. Wittebergae 4-to.

Tr. **Alesius (Olescher) Johann,**

von Kronstadt gebürtig[1]), Lehrer am Kronstädter Gymnasium 1630—1632, dann Stadtprediger 1632—1634 zum Pfarrer in Honigberg erwählt den 9. November 1634, starb am 19. Dezember 1649.

Lacrymae super tristem at beatum obitum Illustrissimi ac Celsissimi Transilvaniae Principis ac Domini Dn. Georgii Rákoci, P. R. H. Domini et Sic. Comitis, qui cum per annos XIX. pacifice regnasset, relicto filio majore ejusdem nominis, principatu, sedatis et in solidum compositis in Germania et superiori Hungaria bellorum tot annis durantium tumultibus, ad requiem suam commigravit

---

[1]) Nach Seite 96 des ersten Bandes von Bermanns öftere biographischem Lexikon, zu welchem der Verf (laut Vorrede S. VII.) die Daten aus der ungr. Geschichte von Csaplovics und Jancsó erhielt, war auch der Szász-Fenesser Pfarrer und ungr. Superintendent Dionys Alesius († 1577) am 12. April 1525 in Kronstadt geboren.

A. MDCXLVIII. V. Iduum Octobr. typis Michaelis Hermanni Judicis Coronensis in 4. 16 S. Vgl. den Art. **Medens.**

Dazu bemerkt Horányi in Nova Memoria Hung. I, 73:

Occurrunt nonnulla hoc in sermone, quae frustra in editis patriae Scriptoribus requisiveris.

Tr. **Andreä Stephan,**
aus Hermannstadt.

Disp. theol. de Eclesiae Catholicismo, praes. Sebast. Schmidt. Argentorati 1657. 4. 28 S.

Tr. **Aquilinus (Adler) Thomas,**

aus Hermannstadt — vielleicht ein Sohn des Lazarus Aquilinus, Pfarrers in Dobring (Prov.-Blätter III. 137), studirte Theologie zu Königsberg in den Jahren 1648—1651.

1. Lacrumis, quibus praematurum et luctuosissimum, beatissimum tamen ex hac vita discessum Praestantissimi et Doctissimi Joannis Folkenii Kisdensis Transilvani, SS. Theologiae Studiosi vigilantissimi 1648. d. 10. Novembr. denati, et 13. ejusdem tumulati, Populares debitae condolentiae ergo prosequuntur. Regiomontii. 4.
2. Klaglied über den traurigen Todesfall der viel Ehr- und Tugendreichen Frau Agnethä Reichhelmerin, meiner herzgeliebten Frau Mutter, welche den 8. September 1651 in Siebenbürgischer Hermannstadt selig entschlafen und folgends den 10. begraben worden — von Th. Aquilino. Königsberg. 4. 4 S.

Tr. **Arz August,**

geboren in Hermannstadt, Sohn des Medicinä Doctors und Hermannstädter Kreis-Physicus Michael Arz, studirte auf dem Gymnasium seiner Vaterstadt und dann an der Wiener Universität, wo er auch selbst im Jahre 1840 zum Doctor der Medizin graduirt wurde, und practicirt gegenwärtig als Stadt- und Stuhls-Physicus in Hermannstadt.

Diss. de quibusdam recentiorum Medicaminum. Viennae 1840.

Tr. **Arz Johann,**

geboren in Hermannstadt 1772, war der Sohn des damaligen Rectors Martin Arz (s. d. Art.), studirte in Hermannstadt, Leipzig 1794 und Jena 1796 und wurde nach seiner Heimkehr Lehrer am Hermannstädter

Gymnasium. Durch seine nachbenannte mineralogische Abhandlung auch dem Auslande bekannt geworden, wurde er 1802, 26. Juli zum correspondirenden Mitglied der mineralogischen Gesellschaft zu Jena aufgenommen (laut Patriotischem Tagblatt vom März 1803 Nr. 21 und dem Intelligenzblatte zu den österr. Analen vom Jahre 1803. II. 7. S. 59). Er brachte eine nicht unbedeutende Sammlung von Mineralien zu Stande, welche er dem Hermannstädter Gymnasium schenkte. Durch Fleiß und Amtstreue in diesem Berufe beliebt geworden, ward er bald Prediger in Hermannstadt, und nicht lange nachher Pfarrer in Hamlesch (1805 im Juli), starb aber schon im Jahre 1815 den 9. Mai, 43 Jahre alt.

    Agri Sabesiensis et locorum confinium Oarda, Limba, Tsugudu, Petricomii, Sebesel atque Szásztsor Topographia mineralogica. Cibinii typis J. Barth, 1801. 4-to. 23 S.

T r.   **Arz Martin,**

Sohn eines Hermannstädter Bürgers gleichen Namens, am 3. September 1738 in Martinsberg, Großschenker Stuhls, wohin sich seine Mutter der Pest wegen geflüchtet hatte, geboren. Er studirte am Hermannstädter Gymnasium unter den Rectoren Schunn und Felmer, welch' Letzterer besonders auch durch Privatunterricht sich um Arzens Bildung verdient machte. Im Nov. 1759 bezog Arz die Universität zu Tübingen, wo er durch Empfehlung des Comes Samuel v. Baußnern sich des Freitisches erfreute, nach einem halben Jahre aber die Hochschule zu Erlangen, wo er 1½ Jahr, und eben so lange Zeit in Jena zubrachte. Nach gewissenhaft angewendeten Universitäts-Jahren kam A. am 17. Juni 1763 wieder in Hermannstadt an. Als hier nach einem Jahre eine Lehrerstelle erledigt ward, wurde er als Conrector angestellt, und am 11. März 1772 zum Rector des Gymnasiums erwählt. Er bewährte sich als den vorzüglichsten Lehrer damaliger Zeit an dieser Anstalt, wurde jedoch derselben schon nach 4¼ Jahren durch seine Berufung zum Pfarrer nach Urwegen entzogen. In Folge des Rufs, den er sich durch segensreiche Verwaltung dieser Pfarre erwarb, wurde A. den 28. Sept. 1781 zum Stadtpfarrer in Mühlbach erwählt, und hier war es, wo er die Errichtung eines neuen Schulgebäudes 1784/5 für die männliche und nach etlichen Jahren auch einer neuen Schule für die weibliche Jugend, — Erhöhung der geringen Lehrergehalte, Berufung tüchtiger Lehrer — und mehrfache Verbesserungen des Kirchen- und Schulwesens bewirkte. Vom Podagra und selbst nach einer Operation des grauen Staares mit Augenschwäche in den letzten Lebensjahren behaftet, unterlag er einer langwierigen Entkräftung am 1. Oktober 1805 und hinterließ eine Witwe, Susanna Reil, und drei würdige Söhne, von welchen der ältere **Martin** (gest. 16. Mai 1849) als Pfarrer in Großau im J. 1806 von der Birthälmer Gemeinde zu ihrem Pfarrer gewählt, bei der Wahl der Synode, dem damaligen Mühlbächer Pfarrer Georg Tay. Neugeboren zu Gunsten, auf die Wahl zu dieser Pfarre und der damit vereinten Superintendentur freiwillig und bescheiden Verzicht leistete, in der Folge aber das Dekanat des Hermannstädter Capitels vom Jahre 1825—1835 rühmlich verwaltete; der mittlere, **Johann** (s. d. Art.), als Pfarrer in Hamlesch im Jahre 1815 — und der jüngste **Georg Michael**, als praktischer Arzt und Physikus in Hermannstadt am 31. Jänner 1837 gestorben sind.

Einen Nekrolog des Stadtpfarrers Martin Arz brachten die Siebenb. Provinzial=Blätter 2. Bd., S. 254—270, laut welchem von ihm nur einige Gelegenheitsgedichte in Druck erschienen, hingegen folgende Hand= schriften zurückgeblieben sind:

1. Sammlung eigenhändiger Abschriften der vorzüglichsten Urkunden aus dem Mühlbächer Stadt=Archive.
2. Abhandlung über die Concivilität (mit philosophischem Geist, und mit Kenntniß der Landesgeschichte und Verfassung geschrieben).
3. Instruktion für den Mühlbächer Mädchen=Schulmeister.

Hinzuzuzählen sind:

4. Bemerkungen über die Frage: Ob dem System der drei Nationen, die den Staat von Siebenbürgen ausmachen, gemäß, der gesammten Walachischen Völkerschaft gleiche Rechte der Concivilität mit den drei Nationen zugestanden werden können? Nach dem Novellar= Artikel VI/744. (Eine im Jahre 1792 geschriebene Handschrift.)
5. Gedanken über die Cultur der walachischen Völkerschaft, unbeschadet der Gerechtsamen aller drei Nationen und vier recipirten Religionen. (Ebenso.)
6. Vorstellung an Seine Majestät unsern Allerdurchlauchtigsten Erb= landesfürsten. (Ebenso.)
7. Gedanken über das Eigenthums=Recht der Sachsen auf ihren Königs= oder sächsischen Grund. 1792. (Mspt.)

— 36 —

Seiv. **Arzt Johann,**

von Schweischer gebürtig, vertheidigte im Jahre 1685 unter Johann Deutschmann die Streitschrift:

> Mysterium SS. Trinitatis auto publicum Christi praeconium a fidelibus V. Testamenti cognitum et creditum. Vitebergae 4. 16 S.

Tr. Dieselbe ist auch in Deutschmann Theosophia S. 145—160 abgedruckt.

Johann Arzt ward nachgehends Diaconus zu Schäßburg, und von dort 1695 zum Pfarrer nach Mehburg, 1708 aber nach Keisd berufen und starb in letzterer Eigenschaft am 2. Dezember 1730.

Seiv. **Arzt Johann,**

Doctor der Medizin, ein Sohn des Vorhergehenden. Wo er in seinem Vaterlande gelebt, und wann er gestorben, habe ich nicht entdecken können. Bei Erhaltung seiner Doctorwürde zu Jena, gab er heraus:

> Diss. Physica, de Experimento ab Hugenio pro caussa gravitatis explicanda, invento, consensu Facultatis Philosophicae, pro loco in eadem obtinendo, d. 20. Nov. 1723, Praeside, Georg. Erh. Hambergero, Ph. Med. D. Jenae, in 4. mit einer Zueignungsschrift an Andr. Helvig, Königsrichter zu Reps, und Johann Lang, Pfarrer zu Seibrig. 24 S.

Tr. Diese Diss. ist im Jahre 1747 in Jena 4-to. wieder aufgelegt l. Weszprémi Biogr. Medicorum IV. 158.

Seiv. **Arzt Johann,**

von Leschkirch und Pfarrer zu Braller im Großschenker Stuhle. Von dem berühmten Gymnasium zu Preßburg nahm er 1670 mit folgender Abhandlung seinen Abschied und wurde aus dem Großschenker Rektorat 1679 Pfarrer in Rohrbach, 1684 in Braller, und 1688 in Agnethlen, als welcher er zu Hermannstadt im April 1698 starb.

> Exercitatio Theologica, de Revelatione divina, quam celeb. Gymnasio Posoniensi valedicturus, publice edidit — 1670, d. 10. Sept. Posonii. in 4. 8 S.

Auner Stephan,

Sciv.

ein geschickter Arzt von Medwisch, der zu Leipzig und Wittenberg studirte, und hier 1712 die höchste Würde in der Arzneikunst erhielt.
1. Disp. Anatomica, de Pulmone, Praeside Joh. Heinr. Heucher. M. D. Anatom. et Botan. P. P. d. 19. Jul. 1710. in 4. 20 S.
2. Diss. inauguralis Medica, de Vulneribus corundemque symptomatibus, Praeside Christ. Vater, M. D. tt. Prorectore, pro licentia. M. April. 1712. Witeb. in 4. 36 S.

Aurifaber Michael,

Sciv.

der freien Künste Magister, und Plebau zu Kleinscheuren im Hermannstädter Stuhle, gegen das Ende des XIV. Jahrhunderts. Zum Dienste des Hermannstädtischen Kapitels sammelte er ein Meßbuch, welches von einem gewissen **Theodorich** 1394 geschrieben, noch bei demselben aufbewahret wird. Wie könnte es auch anders sein? Wehe dem, der es wagen sollte, die Brüderschaft dieses Buchs zu berauben! Der Verfasser fluchet solchem das Schicksal Dathans und Abirams [1]) (Numeri, 16) zu. Hier ist der Anfang dieses Werkes:

Incipit Liber specialis Missarum. Qui pertinet ad Fraternitatem per Cybinium, quem compilavit Dns. Mychael, Plebanus in Parvo Horreo, ad honorem Dei Omnipotentis et beate gloriose Virginis Marie. Qui nituntur eum auferre de Fraternitate, descendant in infernum, viventes cum Dathan et Abyron. Anno Dni. Mo. CCCo. XCIIIo. completus est septimo Kalendar. Novembrium. Qui me scribebat, nomen habebat:

Nomen Scriptoris, si tu cognoscere queris.

The tibi sit primo, *ode* medio, *ricusque* secundo.

SK MRLF FFCKSTK TXNC RFSPKCF XXLNFRB XPK.
FLFCTF GFNX PLPRB CRXCKFXXM SFMPFRB DPRB. II. Fol.

Das Geheimniß dieser zween Verse besteht darin, daß der Verfasser, anstatt der Selbstlaute allezeit den darauf folgenden Mitlaut setzet; also sind es diese:

---

[1]) Ueber diese im Mittel-Alter sehr gewöhnliche Verwünschungs-Formel s. **Schwartners** Introductio in rem diplomaticam, Budae 1802. pag. 280.

Si male fecisti, tunc respice vulnera Christi,
Flecte genu, plora, crucifixum semper adora.

Liebhabern der ungarischen Geschichte will ich die Officia S. Regis Stephani, Ladislai und der H. Elisabeth, daraus mittheilen:

I. S. REGIS STEPHANI.

Corde, voce, mente pura.
Solvens Deo laudis jura,
Idolorum spreta cura,
Laetare Pannonia!
De supernis illustrata,
Verbo vitae sociata,
Crucis Christi jam fers grata.
Libens Trestimonia.

Ergo per quem tibi datur
Salus coelum reseratur,
Via vitae demiratur,
Et iter justitiae;
Nunc extollas digna laude,
Hujus festum colens gaude,
Et gaudenti jam applaude,
Cantico laetitiae.

Hic est Geysae dulcis natus,
Visione praesignatus,
Ante ortum est vocatus
Stephanus a Stephano.
Credit pater, et miratur.
Parit mater, et laetatur,
Infans crescens exaltatur,
Ut cedrus in Libano.

Nam ut puer adolevit,
Mox virtutum donis crevit,
Caelos scandens quia sprevit,
Haerens Dei Filio.

Cujus carnis tecta velo,
Mens intenta super coelo,
Ardet tota Dei zelo,
Instat Evangelio.

Huic Christus praedicatur,
Turba credens baptizatur,
Fides Christi axaltatur,
In tota Pannonia.
Hic ad instar Salomonis
Struit templa, ditat bonis,
Ornat gemmis et coronis
Cruces et altaria.

Ad docendum fic praelatos
Viros ponit literatos,
Justos, fidos et probatos,
Ad robur fidelium.
Hic talentum tibi datum
Deo reddens duplicatum,
Ab aeterno praeparatum
Sibi scandens solium.

Ubi Christo sociatus,
Et ab ipso sublevatus,
Regnat semper coronatus,
In superna patria.
Hunc devote veneremur,
Hunc ex corde deprecemur,
Ut per ipsum sublevemur
Ad coelorum patriam.

II. S. LADISLAI REGIS.

Novae laudis attollamus
Regem, cujus exultamus
Speciali gloria.

Dulce melos novi favum.
Dulci Regem Ladislaum
Canimus Melodia.

Regis laudi nil discorder,
Cujus laudem non remordet
Coelestis Simphonia.
Confessorem Regem laudant,
Per quem Reges Sancti gaudent
Vitae dari munia.

Quem precamur laudantes singuli,
Gemma Regum totius Seculi.
Et spes salutifera!
O quam felix! quam praeclara
Waradini fulget ara,
Tuo claro lumine!
Cujus Regem secula
Manus fine macula
Lavit sine crimine.

Scala gentis Hungarorum,
Per quam scandit ad coelorum
Cathedram Pannonia.
Forma cujus haec ostendit,
Quae terrarum comprehendit
Quatuor confinia.

Per hunc vigent Sacramenta,
Et formantur jam inventa
Fidei Religio.
Aegros curans salvos fecit,
Et salutis opem jecit
Virtutis officio.

Exauditur in hac domo,
Quidquid orans petit homo,
Per Regis suffragia.
Per quem neque gladium,
Nec incursus hostium
Trepidat Hungaria.

Hostis arce plebs arrepta,
Prece Regis est adepta

Salutis piacula.
Per quem auctor fidei,
Cornu stillat olei
Posteris per secula.

Ex obscuris sui juris
Jubar latens, sed jam patens
Reserat prodigia.
Hostes cedunt, victor redit,
Barbarorum, Ungarorum
Unus fugat millia.

Ipse fuos fortiores
Semper facit, et victores,
Morbos sanat, et languores.
Fugat et daemonia.
Sed qui suam sanitatem,
Et ad vitae sospitatem
Rex reduxit omnia.

Regum cujus triumphale
Ungarorum salus vale,
Non refulsis jubar tale,
Regni flores germine.
Regum radix christiana,
Lauda laudes fide sana,
Qui exultans vox humana
Sit in tuo nomine.

Assistentes regis laudi,
Coronator Regis audi,
Atque servos sancti Regis
Post hanc vitam tui gregis
Transfer ad pallatia.
Cujus laudi jus servire,
Nos hinc laetos convenire,
Fac ad Christum pervenire,
Nobis confer, et largire
Sempiterna gaudia.

III. S. ELISABETHAE.

Gaude Sion! quod egressus
Ad te decor, et depressus
Tui fulgor speculi

Rediviva luce redit,
O et Alpha, quod accedit
Jam in fine seculi.

Poma prima, primitivos
Deus sanctos adhuc vivos
Vidit in cacumine:
Ut extremos addat primis,
Quamvis stantes nos in imis
Suo visit lumine.

Sed prae multis te respexit,
Odor tuus hunc allexit,
Et sapor, et puritas;
Et de Regum ramis nata,
Juste. vere sis vocata
Tu Dei saturitas.

Gaudent astra matutina,
Quam in hora vespertina
Ortu novi sideris.
Coeli sidus illustratur,
In quo terrae designatur,
Novi signum foederis.

Terrae sidus tu praeclarum,
Quod a sole differt parum,
Et luna lucidius,

Tu quod solo sis amicta,
Carne probat haec relicta,
Lucis tuae radius.

O quam dignis fulget signis!
Vasa rapis a malignis
Possessa daemoniis.
Lepra mundans, labe tactos,
Claudos ponis et attractos
In pedum officiis.

Quod negatum est naturae,
Tu virtutum agis jure,
Et potes ex gratia.
Vitam functis tu reducis,
Coecis membra reddis lucis,
Et membrorum spacia

Eja mater! nos agnosce,
Libro vitae nos deposce
Cum electis inseri.
Ut consortes tuae sortis,
Et a poenis, et a portis
Eruamur inferni. [1]

---

[1] Dergleichen Missale habe ich noch verschiedene gesehen, zum Theile mit schön ausgemalten, und stark vergoldeten Anfangsbuchstaben, meistens aber zu Anfang oder Ende mangelhaft. In einem der prächtigsten in groß Fol. stehet zu Ende: Per manus Henrici Halbgebachson de Ratispona oriundi, pro tunc temporis Regente in Grosschenk, licet indigno. Scribebat Anno Incarnationis Dni. 1330, in Octavis Assumptionis gloriose Marie Virginis.

Finito libro sit laus gloria Christo,
Dentur pro penna scriptori celica regna.

Dem Inhalte nach ist es von dem Hermannstäbtischen Missale unterschieden; ein gleiches gilt von andern, die ich gesehen habe. In dem Meßbuche der Brüderschaft des heiligen Leichnams zu Hermannstadt liest man: Hunc librum comparavit Dna. Barbara, relicta Michaelis Merkel, Monetarii, ad Lectorium Sacratissimi Corporis Christi, et pertinet supra ad lectorium, temporibus vero affuturis ipsis fratribus hunc repetentibus, debeat restitui sine omni rancoris recusatione. Anno Dni. 1465 est factum. Von gedruckten ist das älteste, das ich unter uns gefunden: Missale, per Fratrem Philippum de Rotingo, Mantuanum, Ordinis Minorum de Observantia. Impressum Venetiis, arte et impensis Nicolai de Frankfordio. A. D. M. CCCC. LXXXV, in 8.

Tr. **Bachmaier Johann,**

Doctor der Medizin, geboren in Kronstadt 1812 den 21. Juni, studirte auf dem Gymnasium zu Hermannstadt, sofort aber an der Universität in Wien, und lebt nun als ausübender Arzt in seiner Vaterstadt. Er erhielt im Jahre 1850 als Physicus in Kronstadt, vom russischen Kaiser Nikolaus für die im Jahre 1849 im Kronstädter Spital den kranken russischen Soldaten geleistete ärztliche Hülfe einen goldenen Ring in Brillanten.

Diss. inaug. med. Aetiologiam morborum cachecticorum pertractans. Vindobonae typis Caroli Ueberreuter 1841. 8-vo. 25 S.

Tr. **Bachner Samuel,**

geboren in Hermannstadt, Prediger dortselbst, dann Pfarrer in Freck 18. März 1810, stirbt in dieser Eigenschaft zu Hermannstadt 10. Dez. 1830.

De lingva latina ex auctoribus classicis secundum ordinem quendam digestis addisconda. Cibinii typis M. Hochmeister, 1802. 8-vo. 16 S.

Tr. **Badewitz Karl,**

aus Preußen gebürtig, wurde durch den Hermannstädter Senator Mich. Friedr. Herbert als Turn= und Fechtlehrer nach Hermannstadt berufen, wo er eine Privat=Lehr=Anstalt für Leibesübungen einrichtete. Diese nahm ihren Anfang in dem Saale des Gasthauses zum römischen Kaiser am 3. März 1845 und erfreute sich der Unterstützung theils des schon erwähnten, um das Gemeinwohl vielseitig verdienten Senators Herbert, theils auch der evangelischen und katholischen Schul=Inspectoren; so daß, nachdem die Sorge über diese Anstalt am 1. Sept. 1846 einem Verein übergeben worden war, zur gehörigen Einrichtung, womit Badewitz eine Orthopädie verband, ein Gartenraum unterhalb der Promenade im Jahre 1848 durch Unterstützung des Hermannstädter Sparkassa=Vereins angekauft werden konnte. Schon am 13. Juni wurde auf diesem Platz der Grundstein zu einer Winterturnstätte gelegt, diese zu Ende September vollendet, und die im Sommer im Freien gehaltenen Uebungen im Winter=Lokal fortgesetzt, worauf die Zahl der jugendlichen Theilnehmer, welchen sich bald auch die weiblichen Jugend anschloß, immer mehr anwuchs. Dankend erwähnt der erste Jahres=Bericht auch eine der Anstalt Seitens der

General-Versammlung des Sparcassa-Vereins in Hermannstadt zugekommenen Dotation. Vom Ober-Consistorium A. B. in Hermannstadt am 15. März 1848 zum Turn- und Fecht-Lehrer an der siebenb. sächsischen Rechts-Akademie zu Hermannstadt ernannt, verdoppelte Babewitz seine Thätigkeit zu allgemeiner Zufriedenheit. Doch schon im März 1849 mußte er, der die Stadt Hermannstadt und ihre Bewohner durch den siebenbürgischen Bürgerkrieg bedrohenden, Gefahr weichen, und sah sich genöthigt nach Deutschland zu flüchten, wo er im April desselben Jahres glücklich ankam, und bis zum Dezember 1849 verweilte. Nach Beseitigung der Landeswirren kehrte er nach Hermannstadt zurück, fand zwar den Turn-Verein gesprengt und den Turnplatz verwüstet, wurde jedoch, als das k. k. Ministerium im Juli 1850, das Institut zur Staats-Turn-Anstalt erklärte, zum k. k. akademischen Turnlehrer an derselben ernannt. Nun nahm die Anstalt einen größeren Aufschwung, und die Anzahl der Schüler belief sich schon im März 1851 auf 071 nicht nur Deutsche, sondern auch Ungarn und Romänen, wobei selbst Professoren mitturnten. (S. die Zeitschrift der Turner von Ernst Steglich. Dresden 1847, S. 327. 1848, S. 143, 249. 1849, S. 88, 195. 1850, S. 160, 168. 1851, S. 61. Im Jahre 1851 hat sich Babewitz nach dem Tode seiner in Hermanstadt geheiratheten Gattin von Hermannstadt bleibend fortbegeben, und lebt nun als Schriftsteller in Dresden. Seit 1863 leitet der Turn-Lehrer Karl Orendi aus Kronstadt die bewährte Anstalt. Babewitz hat im Druck veröffentlicht:

1. Gesetze und Uebungen der Hermannstädter Turnschule. Ein Leitfaden und eine Richtschnur für Lehrer und Lernende von K. Babewitz. 1. Abtheilung. Hermannstadt 1845, Druck und Verlag der von Hochmeister'schen Buchdruckerei (Theodor Steinhaußen) 16. VIII. 38 S.

2. Erster Jahresbericht über die Schule für Leibesübungen zu Hermannstadt von K. F. Babewitz, Professor der Turn- und Fecht-Kunst, Gründer und Vorsteher der Anstalt für Leibes-Uebungen und des orthopädischen Instituts. Hermannstadt 1846, gedruckt bei den Martin Edlen von Hochmeister'schen Erben (Theodor Steinhaußen.) 8-vo. 24 S.

3. Turnliederbuch zunächst für die Siebenbürger Deutschen. Hermannstadt, Druck und Verlag von Th. Steinhaußen 1847. 12-mo. VIII. 72 S. Herausgegeben und bevorwortet von K. Babewitz.

4. Die Erziehung zur Volkswohlfahrt mit besonderer Berücksichtigung der Leibes-Erziehung. Von K. F. Babewitz, Director der k. k. Turnschule und Lehrer an der siebenb.-sächsischen Rechts-Akademie zu Hermannstadt. Leipzig, Gustav Semmelmann 1852. 8-vo. III. 87 S. (Mit der Widmung an alle Gemein-Vorstände Neu-Oesterreichs.)

S. die Zeitschrift: „Der Turner," herausgegeben von Ernst Steglich, 7. Jahrgang. Dresden 1852. S. 215.

5. Die drei Friedriche. Deutsche Größe an Land und Mann. Zwei Sendschreiben an das deutsche Volk. Zugleich eine Erinnerung im Jubeljahre Friedrichs v. Schiller. Berlin bei Ehle 1858 gr. 8. III. 44 S.

Tr. **Bakosch von Kecskemet Johann,**

geboren am 29. Juni 1653, verlor schon ein Jahr nach seiner Geburt seinen Vater gleiches Namens, der im 31. Lebensjahre starb, und nach 5 Jahren auch seine Mutter Agnetha Wernerin. Ganz verwaist nahm ihn in seinem 13. Jahre Michael Bordan, Rector in Stolzenburg, zu sich, wo er 3 Jahre, und dann in Hermannstadt noch 3½ Jahre Discantist war und damals studirte. 1668 wurde er aus der Secunda zum Togaten (unter die Ampel) promovirt, wo er 4½ Jahre blieb. 1672 schickte ihn Christof Gotzmeister, dessen Sohn Colomann er unterrichtete, mit seinem ältern Sohne Joseph ins Collegium nach Weißenburg, wo er 3 Jahre zubrachte, unter den Professoren Buzinkai und Posaházi studirte und die Logik absolvirte. 1675 kehrte er nach Hermannstadt zurück, wurde in die Zahl der Adolescenten aufgenommen, zum Rex des Coetus gewählt und studirte noch 3 Jahre unter Johann Fabricius, Isaak Zabanius und dem Rector Sam. Schnitzler Ethik, Logik und Theologie. Wiewohl er die Absicht hatte, sich dem geistlichen Stande zu widmen, so wurde er doch wider seinen Willen von seinen Gönnern und besonders von Valent. Frank, dem Kanzler Wolfgang Bethlen zur Kanzlei des Fürsten Michael Apaffi (in Cancellariam majorem) empfohlen, wo er 1½ Jahre zubrachte. Nun wollte ihn zwar der Königsrichter Andr. Fleischer auf seine Kosten ins Ausland schicken, damit er Medizin studire; da dieser aber mittlerweile starb, so verehlichte er sich 1679 mit Katharina, Tochter des Goldschmidts Simon Fleischer, mit der er 4 Töchter und einen nachgeborenen

5

Sohn erzeugte, und sich, wie er in seiner Autobiographie schreibt, ein schönes Vermögen erwarb. 1681 wurde er durch Unterstützung des Königsrichters Georg Armbruster zum Dreißiger auf dem Rothenthurm ernannt, leistete dem Fürsten und dem Hermannstädter Rath den Huldigungs-Eid und blieb 4 Jahre daselbst. 1682 wurde er in die Communität (in numerum centum patrum) aufgenommen. 1688, 89 und 90 war er Commissarius bei dem Landgeld und 1691/92, dem Land-Perceptor Paul Inczedi beigegeben. 1693 wurde er auf Verwendung des Bürgermeisters Christoph Reichart und des Königsrichters Valentin Frank in den Senat aufgenommen und im nemlichen Jahr dem Ober-Landes-Commissär Nicolaus Bethlen als Mit-Commissär beigesellt. 1694 wurde er dem Ober-Landes-Commissär Baron Apor als Vice-Commissär beigegeben mit einer Besoldung von 250 fl., 50 Kübel Frucht, 50 Kübel Haber, 3 Centner Fleisch und 2 Faß Wein; ihr Geschäft war, die Portionen zu repartiren und zu verrechnen. Er starb den 1. Februar 1697, im Alter von 43 Jahren, 7 Monaten, 2 Tägen.

Johann Bakoschs Urgroßvater **Franz Bakosch** kam gegen das Ende des 16. Jahrhunderts als Handlungsdiener nach Hermannstadt und heirathete, nach dem Tod seines Principalen Mich. Stampf, dessen Witwe Margaretha geb. Kirchen. Er wurde 1595 vom König Rudolph II. mit dem Prädikat de Kecskemet geadelt. Von Valentins eigenem Sohne Johann (geb. 1623, gest. 1654) blieb auch nur ein Sohn der obgenannte Johann Bakosch (geb. 1653, gest. 1697) zurück, mit dessen 15 jährigem Sohne Johann im Jahre 1711, die männliche Linie der Bakosch in Hermannstadt ausstarb. Ein Zweig derselben aber nannte sich Bokesch, ist jedoch ausgestorben. Die weibliche Hermannstädter Linie lebt in den Familien Bedeus, Heydendorf und Wayda fort, von denen die Familie Bedeus nun das an der Sporergasse und kleinen Erde gelegene (ehemals Bakoschische) Eckhaus besitzt. Nebst dem, von Johann Bakosch verfaßten, gedruckten Werkchen (dessen Tittel s. unten) kam auf seine Nachkommenschaft seine Selbstbiographie:

„Consignation meines Lebenslaufes oder Verhalt der Geburth,
„Auferziehung, ja auch Fortsetzung des Lebens Johannis Bakosch
„junior 1653 die 29. Junii in diese angstvolle Welt gebohren
„ist worden."

Diese Handschrift sammt einer vom Hermannstädter Senator **Gabriel Händler** im Jahre 1690 zu Gunsten zweier Studirender errichteten

Stiftungs-Urkunde (diese Stiftung verdoppelte unser Johann Bakosch im Jahre 1692) wie auch eine zweite Urkunde:

„Verzeichniß von der Alumnia so anno 1692 gestiftet worden „durch die Walland fürsichtigen Weysen Herren, Herrn Gabriel „Hänblen Wohlfürnehmen gewesten Stadt-Hannen, wie auch F. W. „H. Johannes Bakosch, auch fürnehmen gewesten Raths-Geschwornen „der kön. freyen Haupt Hermannstadt und durch dero Erbnehmern „auffgesetzet ist anno 1714" — hat der Hermannstädter Magistrats-Rath **Gustav Seivert** veröffentlicht im Feuilleton der Kronstädter Zeitung Nr. 23 und 25 vom 9. und 13. Februar 1867.

Franz Bakosch's Sohn **Valentin** wurde (so erzählt Georg Krauß von Schäßburg in seiner Chronik, Wien 1862. I. 26—29, 34 und 39) in seiner Jugend auf Begehren des Schäßburger Raths von der sächs. Nations-Universität an K. Mathias geschickt, Hülfe wider den Tyrannen Gabriel Báthori zu erflehen. Er unternahm mit Instruktion und Vollmacht versehen, in eigenen Kosten diese gefährliche Sendung, und wurde darauf durch Báthori proscribirt, in Ungarn und Siebenbürgen auf ihn gefahndet und sein, sowie seiner Mutter ansehnliches Vermögen für den Fürsten eingezogen. Nichts destoweniger erreichte er, mit günsten Resolutionen des Kaisers versehen, nach geraumer Zeit glücklich Mediasch am 16. März 1612 und wurde von seinem Freunde Mathias Miles beherbergt. Indem jedoch der Bürgermeister Peter Gotterbarmet Bakosch's Anwesenheit erfuhr, versammelte er Abends den Rath der Stadt und brachte in Folge des vorgelegten fürstl. Mandats einen Verhaftungsbesehl wider B. zu Stande, welcher am folgenden Morgen ausgeführt werden sollte. Hievon wurde B. in der Nacht durch den patriotischen Rathsherrn Joh. Schuller in Kenntniß gesetzt, und machte sich zu Pferde mit einem Reitknecht in der Morgendämmerung auf, um zum Farlasgässer Thor hinauszureiten. Allein die Schlüssel zum versperrten Stadt-Thore befanden sich bei dem Bürgermeister. Demnach ritt B. unter dessen Fenster, weckte denselben und sprach: „Uram! Polgármester uram, adgy ki kapukocsait." G. kam selbst zum Fenster und überreichte die Thorschlüssel dem B., den er für einen Hofdiener Bathoris hielt. Nachher suchten die Stadttrabanten den zu verhaftenden B. im Milesischen Hause, und da sie ihn nicht fanden, ließ der enttäuschte Bürgermeister B. bis Sáros verfolgen. Dieser aber entkam glücklich bis zur Schäßburger Steinlei, wo er durch seinen Begleiter, Namens Caspar Trommeter sowohl in ungrischen, als deutschen Trompeten-

Weisen Lärm blasen ließ, wodurch das bei den Feldarbeiten beschäftigte Volk zusammenlief, und auch die Leute aus der Stadt herbeigelockt wurden. Mit Jubel von den Bürgern, die ihn sehnlich erwartet hatten, aufgenommen, befand er sich nun unter deren Schutz in Sicherheit, und die dankbare Nations-Universität trug ihm zur Erkenntlichkeit 3 Quarten des Neußner Zehntens für ihn und seine Nachkommen an¹), welche er aber mit dem Bedeuten ausschlug: „Es solle Niemand sagen, er hätte seine Dienste um Belohnung gethan." Der Berichtgeber Krauß schließt seine Erzählung mit der Nachricht: „Es ist aber dabei zu wissen, daß er Herr Valentin unterschiedliche und gefährliche Reisen gethan, und oft die Schreiben hin und wieder mit großer List und Lebensgefahr fortbrachte, welches alles allhie zu erzählen, die Zeit nicht dulden will." Als eine solche gefährliche Reise erzählt G. Krauß im weiteren Verfolg seiner Geschichte, die Sendung des Valentin Bakosch durch die sächs. Nations-Universität, in deren Folge Bakosch in Gesellschaft des Dall Marko im Jahre 1613, als es mit Gabriel Báthory's Herrschaft zu Ende ging, und der Letztere nach Klausenburg flüchtete, die gegen diesen von der türkischen Pforte ausgeschickten Woiwoden der Walachei und Moldau sammt Tataren über Mediasch nach Thorda als Kalauß (Wegweiser) begleitete.

Aus Seiverts Nachrichten erfahren wir blos über

Bakosch Johann.

Ein Hermannstädter, von gutem Hause, das sich von Ketschkemet nannte. Er starb als Rathsherr den 1. Hornung, 1697. Die wunderliche Schreibart der Zesianer gefiel ihm so wohl, daß er sie auch zu Hermannstadt einführen wollte. In dieser Absicht gab er ein kleines Werkchen unter der Aufschrift heraus:

> Kurz und rechtmäßiger Grund der Hochdeutsche Sprache, wie auch deroselben Schreibrichtigkeit, nach was sich ein jedweder halten soll, wenn er recht schreiben will. Welches alles aus unterschiedlichen gelährter Leut Büchern mit Fleiß in Unterredung zweier Jungfern Christina und Rosina, der blühenden Jugend, zum Besten zusammen getragen von J. B. C. in Hermannstadt gedruckt, durch Stephan Jüngling 1678 in 12. 48 S.

---

¹) G. J. D. Teutsch's Geschichte der Sachsen S. 491—496.

Tr. **Ballmann Johann Michael.**[1]

So gern man bei dem Bilde eines Mannes verweilet, der durch Talente, ausgezeichneten Fleiß und Patriotismus seine Ansprüche auf Achtung und Liebe seiner Mitbürger begründet hat; so unangenehm und niederschlagend sind doch die Eindrücke, wenn dieses Bild einem Manne angehört, der, bei einem hohen Grade von innerer moralischer Würde, doch sein ganzes Leben hindurch durch manche Dornen sich durchzuwinden gezwungen, und eben da, als er das Alter und den Standpunkt, um der Menschheit und besonders seinem Vaterlande nützen zu können, erreicht hatte, von den Wunden die ihm früh schon das eiserne Schicksal schlug, hinweggerafft wurde.

Mit diesen Empfindungen dürfte gewiß Mancher folgende biographische Notizen eines Mannes lesen, der uns und der vaterländischen Geschichts-Kunde, leider zu früh entrissen wurde, und der, nach dem zu urtheilen, was er schon geleistet hat, noch unendlich viel für siebenbürgische Geschichte und Staatskunde hätte leisten können.

Ballmann wurde zu Mediasch den 15. Dezember 1765 geboren. Unter der Leitung eines geschickten, aber in der Zeitfolge unglücklichen und dürftigen Vaters, legte er den ersten Grund zu seiner wissenschaftlichen Ausbildung auf dem Gymnasium seiner Vaterstadt. Frühe schon zeichneten ihn eine seltene Wißbegierde, schnelle Fassungskraft, ein glückliches Gedächtniß und ein bis in seinen Tod ununterbrochen fortdauernder vorzüglicher Fleiß unter seinen Mitschülern aus und erwarben ihm die Zuneigung und Liebe seiner damaligen Lehrer, unter welchen er besonders eines **Fabini, Gräser, Wagner** und **Richter** sich allezeit mit vieler Hochachtung und lebhafter Dankbarkeit erinnerte. Bei den äußerst zerrütteten häuslichen Verhältnissen seines Vaters wurde **Ballmann** frühe schon genöthigt, für die Befriedigung seiner nothwendigsten Lebensbedürfnisse selbst Sorge zu tragen. Tief prägte sich eben hiedurch in das Herz des Jünglings eine gewisse Sparsamkeit, Ordnungsliebe, eine stille, eingezogene Lebensweise, aber auch zugleich eine gewisse in seinem ganzen übrigen

---

[1] Die vorstehende Lebens- und Leidens-Geschichte Ballmanns ist wortgetreu den siebenbürgischen Provinzial-Blättern I. 253 bis 262 entnommen. Ihr Verfasser war Matthias Gottl. Czoppelt, Conrector und nachher Rector des Mediascher evang. Gymnasiums, gestorben als Pfarrer in Meschen am 14. Jänner 1830.

Leben unvertilgbare schüchterne Zurückgezogenheit und eine alle natürliche Munterkeit des Geistes raubende Ernsthaftigkeit ein.

Zu Anfang des Jahres 1787 übernahm er nach Beendigung seiner Schulstudien, das Rektorat in Draaß, Repser Stuhls, und wußte hier bei einer ordentlichen Oekonomie, und dem eben nicht unerträglichen Ausmessungsgeschäfte, wobei er ungefähr zwei Jahre manipulirte, sich so viel zu erübrigen, daß er zu Anfang des Jahres 1790 nach vorherge= gangener zur vollkommensten Zufriedenheit seiner Vorgesetzten ausgefallenen rigorosen Prüfung in Mediasch, zur weitern Ausbildung seines Geistes und Herzens, die Universität in Tübingen beziehen konnte. Philosophie und Gottesgelehrtheit im weitesten Umfange waren 2 und ein halbes Jahr hindurch, unter der Leitung des treflichen **Storrs**, **Schnurres** und seines vielfachen Wohlthäters **Flatt** der vorzüglichste und beinahe einzige Gegen= stand seines Studiums. Mit manchen treflichen Kenntnissen bereichert und mit einem gefühlvollen Herzen fürs Gute, kehrte er im Spätjahre 1792 in seine Vaterstadt zurück, und trat noch in dem nemlichen Jahre seine Dienste als ordentlicher Lehrer in den untern Classen des dasigen Gymnasiums an.

Hart und drückend war bisher **Ballmanns** Loos gewesen, aber nun öffneten sich für ihn die herrlichsten Aussichten in seiner Vaterstadt. Bei seinem bekannten Fleiße; bei seinem stillen sittsamen Betragen und seiner anspruchlosen Bescheidenheit liebte, schätzte ihn jedermann, und die öffentlich abgelegten Proben seiner erlangten Kenntnisse erwarben ihm die Achtung seiner Vorgesetzten. Da wurden auf einmal alle seine Aussichten getrübt, alle seine Erwartungen vernichtet. Eine unglückliche, im Spätjahre 1793 sich im Schuldienste zugezogene Erkältung raubte ihm sein bis dahin schon etwas geschwächtes Gehör beinahe ganz.

Gefühlvolle Menschen mögen sich den damaligen Seelenzustand des edlen, verlaßnen, unglücklichen jungen Mannes denken, der auf einmal, unverschuldet alle seine Hoffnungen, sein ganzes künftiges Lebensglück scheitern sah. Damals war es, wo der Verfasser dieser Biographie seinen trauten Jugendfreund zum ersten und letztenmal in seinem Leben weinen sah, und in bittern Ausbrüchen sein Schicksal beklagen hörte. Nur seine, mit seiner Tugend innig verwebte Gottesfurcht hielt ihn im Kampfe mit seinen Leiden aufrecht und von Ausbrüchen der Verzweiflung zurück. Unsägliche, oft stundenlange Convulsionen erregende Schmerzen, welchen seit dieser Periode von Zeit zu Zeit sein inneres Ohr und die beiden innern Augenwinkel, wo zuletzt sich Thränenfisteln zeigten, ausgesetzt waren, machten ihn in der Folge den Verlust seines Gehöres vergessen, bei den heftigen körperlichen Leiden verschwanden gleichsam die Leiden des Geistes und nur eine gewisse schauerliche, jedoch menschenfreundliche Melancholie prägte sich seit dieser Zeit tief und unvertilgbar der Seele des unglücklichen jungen Mannes ein.

Kein Mittel in der Natur, kein Rath der treflichsten Aerzte im In= und Auslande war bei der unglaublich strengen und ausharrenden Lebensordnung (so waren z. B. auf Anrathen eines würdigen Arztes 13 Monate hindurch Milch und Brod seine einzigen Nahrungsmittel) vermögend, ihm den verlorenen Sinn wieder zu verschaffen, selbst der letztere, in der damaligen Zeit so viel Lärm und Hoffnung erregende Versuch, den Galvanismus zur Heilung der Schwerhörigkeit anzuwenden, lief völlig fruchtlos ab.

In diesem für **Ballmann** so unglücklichen Zeitpunkte begann für ihn in wissenschaftlicher Rücksicht eine ganz neue Epoche. Durch sein trauriges Loos aus der Gesellschaft der Lebenden gleichsam ausgeschlossen, begab er sich in die Gesellschaft der Todten, suchte Ruhe, Trost, Unterhaltung, die ihm die Gegenwart versagte, in der grauen Vorwelt. Er widmete sich ausschließend der Geschichte. Nicht eine besondere Vorliebe und Neigung, nein! seine unglückliche Lage und die Verhältnisse in die er wegen seiner Schwerhörigkeit als Lehrer bei dem Mediascher Gymnasium von nun an trat und treten mußte, nöthigten ihn zu einem Studium, durch welches er in der Folge sich in seinem Vaterlande so bekannt zu machen und die Liebe und Achtung der treflichsten Männer desselben zu verschaffen wußte. So wahr ist es, daß bei manchem Menschen von bessern Anlagen oft nur der erste Stoß zu seiner Entwicklung erforderlich ist, um ihn zum künftigen großen Manne zu bilden.

Mit dem Ernst, Eifer und der Gründlichkeit, die **Ballmann** in seinem ganzen übrigen Leben charakterisirten, begann er, nach vorausgeschicktem Studium der Allgemeinen Weltgeschichte, die besondere Geschichte des Vaterlandes und setzte sie bis in seinen Tod mit leidenschaftlicher Vorliebe, mit ängstlicher Benutzung aller möglichen ihm zu Dienste stehenden Quellen und mit einem Erfolge fort, der zu den größten Erwartungen berechtigte. Ueber seine ersten schriftstellerischen Versuche haben Männer, denen Siebenbürgen einen hohen Ruhm und große Einsichten zugesteht, entschieden und doch waren es nur die ersten Proben durch die er seinen Beruf zum künftigen Geschichtsschreiber Siebenbürgens beurkundete. Kein Wunder, wenn er bei dieser in seiner Lage wahrhaftig zu bewundernden

Cultur seines Geistes, den Ruf als Oberaufseher über die in Siebenbürgen eminente, und im Auslande selbst bekannte **Freiherrlich Bruckenthalische Bibliothek** unter sehr vortheilhaften Bedingungen erhielt, aber leider seiner mißlichen körperlichen Verhältnisse wegen, sich zu verbitten genöthiget wurde. Indeß darf bei einer unpartheiischen Darstellung seines Lebens nicht unerwähnt gelassen werden, daß dieser Zeitpunkt grade in jenes Zeitalter fiel, wo die besten Männer des Vaterlandes ihn durch ihr Beispiel, noch mehr aber durch ihre liebevolle Unterstützung, durch ihren Rath und Mittheilung ihrer literärischen Schätze zum Studium der vaterländischen Geschichte aufzumuntern und jede mögliche Erleichterung ihm zu verschaffen sich angelegen sein ließen. So stand ihm unter andern die Bibliothek und wichtige Manuskripten-Sammlung des königlichen Raths und Stadt- und Stuhlsbürgermeisters **Michael von Heydendorff** 10 Jahre hindurch zu seinem Gebrauche offen, die übrigen vielen Wohlthaten, die er in dem Hause dieses verehrungswürdigen Kenners und Beförderers der Künste und Wissenschaften 12 Jahre hindurch genoß, zu geschweigen.

Acht ganzer Jahre war der einzige und ausschließende Gegenstand seiner Beschäftigung die Geschichte. Erst im Jahr 1803 wurde er als ernannter Conrector des Gymnasiums genöthigt, nebst dem Vortrag der Geschichte zugleich jenen der Philosophie und Geographie zu übernehmen. Deutlichkeit, Bestimmtheit, Gründlichkeit im Vortrage, musterhafter Fleiß, zeichneten ihn als Lehrer aus und machten ihn seinen Zöglingen, welche sich ihm vermittelst eines künstlichen Hörrohrs sehr bequem mittheilen konnten, unvergeßlich.

Eben war auch durch die väterliche Vorsorge der verehrungswürdigsten Vorgesetzten der Nation geistlichen und weltlichen Standes für ein bequemes künftiges Fortkommen des würdigen unglücklichen Mannes, auf eine Art gesorgt worden, die seiner Neigung zur weitern ruhigen Fortsetzung seines Studiums und allen seinen je gehegten Wünschen auf das vollkommenste entsprach; als selber schon zu Anfang des Jahres 1804 eine gänzliche Abspannung und Schwäche seines Körpers, unstreitig Folgen seiner früheren Dürftigkeit, seiner allzu strengen Diät, eines übermäßigen 6 Jahre hindurch beinahe ununterbrochen fortgesetzten Gebrauchs verschiedenartiger Medicamente, einer übermäßigen Anstrengung, und endlich der mit seinem unglücklichen Schicksale verbundenen innern Leiden der Seele ihm sein nahes Lebensende ankündigten. Männlich gefaßt ihm entgegengehend vermochte er doch nie eine gewisse vergebliche Sehnsucht nach Verlängerung seines, wahrlich nicht beneidenswerthen Lebens zu unterdrücken.

Er entschlummerte am 6. November 1804 um 8 Uhr Abends bei vollem Bewußtsein und dem vollkommensten Gebrauche seines Verstandes; noch eine halbe Stunde vor seinem Tode war er vermögend seine Rechnungen als Oberschulbibliothekar aufs vollkommenste in Ordnung zu bringen. Seine letzten, in Ballmanns Munde vielbedeutende Worte: „Mein Gott! das Sterben ist doch eine schwere Sache, und ich, ich leide einen schrecklichen Tod" prägten sich tief in das Herz seiner um ihn stehenden Freunde ein. Dankbar noch im Tode gegen das Gymnasium seiner Vaterstadt, wo er den Grund zu seiner Ausbildung gelegt und mit besondern Rücksichten von jeher war unterstützt worden, hinterließ er selbigem, gegen einen bestimmten Ersatz, seine Bibliothek und Manuscriptensammlung und seiner Schwester, die 10 Jahre hindurch ihn bei seinen gebrechlichen körperlichen Umständen mit mütterlicher Treue pflegte, aus seiner übrigen Verlassenschaft, so weit sie nämlich reichen würde, eine bestimmte Summe.

Seine hinterlassene überaus zahlreiche Sammlung von eigenhändigen, mit vieler Nettigkeit und Reinlichkeit geschriebenen Manuscripte beläuft sich, seine Vorlesungshefte mit eingerechnet, ganz gewiß auf 30 Quartbände, unter welchen in den siebenbürgischen Provinzialblättern I. 265 bis 267 bemerkt werden:

a. Ballmanns gedruckte Arbeiten.

1. Statistische Landeskunde Siebenbürgens im Grundrisse. Ein Versuch. 1. Heft. Hermannstadt bei Hochmeister 1801. 8-vo. VI. 120 S.[1]
2. Flächen-Inhalt der einzelnen Gespanschaften, Stühle und Distrikte in Siebenbürgen. (In der Quartalschrift IV. 394—399.)
3. Einige Bemerkungen und Zusätze zu den Siebenbürgischen Annalen des 14. Jahrhunderts. (Quartal-Schrift VI. 19—34.)
4. Nachlese zu den siebenbürgischen Annalen des 14. Jahrhunderts. (Quartal-Schrift VI. 320—338.)
5. Ueber die Praediales in dem sächsischen National-Privilegium des K. Andreas II. vom Jahre 1224. (Provinzial-Blätter I. 12—22.)

---

[1] Vgl. dazu die Recensionen in den Annalen der Literatur und Kunst in den österr. Staaten Jahrgang 1804. I. S. 289—295, 297—303, 305—310, sowie im Jahrgang 1805. I. S. 48—56 und in der Jenaischen Allgemeinen Lit.-Zeitung 1801. Nr. 308. S. 217—219.

6. Ueber die jetzige Staats-Verfassung Siebenbürgens. (Provinzial-Blätter I. 105—160.)

Ein Bruchstück aus dem 2. Heft der statistischen Landeskunde des Verfassers. S. die Bemerkung zu Nr. 1 der Handschriften Ballmanns.

7. Siebenbürgische Annalen des ersten Viertels des 16. Jahrhunderts. (In den Blättern für Geist, Gemüth ꝛc. 1845 Nr. 37—43.

b. Handschriften.

1. Statistische Landeskunde Siebenbürgens im Grundrisse. 2. Heft. Ausgearbeitet und zum Drucke fertig, der Censur übergeben, aber von da nicht zurückerhalten.

Theodor Link S. 3. seiner kleinen Geographie Siebenbürgens Wien 1817 sagt: „Ein großes Werk im Manuscript von Ballmann „habe ich in der Handschriften-Sammlung des Freiherrn von Liech-„tenstern gesehen."

Freiherr v. Liechtenstern selbst aber berichtet in seinem Handbuch der neuesten Geographie des österreichischen Kaiserstaates. Wien 1818, 3. Theil S. 1484: „Siebenbürgen blieb unter allen öster-„reichischen Provinzen am längsten unbekannt, und erst seit ungefähr „30 Jahren erschienen, sowohl in einzelnen Abhandlungen, als in be-„sondern und allgemeinen Beschreibungen des Landes Beiträge, welche „die Landeskunde mehr oder weniger bereicherten, wovon aber auch „nicht alle im Drucke erschienen sind, wie z. B. die Ballmann-„ische Geographie, welche ich in meiner Manuscripten-„Sammlung besitze, aber bei meiner vorliegenden geographischen „Darstellung Siebenbürgens nur wenig benützen konnte und „die nun seit der Erscheinung von Marienburgs Geographie von „Siebenbürgen vollends entbehrlich geworden ist."

Zur Zeit, als Ballmann sein zweites Heft der Censur ein-schickte, mußten zufolge bestehender Censur-Vorschriften alle von der Landes-Verfassung handelnden Werke der Hof-Censur in Wien unterlegt werden. Also geschah es auch mit dieser Arbeit Ballmanns und aus dieser Ursache zweifle ich nicht an der Richtigkeit der Be-hauptung eines gelehrten Freundes, daß eben diese Ballmannische Handschrift durch die Landes-Censur der Hof-Censur unterlegt, daselbst dem Hof-Censor Freiherrn v. Liechtenstern übergeben worden, und in desselben Händen geblieben sei. Und obschon Ballmann auch eine geographische Beschreibung Siebenbürgens (s. die folgende Nr. 8) in Handschrift hinterlassen hat, so dürfte Liechtenstern doch nicht diese, der Censur soviel bekannt nie eingeschickte, Beschreibung, sondern grade das 2. Heft der Statistik als sein Eigenthum erwähnt haben, indem man, bei der Gediegenheit der Ballmannschen Arbeiten, wohl annehmen kann, daß Liechtenstern Ballmanns eigentliche geographische Beschreibung zu seiner eigenen geographischen Darstellung Siebenbürgens wohl mehr, als (wie er sich ausdrückt) nur wenig hätte benützen können.

2. Geschichte Siebenbürgens von den ältesten Zeiten bis auf Andreas II. mit vielen Beilagen.

Ein ebenfalls zum Drucke ausgefertigtes Manuscript, das aber nur unter gewissen Bedingungen das Imprimatur erhielt, welchen sich Ballmann zu unterziehen, Anstand nahm.

Die Bemerkungen, welche die Censur in Klausenburg über Ballmanns Geschichte gemacht hatte, sind theils historischen, theils statistischen Inhalts. Nach den letzteren verlangte die Censur verschiedene Aenderungen in dem Werke, um demselben das Imprimatur zu ertheilen. Die ersteren d. i. historischen Bemerkungen waren nur als freundschaftliche Erinnerungen, zur Benützung, für den Verfasser bestimmt. Die Original-Handschrift in deutscher Sprache mit der Unterschrift des siebenbürgischen Bischofs und Censurs-Commissions-Präses Josef Mártonfi, welchem J. K. Eder diese Bemerkungen allein zuschreibt, befindet sich in Eders Handschriften-Sammlung Nr. 64 unter dem lateinischen Titel: „Commissionis censoriae librorum Observationes ad Joannis Ballmann manuscriptam Transilvaniae Historiam", in Folio im ungarischen National-Museum zu Pest. Sie enthält viele für den siebenbürgischen Geschichtsforscher wichtige Bemerkungen, unter welchen sich verschiedene befinden, die Eder auf sich zu beziehen, und dagegen in seinen gedruckten Observationibus ad Historiam Transsilvaniae S. 12 und 67. Hermannstadt, sowie S. 172—175, die Szekler betreffend, seine Gegenbemerkungen zu machen, sich veranlaßt fand.

3. Abriß der ältern Geschichte Siebenbürgens bis zum Jahr 1540.

Völlig ausgearbeitet, und ist davon, nach Ballmanns Tode der erste Theil, die Geschichte bis zum Jahr 1161 enthaltend, gedruckt worden in den Siebenbürgischen Provinzial-Blättern III. 217 bis 242 und in J. K. Eders erster Anleitung zur Kenntniß von Siebenbürgen. Hermannstadt 1824 kl. 8-vo. Seite 100—115.

4. Beitrag zur Aufklärung der ursprünglichen, innern Verfassung der sächsischen Nation in Siebenbürgen.

   Ein Werk, das nach einem weitumfassenden Plane angelegt, aber leider unbeendigt geblieben ist.
5. Kurze Reformationsgeschichte Siebenbürgens.
6. Siebenbürgische Annalen des 15. Jahrhunderts. Ein Bruchstück.
7. Kurze Geschichte Siebenbürgens für Kinder. Ein Bruchstück.
8. Geographische Beschreibung des Großfürstenthums Siebenbürgen.
9. Eine Sammlung von Dokumenten und Urkunden, die Geschichte Siebenbürgens betreffend, in drei starken Quartbänden.
10. Den deutschen Artikel zu dem nach Ballmanns Tode von Samuel Klein ehemaligen Beisitzer des bischöflich unirten Consistoriums in Balásfalva (nachher Censors der walachisch-illirischen Schriften in Pest) herausgegebenen Dictionario Latino, Valachico, Hungarico, Germanico, in welchem von Ballmann die Buchstaben A. B. G. H. I. und C. bis zum Worte confibula bearbeitet worden sind.

    Dieses Wörterbuch ist nach Sam. Kleins Tode auch von Basilius Kolosi, Joh. Korneli, Petr. Major, Joh. Theodorovits und Alexander Theodori bearbeitet, und von beiden letztern unterm Titel herausgegeben worden: Lesicon Románescu — látinescu — ungurescu — nemtescu quare de mai multi autori in cursul a trideci, si mai multoru ani s' au lucratu, seu Lexicon Valachico-latino Hungarico-Germanicum, quod a pluribus Auctoribus decursu triginta et amplius annorum elaboratum est. Budae typis et sumbtibus Typographiae Regiae Universitatis Hungaricae. 1825, gr. 8-vo. VIII. 771 S. Außerdem befindet sich dabei: Orthographia Romana sive Latino-Valachico, una cum clavi, qua penetralia originationis vocum reserantur. VIII. 103 S. (Vgl. über diese Orthographia Joh. Car. Schuller Argumentorum pro latinitate linguae Valachicae s. Rumunae Epicrisis. Cibinii 1831.)
11. Am 30. Nov. 1798 schrieb Ballmann an den Herausgeber der siebenbürgischen Quartalschrift (Pfarrer Johann Filtsch): „Gegenwärtig beschäftigt mich eine literarische Correspondenz mit dem Tabular-Assessor Herrn von Aranka [1]) über die ehemalige Jurisdiction der seklerischen Ober-Grafen in einigen sächsischen Kreisen. Wir

---

[1]) Ueber Georg v. Aranka's Leben, Wirken und Schriften s. Básthy's Magyarok Emléke I. 286—292 und Danielik's Magyar-Irók I. 6—7.

haben schon manche bogenlange und von zahlreichen Beilagen begleitete Briefe gewechselt, ohne uns über der Auflösung des eigentlichen Knotens vereinigen zu können, weil wir noch immer von verschiedenen Grundsätzen ausgehen."

Diese Correspondenz ist leider nicht zur Veröffentlichung gelangt. Indessen verdient diesbezüglich nachgelesen zu werden des k. Raths G. v. Herrmanns Abhandlung „Ueber die Gerichtsbarkeit der ersten Kronstädter" in dem 1. Bande der siebenbürgischen Provinzialblätter, wo der Verf. S. 41 ff. zeigt, daß der kön. Beamte, der bald Judex regius, bald Comes (pro tempore constitutus) hieß, auch öfters der Comes Siculorum war, einverständlich mit dem von den Bürgern gewählten Stadt-Richter nur die peinliche Gerichtsbarkeit über Fremde ausübte. Die Civil- und politische Gewalt hatte blos der Stadt-Richter sammt dem Magistrat. Diese Ansicht ist dem alten Magistrats-Rechte ganz angemessen, vermöge dessen dem König die peinliche Gerichtsbarkeit allein zustand, und von ihm durch den Palatin in außerordentlichen Comitats-Versammlungen (proclamatis congregationibus), unter den Zipser Deutschen aber durch die Comites a Rege pro tempore constitutos, einverständlich mit dem Comes provincialis oder bürgerlich gewählten Oberbeamten ausgeübt wurde. Die Theilung der peinlichen Gerichtsbarkeit zwischen kön. Beamten und gewählten adelichen oder bürgerlichen Obrigkeiten, mußte viele Collisionen herbeiziehen; weshalb nach der Hand die peinliche Gerichtsbarkeit den Comitats- und städtischen Magistraten überlassen wurde und der König sich blos das Recht der Begnadigung vorbehielt. Vgl. Schvartner de Scultetiis p. 47, 85, 67 nota d.

Bánfi Martin,

Tr.

vermuthlich der Sohn des Petrus Bánfi, sowie dieser Bürger und Rothgerber in Kronstadt, wurde (nach Michael Weißens Bericht in seinem Tagebuche) im Jahr 1608 ein Mitglied des Kronstädter Magistrats und hat in einem Kalender verschiedene merkwürdige Begebenheiten seiner Zeit verzeichnet, welche die Jahre 1586—1626 umfassen, dann von einem Ungenannten bis 1642 fortgesetzt worden sein sollen. Zwar berichtet Herrmann im alten und neuen Kronstadt I. 457 nur im allgemeinen, daß Bánfi's Erzählung als Hülfsmittel zu den Geschichten von 1586—1642 von ihm benützt worden sei, allein zugleich auch, daß er nur die Auszüge aus Bánfi's Kalender, somit nicht das Original gehabt hat. Soviel ist nach Herrmanns Bericht richtig, daß Bánfi noch im Jahr 1625 geheirathet hat, wann jedoch derselbe gestorben sei, ist mir nicht bekannt.

T r. **Bánfi Peter,**

der sich selbst Bánpffy schreibt, war der Sohn des im Jahr 1573 in Kronstadt verstorbenen und aus Rosenau, Kronstädter Distrikts herstammenden Simon Bámfli (wie im Theilungs-Protokoll von jenem Jahr steht), Bürger und Rothgerber in Kronstadt. Seine Lebensumstände sind unbekannt geblieben.

In Handschrift hat man von ihm:

Εφημερις, Libellus in quo acta quotidiana perscribuntur. Ist enthalten in einem: „Diarium d. i. ein Büchlein, in welchem „etliche verstorbene gute und fromme Herren und Freunde verzeichnet „sind, samt angehängten Grabschriften. Beschrieben im 98. (d. i. „1598) Jahr des Monats Mai am 14. Tag durch Simonem Bach „(Czack) Coron. nach dem Alphabet verordnet. 8-vo.

Von den Abschreibern dieses Diariums ist dasselbe ganz dem Peter Bánfi zugeschrieben worden. Allein mit Unrecht. Denn dessen Schrift kann im Original wohl unterschieden werden von jener Bachs oder Czaks. Letzterer erzählt darinnen Begebenheiten vom Jahre 1599 bis 1616. Verschiedene Ungenannte haben dann auch einige Begebenheiten von neuern Jahren hineingeschrieben. In diesem Diarium findet man noch:

a. Ein schön und lustig Historia, wie Gott der Allmächtige Báthori Sigismund dieses armen Siebenbürgens Fürsten und Lucam Hirscherum wunderlich errettet hat von des Teufels Tyrannei und aller Verräther Hand, in Gesangweis verfaßt, auf die ungrische Not zu singen, oder Nu freut Gottes ꝛc. im Jahr 1596. S. 109—145.

b. Ein schön Lied von der Strafe, welche über uns ist kommen in Siebenbürgen, nach der Melodia: „kommt her zu mir spricht Gottes Sohn ꝛc. im Jahre 1599. Magnalia Dei. S. 166—172.

c. Ein Klaglied zu Gott um Vergebung der Sünden und Linderung der itzigen grausamen Strafen und Jammers in unserm Siebenbürgen 1602. S. 193—195.

Hievon sind: „Ephemeris Libellus" ꝛc. oder das Diarium vom Jahre 1590 bis 1602 mit Inbegriff der „schönen und lustigen Historia" ꝛc. (lit. a.) gedruckt worden in den deutschen Fundgruben zur Geschichte Siebenbürgens. Neue Folge, herausgegeben v. Trauschenfels, Kronstadt 1860 mit Vorwort von Anton Kurz, S. 81—124 — sowie Peter Bánfi's eignes Tagebuch von 1599—1616, ebendas. S. 247—265, ebenfalls mit Vorwort von A. Kurz (S. 245—246).

Tr. **Barbenius Joh. Samuel,**
geboren in Kronstadt den 25. März 1743, studirte am Gymnasium seiner Vaterstadt, und 1766 ff. an der Universität zu Jena. Nach seiner Heimkehr lehrte er an den Kronstädter Gymnasialschulen mit großem Fleiß und Amtstreue, wobei er sich vor Andern in dem Unterrichte auch der weniger begabten Schüler die dankbarste Anerkennung erwarb. Er war Lector am Ober-Gymnasium 1769—1774, wurde Pfarrer in Sárkány 1775, in Brenndorf 1790, in Tartlau 1794 und starb den 22. Januar 1798. Er gab heraus:

Dr. Martin Luthers kleiner Katechismus zum Unterrichte der Dorfs-Jugend, welche zum heiligen Abendmahle soll vorbereitet werden; in Frag und Antwort auf eine praktische Art zerlegt und mit den nöthigen Zusätzen aus Johann Friedrich Jakobi ersten Lehren der christlichen Religion vermehrt. Wien, gedruckt bei Joseph Hraschanzky k. pr. deutsch. und hebr. Buchdrucker und Buchhändler 1792 klein 8-vo. 128 S.

Als Pfarrer in Sárkány erstattete Barbenius nach erhaltenem Auftrag am 16. Okt. 1789 an den damaligen kön. Commissär des Fogarascher Distrikts Michael von Bruckenthal einen

Bericht über den Volks-Aberglauben in Siebenbürgen, welcher in den Blättern für Geist, Gemüth und Vaterlandskunde, Kronstadt 1857. Nr. 24—28 und 32 zu finden ist.

Aehnliche Berichte, zufolge gleichmäßiger Aufforderung, welche Bruckenthal auf Befehl Kaiser Josephs II., des Freundes der Aufklärung, ergehen ließ, hat man von Michael Binder, Pfarrer in Kreutz, Jakob Bayer, Pfarrer in Katzendorf und J. G. Schenker, Stadtpfarrer in Schäßburg, jedoch nur in Handschrift, wovon sich die Urschriften unter J. K. Eders Manuscripten in dem ungarischen National-Museum zu Pest befinden.

Tr. ## Barbenius Joseph Benjamin,

Doctor der Medizin, der jüngere Bruder des Vorhergehenden, wurde am 18. September 1754 in Kronstadt geboren. Nach Sammlung der vorbereitenden Kenntnisse in den untern und obern Schulen des Kronstädter Gymnasiums, unter der Leitung seines 11 Jahre ältern Bruders und des damaligen Rektors Paul Roth, aus deren Schule viele ausgezeichnete Männer hervorgingen, — bezog Barbenius im April 1773 die hohe Schule in Wien, wo er 4 Jahre lang dem Studium der Arzneiwissenschaft oblag. Im Jahre 1777 besuchte er die Universität in Thyrnau, hörte Professor Plenk, und erwarb sich durch Ablegung einer strengen Prüfung und Veröffentlichung einer Dissertation de haemorhoidibus (s. unten) die Befugniß zur ärztlichen Praxis. Nun unternahm er eine Reise nach Deutschland und besuchte seinen zu Ruppin in der Altmark Brandenburg als Postmeister lebenden Onkel **Johann Barbenius**, welcher in seiner Jugend in preußische Kriegsdienste getreten war, unter König Friedrich Wilhelm I. in der Potsdamer Garde gedient und in seinem Rang es bis zum Hauptmann gebracht hatte. An der Universität zu Erlangen verweilte Joseph B. Barbenius auf seiner Reise längere Zeit und erwarb sich, nach abgelegter Disputation den Doctor-Grad, welchen in den damaligen Zeiten, wegen des vorgeschriebenen Eides in den österreichischen Staaten kein Protestant erhalten konnte. Endlich am Schlusse des Jahres 1778 kehrte er nach Kronstadt zurück. Schon nach einigen Monaten folgte er dem Ruf zum Háromszéker Stuhls-Physikus. Hier widmete er seine Mußestunden der chemischen Untersuchung der zahlreichen Mineralquellen des Szekler-Landes und Ober-Albenser Comitats. Zur häufigeren Benutzung derselben und besonders der Kovásznaer Quellen trug er das Meiste bei. Dem Wunsche seiner Mitbürger folgend, kehrte B. im Jahre 1781 in seine Vaterstadt zurück, und übte hier Privatpraxis, bis er im Jahre 1787 dem ehrenvollen Rufe des kön. Commissärs Michael v. Bruckenthal zum Physikus des damaligen Fogarascher Distrikts nachkam. Als jedoch seiner Gattin Catharina gebornen Trausch, mit welcher er im Jahre 1781 den Bund der Ehe geschlossen hatte und in glücklicher Ehe lebte (sie starb 1811), das Klima in Fogarasch nicht zuträglich war, verzichtete der zärtliche Gatte im Jahre 1788 auch auf diesen Posten und kehrte nach Kronstadt zurück, wo er sich bis an seinen Tod ununterbrochen dem Dienste der leidenden Menschheit widmete. Dabei versäumte er nicht, die neuesten und besten medizinischen Schriften, selbst mit bedentenden Kosten, sich anzuschaffen, fleißig zu studiren, und mit Benützung der Fortschritte und neuern Erfindungen in der Arzneikunst, bei Vergleichung der eigenen Erfahrungen, sich auf der Höhe der Kunst und Wissenschaft zu erhalten. Durch viele glückliche Curen und zärtliche Theilnahme an den Leiden seiner Kranken verpflichtete sich B. dieselben zu immerwährendem Danke und erwarb sich das allgemeine Vertrauen in solchem Grade, daß — wie es sprichwörtlich ward — viele Kranke schon durch seine Erscheinung ihre Leiden erleichtert fühlten. Ohne Rücksicht auf Belohnung, eilte er, wo er gerufen wurde, selbst in die ärmlichste Wohnung, ja versah seine Recepte für mittellose Kranke sehr oft mit einem Zeichen, nach welchem die von ihm verordneten Arzneien aus einer bestimmten Apotheke, auf seine eigene Rechnung verabfolgt wurden. Also wurde sein Name nicht nur in Siebenbürgen, sondern auch in der Moldau und Walachei verbreitet, zumal durch die Bojaren, welche sich in den Jahren 1802 und 1806 in Kronstadt aufgehalten hatten, so daß er einmal auf dringende Berufung sogar die beschwerliche Reise nach Bukarest machte, und daß ihn das kön. Landes-Gubernium zum Protomedikus für Siebenbürgen in Vorschlag brachte. Als einer der ersten unter den Aerzten, der die Kuhpocken-Impfung einführte, wurden ihm dafür vom k. Gubernium und vom siebenb. General-Commando Belobungen zu theil. Die wenigen Augenblicke, welche ihm seine Praxis und fortgesetztes Studiren übrig ließen, widmete er der Unterhaltung und Erholung in seiner Familie und im Kreise vertrauter Freunde der Musik, und mehr noch dem Zeichnen und Malen, worin er es zu einer nicht geringen Fertigkeit gebracht hatte, sowie der Gärtnerei. Im Jahre 1813 nahte aber die schreckliche Pest, von welcher Siebenbürgen in früheren Jahren mehremale so empfindlich heimgesucht wurde (s. S. 23), den Grenzen der Handels- und Gewerbsstadt Kronstadt, ja überschritt dieselben, und hatte nebst anderen Verlusten an Leben und kostbaren Gütern, auch den Verlust dieses geliebtesten Arztes für die Kronstädter im Gefolge. Denn, da der Magistrat eine eigene Sanitäts-Commission bestellt hatte, diesem Uebel so schnell als möglich Gränzen zu zu setzen, hielt es B. für Gewissenspflicht, — wiewohl durch seinen öffentlichen Dienst gebunden, die Ernennung zum Commissions-Mitgliede anzunehmen, und in dieser Eigenschaft die möglichst größte Thätigkeit anzuwenden. Allein eben in diesem freiwillig übernommenen Geschäfte zog er sich durch Erkältung eine heftige Krankheit, die Lungen-Entzündung zu, welche seinem gemeinnützigen Leben und Wirken, schon am 27. Februar 1814 ein Ende machte. Unbeschreiblich war der Schmerz seiner Familie, und seiner Freunde, und selbst die Sanitätsbehörden und das k. Landes-Guberninm gaben Ihr lebhaftes Bedauern über das Ableben dieses verdienten Mannes seiner Familie durch den Magistrat zu erkennen.

Mit Recht und der Wahrheit gemäß schließt daher sein Biograph seine biographische Skizze in dem 5. Bande der siebenbürgischen Provinzialblätter Seite 174—192 — welcher der vorstehende Artikel auszugsweise entnommen ist — mit den Worten: „Die allgemeine Achtung, die „er (Barbenius) bei seinem Leben in einem Grade genoß, wie selten ein „Mann, der in einem öffentlichen Amte steht, folgte ihm auch ins Grab, „und mit ihr die Segenswünsche und Thränen aller derer, die seine Wohl-„thaten und Verdienste dankbar erkannten, die ihn schätzten und liebten."

Ebenderselbe Biograph — Christian Heyser, nachmaliger Prediger und Superintendent in Wien (s. d. Art) — weihte dem Andenken an Barbenius: „Klage am Grab des edelsten Menschenfreundes, verdientesten „Bürgers, redlichsten Mannes, zärtlichsten Vaters und Freundes, des „weil. Wohlg. Herrn Joseph Benj. Barbenius, Doctors der Medicin und „während eines vollen Menschenalters mit Ruhm und Glück zu Kronstadt „practicirenden Arztes der am 28. September 1754 der Welt geschenkt, „am 27. Februar 1814 zu früh seiner Vaterstadt, seinen Freunden, seiner „Familie durch den Tod entrissen wurde. Kronstadt, gedruckt in der v. „Schobeln'schen Buchdruckerei von F. A. Herfurth." 4-to. 11 Seiten.

Barbenius hinterließ keine männlichen Nachkommen, erfreute sich aber zweier Töchter, von welchen die ältere an den Dr. Johann Friedr. Plecker (s. d. Art.), und die jüngere an den im Jahre 1839 verstorbenen k. Steuer-Einnehmer in Kronstadt Friedrich von Trauschenfels verheirathet waren.

Der Stammvater der Familie Barbenius — vor Alters Barst genannt — der sich Anfangs Barben schrieb (s. die Kronstädter Gymnasial-Matrikl in dem Programm vom Jahre 1863/4. S. 70) — war der im Alter von 85 Jahren am 20. Januar 1734 in seinem Geburts-Orte Rosenau, als Pfarrer daselbst und Pro-Dechant des Burzenländer Kapitels, verstorbene Johann Barbenius. Sein Sohn gleiches Namens, ein Mann von vielem Verdienste, wie ihn der k. Rath G. v. Herrmann nennt, der aber in seinen jüngern Jahren dem Pietismus huldigte (s. m. Gesch. des Burzenländer Capitels S. 37), und als Pfarrer in Zeiden, vor seinem alten Vater, im 48. Lebensjahre starb, hinterließ zwei Söhne, den erwähnten Postmeister zu Ruppin und den Vater des Doctors Joseph B. Namens Samuel Barbenius, der als Senior des äußeren Rathes und Curator der evang. Stadtkirche in Kronstadt am 5. Oktober 1786 mit Tod abging.

Die Schriften des Doctor Barbenius sind folgende:
1. Dissertatio do Haemorrhoidibus Vesicae in genere et in specie. Tyrnav. m. Febr 1777. gr. 8-vo. 45 S.
2. Chemische Untersuchungen einiger merkwürdigen Gesund- und Sauerbrunnen des Szekler-Stuhls Háromszék in Siebenbürgen. Hermannstadt bei Hochmeister 1792. 8-vo. 56 Seiten.

   (Auch der Siebenbürger Quartal-Schrift II 253 bis 403 einverleibt.)
3. Beobachtungen über den Stand des Barometers von beinahe 30 Jahren (bis 1813) Mspt.
4. Medizinische Topographie von Burzenland. Mspt.

Tr. **Barth Christian,**

geb. 1694, war der Sohn höriger Eltern, im Jahr 1618 Lehrer am Schäßburger Gymnasium, von 1622—1634 aber Rector in Bistritz, darauf Archidiaconus an der dortigen Pfarrkirche, 1637 Pfarrer in Heydendorf, 1639 Pfarrer in Meschen und Generaldechant, wurde von der Synode in Birthälm den 26. Jänner 1647 mit 21 Stimmen zum Superintendenten gewählt. Als er nach der Wahl den Eid ablegen sollte, zeigte es sich, daß er bei einigen des Crypto-Calvinismus verdächtig war, weil er bei dem Fürsten Georg Rákótzi in großer Gunst stand. Auf die Aufforderung des Hermannstädter Dechanten legte er dann das Gelöbniß ab der unveränderten (invariatae) Augsburgischen Confession treu zu bleiben, ein Zusatz, der auch für die spätere Zeit blieb. Er starb am 16. Juli 1652 im 68. Jahre." (S. das statistische Jahrbuch der evang. Landeskirche A. B. in Siebenbürgen, 1. Jahrg. 1863, S. 12.) Sein Amts-Nachfolger, der damalige Generaldechant Lukas Herrmann nennt ihn in seiner am 17. September 1652 an die versammelte Synode gehaltenen Rede: „Virum doctrina, vitae gravitate, diligentia et constantia incomparabilem, qui non sivit sibi eripi aliquid eorum, quae a piis Praedecessoribus accepit" x. — Dennoch hatte er, als er im Jahr 1650 eine feierliche General-Visitation aller evangelischen sächsischen Kirchen in Siebenbürgen anstellte, im November desselben Jahres das Mißgeschick, in Kronstadt auf Anstände zu stoßen, die er nicht überwinden konnte (s. m. Geschichte des Burzenländer Capitels S. 33 und 34).

Während seinem Aufenthalte zu Thorn vertheidigte Barth die Streitschrift:

De Summo Pontifico, praeside Joh. Thurn, SS. Theologiae Doct. et Eccl. majoris Poloniae Superintendente in Thorungensi Gymnasio ad XVII. Cal. Apr. a. 1620 etc. Thorunii. 4-to. 20 S.

Tr. **Bartosch Martin Traugott,**

geboren in der zu den sogenannten Siebendörfern gehörigen Stabt=Possession Hosszufalu, Kronstädter Distrikts, wo sein Vater Prediger war, starb als Pfarrer der evangelischen Ungarn A. B. in Klein=Kopisch, Mediascher Stuhls 1809. Er war früher in Petersberg, Kronstädter Distrikts, unter Kaiser Josephs II. Regierung Dorfs=Notär, und erhielt als Schullehrer zu Neudorf, ebendess. Distrikts, im Jahre 1785 den Beruf zu jener Pfarre, welche er sofort bis zu seinem Ableben bekleidete.

Von Seiten seiner Gattin, welche aus Tatrang gebürtig war, erfuhren die Kronstädter Magistratualen vom Jahre 1784 den Verdruß, daß sie einen Theil ihres, durch ihren Stiefvater Csabai verschwendeten väterlichen Erbgutes, welches der damalige Dominal=Inspector Mich. von Cronenthal pupillarisch versichern zu lassen versäumt hatte, aus Eigenem ersetzen mußten. B. schrieb:

Kurzer Innbegriff nöthiger und nützlicher Wissenschaften für junge Frauenzimmer vom Stande, vorgestellt von Martin Traugott Bartos aus Kronstadt in Siebenbürgen. Kaschau, gedruckt mit Landererischen Schriften. Ohne Jahrzahl (1779) 8-vo. 260 S.

(Dem Ladisl. Sirmiensis von Károm und Szúllyo Gerichts=Tafel=Beisitzer einiger Gespanschaften, und dessen Tochter Anna Maria Sirmiensis, seiner bisher gewesenen Schülerin vom Verfasser gewidmet. Das Buch handelt von der Religion, Naturlehre, Gesetzen, Künsten und Wissenschaften überhaupt, sowie Geschichte und den damit verbundenen Wissenschaften, Naturgeschichte, Geographie, Geschichte von Hungarn und Mythologie, alles nach Socratischer Lehr=Art.)

Sciv. **Basch Simon.**

Alles was ich von diesem Gelehrten habe entdecken können, ist, daß er ein Hermannstädter war, und 1659, zu Wittenberg studirte. Denn in diesem Jahre vertheidigte er zwei Streitschriften, eine philosophische:

de Materia prima Peripatetica adversus Ildephonsum de Pennafiel, Cursu Philos. Tim. 2. Disp. 4. Quaest. 2. 4-to. 16 S. unter dem Vorsitze des M. Johann Kemmeli von Leutschau, und eine astronomische: de stellis Erraticis extraordinariis, unter dem M. Jakob Schnitzler von Hermannstadt. Seine nachfolgenden Schicksale sind mir so wenig bekannt, als, ob Franz Basch oder Beesch, der 1679, den 17. Mai, Rathsherr zu Hermannstadt wurde, sein Bruder gewesen oder nicht. In Handschrift hat er hinterlassen:

    Acerbae Transilvaniae Vicissitudis. **Benkö** in Transilv. T. II. S. 424.

  Tr. **Simon Basch** starb im Jahre 1677 als Pfarrer in Broos, nach dreizehnjähriger Pfarr-Amtswaltung.

Sciv.   **Basilius Leonhard.**

Der Fr. Künste Magister, und Pfarrer zu Hammersdorf bei Hermannstadt. Sein Geburtsort und die Geschichte seines jüngern Lebens ist mir unbekannt. Doch macht es mir sein Name **Basler**, den er in **Basilius** verwandelte, sehr wahrscheinlich, daß entweder er, oder sein Vater[1]) von Basel in der Schweitz gewesen ist. Im Jahre 1593, erhielt er das Rektorat der Hermannstädtischen Schule, wurde aber das folgende Jahr nach Petersdorf unter dem Walde zum Pfarrer berufen. Hier lebte er neun Jahre, da ihn denn die Gemeine Hammersdorf, nach dem Tode des M. Leonhard Hermans, 1603, zu ihrem Ober-Seelensorger erwählte. Hier erhielt er 1605 das Dechanat des Kapitels, welches er, so viel ich bis jetzt weis, bis an seinen Tod bekleidete, der den 30. August, 1613 in seinem fünf und vierzigsten Jahre erfolgte. **Johann Oltard**, damals Pfarrer zu Heltau, setzte ihm diese Grabschrift:

Basilius modica jacet hic tumulatus arena,
 Ter tria post vitae lustra peracta suae.
Ingenium solers, promptae facundia linguae,
 Hunc poterant magnis adnumerare viris.
Doctrina insignis, multa virtute verendus,
 Consilio prudens dexteriore fuit.
Sed quid agas? frigidi tanta est violentia Fati,
 Subdat ut imperio nostraque nosque suo.

---

 [1]) Das letztere ist mir wahrscheinlicher, da auch ein **Martin Basilius**, 1599, Notarius zu Hermannstadt war.

Von seinen Schriften habe ich gesehen:
1. Theses Theologicae in Schola Cibiniensi ad disputandum exercitii causa propositae. A. 1593. Cibinii, typis Joh. Heinr. Cratonis 1594 in 4 [1]).
2. Theses Theologicae, de veris Ecclesiae visibilis Notis, in Gymnasio Cibiniensi, d. XX. Maji, ad disputandum propositae. A. 1594. Ebendaf. in 4. 20 S.

Tr. Baumgarten Joh. Christian Gottlieb,

Doctor der Philosophie und Medizin, Mitglied der Leipziger Linné'schen Gesellschaft, der medicinischen Fakultät an der k. ungarischen Universität zu Pest, des Frauendorfer Vereins für Gartenbau, der Schäßburger Centumviral-Communität und Physicus des Schäßburger Stuhls, geboren zu Luckau in der Niederlausitz den 7. April 1756, starb in Schäßburg am 29. Dezember 1843. Sein Vater Johann Gottlob Baumgarten war Bürgermeister in Luckau, seine Mutter Johanna Wilhelmine Henriette, gehörte zu dem im 14. Jahrhunderte aus Italien nach der Lausitz verpflanzten Geschlechte Passarini, welches mit ihrem Vater, dem Landesältesten des Lukauer Kreises und Lukauer Bürgermeister Johann Wilh. Lebrecht Passarini in männlicher Linie erlosch. Nachdem J. Chr. Gottl. Baumgarten an der vaterstädtischen Schule, die, jetzt ein Gymnasium, damals in den oberen Classen nur einen Cantor, Conrector und Rector gehabt zu haben scheint, seine wissenschaftliche Vorbildung erhalten hatte, bezog er 1784 das medizinisch-chirurgische Collegium zu Dresden und nach einjährigem Aufenthalte daselbst, die Leipziger Universität. Hier studirte er unter Pohl, Ludwig, Haase, Gehler, Plattner, Capp, Koch u. f. w. Medizin, wurde 1790 Doctor der Philosophie und 1791 der Medizin. Auf den Rath seines väterlichen Freundes und Gönners des churfürstl.-sächsischen Hof-Rathes und Leibarztes Dr. Pohl, dessen Vorlesungen über Pflanzenkunde ihn am meisten gefesselt hatten, — schon 1790 gab Baumgarten sein Sertum Lipsiense und seine Flora Lipsiensis heraus, sowie auch seine Inaugural-Dissertation: de corticis ulmi cam-

---

[1]) Sie handeln: de S. Scriptura, de Deo ex tribus Personis, de Lege, de Peccato, de Libero arbitrio, de Justificatione, de bonis Operibus, und de notis Ecclesiae. Die Resoondenten sind: Johann Ludovici von Hermannstadt, Christian, von Walthüten gebürtig, Georg von Heltau, Georg von Kleinschell, Martin Basilius und Johann Aurifaber.

pestris natura, viribus, usuque medico, worin er ein botanisch=medicinisches Thema behandelte — begab er sich nach Wien, um die großartigen Hilfsmittel und Anstalten, die der Kaiserstadt auch in medicinischer Hinsicht einen so hohen Rang anweisen, zu seiner weitern Ausbildung zu benützen. Im Umgang mit den berühmtesten Männern seines Fachs verlebte er hier zwei Jahre, reich an Genuß, Anregung und Förderung in seinen Studien. Angezogen von der eigenthümlichen Lage Siebenbürgens, die dem Botaniker eine reiche Ausbeute versprach, benützte er seine gesellschaftlichen Verbindungen, sich an die, um Kunst und Wissenschaft hochverdienten, edlen Freiherrn Samuel und Michael von Bruckenthal, und den in der Pflanzenkunde unseres Vaterlandes ausgezeichneten Normal=Schuldirektor v. Lerchenfeld empfehlen zu lassen. Den 4. Juli 1793 traf er in Hermannstadt ein, wo Protomedikus Dr. Neustädter bald sein edelmüthiger Gönner wurde. Durch dessen Verwendung erhielt er bereits den 11. Oktober 1794 das Physikat des Leschkircher Stuhls, welches er 1801 mit dem des Schäßburger Stuhls vertauschte. Um seinen botanischen Studien sich ungetheilter hingeben zu können, legte er jedoch das letztgenannte Amt 1807 nieder und bereiste in den nächsten Jahren Siebenbürgen nach allen Richtungen, obgleich er schon früher einzelne Theile desselben z. B. gleich nach seiner Ankunft im Lande die Hermannstädter Gebirge in der angenehmen und lehrreichen Gesellschaft von Sigerus, Lerchenfeld und Eder kennen gelernt hatte. Als Frucht seines unermüdlichen Fleißes erschien, durch die freigebige Unterstützung des im Jahre 1843 verstorbenen Grafen Johann Haller von Hallerstein (dem der 2. Theil des Werkes dankbar gewidmet ist) 1816 seine Enumeratio stirpium magno Transsilvaniae Principatui praeprimis indigenarum, in drei Bänden die Phanerogamen umfassend, und fand bei allen Kundigen ungetheilten Beifall. Von den Kryptogamen blieb ein nicht unbeträchtlicher Theil im Manuscripte. Uebrigens übernahm Baumgarten 1829 das Physikat des Schäßburger Stuhles von neuem und verwaltete es bis etwa 1841, wo ein Schlagfall seine Thätigkeit lähmte, mit derselben Gewissenhaftigkeit, die er in seinem übrigen ärztlichen Wirken bewährte.

Der Satellit des Siebenbürger Wochenblattes, welcher am 11. Jänner 1844 Nr. 4 die vorstehende Biographie brachte, machte dazu am 18. Februar desselben Jahres Nr. 15 den Zusatz: „Baumgarten hat nicht nur die inländischen Gewächse mit unermüdlichem Fleiß aufgesucht und verzeichnet, sondern seine Thätigkeit erstreckte sich auch auf Pflanzen andrer Länder und es war sein Streben, die der ganzen durchforschten Erde kennen zu lernen. So erwarb er durch Tausch, besonders aber durch Kauf, eine der größten und schönsten Sammlungen getrockneter Gewächse, welche je ein Einzelner zusammengebracht, und scheute selbst in seinen letzten Jahren keine Ausgaben, seltene Gewächse des Kaukasus, Brasiliens oder Neuhollands u. a. Länder zu seinem Eigenthum zu machen. Diese vortreffliche Sammlung werden nun seine Erben — sammt dem reichen und kostbaren Bücherschatz — veräußern, um mindestens einen Theil des Geldes daraus zu lösen, welches der Unermüdete auf sie verwendete."

Zum Vorhergehenden erübrigt noch zu bemerken, daß Baumgarten nicht nur vom Gr. Johann Haller, k. k. Kämmerer und Grundherrn zu Weißkirch, einem großen Freunde der Botanik, zu botanischen Unternehmungen vielfach aufgemuntert wurde, sondern auch von den siebenbürgischen Landes-Ständen, auf sein Gesuch ähnlichen Vorschub zu seinen botanischen Reisen, wie Sigerus und Lerchenfeld (S. Benkö Jozsof életo és munkái v. Gr. Emrich Miko Seite 90, und das Landtags-Protokoll vom Jahre 1810/1 S. 775—776) erhielt und von denselben Landes-Ständen Sr. Maj. dem Kaiser Ferdinand I. im Jahre 1838 und 1842 (f. Landtags-Protokoll 1838 S. 701, 716 und 1842. S. 454) zur Erhebung in den Adelstand empfohlen, ja auch nach seinem Tode diese Empfehlung durch den Klausenburger Landtag 1847 für Baumgartens in Schäßburg lebende Kinder wiederholt wurde.

Baumgartens Schriften sind:
1. Sertum Cipsicum seu stirpes omnes praeprimis exoticas circa urbem olim, maximeque nuperrimo plantas digessit atque descripsit secundum methodum Linneanam. J. C. G. Baumgarten, Med. Bacc. Lipsiae ex officina Holliana 8-vo. s. a. 48 S. (Die Vorrede ist datirt vom 26. März 1790).
2. Flora Lipsiensis, sistens plantas circul. Lips. spont. secundum Systema sexuale revisum emendatumque distributas cum synonimis perpaucis etc. Cum 4 tabulis aeneis. Lipsiae 1790 gr. 8-vo. 741 S. mit vier Kupfern.
3. Brevis trepani coronati Historia. Lipsiae 1789 8-vo.
4. Dissertatio de arte decoratoria. Pars I. Lipsiae 1791. 4-to.
5. Diss. inaug. de corticis ulmi campestris natura, viribus, usuque medico. Lipsiae 1791. 4-to. 36 S.
6. Enumeratio Stirpium in Magno Transsilvaniae Principatu praeprimis indigenarum, in usum nostratum Botanophilorum conscripta inque ordinem sexualinaturalem concinnata. Vindobonae in Libraria

Camesinao 1816 8-vo. Drei Bände. Der erste Band ist dem
Landes-Gouverneur Gr. Bánffy und den Ständen der drei Nationen,
der zweite dem Gr. Joh. Haller und der dritte dem Siebenbürger
Hofkanzler Gr. Sam. Teleki zugeeignet, und enthalten: Tomus I.
auf XXVII 427 Seiten, Classes I—IX. Phanerogamarum; —
Tomus II. auf X. 392 Seiten, Classes X—XVII. Phanerogamarum;
— und Tomus III. auf XII. 348 Seiten, Classes XVIII—XX.
Phanerogamarum exhibens, zugleich ist dem dritten Bande S. 349
bis 355 ein Index über alle drei Bände beigefügt.

In der Vorrede zum ersten Band Seite XX sagt Baum=
garten: Opus hoc quatuor absolvetur Tomis, quorum I-mus Classes
9 a staminum numero complectitus; II-dus Classes 8 a numero,
insertione, porro proportione cumque coalitione Staminum Anthera-
rumque vel in cylindrum, vel in fascicula collectarum, item illas
ab irregularitate florum recensebit; III-tius de compositis, Orchideis
atque Glumaceis in tres Classes redactis aget; IV-tus deniquae
Cryptogama Vegetabilia Linnei seu Atelium Sprengelii secundum nuperimorum et classificationes et observata exponet. Es
sind aber im Druck nur drei Bände herausgekommen, daher der
Band über die Kryptogamen bis noch nicht erschienen, noch weniger
aber von Lerchenfeld oder Sigerus die in den Siebenbürger Provinzial-Blättern IV. 53 gewünschten Supplemente zu diesem Werk
geliefert worden.

In den erneuerten vaterländischen Blättern für den österr.
Kaiserstaat 1816 9. Heft, Nr. 93, S. 547 wird über dieses Werk
gesagt: „Obwohl von Seite des Fleißes und gelehrter Thätigkeit
diesem Werke kein Vorwurf gemacht werden kann, so will es die
Erwartungen doch nicht ganz befriedigen, die es um so heftiger er=
regen mußte, je weniger Siebenbürgen bisher von botanischer Seite
bekannt ist. Es führt viele Gewächse nach bloßen Vermuthungen
als siebenbürgische an, die keineswegs daselbst einheimisch sind,
indem es dieselben mit ausländischen von verwandtem Habitus ver=
wechselt; außerdem sind viele einheimische übergangen und endlich
auch die Aufzählung aller Gräser unter einer Classe oder Familie
(die der Herr Verfasser Glumacea nennt) eine Willkührlichkeit, die
gar keinen triftigen Grund für sich hat und dem übrigens befolgten
Sexualsystem widerstreitet."

Vgl. den Art. Mich. Fuß.

Hedwigs und Baumgartens Andenken hat **Heufler** unter den Siebenbürgern und in der siebenbürgisch-botanischen Literatur erneut und verherrlicht durch Herausgabe seiner Abhandlung:

Specimen Florae cryptogamae vallis Arpasch Carpatae Transilvani. Eine Probe der cryptogamischen Flora des Arpaschthals in den siebenbürgischen Karpaten von Ludw. Ritter Heufler, k. k. Sektions-Rath im Ministerium für Cultus und Unterricht ꝛc., Mitglied des siebenbürgischen Vereines für Naturwissenschaften in Hermannstadt. Wien aus der k. k. Hof- und Staatsdruckerei 1853, Groß-Folio, 66 S. mit 7 Tafeln in Naturselbstdruck abgebildeten Pflanzen. Der Text ist auf einer Seite Lateinisch, auf der andern Deutsch, und die Abhandlung gewidmet S. 6. „Manibus Transilvanorum Hedwig et Baumgarten sacrum," S. 7, dem Andenken an die Siebenbürger Hedwig und Baumgarten gewidmet." Der Verf. führt S. 5 die botanischen Werke Hedwigs, acht — und Baumgartens (obige Nr. 1, 2, 5, 6) 4 an der Zahl an, mit folgender Einleitung zu seiner Abhandlung.

S. 15. „Es ist vielleicht nicht Jedermann bekannt, daß der Linné der Moose der durch die Entdeckung der Fortpflanzungstheile dieser zierlichsten aller Pflanzenklassen unsterbliche **Hedwig**, ein Siebenbürger Sachse aus Kronstadt war. Er wollte nach den in Leipzig zurückgelegten ärztlichen Studien in seiner Vaterstadt ausübender Arzt werden, konnte aber dieses Ziel seiner Jugendwünsche nicht erreichen. So entschloß er sich in dem alten Musensitze zu bleiben und anstatt eines in Vergessenheit verfallenen Arztes in dem südöstlichen Theile occidentischer Bildung, wurde er der Schöpfer einer neuen Aera in der Erforschung der Kryptogamen. Wie sein Vorgänger, der Hesse **Dillen** nicht in Gießen bleiben konnte, sondern in Oxford durch seine Historia Muscorum sich unsterblichen Ruhm erwarb, so mußte auch Hedwig, ihm zum Glücke und der Wissenschaft zum Gewinn, außer der engeren Heimath seinen Wirkungskreis suchen. Der Glanz seines Nachruhms ist in seinem Vaterlande nicht ohne Wirkung geblieben. Ein anderer Botaniker, der Arzt **Baumgarten** in Schäßburg, zwar nicht durch die Geburt, aber durch Verdienste und vieljährigen Aufenthalt Siebenbürgen angehörig, hat die höchstinteressante Flora jenes Landes durchforscht, und im Jahre 1816 zu Wien eine Beschreibung des phanerogamischen Theils derselben in 3 Bänden herausgegeben. Er hinterließ bei seinem Tode ein reiches Herbar und die zum Druck fertige Bearbeitung der Farne und Moose als Fortsetzung seiner Enumeratio, datirt vom 1. Mai 1840. Der siebenbürgische Verein für Landeskunde hat diesen schriftlichen Nachlaß dem Drucke übergeben. Das Buch, welches demzufolge erschien, führt den Titel: Enumeratio stirpium magno Transilvaniae Principatui praeprimis indigenarum ad usum nostratum Botanophilorum conscripta inque ordinem sexuali naturalem concinnata auctore J. Chr. Gottl. Baumgarten Phil. et Med. Doctore, Soc. Linn. Lipsiensis Sodall. Tomus 4-tus Classis XXI. Cryptogamarum Sect. I—III. exhibens. Cibinii typis haeredum M. nobil. de Hochmeister (Theodor Steinhaußen 1846) und gehört zu den größten bibliographischen Seltenheiten, weil fast die ganze Auflage in dem Magazin, wo sie aufbewahrt wurde, durch einen Zufall zerstört worden ist. Das Herbar Baumgartens wurde im Jahre 1850 auf Veranlassung des k. k. Ministeriums für Cultus und Unterricht für den Staat angekauft, und einstweilen dem evang. Gymnasium in Hermannstadt zur Aufbewahrung übergeben. Hedwigs und Baumgartens Werke zieren die Bibliothek in dem Museum der Wissenschaften und Künste zu Hermannstadt, welches ihr Landsmann Freiherr von Bruckenthal als Gouverneur von Siebenbürgen gestiftet hat, und ein mächtiges Glied ist in der Kette von Beweisen der Vaterlandsliebe und des edlen Strebens der Männer jenes Stammes. Die vorliegende Arbeit ist weder ein Seitenstück, noch eine Ergänzung der Werke jener klassischen Gelehrten; sie ist nur ein Beitrag zur cryptogamischen Flora jenes Landes und hiemit zugleich des eigenen großen gemeinsamen Vaterlandes. Außer der Bearbeitung der Farne und Moose durch Baumgarten ist bis jetzt über die Kryptogamen der siebenbürgischen Karpaten fast nichts veröffentlicht worden. Die Phanerogamen wurden durch siebenbürgische und andere Botaniker in den letzten Jahren sorgsam berücksichtigt, und Dr. Schur hat erst im verflossenen Jahre in den Verhandlungen des siebenbürgischen Vereins für Naturwissenschaften, S. 84—93 ein Verzeichniß der Phanerogamen und Farne des Arpaschthales veröffentlicht. Dr. Schur war wiederholt in jenen Gebirgen und es ist daher natürlich, daß das seinige (es zählt 420 Phanerogamen-Arten) besser ausfiel, als das Meinige, welches das Ergebniß einer einzigen unter den größten Strapazen gemachten Reise ist. Insbesondere ist das meinige im höchsten Grade ungenügend in den Klassen der Algen und Pilze. Allein es gibt den allgemeinen Charakter der Flechten- und Moos-Vegetation, es erweitert die Kenntniß der süd-östlichen Verbreitung einer Anzahl von Kryptogamen, und auf lange Zeit wird vielleicht das Thal Arpasch als Gränzpunkt des Areales mancher Art genannt werden müssen, endlich gibt es, besonders mit Rücksicht auf die Zeit und die andern Umstände, unter denen die Beobachtungen gemacht werden mußten, einen Begriff von der außerordentlichen Reichhaltigkeit auch des kryptogamischen Theiles der siebenbürgischen Pflanzenwelt. Aus diesen Gründen hoffe ich das Andenken an **Hedwig** und **Baumgarten** nicht zu vermehren, wenn ich demselben diesen Beitrag zur kryptogamischen Flora ihrer Heimath widme, einer Flora, an deren Vollendung Baumgarten gehindert war, und deren Kenntniß im Allgemeinen Hedwig durch seine großen Prachtwerke wesentlich gefördert hat."

Seiv.   **Bausner Bartholomäus.**

Ein gelehrter Rathsherr zu Hermannstadt. Sein Vater gleiches Namens starb als Pfarrer zu Urwegen unter dem Walde, 1728 15. Oct., und hatte in seinen Universitäts-Jahren zu Wittenberg, 1689, den 27. März, unter Gottfried Arnold eine Streitschrift: Lotionem manuum, Disquisitione historica, ad factum Pontii Pilati recensitam 20 S., vertheidigt. Als er noch Pfarrer zu Reppendorf war, zeugete er diesen Sohn, der ihm den 17. Januar 1698 gebohren wurde. Nachdem er sich auf dem Hermannstädtischen Gymnasium zu höheren Wissenschaften zubereitet hatte, begab er sich auf Universitäten, sich der Rechtsgelehrtheit zu weihen. 1730 ward er Gerichts-Sekretär zu Hermannstadt, nachgehends Rathsherr, und 1768 Stuhlrichter, welche Würde er bis 1771, bekleidete. Endlich starb er als ältester Rathsherr, 1774 den 22. Brachmond, in einem Alter von 76 Jahren, 5 Monaten und 4 Tagen ohne männliche Erben. Er besaß eine besondere Fertigkeit in Chronostichen, davon er nicht nur einige auf verschiedene merkwürdige Begebenheiten drucken lassen; sondern auch eine starke Sammlung davon in der Handschrift hinterlassen hat.

Seiv.   **Bausner Bartholomäus,**

Superintendent der sächsischen Kirchen und Pfarrer zu Birthälm. Er ward 1629 zu Reps gebohren, woselbst sein Vater Martin Bausner, nachmaliger Pfarrer zu Schäs im Schäsburger Stuhle, damals Rektor und Notarius war. Im Jahre 1648, besuchte er das Gymnasium zu Hermannstadt, und 1652 reiste er nach Wittenberg, sich ferner zum Dienste der Kirche zuzubereiten. Doch blieb er nicht gar lange dort, sondern begab sich nach Leyden in Holland. An diesem Orte machte er sich durch einige Schriften von einer schönen Seite bekannt; die wüthende Pestseuche nöthigte ihn aber 1656 Leyden zu verlassen, worauf er nach seinem Vaterlande zurückkehrte, und noch in diesem Jahre das Diakonat zu Schäßburg erhielt. Nachgehends ward er Pfarrer zu Nadesch und 1661, nach einigen Unordnungen, in Reichesdorf im Mediwischer Stuhle. Die Reichesdörfer, erkauft durch die Zusage, ihnen einen Theil der Pfarrerszehnden zu erlassen, erwählten einen gewissen Jakob Kraus, Pfarrer zu Gessivel, einem adelichen Dorfe, zu ihrem Seelenhirten. Eine genaue Untersuchung entdeckte aber die Sache; daher wurde die Wahl für nichtig erklärt, und Kraus zur Universitätsstrafe verurtheilt. Hierauf erhielt bei der neuen Wahl, Bausner die Kirchenschlüssel. Wegen der damaligen Pest ward er nicht wie gewöhnlich in der Kirche, sondern unter freiem Himmel der Gemeine vorgestellt und eingeführt. Doch verlor er seine Gemahlin an dieser Seuche, sobald er die Pfarrerswohnung bezog. Ihn aber erhielt die göttliche Vorsehung zu noch wichtigern Diensten der Kirche. Im Jahre 1667 wurde er zum Generaldechanten und den 1. Brachmonat 1679 zum Superintendenten erwählt. Allein, wie wenige Jahre waren ihm noch bestimmt! Den 15. April 1682 vollendete er schon seine Laufbahn, im drei und fünfzigsten Jahre seines Alters. Er hinterließ zwei würdige Söhne, davon der ältere, Bartholomäus Bausner, als Pfarrer zu Urwegen unter dem Walde 1728 starb; und der jüngere Simon, Edler von Bausnern, als wirklicher geheimer siebenbürgischer Regierungsrath, Graf der sächsischen Nation und Königsrichter zu Hermannstadt den 30. September 1742.

Von seinen hinterlassenen Schriften kenne ich:

1. Disp. Philosophica, de Cordis humani actionibus, Praeside Adriano Heereboord, qua auctor et respondens. Lugduni Batav. 1654. M. Sept. in 4. 12 S.

2. Exercitationum Metaphysicarum Quinta, quae est Tertia de Metaphisices Definitione, ad diem 24. Oct. Lugduni Batav. typis Elzeverianis. 1654 in 4. Unter eben demselben. 8 S.

3. De Consensu partium humani Corporis, Libri III. in quibus ea omnia, quae ad quamque actionem quoquomodo in homine concurrunt, recensentur, actionum modus, ut et consensus ratio explicatur, adeoque universa hominis Oeconomia traditur. Cum figg. aeneis. Amstelodami. 1656, in 8. 192 S.

4. Oratio de forma administrandi Disciplinae Ecclesiasticae habita in Synodo 8. Nov. 1666. Handsch.

In Mathäs Recensio Manuscriptorum (in der Kronstädter Schul-Bibliothek) ist der Titel dieser Rede so angegeben: Bartholomaei Bausneri, Ecclesiae Requiniensis Pastoris et Universitatis Ecclesiasticae Syndici, Oratio: de Presbyterio Sacro seu Ordine ecclesiastico patriae, gentis ac Ecclesiae nostrae, qualis ille nunc est. Habita Medjesini anno 1666 d. 8. Novembre sub electionem Superintendentis; — dagegen in D. G. Teutsch's Biographie Bausners in dem statistischen Jahrbuch der evang. Landeskirche A. B. in Siebenbürgen, 1. Jahrg. 1863, Seite 14: „Oratio de Ministerio ecclesiastico Saxo-Transsilvanico [1]).

5. Oratio de Statu Ecclesiarum Saxo-Transilvanicarum. Mscr.

Weil die meisten Superintendenten der sächsischen Kirchen in Siebenbürgen, sich durch einige Schriften bekannt gemacht und Schmeizels Nachricht von ihnen in seinem Werkchen de Statu Eccles. Luther in Transilvania nicht allemal richtig ist, so wird es vielleicht nichts Ueberflüssiges sein, hier eine chronologische Tafel beizufügen.

1. **Paul Wiener**, Stadtpfarrer zu Hermannstadt, ehemaliger Kanonikus zu Laybach in Niederkrain, der erste Superintendent, erwählt den 6. Febr. 1553, stirbt den 16. August 1554 an der Pest, ohne die landesherrschaftliche Bestätigung in der Superintendur erhalten zu haben.

2. **Mathias Hebler** von Karpen in Ungarn, gleichfalls Stadtpfarrer zu Hermannstadt, erwählt den 29. Brachmonat 1556, stirbt den 18. Sept. 1571.

3. **Lukas Unglerus** oder **Ungleich**, von Hermannstadt, Pfarrer zu Birthälm, erwählt in der Synode zu Mediasch 1572 den 2. Maimonat, stirbt, nach seinem Grabmale den 27. November 1600. Er wollte seine Pfarre nicht verlassen und nach Hermannstadt kommen; und seit der Zeit blieb Birthälm der ordentliche Sitz der sächsischen Superintendenten.

4. **Mathias Schiffbäumer**, Stadtpfarrer zu Medwisch, erwählt zum Pfarrer in Birthälm den 10. Christmonat 1600, zum Superintendenten aber den 12. März 1601, stirbt 1611 den 30. August. Er hat den letzten sächsischen Pfarrer zu Rimnik in der Walachei, **Ananias** ordinirt, welcher 1642 gestorben ist.

---

[1] Daselbst urtheilt Teutsch: „Daß sie ebenso von der Kenntniß kirchlicher Verfassungszustände in Deutschland und ihrem Unterschiede von den heimischen, als von tiefer Einsicht in die, den geistlichen Stand in der Kirche bewegenden und herunterziehenden Mächte, sowie von achtungswerthem Freimuth und edler Begeisterung für das Höhere zeuge." —

5. **Johann Budaker**, Stadtpfarrer zu Bistritz, wird 1611 zur Pfarre Birthälm berufen, stirbt aber den 29. Jänner 1613, ehe er wegen der vaterländischen Unruhen zum Superintendenten erwählt werden konnte.
6. **Zacharias Weyrauch**, von Reps, Pfarrer zu Muschen im Mediwischer Stuhle, erwählt 1614 den 17. Februar, stirbt 1621 den 6. Jänner.
7. **Franz Grasius**, von Eibesdorf, Stadtpfarrer zu Bistritz, erwählt den 23. Mai 1621, stirbt 1627 den 1. Brachmonat im 58sten Jahre.
8. **Georg Theilesius**, von Agnethlen, Stadtpfarrer zu Medwisch und Generaldechant, erwählt 1627 den 22. November, stirbt 1646 den 30. November, im 64sten Jahre.
9. **Christian Barth**, aus einem leibeigenen Geschlechte, Pfarrer zu Muschen und Generaldechant, erwählt 1647 den 26. Jänner, stirbt 1652 im 52. Jahre.
10. **Lukas Herman**, Pfarrer zu Muschen und Generaldechant, erwählt 1652 den 18. September, schlug 1661 die fürstliche Würde von Siebenbürgen, die ihm A l i B a s c h a antrug, großmüthig und weislich aus, stirbt 1666 den 16. März im 70. Jahre.
11. **Paul Bekeli**, Pfarrer zu Keisd, erwählt 1666 den 6. Heumonat, stirbt nach neun Wochen zu Keisd im 57. Jahre und ward daselbst begraben.
12. **Stephan Adami**, von Kreuz, Stadtpfarrer zu Medwisch und Generaldechant, erwählt 1666 den 8. November nachdem **Johann Bekeli**, welcher Pfarrer zu Wurmloch und des vorhergehenden Bruder war, auf den angenommenen Beruf nach Birthälmen Verzicht thun müssen, stirbt den 18. März 1679 im 74. Jahre.
13. **Bartholomäus Baußner**, Pfarrer zu Reichesdorf und Generaldechant, erwählt den 1. Brachmonat 1679, stirbt 1682 den 15. April im 53. Jahre.
14. **Christian Haas**, Pfarrer zu Heltau, erwählt 1682 den 28. Mai, stirbt 1686 den 16. September. Im Jahre 1684 erhielt Haas den Beruf zur Hermannstädtischen Pfarre, und die Superintendentur sollte auch dahin verlegt werden; allein die wichtigen Widersprüche der geistlichen Universität, vereitelten die ganze Sache.
15. **Michael Pankratius**, von Mühlbach, Stadtpfarrer zu Medwisch

und Generaldechant, erwählt den 4. November, stirbt 1690 den 11. des Heumonats.

16. **Lukas Hermann**, der Jüngere, Stadtpfarrer zu Medwisch und Generaldechant, erwählt den 28. Jänner 1691, stirbt 1707 den 11. September.

17. **Andreas Scharsius**, Pfarrer zu Muschen und Generalsyndikus, erwählt den 2. Febr. 1708, stirbt durch einen Schlagfluß auf der Kanzel 1710 den 2. November.

18. **Georg Kraus**, Stadtpfarrer zu Schäßburg, hatte bei der Wahl 1711 den 20. Jänner gleiche Stimmen mit Lukas Grafius, das Loos aber fiel für ihn; stirbt den 5. August 1712.

19. **Lukas Grafius**, Stadtpfarrer zu Medwisch und Generaldechant, erwählt den 17. November 1712, stirbt 1736 den 30. Oktober.

20. Mag. **Georgius Hauer**, Stadtpfarrer zu Medwisch und Generaldechant, erwählt 1736 den 13. Christmonat, stirbt 1740 den 15. Christmonat.

21. **Jakob Schunn**, von Hermannstadt, Pfarrer zu Heltau, erwählt den 10. Febr. 1741, stirbt 1759 den 10. Juli.

22. **Georg Jeremias Hauer**, Stadtpfarrer zu Medwisch und Generalsindikus, erwählt den 6. August, stirbt 1777 den 9. März.

23. **Andreas Funk**, von Hermannstadt, Pfarrer zu Neppendorf, wurde, nachdem **Mathias Lang**, Stadtpfarrer zu Mühlenbach, sich nach aller Möglichkeit entschuldigt hatte, zum Birthälmer Pfarrer den 9. Brachmonat 1778 erwählt, und zum Superintendenten den 1. Heumonat, stirbt den 23. December 1791.

24. **Daniel Georg Neugeboren**, Stadtpfarrer in Mühlbach, zum Superintendenten erwählt 17. December 1806, stirbt am 11. Februar 1822.

25. **Daniel Gräser**, Pfarrer in Sáros und Generaldechant, erwählt den 27. März 1822, stirbt 21. August 1833.

---

¹) Nach Hauers Tode wurde zwar **Daniel Fillisch**, Stadtpfarrer zu Hermannstadt, der sich damals in wichtigen Geschäften zu Wien befand, von der Birthälmer Gemeine zum Pfarrer erwählt; allein derselbe verbat den Beruf aus guten Gründen. Die alten Schwierigkeiten wegen Verlegung der Superintendentur hatten noch immer ein großes Gewicht, und wir haben kein Beispiel, daß ein Stadtpfarrer von Hermannstadt die Birthälmer Pfarre angenommen hätte.

26. **Johann Bergleiter**, Pfarrer in Stolzenburg, erwählt 17. Sept. 1833, stirbt den 31. Juli 1843.
27. **Georg Paul Binder**, Pfarrer in Kaisd, der letzte von der Birthälmer Gemeinde zu ihrem Pfarrer und von der Synode zu ihrem Oberhaupte am 28. September 1843 gewählte Superintendent, stirbt den 12. Juni 1867.
28. **Georg Daniel Teutsch**, Doctor der Philosophie, — der erste, auf Grund des § 167 der provisorischen Bestimmungen für die Vertretung und Verwaltung der evang. Landeskirche A. B. in Siebenbürgen vom Jahr 1862 von der evang. Landeskirchen-Versammlung zu Hermannstadt am 19. Sept. 1867 gewählte Superintendent A. B. und zugleich im Grunde des Uebereinkommens des Consistoriums der evang. Landeskirche A. B. mit der evang. Pfarr-Gemeinde A. B. zu Hermannstadt vom 27. Sept. 1866 Oberpfarrer dieser Pfarr-Gemeinde.

Wer über die Vorbenannten mehr zu erfahren wünscht, sehe:
a. Johann Seiverts Skizze der Superintendenten A. C. im Großfürstenthum Siebenbürgen — Seite 1—35 des ersten Bandes der siebenbürgischen Quartalschrift (bis **Andr. Funk**), und
b. Dr. G. D. Teutsch's: „Die Bischöfe der evangelischen Landeskirche in Siebenbürgen" — Seite 1—10 des „Statistischen Jahrbuchs der evang. Landeskirche A. B. in Siebenbürgen 1. Jahrgang" 1863 (bis Dr. **Michael Pankratius**), wozu dem versprochenen Schlusse im nächsten dritten Jahrgang des Jahrbuchs mit Verlangen entgegengesehen wird.
c. Das gegenwärtige Schriftsteller-Lexikon in Bezug auf diejenigen, welche sich durch Druckschriften ein Andenken gestiftet haben, unter ihren Namen.

6. Series Pastorum Requiniensium, faciem fatalium Ali-Bassae temporum praebens. Handschrift.
7. Res gestae Synodi universalis Megjesini anno 1666 d. 6. Julii habitae. Handschrift.

Tr. **Baußnern Guido von,**

geboren den 25. August 1839, Sohn des k. k. Obristen Joseph v. Baußnern, studirte am evang. Gymnasium und an der Rechts-Akademie zu Hermannstadt und privatisirt nun daselbst.

1. Die siebenbürgische Frage, eine Weltfrage. Ein Beitrag zu seiner Entwicklung des österreichischen Gesammtstaates, verfaßt von Guido von Baußnern. Selbstverlag des Verfassers. Hermannstadt, gedruckt und in Commission bei Sam. Filtsch, 1865. 8-vo. 106 S. (Diese Brochüre wurde im October 1865 bei ihrer Erscheinung von der kaisl. Polizei zu Hermannstadt mit Beschlag belegt.)
2. Die providentielle und europäische Mission des österreichischen Gesammt-Staates. Ein Beitrag zur Lösung der ungarisch-österreichischen Verfassungsfrage von G. von B. Im Selbstverlage des Verfassers. Hermannstadt, gedruckt und in Commission bei S. Filtsch. 1866. 8-vo. 51 S.

Tr. **Baußnern Joseph von,**

substituirter Staats-Anwalt in Großwardein, und im Jahre 1857 Landes-Gerichts-Rath daselbst, Sohn des siebenbürg. k. k. Finanz-Rechnungs-Officials Carl v. Baußnern, wurde in Hermannstadt geboren beil. 1825.

1. A' bün vádi Eljárás gyakorlati tana, mintákkal, mint szinte a falusi Jegyzők számára egy Utasitással a büntető elő intézkedéseket illetőleg, mintákkal. Szerkeszté Bausznern József hely. államügyész (Nagyváradon). Pest 1856. Geibel bizománya. Gr. 8-vo. In 3 Theilen I 194, II 196, III 316 Seiten.
2. Ueber die Kompetenz des österreichischen Reichs-Rathes zur ungarischen Frage. Pest 1861 8-vo. (S. Kronstädter Zeitung Nr. 69, 1861 1. Mai.)

Tr. **Baußnern Karl von,**

Sohn des Hermannstädter Senators Simon Friedrich von Baußnern († 1827) — geboren zu Hermannstadt im Jahre 1797, nun pensionirter k. k. Finanz-Rechnungs-Official — hatte 4 ältere und 1 jüngern Bruder, von welchen jetzt nur noch der pens. k. k. Oberst, Joseph v. Baußnern sich am Leben befindet. Sie sind die Enkel des Samuel v. Baußnern († 1780) und Ur-Enkel des Simon v. Baußnern († 1742), des jüngsten Sohnes des vorhergehenden Bartholomäus Baußner († als Superintendent 1682.)

Ueber Simon und Samuel v. Baußnern, Vater und Sohn, beide ehemalige Königsrichter von Hermannstadt und Grafen der sächsischen Nation, s. deren Geschichte von Johann Seivert im ungrischen Magazin

3. Band, Seite 428—430 und 431—432. Der Erstere (Simon B.) sammt seinen Nachkommen wurde von K. Karl VI. geadelt 1718 den 6. Oktober (Siebenb. Quartalschrift III. 294).

Carl v. Baußnern schrieb:
  August Rose. (Der Dichter und seine Zeit). Bürgerliches Drama in 5 Akten. Von C. v. B. Kronstadt 1859. Gedruckt bei Johann Gött. 12-mo. VI. 152 S.

T r.   **Bayer Johann,**

ein Kronstädter, lehrte im Jahre 1677 als academischer Theolog in seiner Vaterstadt Weigelische Grundsätze. Dies erregte die Aufmerksamkeit des Stadtpfarrers und Dechanten Peter Mederus in dem Maße, daß er im October gedachten Jahres das Capitel zur Prüfung jener Grundsätze zusammenberief. Hier wurde Bayer vom gelehrten Rosenauer Pfarrer Mag. Martin Albrich umständlich widerlegt, und wäre von seinem Amt beseitigt worden, hätte er sich nicht entschlossen, am Thomastage 1677 vor der in großer Anzahl versammelten Gemeinde in der Kronstädter Johannis-Kirche (nachdem der Prediger Martin Uell [1]) eine Rede über die Ungläubigkeit zuvor abgehalten hatte) ein ächtes Glaubensbekenntniß öffentlich abzulegen und sowohl bei dieser Gelegenheit mündlich, als auch mittelst eines eignen Reverses vom 23. Dezember 1677 schriftlich seine Weigelischen Irrthümer zu widerrufen. Er starb als Academicus den 16. März 1686.

Seine Witwe starb den 16. Febr. 1691.

Die Albrichische „Recensio erratorum crassorum, quae Joh. Bayerus Coron. prodidit in intempestiva sua cognitionis clave, additis Refutationibus etc. et Revocatione Bayeri d. 23. Decembre 1677" findet man in Thomas Tartler's Collectaneis.

Eine Abschrift davon mag das Manuscript sein, das im Indice Bibliothecae Martini Schmeitzel, Halae 1751, Seite 16 unter dem Titel: Joh. Bayeri errores crassiores, quos intempestive Coronae sparsit, sed et revocavit 1677 angezeigt ist.

---

[1] Eine eigene Widerlegung soll dieser gelehrte orthodoxe nachmalige Tartlauer Pfarrer Martin Uell, welcher am 24. December 1704 in Kronstadt starb, — wider Bayer geschrieben haben.

Bayer Michael

Tr.

soll Annales im Manuscripte hinterlassen haben, welche Thomas Tartler in seinen Collectaneis zur Particulär-Historie von Kronstadt benützt, und in dem zu Anfang derselben enthaltenen Verzeichniß der gebrauchten Manuscripte angeführt hat. Laut Tartlers Nachricht a. a. O. S. 308 war Baher aus Birthälm, und dessen nach Kronstadt übersiedelte Nachkommen (der vorhergehende Johann Baher war sein Enkel) existiren dermalen unter dem Namen Boher als Rothgerber. Dieser Baher wird citirt in Gunesch's kleinwinziger Medwischer Chronik ad a. 1630 und 1642 (aus welchen Citaten zu schließen ist, daß Baher in diesen Jahren in Mediasch lebte); sowie in der Fuchsischen Chronik zu den Jahren 1625 und 1626 im 1. Bande S. 307, 308 und (unter dem, ohnfehlbar durch einen Schreibfehler unrichtig geschriebenen Namen Michael Duxerus auch) S. 310.

Beddeus Samuel Siegfried,

Tr.

geboren in Bistritz am 23. Juli 1739, ein Sohn des Bistritzer Stadtpfarrers Samuel Beddeus († 23. December 1787), war Doctor der Medizin und Physicus in Hermannstadt, wo er am 8. September 1814 mit Hinterlassung einer einzigen, an den k. k. Militär-Apellations-Rath Wilhelm Mitlacher († in Wien 1847) verehlichten Tochter, am 8. Sept. 1814 mit Tod abging.

Von ihm erschien:

Dissertatio inauguralis medica de Verme, Taenia dicto. Viennae. 1766. 8-vo. 35 Seiten.

Bedeus v. Scharberg Joachim,

Tr.

geboren in Bistritz am 18. Juli 1746. Sein Vater gleiches Namens war k. Steuer-Einnehmer und Senator in Bistritz, wo der Sohn seine Gymnasial-Studien beendigte. Sofort aber studirte der junge Bedeus auf dem reformirten Collegium und endlich am katholischen Lyceum in Klausenburg, schwor 1767 bei der k. Tafel und 1769 in die Gubernial-Kanzlei ein. Im Jahre 1774 wurde er bei der damaligen Commercial-Commission und 1775 in der Gubernial-Kanzlei als Actual-Kanzelist angestellt und rückte sodann stufenweise fort, bis er 1786 zum Gubernial-Concipisten und 1788 zum Gubernial-Secretär ernannt wurde, in welcher Eigenschaft er den 27. März 1810 an der Brustwassersucht sein Leben beschloß, nachdem er in den letzten Jahren seines Lebens die Stelle eines Referenten in Commerzsachen bei der Landes-Stelle vertreten und seine gründlichen Kenntnisse in diesem Fach vielfach bewährt hatte.

Bedeus hat in und außerhalb seines amtlichen Wirkungskreises viele Beweise seines auf Förderung des allgemeinen Wohles und besonders der Nationalökonomie gerichteten gemeinnützigen Strebens entwickelt. Dahin gehörte, daß er, — laut gedrucktem Verzeichniß, — im Jahre 1789 das Amt als erster Vorsteher der Hermannstädter Freimaurer-Loge bekleidete, deren Provincial-Großmeister der Landes-Gouverneur Gr. Georg Bánffi war. Nach dem Ausbruch der französischen Revolution wurde der Freimaurer-Orden aufgehoben. — Vom siebenbürgischen Landtag 1790/1, während dessen Bedeus vom kön. Landtags-Commissär, Freiherrn v. Rall zu seinem Secretär verwendet ward, wurde er zum Mitglied der systematischen Deputation in commercialibus erwählt, wo er die Regulirung der Zünfte, das Project zum Straßenbau, einen Entwurf zu einer merkantilischen Gesellschaft u. s. w. ausarbeitete, welche Arbeiten insgesammt in dem gedruckten Operate der betreffenden Deputation enthalten, aber nicht zur landtäglichen Verhandlung gekommen sind.

Im Herbst 1795 war B. mit Urlaub in Hermannstadt, wo er sich mit Ausarbeitung einer Geschichte des siebenb. Steuerwesens beschäftigte, wozu er viele Urkunden aus dem National-Archiv benützte und abschrieb.

Aus Anlaß der Regulation der sächsischen Nation hatte B. schon angefangen, unter dem Titel: „Zufällige Gedanken bei der bevorstehenden Wiederherstellung der sächsischen Nation" — einen Vorschlag auszuarbeiten: was bei dieser Herstellung zu beobachten sein würde, und 1797 arbeitete er einen ausführlichen „Plan zur Regulation der sächsischen Nation" aus, ohne jedoch davon einen öffentlichen Gebrauch zu machen.

Auch einen Plan zur Schiffbarmachung des Altflusses und zu einer allgemeinen Assecuranzbank für die sächsische Nation hatte B. ausgearbeitet, welche jedoch nicht ins Leben traten.

1781—1784 leitete B. den Bau der Straße nach Kronstadt und zu Anfang des Türkenkrieges den Straßenbau gegen die Walachei, denn damals waren noch keine Civil-Ingenieurs angestellt. Hiedurch hatte B. eine besondere Vorliebe für diesen Zweig der öffentl. Verwaltung erhalten, und trug nicht nur in der Landtags-Deputation darauf an, daß in mehreren Richtungen Kunststraßen erbaut werden sollten, sondern bemühte sich auch als Referent der Handelsangelegenheiten bei dem k. Gubernium, den Straßenbau in Gang zu bringen. Diesem zufolge wurde auch endlich auf seinen Antrag von a. h. Orten gestattet, die sogenannten Salzstraßen, auf welchen das Salz theils nach Ungarn, theils zu den Landungsplätzen an der Maros transportirt wird, mit gemeinschaftlichen Kosten der Cameral- und Landes-Cassen kunstmäßig zu erbauen, und er hatte noch das Glück, nicht nur den Anfang dieser Arbeiten zu erleben, sondern auch selbst schon einige ausgefertige Strecken zu befahren.

Von seinen Arbeiten sind mir bekannt:

1. Gründliche Anleitung zur wohlfeilsten und doch feuerfesten Baukunst von bloßen Erdwänden und Strohdächern zum Behuf des Landvolks. Mit 22 Kupfertafeln. Hermannstadt bei Barth 1804. XX. 296. Seiten. 8-vo.

Die bei dem k. Gubernium in 20 Jahren eingegangenen Verzeichnisse der durch Feuer verunglückten Contribuenten, nach welchen während dieser Zeit in Siebenbürgen gegen 6000 Häuser und fast ebensoviele Scheunen und Ställe abgebrannt waren, gaben die Veranlassung, daß der Verfasser mit Benützung der diesfälligen Arbeiten des französ. Architekten Cointeraux dieses Werk zum Behuf seiner Landsleute ausarbeitete. Der 1. Theil handelt vom Pisée-Bau, der zweite vom Habaner Strohdach (nach Adam Landgraf und Bargu Bolza), und der dritte vom neuen Pisée, woraus Erdgewölbe und gemauerte Dächer verfertigt werden.

Eben diese Anleitung zur Baukunst gab Bedeus mit einer, von ihm zu Klausenburg am 10. Mai 1804 unterschriebenen Vorrede auch in ungarischer Sprache heraus unter folgendem Titel:

„Fontos Tanitás a leg-óltsóbb, s tüz ellen szolgáló Épités Mesterségéről. Mellyszerént tsupa földből Falak, és szalma-'sendellyos Fedelek épittetnek. a köz nép kedvéért." 22 darab kupferel. — Szebenben, nyomattatott Barth János betüivel, ts. k. priv. dicast. typogr. 1807. 8-vo. Előszó S. III—IV. Bévezetés X—XX. Text 292 S.

Auch kündigte das k. Gubernium mittelst gedruckten walachischen Bekanntmachungen unter Zahl 1158 vom Jahr 1806 eine walachische Uebersetzung dieses Werkes unter dem Titel:

„Luminăte Envetzeture deszpre tsel mái liesne, táro, schi sztetetorio empotriva fokului Meschteschug ál Zidirii, káre numái din peretzi de pemunt, schi din koperischuri den Pae szte szpre asutoriol schi foloszul obstii din preune ku 22 de ikoane"

Hierauf sollte mit zwei Gulden für jedes Exemplar subscribirt und das Buch, nach beendigtem Druck, gegen Bezahlung jenes Betrages aus der Martin Hochmeisterischen Buchhandlung in Klausenburg abgeholt werden.

Ich habe davon, ob diese walachische Uebersetzung sonach auch wirklich im Druck erschienen sei? nichts in Erfahrung bringen können. Vermuthlich ist der Druck aus Mangel an hinlänglichen Subscribenten unterblieben.

In den siebenbürgischen Provinzialblättern 2. Bd. S. 81 bis 85 befindet sich eine Anzeige und Inhalts-Angabe des Werkes vom Hermannstädter Rector Johann Binder.

2. Aus seiner Feder, wiewohl nicht unter seinem Namen, floß: Opinio Deputationis regnicolaris systematicae in cameralibus et commercialibus ordinatae circa promotionem Agriculturae, Manufacturarum Commerciique Transsilvanici depromta. s. l. (Claudiopoli) 1795. Fol. 198 S.

Inhalt: Praeambulum 2 S. Pars I. De crudis naturae Productis S. 5—61. Consignatio specif. Plantarum in Transilvania sponte crescentium, latina, germanica, hung. et valachica S. 63 bis 69. Pars II. De Fabricatis ac Manufacturis (cum Plano erigendae Societatis oeconomicae mercantilis) S. 71—89. Pars III. De Commercio ejusque directione S. 91—171. Pars IV. De facilitatione Commercii per commodiores vias navigationemque instituendam S. 173—194. Appendix circa Scholas reales seu industriales in hoc Principatu erigendas S. 195—198.

(Hinsichtlich der Zünfte vgl. den Artikel Georg v. Herrmann).

Von den andern zufolge dem siebenbürgischen Gesetz-Artikel 64/791 zu Stande gekommenen systematischen oder Regnikolor-Deputations-Arbeiten bemerke ich:

a. Opinio Deputationis regnicolaris in Contributionalibus et Commissariaticis ordinatae super objecto rei Contributionalis gedruckt auf 170 Folio-Seiten, deren Verfasser der (im J. 1841 in hohem Alter im Pensions-Stande verstorbene) Gubernial-Rath **Daniel von Straußenburg** war, der mir dies selbst mit der Erklärung gesagt hat, daß er in diesem Gutachten mehreres wider seine Ueberzeugung, nach der Stimmenmehrheit der Regnikolar-Deputation habe schreiben müssen.

Damit verdienen verglichen zu werden eines Ungenannten handschriftliche „Bemerkungen über das Elaborat der Regnikolar-

Deputation in Contributionalibus." S. Joh. Fr. **Seivert** und Joseph **Bedeus** d. ä.

b. Opinio Deputationis in Cameralibus ordinatae (Res Salinaris). Claudiopoli typis M. Hochmeister 1804. 49 Fol.-Seiten. Verfaßt vom Thesaurariats-Rath Ignatz Anton **Lössler**.

c. Opinio systhematicae Deputationis regnicoloris quoad Montanistica gedr. auf 142 Folio-Seiten. Darinnen sind die durch den Bergwesens-Inspector und den Cameral-Deputirten gemachten Reflexionen durch den Thesaurariats-Rath Franz Joseph **Müller von Reichenstein** ausgearbeitet worden.

d. Opinio Deputationis regnicolaris in objectis ecclesiasticis ordinatae. Aktuar dieser Deputation und Verfasser dieses, nicht gedruckten Gutachtens war der Bistritzer Senator **Michael Berthleff** l. Urkundenbuch (Iromány Könyv ꝛc.) der Siebenb. Landes-Stände vom Jahre 1837/8 S. 261.

e. Ueber drei andere ähnliche Arbeiten vgl. den Artikel: Joh. Friedr. **Seivert**.

3. Geschichte der Contribution und anderer damit verbundenen öffentlichen Lasten im Großfürstenthum Siebenbürgen. Mspt. Reicht nur bis zum Jahre 1690. Doch kann als Fortsetzung benützt werden der Aufsatz des Sohnes des Verfassers unter dem Titel: „die siebenbürgische Steuergesetzgebung" in Schullers Archiv I. 1—23.

4. Kurze Uebersicht, wie die sächsische Nation im Mißverhältniß der zwei übrigen Nationen zu den gemeinen Landes-Nothdürften auf der einen Seite zu viel beiträgt und auf der andern von dem Beigetragenen zu wenig genießt. Verfaßt im August 1793. Mspt.

Tr. Freiherr Bedeus v. Scharberg Joseph d. ä.

Als Sprößling einer sächsischen Familie, welche länger als drei Jahrhunderte in Bistritz geblüht hat, wurde Bedeus am 2. Februar 1782 zu Hermannstadt geboren. Der Stammvater der Familie, Siegmund Bedeus, soll als Arzt aus Dänemark nach Siebenbürgen gekommen sein, und um das Jahr 1535 in Bistritz gelebt haben. Seine Nachkommen bekleideten daselbst geistliche und weltliche Aemter, bis von den jüngsten derselben einer als practicirender Arzt in Hermannstadt, — zwei andere in k. k. Militärdiensten, — und Joachim Bedeus bei dem königl. siebenbürgischen Landesgubernium in weitern Wirkungskreisen, außerhalb ihrer Vaterstadt Bistritz, ihre Dienste dem öffentlichen Wohl und dem Staate weihten. Der Letztgenannte, welcher als Gubernialsekretär zu Klausenburg im Jahr 1810 starb, war der Vater unseres Bedeus. Mit gründlichem Wissen ausgerüstet, bestimmte er die Richtung in dem Bildungsgange des hochbegabten Sohnes, dessen sorgfältige Erziehung er leitete, und dem er ein Vorbild des Fleißes und gemeinnützigen Wirkens gab.

Nachdem Joseph Bedeus an den öffentlichen Lehranstalten zu Hermannstadt und Klausenburg seine Vorbildung erhalten, und mit musterhaftem Fleiße Geschichte, Philosophie und Rechtswissenschaften studirt hatte [1]), trat er im Jahre 1802 in den öffentlichen Dienst bei dem königl. siebenbürgischen Gubernium und wurde sofort bei dem Oberlandeskommissariate zu Hermannstadt angestellt. Im Jahre 1814 verrichtete er Aktuarsdienste bei der wegen ausgebrochener Pest zu Kronstadt — nach Zeiten delegirten Sanitäts-Kommission, und wurde im nämlichen Jahre zum Oberlandes-Kommissariats-Concipisten, — im Jahre 1819 aber zum Gubernial-Präsidial-Secretär befördert. In dieser Stellung erwarb er sich solche Anerkennung, daß er im Jahre 1827 zum Hofsecrtär bei der siebenbürgischen Hofkanzlei ernannt ward, worauf nach zwei Jahren seine Ernennung zum Referenten bei dieser Hofstelle und zugleich zum Gubernialrath erfolgte.

Welch hohe Achtung Bedeus sich in der kaiserlichen Residenz erworben, und welch hohes Vertrauen ihm in den verwickeltsten Verhältnissen zu Theil wurde, beweist die wichtige Mission desselben im Jahre 1833 als Civil-Commissär zur Seite des als kaiserlichen Commissärs nach Sie-

---

[1]) Bedeus besuchte zuerst 1790—1792 die niedern Schulen in Hermannstadt, dann 1793—1795 das unitarische Collegium in Klausenburg, erhielt 1795/6, während eines zeitweiligen Aufenthaltes in Hermannstadt Privat-Unterricht vom Gymnasial-Lehrer Johann Binder, und hörte nebenbei Rector Neugeborens Vorlesungen über allg. Weltgeschichte an. Vom Jahre 1796 weiter, setzte er seine Studien am Klausenburger unitarischen Collegium fort, wo er auch den philosophischen Cursus beendigte, während er nebenbei von den evang. Pfarrern Thorwächter 1796—1798 und Mich. Herbert 1798—1800 Privatunterricht genoß. Inzwischen lernte er auch etwas Musik, Zeichnen und französische Sprache. Die juridischen Studien machte B. 1800 bis 1802 auf dem kath. Lyceum zu Klausenburg. Er reiste mehrmals mit seinem Vater in Siebenbürgen, nach beendigten Studien aber nach Wien, von da nach Prag, Dresden, Regensburg, Linz, und im Jahre 1811 nach Venedig. Eine amtliche Reise unternahm er im Jahre 1817 mit dem Ober-Landes-Commissär Baron Joh. Josika, zur Zeit, als Kaiser Franz I. aus der Bukowina nach Siebenbürgen kam, nach Csernovitz und Lemberg.

benbürgen entsendeten Freiherrn von Vlassits, k. k. Feld-Marschall-Lieutenants und Banus von Kroatien, welcher gleich nachher im Jahre 1834 seine Ernennung zum Hofrathe bei der siebenbürgischen Hofkanzlei nachfolgte.

So allgemein anerkannt und geehrt war indessen Bedeus auch in seinem Vaterlande, daß ihn die siebenbürgischen Landesstände durch das Vertrauen auszeichneten, daß sie ihn dem Monarchen durch ihre gesetzlichen Kandidatenwahlen zu den höchsten Ehrenstufen im Lande empfahlen, wovon die Folge seine allerh. Ernennung zum Ober-Landes-Commissär für das Großfürstenthum Siebenbürgen im Jahre 1837 war. Die mit dieser Berufung auf einen höhern Dienstposten bedingte Rückkehr in das Vaterland und Ausscheidung aus dem Rathe der siebenbürgischen Hofkanzlei wurde, wie von den Beamten dieser Hofstelle innig bedauert, so von der evangelischen Gemeinde A. C. in Wien beklagt. Denn bei dieser Gemeinde hatte Bedeus das Kirchenvorsteheramt seit dem Mai 1835 als Präses bekleidet. Wie er dieses Amt verwaltet, dafür geben das ehrendste Zeugniß der Nachruf und die dankbare Gesinnung, welche die Kirchenvorsteher in ihrem herausgegebenen gedruckten Programm also aussprachen:

„Nur mit Bedauern können wir eine Veränderung erwähnen, welche sich gegen das Ende des v. J. in unserer Kirchenverwaltung ereignet hat. Der wirkl. k. siebenb. Hofrath Herr Joseph Bedeus v. Scharberg, bisheriger Dirigent des hiesigen Vorsteher-Collegiums, — ein Mann von allen, die ihn kannten, hochgeachtet, nicht nur wegen seiner Kenntnisse und Bildung, sondern auch wegen seines wahrhaft ehrenwerthen, biedern Charakters, welcher durch warme Theilnahme, weise Umsicht und strenge Ordnung große Verdienste um unsere Gemeinde sich erworben hat, ist von den Ständen des Großfürstenthums Siebenbürgen zum Oberlandeskommissär gewählt und von Sr. k. k. apost. Majestät als solcher bestätigt, an den Ort seiner neuen Bestimmung abgegangen, und hat somit seine Stelle und unsere Gemeinde verlassen. Unsere dankbaren Segenswünsche folgen ihm nach in seinen neuen ehrenvollen Wirkungskreis."

Bedeus kehrte bald nach Siebenbürgen zurück, und die hohen, auf ihn gesetzten Erwartungen wurden durch ihn glänzend gerechtfertigt. Mit gründlicher Einsicht leitete er die Geschäfte der ihm untergeordneten Behörde, des siebenbürgischen Oberlandeskommissariats, und nahm zugleich thätigen und einflußreichen Antheil an den Verhandlungen der siebenbürgischen Landesregierung. Mit Eifer und eigenen Geldopfern unterstützte er hier das Unternehmen der Gesellschaften, welche sich in dieser Zeit zur

Beförderung des inländischen Commerces durch Beschiffung des Altflusses bei dem Rothenthurmer Passe bis in die Walachei, und durch inländische Zuckererzeugung bildeten, und bereitwillig übernahm er den Beruf zum lebenslänglichen Vorsteher des Vereins für siebenbürgische Landeskunde, wozu er in der Generalversammlung zu Schäßburg im Jahre 1842 erwählt wurde. Seine in dieser Beziehung entfaltete Thätigkeit bezeugen die unter seiner unmittelbaren Mitwirkung und Leitung erschienenen Bände des Vereins-Archivs nebst den im Druck erschienenen Vereins-Protokollen und den bis zum Jahre 1857 herausgekommenen Jahresberichten.

Bei der im Mai des Jahres 1840 auf allerhöchste Anordnung vollzogenen Einbeziehung der außerhalb den Contumatzschranken wohnenden Ober-Törzburger Innwohner (Kalibaschen) und Hinausrückung der Militär-Cordons-Linie auf die Landes-Gränze durch den Commandirenden Generalen Baron Paul Wernhard, wirkte Bedeus als politischer Commissär mit.

Auch leitete er die Berathungen der sächsischen Kreisdeputirten bei dem im Jahre 1841—1843 zu Klausenburg abgehaltenen Landtage, und gab neue Beweise seiner gründlichen Kenntnisse und Einsichten sowohl bei der unter dem Vorsitz des königl. siebenbürgischen Thesaurarius Gr. Adam Rhédei in Betreff der Rückeinverleibung der mit Siebenbürgen vereinigten Theile Ungarns zum Königreiche Ungarn a. h. ernannten Commission, deren Mitglied abseiten des Großfürstenthums Siebenbürgen Bedeus war, — als auch bei den durch die systematische Regnicolardeputation für Urbarial- und Steuer-Sachen — deren Vorstand Bedeus durch die Wahl der Landesstände und den a. h. sanktionirten Gesetzartikel vom 19. Jänner 1843 wurde, gepflogenen schwierigen Verhandlungen.

Mit a. h. Handschreiben vom 10. Jänner 1848 geruhten a. h. Se. k. k. apost. Majestät ihm die geheime Rathswürde taxfrei zu verleihen, und ihn im Februar des Jahres 1852 zum Kommandeur des h. österreichischen kais. königl. Leopold-Ordens zu ernennen.

Die Revolution im Jahre 1848 und 1849 veranlaßte ihn die unter seine Obsorge gestellten Kassen und treugebliebenen Beamten in die Walachei zu führen, wo diesen Letzteren sammt den aus Siebenbürgen dahin geflüchteten, der nöthigen Geldmittel entblößten Getreuen durch ihn mit hoher Ministerial-Bewilligung nahmhafte Vorschüsse zu Theil wurden.

Nach Bewältigung der Revolution in das Vaterland zurückgekehrt, setzte Bedeus seine Verrichtungen als Oberlandeskommissär fort, und bahnte vom Jahre 1850 angefangen die Einführung des Grundsteuer-Provisoriums in diesem Lande an. Als er jedoch das Drückende seines zunehmenden

Alters je länger je mehr empfand, wiederholte er bei Allerh. Sr. k. k. apost. Majestät die unterthänigste Bitte um Versetzung in den Ruhestand, die ihm sofort, unter Bezeugung der besondern allerh. Zufriedenheit mit seiner 51jährigen Dienstleistung, im März 1853 allergnädigst bewilligt wurde und welcher im Jahre 1854 seine Erhebung in den Freiherrn= stand folgte.

Aber auch nach seinem Austritt aus dem Staatsdienste, gab sich Bedeus keineswegs einer gänzlichen Ruhe hin. Wie ihm immer die Pflicht und Treue gegen seinen Monarchen das höchste Gebot war, so war ihm von nun an der Dienst für seine Volks= und Glaubensgenossen und für die Wissenschaften das Wichtigste. Mit aller Kraft widmete er sich, — dem Wunsche der Vorsteher der Augsburger Glaubensgenossen, und einer belobenden Aufforderung des h. k. k. Kultus= und Unterrichts=Ministeriums vom 27. Febr. 1855 folgend, der Fortsetzung der seit dem Tode des Comes der sächs. Nation Johann Wachsmann geführten Leitung des siebenbürgischen Oberconsistoriums A. B. sowohl, als auch der Angelegen= heiten des Vereins für Landeskunde, und bemühte sich mit gewohnter Thä= tigkeit, unter schwierigen Verhältnissen, in beiden Sphären gemeinnützig zu wirken.

In der erstern Beziehung war es B., welchem mit h. Erlaß des k. k. Cultus=Ministeriums vom 14. Juli 1856 die Durchführung der provisorischen Vorschrift für die Vertretung der evangelischen Landeskirche A. C. in Siebenbürgen übertragen wurde. Ueber den Vollzug durch die anstandslos erfolgten Wahlen zu den neuen Kirchenbehörden und deren Einsetzung in die ihnen vorgezeichnete Wirksamkeit wurde von ihm dem h. Cultus=Ministerium am 15. Nov. 1856 Bericht erstattet.

Nebstdem war seine Thätigkeit auf die Zwecke des Vereins für Landeskunde, für welche er selbst vom Krankenlager aus mit regem Eifer vorsorgte, gerichtet. Hauptsächlich ihm verdankt sonach der Verein den besonders in den letzten Jahren auch außerhalb unseres Vaterlandes er= worbenen guten Ruf und mannichfaltige ansehnliche Unterstützungen an literärischen und materiellen Mitteln.

Eines längeren Lebens würdig, starb dieser musterhaft humane und hochverdiente Mann, nach dreimonatlichen Leiden am Altersbrande in Hermannstadt den 6. April 1858.

Sein Andenken ehrte sein Stiefsohn, der nachmalige k. k. Hof=Rath und Ritter des k. k. Leopold=Ordens Eugen Freiherr v. Friedenfels in einem Nekrologe, welchen die Wiener Zeitung vom 25. Juni 1858 Nr.

143 und daraus die Transilvania vom 13. Juli 1858 Nr. 28 brachte; — und der von der General-Versammlung des Vereins für siebenbürgische Landeskunde zu Agnethlen am 24. August 1858 zu seinem Nachfolger als lebenslänglichen Vorstand dieses Vereins gewählte Verfasser der gegenwärtigen Denkblätter in dem — dem vorstehenden Artikel zum Grunde gelegten — Nachruf, welcher sofort theils in die Blätter für Geist, Gemüth und Vaterlandskunde vom 1. September 1858 Nro. 35 — theils auch in den Jahresbericht des erwähnten Vereins für das Jahr 1859/60 Seite 18—22 aufgenommen worden ist.

Bedeus Ehebund mit Sophie Brenner († 1820) blieb kinderlos, aus der zweiten mit Louise v. Schwind, verwitweten Friedrich v. Friedenfels († 1859) geschlossenen glücklichen Ehe überlebte ihn ein Sohn Joseph (s. den folgenden Art.)

Sein wohlgelungenes Porträt, gemalt von Kriehuber im Jahre 1844, gedr. bei Johann Höflich, ist seinem historisch-genealogisch-geogr. Atlas vorgesetzt.

Seine Schriften:

Selbstständige Druckschriften:

1. Abbildung von zwei alten Mosaiken, welche im Jahr 1823 zu Várholy im Hunyador Comitate entdeckt worden. Der reine Ertrag ist zu einer vaterländischen wohlthätigen Anstalt (d. i. das Klausenburger Arbeits-Haus) bestimmt. Hermannstadt und Kronstadt, in Commission bei W. H. Thierry, Buch- und Kunsthändler 1825. Folio. 16 S., nebst Pränumeranten-Verzeichniß und der lithographirten Abbildung.

2. Ueber das Lucrum camerae im allgemeinen und jenes der Siebenbürger Sachsen insbesondere. Mspt. Später umgearbeitet unterm Titel: „Das Lucrum camerae in Ungarn und Siebenbürgen oder historische Untersuchungen über die Natur, den Ursprung und die nachmaligen Umstaltungen der ehemals daselbst unter diesem Namen gebräuchlichen Abgabe." Kronstadt, Druck und Verlag von Johann Gött. 1838. 8-vo. 147 S. Auch als 1. Heft des dritten Bandes der „Transsilvania", periodische Zeitschrift für Landeskunde, redigirt von Benigni und Neugeboren.

3. Die Wappen und Siegel der Fürsten von Siebenbürgen und der einzelnen ständischen Nationen dieses Landes. Ein Versuch. Hermannstadt 1838 bei G. v. Closius. 8-vo. 38 S. Mit 26 litho-

graphirten Abbildungen auf 5 Tafeln. (Eine Anzeige mit Zusätzen lieferte Steph. Kovács in Nemzeti Társalkodó 1839 I. 139—143, wozu Ladislaus Waltherr im Magyar-Academiai Értesitő 1847. Seite 41—46 Bemerkungen schrieb.)

4. Die Verfassung des Großfürstenthums Siebenbürgen, aus dem Gesichtspunkte der Geschichte, der Landes-Gesetze und des bestehenden öffentlichen Rechts. Aufgefaßt und dargestellt durch J. B. v. S., k. siebenb. Hofrath und Ober-Landes-Commissär und Vorsteher des Vereins für siebenbürgische Landeskunde. Wien, gedruckt und im Verlag bei Carl Geroth 1844. 8. VII. 106 S. Inhalt:

1. Die leitenden Grundsätze der ständischen Verfassung des Repräsentativ-Systems S. 1—7.
2. Der Ursprung, die Ausbildung und der jetzige Stand der siebenbürgischen Verfassung S. 8—16.
3. Die Entstehung, Organisation und Zusammensetzung des siebenbürgischen Landtags S. 17—61 nebst einer Uebersicht der Landtags-Mitglieder vom Jahre 1841/2 nach ihren Cathegorien.
4. Das rechtliche Verhältniß der Stände zum Landesfürsten. S. 62—73.
5. Der Einfluß der Stände auf die Gesetzgebung und die vollziehende Gewalt. S. 74—87.
6. Der Einfluß der Stände auf den Staatshaushalt. S. 88—98.
7. Die Verantwortlichkeit der hohen Staatsbeamten S. 99—100.
8. Die Oeffentlichkeit der ständischen Verhandlungen. S. 101—104. Rückblick und Schlußwort. S. 105—106.

Im Jahre 1846 erschien eine vom siebenbürgischen Gubernial-Concepts-Practicanten Sam. Makoldi besorgte Uebersetzung dieses Buches unter dem Titel: Erdély Nagy-Fejedelemség alkotmánya, a történetek, országos törvények és a fennálló ország jog szempontjából felfogva és előadva Scharbergi Bedeus Jósef kir. Erdélyi Udvari Tanácsos, országos Fő-Biztos és az Erdély ismertetése végett alakult Egyesület elnöke által. Németből forditotta Akosi Makoldi Samuel Erdélyi kir. Kormány-Széki Fogalmazó gyakornok. Koloszvártt, nyomatott az ev. ref. Fő-Iskola könyv — és Kőnyomo Intezetében. 1846. Tilsch János sajátja. Pesten Heckenast G. bizománya. Kl. 8-vo. VII. 193 S. Eine zweite Auflage dieser Uebersetzung ist schon im nemlichen Jahre 1846 herausgekommen. Das deutsche Original ist rühmlichst angezeigt und recensirt von Dr. Gustav Wenzel, k. k. Professor in Wien, in Wildners Zeitschrift: der Jurist. 14. Bd. Wien 1845. S. 161—172.

5. Gutachten der zur genauern Erörterung des Antrages zur Errichtung einer juridischen Facultät im Schooße der l. sächsischen Nation niedergesetzten Commission. Ohne Jahr und Druckort (Hermannstadt 1839 in Folio, 10 S.

Das Ober-Consistorium der Augsburger Confessions-Verwandten ertheilte am 20. Mai 1838 an Bedeus, Johann Joseph Roth, Stadtpfarrer in Hermannstadt und Johann Karl Schuller, Professor am evang. Gymnasium in Hermannstadt, den Auftrag: einen von demselben auch der sächs. Nations-Universität mitgetheilten Antrag, wegen Errichtung der erwähnten Facultät, mit Rücksicht auf die Vor-Acten näher zu erörtern, um die Mittel und den Zweck desselben anschaulich darzustellen. Diesem Auftrag wurde in dem vorstehenden Gutachten Genüge geleistet und darinnen

a. die Ansichten der einzelnen sächs. Behörden, aus deren Berichten an die sächs. Nations-Universität, dargestellt;

b. die von einigen dieser Behörden gegen den Antrag des Ober-Consistoriums erhobenen Bedenklichkeiten und Gegengründe beurtheilt; und

c. das eigene Gutachten über jenen Antrag und über die Art und Weise seiner zweckmäßigen Realisirung abgegeben. Angehängt sind S. 9 und 10. „A' Méltóságos törvényes kir. Táblán censurázni kivánó ifiakhoz a nemes szász nemzet statutumaiból intézendő kérdések," (in 17 Rechtsfragen bestehend).

6. Historisch-genealogisch-geographischer Atlas zur Uebersicht der Geschichte des ungrischen Reichs, seiner Nebenländer und der angränzenden Staaten und Provinzen, nach den besten Quellen bearbeitet von Joseph Bedeus von Scharberg, k. k. Ober-Landes-Commissär im Großfürstenthum Siebenbürgen, wirklichen Geheimen Rath, Commandeur des kaiserlich österreichischen Leopoldordens und Vorsteher des Vereins für siebenbürgische Landeskunde. Hermannstadt 1851. Druck und Verlag von Theodor Steinhaußen. Lith. bei M. Bielz in Hermannstadt (nemlich das Titelblatt, welches eine von Dimitrovits gravirte Ansicht der Stadt Hermannstadt zur Vignette enthält). Nebst dem von Krichuber gemalten und bei Johann Höflich gedruckten Porträt des Verfassers. In Regal-Folio.

Die erste Lieferung erschien noch im Jahre 1845. Die letzte aber erst im October 1851.

Inhalt des Werkes:

Vorbericht des Verfassers, 2 Seiten.

Verzeichniß sämmtlicher Tafeln, Tabellen und Karten mit ihren Ueberschriften, 2 Seiten.

Erster Theil: Die Vorzeit oder die Geschichte der Ungarn und ihres heutigen Vaterlandes bis zu ihrer Ankunft daselbst von 500 vor, bis 900 nach Christo. Drei Tafeln.

Zweiter Theil: Geschichte Ungarns, Siebenbürgens und der Nebenländer von Ansiedlung der Ungarn in ihrem heutigen Vaterlande bis zur jetzigen Zeit. Von 901 bis 1800 nach Christo. In 14 chronologisch-synchronistischen Tabellen, XV Geschlechtstafeln der Herzoge und Könige der Ungarn, und. IV. Geschlechtstafeln der vorzüglichsten Fürsten von Siebenbürgen.

1. Anhang. Uebersicht der Regenten Ungarns und der benachbarten Staaten.

2. Anhang. Uebersicht der wichtigsten Begebenheiten aus der Geschichte Ungarns und seiner Nebenländer.

3. Anhang. Allgemeine Uebersicht sämmtlicher, dem Arpadischen Stamm sowohl in männlicher, als in weiblicher Linie entsprossenen, und durch Heirath auf den Thron erhobenen Könige von Ungarn, sammt Anmerkungen dazu.

Reihenfolge der Könige von Ungarn in chronologischer Ordnung, sammt Bemerkungen dazu.

Erklärung der Zeichen, welche auf den Geschlechtstafeln vorkommen.

Abbildung der ungrischen Krone sammt Bemerkung dazu.

Dritter Theil: Schauplatz der Geschichte der Ungarn oder Zustand Ungarns, Siebenbürgens und der Nebenländer, von der Herrschaft der Römer bis zur jetzigen Zeit. Von 500 bis 1800 nach Christo.

In 8 Karten und einigen Zugaben (letztere enthalten: Namen der Orte, Flüsse, Berge, — Biographische Nachrichten von Geschichtschreibern, — Kriege, Staats-Verträge, — Schlachten, Belagerungen, feste Plätze, alte Geographie und alte Namen von Städten, Flüssen u. s. w. Politische Eintheilung Ungarns und

Siebenbürgens — Diöcesan-Eintheilung Ungarns und Siebenbürgens — Abbildung und Beschreibung der Wappen aller Länder und Provinzen, welche theils früher zu Ungarn gehörten, theils noch dazu gehören.

(Angezeigt von Selig **Cassel** in Adolph Schmidts allg. Zeitschrift für Geschichte. Berlin 1846, 5. Bd., S. 573—574 und vom Hermannstädter Professor Johann Karl **Schuller** in den Jahrbüchern der k. k. Akademie vom Jahre 1853 und daraus im Siebenbürger Boten vom 8. Juni 1853 Nr. 89.

Dieser historische Atlas war die Frucht vieljähriger Studien und nicht geringer Kosten. Eine tabellarische Uebersicht, welche Bedeus schon als Studirender verfaßt hatte, führte er mit gänzlicher Umarbeitung im Jahre 1810 zu Hermannstadt mit Benützung der B. Bruckenthalischen Bibliothek, nach den Mustern Bredows (Weltgeschichte in Tabellen) und Straß's (Strom der Zeiten) aus, und wollte seine, laut Verzeichniß der k. k. Centralbücher-Censur von der 2. Hälfte August 1823 zum Druck „ommissis deletis" zugelassene Arbeit unter dem Titel „chronologisch-synchronistische Uebersicht der Geschichte Ungarns und seiner Nebenländer, mit 16 Tabellen" — bei Hartleben in Pest herausgeben. Als er jedoch bald darauf Kruse's Atlas zur Uebersicht der Geschichte und Le sago's historischen Atlas gesehen hatte, arbeitete er seine Tabellen nochmals um, und fügte denselben Karten, genealogische Tafeln u. s. w. bei, wozu er die in Klausenburg und Wien aufgesuchten Hülfsmittel benützte. Im Jahre 1840 machte sich die Hochmeistersche Verlagshandlung durch Credner ohne Erfolg, endlich aber 1844 durch Steinhaußen zur Verlegung gegen 30 Frei-Exemplare anheischig. Kaum waren aber 2—3 Lieferungen erschienen, so wurde der Druck durch die Revolution 1848 unterbrochen, und erst 1851 die letzten Druckbögen sammt dem Haupttitel ausgegeben. Beim Transport auf der Donau 1838, während der Revolution 1848/9 und bei einem in Steinhaußens Buchladen ausgebrochenen Feuer gerieth das Manuscript in Gefahr des Verlustes.

7. Bericht über die Entstehung, die Schicksale und Leistungen des Vereins für siebenbürgische Landeskunde bis zum Jahre 1853 vom Vereins-Vorsteher. Vires unitae valent. Hermannstadt, gedruckt bei G. v. Closius 1853. 8-vo. 26 S.

(Inhalt: 1. Entstehung des Vereins und dessen Schicksale

S. 1—2. II. Personalstand und Vereins-Mitglieder S. 3—14. III. Kassagebahrung S. 15—17. IV. Leistungen des Vereins. S. 18—26.

Eigene Ausarbeitungen in dem Archiv des Vereins für siebenbürgische Landeskunde.

8. Bericht des Hermannstädter Königs-Richters Albert Huet an den Fürsten Sigmund Bathori vom Jahre 1593 im 2. Bd., 3. Heft. S. 483—488.
9. Bücherschau: Schneller Ueberblick der Geschichte der Romänen von Laureani, im 4. Bd. 2. Heft. S. 73—85.
10. Anmerkungen zur Uebersetzung des Gromoischen Reise-Berichts über Siebenbürgen, in der N. F. 2. Bd. S. 51—74.
11. Des merkwürdigen Königs-Richters Markus Pemflinger letzte Lebensjahre und Ende, in der N. F. 3. Bd. S. 124—140.
12. Die Familie der Herren Grafen Haller von Hallerstein in Siebenbürgen, in der N. F. 3. Bd. S. 163—207.
13. Die Veranlassung zu der engeren Verbrüderung der Sachsen in Siebenbürgen im Jahr 1613 und deren Folgen in der N. F. 3. Bd. S. 208—273.

Abhandlungen in anderen patriotischen Zeitschriften:

Vedens lieferte einige Beiträge in Andre's patriotisches Tageblatt und Hormahrs Archiv, im Jahre 1819 aber die Beschreibung seiner Reise von Bistritz nach Galizien in Nr. 81 bis 84, 88, 89 und 92 der vaterländischen Blätter von Sartori, — weiter die Recension der Ansichten des Gr. **Alexis Bethlen** über Siebenbürgen und **Karacsai's** Moldau und Walachei in der (zu den vaterl. Blättern gehörigen) Chronik der österr. Literatur Nr. 20 und 22.

14. Versuch des Beweises, daß der Grund der Sachsen in Siebenbürgen ein wahres Lehn sei. (In der oben erwähnten Zeitschrift Transilvania II. 33—61.) Auch lateinisch im Mspt. unterm Tlte: Dissertatio, qua demonstratur, Fundum Saxonum in Transilvania verum esse Feudum. 1830.
15. Zweifel, Widersprüche und abweichende Meinungen verschiedener Geschichtsschreiber in Betref der Abstammung, der Geschlechts Folge und der Nachkommen der ältern Könige von Ungarn. (In ebenderselben Zeitschrift Transilvania II. 62—92.)

16. Die siebenbürgische Steuer-Gesetzgebung. (Vom Jahr 1690 herwärts.) Handelt I. von dem Aufschlag, II. von der Auftheilung, III. von der Einhebung, IV. von der Verordnung und V. von der Verrechnung der Contribution.

In J. K. Schullers Archiv für die Kenntniß von Siebenbürgens Vorzeit und Gegenwart 1. Bd., S. 1—23 mit wenigen Abänderungen aufgenommen aus einer im Auftrag des kön. Landtags-Commissärs Erzherzog Ferdinand v. Este, aus Anlaß eines von Baron Dionys Kemény im Landtage 1837 gehaltenen Vortrags über das siebenbürgische Steuerwesen, verfaßten übersichtlichen Abhandlung.

Handschriften.

17. Diatribe de jure proprietatis Saxonum in Fundo suo.
18. Versuch einer Darstellung des Ursprungs, des Zweckes, des Wirkungskreises und der Zusammensetzung des Productional-Gerichtes in Siebenbürgen.
19. Refutatio Reflexionum Tabulae R. Praesidis Michaelis Székely in Causa Fisci R. ut A. contra Magistratum et Communitatem Cibiniensem, qua Curatores Xenodochii Cibin. ut JJ. intuitu Decimarum e Possessione Popláka percipi solitarum, Foro Productionali anno 1825 d. 5. Maji exhibitarum etc.
20. Meynung über die Ursachen des dermaligen ungünstigen Zustandes der Provincial-Cassa und die Mittel derselben abzuhelfen. Folio. (Halbbrüchig 398 S. und 28 Tabellen enthält der erste Theil.) Drei Theile, ausgearbeitet im Jahr 1830/1.

Als Gubernial-Rath und Referent bei der siebenbürgischen Hof-Kanzlei erhielt B. 1829 den Auftrag, eine Ausarbeitung über den Stand der siebenb. Provinzial-Cassa, deren Einnahmen, Ausgaben, ihre Activ- und Passiv-Forderungen an das Cameral- und Militär-Aerar, und an andere Fonde zu verfassen. Um die einzelnen Angaben zu begründen, mußte er oft bis auf Siebenbürgens Unterwerfung unter das Scepter Oesterreichs zurückgehen, und zu diesem Zweck einen großen Theil des Hofkanzlei-Archives durchgehen, wodurch er nähere Kenntniß dieses Archivs erlangte. Zu dieser Arbeit benöthigte er, obgleich von der currenten Referade ganz enthoben, ein ganzes Jahr, und die Verhandlungen der Staatsbehörden darüber dauerten 10 Jahre, ohne daß dadurch mehr als ein Theil des Operats definitiv erledigt wurde. Doch ward ihm für diese Arbeit zufolge a. h. Entschließung die a. h. Zufriedenheit zu erkennen gegeben.

T r. **Freiherr Bedeus v. Scharberg Joseph d. j.**

Sohn des siebenbürgischen Hof-Raths, Ober-Landes-Commissärs und k. k. geheimen Raths gleiches Namens, wurde geboren den 22. Juli 1826 in Hermannstadt, studirte am Gymnasium und der juridischen Lehr-Anstalt daselbst, trat darauf in k. k. Staatsdienste, und ist gegenwärtig Urbarial-Gerichts-Beisitzer, zugetheilt bei dem k. Ober-Gerichte allbort, sowie auch Beisitzer des Consistoriums der evangelischen Landeskirche A. B. in Siebenbürgen und Vorsteher des siebenbürgisch-sächsischen Landwirthschafts-Vereins.

Entwurf einer Vorlage über die Errichtung einer allgemeinen Pensions-Anstalt der evang. Landeskirche A. B. in Siebenbürgen. Verfaßt und dem Landes-Consistorium vorgelegt von dem Consistorial-Mitgliede J. B. Freiherr v. S. Gedruckt bei S. Filtsch in Hermannstadt 1865. Lexikon 8-vo. 42 S.

Eine zweite Auflage, in welcher der Kosten wegen die eingehenden Motive zu den §§. dieses Entwurfs nicht wieder abgedruckt sind, sondern nur der Text (Seite 11—36), wurde vom Landes-Consistorium an alle Presbyterien zur Aeußerung ausgeschickt, unterm 23. August 1865 Zahl 665. Diese 2. Auflage führt nachfolgenden Titel:

„Satzungen der allgemeinen Pensions-Anstalt der evangelischen „Landeskirche A. B. in Siebenbürgen. Aemtliche Vorlage des Lan„des-Consistoriums zur Berathung und Schlußfassung in der Landes„kirchen-Versammlung. Hermannstadt, gedruckt bei S. Filtsch. 1865. 4-to. 16 S.

T r. **Behm Martin**

aus Bistritz in Siebenbürgen:

De necessitate Doctrinae de Satisfactione Christi, Dissertatio V. qua dictum 1 Joh. IV. 15 expenditur, Argumenta ex Analogia fidei eam necessitatem confirmantia proponuntur, simulque primaria objectio adversariorum examinatur in Ill. Acad. Regiomontana, praes. Abrah. Calovio m. Jan. 1643. Regiomonti. 4-to.

Tr. **Beldi Karl,**

geboren in Kronstadt am 9. Mai 1811, studirte Anfangs in seiner Vaterstadt, widmete sich dann der Apothekerkunst, in der Folge aber der Arzneiwissenschaften, und ward im Jahre 1841 Doctor der Medizin zu Padua, und weiht nun seine Thätigkeit der leidenden Menschheit als ausübender Arzt in Kronstadt.

Diss. inaug. de Moscho a Doctore Carolo Beldi. Ticini Regii ex typographia Bizzoni J. R. Universitatis Typographi 1841. 8-vo. 31 S.

Tr. **Benigni Joseph Heinrich Edler von Mildenberg,**

geboren am 20. Januar 1782 zu Wien, wo sein Vater als böhmisch-österreichischer Hof-Agent, Advokat und Wechsel-Gerichts-Notar lebte. Durch das Beispiel seines Vaters angespornt und durch den Gebrauch der auserlesenen väterlichen Bibliothek unterstützt, entwickelte sich früh in ihm die Neigung zu den Wissenschaften, besonders für Philologie und Geschichte. Aber der frühe Tod seines Vaters und die dadurch herbeigerufene ungünstige Gestaltung seiner Verhältnisse nöthigten ihn, den Lauf seiner Studien zu unterbrechen und schon am 20. Januar 1797 bei dem 2. Feld-Artillerie-Regimente in Kriegsdienste zu treten.

Nach dem Frieden von Campoformio verließ er durch Krankheit und Anstrengung geschwächt, die Kriegesdienste, kehrte mit doppeltem Eifer zu den Studien zurück und trat zugleich am 4. September 1798 in die ämtliche Praxis bei dem k. k. Hofkriegs-Rathe. Bereits 1802 wurde er zum Feldkriegs-Concipisten bei dem siebenbürgischen General-Commando ernannt, machte in dieser Eigenschaft den Feldzug 1805 in Italien mit, wurde 1807 als Hof-Concipist zu dem k. k. Hofkriegs-Rathe berufen, 1810 neuerdings dem siebenbürgischen General-Commando zur Dienstleistung zugetheilt, und 1813 zum k. k. Feldkriegs-Secretär und Kanzlei-Director bei dem General-Commando in Hermannstadt befördert, wo ihm in der Leitung der politischen Verhältnisse des Sanitäts-, Schul- und Erziehungs-Wesens der siebenbürgischen Militär-Gränz-Ortschaften ein seinen Kräften und Wünschen ganz entsprechender Wirkungskreis zu Theil wurde[1]),

---

[1]) Soweit Gräffers und Czikans österr. National-Encyclopädie 1. Bd. S. 258 und daraus C. Unverricht in der N. F von Benignis Volkskalender für das Jahr 1852. S. XI.

in welchem er bis zum 20. Juni 1834, der Zeit seiner Versetzung in den Pensionsstand, mit regem Eifer thätig war, von da ab seine Zeit aber allein seiner Familie, der Geselligkeit, dem Wohle seiner Mitbürger, den Wissenschaften und den Geschäften, welche ihm in den 1840er Jahren als Bücher-Censor oblagen, widmete.

Hatte er schon früher zahlreiche Beiträge zu verschiedenen Werken und Journalen geliefert, selbst viele eigene Schriften herausgegeben und die Redaction der Transilvania mit besorgt, so konnte er in dieser Hinsicht nunmehr doppelt thätig sein, übernahm bald die Redaction des „Siebenbürger Boten", in welchem er vor und nach dem Ausbruche der ungarischen Revolution stets die Interessen der Regierung und des Deutschthums zu vertreten bemüht war, weshalb er, wie die Redactoren des damals erscheinenden Volksfreundes, von der revolutionären Parthei auf die Liste der Proscribirten gesetzt wurde.

Im Jahre 1843 ließ der allseitig thätige Benigni seinen ersten siebenbürgischen Volks-Kalender erscheinen, welchen er bis zum Jahre 1849 fortsetzte.

Außerdem war Benigni trotz seines vorgerückten Alters, sowohl als Secretär des Vereins für siebenbürgische Landeskunde, wozu er im Jahre 1842 vom Ausschuß dieses Vereins ernannt wurde, als auch in den Angelegenheiten der Stadt Hermannstadt, zu deren Bürgern er seit dem 1. Mai 1822 gehörte, in der Eigenschaft eines Communitäts-Mitgliedes sehr thätig, und fungirte über dies auch noch bei der neugegründeten Hermannstädter Rechts-Akademie als außerordentlicher Professor des österreichischen Rechtes.

Nur die unglückliche Nacht des 11. März 1849 konnte seiner vielseitigen Thätigkeit für immer ein Ziel setzen. An jenem verhängnißvollen Abend wurde nemlich der greise, gichtkranke Benigni im Hofe seines Hauses von dem Wagen, auf welchem er viel zu spät hatte entfliehen wollen, gerissen, in seinem Zimmer hin- und hergezogen und durch eine Pistolenkugel getödtet, die ihm von rückwärts durch die Brust drang.

So starb er in einem Alter von 67 Jahren 1 Monat und 19 Tage als ein Märtyrer der Sache, welche er mit Wort und Schrift verfochten hatte.

Seine Schriften sind:
1. Versuch über das siebenbürgische Costum. Hermannstadt, bei Joh. Barth. 1807. 8-vo. 2 Hefte, das 1. XII. 22 S., das 2. 40 S.
Zum ersten Heft gehören 6 Kupfer, die Trachten der Zigeuner,

zum zweiten ebensoviele, die Trachten der Walachen vorstellend, gestochen von Joseph Neuhauser. Die Fortsetzung ist nicht erschienen, im Manuscript aber das Werk vom Verf. beendiget. Die Schilderung der Zigeuner hat Benigni in die vaterländischen Blätter für den österr. Kaiserstaat Jahrg. 1811 Nr. 59, 60 und 61, dann die der Walachen ebendaselbst Nr. 83—85 einrücken lassen, die der anderen tolerirten Nationen im Jahrgang 1812 S. 131, 138—139 und 154 bis 156 fortgesetzt, die der recipirten Nationen aber nicht geliefert. Der Verfasser ist zwar nicht genannt, doch ist derselbe im Intell.-Blatt der österr. Annalen vom Febr. 1808, S. 64 angegeben und hat sich auch selbst dazu bekannt.

2. Merkwürdige Charakterschilderung, interessante Erzählungen und Züge von Regentengröße, Tapferkeit und Bürgertugend aus der Geschichte der österreichischen Staaten. Wien 1809. 8-vo. 6 Bde. mit 6 Kupfern. 1. Bd. 200, 2. 192, 3. 184, 4. 191, 5. 192, 6. 196 Seiten.

(Recens. in den österr. Annalen vom Juli 1812, S. 47—53.)

3. Statistische Skizze der siebenbürgischen Militär-Gränze. Hermannstadt bei Hochmeister 1816. 8-vo. VII. 147 S. Zweite vermehrte und ganz umgearbeitete Auflage. Ebendas. bei Thierry 1834. 8-vo. XI. 181 S.

Erschien zuerst, jedoch unvollständig in den vaterländischen Blättern ꝛc. Wien 1810 und 1811.

Dieses Buch ist nur ein Theil des großen Werkes des Verfassers: „Geschichte der Errichtung der siebenbürgischen Militär-"Gränze, durchaus mit Akten belegt, nebst Anträgen zu ihrer künf-"tigen Regulirung und statistischer Skizze derselben. 6 Bände in Folio. 1811. Mspt." Im Militär-Gränz-Departements-Archiv des k. k. Hofkriegs-Raths befindlich, laut Hietzingers Statistik der Militär-Gränze des österreichischen Kaiserthums. Wien 1817. 8-vo. 1. Band, S. 11.

4. Kurzer Unterricht in der Geographie Siebenbürgens für Schulen. Hermannstadt und Kronstadt 1823 bei Thierry. 8-vo. 30 S. Zweite vermehrte und verbesserte Auflage, Hermannstadt bei Thierry 1833. 8-vo. 42 S. mit einer Schulkarte von Siebenbürgen. Dritte verbesserte und vermehrte Auflage. Ebendaselbst. Gedruckt in Gött's Buchdruckerei in Kronstadt 1842. 8-vo. 40 S. mit 1 Landkarte.

Davon erschien folgende ungrische Uebersetzung: Az Erdélyi

Nagy-Fejedelemség rövid Föld leirása, alsóbb oskolák számára B. J. tábori Titoknok német dolgozása szerént. Kolozsvártt az Ev. Ref. Kollégyom könyv- és könyomtató Intézetében nyomtatta Barra Gábor 1835 fl. 8-vo. 32 S. (Nebst einer Karte von Siebenbürgen zum Gebrauch der ref. Schulen in Stadt= und Land=Schulen gedruckt.)

5. Kurze Schilderung der feierlichen Aufstellung der Büste Allerh. Sr. Majestät Franz I., Kaisers von Oesterreich auf der Franzens=Allee in Hermannstadt am 4. October 1829. Mit der lithographirten Abbildung des ganzen Denkmals. Hermannstadt (bei Hochmeister) 1829. 8-vo. 15 S.

6. Handbuch der Statistik und Geographie des Großfürstenthums Siebenbürgen. Hermannstadt, W. H. Thierry's Buchhandlung. 1837. 8-vo. 1. Heft Statistik, I. Abschnitt: Grundmacht XVI. 99 S.; 2. Heft Statistik, II. Abschnitt: Staatsverfassung, III. Abschnitt: Staatsverwaltung VI. 270 S. nebst 20 S. Verzeichniß der Subscribenten; 3. Heft Geographie (nebst alphabetischem Ortschaften=Verzeichniß. II. 187 S.

7. Anmerkungen und Berichtigungen zu den Grundverfassungen der Sachsen in Siebenbürgen. In der zweiten vermehrten Auflage, Hermannstadt 1839 s. den Art. G. v. Herrmann.

8. Unterhaltungen aus der Geschichte Siebenbürgens. Hermannstadt 1840 und 1841. Thierry'sche Buch= und Kunst=Handlung. Gedr. bei Georg von Closius. 8-vo. Drei Bände, 1. Bd. VI. 277 S. 2. Bd. 294 S. 3. Bd. 317 S.

(Die älteste Geschichte bis zum Jahre Christi 1538.)

9. Kurze Geschichte des Großfürstenthums Siebenbürgen. Nebst einer chronologischen Uebersichts=Tabelle. Zum Gebrauch der deutschen Volks=Schulen und Volks=Lehrer in Siebenbürgen. Hermannstadt W. H. Thierry'sche Buchhandlung 1840. 8-vo. 77 S.

10. Siebenbürgischer Volks=Kalender mit Bildern für 1843—1849.

Erster Jahrgang. Mit Holzschnitten und dem lithographischen Porträt des Landes=Gouverneurs Gr. Joseph Telekt. Hermannstadt bei Hochmeisters Erben. 1842. 8-vo. XIV. 118.

Zweiter Jahrgang mit Bildern für 1844. Ebendaselbst. 8-vo. XVIII. 120 S.

Dritter Jahrgang. 1845. Mit dem Bildniß des ehemaligen Gouverneurs Samuel Freiherr v. Bruckenthal. Ebend. 8-vo. XVI. 114 S.

Vierter Jahrgang mit Bildern für 1846. Ebendaselbst 8-vo. XVII. 148 S.

Fünfter Jahrgang 1847 mit Bildern sammt Biographie Jos. K. Eders. Ebend. 8-vo. XVIII. 142 S.

Sechster Jahrgang 1848 mit dem Porträt des Fürsten Joh. Komóny. Ebend. 8-vo. XVII. 128 S.

Siebenter Jahrgang. 1849 mit 1 Bild eines deutschen Mädchens. Ebend. 8-vo. XVII. 100 S.

Die Fortsetzung des Volks-Kalenders für das Schalt-Jahr 1852 als Neue Folge. 1. Jahrgang, nebst einer Biographie Benignis hat Karl Unverricht eben daselbst herausgegeben. Siehe den Art. Unverricht.

11. Vereins-Album. Denkblätter der vierten Versammlung des Vereins für siebenbürgische Landeskunde. Enthaltend eine historische Skizze des Entstehens und der bisherigen Wirksamkeit des Vereins, die Vereins-Statuten, Festgesänge und mehre xylographische Illustrationen. Herausgegeben von B. Edlen v. M. Secretär des Vereins. Hermannstadt 1845. Druck und Verlag der Mart. v. Hochmeisterischen Erben. Lexikon. 8-vo. I. 36 S. Mit 3 lithogr. Blättern.

Der General-Versammlung des Vereins gewidmet vom Verleger und Vereins-Mitglied Theodor Steinhaußen.

Ein Auszug steht in den österr. Blättern für Literatur und Kunst. Jahrgang 1845. Jänner Nr. 6. S. 41—43 und Nr. 7. S. 54—56 unterm Titel: „Der Verein für siebenbürgische Landeskunde und seine General-Versammlung zu Hermannstadt im Jahre 1844."

Vgl. den Artikel Vereine.

12. Leitfaden zum Studium des österreichischen und ungarischen Wechselrechts. Zum Gebrauch seiner Zuhörer verfaßt. Hermannstadt. M. v. Hochmeisterische Buchdruckerei und Buchhandlung. (Theodor Steinhaußen) 1847. 8-vo. 150 S.

13. In Gesellschaft Carl Neugeborens (s. den Art.) redigirte Benigni:

Transsilvania, periodische Zeitschrift für Landeskunde. Hermannstadt bei Thierry 1833. 8-vo. 1 Band mit einer Einleitung von Benigni XXI Seiten und Text 285 S. und 8 lithographirten Tafeln. 2. Bd. 294 S. nebst 1 Stammtafel und 12 lithogr. Abbildungen. 3. Bd. Kronstadt bei Gött. 8-vo. 147 S.

Benignische Artikel:

a. Notizen über die Bevölkerung Siebenbürgens. (In der Zeitschrift Transsilvania I. 261—263.)

b. Mich. Weiß, Stadt-Richter in Kronstadt und die Fehde Kronstadts gegen den Fürsten Gabriel Báthori. Eine historische Skizze (Ebendas. II. 167—197).

Artikel von andern Verfassern kommen darinnen vor, und zwar von:

Michael Ackner I. 264—285. II. 222—285.

Joseph v. Bedeus II. 33—61. III. 1—147.

Michael Bielz I. 113—119. II. 30—32. 286—290. Steph. Fangh. I. 253—260.

Graf Joseph Kemény I. 67—112.

Dan. Joseph Leonhard I. 236—252.

Karl Neugeboren I. 1—16. II. 5—29. 93—96.

Joh. Georg Schaser II. 97—166.

Joh. Karl Schuller II. 198—221.

14. Mahlerische Reisen in Siebenbürgen.

Dieses zum Druck bestimmte Werk, wozu Neuhauser viele siebenbürgische Gegenden aufgenommen hatte, um die Kupferstiche dazu zu verfertigen, ist nicht im Druck erschienen.

15. Bemerkungen und Berichtigungen zu der Abhandlung eines Ungenannten über die walachischen Knesiate in Siebenbürgen." Handschrift in 4-to. II. 136 S.

Im Auftrag des sächsischen Nations-Comes Salmen 1847 geschrieben und gegen die (in Kurz's Magazin II. 375—378 angezeigte) im Jahre 1846 zu Nagy-Enyed gedruckte Vizsgálodás az Erdélyi Kenézségekröl; egyszersmind az Erdélyi két oláh Püspök igazolásául felelet Trausch és főkép Schuller czáfolataira (welche den im August 1848 als pensionirten Exactorats-Präses verstorbenen Ladislaus Gál zum Verfasser hatte) gerichtet. Man vergleiche mit dieser Arbeit die derselben vorhergegangene Abhandlung des Gr. Josef Kemény über die Knesiate in Kurz's Magazin II. 286 bis 339, welche Benigni benützt hat. — Laut Universitätsbeschluß vom 15. Juni 1848 Univ.-Zahl 711 erhielt Benigni für diese der Universität übergebenen Bemerkungen aus der sächs. National-Cassa ein Honorar von Einhundert Gulden Conventions-Münze. Jedoch fand die Universität für gut, diese Schrift der im Jahr 1848 veränderten

Zeit Verhältniß wegen nicht drucken zu lassen, sondern bis zu einer gelegenen Zeit in ihr Archiv zu hinterlegen.

In der Einleitung verspricht Benigni auch eine Beleuchtung und Widerlegung der im nemlichen Jahre 1846 ebenfalls in Nagy-Enyed gedruckten Értekozödés az Erdélyi Nemes Szász Nemzet eredetéről és némely törzsökös polgári jogairól, ebendesselben Verfassers Ladislaus Gál, hat aber sein Versprechen nicht erfüllt.

16. Apologie J. K. Eders, veranlaßt durch die „Nachlese auf dem Felte der ungarischen und siebenbürgischen Geschichte ꝛc. von A. K. (Anton Kurz), Kronstadt 1840, gr. 8-vo." Enthaltend eine gründliche Widerlegung der Ausfälle des K. wider Eder, wegen mißverstandenem Urtheil Eders über des K. Mathias Corvinus literarische Verdienste in staatlicher Rücksicht. In Schullers Archiv für die Kenntniß Siebenbürgens. I. 131—146.

Benigni lieferte zahlreiche Beiträge zu den Annalen der österreichischen Literatur und Wiener Literatur-Zeitung vom Jahr 1805 bis 1816, sowie zu den Vaterländischen Blättern für den österreichischen Kaiserstaat, zu Hormayers Archiv für Geographie, Geschichte, Staats- und Kriegskunst, zu den interessanten Länder- und Völker-Gemälden und den neuen historischen und geographischen Gemälden von Schütz, und außer den genannten zu mehreren andern Zeitschriften. Für die allgemeine Encyclopädie von Ersch und Gruber bearbeitete er die, Siebenbürgen betreffenden geschichtlichen und geographischen Artikel.

Im Verein mit Karl Neugeboren erließ Benigni am 26. Mai 1830 eine gedruckte Aufforderung zur Vereinigung einer Gesellschaft behufs der Herausgabe noch nicht bekannter, die vaterländische Geschichte, Politik, Statistik und Rechte betreffender Werke, und zur Ergänzung und Berichtigung schon gedruckter Schriften, also zur Herausgabe der „Scriptorum rerum Transsilvanarum." Das Vornehmen hat jedoch nicht Unterstützung gefunden, und ist daher unausgeführt geblieben.

Benigni redigirte seit dem Tode Martin v. Hochmeisters (1836) den Siebenbürger Boten, welchem er vom Jahre 1842 Nr. 20 herwärts „Leitende Artikel" vorsetzte, und begann im Jänner 1844 auch die Herausgabe eines Gewerbs- und Landwirthschafts-Blattes, welches unter dem Titel deutsches Volksblatt für Landwirthschaft und Gewerbe in Siebenbürgen als neues Beiblatt des Siebenbürger Boten[1]), angekündigt worden war, doch unter dem veränderten Titel: „Anhang zur Transilvania für Landwirthschaft und Gewerbe in Siebenbürgen" blos in 2 Nummern auf acht Quart-Seiten herauskam, weil das k. Gubernium die Fortsetzung, vor erfolgter Bewilligung Sr. Majestät verbot, und sogar die Sequestration der schon gedruckten 2 Nummern, in wie weit davon noch Exemplare in der Verlagshandlung vorhanden waren, befahl. Demnach erschienen diese Blätter erst seit 1. Oktober 1844 unter dem neuen Titel: „Deutsches Volksblatt für Landwirthschaft und Gewerbe in Siebenbürgen" herausgegeben durch Benigni, im Verlag der Hochmeisterischen Erben, wöchentlich auf vier Quartseiten, und hörten mit dem 3. Jahrgange im August 1847 auf (1. Jahrgang 264 S., 2. Jahrgang 152 S., 3. Jahrgang 24 Seiten).

Laut dem Siebenbürger Boten vom 7. August 1855 Nr. 155 haben Se. k. k. apost. Majestät mit a. h. Entschließung vom 11. Juli l. J. den Ankauf der ansehnlichen Büchersammlung, welche nach dem, wegen seiner Anhänglichkeit an die k. k. rechtmäßige Regierung im Jahr 1849 als Opfer gefallenen k. k. Feldkriegs-Secretär Joseph Benigni v. Mildenberg in Hermannstadt hinterblieben ist, aus dem Staats-Schatze allergnädigst zu bewilligen, und die Vertheilung der Bücher an die Bibliotheken der k. k. Rechts-Akademie und des k. k. katholischen Staats-Gymnasiums in Hermannstadt, dann an die Lycealbibliothek in Klausenburg, zu genehmigen geruht."

(Diese Bibliothek bestand im Ganzen beiläufig in 15000, und ohne Hinzuzählung der belletristischen, nicht angekauften Bücher, in 9000 Bänden, wofür 3000 fl. C.-M. bezahlt wurden. Die angekauften Bücher sind der angeführten Allerhöchsten Entschließung gemäß ihrer Bestimmung zugeführt worden.)

Benignis Collectaneen und Handschriften dagegen, in 78 Numern oder 139 Bänden und rücksichtlich Fascikeln bestehend, — sind von dessen Erben an das Baron Bruckenthalische Museum in

---

[1]) Auch der Bote sollte mit Anfang 1844 den Titel: „Siebenbürgisch-sächsische National-Zeitung" (laut gedrucktem Prospect und Pränumerations-Einladung) erhalten. Doch behielt er seinen alten Namen, weil der neue mehrseitiges Mißfallen erregte.

Hermannstadt verkauft worden, wo dieselben nun von Liebhabern der vaterländischen Literatur in den bestimmten Lesestunden benützt werden.

Tr. ### Benkner Johann d. ä.

Stadthann in Kronstadt 1545, dann Stadt-Richter in den Jahren 1547, 1548, 1550—1552, 1555—1560 und 1565, in welch letzterem Jahre den 11. Juli derselbe starb, erhielt durch Kauf von Martin Litteratus Kiskaradi de Borbánd ein Goldbergwerk am Flusse Ompoly auf Zalathnaer Grund, in dessen Besitz er durch die Königin Isabella 1557 und 1558 bestätigt und eingeführt wurde.

Neben den drei Kronstädter Reformatoren Honterus Wagner und Glatz, wie auch dem Stadt-Richter Johann Fuchs war es der damalige Stadthann Johann Benkner, dessen Feuer-Eifer die Kirchen- und Schul-Reform belebte. Er wirkte thätig dazu mit u. a. auch durch die Anlegung einer eigenen Papier-Mühle in Kronstadt[1]), in welcher 1546 das erste Papier verfertigt wurde, zumal aber durch die unter Honterus Mit-wirkung für die Studenten gestiftete Bibliothek, welche durch die bei der Einnahme von Ofen aus dem ehemaligen Bücherschatze des K. Mathias Corvinus von den Türken erbeutete, und hin und wieder veräußerten Bücher einen ansehnlichen Zuwachs erhielt, in der unglücklichen Feuers-brunst von 1689 aber ein Raub der Flammen wurde[2]). Eben auch durch Benkners Aufmunterung geschah es, daß der Stadtpfarrer M. Valentin Wagner (s. d. Art.) im Jahre 1550 den Catechismus ins Griechische übersetzte, und diesen sowohl, als das griechische Testament in Kronstadt in Druck gab. Ja, um nicht nur die Griechen, sondern auch die Walachen in Kronstadt umzubilden, ließ Benkner im Jahre 1560 die vier Evangelisten aus der serbischen Sprache in die walachische übersetzen und hiezu folgende Vorrede verfertigen:

„Durch den Willen Gottes des Vaters, wie auch mit Beistand des

---

[1]) Kurz Magazin für Geschichte ꝛc. I. 146. II. 351.
[2]) Dück's Geschichte des Kronstädter Gymnasiums S. 24 und meine Beiträge und Aktenstücke zur Reformations-Geschichte von Kronstadt S. 10 und 19. Ueber die Corvinische Bibliothek s. „Entstehung und Verfall der berühmten von K. Mathias Corvinus gestifteten Bibliothek zu Ofen, von P. A. Budik im Anzeigeblatt des 88. Baudes der Jahrbücher der Literatur, Wien 1839 S. 37—56.

Sohnes und Vollbringung des heil. Geistes. Zu Zeiten Ihro Magnifizenz Königs Johannis habe ich Johannes Benkner von Kronstadt Leib getragen, wegen der heil. christlichen Bücher der 4 Evangelisten und diese zur christlichen Lehre dienende Bücher schriftlich verfassen — d. i. aus dem Servischen ins walachische übersetzen lassen¹) — damit sie die walachischen Pfaffen verstehen möchten, und die Walachen, so sich zum Christenthum bekennen, erkennen lerneten, wie auch Paulus der heil. Apostel 1. Cor. 14 spricht: „Es sei in der heil. Gemeine besser zu reden 5 Worte die man versteht, denn 1000 in fremder Sprache, die man nicht versteht." Demnach bitten wir Euch alle, ihr heilige Väter, ihr seid Bischöfe, Pfarrherrn u. s. w., denen diese christliche Bücher zu Händen kommen, daß sie vor allen, dieselbige lesen wollen, selbe nicht urtheilen oder Schmäh-Worte darüber ergehen lassen. Auf Anspruch Johannis Benkners habe ichs Diakon Koresi von Tergovist und Theodor Deák oder Schreiber geschrieben, und ist angefangen den 3. Mai (1559) und zu Ende gebracht den 30. Januar anno 7069, in der Stadt Cronen anno Christi 1560."

So meldet Thomas Tartler in seinen Collect. zur Partikulär-Historie von Kronstadt (p. m. 384) und daraus Herrmann im alten und neuen Kronstadt I. 435—436.

Martin Ziegler in der Handschrift Virorum Coronae illustrium vitae xc., meldet Benkners Tod in folgenden Worten: Anno 1565 d. 11. Julii obiit Vir Amplissimus ac Circumspectus Dominus Johannes Benkner Iudex Coronensis meritissimus, Gymnasii Patronus munificentissimus, quod innuitur hoc Chronodisticho:

QVarta seCVta tVas IVLI CLarI ssI Menonas
BenCnero eXVrgens LVX sVa fata tVLIt.

Benkners zweite Gattin Apollonia Kuecher aus Hermannstadt, die er im Jahre 1549 heirathete (Ostermayers Diarium in Komény's Fundgruben I, 37), trat zur zweiten Ehe, nach Benkners Tod, über am 16. Juni 1566 mit Lukas Hirscher († als gewesener Stadt-Richter am 30. April 1590); und wird unrichtig von Manchem verwechselt mit **Apollonia** der kinderlos zurückgebliebenen Witwe des am 26. April 1541 verstorbenen Stadtrichters **Lucas Hirscher** (der kleine Luks, auch Kis Lukáts genannt),

---

¹ Dr. Popp in Dissertatio deszpre Tipografiile Romenesti, Hermannstadt 1838 S. 12 gibt hiemit im Widerspruch an: Es sei dieses Buch erst 1561 in serbischer Sprache; und das erste walachische Buch erst 1580 gedruckt worden Vgl. den Artikel Lukas Hirscher.

welche im Jahre 1545 in eigenen Kosten das Kaufhaus bauen ließ (Marienb. Siebenb. Geographie II. 340—341 (und schon am 31. Dez. 1547 mit Tod abging (Ostermayer a. a. O. S. 35).

Benkners Wahlspruch war: „Si error est, mallo cum Christo errare, quam sine Christo perire". (Alb. Huet in seiner am 29. März 1602 auf dem Hermannstädter Gymnasium gehaltenen Rede: Schola est seminarium Reipublicae.)

Auch Luthers kleinen Katechismus ließ Benkner in die walachische Sprache übersetzen und 1559 drucken; daher der Stadtpfarrer Fuchs in seiner Chronik sagt: „Anno 1559 d. 12. Martii Joh. Benkner cum reliquis Senatoribus reformavit Ecclesiam Valachorum et *Praecepta Catechescos* illis discenda proposuit." Der ununterbrochene Verkehr der Kronstädter Walachen mit ihren Glaubensbrüdern in der Walachei (wie viele Schreiben und Schenkungen der Woiwoden der Walachei an die Ober-Vorstädter walachische Kirche zu Kronstadt beweisen) vereitelte jedoch das, wie es scheint, anfangs auf eine Zeitlang gelungene Reformationswerk. Hauptsächlich in diesem nachbarlichen Verkehr ist auch in den neueren Zeiten das Hinderniß der lange versuchten Union der Walachen des Kronstädter Distrikts zu suchen.

Der mißlungene Erfolg der Bemühungen Benkners zur Aufklärung der Walachen schreckte indessen seinen Nachfolger Lukas Hirscher nicht ab, die nemliche Bahn im Jahre 1580 zu betreten. S. den Art. Hirscher.

Tr. **Benkner Johann d. j.,**

welchen Benkö im 2. Band seiner Transsilvania S. 622 und nach ihm Aranka in A Magyar Nyelv Mivelö Társaság Munkáinak elsö Darabja. Szebenben 1796. Seite 195 irrig: *Dominicus Benkner* nennen, weil über sein Diarium eine fremde Hand den Titel: Chronicon seu Historia Dni. (d. h. Domini) Benkner gesetzt hat; wurde in Kronstadt geboren am Osterfest 1580, Senator 1612, Stadthann 1615 und 1616 und als Senator nach dem unglücklichen Treffen bei Marienburg, wo der Stadt-Richter Weiß mit vielen Kronstädtern das Leben einbüßte, die überlebenden dagegen in die größte Verwirrung und Verlegenheit geriethen, den 19. October 1612 nach Constantinopel deputirt, um von der Pforte Hülfe wider des Fürsten Báthori Grausamkeiten zu erflehen. Er bewirkte denn auch, daß eine türkische Gesandschaft an Báthori geschickt und demselben heftige Verweise gegeben und streng befohlen wurde, Hermannstadt zu verlassen. Allein Báthori söhnte sich bald mit der Pforte durch Bestechungen wieder aus. In der Folge, unter dem Fürsten Gabriel Béthlen, als Homonnai sich um das Fürstenthum bewarb, ließ sich Benkner verleiten, Homonnais Parthei zu nehmen und wider Bethlen und die Türken bei Lippa sich in ein geheimes Einverständniß einzulassen. Allein dasselbe wurde bald entdeckt, Benkner, eben in Weißenburg anwesend, im Juni 1616 allda in Haft gehalten¹), dann während dem Landtag in Schäßburg im October 1616 dahin abgeführt und der Fiscal-Action unterzogen. Durch die Verwendung der sächs. Deputirten jedoch unterblieb diese Action und der Fürst begnadigte ihn völlig, gegen das schriftliche Versprechen: künftig kein öffentliches Amt zu bekleiden, und gegen eidliche Versicherung, wider den Fürsten Bethlen weder öffentlich noch heimlich zu practiciren. Sonach legte Benkner den 20. Dezember 1616 der Kronstädter Communität die gewöhnliche Honnen-Rechnung ab, zog sich in den Privatstand zurück, und starb also außer Dienst am 13. Februar 1653. (S. auch Quartal-Schrift II. 250.)

Er hinterließ in der Handschrift ein Diarium der Begebenheiten in Siebenbürgen vom Jahre 1600—1618, welchem von fremder Hand der

---

¹) David Hermann in seinen politischen Annalen zum Jahre 1614 und daraus Oltard in der Fortsetzung der Fuchsischen Chronik (Editio Jos, Trausch I. S. 297) behaupten zwar, Benkner sei von Kronstadt nach Weißenburg geholt worden. Jedoch sind hierinnen die gleichzeitigen Kronstädter Chronisten glaubwürdiger. Bemerkenswerth ist Oltards fernerer Bericht aus David Hermann (a. a. O. S. 298): „Fertur ac si Joh. Benknerus Constantinopoli natus (forte Marci Benkneri, de quo Seculo superiori (a. a. O. S. 120) filius*) fuit) meritis parentis sui certo Privilegio ab incunabulis annuatim Constantinopoli aureum pro pensione acceperit." Paul Benkner d. ä. (s. d. Art. in seinem Tagebuche zum Jahre 1680 schreibt Johann Benkners Verhaftung der Eifersucht des Fürsten Gabriel Bethlen zu; da die Pforte im Jahr 1613 zuerst Benknern das Fürstenthum angetragen habe, und bemerkt weiter: „Die damaligen Senatores Coronenses hätten ihn auch in seiner Arrestation stecken lassen, ohnangesehen er auf ihr vielfältiges Bitten wäre in die Türkei gezogen, denn sie gemeinet: Die Benknerischen hätten ja ihre große Kundschaften daselbst, ja auch sonst viele Privilegia durch den türkischen Markus Benkner erlangt, — so sollte Er demnach ziehen. Dieser Johann Benkner hatte einen närrischen Sohn Johannes hinterlassen, welcher sammt seinem Schwager Francisco Chrestels alle die türkischen Privilegia sowohl von Mauthen, als von Dörfern in der Türkei den Benknerischen zugehörig, dem Griechen Namens Manta liederlicher Weise, ohne Wissen der übrigen Benkner, verkaufet."

*) Unrichtig. Er war der Sohn eines Johann Benkner und der Agnetha Goldschmidt.

Titel Chronicon s. Historia Domini Benkneri in einigen und in andern Exemplaren: Annotationes historicae vorgesetzt ist.

Dieses Diarium stimmt mit dem Diarium des Kronstädters Paul Sutoris, gleichfalls eines Zeitgenossen (in wie weit letzteres von den Jahren 1600—1618 handelt) beinahe wörtlich überein, so daß entweder Sutoris seine Erzählung aus diesen Jahren aus dem Benknerischen Tagebuch abgeschrieben haben muß, oder aber dieses ganze Benknerische Diarium Benknern fälschlich zugeschrieben wird, welches letztere wahrscheinlicher ist.

Aus diesem Benknerischen Tagebuch ist die Fortsetzung des Weißischen Tagebuchs vom Jahr 1612—1618 genommen.

Ueber den hier erwähnten Renegaten **Markus Benkner** aus Kronstadt (Amhath Spahi genannt) aber s. meine Beiträge und Aktenstücke zur Reformationsgeschichte von Kronstadt S. 20 und die daselbst angeführten Geschichts-Quellen.

Tr. **Benkner Paul d. ä.,**

Sohn eines Senators gleiches Namens wurde geboren in Kronstadt im Jahr 1658, trat aus den Schulen auf das Gymnasium den 12. März 1668 und verließ dasselbe am 20. Februar 1677, ward zum Orator der Communität erwählt 1719 am 28. Jänner, und starb den 14. August 1719.

Von ihm hat man im Manuscript ein Diarium der zu seiner Zeit in Kronstadt vorgefallenen Begebenheiten, welches vom 7. September 1666 bis 29. Jänner 1693 geht. Länglich Duodez.

(Marienburg nennt dieses Diarium „**Chronik**" S. Catal. Msptorum Bibl. Szechény. II. 531.

Seiv. **Benkner Paul d. j.,**

von Kronstadt, aus einem alten patricischen Geschlechte, das noch im 16. Jahrhunderte die vorzüglichsten Aemter verwaltete. Anfangs bestimmte er sich der Kirche; nach seinen akademischen Jahren aber verließ er sein Vaterland, begab sich nach der Walachei, und nahm als Secretär Dienste bei dem dasigen Hospodare. S. Benkö. Trans.

Tr. Er war ein Sohn des Vorhergehenden, geboren in Kronstadt am 17. October 1685. Weil er nach seiner Rückkehr von der Universität in seiner Vaterstadt, wegen Menge anderer Individuen, bei der Schule nicht angestellt werden konnte, verließ er seine Vaterstadt und begab sich nebst seiner Gattin in die Walachei. Eine Bemerkung zu Filstichs Tentamen Historiae Valachicae (in der Kronstädter Schul-Bibliothek) S. 33 und 34, enthält die Auskunft: „Benkner habe etliche Jahre vergeblich auf Anstellung gewartet, und sich also mit Einwilligung des damaligen Schulen-Inspectors und Stadtpfarrers (1713—1735) Paul Neidel, sammt seiner Gattin und Haus-Gesinde nach Bukarest begeben, und dort theils am fürstlichen Hof, theils außerhalb desselben durch Schreiben und Arbeiten (ohne Zweifel Unterricht), theils aber auch der Gemeinde (der Sachsen) in Ermangelung eines Pfarrers mit Rath gedient, gleichwie derselbe dann wieder vom Jahre 1742 an, unter dem Fürsten Michael Rakowitza als Secretär nützliche Dienste geleistet habe." Wann Benkner gestorben sei, habe ich nicht erforschen können. 1750 aber lebte er noch als fürstlicher Secretär zu Bukurest.

Von seiner Gattin Anna Sophia, Tochter des Thom. Franzen[1]) aus Kronstadt, hinterließ er einen Sohn Paul, nachmaligen Hauptmann in der k. russischen Armee, welcher um das Jahr 1806 zu Kleinschenk kinderlos starb; des letztern Gemahlin Martha verwitwete Hauser, geb. Keßleri ist beiläufig 9 Jahre später in Neustadt, Kronstädter Distrikts, gestorben.

Paul Benkner hinterließ in Handschrift:

Geschichte der walachischen Fürsten.

So wenig, wie dem Geschichtschreiber Johann Christian von Engel (s. dessen Geschichte der Walachei, Halle 1804 S. 56) und seinem Freunde Johann Filtsch, — ebensowenig ist es mir gelungen, diese Handschrift im Original oder auch nur in einer Abschrift irgendwo aufzufinden.

Tr. **Bergleiter Johann,**

geboren in Heltau 1774, wo sein Vater Prediger war. Hier studirte er bis zur lateinischen Syntax. Nach absolvirten Gymnasial-Studien zu Hermannstadt wurde er im Jahre 1796 Lehrer der Barone Josef und Karl Bruckenthal, bezog die Universität Jena (1798—1800) und brachte das Jahr 1800 in Göttingen zu. Nach seiner Heimkehr trat er wieder in sein Lehrer-Verhältnisse zu seinen nun herangewachsenen 2 Zöglingen

---

[1]) Der Schwager dieses Franzen, Christoph Ziegler, ein Kronstädter, trat in russische Militärdienste und starb als k. russischer Obrist in Moskau.

ein 1801, ward ihr Corepetitor am k. Lyceum in Klausenburg, und erwarb sich die juridischen Kenntnisse, deren Frucht seine untenerwähnten Vindiciae waren. Nachher wurde er bei dem Gymnasium in Hermannstadt als Lehrer, dann als Conrector und den 12. Dezember 1807 als Rector angestellt, zu Anfang Mai 1811 aber zum Pfarrer in Stolzenburg berufen, und im Jahre 1833 den 17. September zum Superintendenten A. B. in Siebenbürgen erwählt. In dieser Eigenschaft starb er in Birthälm den 31. Juli 1843, alt 69 Jahre.

1. Vindiciae Constitutionum et Privilegiorum Nationis in Transilvania Saxonicae Libertatumque et Praerogativarum in iisdem fundatarum, nonnullis publici Juris Doctorum principiis oppositae. Cibinii typis Mart. Hochmeister 1803. 8-vo. 84 Seiten.

    Veranlassung und Inhalt dieser Abhandlung sind in den siebenb. Provincial-Blättern I. 283—296 angegeben.

2. Historica Descriptio Fori Productionalis in Transsilvania. Mspt. (Etwa im Jahre 1824.)

3. Breviculum Historiae Decimarum in Transsilvania, maxime earum, quae ad Parochos in Fundo Regio Universitatem Ecclesiarum Saxonicarum constituentes spectant. Mspt. (Ebenfalls im Jahre 1824 ausgearbeitet. Eine Uebersetzung der kurzen Geschichte der Zehnden zc. (von Daniel Filtsch) in der Quartal-Schrift V. 33—51 und 115—131 nebst eigener Fortsetzung Bergleiters vom Jahre 1786 bis zur neuen Zeit.)

    Am 15. Mai 1824 unterlegte der Fiscaldirector Joseph Turi dem zu Klausenburg versammelten Productional-Gerichte mittelst des Dictaturs-Präses eine ämtliche Protestation wider diese, nach seiner Angabe, insgeheim unter die Richter vertheilte und mit Gesetzen und Verordnungen im Widerspruch stehende Schrift, auf deren einzelne Punkte er seiner Zeit seine Bemerkungen einzureichen sich vorbehielt. — Im Namen der Geistlichkeit antworteten darauf Michael Herbert, Pfarrer in Mühlbach und Johann Bergleiter, Pfarrer in Stolzenburg, als Bevollmächtigte der Geistlichkeit, daß der Fiscal-Director ja selbst die gedruckte „Demonstratio juris et usus decimarum", und in neuester Zeit mehrere sogenannte Species facti unter die Richter, zu deren Information vertheilt, und die Geistlichkeit dieses durch den Fiscus gegebene Beispiel befolgt habe, um den Richtern eine Uebersicht zu verschaffen, wobei durch die Geistlichkeit reprotestirt wurde, da ihre Handlung den Gesetzen und

Verordnungen nicht zuwider und Niemandem verwehrt sei, sich zu vertheidigen.

Der Fiscaldirector erwiederte: Im Jahre 1784, als der Proceß wegen der großen und kleinen Zehnten vor dem Productional=Gericht verhandelt worden, habe die Geistlichkeit die „Summa juris decimarum in Fundo Regio competentium, ex Historia diplomatica deprompta" im Druck vertheilt, worauf 1785, gleichsam von der Geistlichkeit aufgefordert, — der k. Fiscus die „Juris et usus Demonstrationem, seriem Allegatorum et Productorum in eadem causa applicative continentem", deren diesmalige Vertheilung ihm (dem Fiscaldirector) unrichtig zugeschrieben werde, eingereicht habe. Informationen und Species facti einzureichen, sei zwar jedem Litiganten erlaubt, nicht aber Schriften ohne Bezug auf einen bestimmten Proceß, wie das „Breviculum", wo „ad Historiam, usum, consuetudinem, leges, diplomata" 2c. (von welchen im Proceß keine Erwähnung sei), sich berufen werde, und hinsichtlich deren er wiederholt protestire, daß die Productional= Richter darauf keine Rücksicht nehmen möchten.

Indessen ließ der Fiscal=Director die weitere Betreibung dieser sonderbaren Protestation auf, und sonach hat die Sache dabei ihr Bewenden gehabt.

Bei dieser Gelegenheit bemerke ich die, in den Zehndprocessen wider die sächs. Geistlichen im Druck erschienenen verschiedenen Species Facti, welche mir bekannt geworden sind:

a. De decimis Parochorum Saxonicorum Decanatus Barcensis et Processu desuper cum Fisco R. agitato. 1784. Folio 16 S. (Für die Geistlichkeit.) S. Drandt und Herrmann.

b. Summa Juris Decimarum in Fundo Regio Clero competentis ex Historia diplomatica deprompta. Cibinii 1784. Folio 7 S. (Desgl.)

c. Juris et usus demonstratio in Causa Fisci Regii contra Universitatem honorabilis Cleri in Transilvania Saxonici, ratione majorum et minorum decimarum suscitatis, et vigore Altiss. Decisionum Regiarum annis 1773 d. 16. Junii, 1777 d. 10. Decembre nec non 1778 d. 4. Febr. pro uberiore usus dilucidatione ad Excelsum Forum Productionale remissis. Cibinii 1785. Folio 34 S. (Für den k. Fiscus.)

d) In Causa Capituli Bistriciensis Aug. Confessionis contra Fiscum Regium, ratione minorum decimarum in rationem Fisci executarum penes Novum Gratiosum vertente, Facti Species (1788 oder 1790) Folio 7 S. (Für die Geistlichkeit.)

e. Cleri Bistriciensis Supplex Libellus ad JJ. Status et Ordines Transsilvanicos, ratione decimarum minorum. Bistricii 1790. Fol. 5 S.
   Vgl. das Siebenb. Landtags-Protokoll vom Jahre 1791, S. 356.
f. Die Bittschrift der Bistritzer Geistlichkeit, lit. e, unter dem deutschen Titel deutsch: „Der gerechten Welt zur Uebersicht." Bistritz 1790. Folio 4 S.
g. Rövid foglalatja azon Pernek, melyet a k. Fiscus a Szászvárosi és Romoszi Augustana Confession lévő egész dézmákra nézve a Fels. Productionale Forum előtt folytatott. 1825. Fol. 8 S. (Für die Geistlichkeit.)
h. Három productionalis Ügyeknek Facti Speciesse. (1. A Szászvárosi és Romoszi Aug. Valláson lévő, — 2. a Szászvárosi reform. Pap és Közönség, — 3. a Szászvárosi, Tordosi reform. Papok, és a Szászvárosi Oskolacurátora ellen.) 1825. Folio 8 S. (Für den k. Fiscus.)
i. Toldalék (zu lit. g gehörig). 1827. Fol. 9 S. (Für die Geistl.) Dawider, und besonders gegen die S. 4 vorkommenden Worte: „Legyen bár a Szász Föld proprietássa akár kié (az András Király donatiojánál fogva a Szász Nemzeté ez etc.)" reichte Fiscaldirector Turi dem Product.-Gerichte am 28. Mai 1827 eine Protestation ein, mit Berufung auf Uladislai Decr. VII. Art. 3 und die zwei Rescripte vom 27. März 1753 und 3. August 1770, worauf die beklagten Pfarrer den 31. Mai 1827, sowohl wider diese Protestation, als auch wider das Species Facti des Fiscaldirectors (lit. h oben) vor dem Product.-Gerichte sehr triftig reprotestirten.
k. Species Facti in Causa Fisci Regii Transsilvanici ut Actoris, contra Parochos Capituli Bistriciensis ut Inctos, ratione minorum decimarum mota, coram Exc. Foro Productionali agitata, et secundum Inctos decisa, a parte vero Actorea ad Thronum Sacrissimae Suae C. R. Majestatis appellata. 1827. Fol. 8 S. (Für die Geistl.)
l. Rövid foglalatja azon Pereknek, melyeket a k. Fiscus minden a Szász Clerus Universitásához tartozó Papok ellen Capitulumonként a Felséges Productionale Forum előtt folytatott. A k. Fiscus meghivta a Szász Clerust a Compil. Constit. V. Része 27 Edictumánál fogva a F. Prod. Forumra, hogy a nem az ö Vallásokra tartozó Lakósoktól venni szokott dézma iránt való jussókról producályanak, külömben azok néki itéltessenek ki. 1828. Fol. 8 S. (Für die Geistlichkeit.)

m. Absonderliche Erörterung einiger den Bistritzer Klein-Zehntproceß betreffenden Haupt-Fragen. 1830. Fol. 4 S. (Für die Geistlichk.)

n. Syntagma Documentorum, quae ad illustrandam Causam Fisci Regii, ut Actoris, contra Decanatus Cleri Saxonici, ut Incti, ratione Decimarum ab alienae Religioni addictis colligi solitarum motam attinent. 1833. Fol. 15 S. (Für die Geistlichkeit.)

Enthält a) Comp. Const. P. V. Ed. 27 nebst Bemerkung S. 1. b) Privilegium s. Pactum Bathoreanum dat. Cibinii 28. Novemb. 1612 S. 1—3. c) Articulus super hoc Privil. in Comitiis Cibin. 20. Novembr 1612 indictis conclusus et 29. Novemb. 1612 a Principe Gabriele confirmatus. Mit 2 Bemerkungen S. 3. d) Appr. Const. P. II. t. 10, art. 4 mit 3 Bemerk. S. 3—4. e) Art. 3. m. Julio 1689 in Radnoth conclusus, item 8-vus m. Decembri 1691 in Colosvár conditus. Mit 1 Bemerk. S. 4. f) Altissima Ordinatio 16. Juni 1773. Mit 1 Bemerkung S. 4. g) Deliberatum Fori product. in Causa majorum et minorum decimarum 1786 latum. Mit 1 Bemerk. S. 5—14. h) Altiss. Confirmatio Deliberati ejusdem in Forma B. Rescripti ad Exc. R. Gubernium in Judicialibus directa. (Deutsch) Wien, 29. October 1789. Mit 1 Bemerk. S. 14—15. i) Rescriptum Regium sub Nro. Aul. 2090/790. Nr. Gub. 3209/790 (deutsch), ohne Datum. Mit 1 Bemerkung S. 15.

S. weiter den Artikel: Georg Paul **Binder**.

Tr. **Bergleiter Michael,**

geboren in Heltau, ein Bruder des Vorhergehenden, studirte in Hermannstadt und auf der Universität Würzburg, wurde als Professor in Hermannstadt 1806 angestellt, zum Rector erwählt den 13. März 1811 und starb 1816.

De tribus Dimensionibus Dissertatio. Cibinii typis M. Hochmeister 1806. 8-vo. 16 S.

Tr. **Bergleiter Stephan Adolph,**

geboren am 17. Mai 1814 in Hermannstadt, war der Sohn des als Hermannstädter Gymnasial-Rector verstorbenen Michael Bergleiter und der Elisabeth, Tochter des Kleinschelker Pfarrers Stephan Roth, welcher diesen unmündig zurückgebliebenen Enkel erzog. Seine wissenschaftliche Ausbildung begann B. am Gymnasium zu Mediasch, kam dann im 12.

Lebensjahre nach Hermannstadt, und bezog, nach hier vollendeten Gymnasialstudien und abgelegter Consistorialprüfung im Herbst 1833 die protestantisch-theologische Fakultät in Wien. Die folgenden 2 Jahre brachte er an der Universität in Berlin zu. Physik, Mathematik und classische Philologie, vor allem aber die Geschichte war es, der er seinen anhaltenden Fleiß widmete, nachdem er auch in das Vaterland zurückgekehrt war. Seine mit wissenschaftlicher Gründlichkeit angeordnete Coleopteren-Sammlung sammt Apparat schenkte er dem naturwissenschaftlichen Verein zu Hermannstadt. Gleich nach seiner Heimkehr übernahm er das Schul-Rectorat in Heltau 1836, wurde aber zu Anfang des Jahres 1838 zum Lehrer an das Hermannstädter Gymnasium berufen, wo ihm classische Philologie zur, entsprechend gelösten, Aufgabe ward. Liebe zur gesetzlichen Ordnung, für das deutsche Volk und für die deutsche Sprache bewogen ihn im Jahre 1848, als die magyarischen Wirren ausbrachen, sich an der Hermannstädter Nationalwehre zu betheiligen, und als Protokollist in die sächs. Comitial-Kanzlei einzutreten. Als Lieutenant der Hermannstädter Schützen-Compagnie, bei Gelegenheit der Concentrirung des Hermannstädter Landsturmes im Herbste 1848 hielt er begeisterte Anreden an die Landstürmer, und machte mit ihnen die Märsche nach Thorda und Maros-Vásárhely mit, an welch letzterem Ort er, gegen die Plünderungs- und Verheerungsversuche der walachischen Landstürmer, zur Erhaltung der Gr. Samuel Teleki'schen Bibliothek wesentlich wirkte. Als am 11. Mai 1849 General Bem Hermannstadt einnahm, mußte er mit den Andern in die benachbarte Walachei fliehen, und seine Frau und kleinen Kinder verlassen, um dem schrecklichen Schicksale zu entgehen, welches seinen Oheim Steph. Ludw. Roth in Klausenburg ereilte. Nach der Rückkehr der geregelten Zustände in Siebenbürgen trat auch der aus der Walachei heimgekehrte Bergleiter in seine theologische Laufbahn wider ein, und wurde sofort am 28. November 1852 von der evang. Gemeinde zu Freck zum Pfarrer gewählt. Mit Anstrengung und manchen Opfern regelte er hier die kirchlich-sittlichen Zustände einer verfallenen Gemeinde, ordnete das Schulwesen, und die Vermögensverhältnisse der Kirchen-Casse, und setzte Pfarrhaus und Garten in den besten Zustand. Von hier am 7. Sept. 1862 zum Pfarrer in Neppendorf gewählt, war es ihm nicht vergönnt, dieses Amt länger als ein Jahr zu bekleiden, indem ihn bereits am 28. Oct. 1863 ein frühzeitiger Tod seinem Berufe und seiner zweiten Gattin und sechs Kindern entriß. Als Mitglied des Hermannstädter Capitels zum lebenslänglichen Capitels-Archivar ernannt, ordnete er das Archiv dieses

Capitels und vollbrachte das schwierige und zeitraubende Geschäft der Verfertigung eines vollständigen Registers desselben. Die Frucht dieser Arbeit war sein Verbal- und Real-Index ꝛc., dessen Reinertrag von 91 fl. 10 kr. er der Freker Kirchen-Kasse widmete. Bei dem Zustandekommen der neuen evang. lutherischen Landeskirchen-Verfassung war er einer der eifrigsten Verfechter derselben in Capitels-Synodal- und anderen Versammlungen, und Angreifer der Capitel in ihrer alten Form und Bedeutung als Verwaltungsorgane in der neuen Verfassung der Kirchen. So wurde er denn nicht nur zum Hermannstädter Bezirks-Consistorial-Rath, sondern auch zum Ersatzmann im Landes-Consistorium gewählt, und war bis zu seinem Ende der fleißigste Besucher der Sitzungen, dabei auch eines der kenntnißreichsten, freimüthigen (oft schonungslosen) und unermüdet thätigen Mitglieder. Diese Thätigkeit entfaltete er auch in der Lösung der vom Landes-Consistorium ihm, und seinen Mit-Commissären Karl Sigerus, und den Pfarrern Michael Schuster, Andr. Gräser und Georg Giesel übertragenen schwierigen und mühsamen Arbeit der gleichmäßigen Verfassung der Ausweise über die sämmtlichen evang. Pfarrern gebührenden Zehnt-Entschädigungen, welche dann durch die Landes-Stelle und Grund-Entlastungs-Fonds-Direction zur Staatsbuchhalterischen Liquidation gelangten.

Eine umständliche Beschreibung seines Lebens und Charakters hat sein Schwiegersohn Michael Fuß, Pfarrer in Gierelsau, geliefert in der Hermannstädter Zeitung vom 2. December 1863 Nr. 386, S. 1109 bis 1110.

Verbal- und Real-Index der seit 1782—1858 an die Pfarr-Aemter und Local-Consistorien, rücksichtlich Presbyterien der evang. Gemeinden A. B. in Siebenbürgen erflossenen Landes-Dikasterial- Ober-Consistorial- und Superintendential-Verordnungen von St. A. Bergleiter, evang. Pfarrer zu Freck und Archivar des Hermannstädter Capitels A. C. 1859. Der Reinertrag ist für die evang. Kirche A. C. zu Freck bestimmt. (Hermannstadt) 1860, Druck von Theodor Steinhaußen in Hermannstadt. 4-to. IV. 72 S.

Tr.   Bergler Stephan,

geboren in Kronstadt um das Jahr 1680, war der Sohn eines Bäckers in der dasigen Vorstadt Blumenau. Im Jahre 1696 unter die Schüler des Ober-Gymnasiums seiner Vaterstadt aufgenommen, wurde er bald Schulkönig (Rex Adolescentium), indem er besonders auf die Erlernung

— 115 —

der lateinischen und griechischen Sprache großen Fleiß verwandte. In der griechischen Sprache machte er solche Fortschritte, daß er sich mit den in Kronstadt weilenden und durchreisenden geschicktesten Griechen in hochgriechische Unterredungen einlassen und gelehrte Disputationen anstellen konnte.

Nachdem er unter der Leitung trefflicher Lehrer, insbesondere des Markus Fronius (s. d. Art.) seine Schulstudien mit Auszeichnung vollendet hatte, — bezog er am 13. August 1700 die Universität in Leipzig, wo er bald die Aufmerksamkeit der dortigen Gelehrten auf sich zog, und von ihnen mit gelehrten Arbeiten betraut wurde. Hauptsächlich war es der Leipziger Buchhändler **Thomas Fritsch**, welchem Bergler bei seinen Ausgaben alter Autoren treffliche Dienste leistete, wobei Fritsch viele Nachsicht mit Berglers Cynismus hatte [1]). — Soweit verbreitete sich der Ruf der Gelehrsamkeit Berglers, daß ihm aus **Rom** eine alte griechische Handschrift, welche Niemand lesen und erklären konnte, mit dem Ersuchen, um deren Auslegung, nach Leipzig geschickt wurde. Durch die Entzifferung derselben [2]) und die Herausgabe verschiedener Werke, von denen selbst Mathias Geßner a. a. O. mit Ruhm spricht, ward nun Bergler noch berühmter.

---

[1]) Ich ziehe es vor, in Vorstehendem umständlicher Berglers Verdienste und Ruhm, als dessen Cynismus, über welchen sich Seivert in den Nachrichten von siebenbürgischen Gelehrten und in Windisch's ungr. Magazin 2. Band S. 504 bis 510 (Fragmente von Steph. Berglers aus Kronstadt Geschichte) auf Grund von Math. Geßners Praelect. isagog. in Eruditionem universalem §. 524 S. 422 verbreitet hat, — zu beschreiben. Dabei benütze ich die Nachrichten Martin Schmeizels (s. d. Art.), als Jugendfreundes Berglers, mit welchem er seine Schuljahre in Kronstadt verlebte, und des Rektors Paul Roth (s. d. Art.), welche Sulzer im handschriftlichen Theile seiner Geschichte des transalpinischen Daciens und daraus Andr. Thorwächter (s d. Art.) in dem siebenbürgischen Intelligenzblatte Nr. 14 vom 5. April 1802. (Beilage zu Nr. 27 des Siebenbürger Boten) und hiernach André im Brünner patriotischen Tagblatte, Monat Juli 1802. S. 806 ꝛc., ferner Luk. Joseph Marienburg (s. d. Art.) und nach ihnen Engel in der Geschichte der Walachei Halle, bei Gebauer 1804. 4. II. S. 15 -17 gegeben haben.

[2]) Verzeihlich dürfte wohl die Aeußerung Berglers sein, mit welcher er sich des Empfangs des diesfälligen Ersuchschreibens in Leipzig einem Kronstädter Landsmann gegenüber in siebenbürgisch-sächsischer Sprache mit den Worten im Tone stolzer Demuth rühmte: „Wie hat doch der Papst des bleschen (walachischen) Hannes seinen Sohn aus Kronstadt kennen gelernt?" was sich auf den Spottnamen seines Vaters, den er von seinen Schulkameraden in Kronstadt öfter gehört hatte, bezog. Engels Geschichte der Walachei, II. Bd., S. 17. — Seivert läßt die angeführten Worte

Empfohlen von Fritsch reiste Bergler im Jahre 1705 nach Amsterdam[1]), wo er in der Wettsteinischen Druckerei die Ausgaben von Pollux Onomasticon (1706) und Homer[2]) (1707) besorgte.

Nach seiner Rückkehr wurde Bergler im Jahre 1713 **Magister** der Philosophie und freien Künste, worauf er weder einen Werth legte, noch diesen Titel angestrebt hatte. Denn sein Freund **Schmeizel** sagt ausdrücklich, Bergler habe diese academische Ehre „nolens volens" erlangt. Desto rühmlicher lautet die Anrede, welche der Promotor Johann Burkh. Menken bei dieser Gelegenheit am 9. Februar 1713 an Bergler hielt und seine Leistungen in der griechischen Literatur lobte[3]).

(im ungr. Magazin II. S. 507) den Johann v. Seulen dem Bergler sagen, was aber von Seulen, der um 18 Jahre jünger war, als Bergler, unwahrscheinlich klingt. Wenn jedoch Seivert in der Person Seulens nicht irrt, so ist wenigstens nicht zu zweifeln, daß das Jahr 1718 als die Zeit dieses Ereignisses von Seivert richtig angegeben ist.

[1]) Amstelodami Berglerum hospitio excepit mercator graecus Mercurium ἐμπολαῖον et ἰταγώριον feliciter colens Andreas Nicolai Condicas quem insigni elogio effert in Praef. ad Homeri Odyss. p. 21. Peter Burmann a. u. a. O. S. VI.

[2]) J. Conr. Zeltnerus in Centur. Eruditor. in Typograph. Corrector pag. 87—90 Codicem MSS. Homeri ejusque Scholiastae, industria Bergleri descriptum et emendatum, quem praelo mox committendum fore operisque laudes praecipuas Berglero tribuendas scribit; eo (Berglero scil.) adhuc vivente enim haec literis mandabat. Peter Burmann a. u. a. O. S. VI.

[3]) Menkens Worte stehen in dem Buche: De Charlataneria Eruditorum Declamationes duae etc. Editio tertia. Amstelodami 1716 — „ad Te nunc convertor doctissime itidem Philosophiae et optimarum Artium Licentiate S. B. (Stephane Bergler), quoniam Graeca amas imprimis, in quibus illustrandis, cum jam pridem eximios tuos labores probaveris orbi erudito, et nomen quoque apud summos viros consecutus sis, nomine Nationis Saxonicae, quae in patria tua per tot Saecula floruit, nunc graecam Oratiunculam de capessendis honorum gradibus Academicis recita.

* * *

(Die hierauf von Bergler gehaltene griechische Rede steht in Menkens Buche nicht, sondern nur die hier angezeigten drei Sternchen, welche die Lücke andeuten.)

Σοφῶς, καλῶς, αγαθῶς, ita Tibi plane applaudo, mi B. (Berglere), quem ad modum veteres quoque Oratoribus suis publice acclamasse accepimus. Pergas hac via, quam ingressus es, et ut in Homero hactenus et Aristophane, ita in Herodoto quoque, quem sub manibus habes, aliisque graecis Auctoribus ornandis operam porro strenuam ponas, nec unquam Tibi credas

Nachher begab sich Bergler nach **Hamburg** — (wo ihn sein Kronstädter Schulkamerad Nathanael Trausch († als Pfarrer in Zeiden 1768) zwar in der altgriechischen Literatur thätig, aber auch in seiner cynischen Lebensart fortfahrend fand) — und unterstützte den berühmten Johann Albert **Fabrizius** bei seiner *Bibliotheca graeca* und in der Ausgabe des Sextus Empiricus. Nun berief ihn Fritsch wieder nach Leipzig, indem er Küsters Aristophanes correcter herausgeben wollte. Doch bald entzweite er sich mit Fritsch und begab sich wieder nach Holland, — kehrte aber bald wieder nach Leipzig zurück, und verlebte die Zeit bis 1722 abermals bei Fritsch. In dem letzteren Jahre verließ er Leipzig für immer, folgte dem Rufe an den Hof des Fürsten der Walachei Alexander Mauroforbato, und reiste im October d. J. durch Siebenbürgen nach Bukurest. Auf dieser Reise bei Kronstadt angelangt, verschmähte er es, seine Vaterstadt und Bekannten zu besuchen, hielt bloß bei Bartholomä (am Anfang der, Altstadt genannten, Vorstadt) an, und ließ sich einen Krug Wein aus der Schenke des Ober=Predigers Johann Rauß holen. Er schlug dessen Einladung zum Eintritt in die Predigerswohnung ab, und reiste, ohne sich weiter aufzuhalten, über den Törzburger Paß in die Walachei. Den Grund dieser Sonderbarkeit schreiben Einige seiner Bequemlichkeit, die Ablegung seiner Reisekleider zu vermeiden, — Andere dem Umstande zu, daß Bergler auf eine von ihm früher aus Leipzig an Freunde und die Obrigkeit in Kronstadt gestellte Bitte, um eine Geldunterstützung zu seinen akademischen Bedürfnissen, weder Geld, noch Antwort erhalten habe. —

Seiv. In Bukurest erwarb sich Bergler die Gnade des Fürsten, und behielt sie bis an seinen Tod. Er unterrichtete dessen Prinzen, übersetzte ihm die ausländischen Zeitungen in die griechische, und seine Schriften in die lateinische Sprache, errichtete auch auf fürstliche Kosten eine prächtige Büchersammlung, die Mauroforbato nachher der Patriarchalkirche zu Konstantinopel zu seinem Gedächtnisse verehrte. Da er seine besondere Wohnung hatte, so konnte er seinen Neigungen gemäß leben.

Tr. Bergler zog in Bukarest — (so schreibt Sulzer a. a. O. nach den Mittheilungen einer gräflichen Person, welche Berglern in Bukurest lange Zeit kannte, sowie des Rectors Paul Roth und der Berglerischen Anverwandten in Kronstadt) walachische Kleider an, wobei er sich weder

---

amicos, qui quoscunque honores mecum impense Tibi gratulentur. nunquam Maecenates defuturos, qui novis honoribus et latissimis, quae mereris, praemiis Te cumulent etc. **Meuſen** a. a. O. S. 89—90.

zu kämmen, noch um viele Wäsche zu bekümmern nöthig fand. Bei dem
Fürsten und dessen Prinzen genoß er die Gunst, daß kein Leckerbissen, kein
in= oder ausländisches Glas Wein bei dem Fürsten aufgetischt wurde,
wovon man ihm nicht auf desselben Befehl einen guten Theil zugeschickt
hätte. Auf diese Weise blieb er fast ohne allen Umgang in seinem Studir=
zimmer verschlossen, arbeitete, aß und trank gut, schmauchte Tabak soviel
er wollte ꝛc., ohne deswegen und wegen sonstiger Unreinlichkeit, die mit
zur Mode dieses Landes gehörte, getadelt zu werden. Weit gefehlt demnach,
daß er vom Fürsten verjagt und sodann ein Türke geworden wäre, nahm
er vielmehr um das Jahr 1724 die katholische Religion bei den Bukurester
Franziskanern, — aber nicht bei den Jesuiten, an, wie Einige meinen,
denn dieser Orden hat sich in der Walachei nicht ausgebreitet.

Schmeizel erzählt, nach brieflichen Nachrichten aus Kronstadt, Bergler
sei 1734 ꝛc. noch am Leben, aber so kurzsichtig gewesen, daß er auch in
der Nähe keinen Menschen habe erkennen können. Nur durch den Gebrauch
einer Rosentinktur habe er sein Gesicht soweit stärken können, daß er mit
einem fingerdicken Rohr seine Gedanken zu Papier zu bringen im Stande
gewesen sei.

Laut den angeführten glaubwürdigen Quellen Sulzers starb Bergler
um das Jahr 1738, während des vorletzten türkisch=österreichischen Krieges,
als noch Constantin, Sohn des Nikolaus Maurocorbato, Fürst in der
Walachei war, und wurde (nach Seivert) auf fürstliche Unkosten prächtig
begraben. Dieser Fürst nahm Berglers Bücher und Schriften zu sich,
und versprach dafür Berglers Geschwistern eine Vergütung von 300
Thalern. Allein der Fürst wurde bald darauf in die Moldau übersetzt,
und Berglers Erben (nemlich zwei Brüder, deren einer ebenfalls auf dem
Kronstädter Gymnasium studirt, und sich dann in Bukurest bei seinem
Bruder bis zu dessen Ende aufgehalten hatte, und der zweite als Bein=
drechsler in Kronstadt lebte), erhielten nichts, als was sie aus Stephan
B. Kleidern und Pferden gelöst hatten, welches zusammen 180 Piaster
betrug, — obgleich man wußte, daß er gut gestanden, und nie ohne
Baarschaft gewesen war.

Berglers Schriften:
1. Pollucis Onomasticon. griech. und latein. Amsterdam, 1706, in Fol.,
   in welchem Bergler vier vollständige Register beigefügt. Der ganze
   Titel lautet:
   Ιουλιου πολυδευκους Onomasticon εν Βιβλιοις δεκα Julii
   Pollucis Onomasticum graece et latine. Post egregiam illam Wolf-

gangi Seberi editionem denuo immane quantum emendatum, suppletum et illustratum, ut docebunt praefationes. Praeter W. Seberi notas olim editas accedit Commentarius doctissimus Gothofredi Jungermanni, nunc tandem a tenebris vindicatus. Itemque alius Joachimi Kühnii, subsidio Codicis MS. Antwerpiensis; variantium Lectionum Isaaci Vossii, Annotatorum Cl. Salmasii et H. Valesii etc. concinnatus. Omnia contulerunt ac in ordinem redegerunt, varias praeterea lectiones, easque insignes Codicis Falkenburgiani, tum et suas Notas adjecerunt, editionemque curaverunt, septem quidem prioribus libris Joh. Henricus Lederlinus, linguarum orient. in Academia Argentoratensi Prof. P. et post eum reliquis Tiberius Hemsterhuis Philos. et Mathes. in Ill. Amstelaëd. Athenaeo Prof. P. Cum Indicibus novis, iisque locupletissimis. Amstelaedami ex officina Wetsteniana 1706. Fol. Pars I., pag. 1—684 und Pars II., pag. 685—1388. Index titulorum et rerum praecipuarum quas habet Pollux 16 Seiten. — Julii Pollucis Onomasticum ordine alphabetico digestum: prioribus Seberi aliorumque Indicibus longe locupletius atque perfectius pag. 1—154. — Voces, quas improbavit Pollux (alphabetisch) S. 155—157. Auctorum a Julio Polluce in Onomastico laudatorum Index S. 158—164. — Index Auctorum in notis emendatorum, illustratorum et notatorum. S. 165—167. Index vocum graecarum in notas expositarum. S. 168—173. Index rerum et verborum latinorum, quae in Commentariis exponuntur. S. 174—177. Proverbia Indici pag. 176 inserenda S. 178. — Addenda Tiberii Hemsterhuis. S. 179—187.

In der Vorrede Kühnii, welche auf die Dedication des Verlegers Wetstenius an den Amsterdamer Rath dd. IV. Kal. Maji 1706 folgt, — heißt es S. 8. „Indices priores quatuor, qui ad textum Pollucis spectant, novos, eosque antehac editis longe ampliores et accuratiores, confecit *Stephanus Berglerus* Transylvanus, graece et latine doctissimus, hincque *meliori ea, qua nunc utitur, fortuna dignus.*"

Wider die Angriffe, welche Bergler wegen dieser und seiner Ausgabe des Homer (Nr. 2) vom Gelehrten Barnesius erfuhr, rechtfertigte sich Bergler in den Actis Erudit. Lipsiens.

2. Homeri Opera, quae exstant, omnia, graece et latine: graeca ad principem Henr. Stephani, ut et ad primam omnium Demetrii Calchondylae editionem, atque insuper ad *Cod. Mss.* sunt excussa; ex

latinis editis selecta sunt optima, verum ita interpolata, ut plurimis longe locis, praesertim totius Odysseae nova plane versio videri possit: curante Job. Henr. *Lederlino,* Linguar. Orient. in Academia Argent. P. P. et post eum *Stephano Berglero,* Transilvano. Amstelodami, ex officina Wotsteniana. An. 1707 in 12. Tom. II. Wieder zu Padua. 1744. Tom. II. in gr. 8. und abermals 1762. In der Vorrede handelt Bergler von den Absichten dieser Ausgabe, dann vom Homer, und denen ihm beigelegten Schriften.

Von der Ausgabe des Homer Amst. 1707, enthält der 1. Bd. XII. 627, der 2. XXIII. 576 Seiten (mit Inbegriff des Registers zu jedem Band). Beide Vorreden sind von **Bergler** und der zweite Band hat den Titel: Homeri Odyssea, Batracho Miomachia, Hymni et Epigrammata. Graece et latine. Curante St. *Berglero* Transsilvano. Amst. 1707.

3. St. Bergleri Animadversiones quaedam ad Jac. Gronovii Emendationes in *Suidam,* conjunctim editas cum Decretis romanis et asiaticis; nebst
4. Animadversio in novam editionem *Herodoti* a cl. Gronovio curatam.

Beide in den Actis Erudit. Lips. 1712 und 1713, Seite 159, 377, 477.

5. Αλκιφρονος Ρητορος Επιςολαι. Alciphronis Rhetoris Epistolae, quarum major pars nunc primum editur. Recensuit, emendavit, versione ac notis illustravit Stephanus *Bergler.* Lipsiae apud Thoman Fritsch 1715 ff. 8-vo. XII. 451 S. (Hat kein Register).

Nach der Zueignung Berglers an den Präfekten der kaiserl. Bibliothek, Johann Benedikt Gentilotto S. III—VIII, in welcher Bergler seine Dankbarkeit für die ihm durch Letztern verschafften Alciphronschen Briefe mit dem Beifügen ausdrückt, daß er für ihn auf dessen Geheiß durch das Feuer gehen würde, folgt Berglers Vorwort an den Leser S. IX—XII, worin er von den zu dieser Ausgabe neu hinzugekommenen Briefen Alciphrons Rechenschaft gibt, und unter anderm auch sagt: "Nos hic primi edimus Alciphronis 72 Epistolas, quas tertium Librum (in drei Büchern besteht das Ganze) facimus. Priores (scil. 44 in duos Libros divisos) jam dudum est cum constitueram, aliter a me versas, cum notis meis edere. Sed *Aristophanes* mihi tradebatur, cum notis meis curandus et nova versione mea plerarumque Commediarum, quae omnia imprimentur, ubi re visum fuerit; quo labore absoluto *Herodotum* sumpsimus, cui emendando et annotationibus meis illustrando postea vacavi. Sed cum remora injiceretur, expectatione novae Editionis ex Belgio, ad *Alciphronem* rursus, cujus quasi oblitus fueram, redii" etc. ¹).

Zwei neuere Ausgaben erschienen unter dem Titel: a) "Alciphrontis Rhetoris Epistolae graece et latine, curante Stephano *Bergler*. Ultrajecti apud Wild 1791. 8-vo. und b) Alciphronis Rhetoris Epistolae ex fide aliquot Codicum recensitae cum Steph. *Bergleri* Commentario integro, cui aliorum Criticorum, et suas Notationes, versionem emendatam, indiculumque adjecit J. A. Wagner. Lipsiae 1798, gr. 8-ve. Zwei Bände.

6. Musaei, de Hero et Leandro Poema, recensuit notis Casp. Barthii, Joh. Weitzii, P. Voetii, Christ. Aug. Heumanni, C. Schöttgenii, Joh. Matth. Gesneri, Steph. Bergleri, I. A. Graebelii et suis, indicibusque instruxit, ac dissertationem de Musaeo praemisit, Jo. Heinr. Kromayerus. Halae 1721 in 8.

7. Περι των καθηκοντων Βιβλος Συγγραφεισα παρα τȣ ευσεβεστατȣ υψηλοτάτȣ, και σοφωτατȣ αυθεντȣ και ἡγεμονος πάσης ȣγγρο-βλαχιας κυριȣ, κυριȣ Ιωαννȣ Νικολαȣ Αλεξανδρȣ Μαυροκορδατȣ Βοεβόδα Liber de Officiis, conscriptus a piissimo, Celsissimo atque sapientissimo, Principe ac Duce totius Ungro-Valachiae Dno. Dno. Joanne Nicolao Alexandri Maurocordato Voivoda. Editione hac secunda latine conversus. Lipsiae ex officina Thomae Fritschii 1722 klein 4-to. IV. 214 S.

Seite III. stehen Verse in griechischer Sprache von Ιωαννησό Αλβερτος Φαβρίκιος in 10 Zeilen, — und darauf folgende lateinische Verse:

Visitur hac tabula tuus, alma Valachia, Princeps.
Gloria Graecorum. Musis quam sidus amicum!
Oris honos talis. Mentis miracula quanta!
Eloquium varium, Pietas. Sapientia summa.
          Stephanus Bergler.

---

¹) Die Ausstellungen, welche diese Ausgabe in Wolffs Briefen im 2. Bande des Thesaurus la Crozianus S. 83—85 erfuhr, wurden durch die Lobes-Erhebungen überwogen, welche Berglern von den Herausgebern der Actorum Erudit. Lipsiensium im Mai desselben Jahres S. 218—222 gespendet wurden.

In dem S. IV. folgenden Vorwort des Verlegers Thomas
Fritsch son., berichtet dieser über die Motive der Herausgabe, und
fügt in Bezug auf Bergler bei: „His motus autoritatibus, cogitavi
statim, quomodo minus impeditum operis hujus usum redderem.
Adeoque, ne Bukuresto per longinquum iter et nostris commerciis
insolentius ejus exempla accersere cogeremur, hic illud recudi cu-
ravi, et *nunc cum Cl. Stephani Bergleri Interpretatione latina*
propono.

Die Berglerische lateinische Uebersetzung steht unter dem grie=
chischen Texte, von Seite zu Seite. Das Titelkupfer ist das Bildniß
des Maurocordato mit der Umschrift: DD. Joannes Nicolaus
Alexandri Maurocordato de Scarlati, Celsiss. atque sapientiss. totius
Vallachiae Princeps. Darunter sind die beiden Wappen der Moldau
und Walachei abgebildet. Endlich: „J. G. Wolfgang Sc. Reg. sc.
Berlin 1721."

Laut Schröckhs christlicher Kirchengeschichte seit der Reformation,
fortgesetzt von Dr. H. G. Tzschirner 9. Theil, Leipzig 1810, Seite
74 ist dieses Maurocordaterische Buch in griechischer Sprache mit
Berglers lateinischer Uebersetzung auch zu **London im Jahr 1724**
in 12. gedruckt worden.

Seivert macht zu diesem Buche folgende Bemerkung:

„Eine prächtige Ausgabe mit dem Bildnisse des Hospodaren.
Griechisch kam dieses Werk 1720 zu Bukarest heraus. Doctor
Vanderbech, der seine Empirica illustris, zu Augsburg 1723 nur
deswegen herausgab, um seine Galle über den Maurokordato aus=
schütten zu können; schreibet in seiner Apologie von diesem Werke:
Itaque, ut in publicum composito ad pietatem vultu, Stoicoque per
typum vestigio procederet, arrepto antiquo quodam ex variis de-
mortui parentis Manusc. Codicibus libello: *de Christiani hominis
Officio*, tractante, paedagogium illud περι των καθηκόντων, opusculum ex meris SS. Patrum ac Bibliorum susque deque consarci-
natis citationibus centonatum, atque adeo Basilicani Monachi. aut
Sinaitae alicujus cucullo congruum, sub proprio nomine Bucurestinis
praelis subjecit. — Nonnullos veruntamen spissos ac erubescendos
errores, quibus libellus ille de Officiis, scatet, ad hunc perversi
dogmatis Pharisaeum, unctum oleo nequitiae, si author esset, con-
fundendum in apricum producerem, nisi eosdem latina corniculae
hujus Aesopicae sumptibus per quemdam aequo famelicum paeda-

gogum, in Vallachiam conductum, *Berglerum*, addita loco praefationis pedestri quadam Panegiri, Lipsiae impressa traductio, cuicunque vel leviter animadvertenti lectori ante oculos sisteret: Utque de authore hactenus disputato, non dubitaretur ulterius, Maurocordati effigiem chalcographi palliatam mendaciis addidisset. Alienos vultus loco sui Waivodam non puduit emisse ab artifice, qui ad ejus arbitrium imaginem efformando, non qualis esset; sed qualis esse deberet, remotis exteris exhiberetur. — —

8. Josephi Genesii de rebus Constantinopolitanis a Leone Armenio ad Basilium Macedonem Libri IV. nunc primum editi Venetiis typis Jo. Baptistae Pasquali 1733. Superiorum permissu. Folio V. 62 S. und ad Josephi Genesii de rebus Const. Lib. IV. Notae Seite 63 bis 86.

Berglers Name wird hier nicht erwähnt. Es ist das Vorstehende, — (nebst mehrern andern, auch früher gedruckten Schriften bekannter Byzantiner Phranza, Trapezuntius, Antiochenus ec.) das 23-tium Supplementorum Volumen Historiae Byzantinae Editionis Parisiensis. Dasselbe ist die erste Ausgabe dieses griechischen Geschichtschreibers mit Berglers lateinischer Uebersetzung und Anmerkungen, wie Seivert mit dem Beifügen bemerkt: „Der berühmte Joh. Burkhart Mencke schickte Berglers Handschrift aus der Leipziger Universitäts-Bibliothek nach Venedig. Doch ist der Abdruck sehr schlecht." Genesius erzählt die Geschichte der griechischen Kaiser vom Jahre 813—889 s. Catal. Bibl. Sam. C. Teleki I. 244. — Burmann in der (unten Nr. 9) angeführten Vorrede zum Aristophanes Seite VIII. berichtet darüber: „Genesii Historiam Byzantinam, quam inter Codices manuscriptos Lipsiae adservari in Bibliotheca Paulina, patet ex Felleri Catalogo pag. 104 et Keysleri Itinerar. Tom. III. pag. 457 totam manu sua descripserat et in lingvam latinam verterat *Berglerus* ut ex autographo ejus mihi constat."

9. Aristophanis Comoediae graece et latine a *Berglero*. Amstelodami 1760. Zwei Bände. 4-to.

Seivert bemerkt dazu: „Diese Ausgabe soll schlechter sein, als die Küsterische von 1710. Es mag aber nur eine neue Auflage sein, da Fritsch unseren Bergler eben deswegen von Hamburg nach Leipzig kommen ließ, um die Küsterische Ausgabe zu verbessern."

Hören wir jedoch darüber Peter **Burmann** d. j. in der Vorrede zu seiner — von Seibert nicht gesehenen — unter folgendem Titel gedruckten Ausgabe des Aristophanes:

Aristophanis Commoediae undecim, graece et latine, ad fidem optimorum Codicum MSt. emendatae cum nova octo Comoediarum interpretatione latina, et notis ad singulas ineditis *Stephani Bergleri*, nec non Caroli Andreae Dukeri ad quatuor priores. Curante *Petro Burmanno Secundo*, qui Praefationem praefixit. Tom. I. [1]) *Lugduni* Batavorum, apud Samuelem et Joannem Luchtmans, Academiae Typographos. MDCCLX. Quarto maj. XXXII. (Praefatio Bergleri *de anno 1715* XXXIII et XXXIV.) 683 S. Tom. II-dus ibidem. eod anno S. 685—1185. Dukeri Notae in Plutum Nubes, Ranas et Equites S. 1187—1218. Aristoph. Fragmenta a Theod. Cantero Collecta 1219—1245. Joh. Meursii et Joh. A. Fabricii Catalogus deperditarum ComoediarumAristophanis 1246—1259. Auf der linken Seite stehen die griechischen Original-Verse, auf der rechten aber die lateinische metrische Uebersetzung. In der erwähnten Vorrede sagt **Bergler**: Versionem octo Commoediarum novam, et ut puto perspicuam, ipse feci. Caeterarum trium versiones, partim bonas, partim tolerabiles, retinere visum est. Illarum octo versiones priores plerumque vel fallunt, vel nihil juvant. — **Burmann** schreibt in seiner Vorrede S. II.: Quum felici Fortuna e latibulis suis excitatus in manus meas pervenisset ineditus hic viri eruditissimi et Graecarum literarum peritissimi *Stephani Bergleri*, Transsylvani Coronensis in omnes Aristophanis Commoedias Commentarius, tum concinna ejus et caeteris elegantior octo fabularum versio latina, qua Plutum, Nubes, Ranas, Equites, Acharnenses, Vespas, Pacem et Lisistratum optime interpretatus est, reliquas enim tres Ecclesiazusas a Tanaquillo Fabro, Aves a Celeb. Tib. Hemsterhusio, in hac editione ad incudem revocatas, et Thesmophoriazusas a Ludolpho Kustero ita versas existimavit, ut Fabri tolerabilem, caeteras vero optimas aut novae interpretationis non indigas censuerit; nolui ego thesaurum hunc inventum ac meo aere mihi comparatum intra pri-

---

[1]) Der 1. Band enthält die 6 ersten Comödien des Aristophanes; der 2. aber die 5 letzten. Berglers Noten stehen unter dem griechischen und lateinischen Text; Duckers Noten hingegen sind abgesondert, von S. 1187—1218 nachgetragen.

vatos parietes premere, et propriis scriniorum pluteis condere, sed publicis Musarum Graecarum commodis largiri, novamque Comici venustissimi editionem quanta potui diligentia adcurate castigatam post Kusterianam in lucem emittere, cujus vestigia quidem sequi, sed plurima contextui aliter a Berglero emendata restituere, e re visum fuit. — — *Recensionem Aristophanis Kusteriani*, in Actis Lipsiens. mens. Martii anni 1710 pag. 97—111 a *Berglero* ipso conscriptam non dubiis argumentis suspicari licet; et hanc (die Burmann. Ausgabe) a nostro paratam editionem in ultimis praefationis suae verbis innuit Kusterus, licet paulo obscurius, neque expresso Bergleri nomine. — — S. IV. *(Berglerum)* Graecarum elegantiarum peritissimum exactorem fuisse uno ore testantur viri docti, et quae reliquit scripta, abunde demonstrant, ut G. Arnaldus in Conject. Variar. cap. 30 et Cl. Trillerus in Observ. Critic. cap. 14 denique Christ. Sigism. Libius in Thesaur. Epist. la Croziano Tom. I., pag. 242 ubi narrat, *Berglerum* praefuisse corrigendae editioni *Sexti Empirici* Fabricianae, et miris modis extulisse notitiam Graeci sermonis exactam, quam in vertendo vel illustrando eo auctore clarissimus editor prodidit, laudesque illas eo majorem mereri auctoritatem, utpote profectas a Viro, qui unus omnium inter Lipsienses optime ea de re judicium ferre poterat.

S. auch Horányi in Nova Memoria Hungarorum etc. Pest 1792 I. S. 439—440.

Eine neuere Ausgabe erschien im Jahre 1821 unter dem Titel: Aristophanis Comediae. Edit Kusteri, *Bergleri* etc. Lipsiae 1821 gr. 8-vo.

10. *Herodiani* Historiarum Libri VIII. graece et latine, e recensione Stephani, cum variet. lectionum trium Codicum manuscriptorum, nova *Bergleri* versione, cum notis et indice verborum ac rerum ex editione Th. Guilielmi *Irmisch*. Lipsiae apud Schvikert 1789 bis 1805 gr. 8-vo. Fünf Bände.

Burmann in der angeführten Vorrede S. XIV. berichtet, mit Beziehung auf ein Schreiben Berglers an Fabricius, welches Reimarus nach des letztern Tode herausgegeben: „Illam *Herodiani* interpretationem chartis suis involutam in parentis Joh. Burch. Menkenii Bibliotheca diu latitasse, sed deinde in manus forte indignas pervenisse scribit Fred. Otto Menkenius in Historia vitae Politiani pag. 158." —

*

11. *Aelii Moeridis Atticistae Lexicon* atticum graece, cum Jo. Hudsoni, *Steph. Bergleri*, Claud. Sallierii aliorumque Notis et emend. animadversionibus Jo. Piersoni. Accedit Aelii *Herodiani* Philetarus, Lugduni Batavorum 1759. 8-vo. f. Catal. Bibl. Sam. C. Teleki I. 57.

12. Viele Abhandlungen und Recensionen in den Actis Erudit. Lips. außer den bereits Nr. 3 und 4 bemerkten, z. B. in dem Jahrgange 1710, März, S. 97—111, 1711, Jänner, S. 30 ff. über Menanders und Philemons Fragmente f. Wolffs Nachricht in Thesauro Epist. Croziano 2. Bd., S. 23, 1712, Jänner S. 1 bis 7, Februar S. 54—62, Juli 308—318, ferner 1716, August S. 201, 377—381, Sept. S. 417—424.

13. Notae ad *Aeliani* Epistolas, wie Bergler selbst bei dem 311. Verse der Wolken des Aristophanes erwähnt.

14. *Eusebius* etc. Davon schreibt Peter Burmann d. j. Seite IX. der Vorrede seiner Ausgabe des Aristophanes: Berglero autem Bukuresti in Valachia degenti debentur luci vindicata *Eusebii* Caesariensis Ἀἰφαγα Demonstrationis Evangelicae, sive prooemium et tria priora capita in editionibus Operis illius Eusebiani antea desiderata, quae ex Bibliotheca Valachiensis Principis ab eo oruta edidit Cel. *Fabricius* aute librum de Scriptoribus, qui Veritatem Relig. Christianae adseuererunt, Hamburg 1725, ubi in praefatione singularem *Bergleri* hac in re benevolentiam laudat, et vide Reimari vitam Fabric. p. 170.

15. Joh. Burkhart Menke schreibt in seiner übersetzten „Anweisung zur Erlernung der Historie des Abtes Langlet du Fresnoy" S. 40. „*Plutarchus de malignitate Herodoti.* Herr Stephan Bergler hat in Willens, eine neue und accurate Edition in Leipzig herauszugeben, wie er denn auch dessen Apologie wider Plutarchum versprochen."

Endlich sagt auch Peter Burmann d. j. Seite X. der Vorrede zu seiner mehrerwähnten Ausgabe des Aristophanes: Id certum, Musis graecis earumque cultoribus praeclarius consulturum fuisse *Berglerum* si — — in Germania vel Batavia substitisset, ut Commentariis in *Herodotum* et *Aristophanem* adcuratius elucubrandis et cum orbe erudito communicandis ipse operam dedisset. Gratulandum tamen his industriae Berglerianae monumentis et felicibus ingenii ejus foetibus, a parente suo derelictis et veluti expositis, tales contigisse adsertores, qui perniciem et interitum ab iis averterint, sed tanquam tristes naufragii tabulas in tutum delatas servaverint, usibusve publicis exposuerint. *Laboris Herodotei* curam suo loco habiturus est vir summus et immortalibus in litteras nostras meritis inclytus Petrus *Wesselingius*, quem unicum Sospitatorem suum avide jam exspectat Herodotus. Edit. Amst. 1763 Folio. Ad Wessel. ed. cura Fr. Wolfg. Reizii. Lips. 1778 3 Tomi 8-vo. Ex rec. Wessel. cura Borhek Lemg. 1781. 8-vo. 2 Tomi.

Vielleicht wird es den Lesern dieser Denkblätter nicht zuwider sein, am Schlusse des Verzeichnisses der Schriften Berglers, darüber noch das Urtheil einiger, im Vorhergehenden zum Theil schon erwähnten Gelehrten zu vernehmen.

Berglers gleichzeitiger Landsmann, der gleichfalls berühmte gelehrte Professor **Martin Schmeizel** (s. d. Art.) frei von Neid, sagt in seinem handschriftlichen „Entwurf der vornehmsten Begebenheiten in Siebenbürgen (zum Jahre 1723). Von Person sah Bergler klein und hager aus, die ungemeine Lebensdiät, beständiges Tabakrauchen und vieles Kaffetrinken hatte ihn ganz ausgetrocknet. Hiezu kam sein temperamentum melancholico-cholericum und in seiner Visage fand man lineamenta Socratis. Die Natur hatte ihn ad studium criticum gemacht, daher er auch eben eine solche Conduit geführt, wie die großen Critici; diese sind eigensinnig, einbilderisch, hassen den Umgang mit honetten Menschen, weil sie vom Decoro nichts machen [1]). — Von Jugend auf legte er sich blos und allein auf die lateinische und griechische Literatur, und abquirirte meistens proprio marte sich eine solche große Kenntniß, zumal in graecis, daß ich nicht zuviel sage, wenn ich behaupte, daß er damals in Deutschland und auch noch weiter seinesgleichen nicht gehabt. Proben hat er genug abgelegt. Denn alle *Recensiones in litteraria graeca*, die in den *Actis (latinis) Lipsiensibus* befindlich, sind aus seiner Hand geflossen; seine Edition von des *Alciphrontis epistolis* ist zur Zeit noch immer die beste; die schöne Edition vom *Sexto Empirico* ist unter seiner Besorgung zu Leipzig herausgekommen; die **Präfation** und **Apologie** *pro Homero* in Editione Wetsteniana

---

[1]) Er war zufrieden, wenn er für sich in seiner Kammer stecken und stutiren konnte, und wenn er mit Leipziger Bürgern seine Pfeife rauchen und sein Merseburger in bona charitate trinken konnte.

ist von aller Welt bewundert worden; den Genesium hat er aus einem alten Codice abgeschrieben und übersetzt, welches zu Hannover in der Bibliothek befindlich; also hat er auch den *Herodianum* und *Herodotum* übersetzt und mit unzähligen Observationibus verfertigt, sind aber noch nicht herausgekommen; über das *Poëma de Herone et Leandro* ex Editione Kromayeri sind seine schönen Adnotationes anzutreffen; die griechische *Epistola gratulatoria* an mich (Schmeizel), da ich Magister wurde, ist gedruckt und von allen Gelehrten bewundert worden; als der walachische Fürst den Berg Athos zu Leipzig in Kupfer stechen ließ, verfertigte Bergler die bei die Klöster zugefügten griechischen und lateinischen Inschriften. Wer mehr von seiner Gelehrsamkeit zu wissen verlangt, findet solches passim in Fabricii Bibliotheca graeca, in Reimari vita Joh. Alberti Fabricii, in Laerosii Thesauro Epistolari Tom. I. und von der entsetzlichen Menge Briefe, die von vielen Gelehrten fast aus ganz Europa in argumento gracae litteraturae an ihn geschrieben worden sind, bin ich ein Augenzeuge.

Horányi in *Nova* Memoria Hungarorum et Provincialium Scriptis editis notorum I. 436—437. Ita de Berglero *Wolffius* in Notis ad Sam: Clarkii Dissert. de verb. med. p. 240 et 241 „*Berglerum* graecum hominem dixeram ob graecae lingvae studium, cui se ita totum impendit, ut reliquarum artium, earum imprimis, quae animum emendant, oblitus videatur." Licet autem moribus fuerit duris atque asperis, eam tamen in suis operibus tenuit scribendi rationem, ut viris eruditis ubique meritum, ut par est, tribuerit honorem, quamvis ab eorum sententia in contrariam abiverit.

In **Eichhorns** Literärgeschichte, Göttingen 1814 III, 554 ist zwar die Bemerkung, „daß viele handschriftliche Bemerkungen Berglers von andern Gelehrten gebraucht wurden" — richtig, das Todesjahr Berglers 1746, aber ebenso unrichtig wie in **Wachlers** Handbuch der Geschichte der Literatur, Leipzig 1824 IV. 20. „Ungeachtet man in Leipzig (so schreibt Wachler im 1. Bde. seines Handbuches) nach Berglers Zurückkunft von Hamburg, über seine Misanthropie Klage führte, unterstützte er dennoch dienstfertig andere Gelehrte z. B. Wetstein, Grenov mit schätzbaren gelehrten Beiträgen. Den Cynismus hatte er mit manchen andern Humanisten gemein, da sich seither nicht an allen das ovidische *Didicisse fideliter artes, emollit mores, nec sinit esse feros* bewährt.

Soiv.   **Bertlef Martin,**

der freien Künste Magister und öffentlicher Lehrer bei dem Gymnasium zu Thorn. Sein Geburtsort war Mescheu, im Medwischer Stuhle. Als Jüngling studirte er auf dem Gymnasium zu Hermannstadt, wurde auch daselbst Orator[1]), mußte aber wegen einiger jugendlichen Ausschweifungen diesen Ort räumen. Hierauf begab er sich 1684 nach Königsberg in Preußen, nachgehends auf das Gymnasium zu Thorn und die hohe Schule zu Dörpt, in Liefland. Hier erhielt er 1692 den 1. October die Magisterwürde, nachdem er unter dem Vorsitze des Probechanten Gabr. Sieeberg: Theses philosophicas, vertheidiget hatte; und den 15. März 1694 das dasige Schulrektorat, nachdem er, wie er selbst bezeuget, zehn Jahre durch widrige Schicksale von seinem geliebten Vaterlande entfernt gewesen. In diesem Dienste erwarb er sich solchen Ruhm, daß er nachgehends zum öffentlichen Lehrer nach Thorn berufen wurde, woselbst er zu Anfang dieses Jahrhunderts gestorben ist. Georg Soterius, der ihn wohl gekannt hat, schreibt von ihm: Vir gravis et facundus, insignis Musicus, praesertim Bassista et abstemius per totam vitam. Quare vero exteras oras visitare primario coactus, Cibinii incolis fere plurimis notum. Seine Schriften, soviel ich weis, sind:

1. Solennes et civiles Conciones Stylo Curtiano adornatae, quibus primo Rectoratus anno, horis subcisivis superiores Regii, quod Dorpati est, Lycei alumnos, ad latini sermonis elegantiam et facundiae studium invitavit. Dorpati excudebat Joh. Brendeken Academiae Typographus. 1695 in 12-mo.
2. Exodus Hamelensis, welche Schrift ich nie gesehen.
3. De sana philosophandi libertate.

Eine bei der Uebernahme der Thorner Professur, wozu er den

---

[1]) Die Studirenden auf der Hermannstädtischen Schule, die wegen ihrer besondern Kleider Togati heißen, haben unter sich ihre Vorsteher. Der erste ist der Praefectus Gymnasii, der zweite heißet Orator und ist zu öffentlichen Reden verbunden, und der dritte Rex Adolescentium. Denn die Schüler werden in Studenten, oder Ordinarii und Adolescenten oder Extraordinarii, eingetheilt. Der letztern ist die größte Anzahl, die erstern aber gemeiniglich Bauernsöhne, die sich besonders auf die Musik verlegen, um Dorfschulmeister, Kantorn u dgl. werden zu können.

[2]) Man sehe auch des Lippisch: Thorunium Hungar. litteris deditorum Mat. S. 30.

18. Febr. 1700 berufen und den 30. März introducirt wurde, gehaltene feierliche Rede. Bertlef starb in großer Melancholie 1712 den 19. Januar im 46. Jahr seines Alters.

(Kleins Nachrichten von evangel. Predigern in Ungarn II. 193 in der Note.)

4. Beschreibung, welcher Gestalt Riga von dem Großfürsten in Moskau belagert worden. S. l. et a.

(In Adelungs Fortsetzung des Jöcher'schen Gelehrten-Lexikons. Leipzig bei Glebitsch 1784 in 4-to. I. 1777 angeführt und zur Vergleichung verwiesen auf Gadebusch's livländische Bibliothek. Riga 1777, 3 Thle. gr. 8-vo. Nach Adelung sind die Solennes et civiles Conciones etc., welche Seivert oben Nr. 1 anführt, 4 Redeübungen mit Programmen begleitet. Er ertheilt von Bertlef folgende Nachricht: „Martin Bertleff aus Siebenbürgen, welcher 1683 der Kriegs-Unruhen wegen, sein Vaterland verließ, und endlich nach Dorpat in Liefland kam, wo er 1693 Magister, und 1694 Rektor der vereinigten Kron- und Stadt-Schule wurde. Allein er legte diese Stelle gegen das Ende des Jahres 1696 wieder nieder und ward 1699 Professor in Thorn, wo er vermuthlich auch gestorben ist.)

Tr. **Bertlef Michael,**

geboren am 13. November 1713 in Großschenk, wo sein Vater gleiches Namens jüngster Prediger war, studirte in Kronstadt, begab sich 1736 auf die Universitäten in Halle und Wittenberg, wurde nach seiner Heimkehr als Adjunct in Kronstadt, und bald darauf durch das Patronat zu Groß-Schenk im dasigen Collegium angestellt. In Groß-Schenk befand er sich 5 Jahre in Schul- und Kirchen-Diensten, bis er 1746 zum Pfarrer in Merglen, und von hier nach 14 Jahren 1760 nach Bekokten berufen wurde, wo er als Pfarrer, Dechant und Probedechant bis ins 28. Jahr lebte, und den 10. September 1788 an einem Schlagfluß sein Leben endete.

Er hat in Handschrift hinterlassen:

1. Eine mit einem Index vermehrte Fortsetzung des unterm Namen: Volumen Pöldnerianum bekannten Werkes Privilegia et Acta Synodalia von 1545—1713, welche die Jahre 1713—1763 enthält.

2. Capitularia in Usum Ven. Capituli Kozdensis (bei diesem Capitel befindlich.)
3. Observata quaedam ad Historiam literariam.
4. Quaedam notatu digna ad historiam Pietismi.

Tr. **Bertleff Michael,**
Senator in Bistritz.

1. Theatralische Beiträge aus den Thälern der Carpaten. Erstes Bändchen. Enthält: Das Erntefest oder das Testament, ein ländliches Gemählte. Hermannstadt 1832. In allen Buchhandlungen Siebenbürgens zu haben. 8-vo. 154 S.
2. Es lebe der Kaiser! Eine Declamation zu des besten Kaisers 65. Geburtstag. Von einem treuen Bürger. (Der Ertrag dieser Blätter ist der Erquickung derer bei den Cholera-Cordons erkrankten Vaterlands-Beschützer am Tage der Geburtsfeier Vater Franzens gewidmet.) Ohne Ort und Jahr. (Bistritz 1832.) 4-to. 7 S.

Soiv. **Besodner Petrus,**

Stadtpfarrer zu Hermannstadt und Dechant des Kapitels, ein Mann von großem Ruhme in der sächsischen Kirchengeschichte. Er war zu Hermannstadt, woselbst sein Vater gleiches Namens, Rathsherr war, im Jahre 1578 geboren. 1600 besuchte er die hohe Schule zu Frankfurt an der Oder, woselbst er sich sieben Jahre lang, des Unterrichts, besonders des berühmten Christophorus Pelargus bediente. Nach seiner Zurückkunft lebte er bei seinem Stiefvater Thomas Borban, Pfarrer zu Stolzenburg, in einer den Musen geweihten Stille. Allein 1608 den 18. Dezember erhielt er vom Stadtpfarrer Christian Lupinus und dem Hermannstädtischen Rathe den Beruf zum Rectorate, ward auch den 2. Hornung des folgenden Jahres feierlich eingeführt. In diesem Dienste lebte er bis 1612, da ihn die Reichesdorfer Gemeine im Medwischer Stuhle zu ihrem Seelsorger erwählte. Er nahm den Beruf an, allein Lupinus starb den 17. September und so wurde Besodner noch in diesem Jahre wieder zurück, und zur Stadtpfarrerswürde berufen. Als Hermannstadt 1614 den 18. Hornung, seine Bürger und die alte Freiheit, deren sie der wilde Fürst Gabriel Bathori beraubte, wieder erhielt, war seine Freude so lebhaft, daß er zu dessen Gedächtnisse ein jährliches Dankfest einführte. Allein wie bald werden nicht auch die größten Wohlthaten vergessen¹)! Besodner starb den 20. Mai 1616 und mit ihm ging auch seine Stiftung ein. Johann Ollard setzte ihm folgende Grabschrift:

Petrus eram, solido Petrae fundamine nixus,
    Dum flueret vitae tela caduca meae.
Nulla hinc tempestas, non fulmina saeva potentum,
    Non quae vana suis viribus ira fuit.
Sed neque tartareo, quae monstra feruntur in antro,
    Deturbare mea me potuere Petra.
Una aliquid valuit mors in me: sed neque totum
    Subdidit imperio, trux licet illa, suo.
Scripta mihi coelo sunt nomina, grataque multis
    Fama volat, fatum non subitura, locis.
Tu quoque te victam mors ipsa fatebere quondam,
    In Petra hac, Petrus cum redivivus ero.

Besodners Schriften:
1. Bibliotheca, h. e. Index Bibliorum praecipuorum, eorundemque interpretum, Hebraeorum, Graecorum et Latinorum, tam veterum, quam recentiorum in certas Classes ita digestorum, ut primo intuitu apparere possit, qui in numero Rabinorum, Patrum, Lutheranorum, Pontificiorum, aut Zvinglio-Calvinianorum contineantur. Quem consilio et ductu Rev. Excell. et Celeberrimi Theologi Dn. D. Christophori Pelargi, Praeceptoris sui venerandi, inprimis ex Bibliotheca ejus instructissima, in gratiam Ministrorum Ecclesiae concinnavit, P. Besodner. Francofurti March. 1608 und 1610 in 4.²)
2. ΕΞΗΓΗΣΙΣ. Augustanae Confessionis. Tom. II. 1609 in 8. Ein handschriftliches Werk, welches die Hermannstädter Schulbibliothek aufbewahret.
3. Theses XI. Synodo Mediensi a. 1615 confirmatae ad detegendos Crypto-Calvinianos. *Mscr.*

---

¹) Tr. In der Synode zu Mediasch 1615 den 6. März mußte Besodner auf Befehl des Superintendenten Weyrauch mit Simon Paulinus, des Calvinismus verdächtigem Pfarrer von Schäßburg, disputiren. Er brachte ihn zur Abschwörung desselben und Abbitte seiner Irrthümer, was jedoch Paulinus nicht hielt.
    (Dav. Herrmann Annales Eccl. zum Jahre 1615.)
²) Czvitting. Spec. Hung. Lit. S. 66 Jak. Fried. Heimans Catal. Biblioth. Theol. S. 386.

Bielz Ernst Albert,

Tr.

geboren in Hermannstadt am 4. Februar 1827, dermalen Sekretär bei der k. Finanz-Direktion in Hermannstadt, Sohn des dortigen Lithographen **Michael Bielz**, Ausschußmitglied und Hauptkassier des Vereins für siebenb. Landeskunde, Mitglied des siebenb. Vereins für Naturwissenschaften, des zoologisch-botanischen Vereins in Wien, des entomologischen Vereins zu Stettin, der Gesellschaft ungarischer Aerzte und Naturforscher in Pest, und Correspondent der k. k. geologischen Reichs-Anstalt, — zum k. k. Finanzbezirks-Commissär ernannt im August 1856, ein Mann, der sich um die siebenbürgische Landeskunde und Naturwissenschaft und ihre Vereine viele Verdienste erworben hat. Insbesondere wirkte er in den Sommermonaten der Jahre 1859 und 1860 zu den geologischen Erhebungen des Freiherrn von Richthofen, Franz Ritter von Hauer und Dr. Guido Stache in Siebenbürgen sehr wesentlich mit [1]) und setzt seine wissenschaftliche beiden vaterländischen Vereinen gewidmete Thätigkeit, in wie weit seine ämtlichen Dienstgeschäfte es gestatten, ununterbrochen fort.

Seine Schriften sind:
1. Kurzgefaßte Erdbeschreibung von Siebenbürgen, mit Rücksicht auf seine neue Verfassung und Verwaltung für den Unterricht bearbeitet. Mit 1 Karte des Landes [2]), Hermannstadt 1856, Druck und Verlag von S. Filtsch. 8-vo. VIII. 80 S.

---

[1]) Das Ergebniß dieser Untersuchungen enthält das schätzbare Werk: „Geologie Siebenbürgens. Nach den Aufnahmen der k. k. geologischen Reichs-Anstalt und literarischen Hülfsmitteln zusammengestellt von Franz Ritter v. Hauer, k. k. Bergrath, ersten Geologen der k k. geologischen Reichs-Anstalt M. K A. und Dr. Guido Stache, Sections-Geologen der k. k. geologischen Reichs-Anstalt. Herausgegeben von dem Vereine für siebenbürgische Landeskunde. Wien 1863. Wilh. Braumüller, k. k. Hof-Buchhändler. Gr. 8-vo. X. 636 Seiten

In dem Vorworte S. IV V. sagt Ritter v. Hauer: „Während beider Sommer hatte ich mich der Begleitung und thätlichsten Beihülfe meines trefflichen Freundes Albert Bielz zu erfreuen, dessen ausgebreitete Kenntniß des ganzen Landes am meisten dazu beitrug, die oft nicht unbedeutenden Schwierigkeiten beim Besuche der abgelegenern Gegenden zu beseitigen und der, bewandert in allen Zweigen der Naturkunde und auf das Genaueste vertraut mit Allem, was sein Vaterland betrifft, uns auf gar viele Punkte aufmerksam machte, die uns anderen Falles entgangen wären."

[2]) Unter dem Titel: „Siebenbürgen nach der neuen politisch-gerichtlichen Eintheilung bearbeitet von E. A Bielz. Druck von C. Flemming in Glogau. Verlag von S. Filtsch in Hermannstadt 1856."

2. Fauna der Wirbelthiere Siebenbürgens, eine systematische Aufzählung und Beschreibung der in Siebenbürgen vorkommenden Säugethiere, Vögel, Amphibien und Fische. Eine vom Verein für siebenbürgische Landeskunde gekrönte Preisschrift. Motto: „Nonum reprimatur in annum. Hermannstadt, in Commission der Buchhandlung Samuel Filtsch, gedruckt von Josef Drotleff 1856. 8-vo. VI. 190 S. und Alphab. Inhalts-Verzeichniß. S. 191—200.

S. die Anzeige in der „Kronst. Zeitung" vom 7. August 1856 Nr. 124.

3. Handbuch der Landeskunde Siebenbürgens, eine physikalisch-statistisch-topographische Beschreibung dieses Landes. Hermannstadt 1857. Druck und Verlag von S. Filtsch. 8-vo. VIII. 528 S. Darauf folgen: Alphabetisches Ortschafts-Verzeichniß, I. deutsches Orts-Register S. 529—536, II. ungarisches Orts-Register S. 537 bis 576, III. romänisches Orts-Register S. 577—613, endlich: Uebersichts-Karte des Großfürstenthums Siebenbürgen nach der neuen politisch-gerichtlichen Eintheilung, mit Angabe aller bedeutenden und bemerkenswerthen Ortschaften dieses Landes bearbeitet von A. Bielz Hermannstadt 1854. Im Masse 1/864,000 der Natur.

Angezeigt in den Blättern für Geist, Gemüth zc. Kronstadt 1857 Nr. 2, S. 11—12 und gerühmt vom Professor Schuler v. Libloy in den österr. Blättern für Literatur und Kunst vom 17. Jänner 1857 Nr. 3, S. 19—20.

4. Beitrag zur Geschichte und Statistik des Steuerwesens in Siebenbürgen, Hermannstadt 1861. Druck und Verlag von Th. Steinhaußen. 8-vo. IV. 137 S.

5. Ergänzungen zu Söllners Statistik von Siebenbürgen (s. d. Art. Söllner), mit einer Vorrede des Herausgebers Bielz.

6. Mehrere Aufsätze in Zeitschriften z. B. in dem Archiv des Vereins für siebenbürgische Landeskunde, — in den Verhandlungen und Mittheilungen des siebenbürg. Vereins für Naturwissenschaften und in der von Bielz redigirten Transsilvania.

7. Transsilvania. Wochenschrift für siebenbürgische Landeskunde, Literatur und Landeskultur. Neue Folge. 1. Jahrg. 1861, redigirt von E. A. Bielz. Hermannstadt 1861, Druck und Verlag von Theodor Steinhaußen. 8-vo. II. 220 S. — 2. Jahrg. 1862. Eb. II. 284 S. und 3. Jahrg. 1863, Monatsschrift. Eb. II. 274 S. (Erschien als Beiblatt des Siebenbürger Boten.)

8. Uebersichtskarte des Großfürstenthums Siebenbürgen nach der neuen politisch-gerichtlichen Eintheilung, mit Angabe aller bedeutenden und bemerkenswerthen Ortschaften dieses Landes bearbeitet von E. A. Bielz, Hermannstadt 1852. (Im Maße 1/864000 der Natur.) Ein Blatt in Quer-Folio. — 2. verb. Aufl. 1854. Ebendas. Letztere auch bei dem Handbuch (oben Nr. 3).

9. Geologische Uebersichtskarte von Siebenbürgen, mit Benützung der neuesten von Franz Fischer, topographisch richtiggestellten Karte des Landes für die k. k. geologische Reichs-Anstalt, aufgenommen von **Franz Ritter v. Hauer**, unter Mitwirkung der Herrn Albert Bielz, Ferd. Freiherrn von Richthofen, Dr. Guido Stache und Dionys Stur 1861. Lithographirt von F. J. Dimitrovits. Steindruck von Fr. A. R. Krabs in Hermannstadt.

Tr.   **Bielz Johann.**

Am 10. Juli 1857 starb der Organist an der Pfarrkirche A. B. in Hermannstadt, Johann Bielz. Er hatte für einen äußerst bescheidenen Gehalt der Kirche 42 Jahre lang gedient; nichtsdestoweniger war er stets bemüht, seiner lieben Kirche die größten Opfer zu bringen. Besonders lag ihm die Herstellung der ursprünglich kunstvollen, nachher aber sehr verdorbenen Orgel der Pfarrkirche und die Hebung des Kirchengesanges am Herzen. Zu diesem Zwecke ertheilte er länger als ein Jahr täglich zwei Stunden unentgeltlichen Unterricht im Gesange, und bemühte sich, musikalische Vorstellungen zu veranstalten, deren Ertrag dem Orgel-Fonde zufließen sollte. Auch mit manchem anderen Plane zur Vermehrung dieses Orgel-Fondes trug er sich herum, da überraschte ihn plötzlich der Tod und er schied, noch nicht 65 Jahre alt, von allen seinen Entwürfen. Er sprach oft: „Ich will der Kirche dienen mein Lebenlang, als einer der geringsten Knechte Christi, der solchen Willen Gottes thut von Herzen, mit gutem Willen." Ephes. 6.6. Das hat er getreulich gehalten.

Seine Schriften sind:

1. Beschreibung und Bekanntmachung der am 1. Mai 1830 begonnenen Industrie- und Arbeits-Schule des Johann Bielz, Chatedral-Organist und Mädchen-Schullehrer in Hermannstadt. (Hermannstadt 1830.) 8-vo. 16 S.

2. Worte des Herzens über Töchter-Erziehung. (Hermannstadt 1830.)

3. Vorschlag, Aufforderung und Bitte an hohe Herrschaften, Beamte

und alle Edelgesinnte unserer Stadt, in Betreff der zu errichtenden Anstalt für Töchter-Erziehung. (Hermannstadt) 1831, 8-vo. 14 S.

4. Unterricht für Mädchen. (Hermannstadt 1831.)

5. Nachträgliche Anzeige. Hermannstadt 1833. 8-vo. 4 S.

In dieser nachträglichen Anzeige verheißt Bielz, er werde im Jahr 1833 im Druck herausgeben:

6. Mein Leben und Wirken als Lehrer und Erzieher oder ausführliche Darstellung meiner Lehr- und Erziehungs-Anstalt in ihrem gegenwärtigen Zustande.

Ob Bielz diese Verheißung erfüllt hat? ist mir unbekannt.

7. Lehrbüchlein der Singkunst für die Jugend in den Gesang- und Elementarschulen, nach Pestalozischen Grundsätzen bearbeitet; zur Erleichterung des Unterrichts in Frag und Antworten gestellt und herausgegeben von J. B., Gesanglehrer im Hermannstädter Musikverein. Erster Cursus. Hermannstadt 1840. Gedruckt bei Georg von Closius. 8-vo. 32 S.

Tr. **Binder Friedrich,**

aus Katzendorf gebürtig, Mädchen-Lehrer in Reps, und nun zweiter Prediger und Rektor daselbst seit 1. November 1851, nachdem er seine Gymnasialstudien im Jahr 1844 in Kronstadt absolvirt, und vom 17. Okt. 1846 an der Universität zu Leipzig, sodann aber vom 3. September 1848 angefangen an der protestantisch-theologischen Fakultät in Wien sich dem Studium der Theologie gewidmet hatte.

Das Rechnen mit Decimalbrüchen. Ein Büchlein für die Volks-Schule. Kronstadt bei Römer und Kamner 1859. 8-vo. 40 S.

Tr. **Binder Dr. Georg Paul,**

Sohn des Martin Binder († als Pfarrer in Kalsd den 29. November 1807) und der Helena geb. Paul Gooß, wurde am 22. Juli 1784 in Schäßburg geboren. Unter der Leitung seines Vaters, damaligen Lectors am evang. Gymnasium daselbst, und durch den Unterricht Mich. Schullers (gest. als Pfarrer in Klosdorf) und Jakob Gottfr. Simonis (gest. als Pfarrer in Deutschkreuz), besonders aber durch Privatstudium machte Binder schon frühzeitig bedeutende Fortschritte in solider Bildung, namentlich in Erlernung der lateinischen, griechischen und selbst der französischen Sprache. Also vorbereitet begab sich B. im September 1802 nach Klausenburg und setzte seine Studien unter dem Rektorate Körmöczis am dasigen unitarischen Collegium fort. Neben dem Besuche der öffentlichen Lehrstunden in diesem Collegium, wo er u. a. Mathematik und Physik hörte, betheiligte er sich am Studium der Chemie im Klausenburger k. Lyceum, und betrieb mit Eifer altklassische, besonders griechische Privat-Lectüre. Hier erwarb er sich die Freundschaft und die bis in das höhere Alter erhaltene hohe Achtung ausgezeichneter Mitschüler z. B. des Gabriel Döbrentey, Emil Buczy, Beretzky u. a. m.

Von Klausenburg kehrte B. in den Ferien 1803 zu seinen Eltern zurück, benützte den Spätherbst und Winter bis 1804 zu weiterm Privatstudium, und legte im März 1804 die übliche Consistorial-Prüfung am Schäßburger Gymnasium als Abiturient ab. Nach deren glänzendem Erfolge dem k. Würtembergischen Ober-Consistorium zur Aufnahme in das Tübinger theologische Stipendium von seiner Schulbehörde empfohlen, trat nun B. am 7. April 1804 die Reise nach Deutschland an, und gelangte den 20. Mai d. J. glücklich nach Tübingen. Hier wandte er während drei Universitäts-Jahren (1804—1807) seinen Fleiß nebst der theologischen, ebenso seiner philosophischen und besonders philologischen Ausbildung zu, und es sollte die unter dem Professor Dr. Schnurrer gewonnene Methode der philologischen Studien, ihm und seinen nachherigen Schülern am Schäßburger Gymnasium einst reiche Früchte tragen. Der unangesuchten Verwendung dieses Professors verdankte Binder auch seine Betheilung am klösterlichen Freitische während der letzten zwei Universitäts-Jahre. Nach zurückgelegter akademischer Laufbahn trat B. am 24. Juni 1807 seine Heimreise an und gelangte zu Ende August glücklich zu den Seinen. Allein nicht lange erfreute er sich des ersehnten Umgangs seines Vaters. Dieser verfiel im November 1807 in ein Nervenfieber und starb schon am 29. d. M. in seinem 60. Lebensjahre. Sonach übersiedelte B. gegen Ende Juli 1808 sammt der Mutter und zwei jüngern Geschwistern von Keisd nach Schäßburg, und begann seine Wirksamkeit als Gymnasiallehrer mit dem Schuljahre 1808/9 unter dem Rektorate des Mart. Gottl. Zay, durch welchen mit Binders Hülfe das Gymnasium eine zweckmäßigere Einrichtung erhielt. Nach Zays Abberufung zur Schaser Pfarre setzte B. den Unterricht am Unter-Gymnasium, vom Ende des Schuljahres 1821/2, hingegen als Rektor am Ober-Gymnasium, bis er im Mai 1831 wieder an Zays Stelle zum Pfarrer in Schas gewählt wurde, mit so glücklichem Erfolge fort, daß unter seiner Leitung und durch seine Schüler das Schäßburger Gymnasium zu jener wohlverdienten Celebrität gelangte, welcher sich dasselbe bis auf den heutigen Tag erfreut. Noch bevor B. das Rektorat antrat, wurde er vom Ober-Consistorium der A. C. B. mit andern vorzüglichen Schulmännern zur Entwerfung eines neuen Lehrplanes für alle fünf sächsischen evang. Gymnasien im August und Oktober 1822 nach Hermannstadt einberufen. Leider hatte die hierüber abgehaltene Conferenz keine Folgen, und es mußte die beabsichtigte gleichmäßige Schulen-Organisation einer spätern Zeit vorbehalten bleiben.

Die praktische Thätigkeit, welche B. beinahe 23 Jahre hindurch dem Schuldienste gewidmet hatte, dem Kirchendienste und dem Seelenheile seiner Christen-Gemeinden weihend, und von dessen Wichtigkeit und Heiligkeit erfüllt, wurde nun Binder der Schafser, und als ihn von hier im Januar 1840 die größere Keisder-Gemeinde zu ihrem Seelsorger berief, auch dieser Gemeinde ein Muster ächter Religiosität und der treuesten Pflichterfüllung. Doch nicht lange sollte er auch der letztern Gemeinde in diesem Berufe vorstehen. Als am 31. Juli 1843 der evang. Superintendent Johann Bergleiter (s. d. Art.) gestorben war, wurde Binder am 5. Sept. 1843 von der Birthälmer Gemeinde zu ihrem Pfarrer, und am 28. d. M. von der evang. Synode A. B. zu ihrem Superintendenten erwählt [1]). In dieser Eigenschaft hat Binder den Sturm, welcher seitdem das Vaterland und die Kirche betraf, mit ausdauernder Gewissenhaftigkeit und Berufstreue mit überstanden. Wie sehr er das stark bewegte Schiff auf tobender See zu erhalten und seine unterstehenden Amtsgenossen mit der ganzen Macht seiner Kräfte und die allgemeinste Verehrung gewinnenden Würde gegen die drohenden Gefahren zu beschützen und insonderheit der gesammten Geistlichkeit A. B. in Siebenbürgen, nach Aufhebung ihres Natural-Zehnt-Einkommens durch den siebenbürgischen Landtag (1848), die zur Sicherung ihrer Subsistenz nothwendige gerechte Entschädigung zu bewirken bemüht war, beweisen seine wiederholten Reisen zu den höchsten Landes-Regierungen in Pest und Wien vom Jahre 1848 angefangen und die untenangeführten schriftlichen Denkmäler der thätigsten Verwendung von seiner Seite und zum Theil von Seiten der unter seiner Leitung mit

---

[1]) Der sogenannte Hirtenbrief, welchen jeder Superintendent zu Anfang seiner Amtsführung an die ihm untergeordneten Geistlichen erläßt, pflegt die Gesinnungen und Vorsätze des neuen Vorstehers und dessen Anforderungen an die Geistlichkeit auszudrücken. Binders Hirtenbrief fand sovoel Interesse, daß derselbe selbst in der Allgemeinen Kirchenzeitung vom 23. Mai 1846, S. 665—670 und daraus in den Kronstädter Blättern für Geist rc. vom 5. April 1847, S. 109—112, Aufnahme fand.

vereinten Kräften wirkenden Deputirten der evang. Landeskirche A. B. in Siebenbürgen.

Von den Beweisen der Anerkennung des wahren Verdienstes und, trotz seltener Anspruchslosigkeit, erworbener hoher Achtung Binders sei blos erwähnt, daß er für sein Verhalten während der Revolutions-Epoche im Jahre 1848 und 1849, vermöge Allerh. Entschließung Sr. Majestät k. Franz Josephs vom 21. August 1850 mit dem Ritterkreuze des K. Leopold-Ordens ausgezeichnet, — und daß ihm, nach Zurücklegung von 60, im Schul- und Kirchendienste mit musterhafter Hingebung zugebrachten Jahren, die Ehre zu Theil wurde, von der Jenaer Universität mit dem Diplom eines Doctors der Theologie vom 25. Juli 1858 erfreut zu werden, und zugleich die aufrichtige Theilnahme zu erfahren, welche in der Jubelfeier, die im Mittel der evang. Kirchen und Schulen seiner Diöcese begangen wurde[1]), und durch die untenbemerkten Druckschriften dankbarer Verehrer ihren öffentlichen Ausdruck erhielt.

Doch nun nahte auch die Zeit heran, die nach dem natürlichen Lauf der Dinge seinem umfangreichen Wirken Schranken und endlich auch das Ziel setzte. Das zunehmende Alter übte je länger je mehr, auf sein Gedächtniß und die Spannkraft des Geistes, nach sovieler Anstrengung, einen empfindlichen Druck aus. Daher zog er es vor, sich auf die eigentlichen Superintendential- und Pfarramts-Geschäfte zu Birthälm zu beschränken, und die Leitung der Verhandlungen des Landes-Consistoriums in Hermannstadt, dessen Vorsitz vermöge der neuen Kirchen-Verfassung dem Superintendenten zugewiesen ist, dem Landeskirchen-Curator zu überlassen, indem er den Bitten der Birthälmer Gemeinde nachgebend, seinen Sitz nicht nach Hermannstadt verlegte, sondern bis zu seinem Lebens-Ende in Birthälm behielt. Und so starb dieser durch Humanität, Religiosität und ächte Gelehrsamkeit seiner Geistlichkeit vorleuchtende Mann, als der letzte unter den Birthälmer Pfarrern, welche zugleich Superintendenten waren, zu Birthälm am 12. Juni 1867, nachdem er zwei Tage vorher vom Schlag gerührt worden war, im 83. Jahre seines Alters, — des Nachruhmes würdig:

Semper honos, nomenque suum, laudesque manebunt!

---

[1]) Eine umständliche Beschreibung der in Birthälm stattgefundenen Feier brachte der Satellit, Conversationsblatt zur Kronstädter Zeitung" vom 2. und 4. August 1858 Nr. 91 und 92 unter dem Titel: „Die Jubelfeier Seiner Hochwürden des evangelischen Bischofs Herrn G. P. Binder zu Birthälm am 25. Juli 1858."

Eine Lebensbeschreibung G. P. Binders (bis zum Jahre 1857) brachte Benigni's Volkskalender für das Jahr 1858, redigirt von Carl Unverricht S. XIII., welcher Binders Porträt aus der Leipziger lithogr. Anstalt von J. G. Bach beigegeben ist. In größerm Format hat man Binders Porträt von Kriehuber lithographirt in Wien.

I. Binders Schriften:

1. Hohe und Allerhöchste Verordnungen, welche für die evangelischen Pfarr-Aemter in Siebenbürgen, besonders seit 1782 bis 1837 erflossen sind, nebst einigen besondern beachtungswerthen Capitular-Vorschriften und Erinnerungen, in alphabetische Ordnung zusammengetragen von G. P. B., Pfarrer in Schaas 1838. Mspt.

2. Zwei Reden, gehalten in der Kronstädter evang. Cathedralkirche von Sr. Hochwürden dem Herrn Georg Paul Binder, Superintendenten der A. C. B. in Siebenbürgen, während dessen Anwesenheit in Kronstadt im Jahr 1845. Mit Genehmigung des Herrn Verfassers im Drucke herausgegeben vom Kronstädter Gewerbverein. Kronstadt 1845, Druck von Johann Gött. 8-vo. 24 S.

    Diese Reden wurden kurz vor, und bei der Feier des dreihundertjährigen Festes der Stiftung des Kronstädter evang. Gymnasiums, mit allgemeinem Beifall gehalten, und der Redner bei der veranstalteten Fest-Tafel von der Kronst. evang. Stadt-Communität mit einem für 200 Gulden C.-M. gekauften silbernen, vergoldeten Kelche beehrt.

3. Zwei Vorträge zur feierlichen Eröffnung der ersten und zweiten Versammlung der evang. Landeskirche A. B. in Siebenbürgen, gehalten in Hermannstadt am 12. April 1861 und am 17. September 1862 von Sr. Hochw. Dr. G. P. B., Superintendent der evang. Landeskirche, Hermannstadt, Druck und Verlag von S. Filtsch, 1862, 8-vo. 11 S. und 8 S.

II. Die Zehnt-Einkünfte der Geistlichen betreffende, zum Theil von Binder selbst, zum Theil unter seiner Mitwirkung verfaßte Schriften:

1. Protestation der Universität aller der A. C. und einiger der helv. Confession zugethanen Geistlichen in Siebenbürgen wider die von den siebenbürgischen Landesständen beschlossene Abschaffung des Zehntens, 1848, 28. Juni, Fol. 3 S.

2. Ovás etc. Uebersetzung der vorhergehenden Protestation in die ungrische Sprache 1848, 28. Juni, Fol. 3 S.

Vgl. die Art. J. D. Henrich und Steph. Ludw. Roth.

3. Denkschrift der siebenbürgisch-sächsischen Geistlichkeit A. C., in betreff ihres rechtlich begründeten Anspruchs auf Entschädigung für ihren Zehnten. Pest, 1848, gedruckt mit Adolf Müllerischen Schriften. Franziskanerplatz Nr. 411, 8-vo., 14 S., mit der Unterschrift:

„Die Synode der evangelisch-sächsischen Geistlichkeit in Siebenbürgen."

(An die zu Pest versammelten Reichsstände des Königreichs Ungarn gerichtet, aus Anlaß des Beschlusses des Siebenbürger Landtages vom 6. Juni 1848, durch welchen alle Zehnten, und somit auch jene der sächsisch-evangelischen Pfarrer aufgehoben worden waren.)

Gleichzeitig erschien davon eine ungarische Uebersetzung unter dem Titel:

4. „Az Erdély honi Ágost. Hitvallást követő Szász Lelkészeknek Emlékirata, Tizedök Kármentesítését illető Jogilag meg-alapitott Igényök tekintetében. Posten nyomatott Landerer és Heckenastnál. 8-vo. 14 Seiten.

Die früher gedruckte: „Denkschrift der siebenbürgisch-sächsischen Geistlichkeit A. C. an ein hohes ungarisches Ministerium und an die hohen Stände des Reichstags in Budapest" mit der Fertigung: „Die bevollmächtigten Abgeordneten der geistlichen Universität sächs. Nation in Siebenbürgen. Andr. Theil, Pfarrer in Treppen, Bistritzer Distrikts. Johann Schuller, Pfarrer in Gierlsau, Hermannstädter Stuhls. Gedr. bei Carl Gerold in Wien, in Folio, 4 S., wurde den ungar. Ständen nicht eingereicht, sondern vom Verf. Andr. Theil im Einvernehmen mit dem Superintendenten Binder und Pfarrer Fabini im August 1848 in Pest umgearbeitet, anstatt derselben die umgearbeitete Nr. 3 und 4 angeführte deutsche und ungrische Denkschrift unter die Mitglieder des ungarischen Reichstages wirklich vertheilt.

5. An Seine kaiserliche Hoheit den durchlauchtigsten Erzherzog Reichs-Palatin, königlichen Statthalter. Allerunterthänigstes Bittgesuch des evang. Superintendenten A. C. in Siebenbürgen, daß der am 6. Juni b. J. daselbst landtäglich abgefaßte Gesetz-Vorschlag, wegen Aufhebung der geistlichen Zehnten nicht sofort bestätigt, sondern Allergnädigst zurückgewiesen werden möge, um zuvor von der säch-

sischen Nation allein im Einvernehmen mit ihren, auf diesen Zehent=
genuß vertragsmäßig angewiesenen und Allerhöchst confirmirten Geist=
lichen berathen und erst nebst den Vorschlägen einer angemessenen und
garantirten Vergütung der Letztern wieder dem hohen Landtage vor=
gelegt und der Allerhöchsten Bestätigung unterbreitet zu werden.
Wien 1848, gedruckt bei Carl Gerold, 8-vo. 16 S.

(Auch in G. D. Teutsch's Zehntrecht der evang. Landeskirche
in Siebenbürgen. S. 221—235.)

6. Einem hohen k. k. Reichs-Rathe in Wien. Pro memoria, wo=
durch die Deputation der evang. Geistlichkeit A. C. in Siebenbürgen[1])
die unterthänigste Bitte um entsprechende Vergütung ihres Natural=
zehnts aus dem Landesfond begründet. Wien, Buchdruckerei von
Carl Gerold und Sohn. 8-vo. 23 S., mit dem Datum und der
Unterschrift:

„Wien am 20. Mai 1854. Die Deputation der evangelischen
Geistlichkeit Augsburgischer und Einiger Helvetischer Confession in
Siebenbürgen."

(Auch in G. D. Teutsch's Zehntrecht der evang. Landeskirche
in Siebenbürgen, S. 236—255.)

Zur Vertheilung unter die evang. sächsischen Geistlichen, wurde
wegen Unzulänglichkeit der Wiener Auflage, eine unveränderte zweite
Auflage in Hermannstadt, Buchdruckerei von Josef Drotleff, eben=
falls 1854. 8-vo. 23 S., gedruckt.

Der Zweck dieses Pro memoria war die Widerlegung der von
einigen Feinden der sächsischen Geistlichkeit vorgebrachten Meinung,
daß das Zehnt-Einkommen dieser Geistlichkeit für eine Kirchensteuer
anzusehen sei, wofür keine Zehnt-Entgangs-Entschädigung aus dem
siebenbürgischen Landes-Fonde gebühre.

7. Seiner Excellenz dem k. k. Herrn Minister des Innern Alexander
Freiherrn von Bach in Wien. Unterthänigstes Gesuch der innen=
genannten geistlichen Deputation um endliche Entscheidung der ob=
schwebenden Zehentablösungsfrage und um hochgeneigte Berücksich=
tigung einiger, diese Entscheidung wesentlich berührenden Bemer=
kungen.

---

[1]) D. i. Superintendent G. Binder, Hermannstädter Stadtpfarrer Johann
Joseph Roth und Schäßburger Stadtpfarrer Michael Schuller.

„Wien am 27. Oktober 1856. Die Deputation der evang. Landeskirche A. C. in Siebenbürgen."

(Zugleich an das h. k. k. Ministerium gerichtet.)

(In G. D. Teutsch's Zehntrecht der evang. Landeskirche in Siebenbürgen. S. 255—261.)

8. An Einen hohen k. k. Reichs-Rath in Wien. Pro memoria, worin die Geistlichkeit der evangelischen Landeskirche A. C. in Siebenbürgen ihr Gesuch um baldige Entschädigung ihres Zehnts aus dem Grundentlastungsfonde und um Bemessung derselben nach dem Schlüssel der verificirten neunjährigen Durchschnittsfassionen näher begründet. Wien, Druck von J. B. Wallishausser 1857. 4-to., 20 S., mit dem Datum und den Unterschriften: **Georg Paul Binder** m. p.,
Superintendent.
Joseph Fabini m. p.,
Generaldechant und Stadtpfarrer in Mediasch."

(Auch in G. D. Teutsch's Zehntrecht der evang. Landeskirche in Siebenbürgen. S. 261—288.)

9. An Seine k. k. Ap. Majestät Franz Joseph I., Kaiser von Oesterreich, König von Ungarn, Großfürsten von Siebenbürgen ꝛc., ehrfurchtsvollste Danksagung für den allerh. bewilligten Vorschuß auf den 1857ger Zehntentgang, und alleruntertänigstes Gesuch der Vertreter der evang. Geistlichkeit A. C. in Siebenbürgen: Georg Binder, Superintendent und Joseph Fabini, Generaldecans: um allergnädigste Berücksichtigung und Genehmigung einiger Hauptpunkte, behufs gerechter und baldiger Entscheidung der Zehntentschädigungsfrage. Wien am 18. Jänner 1858. Aus J. B. Wallishaussers k. k. Hoftheater-Druckerei. 8-vo. 13 S.

(Auch in G. D. Teutsch's Zehntrecht der evang. Landeskirche in Siebenbürgen. S. 289—298.)

III. Anhang. Druckschriften zu Ehren G. P. Binders:

1. Festgruß Sr. Hochwürden dem Herrn Bischof der evang. Kirche Georg Paul Binder zum 50jährigen Jubiläum seines Eintrittes in den Dienst der Schule und Kirche, verehrungsvoll dargebracht von dem Lehrer-Collegium des Schäßburger Gymnasiums und der damit verbundenen Lehr-Anstalten, den 25. Juni 1858. Hermannstadt 1858, gedruckt bei S. Filtsch. 8-vo. 10 S.

Enthält: I. Ein deutsches Gedicht von G. D. Teutsch, S. 3—6. II. Ein lateinisches Gedicht von Friedr. Müller S. 7—8. III. Ein griechisches Gedicht von Joseph Haltrich S. 9—10.

Damit in Verbindung steht die nachstehende in den Blättern für Geist, Gemüth und Vaterlandskunde vom 3. Juli 1858 Nr. 26 Juli 1858 Nr. 26, S. 93—95, aufgenommene Beschreibung:

„Die Feier des 50jährigen Dienstjubiläums Sr. Hochwürden des Herrn Superintendenten G. P. Binder an dem Schäßburger Gymnasium."

2. Die Feier des 50jährigen Dienst-Jubiläums Sr. Hochwürden des Herrn Superintendenten der evang. Landeskirche A. B. in Siebenbürgen G. P. Binder am evang. Gymnasium in Schäßburg. Der Reinertrag ist der „Binderstiftung gewidmet. Schäßburg, in Commission bei J. C. Habersang 1858. (Aus J. B. Wallishausser's k. k. Hoftheater-Druckerei) 8-vo., 45 S., worin nebst einer umständlicheren Beschreibung der Schäßburger Jubiläumsfeier, die oben unterm Titel **Festgruß** bezeichneten 3 Gedichte, mit beigefügter metrischer deutscher Uebersetzung des lateinischen und griechischen Gedichtes S. 17—20, — die Festrede des Gymnasialdirektors **G. D. Teutsch** S. 6—16 — und ein sinnreiches Gedicht des Schäßburger Gymnasial-Professors **Joseph Haltrich** „das Gastmahl bei Kriton" S. 29—43, in welchem auf die vom Gastgeber vorgelegte Frage: „Was das stärkste sey? die anwesenden Gäste Apollodorus, Phädrus, Alkibiades, Agathon und Platon abwechselnd sich für Wind, Wasser, Feuer, Tod und Zeit entscheiden, bis am Schlusse Sokrates der Weise sich erhebt und den Sieg davon trägt, indem er **die Liebe als das Stärkste preist.**

Gleichzeitig wurde durch die Beiträge, an welchen sich vorzüglich die zahlreichen Schüler des Jubilars betheiligten, **eine Stiftung** zur Unterstützung armer Schüler des Schäßburger Gymnasiums unter dem Namen: „**Binderschülerstiftung**" gegründet.

Eben dieser Veranlassung verdankt man:

3. Beiträge zur Reformations-Geschichte des Nösner Gaues von **Heinrich Wittstock**, Gymnasiallehrer. Wien, Druck von Carl Gerolds 1858, 8-vo., 60 S., mit der Widmung (Seite 3): Festgabe dem Hochw. Herrn G. P. B., Superintendenten der evang. Landeskirche A. C. in Siebenbürgen zum 50jährigen Jubiläum als Schul- und Kirchen-Diener, dargebracht vom Lehrkörper des evangel. Gymnasiums

in Bistritz." — Eine sehr schätzenswerthe Arbeit mit angehängten 5 Urkunden aus den Jahren 1531, 1539, 1544, 1546 und 1547.
4. Ferner erschien eine Beschreibung der erwähnten Schäßburger Jubelfeier in Hornyánsky's protestantischen Jahrbüchern für Oesterreich, Jahrgang 1858, S. 200—221 von Mich. A. Schuster, Pfarrer in Deutschkreutz, einem Schüler des Jubilars, den obenangeführten Blättern für Geist rc., vom 3. Juli 1858 (mit Vorausschickung der Lebensbeschreibung Binders, wie solche Benignis Volkskalender auf das Jahr 1858 enthält) entnommen, mit beigefügter Erzählung der feierlichen Feste des Kronstädter und Mediascher Gymnasiums sowohl, als auch des Mediascher, Schelker, Bolkatscher und Bogeschdorfer Capitels und der Mediascher Kirchengemeinde-Vertretung, dann der am 25. Juli 1858 in Birthelm stattgefundenen Hauptfeier der Repräsentanten der meisten sächsischen Capitel und Gymnasien. In dieser Erzählung ist S. 217—218 der ganze Inhalt der Urkunde über die **Binderschülerstiftung** aufgenommen.
5. Zur Erinnerung an die Feier des 50jährigen Dienst-Jubiläums Sr. Hochw. des Bischofs der evang. Landeskirche A. C. in Siebenbürgen, Herrn G. Paul Binder, zu Mediasch am 12. Juli und 31. August 1858. Der Ertrag ist einer "Binderstiftung" für ausgezeichnete Gymnasialschüler gewidmet. Hermannstadt, Druck von Th. Steinhaußen, 1859, 8-vo. 85 S.

Tr. **Binder Georg,**
Sohn des Superintendenten Dr. Georg Paul Binder, geboren in Schäßburg, am 9. Mai 1815, studirte in Schäßburg, Klausenburg, Wien und 1835 bis 1838 an der Universität zu Berlin, diente als Lehrer am Gymnasium seiner Vaterstadt, bis er 1844 zum Pfarrer der Gemeinde Wolkendorf im Ober-Albenser Comitat berufen wurde. Im Juli 1850 ward Binder Pfarrer zu Henndorf, Schäßburger Stuhls, und im Juli 1855 an die Stelle des Peter Melas, Pfarrer in Keißd.
1. Leitfaden beim Unterrichte in der Erdbeschreibung in den siebenbürgisch-deutschen Stadt- und Land-Schulen von G. B., Lehrer an dem Gymnasium in Schäßburg. (Preis 20 kr. C.-M. ungebunden.) Kronstadt 1842, Druck und Verlag von Johann Gött. 8-vo. XI. 168 S.

Vom Verf., seinem Vater zum Neu-Jahr 1842 gewidmet.

Die zweite Auflage erschien unter folgendem veränderten Titel: Uebersicht der gesammten Erdkunde, für Schul und Haus. Zunächst für Siebenbürger entworfen. Zweite vielfach verbesserte Auflage, vermehrt mit einem Abriß der Geschichte Siebenbürgens von G. D. Teutsch, Lehrer in Schäßburg. Kronstadt 1844, Druck und Verlag von Johann Gött. 8-vo. IV. 180 S.

2. Der siebenbürgische Hausfreund, ein Kalender für Siebenbürger, zur Unterhaltung und Belehrung für das Jahr 1848. Erster Jahrgang, Druck und Verlag von Johann Gött. 8-vo. XXXVI. 214 Seiten.

Der zweite Jahrgang erschien unter dem unveränderten Titel: Sächsischer Hausfreund, ein Kalender zur Unterhaltung und Belehrung für das Jahr 1849. Ebend. 8-vo. XXXII. 182 S.

Dritter Jahrgang des sächs. Hausfreundes. Ebend. 8-vo. XXXIV. 282 S. 1850. Mit einer lithogr. Ansicht der Stadt Schäßburg von der Nordseite.

Vierter Jahrgang des sächs. Hausfreundes. Als neue Folge des siebenbürgisch-Deutschen Volksbuches XIII. Jahrgang Ebend. 8-vo. XVIII. 96 S., nebst Anhang 38 S. 1851.

Fünfter Jahrgang des sächs. Hausfreundes. Ebend. 8-vo. XVIII. 138 S. Mit einer Ansicht von Reps. 1852.

Sechster Jahrgang des sächs. Hausfreundes. XV. Jahrgang. Ebend. XVIII. 164 S. Mit einer Ansicht von Schäßburg. 1853.

Siebenter Jahrgang des sächs. Hausfreundes. XVI. Jahrg. Ebend. XXXIV. 148 S. Mit den beiden Halbkugeln aus F. Handtke's Schul-Atlas Nr. I. und II., Abbildung der Agave und des Friedhofs Père la chaise in Paris. 1854.

3. Die Höhen-Verhältnisse Siebenbürgens. Wien 1851. 8-vo. 55 S., nebst 1 lithogr. Karte. „Durchschnitte durch das Hochland von Siebenbürgen."

Aus dem Maihefte des Jahrgangs 1851 der Sitzungs-Berichte der mathematisch-naturwissenschaftlichen Classe der k. Akademie der Wissenschaften besonders abgedruckt.

4. Etwas über die Gebirge Siebenbürgens. In dem Ausland, Wochenschrift für Kunde des geistigen und sittlichen Lebens für Völker. Augsburg 1853. 4-to. S. 479—480. (Enthält die Berichtigung einiger irriger Angaben in Brommes Atlas zu Humbold's Kosmos.)

5. Das Burzenland in Siebenbürgen. Ju dem (nemlichen) Ausland ⁊c. Jahrgang 1854, Nr. 36, S. 849—854; Nr. 37, S. 869—875; Nr. 38, S. 891—898.
6. Aufsätze in Kurz's Magazin, — im Archiv des Vereins für siebenb. Landeskunde u. s. w.

Tr.   **Binder Johann**[1]),

geboren in Mehburg, Schäßburger Stuhls, wo sein Vater Prediger war, am 12. Febr. 1767, studirte am Schäßburger, dann zwei Jahre hindurch am reformirten Udvarhelyer und vom 11. September 1784 angefangen bis zum Jahre 1789 am Hermannstädter evang. Gymnasium, wornach er die Universität in Göttingen bezog. Hier waren der Mathematiker Kästner und der Philolog Heyne, — welch letzterer Bindern bis zu dessen Tode mit seinem Briefwechsel beehrte, — seine beliebtesten Professoren. Im königl. philologischen Seminarium, dessen ordentliches Mitglied Binder wurde, genoß er die Ehre des kön. Freitisches und eines jährlichen kleinen Gehaltes. Nachdem er bereits im Vaterlande in der ungrischen und lateinischen Sprache, und durch Privatstudium in der französischen und italienischen Sprache nicht geringe Fortschritte gemacht hatte, war er auf der Akademie bemüht, sich zum Lehrer der Philologie auszubilden und that sich bereits daselbst im Jahre 1791, durch seine, von der Göttinger philosophischen Fakultät mit dem Accessit und einer öffentlichen Belobung beehrte Preisschrift: „de Politia veteris Urbis Romae", hervor. Sein Wunsch, mit erhaltenen Empfehlungen der Professoren Heyne und Heeren, eine Reise nach Rom zu unternehmen, blieb unausgeführt, weil eine versprochene Geldunterstützung ausblieb. Sonach kehrte er zu Anfang des Jahres 1793 nach Siebenbürgen zurück, und wurde im Februar d. J. zum öffentlichen Lehrer am Hermannstädter Gymnasium angestellt. Durch Lehrgabe und Amtstreue ausgezeichnet und verdient, wurde er im Sept. 1799 zum Conrector befördert. Er bearbeitete für seine Schüler Kiesewetters deutsche Logik lateinisch, und sein Manuscript diente auch nach seinem Tode als Leitfaden der Vorlesungen am Hermannstädter Gymnasium. Nebstbei betrieb er Chemie und legte für sich eine mineralogische Sammlung an. Im Dezember 1804, zum Rector ernannt, verdoppelte er seine Anstrengungen zum Besten der studirenden Jugend, und erwarb sich als

---

[1]) Siebenb. Provinzial-Blätter II. 68 80.

Gelehrter einen solchen Ruf, daß ihn nicht nur die k. Societät der Wissenschaften zu Göttingen im Jahre 1801 zu ihrem Correspondenten ernannte (s. Intelligenzblatt zu den österr. Annalen vom Jahre 1802, I., Nr. 9, S. 67), — sondern auch die siebenbürgische philohistorische Gesellschaft mit der — selber nicht ausgeführten — Herausgabe des zweiten Theiles der Schesäusischen Ruinae Pannonicae (s. d. Art. Eder) betraute, — und das k. siebenbürgische Thesaurariat in Münz-Bergsachen sein Gutachten über ein neuerfundenes Wappelwerk einzuholen und auf seine Empfehlung das Werk im Großen bei den k. k. Gruben in Nagy-Ag erbauen zu lassen für gut befand. — Eine Erkältung, welche sich Binder auf der Rückreise aus den Herbstferien 1805 zugezogen hatte, zog ihm eine tödtliche Krankheit zu, und machte seinem nützlichen Wirken, sowie seinem Leben am 12. November 1805 ein frühzeitiges Ende.

Ihn überlebte seine Wittwe Maria Elisabeth geb. Leonhard, nachmalige Gattin des Hermannstädter Bürgermeisters Martin v. Hochmeister, und ein Sohn Franz Binder der als Vice-Notär in Hermannstadt in seinen besten Jahren, am 23. Juni 1842, gestorben ist.

Seine Schriften sind:

1. Joannis Binder Saxonis Transsylvani, Seminarii philologici Sodalis, Commentatio de Politia veteris Urbis Romae. Quam in concertatione civium Academiae Georgiae Augustae IV. Junii MDCCXCI. ad praemium a Rege M. Britanniae Aug. constitutum Ordo Philosophorum proxime accedere judicavit. Praefatus est Chr. Gottl. Heyne Eloqu Prof. M. Brit. R. A. Consil. Aul.

Ἔστιν δ' ἀφάνεια τύχας

Καὶ μαρναμένων,

Πρὶν τέλος ἄκρον ἱκέσθαι Pind. Gottingae Sumtibus Vandenhoek et Ruprechti. 1791. 8-vo. XVI. 121 S.

Dem Freiherrn Samuel v. Bruckenthal zugeeignet. Enthält S. I—VIII die Vorrede von Heyne, IX—XII die Eintheilung des Buches in die vier Abschnitte: de rebus, quae ad urbis securitatem, tranquillitatem, commoditates atque ornamenta potissimum spectant. S. VIII—XVI. Prolegomena. S. 1—116 Text, und S. 117—121 alphabetischer Index. In Horányi's Nova Memoria I. 483—484 heißt es: Alteram Partem ejusdem argumenti laude pari atque industria elaboratam, praemioque affectam publici juris fecit ibidem MDCCXCII. 8."

2. Methodus inveniendi Sinus arcuum n plicium, n numerum seu integrum seu fractum significante. Edita a Joanne Binder Gymn. Cibin. Aug. Conf. Professore. Cibinii typis Mart. Hochmeister 1797. 8-vo. 16 S. und Theses 2 S.

In Kaisers Bücher=Lexikon, Leipzig 1833, S. 275 ist der Druckort Ticini wohl sicher statt Cibinii angesetzt, da diese Piece schwerlich in Pavia nachgedruckt worden sein wird.

Die Recension, aus den Göttingischen Anzeigen von gelehrten Sachen vom Jahre 1797 (198 Stück), s. in der siebenbürgischen Quartalschrift VII, 72—74, wo es am Schlusse heißt: „Einem Abschlusse des evang. Consistoriums zufolge soll jeder künftige Professor des Hermannstädter Gymnasiums vor dem Antritt seines Amtes eine Dissertation schreiben und vertheidigen. Binder, der eine öffentliche Lehrstelle schon mehre Jahre bekleidet hatte, erbot sich, die Reihe anzufangen und gab zu dem Ende diesen Aufsatz, auf welchen mehrere mathematische folgen sollten, her, zu welchem auf einem beigebundenen Blatte Theses abgedruckt sind. — Die den meisten Exemplaren auf 2 Seiten vorgebundene Anzeige der bei der Feierlichkeit von Binder gehaltenen Rede: de studiis etc., sowie von der Disputation und oberwähnten Consistorial=Verfügung rührt von dem gelehrten und verdienstvollen Rector des Gymnasiums **Daniel Neugeboren** her." — Diese Anzeige hat den Titel:

Ad Orationem de studiis eorum, qui ad munera Doctorum publicorum in Gymnasiis Transsilvanicis adspirant, et ad Disputationem, qua methodi sinuum inveniendorum universalis Dissertatione adnexa expositae, thesiumque subjunctarum veritatem vir praestantissimus D. Joannes Binder Poëseos et Lingvae graecae in Gymnasio Cibiniensi A. C. Professor P. O. d. IX. Novembr. horis a IX ad XII in Auditorio Collegii majori defendet, invitat Gymnasi Cibin. A. C. Rector. Cibinii typis Martin Hochmeisteri MDCCXCVII. 8-vo.

3. Ueber Troas. Aus dem Französischen des Grafen Choiseul-Gouffier. Die erste Abhandlung in dem im Jahre 1798 zu Neustrelitz herausgekommenen Lenzischen Werke über die Ebene von Troja.

4. Imperium Austriacum. Eine lateinische Ode auf die am 4. October 1804 in Siebenbürgen gefeierte österreichische Kaiserwürde.

5. Siebenbürgische Reise-Journale. Der Verf. machte während den Schulferien in mehreren Jahren Reisen in verschiedene Theile Sie-

benbürgens, um eine physische Beschreibung dieses Landes zu
verfassen, wobei diese Journale zum Grund gelegt werden sollten.
6. Mehrere Abhandlungen und Recensionen in der siebenbürgischen
Quartalschrift und in den siebenbürgischen Provinzialblättern, und
7. Viele Artikel in der zu Wien erschienenen ungarischen Zeitung:
„Hirmondó" und in der bei Doll in Wien gedruckten gelehrten Zeitung: „Oesterreichischer Merkur."

Tr. **Binder Johann Andreas,**

Sohn des Johann Binder, Pfarrers in Stolzenburg, Prediger in Hermannstadt, und 1829, 6. Febr. erwählt zum Pfarrer zu Urwegen, starb
daselbst im August 1849.

Notitia brevis de Schola A. C. Cibiniensii. Cibinii J. Barth
1815. 8-vo. 94 S.

Tr. **Binder Joh. Friedr.,**

Apotheker in Heltau und Magister der Pharmacie, geboren in Hermannstadt 1801 den 17. Oct. Er erlernte die Apothekerkunst in der Schuster-
ischen Apotheke zu Hermannstadt, und studirte an der k. Universität zu Pest,
wo er die Prüfung bestand. Als Provisor der Kaiserischen Apotheke in Hermannstadt zeigte er hier zuerst die Anwendung des Leuchtgases als Brenn-
material, construirte Barometer und Thermometer, — leitete nachher den Bau
und die Einrichtung der Runkelrüben-Zuckerfabrik der Baronin Josika in
Gorbó, und errichtete, nachdem er eine Zeitlang der Beckerischen Apotheke in
Kronstadt vorgestanden hatte, im Jahr 1831 eine eigene Apotheke zu
Heltau. Hier lag er hauptsächlich der Naturwissenschaft ob, untersuchte
nebenbei die meisten Heil- und Mineral-Quellen Siebenbürgens, und unternahm die Messung, der Heltau zunächst gelegenen Gebirgsspitzen. Im
Jahre 1854 durch den Schlagfluß gelähmt, endete er nach dreimal wiederholten Schlaganfällen sein thätiges Leben in Heltau am 20. Dec. 1859.

1. Die vortheilhafte Benützung der Runkelrüben in der Haus- und
Land-Wirthschaft. Für Bürger, Oekonomen und Landleute leicht-
faßlich dargestellt. Hermannstadt bei Sam. Filtsch 1842. 8-vo.
45 S. (Im Umschlag geheftet 20 kr. C.-M.)

(Ist dem Gewerbverein in Hermannstadt gewidmet, und enthält die Angaben in den siebenbürgischen Maaßen und Gewichten.

Der Verf. hatte Gelegenheit gehabt, sich über diesen Gegenstand in Frankreich zu belehren, und von seiner Belehrung bei Gründung der Baron Josikaischen Runkelrüben=Zuckerfabrik in Gorbó Anwendung zu machen.)

2. Verzeichniß der in Siebenbürgen wildwachsenden nutzbaren Pflanzen, nebst einem Anhange der dem bebauten Lande schädlichen Unkräuter und der Giftpflanzen, nach ihren botanischen, deutschen und ungarischen Namen zusammengestellt und geordnet. Hermannstadt bei S. Filtsch. 1843. 34 S. 4-to.

(Nach Baumgartens Enumeratio Stirpium Transs. und Sigerus Verzeichnissen im 2., und 3. Bde. der Siebenb. Quartalschrift.)

Tr. **Binder Joh. Georg,**

geboren in Hermannstadt, studirte in Jena 1815 ꝛc., wurde als Prediger in Hermannstadt berufen zum Pfarrer in Thalheim 1834, 21. Dezember und starb daselbst im folgenden Jahr 1835, 16. Febr.

Sacrae Eucharistiae Historia succincta inde ab Apostolis usque ad Lutherum. Cibinii, Barth 1824. 8-vo. 32 S.

Tr. **Binder Michael,**

zum Pfarrer in Großprobstdorf am 2. Mai 1692, als voriger Petersdorfer Pfarrer berufen, bekleidete vom Jahre 1708 angefangen viele Jahre lang das Dekanat des Bolgatscher Kapitels, erfreute sich des Rufes eines gelehrten Mannes und starb im Jahre 1734.

Er hinterließ in Handschrift:

1. Rerum Transilvanicarum ecclesiastico — politicarum Compilatio. (Laut Haners Bibliotheca Hung. et Transs. historica bis zum Jahre 1712 reichend.)
2. Bedenken über die fünf vornehmsten Stellen, worauf die Lehre von der Wiederbringung aller Dinge sich bezieht.

(An seine Capitelsbrüder mit dem Verlangen gerichtet, sich darüber zur Abwendung des Verdachtes einer andern Gesinnung, schriftlich zu erklären.)

Tr. **Birthelmer alias Henrici Daniel,**

Bürger in Kronstadt und vom 11. Januar 1684 bis an seinen Tod den 22. April 1685, Orator der dasigen Kommunität.

Hinterließ in Handschrift ein Diarium, welches nach Joseph Teutsch's Bericht (im Verzeichniß siebenbürgischer Schriftsteller) die Jahre 1644 bis 1667 enthält, nach andern aber bis 1680 geht, wovon sich in der Kronstädter Schul-Bibliothek ein Auszug von 1646 bis 1661 befindet.

Sciv. **Bisterfeld Johann Heinrich,**

geheimer Rath und erster öffentlicher Lehrer der Gotteslehre und Weltweisheit zu Weißenburg, im 17. Jahrhunderte. Nassau war seine Vaterstadt, und von Heidelberg erhielt er 1629 vom würdigen Fürsten Gabriel Bethlen nebst Alsted und Piskator, den Beruf an das akademische Gymnasium, das Bethlen 1622 zu Weißenburg gestiftet, und mit reichen Einkünften beschenkt hatte. Hier verwaltete Bisterfeld seine Dienste mit großem Beifalle, und machte sich durch seine Kenntniß der Mathematik und natürlichen Magie so berühmt, daß er die Ehre hatte, vom Pöbel für einen Zauberer gehalten, und der **Nekromantische Professor** genannt zu werden [1]. In der Religion ward er mit dem Superintendenten und fürstlichen Hofprediger **Stephan Katona,** ein eifriger Gegner derer, die aus England den Puritanismus mitbrachten, und in die reformirte Kirche auch hier einführen wollten. Beide brachten es bei dem Fürsten Rákotzi so weit, daß die Puritanischgesinnten in der Synode zu Szakmár ihrer Dienste entsetzt wurden. Doch wußten diese nachgehends auch Bisterfelden zu gewinnen, darauf nach Katonas Tode, der Puritanismus die herrschende Religion unter den Reformirten wurde.

In der Ehe lebte Bisterfeld mit einer Tochter des berühmten Alsted, ob er aber von ihr Erben hinterlassen, weiß ich nicht. So viel ist gewiß, daß er sich 1645 den 17. April ein Haus zu Hermannstadt, gar nicht nöthig in Ansehung seiner selbst, und also auch das sächsische Bürgerrecht kaufte. Dieses ist die Ursache warum ich hier Bisterfeldens, und nicht eines Alsteds, Piskators u. a. m. gedenke. Georg Goldschmid, Besitzer desselben Hauses, hatte es wegen angeklagten Hochverraths verloren, der Hermannstädtische Rath aber dem Fürsten abgekauft. Eine sächsische Staatsklugheit! Denn es war kein unerhörter Fall, daß die Fürsten dergleichen eingezogene Häuser ungrischen Edelleuten schenkten. Damit nun

---

[1] Huszti Orgio, Increment. et Facies hodierna Trium In Transilv. Gymnas. S. 27.

die Hermannstädter auf solche Weise nicht wider die privilegirten Vorrechte und Freiheiten der Nation fremde Nationsverwandte zu Bürgern erhielten: so kauften sie dergleichen Häuser und Güter von den Fürsten. Oft theuer genug!

Wollten wir dem Gerüchte unter dem gemeinen Volke glauben: so hatte Bisterfeld zuletzt kein besseres Schicksal, als Doctor Faust; die Teufel zerrissen ihn lebendig. Allein der ehrliche Mann starb auf seinem Bette in guter Ruhe den 6. Hornung 1655, und der bekannte Engländer Isaak Basirius, der den 30. Christmonat des vorigen Jahres von Konstantinopel zu Weißenburg angekommen war, erhielt seine Professur. Von Bisterfelds Schriften sind mir bekannt worden:

1. Disput. Philosophica, de Concursu caussae primae cum secundis, *Respond.* Stephano Keserü et Joanne Benyei, Hungaris, ad d. 8. et 15. Maji. Albae Juliae. Imprim. Jacob Effmurdt, suae Serenitatis Typographus. A. 1630 in 4. 8 S.
2. De uno Deo Deo Patre, Filio ac Spiritu Sancto Mysterium Pietatis, contra *Joann. Crellii,* Franci, de Vno Deo Patre, Libr. duos, breviter defensum. Lugduni Batav. ex Officina Elzeveriana. Anno 1639 in 4. [1]) Erschien zum zweitenmal in Amsterdam 1659. 4-to.
3. Disput. Theolog. de divina Scriptuae S. Eminentia. *Respond* Samuele Decano, Bohemo. Albae Juliae. 1641 in 4. 12 S.
4. Disp. Theol. de Domino nostro Jesu Christo. *Resp.* Petro Mylio. Polono. Ebendas. 1641 in 4. 16 S.
5. Medulla priscae puraeque Latinitatis, denuo impressa. Alb. Jul. Typis Celsis. Princ. M. DC. XLVI in 12. Dieses Werkchen des Mark. Friedr. Wendelin, das lateinisch und deutsch, 1630 gedruckt worden, gab Bisterfeld zum Dienste der Schuljugend, mit einer neuen Vorrede heraus.
6. Beata beatae Virginis Ars. seu Regia genuini S. Scripturae sensus, omnigenique usus inveniendi Via. Ebendaselbst 1651 in 4. 40 S.
7. Philosophiae primae Seminarium, ita traditum, ut omnium disciplinarum fontes aperiat, earumque clavem porrigat. Alb. Juliae. excud. Martin Major, Coronensis, Cels. Transilv. Princ. ac Scholae Typographus. A. 1652 in 8. 104 S.

---

[1]) Mit einer Zueignungsschrift an den Fürsten Georg Rákóczi I., und dessen Prinzen Georg, und Sigismund. Crells Werk ist darin abgedruckt, und Bisterfelds Widerlegung ihm entgegen gesetzt.

8. Gladii Spiritus ignei, vivi et ancipitis, seu Scripturae S. divina Eminentia et efficientia, publicae non credentium et credentium disquisitioni, Spiritu S. Duce, denuo in duabus disquisitionibus proposita. Albae Jul. 1653 in 4. 12 S.

9. Bisterfeldius Redivivus: seu Operum Jo. Henrici Bistenfeldii, magni Theologi et Philosophi, posthumorum, *Tom.* I. et II. Hagae Comitum, ex typograph. Adriani Vlacq. 1661 in 12. ²)

10. T r. Disquisitio de Symbolo Apostolico. Amstelodami 1702, 4-to. 64 Seiten. (Catal. Biblioth, Szechény. Tom. I., p. 33.)

Er erhielt vom Fürsten eine adelige Possession zu Tövis. Eder Advers. 244.

Seine zweite Gattin war Anna Stenzel aus Hermannstadt. Ihm und dieser seiner Gemahlin schenkte Susanna Lorántfi, Witwe des Fürsten Georg Rákoczi I., zur Belohnung der ihr und ihrem verstorbenen Sohne Sigmund Rákoczi geleisteten Dienste, eine adelige Portion zu Nádos, in der Küküllőer Gespanschaft, für sie und deren Nachkommen, vermöge Donation ddto. Kolos-Monostor 9. Mai 1652 und diese Schenkung bestätigte G. Rákoczi II. am 2. Juli 1652.

Ueber das bedeutende Vermögen, welches Bisterfeld besaß, — wozu ein Haus, Garten und Meierhof in Hermannstadt gehörten, — verfügte Bisterfeld mittelst eines zu Weißenburg am 6. Jänner 1655 errichteten Testamentes, wovon sich im sächs. National-Archiv Nr. 776 eine Abschrift befindet, — zu Gunsten seiner minderjährigen Tochter erster Ehe, Susanna, dann seiner Schwester Anna Bisterfeld und seiner zweiten Gattin Anna Stenzel, und verordnete, daß seine Bibliothek beisammen bleiben, und nach dem Tode seiner Tochter dem Weißenburger Collegium gehören solle.

---

²) Der erste Theil enthält:

1. Alphabeti Philosophici, sive Philosophiae praecipuorum Principiorum. Libri III.
2. Aphorismi Physici.
3. Sciagraphia Analyseos.
4. Parallelismus Analyseos Grammaticae et Logicae.
5. Artificium definiendi catholicum.
6. Sciagraphia Symbioticae.

Der zweite Theil:

1. Logica.
2. De Puritate, ornatu et copia linguae latinae.

Tr. **Bock Joseph,**

Sohn des Hermannstädter Physicus Joh. Georg Bock, geb. in Hermannstadt, Stadtprediger in Hermannstadt, Pfarrer in Hahnebach 19. April 1838, starb im April 1865.

Plantarum secundum Pharmacopaeam Austriacam anni 1821 officinalium, quotquot in M. Transsilvaniae Principatu sponte proveniunt Descriptio, Linnaeo et praesertim Thumbergio duce in Systema sexualiartificiosum concinnata. Cibinii 1832. 8-vo. VI. 58 Seiten.

Der Gräfin Rosalia Csáky, verehl. B. Johann Josika, zugeeignet.

Tr. **Bock Martin,**

geboren in Alzen, wo sein Vater Pfarrer war, Prediger in Hermannstadt, Pfarrer in Kastenholz 1820 im Februar, dann in Alzen 1828 im Juli, wo er im Jahre 1861 mit Tod abging.

Numophylacii Gymnasii A. C. add. Cibin. Descriptio. Fascic. II. Pars I. Cibinii, Hochmeister 1816. 4-to. 28 S.

Tr. **Böhm Johann,**

aus Kronstadt, studirte im Jahre 1686 fg. am dasigen Gymnasium und 1692 fg. an der Universität zu Wittenberg, wurde Collega und Rector am Gymnasium zu Kronstadt 1707, dann Prediger an der Stadtkirche daselbst 1713, und starb an der Pest den 19. August 1719.

1. In nomine Spiritus S. advenientis. Materiam historico philologicam de lingvis ignitis ex Act. Cap. II. comm. 3 deductam per adsistentiam spiritus, hospitis pentecostalis, sub praesidio M. Abrahami

---

3. Ars disputandi.
4. Ars Combinatoria.
5. Ars reducendorum Terminorum ad Disciplinas liberales Technologica.
6. Ars, seu Canones de Reductione ad Praedicamenta.
7. Denarius didacticus, seu decem Aphorismi, bene discendi.
8. Didactica sacra.
9. Usus Lexici.

In Jöchers gelehrt. Lex. wird Visterfelden noch zugeschrieben: Phosphorus Catholicus, seu Epitome Artis meditandi.

Henrici Deutschmanni Ord. Philos. Adjuncti Respondens Joh. Böhm, Cor. Transsylvanus, SS. Theol. Cultor, publico Eruditorum colloquio destinabit die III. Junii A. MDCXCIII. Wittebergae, prelo Mart. Schulzii. 4-to. 14 S.

2. Dissertatio de Aerario publico, praeside M. Christophoro Heinsio die 10. Martii 1694. Witebergae 4-to. 16 S.

3. Disputatio Theologico-Canonico-Catholica de Christi officio in genere et de prophetico in specie, praeside D. Joanne Deutschmann. Witeb. 1694. 4-to. 8 S.

Seiv. **Boetius Johann,**

ein gelehrter Dominikanermönch, um das Jahr 1345. Wofern ich nicht irre, so ist es Schmeizel, der ihn Johann, auch einen siebenbürgischen Sachsen nennet, und dabei den Sigism. Ferrarius, de Rebus Hung. Provinciae Ordinis Praedicatorum anführet. Dieser aber verschweiget seinen Taufnamen, nennet ihn zwar nach dem Vater Nemethi, einen Siebenbürger; allein zugleich meldet er, daß ihn Antonius von Siena in seiner Bibliothek, zu der Dänischen Provinz rechne. Ich kann es nicht entscheiden, doch kann Nemethi leicht durch das zweideutige Wort: Dacia, sein getäuscht worden. S. Seite 443, wo zugleich folgende Schriften dem Boetius beigelegt werden:

1. Ueber des Aristoteles Werke: de Sensu et Sensibili; Vita et Morte, Somno et Vigilia.
2. De Mundi aeternitate. Außer diesen schreibet man ihm noch zu: Summam Dialecticam; Commentar. in Libb. Topicorum analyticorum utrorumque und in Elenchos Sophisticos. Jöcher.

Seiv. **Bogner Petrus Apus,**

beider Rechten Doctor und Stadtpfarrer zu Kronstadt. Ob dieser merkwürdige Gelehrte ein Sohn des Bartholomäus Bogner gewesen, der 1542 der erste evangelische Pfarrer zu Leutschau geworden, kann ich nicht sicher bestimmen. Von diesem gibt uns eine Leutschauische Chronik folgende Nachricht: „Anno eodem (1542) ist der Ehrwürdige Herr Bartholomaeus Bogner von Kronstadt aus Siebenbürgen, bei Reformirung der Kirchen als ein lutherischer Pfarrer in die Leutsch berufen worden, unter dem Richteramt Herrn Ladislaus Polirer; der Schul=Rector war Daniel Türk, auch der erste, so der Augsburgischen Confession zugethan war, so hernach Notarius worden." ¹) Unser Bogner weihete sich Anfangs den schönen Wissenschaften, der Weltweisheit und Arzneikunst, zuletzt der Rechtsgelehrsamkeit, und endlich sah er sich zum Dienste der Kirche genöthigt. Er besuchte Frankreich, England und Italien, und hielt sich vierzehn Jahre auf ihren berühmtesten hohen Schulen auf. Zu Paris beschäftigte er sich sechs Jahre mit den schönen Wissenschaften, der Weltweisheit und Arzneikunst, nachgehends zu Orleans, Burges, Poitiers und Anjou. Endlich entschloß er sich zur Rechtsgelehrtheit, that eine Reise nach England, und darauf nach Italien. Hier hörte er die berühmtesten Rechtsgelehrten zu Padua, Bologna, Pisa, Siena, Rom und Ferrara, und nahm die höchste Würde in beiden Rechten an. Nach seiner glücklichen Zurückkunft in sein Vaterland, wurde er Rathsherr zu Kronstadt und Professor oder Lector bei der Schule, diente auch den Kranken mit seiner medicinischen Kenntniß, ob er gleich den Doctorhut nie empfangen, davon er eine artige Ursache angibt. ²) 1572 den 13. November starb der Stadtpfarrer **Jakob Mellembriger** an einem Schlagflusse, und da ward Bogner an seine Stelle berufen ³). Eine unvermuthete Scene! Sie bewegte ihn zu Thränen und Klagen, und alles zu versuchen, einen Dienst von sich zu entfernen, zu dem er sich in Frankreich und Italien gar nicht zubereitet hatte. Aus

---

1) Wagners Analecta Scepusii sacri et profani P II. S. 15. Allein S. 54 wird in Leibitzers Chronik berichtet: M. D. XLIV. Reverendus et Clarissimus Vir, Bartholomaeus Bogner, vocatus est Leutschoviam ad munus concionandi, sub praefectura D. Ladislai Polirer, ubi Evangelii lumen refulsit. Ille fuit primus Evangelicus Praedicator Leutschoviae. Ob er vor diesem Berufe einige geistliche Würden zu Kronstadt begleitet hat, weiß ich nicht; aber daß er nicht Stadtpfarrer daselbst gewesen, noch den berühmten Honterus zum Nachfolger gehabt, ist aus den Kronstädtischen Annalen gewiß. Paul Benkner, Licentiat der Rechten, legte sein Amt freiwillig 1535 nieder. Sein Nachfolger Lukas Plecker starb das folgende Jahr, diesem folgte Jeremias Jökel, und auf ihn 1544 den 22. April Johann Honterus.

2) Zu seiner Apologia, Synodo Medjeschini d. 20. Maji 1573, exhibita, darinnen er seine merkwürdigsten Lebensumstände erzählte: quod nulla. schreibt er: diplomata bullasque nunquam viderim, qualescunque fuerint, utut etiam compositae, inscriptionibus insignitae, denique litteris aureis efformatae. quae languentem aliquem et affectum valetudine sanarent, juverint, restituerent.

3) Da durch diese seine Beförderung das Lectorat, wie er selbst schreibt, erledigt worden, so berief er zu diesem Schuldienste den Martin Ollard, Professor bei der Hermannstädtischen Schule den 13. December 1572.

*

diesem Grunde that er der Synode zu Mediasch 1573 den 20. Mai öffentliche Vorstellungen, und bat auf das Inständigste, nicht eher in den geistlichen Stand, den er über alles schätze, aufgenommen zu werden, bis er nicht die nöthige Würdigkeit dazu haben würde. — Vielleicht aber wäre dieses niemals erfolgt. Denn er that seine Pfarrerdienste sechs Jahre lang in weltlicher Kleidung, ob er gleich nur auf zwei Jahre vom Könige Stephan Báthori Erlaubniß hatte. Endlich nahm er den geistlichen Stand auf der Synode zu Medwisch 1578 den 10. Heumond, an. Auch jetzt würde es kaum geschehen sein, wenn ihn nicht Daniel Reipchius, von dem gelehrten Arzt Paul Kerz und dem Superintendenten Lukas Ungleich angereizt, durch etliche Kanzelreden dazu genöthigt hätte.

In eben dieser Synode wurden wegen der Aerntearbeit die beiden Feste der Apostel Petrus und Paulus und des Jakobus aufgehoben, die übrigen Apostelfeste aber bis auf die halbe Feier eingeschränkt. Darauf denn dieses Bogner in dem Kronstädtischen Kalender bezeichnete; allein zu großem Misvergnügen des Raths, besonders des Matthias Fronius, der Luthers und Melanchtons Schüler war. Doch blieb diese Verordnung im burzenländischen Kapitel im Schwange, in andern aber mußte sie aufgehoben werden. Denn, da dieses Jahr durch viele Ungewitter merkwürdig wurde, und gar am Tage Jakobi ein schrecklicher Hagel die Feldfrüchte und Weinberge verdarb, sahen dieses die Bauern für göttliche Strafgerichte wegen der abgeschaften Festtage an, wurden aufrührerisch, und drohten an einigen Orten, ihren Pfarrern sogar den Tod.

Bogner starb an einem Schlagflusse 1591 den 28. Heumond. Seine Gemahlin war Anna, eine Tochter des merkwürdigen Bürgermeisters zu Medwisch, Joachim Koch, welche er 1569 geheirathet hatte. Von seinen gelehrten Beschäftigungen ist mir nichts mehr bekannt, als:

Tröstliche Gebete wider die Türken. Kronstadt 1580 in 8. wieder 1594. 56 S.

Tr. **Peter Apus Bogner** war in Kronstadt geboren, ein Sohn des Michael Bogner, wie es das Diplom der Akademie zu Ferrara vom 30. September 1564, mittelst welchem Petrus zum Doctor beider Rechte graduirt worden ist, und welches noch heutzutage in der Kronstädter Schul=Bibliothek aufbewahrt wird, ausdrücklich besagt. Sein Bruder Emericus war ein reicher Kaufmann in Klausenburg, und Lukas Bogner, der am 10. Januar 1595 in Wien starb, dürfte sein Sohn gewesen sein.

Statt dem Namen Bogner bediente sich die Familie in ältern Zeiten des lateinischen Namens **Arcusinus**. Mit dem am 30. November 1813 als Polizei-Director und Senator in Kronstadt verstorbenen Johann Andreas Bogner ist diese Familie erloschen.

Bartholomäus Bogner aus Kronstadt, der im Jahre 1542 die evangelische Lehre in Leutschau ausbreitete, durch 12 Jahre daselbst der erste evang. Pfarrer war, und durch einen musterhaften Lebenswandel sich auszeichnete, mag Peter Bogners Onkel gewesen sein. Nach Xylanders Vermuthung war Barth. B. ein Schüler Honters. Von Leutschau kam er am 25. Juni 1556 als Pfarrer nach Neudorf, wo er am 25. Juni 1557 mit Hinterlassung einer Witwe und 5 Kinder mit Tod abging. Die Matricula 24. Regalium sagt von Bogner: Reverendus, pius, modestus, doctus, omni laude vir dignissimus-pastor vigilantissimus — verbi dei interpres fidelissimus, — qui evangelium filii dei pure pie et sincere, optima rectaque et omni imitatione dignissima vita docuit.

S. Kleins Nachrichten von evang. Predigern in Ungarn. Leipzig 1789. II. Bd. S. 54—67 und Ribini's Memorabilia Aug. Conf. in Hungaria. Posonii 1789 II. 413.

Ein Sohn des Bartholomäus Bogner, Pfarrers in Marienburg (gest. am 7. April 1659) eines Enkels Peter Bogners, hat sich, — nach Thomas Tartlers Collectan. zu einer Partikulär-Historie von Kronstadt p. m. 311, — in Holländischen Diensten bis zur Stelle eines Admirals emporgeschwungen.

1598 war ein Bogner Stadt-Richter in Klausenburg. Lebrechts Fürsten von Siebenbürgen I. 195.

Sciv. Bomel Thomas,

gleichfalls ein Kronstädter und Pfarrer zu Stolzenburg. Auch er diente zuerst dem gemeinen Wesen und wählte hernach den geistlichen Stand. Nichts Ungewöhnliches zu den Zeiten unserer Väter, da Rechtsgelehrte nicht Fremdlinge in der Gotteslehre, und Theologen nicht im Felde der Rechtsgelehrsamkeit waren. Allein, wie ist die Gestalt unsrer Zeiten! Wie mancher Jüngling bestimmt sich jetzt zu Staatsdiensten, weil er sich eines Handwerkes schämt, und zu dessen Wissenschaften weder Lust noch Fähigkeit hat! Bomel suchte und fand sein Glück zu Hermannstadt; woselbst er 1548 Provinzialnotarius wurde. Als solchen sandten ihn die versammelten Stände zu Székely-Vásárhely, in Gesellschaft des Ladislaus Kemény und Johann Schombori im J. 1555 an den K. Ferdinand nach Wien, um desselben Einwilligung zur Wiederberufung der Königin Isabella und ihres Prinzen Joh. Sigismund aus Polen, zu erhalten. Die Rede, welche Bomel bei dieser Gelegenheit den 9. Hornung 1556 gehalten, hat uns Miles im S. **Würgengel**, S. 56, aufbewahrt. Nachgehends ward er ein Mitglied des innern Raths, auch 1561 von Johann dem Zweiten zum Vicesimator erklärt. Allein, noch in diesem Jahre verwechselte er seinen Stand, und erhielt, nach dem Tode Bartholomäus Kertschens, die Pfarre zu Stolzenburg. Hier vollendete er seine Tage, den 30. Januar 1592, nachdem er 1569 auch das Dechanat bekleidet hatte. Wir haben von ihm:

1. Chronologia Rerum Ungaricarum, a primo Unnorum in Pannoniam adventu, ad millesimum quingentesimum quinquagesimum septimum a nato Christo annum, per Thom. Bomelium Coronensem, collecta et Inclito Senatui Coronensi dicata. Coronae 1566 in 4. 22 S.[1]
2. Statuta Jurium Municipalium Civitatis Cibiniensium, reliquarumque Civitatum et universorum Saxonum Transilvanicorum, collecta per Thom. Bomelium, A. 1560.

---

[1] Der Verfasser vermehret deren Zahl, welche die siebenbürgischen Sachsen für ein Pflanzvolk des K. Geisa des Zweiten, halten. Doch bestimmt er das Jahr ihrer Berufung nicht. Dieses ist seine Nachricht:

1141. Geysa secundus in Regem eligitur, fuit et hic vir pius, ac humanus, moritur ultima die Maji, cum regnasset annos viginti.

Saxones in Ungariam evocati, in Transilvania, ad montana loca, quae nunc quoque inhabitant, consederunt.

Expeditio Hierosolymitana.

So ist seine Art zu erzählen. Bei dem Anfangsjahre der Regierung eines Königs bemerkt er zugleich, wie lang er regiert, und wann er gestorben; alsdann in Absätzen die merkwürdigsten Begebenheiten, aber gemeiniglich ohne Bestimmung des Jahres: Auf dem Rande bezeichnet er die römischen Kaiser, und von 1300 auch die türkischen. — Das Werkchen ist von keiner Wichtigkeit, und nach Haners Urtheil, in Advers. de Scriptor. R. Hung. et Transil. S. 126, wärmet Bomel alte Fehler auf, und begehet neue. Wenn er aber zu den erstern die Legende der H. Ursula mit ihren 11000 Gespielinnen rechnet, und unter die letzern die Erwählung des K. Ludwigs II. zum ungarischen Könige, im zehnten Jahre seines Alters, so möchte Bomel noch wohl zu entschuldigen sein. Denn das erstere wurde damals allgemein geglaubt, niemand dachte noch an zwei jungfräuliche Märtirerinnen, Ursula und Ximilla, oder auf eine andere wahrscheinliche Erläuterung dieser unwahrscheinlichen Legende. In Absicht Ludwigs saget er uns nichts, als was die Wandchronik der Kronstädtischen Hauptkirche 1535 geschrieben, vor ihm behauptet hat. 1517, Ludovicus natus annos 10 eligitur in Regem. Regnat annos 10.

3. Statuta oder Satzungen gemeiner Stadtrechten der Hermannstadt und anderer Städte, und aller Deutschen in Siebenbürgen, colligirt durch Thom. Bomelium 1560 [1])

Tr. **Bordan Thomas,**

von Hermannstadt. 1589 zum Pfarrer in Großscheurn, und 1592 zum Stolzenburger Pfarrer erwählt, war Dechant des Hermannstädter Capitels in den Jahren 1599, 1600 und 1604; und starb am 28. August 1633. Es irrt also Gr. Jos. Kemény, wenn er aus den Stellen, wo Seivert in seinen Nachrichten von siebenbürgischen Gelehrten S. 32 und 300 Bordans erwähnt, die Vermuthung folgert, es habe Bordan 1624 nicht mehr gelebt. Dagegen hat sich derselbe Graf die Freunde siebenbürgischer Geschichte zu Dank verpflichtet durch die Herausgabe nachfolgender Handschrift in den „Deutschen Fundgruben zur Geschichte Siebenbürgens", Klausenburg 1839, S. 224—250.

„Virtus Coronata oder Ursache und Lohn, Expeditionis Schirmerianao. Beschreibts zur Ehr, Exempel und Gedächtniß unserer lieben Teutschen Nachkommenschaft, Thomas Bordan, Pfarrer zu Stolzenburg 1601—1603."

Die drollige Zueigungsschrift, mit welcher der Kelneker Pfarrer Andr. Gunesch im März 1699 seine Abschrift dieses historischen Aufsatzes unter dem veränderten Titel: „Expeditio Schirmeriana" ꝛc. dem Hermannstädter Senator Christian Haas und Hundertmann Paul Schirmer überschickte, theilt uns Gr. Kemény am a. O. mit, Seite 221—223.

Einen Theil dieser Schrift (bei Kemény am a. O. S. 233 bis 243 und 249—250) findet man auch gedruckt in dem „Sie-

---

[1]) Beide sind nur Handschriften, die ich bis jetzt nur in der kapitularischen Bibliothek zu Hermannstadt bemerkt habe. Das Deutsche ist eine bloße Uebersetzung des Vorhergehenden. Bomel fand mit dieser seiner Arbeit vielen Beifall, und man machte Gebrauch davon. Da nicht nur sächsische Städte und Marktflecken, sondern auch manche Dörfer Gericht halten, und das Recht über Tod und Leben besitzen; was konnte nothwendiger sein, als eine schriftliche Verfassung, der bei Gerichten bisher üblichen Gewohnheiten und Rechte? Matthias Fronius folgte seinen Fußtapfen, und gab der Nation ein Gesetzbuch, das noch allen sächsischen Gerichtsstühlen zur Richtschnur dienet.

benbürgischen Volksfreund", Hermannstadt bei Sam. Filtsch 1844 Nr. 18—20 unter folgendem Titel: „Die Sendung Anton Schirmers aus Hermannstadt an den kaisl. General Georg Basta, verfaßt von einem ehemaligen Kelneker Pfarrer Andr. Gunesch.

Tr. **Born Ignatz Edler von,**

geboren am 26. December 1742 in dem Bergorte Kapnik an den Grenzen des Szathmárer und des Marmaroser Comitats[1]), Mitglied der meisten Gelehrten-Gesellschaften in Europa (London, Stockholm, Lunden, Siena, München, Padua, Berlin ꝛc. ꝛc.), starb in Wien am 28. August 1791.

Seine erste Bildung erhielt Born in Hermannstadt, und seit 1755 in Wien, worauf er 1759 in den Orden der Jesuiten eintrat, dem er jedoch nur 16 Monate lang angehörte. Er begab sich sonach 1760 nach Prag, und unternahm von hier, nach Vollendung der Rechtsstudien und Abhaltung einer öffentlichen Disputation, eine Reise durch ganz Deutschland, Holland, die Niederlande, Frankreich und Spanien, zur Erwerbung mehrerer Kenntnisse in den Natur- und Bergwerks-Wissenschaften. Im Jahr 1770 Beisitzer im Münz- und Bergmeister-Amte zu Prag, trat er eine gelehrte Reise durch Ungarn, das Temeser Banat, Siebenbürgen und Krain an, deren Ergebnisse seine für die Mineralogie schätzbaren Briefe an Ferber waren. Während seinem damaligen Aufenthalte zu Felsö-Bánya (zu Ende Juni 1770), legte indessen Born beim Befahren einer Grube, welche von dem kaum ausgebrannten Feuer noch voll dichten Rauches war, den Grund zu einer peinlichen chronischen Krankheit, welche seine Lebenszeit verkürzte. Nun mußte er kränkelnd, blos wissenschaftlich beschäftigt, vier Jahre auf seinem Landgute Alt-Zeblitz zubringen. Während dieser Krankheit zum Berg-Rath in Prag ernannt, gründete Born nach seiner Rückkehr dahin, die „Gesellschaft für Beförderung der Mathematik, für vaterländische und Naturgeschichte", und betheiligte sich an mehreren literarischen Unternehmungen, z. B. Pelzels Abbildungen böhmischer und mährischer Gelehrten" u. a. m.

---

[1]) Nach Borns eigner Nachricht in seinen Briefen an Ferber, Seite 150. — Andere (wie Hormayr, Meusel, Wurzbach ꝛc) nennen Karlsburg den Geburtsort Borns. —

Im Jahr 1776 rief ihn die Kaiserin Maria Theresia nach Wien, das kaiserliche Naturalienkabinet zu ordnen und zu beschreiben, und schon 1778 und 1780 erschien sein Verzeichniß dieses Kabinets, die Fortsetzung hingegen unterblieb, weil Kaiser Joseph II. die fernere Unterstützung einstellte. Im Jahr 1779 wurde Born wirklicher Hof-Rath der Hofkammer im Münz- und Berg-Wesen in Wien. Um diese Zeit nahm aber auch seine Krankheit eine sehr ungünstige Wendung, denn durch den Gebrauch einer zu starken Dosis Opium, blieb nach einem 24stündigen todesähnlichen Schlaf, sein rechter Fuß, auf welchen sich der Krankheitsstoff geworfen hatte, lebenslang gelähmt. — Nichtsdestoweniger nahm er den lebhaftesten Antheil an allen Zeiterelgnissen, und wurde Mitglied verschiedener geheimer Gesellschaften[1]). Die Gegner der bestgemeinten kirchlichen und Disciplinar-Reformationen des K. Joseph bekämpfte Born mit satyrischem Genie in seiner Monachologia, in der Anatomia Monachi, — Defensio Physiophili, welchen er 1772 das Spottgedicht auf die Freunde des Schlendrians: „Die Staatsperücke", vorausgeschickt hatte.

Vorzüglich bemüht für die Einführung der Amalgamation oder des Anquickens der Erze, stellte Born durch K. Joseph aufgemuntert, damit Versuche im Großen bei den Schemnitzer Bergwerken mit solchem Erfolge an, daß nach Ueberwindung vieler Schwierigkeiten seine Methode nicht nur von K. Joseph in den k. k. Staaten eingeführt, und dem Erfinder auf 10 Jahre 1/3 der Summe, welche durch das neue Verfahren erspart wurde, nebst den Zinsen dieses Drittels, auf die folgenden 10 Jahre angewiesen, sondern dieselbe Methode nachgerade auch in ganz Europa als die beste angenommen wurde. Nebstdem machte Born die nützlichen Erfindungen, durch chemische Mittel in wenigen Stunden das Wachs zu bleichen, und den Salzsud mit der Hälfte des bisher üblichen Holz-Aufwandes, zu bewirken. Als Gelehrter umfaßte B. die verschiedensten literarischen Fächer, sah überall etwas Neues und Eigenes, und hatte die vorzüglichsten Sprachen inne. Sein Latein war klassisch. Er hinterließ eine Wittwe und zwei Töchter.

Der vorstehenden — nach Hormayrs österreichischem Plutarch, 9. Bbchen., S. 158—164 und Wurzbachs biographischem Lexikon des Kaiser-

---

[1]) Ueber Borns freimaurerische Wirksamkeit s. Meusels historische und literarische Unterhaltungen S. 20 ic. Von seinem mißlungenen Versuch, K. Joseph zum Beitritt zu dieser Gesellschaft zu bewegen, s. Gräffers Dosenstücke, 2. Bd., 2. Ausg., Seite 250.

thums Oesterreich, 2. Th.; S. 71—74 (das Letztere weist auch eine reiche Quellen-Angabe über Borns Leben und Schriften nach) verfaßten Lebens-Skizze sei es gestattet, die Einleitung zu der interessanten Biographie beizufügen, welche Schlichtegrolls Nekrolog auf das Jahr 1791. (Gotha 1793. 2. Band, S. 219—249 enthält:

„An Geisteskraft und angebornem allgemeinen Talente (war Born) wohl der Größte unter den Todten dieses Jahres; an Wirkungen, die sein thätiger Geist auf die Wissenschaften und auf seine Mitmenschen hatte, unbeschreiblich merkwürdig für sein Zeitalter! Ein nicht langes Leben reichte ihm hin, seinen Namen durch alle vier Welttheile zu verbreiten, bei einem siechen Körper, und oft gefoltert von unsäglichen Schmerzen, Wissenschaften umzuformen, dem Aberglauben Altäre zu zerstören, das Licht der Wahrheit und Weisheit in hundert jungen Seelen zu entzünden und zur hellen Flamme anzufachen. Wenn sein Grab längst bemooset sein wird, werden die Wirkungen seines edlen Geistes, den er in Schriften, und noch mehr durch persönliche Mittheilung auf seine Vertrauten übertrug, noch fortdauern, und wer dereinst eine Geschichte der Entwicklung des menschlichen Geistes in dem jetzigen Zeitalter aufstellt, wird bei seinen Forschungen nach den Triebfedern derselben in einem großen Lande auch auf Borns Namen treffen und mit Ehrfurcht bei ihm verweilen. Doch alles das abgerechnet, würde sein Andenken schon dadurch für die Menschen wohlthätig werden können, wenn die Vielen, durch körperliche Schmerzen Leidenden an seinem Beispiele lernen wollten, daß Stärke des Geistes, unterstützt durch natürliche Heiterkeit, selbst über die größten Schmerzen des Körpers siegen könne, und daß man nur nicht den Muth verlieren dürfe, durch Bekämpfung seines Leidens, es in der That zu vermindern, und sogar dabei noch sehr thätig für die Welt zu sein."

Nach Borns frühzeitigem Hinscheiden brachte seinen siebenbürgischen Landsleuten insbesondere die Siebenbürgische Quartalschrift 2. Bd., S. 227—229, seine großen Verdienste in Erinnerung.

Aber auch in Ungarn fanden dieselben die wohlverdiente Anerkennung, denn vermöge dem 72. Artikel des ungrischen Landtags vom Jahre 1791, erhielt Born zur Belohnung für sein Amalgamations-System und seine metallurgischen Erfindungen das Indigenat im Königreiche Ungarn, und von den siebenbürgischen Landes-Ständen den 18. Juli des nemlichen Jahres auf sein, um das siebenbürgische Indignat gestelltes Ansuchen — (laut welchem Borns Vater zur Zeit des Türkenkrieges 1742—1744, als Artillerie-Hauptmann in Siebenbürgen stand) — unter ausdrücklicher Würbigung seiner Verdienste, die Erwiederung, daß er vermöge dem in Ungarn erhaltenen Indigenat gesetzmäßig auch in Siebenbürgen als Edelmann anerkannt werde. (Siebenb. Landtags-Protokoll vom Jahre 1791, S. 569.)

Borns Werke — größtentheils schon in Meusels Lexikon der von 1750—1800 verstorbenen deutschen Schriftsteller, 1. Bd., S. 526—529 verzeichnet, — sind:

1. Die Staats-Perücke, eine Erzählung. Wien 1772. 8-vo. (Ward ohne sein Vorwissen gedruckt.)
2. Lithophylacium Bornianum s. Index Fossilium, quas collegit, et in Classes ac ordines disposuit J. de B. Pragae 1772 et 1775. Partes II. gr. 8-vo. 1. Bd.   2. Bd. 148 S.
3. Schreiben an Herrn Franz Grafen v. Kinsky über einen ausgebrannten Vulkan bei der Stadt Eger in Böhmen. 1773. 4.
4. Briefe über mineralogische Gegenstände auf seiner Reise durch den Temesvárer Banat, Siebenbürgen, Ober- und Nieder-Ungarn an Johann Jakob Ferber geschrieben. Frankfurt und Leipzig 1774 mit Kpf. 8-vo. Englisch von R. E. Raspe. London 1777. 320 S. 8-vo. Französisch mit einigen Anmerkungen von Moncet. Paris 1780. 396 S. 8-vo. Italienisch von einem Ungenannten. Venedig 1778. 8-vo. 204 S.
5. Index rerum naturalium Musei Caesarei Vindobonensis. P. I. Testacea. Vindob 1778. Fol. maj. Hernach mit 18 prächtigen, nach der Natur gemalten Abbildungen und vielen Vigneten unter dem Titel: Testacea Musaei Caesareo Vindobonensis, quae jussu Mariae Theresiae disposuit et descripsit Ign. a Born, ibid. 1780. Fol. maj. Vgl. Comment. Lips. XIV. 508 f. Beckmanns ökon. phys. Bibliothek X. 284. XI. 83 und Schröters Lit. I. 36.)
6. Joannis Physiophili Specimen Monachologiae methodo Linnaeana, tabulis tribus aeneis illustratum, cum adnexis thesibus e Pansophia P. P. P. *Fast*, Magistri chori et Rectoris ecclesiae metropolitanae Viennensis ad S. Stephanum, quas Praeside A. R. P. Capistrano a Mulo Antonii Lectore, Theologiae Ordinario, hora IV. post prandium in vestibulo refectorii Conventus defendent P. Tiburtius a Vulnere Theresiae et P. Theodatus a Stigmatibus Francisci. fratres Conventualium minorum. Augustae Vindelicorum, sumtibus P. Aloysii Merz, Concionatoris ecclesiae cathedralis 1783, gr. 4. Wurde einigemal nachgedruckt; auch erschien eine zweite rechtmäßige Ausgabe unter dem Tittel: „Jo. Physiophili opera. Continent Monachologiam,

accusationem Physiophili, defensionem Physiophili, anatomiam Monachi. Augustae Vindel. 1784. gr. 8. 9 Bogen. Deutsch von Ignatz Lojola Kuttenpeitscher. München 1784. 8-vo. Englisch, London 1784. 8-vo. — Auch deutsch, Wien 1783, Straubing 1802 und mehrmals deutsch nachgedruckt. — Ist auch ins Französische übersetzt worden von Broussonet: Essai sur l'histoire natur. des quelques espèces de moines (1784, 1790, 1798). Auszüge in der allg. deutschen Bibliothek 56. Bd. S. 600—615 und 86 Bd. S. 602—605.

7. Ueber das Anquicken (Amalgamiren) der gold- und silberhaltigen Erze, Rohsteine, Schwarzkupfer und Hüttenspeise. Wien 1786, 21 Kupfert. 227 S., gr. 4. Die Recension dieses Buches aus der Allg. Lit.-Zeitung vom Jahre 1786, Nr. 137 hat Horányi in Nova Memoria Hungarorum I. 521—541 aufgenommen. Französisch unterm Titel: Methode d'extraire les Metaux parfaits des Minerales et autres substances metalliques. A Vienne 1788. 4-to.

8. Metallurgie, ou l'amalgamation des minéraux méthode d'extraire par le mercure, 4-to. Bern 1787. Typogr. Soc.

9. Catalogue methodique et raisonné de la Collection des Fossiles de Mdlle Eleon. de Raab. P. I. et II. a Vienne 1790. 8-vo. Deutsch unter seiner Aufsicht, ebend. 1790. 8-vo. Wird in der Mineralogie zu den klassischen Arbeiten gezählt.

10. Freimüthige Briefe über den Holzmangel in den österreich. Staaten und die Mittel ihm abzuhelfen. Ebend. 1791. 8-vo.

  Born gab heraus:

 a) Nicol. Poda's Beschreibung der beim Bergbau zu Schemnitz errichteten Maschinen. Wien 1771, 8-vo, mit 35 Vignetten.

 b) J. J. Ferbers Briefe aus Welschland über natürliche Merkwürdigkeiten dieses Landes an den Herausgeber derselben J. v. Born. Wien 1773, gr. 8-vo.

11. Aufsätze in den Actis literariis Bohemiae et Moraviae.

12. Born hatte Antheil an den 3 ersten Bänden der Abbildungen böhmischer und mährischer Gelehrten und Künstler, nebst kurzen Nachrichten von ihrem Leben und Wirken. Prag 1773—1777, gr. 8. Vier Theile.

 c. Abhandlungen einer Privat-Gesellschaft in Böhmen, zur Aufnahme der Mathematik, der vaterl. Geschichte und der Natur-Geschichte. 1. Theil, Prag, 1775, 394 S. 2. Theil 1776, 406 S. 3. Th.

1777, 418 S. 4. Theil 1779, 354 S. 5. Theil 1782, 388 S. 6. Theil 1784, 400 S., gr. 8. (In allen Theilen, ausgenommen im 6., stehen auch Aufsätze von ihm).

d. Joh. Gottlieb Kern vom Schneckensteine oder dem sächsischen Topasfelsen, zum erstenmal herausgegeben und mit Anmerkungen vermehrt. Prag 1776. 4. Mit 5 Kupf., dann mit neuem Tittelblat, Dresden 1792, bei Walther, gr. 4-to.

e. Physikalische Arbeiten der einträchtigen Freunde (der Maurer-Loge zur Eintracht) in Wien. 1. Jahrgang 330 S. 1—4. Quartal. Wien 1783—1785. 2. Jahrgang 456 S., 1—3. Quartal, ebend. 1787—1788. 4. (Auch hierin stehen Abhandlungen von ihm.) Endlich

f. gab Born mit dem Berghauptmann von Trebra heraus: Bergbaukunde 1. Bd. IV. 419 S. und 6 Kupf. Leipzig 1789. 2. Bd. II. 472 S. und 5 Kupf., ebend. 790, gr. 4. Von ihm ist Folgendes darin: Thyrolischer Silber- und Kupferschmelzproceß. B. 1, S. 217. Ueber das Verschmelzen der Blei-Erze in Flamm-Oefen zu Bleiberg in Kärnthen, Bd. 2. Auch ist die Vorrede zum ersten Bande unterschrieben von Born und F. W. H. von Trebra, als Herausgeber.

Borns Bildniß befindet sich vor P. Voigts Act. litt. Vol. I. und vor Hofr. von Kempelen Mechanismus der menschlichen Sprache. Wien 1791. Auch besonders gestochen von Adam. Endlich gestochen von Blaschke in Hormahrs Plutarch, 9 Bändchen zu 158 S.

13. Bestätigung der Reduktionen der alkalischen Erden; in Crell's chemischen Annalen 1790. St. 12. S. 483—485.
14. Neuere Nachrichten über die Metallisation der alkalischen Erden und deren Erweis gegen die geäußerten Widersprüche; ebend. 1791. St. 1. S. 3—10 und St. 2 S. 99—101.
15. Beantwortung einiger Einwürfe gegen die Metallisation der einfachen Erden; ebend. St. 5, S. 387—389. Ueber eine neue Steinart der Pyrophon; ebend. St. 6, S. 483. Mineralogische Nachrichten; ebend. S. 195.
16. Observationes de aurilegio Daciae transalpinae; in Nov. Act. Acad. Nat. Cur. T. VIII. p. 97 squ.
17. An des Freiherrn von Kreitmayr Excellenz; in dem Deutschen Zuschauer H. 11.

18. Ein lateinischer Brief an den Cardinal Migazzi; in der Bibl. für Denker, Bd. 2, St. 3, S. 277—289.
19. Born hinterließ unvollendet in Handschrift:
Fasti Leopoldini (Regierungsgeschichte Leopolds II.) und ein Werk, welches eine vollständige Mineralogie enthalten sollte.

Tr. **Brandsch Carl,**
geboren im Jahr 1819, war Conrector des evang. Gymnasiums in Mediasch und 1855 Rector desselben, wurde 1867 den 28. October zum Pfarrer in Großschenk gewählt.

Er studirte am Gymnasium in Mediasch, wo sein Vater als Stadtpfarrer am 10. Juli 1852 gestorben ist, und vom Jahre 1839—1841 an der k. Friedrich-Wilhelms-Universität zu Berlin.

1. Beschreibung einiger größerer Pilz-Arten aus der Umgebung von Mediasch. In dem Programme des Mediascher Gymnasiums[1]) vom Jahre 1853/4, S. 5—14, f. Andr. Gräser.
2. Programm des Mediascher Gymnasiums A. C. für das Schuljahr 1854/5. Veröffentlicht vom Conrector des Gymnasiums C. Brandsch. Hermannstadt 1855, Druck von Theodor Steinhaußen. 4-to. 29 S.
(Inhalt: A. Versuch einer Beantwortung der Frage: Ist ein Unterricht möglich, welcher nicht zugleich erziehend auf den Geist des Schülers wirke? S. 3—15, und B. Jahresbericht, S. 16—29. Beide vom Herausgeber.)
3. Programm des Gymnasiums A. C. zu Mediasch für das Schuljahr 1855/6. Veröffentlicht vom Director des Gymnasiums C. B. Hermannstadt 1856, Druck von Th. Steinhaußen, 4-to. 32 S.
(Inhalt: 1. Die neuhochdeutsche Schriftsprache und die deutschen Volksmundarten. Von Conrector Johann Obert. Seite 5—14. — 2. Schulnachrichten S. 15—32.)

---

[1]) Sowie hier die Programme des Mediascher Gymnasiums, werden in den folgenden Artikeln auch die seit dem Jahr 1852 erschienenen Programme der andern siebenbürgisch-sächsischen Lehr-Anstalten, sammt ihrem Inhalt, in den gegenwärtigen Denkblättern, unter dem Namen der betreffenden Schuldirektoren, als der Herausgeber derselben, angeführt werden. Auf diejenigen Verfasser der den Programmen vorausgeschickten Abhandlungen, welche bisher keine andern Druckschriften veröffentlicht haben, wird in dem alphabetischen Register zu diesem Werke hingewiesen werden.

4. Programm des ev. Gymn. A. C. zu Mediasch und der damit vereinigten Schulanstalten für das Schuljahr 1856/7. Ebend. 1857. 4-to. 88 Seiten.

(Inhalt: 1. Das deutsche Kirchenlied in Siebenbürgen; Abhandlung von Fr. Traug. Schuster, S. 3—70. — 2. Schul-Nachrichten vom Director, S. 71—78.)

5. Programm 2c. für das Schul-Jahr 1857/8. Ebend. 1858. 4-to. 62 S.

(Inhalt: 1. Das deutsche Kirchenlied in Siebenbürgen (Fortsetzung). Von Fr. Tr. Schuster, S. 3—45. — 2. Schulnachrichten vom Director, S. 46—62.)

6. Programm 2c. für das Schuljahr 1858/9. Ebend. 1859. 4-to. 68 S.

(Inhalt: S. 1—46, der Weinbau in Siebenbürgen. Von Johann Fabini. — S. 47—68, Schulnachrichten vom Director.)

7. Programm 2c. für das Schuljahr 1859/60. Ebend. 1860. 4-to. 58 S.

(Enthält S. 1—40 der Weinbau in Siebenbürgen (Schluß), Abhandlung von Johann Fabini. — S. 41—58 Schulnachrichten vom Director.)

8. Programm 2c. für das Schuljahr 1860/1. Ebend. 1861. 4-to. 60 S.

(Inhalt: S. 3—40. Zur Geschichte der sächsischen Volksschule in Siebenbürgen. Abhandlung von Mich. Salzer. — S. 41—60 Schulnachrichten vom Director.)

9. Programm 2c. für das Schuljahr 1861/2. Ebend. 1862. 8-vo. 72 S.

(Inhalt: S. 3—64. Zur Geschichte der sächsischen Volksschule in Siebenbürgen. Fortsetzung: Verordnungen aus dem 16. und 17. Jahrhundert, von J. Michael Salzer. — S. 65—72 Schulnachrichten vom Director.)

10. Programm 2c. für das Schuljahr 1862/3. Ebend. 1863. 8-vo. 72 S.

(Inhalt: S. 5—46 Stephan Báthori von Somlyo. Ein siebenbürgisches Fürstenbild. Von Johann Rampelt, und S. 47—72 Schulnachrichten vom Director.)

11. Programm 2c. für das Schulahr 1863/4. Hermannstadt, Buchdruckerei des Joseph Drotleff 1864. 8-vo. 160 S.

(Inhalt: S. 1—42. Gründung, Entwickelung und jetziger Stand der Gymnasialbibliothek in Mediasch. Eine Skizze von J. Josephi. — S. 43—144. Alphabetisches Verzeichniß aller Werke, welche in der Mediascher Gymnasialbibliothek zu haben sind. — S. 145—160 Schulnachrichten vom Director.)

12. Programm 2c. für das Schuljahr 1864/5. Ebend. 1865. 8-vo. 46 S.

(Inhalt: Einige Bemerkungen zum Unterrichte in der geometrischen Formlehre. Von G. Brandsch. S. 5—18. — 2. Schulnachrichten vom Director S. 19—46.)

13. Programm 2c. für das Schuljahr 1865/6. Ebend. 1866. 8-vo. 56 S.

(Inhalt: Ueber die Erziehung des Kindes bis zur Schule. Abhandlung vom Gymnasiallehrer Friedr. Brandsch. S. 5—34. — 2. Schulnachrichten vom Director, S. 35—56.

14. Programm 2c. für das Schuljahr 1866/7. Ebend. 1867. 8-vo. 48 S.

(Inhalt: 1. Einiges über den Unterricht in der lateinischen Sprache, mit besonderer Rücksicht auf das methodische Verfahren bei demselben, und zwar vorzüglich unter dem Gesichtspunkte, dadurch eine gute deutsche Uebersetzung zu erzielen. Vom Gymnasiallehrer Johann Lehrer. S. 5—26. — 2. Schulnachrichten vom Director, S. 27—48.

Tr. **Bransch Michael,**

der Sohn bürgerlicher Eltern in Hermannstadt, studirte am dasigen Gymnasium, und bezog im Jahre 1662 die Universität zu Jena, wo er sich der Theologie widmete. Als er jedoch nach seiner Heimkehr die Erfahrung machte, daß ihm seine schwache Brust im Predigen hinderlich war, so trat er in den städtischen Civil-Dienst. Natürliche Fähigkeiten und eigener Fleiß bewirkten, daß er sich in seinem neuen Fache bald zurechtfand und seinen Vorgesetzten also empfahl, daß er in nicht langer Zeit zum Vice-Notär verrückte, und im Jahre 1777 zum Provincial-Notär befördert wurde. Diesen Dienst bekleidete er bis zum Jahre 1782, in welchem er in die Reihe der Senatoren aufgenommen, am 25. Oct. 1786 aber, und wieder am 11. Mai 1790 zum Stuhl-Richter in Hermannstadt gewählt wurde. Wiewohl mit dem allgemeinen Vertrauen beehrt, erfuhr er doch, gleich mehreren anderen Beamten der sächsischen Nation, das bei geringem

Privatvermögen doppelt empfindliche Schicksal, von seinem redlich bekleideten Amte beseitigt, und erst im Jahre 1805, nach der Regulation der sächsischen Nation, wieder dienstfähig erklärt, und aufs neue zum Stuhls-Richter gewählt zu werden. In letzterer Eigenschaft wendete er nun seine Kräfte bis zur Erschöpfung im Jahre 1811 an, und starb kurze Zeit darauf im Pensions-Stande am 10. Juli 1812 in dem Alter von 74 Lebens-Jahren.

Er hinterließ eine Sammlung siebenbürgischer Normal-Verordnungen und vieler, besonders die sächsische Nation betreffende Abhandlungen, Vorstellungen ꝛc., in 13 Folio-Bänden, deren Besitz auf seinen Sohn gleiches Namens († als Leschkircher Königsrichter in Pension den 24. Jan. 1837) und auf dessen Erben übergegangen ist.[1])

Er war Verfasser der Handschriften:

1. Unmaßgebliche Gedanken, wie von Seiten der sächsischen Nation diejenige Bittschrift beantwortet werden könnte, welche unter dem Namen der gesammten walachischen Nation in Siebenbürgen, wegen Wieder-Aufnehmung in die Concivilität der drei andern Nationen, Seiner k. k. Majestät eingereicht, und den zu Klausenburg versammelten Landes-Ständen zugeschickt worden ist. 1791.

Vgl. den Art. Georg v. Herrmann.

2. Beantwortung des vom Siebenbürger hungarischen und szekerischen Adel unterm 17. October 1792 über das Concivilitäts-Gesuch an den allerhöchsten Hof erstatteten Berichtes. Mspt. in 20 Bögen, nebst verschiedenen Beilagen, durch die sächs. Universität mit einer vom Bürgermeister Rosenfeld verfaßten Vorstellung an K. Franz II. aus Hermannstadt eingeschickt am 10. December 1792.

Der hier erwähnte, vom Proto-Notär Joh. Cserei verfaßte Bericht ist im gedruckten Landtags-Protokoll vom Jahre 1792, S. 457—469, enthalten. Das darauf erlassene, für die sächs. Nation höchst ungünstige Rescript vom 10. April 1793 hingegen findet man in dem Landtags-Protokoll des Jahres 1794/5 S. 74 bis 75. Die dawider gegebene Verwahrung der sächs. Oberbeamten und Deputirten aber (welche die ständischen Mit-Nationen für kraftlos erklärten) ebendaselbst S. 361—362.

---

[1]) Engels Geschichte des ungr. Reichs I. 11.

Brath Johann

Tr.

wurde Notarius der Stadt Mediasch am 28. Juni 1619, und hinterließ eine Chronik in deutscher Sprache vom Jahre 1141 bis zum 27. April 1621. Manuscript.

Dies berichtet Seivert in seinem handschriftl. Specimen Transsilvaniae literatae.

Aus der Siebenb. Quartalschrift VII. 108, muß man jedoch schließen, daß die Brathische Chronik wenigstens bis zum Jahr 1627 reiche. Die Abschrift des Mediascher Bürgers Johann Hutter endet mit der Nachricht von dem um 4. Mai 1621 erfolgten Tode des Mediascher Stadtpfarrers Simon Kürtscher, und wird fälschlich für Hutters eigenes Werk von Manchen (z. B. Siebenb. Provinzial-Blätter I. 195) gehalten, wenngleich Hutter beim 28. Juni 1619 und am Ende seiner Abschrift selbst bekennt, dieselbe aus Braths Chronik unverändert „ohne wo der Stylus allzusehr verwickelt war", entnommen zu haben.

Aus dieser Chronik sind in das Kronstädter „Unterhaltungsblatt für Geist, Gemüth und Publicität" aufgenommen worden:

1837 Nr. 13, S. 99. Wie Mediasch Stadtrechte erhielt?

1837 Nr. 19, S. 145—148 und Nr. 20, S. 155. Ueber König Mathias Corvinus.

Ebenso in der siebenb. Quartalschrift II. 251 eine Stelle aus dem Jahr 1620 vom 28. Juni, daß nemlich an diesem Tage der Hermannstädter Bürgermeister Johann Rhener in Klausenburg gestorben sei.

Brecht v. Brechtenberg Andreas,

Tr.

Gymnasial-Lehrer zu Mediasch, als Dichter und Improvisator bekannt, starb am 18. August 1842 im Barmherzigen-Spital zu Ofen.

In der österr. National-Encyclopädie 6. Bd. S. 382 wird von ihm gesagt: „Andreas Traug. Clemens Brecht, Lector der Poesie und Geschichte am Gymnasium zu Mediasch, ist geboren zu Mediasch am 20. März 1805[1]) zeigte schon in seiner frühesten Jugend schöne Anlagen zur Poesie,

---

[1]) Von seinem ältern Bruder wird a. a. O. der österr. National-Encyclopädie gesagt: „Brecht Andr. Friedrich ist geboren zu Mediasch am 3. August 1797, ausgezeichneter Gelehrter Siebenbürgens. Er verwaltet gegenwärtig (1836) ehrenvoll das

— 173 —

und bildete sich, trotz allen Hindernissen, zu einem sehr beachtenswerthen Dichter, und lieferte (außer den nachbenannten Schriften) Mehreres in den Wanderer, die Theater=Zeitung, Hocks Jugendfreund, den Spiegel 2c."

Brecht lieferte Gedichte, Charaden, Räthsel 2c. zur Zeitschrift: „Der Jugendfreund" und das „Museum des Manigfaltigen von Dr. C. F. Hock", welche seit 1. October 1831 in 8-vo. bei Grund in Wien herauskamen.

Selbständige Schriften von ihm sind mir bekannt geworden:
1. Der Schmetterling. Taschenbuch auf Reisen und Spaziergängen von Treumund. Kaschau 1828. 8-vo.
2. 1001. Grille. Kaschau bei Ellinger. 1829. 1. Heft. 8-vo. (Seiten= stück zu Saphirs Papilloten, Cunoy's Federstichen und Weissers satyrischen Zeitbildern.)
3. Lyrisch=didaktisches Blumenkränzchen. Der Ertrag ist für die am 27. Juli 1837 durch eine beispiellos=fürchterliche Feuersbrunst ver= unglückten, gänzlich an den Bettelstab gebrachten Bewohner des Dorfes Schaal im Mediascher Stuhle bestimmt. Hermannstadt 1834. Auf Veranstaltung des Verfassers, ll. 8-vo. 66 S.

    Bis auf 9 Häuser, das Pfarrhaus und die Kirche, brannte das ganze Dorf ab, nebst 5 Menschen.
4. Willkommen oder Festgedicht bei der Ankunft Sr. kön. Hoheit des Erzherzogs Ferdinand von Oesterreich Este im Jahre 1836. Her= mannstadt. Folio
5. Das Lied von der Pfarrerin. Parodie auf Schillers Lied von der Glocke, und Seitenstück zu Schillers Lied vom Pfarrer, und zugleich ein didaktisches Scherz= und Ernst=Liedlein für erwachsene Pfarrers= Töchter und ihres Gleichen. Hermannstadt, auf Kosten des Ver= fassers gedruckt. 1835. 8-vo. 44 S.
6. Sonnenblumen. Hermannstadt 1837. 8-vo.
7. Herbstlieder. Kronstadt 1837. 8-vo. 16 S. (Für am 16. October 1836 verunglückte Abgebrannte.)

Rectorat seiner Vaterstadt, sowohl als Pädagog, wie auch als Philolog, 1829 schrieb er eine Dissertation de summo bono."

Diese Nachricht ist aber dahin zu berichtigen, daß die ebenangeführte Disser= tation vom jüngern Bruder Andr. Traug. Clemens geschrieben, jedoch nicht gedruckt worden ist. — Uebrigens bekleidete Andr. Friedr. Brecht das Mediascher Rectorat vom Jahre 1835—1845, und bisher seit 2. April 1815 das Pfarr=Amt zu Wald= hütten. —

*

8. Gedankenblitze oder Stegreif-Dichtungen. Kronstadt bei Joh. Gött. 1838. 8-vo. 20 S.
9. Christian Heyßers Todtenfeier. Trauercanzone in dramatischer Form. Dem Andenken und den Freunden des verewigten hochverdienten Superintendenten A. C. in Nieder- und Inner-Oesterreich, Triest und Venedig, nebst einem Lebens-Abriß des Hochwürdigen. Kronstadt bei J. Gött. 1839. 8-vo. 15 S. [1])
10. National-Palladium der Ungarn oder Erinnerungen an Pest und Ofen in 30 poetischen Bildern. Pest 1840 bei Joseph Beimel, gr. 8-vo. 18 S.
  (Zum Besten der Abgebrannten in Baja.)
11. Das Lied vom Männerherzen. Humoristisches Gedicht nach gegebenen Endreimen. Hermannstadt, bei Hochmeisters Erben. 8-vo. o. J.
12. Die Geschwister zweier Welttheile oder die Glücklichen auf St.-Domingo. Dramatischer Versuch in einem Akt. 1827. Mscpt. 4-to. 32 Seiten.
13. Die Braut durch Kunst oder das Mädchen aus Hermannstadt. Dramatische Aufgabe in einem Akt. 1826. Mscpt. 4-to. 21 S.
  Wurde am 24. October 1836 durch die Ludw. Schätzische Gesellschaft unter dem veränderten Titel: Das Mädchen aus Kronstadt, auf der Kronstädter Bühne aufgeführt.
14. Maler Franz oder der falsche Verdacht. Lustspiel in einem Akt. 1835. Mscpt. 4-to. 22 S.
15. Humoristische Ideenschwärmer oder Ideenspiele der Satyre, des Witzes und der Laune. In Streckversen-Form. 1835. Manuscript. 4-to. II. 39 S.
16. Der 31. October oder der Falschmünzer und der Weber. Original-Lustspiel in einem Akt. 1836. Mscpt. (Wie Nr. 13 am 31. October 1830 in Kronstadt aufgeführt.)
17. Theatralisches Kleeblatt. Handschrift o. J.

Seiv. **Brecht v. Brechtenberg Joseph Klemens.**

Von diesem Gelehrten weiß ich nichts mehr, als, daß er sich einem Doctor, Professor, und 1714 den ersten Lector des Kronstädtischen Gymnasiums

---

[1]) Meinem Vorworte zu Chr. Heyßers Schauspiel: „Hans Benkner", Kronstadt 1842, entnommen.

nennet. Ob er eine Person mit dem Brecht gewesen, der 1692 zu Hermannstadt, wegen seiner Schmähsucht, den 11. September in Verhaft genommen wurde, überlasse ich andern zu entscheiden.

Tr. **Brechtenberg** war aus Straßburg gebürtig und der Sohn des Klemens Brecht, Pfarrers an der Nicolai-Kirche zu Frankfurt an der Oder, woselbst er 1655 im November zum Doctor der Medizin graduirt wurde. Im Gefolge eines kaisl. Regiments kam er als Arzt nach Siebenbürgen, war 1693 Leibarzt des Fürsten in der Walachei, und kam nach Kronstadt, wo er im März 1697 sich mit Maria, Tochter des Petrus Roth, verehlichte. Hier empfahl er sich durch seine Kenntnisse als Arzt sowohl, als in den Wissenschaften und der hebräischen Sprache, besonders dem Stadt-Richter Simon Drauth und M. Marcus Fronius, hielt im Hörsaal des Gymnasiums 1705, am 27. Juli, vor einer zahlreichen Versammlung dem K. Leopold I. eine hebräische Trauer-Rede, und wurde im Jahr 1709 Lector bei diesem Gymnasium, wobei er jedoch auch die Arzneikunst ausübte. Im Jahre 1710 ging er nach Hermannstadt, und hielt auch dort eine Zeitlang öffentliche Lehrstunden. Von da begab er sich nach Bukarest und hielt sich bei dem fürstlichen Hof auf, wo er die walachische Sprache so gut erlernte, daß er Luthers Katechismus und viele geistliche Lieder in diese Sprache übersetzte, und mit deutschen Lettern drucken ließ. Allein nun gerieth er auf den Gedanken, eine Einladung zum christlichen Glauben an die Mohamedaner zu verfassen, die er auch drucken lassen wollte. Dem Fürsten kam dieß vor der Ausführung zu Ohren, und derselbe, um ihm und sich Verdruß zu ersparen, gab ihm nebst einem Geschenk von einigen Löwenthalern den Befehl, die Walachei, so lieb ihm sein Leben wäre, ohne Verzug zu verlassen, widrigenfalls er ihn den Türken ausliefern müsse. Er kam also wieder nach Kronstadt, und trat sein Lectorat aufs neue an. So berichtet Herrmann im alten und neuen Kronstadt. Nach den Verzeichnissen der Kronstädter Lectoren aber wurde Brecht bereits 1704 Lector bei dem Kronstädter Gymnasium, welche Stelle er dann von 1712—1728 bekleidete, daher derselbe wahrscheinlicher in den Jahren 1706—1709 in Bukarest sich aufgehalten haben mag. Daß er eine und die nemliche Person mit dem von Seibert erwähnten Brecht gewesen, welcher noch 1692 durch seine Schmähsucht in Hermannstadt sich Verdruß zuzog, ist sehr wahrscheinlich. Denn auch in Kronstadt konnte er sich mit seinen Collegen nicht vertragen, schimpfte sich mit ihnen oft öffentlich im Auditorium vor den Studirenden, und erschien sogar im Jahre 1713 mit denselben vor dem Burzenländer Capitel, wegen Injurien. Da sein Name in den Kronstädter Leichen-Gedichten bis zum Jahr 1717 ohne, seit 1721 dagegen beständig mit dem Prädikat v. Brechtenberg gedruckt vorkommt, so mag er in der Periode von 1718 und 1719, wo in Kronstadt und dessen Distrikt die Pest viele Tausende von Menschen wegraffte, als praktischer Arzt thätig gewesen sein, und dadurch die Erhebung in den Adelstand langt haben. Nach dem Kronstädter Lectoren-Verzeichniß hörte sein Lectors-Dienst im Jahre 1728 auf. Er starb am 8. Februar 1730 in einem Alter von 72 Jahren. Sein Sohn Immanuel Joseph übersiedelte nach Mediasch, wo seine Nachkommen noch leben.

Die Nachrichten von unserm Brecht in der zu Pest gedruckten Zeitschrift: „Der Ungar", redigirt von Hermann Klein, 1842, Nr. 79, S. 446 sind voll Unrichtigkeiten; daher auch folgendes, daselbst Gesagte, kann einen Glauben verdient: „Eine Anstellung des russischen Zars Peter I. (dessen Handschreiben sich noch gegenwärtig bei einem Ur-Enkel Brechtenbergs im Original befindet) lehnte er ab und blieb in Kronstadt. — Die Aeneide Virgils übersetzte er ins Griechische, und den Thucydides in die walachische Sprache. Unter dem Titel: Történetok hinterließ er ein ungarisches Epos in 20 Abtheilungen, den damaligen Kuruzen-Krieg unter Rákóczy und Tököly schildernd."

Brechtenberg schrieb:

S. 1. Invitatio solemnis ad studium historicum Coronae 1709. 8-vo. 16 S.

2. Göttlicher immerwährender Fest- und Historien-Kalender, nach der Form und Eintheilung die der h. Geist selbst gestellet, und im alten und neuen Testament gebrauchet. Darinnen, auf was für einen Tag und Jahr die berühmtesten Feste und Historien gefallen, zu finden. Nach welcher auch die heutige heidnische Kalender-Form corrigirt, wobei auch zugleich einige Dies fatales und wunderlich verhängte Geschicke bemerkt. Hermannstadt, gedruckt bei Michael Helzdörfer 1714 in 4. [1])

---

[1]) Der Verfasser bemühet sich, den gewöhnlichen Kalender zu verbessern, und einen neuen einzuführen. Seinen fängt er mit dem Märzmonate an, und schließet mit dem Hornunge. Fast bei jedem Tage setzet er eine, auch mehrere Begebenheiten die an demselben vorgefallen sein sollen. So ist nach seiner Meinung der 9. März, der erste Schöpfungstag und den 9. October im Jahre der Welt 4140 Jesus Christus geboren worden — Das Werkchen von 6½ Bogen, ist dem Kaiser Karl dem Sechsten zugeschrieben. Wie hoch muß der Verfasser seine Erfindung geschätzt haben,

Tr. 3. Programma invitatorium ad demonstrationem emendationis temporum, qua errores calendariorum corriguntur et certissimus temporum computus restituitur. Stephanopoli typis Seulerianis s. a. 16 S. (Deo et Caesari totique Christianitati dicatum.) 8-vo.
4. Revelatio novi Inventi, quo trihorio Hebraica Lingva addiscatur. (Druckort unbekannt.) In 8-vo.
5. Memoria pia. Christ. Ravii ab Vniversit. Francofurt. celebrata cum spatio et collegio orientali et quibusdam selectis edita. Francofurti ad Viadram. 1678. 4-to.
6. Oratio Josepho Victori in terra Marchica dicta. Francofurti ad Viadram 1678 in Folio
7. Clementis Jos. Brechtii Medic. Licentiati Didymographia seu Diatribe de vita gemellarum etc., wie Nr. 9, nur daß der Druckort verschieden ist. Argentorati 1684. 8-vo.
8. Traité de la Circulation des esprits animaux. Parisiis 1684. In 12-mo., welches vielleicht nur eine Uebersetzung des vorigen ist.
9. Diatribe de vita gemellarum a thoraco umbilicotenus coalitarum, qua difficillimae circa mentem et corpus affectiones naturales ex novissimo sapientiae scrinio enodantur. Parisiis 1684 in 8-vo.

(Nr. 5—6 sind in Abelungs-Fortsetzung des Jöcherischen Gelehrten Lexikons, Leipzig bei Gleditsch 1784, angezeigt mit der Nachricht über den Verfasser: „Clemens Joseph Brecht lebte in der letzten Hälfte des 17. Jahrhunderts vermuthlich zu Frankfurt an der Ober und schrieb: Memoria etc. Nr. 7—9 sind in ebendemselben Werk angeführt und folgendes vorausgeschickt: „Clemens Joseph Brecht, nach dem Carrere in Bibl. de la Med. ein Licentiat der Medicin, gegen das Ende des vorigen (17.) Jahrhunderts, welchem er folgende Schriften beilegt: Didymographia etc.)

10. Spicilegium Historiae Ecclesiasticae Novi Testamenti ceremonias, ritus, constitutiones et alia selectiora continens, ceu est Manuale Alphabeticum historico-ecclesiasticum 1715 adornatum ad usum studiosae Juventutis. Manuscript.

(Nr. 3, 4 und 10 führt Thomas Tartler in seinen Collectaneis zur Partikulair-Historie von Kronstadt an.)

---

und niemand will davon Gebrauch machen! S. Indessen wurde doch Brechtenberg für seinen Kalender von der evang. sächsischen Synode am 9. Februar 1714 mit vier Dukaten beschenkt. T r.

11. Apertio sive Revelatio Alkorani, seu Litterae invitatoriae ad Christianismum ex ipso Alkorano ad Sultanum Magnum. Mfpt. 8-vo. 38 Seiten.

(In der Kronstädter Schulbibliothek.)

12. Diss. acad. Congressus Regum Victoris et victi narrationem, quae extat I. Reg. XX. 33, 34 genuino sensui vindicans; Historiam Sacram, Philologiam Aulae, Jus gentium, denique illustrans; quam ex observat. sabbathicis Rect. Magnifici Gothofr. Valandi eodem praesido d. 3. Aug. 1678 defendet C. J. Br. Argentoratensis. Francof. ad Viadrum. 4-to. 28 S.

13. Disp. inaug. medica de Febribus. Argentorati 1684. 4-to. 16 S.

(Nr. 3, 7, 12 und 13 sind bei Brechts Nachkommen, nebst mehreren handschriftlichen Kalender-Entwürfen heute noch vorhanden.)

14. Als das ausgezeichneteste Werk Brechts führt M. Markus Fronius ein Lexikon desselben an, cui titutus, post hebraicum latinus: „Scaturigo et fons apertus flavii ev oriente profluentis. Dispositio Lexici completissimi radicum linguae sanctae, aliarumque orientalium, caldeae, syrae, arabicae, samaritanae, persicae, aethiopicae et modernae turcicae et Aegyptiacae, nunquam olim visi, nunc vero magno studio elaborati." S. Dücks Geschichte des Kronstädter Gymnasiums. Seite 74.

Tr. **Brenner Joseph Christian,**

geboren in Reißmarkt, ein Sohn des dasigen Pfarrers Lukas Brenner († 20. August 1799, f. Siebenb. Provinzialblätter I. 268—270), studirte in Hermannstadt, und begab sich im April 1796 an die Universität zu Leipzig. Nach seiner Rückkehr diente er als Gymnasiallehrer, dann als Prediger in Hermannstadt, wurde Pfarrer in Doborka am 8. März 1807 dann im Januar 1819 zu Urwegen, und erschoß sich daselbst 1819 am 28. August.

Die Tochter seines frühzeitig verstorbenen Sohnes Joseph Brenner, ist die in und außerhalb dem Vaterlande berühmt gewordene Sängerin **Regine Brenner.**

Er veröffentlichte:

De pronunciatione Linguae graecae Erasmica Diss. Cibinii. Hochmeister, 1802, 8-vo. 16 S.

Seiv.   **Brenner Martin,**

ein geschikter Arzt¹) von Bistriz oder Nösen, lebte in Hermannstadt, und starb an einem Gallenfieber den 24. Januar 1553, nachdem er kurz vorher sich die Grabschrift gesetzet:

Ευσεβνα χρησε σοφιατε χαιητεσίν αγροις
Μαρτινος Βρεννερ εντα δεξητε τανον

Brenner war nicht nur ein Arzt, sondern auch ein Geistlicher²). Nach dem Tode eines gewissen **Andreas,** Plebanus zu Heidendorf im Bistrizischen Kapitel, erhielt er im Jahre 1542 dessen Pfarre, legte aber nachgehends seine Würde nieder, und begab sich nach Hermannstadt. Wann? und warum er solches gethan? entdecket uns die dasige Kirchenmatrikel nicht, sondern berichtet nur, Adam Pomarius, der 1576 gestorben ist, sei als der erste evangelische Lehrer daselbst, sein Nachfolger geworden. Vielleicht ist doch die Religion die Haupttriebfeder dieser seiner Handlung gewesen. Denn, daß er als ein Protestant gestorben, erweiset sein Begräbniß in der Parochialkirche zu Hermannstadt.

Bei den Freunden der ungrischen Geschichte hat sich Brenner durch die Herausgabe folgender Schriften nicht wenige Dienste erworben:

1. Aurelii Lippi Brandolini, Florentini, Ordinis Augustini Monachi, Romae 1498 mortui, Dialogus ad Matthiam invictissimum Hungariae Regem et Beatricem Reginam, de vitae humanae conditione et corporis aegritudine toleranda. Basileae 1540. 8-vo. Eine zweite Auflage erschien ebendaselbst 1543. 8-vo. und eine deutsche Uebersetzung zu Augsburg 1622. 8-vo.

T r.   Michael **Denis** im Nachtrag zu seiner Buchdruckergeschichte Wiens. Wien 1793. 4-to. S. 61—64 meldet den Titel dieses Buches wie folgt:

„Lippi Brandolini de humanae vitae conditione et toleranda corporis aegritudine, ad Matthiam Corvinum Hungariae et Bohemiae Regem et Beatricem Reginam Dialogus. Cum praefatione ad Reverendiss. D. Nicolaum de Gerend Episcopum Transs. Liber antea

---

¹) Miles im siebenb. Würg-Engel S. 52 nennt Brenner: „einen in allerlei Sprachen und Künsten gelehrten Mann."   Tr.

²) Ein ähnliches Beispiel gab Dr. Ambr. Ziegler, Pfarrer in Tartlau bei Kronstadt (s. d. Art.).   Tr.

in lucem non editus. S. 2. Sieben Disticha an eben diesen Bischof von Siebenbürgen vom Rechts-Gelehrten Joh. Ludw. Brassicanus, dann vom gegenwärtigen Buche:

Quem latitasse situ ulterius non passus inerti
Martinus donat Brennius ille tibi.

Nun also eine wohlgerathene Zuschrift vom *Martinus Brennerus* Bistricien. Transylvanus. Klage über den Mißbrauch: priscos nunc autores a paucissimis, novos autem ab omnibus fere legi videas. Er habe dieses Werk schon vor einigen Jahren gefunden. Lob desselben von dem königl. Besitzer, von dem der Zeit so angemessenen Gegenstande und von der geschickten Behandlungsart des Verfassers, von dem aber Brenner sagt: Etsi parum compertum habeam, quisnam ille fuit, mira ingenii ac judicii laude praeditus etc. Lob des Königs, besonders von seiner herrlichen Ofner Bibliothek, aber wo ante biennium (also 1538) diligenter eam perlustrante, vix ulla pristini ornatus, si unum atque alterum autorem graecum excipias, illic extabant vestigia. Lob des Bischofs: Tu nobis post Reverend. D. Laurentium Praepositum Albensem integritate, virtute, constantia singulari virum, *avunculum meum* de me optime meritum primus occurebas (nam Reverendiss. D. Stephanum Brodericum Episcopum Vaciensem, fata iniqua nobis eripuere) cui hunc librum non incongruo nuncuparem etc. Ferdinands Vertrauen in ihn, seine Bemühungen für Ungarn in den gefährlichen Türkenzeiten, seine Bücherliebe u. s. w. datirt Viennae Calend. Augusti anno Dni. MDXXXXI. Am Ende Impressum Viennae pannoniae per Joannem Syngrenium Idibus Junii 1nno 1541. 9 Bogen. 8-vo.

Auf der kaisl. Bibliothek und in Apost. Zenos Dissert. Voss. Tom II. p. 192. Ich glaube nicht an die Basler Ausgabe unseres Werkchens von 1498 die Mazzuchelli, Fabricius und Ossinger aus dem vermuthlich von Wharton irregeleiteten Maittaire aufgenommen haben. Hätte denn Brenner und Brassican nichts davon wissen sollen? Man sehe zurück, wie sie sich auf dem Titel ausdrücken."

S. 2. Antonii Bonfinii, Rerum Hungaricarum Decades tres, nunc demum industria *Mart. Brennerii*, Bistriciensis Transilvani, in lucem editae, antehac nunquam excusae. Quibus accesserunt Chronologia Pannonum a Noah usque haec tempora, et Coronis Historiae

Ungaricae diversorum Auctorum. Basileae, ex Roberti Winter officina. Anno M. D. XLIII. Fol. Vgl. Haner Adversaria I. 79 ꝛc. Brenner hat sie nicht aus dem Originale herausgegeben, Schade! sondern aus einer Handschrift, die er von **Franz Bornemissa**, Archidiakonus zu Stuhlweißenburg, erhalten, die aber eine kritische Feile sehr nöthig hatte. Nachgehends gab Kaspar Helt, sechs Bücher der vierten Dekas, in seiner Historia Matthiae Hunyadis, R. Ungar. 1565, zu Klausenburg heraus; diese ganze Dekas aber, nebst der Hälfte der fünften Johann Oporin zu Basel 1568 in Fol. Den Titel dieser Ausgabe führt Czwittinger, ich weiß nicht wie, gar nicht richtig an, denn er lautet also: Antonii Bonfinii Rerum Ungaricarum Decades quatuor cum dimidia. Quarum tres, priores, ante annos XX. Martini Brenneri Bistriciensis, industria editae, jamque diversorum aliquot Codicum manuscriptorum collatione, multis in locis emendatiores: Quarta vero Decas cum quinta dimidia, nunquam antea excusae, Joan. Sambuci, Tyrnaviensis, Caes. Majest. Historici etc. Opera ac studio nunc demum in lucem proferuntur: Una cum rerum ad nostra usque tempora gestarum Appendicibus aliquot, quorum seriem versa pagina indicabit. Accessit etiam locuples Rerum et Verborum toto Opere memorabilium Index. Cum Caes. Majest. gratia et privilegio, ad annos sex. Basileae ex officina Oporiana 1568. Hievon veranstaltete **Sambukus** zu Frankfurt 1581 eine neue, und wie er meinte, verbesserte Ausgabe, die unter einem neuen Titelbogen zu Hanau 1606 der gelehrten Welt wieder mitgetheilt wurde. Von diesen und den folgenden Ausgaben des Bonfins sehe man des berühmten **Schwarz** Decadum Antonii Bonfinii editio nupera Posonio — Viennensis justo pretio aestimata. Osnabrugi 1745. Die letzte und schönste ist diejenige, welche Karl Andreas

T r. Bel in Leipzig 1771 in Folio herausgegeben hat. Die beste Ausgabe Bonfins aber ist, nach G. Samuel Teleki's Urtheil (in dem 3. Bande des Catalogs seiner Bibliothek, Wien 1811, Seite 21) die des Johann Sambucus, welche im Jahre 1581 bei Wechel in Frankfurt erschienen ist.

3. Paradoxa Lippi Brandolini Aurelii, Augustiniani Heremitae, sane christiana nullibi hactenus a Quoquam impressa, recens vero, per Joannem Herold Acropolitam, Christianae reipublici ergo in lucem edita. Cum praefatione ad Ottonem Principem Illustr. Episcopum Augustanum ac Indice. Basileae 1543. 8-vo. 128 S.

Die Handschrift dieses aus türkischer Verwüstung geretteten Werks schickte Brenner mit einem Begleitungsschreiben an Johann Herold nach Basel, zur Veröffentlichung durch den Druck.

Der gelehrte Arzt Weszprémi (in Biogr. Medicorum Hung. P. II. Cent. 2. Viennae 1781 S. 36—45) fügt seiner Beschreibung des Lebens und der Schriften Brenners bei: „Mart. Brenner exantlatis Universitatibus Viennensi et Basiliensi laboribus scholasticis, adulto Seculo XV. non infelix Med. Doctor practicus evasit, apud luculentos Hungariae et Transilvaniae Cives plurimum auctoritate et gratia valuit, gentis suae historiam singulari industria intra et extra patriae limites illustrare voluisse certo demonstratum dedit argumento factionem Zapolytanorum in tantum detestatus, ut Viennam in sinu Ferdinandi I. Regis conquieturus ad habitandum commigravit.

Tr. **Brenner Simon.**

Von diesem Manne besaß Gr. Jos. Kemény eine historische Handschrift, welche er in den deutschen Fundgruben zur Geschichte Siebenbürgens, Klausenburg 1839, S. 254 erwähnte, und im 2. Bande der Fundgruben herauszugeben versprach, unter dem Titel:

„Wie sich der Tyrann Gabriel Báthori gegen die Hermannstädter Bürgerschaft verhalten und was er darinnen verübt hat. Von Simon Brenner, Hermannstädter Bürger. 1609—1612."

Laut der Vorrede zum 2. Bande der Fundgruben hat jedoch Gr. Kemény die Herausgabe dieser Brennerschen Handschrift darum unterlassen, weil Brenner fast das Nämliche erzähle, was in der: „Eigentlichen Beschreibung, wie und was maßen der Bathori Gábor in die Hermannstadt kommen und geplündert" u. s. w. (welche Beschreibung im 1. Bande der Fundgruben S. 255—275 vorkömmt) bereits beschrieben sei.

Tr. **Brukenthal Freiherr Peter Carl v.,**

geboren in Leschkirch den 26. Mai 1753, studirte in Hermannstadt und Göttingen (1774—1776), diente anfangs bei dem Hermannstädter Magistrat als Archivs-Registrator, sodann aber bei dem k. Gubernium, und zog sich als siebenbürgischer Gubernial-Concipist vom öffentlichen Dienste zurück. Er war der dritte Sohn des am 13. Mai 1773 verstorbenen Fogarascher

Ober-Kapitäns und ehemaligen Leschkircher Königs-Richters Michael v. Bruckenthal, wurde mit seinen 2 Brüdern, Michael, Comes der sächs. Nation (s. d. Art.) und Martin (gest. als k. k. Major in Pension am 19. Oct. 1823) vom K. Leopold II. den 18. November 1790 in den Freiherrnstand erhoben, und starb am 18. Dezember 1807 im 55. Lebensjahre zu Hermannstadt. Sein älterer Sohn Joseph, nachmaliger siebenb. Gubernial-Rath und Ober-Landes-Commissär bis zum Jahre 1837, wurde der Erbe des vom Freiherrn Samuel Bruckenthal, Oheim dieses Carl, testamentarisch gestifteten Majorats, und starb im Pensionsstande zu Hermannstadt den 23. April 1859[1]). Der jüngere Sohn Carl (1835 Administrator und 1836 bis 1848 Ober-Capitän des Fogarascher Distrikts, kinderlos gestorben den 13. Februar 1857), hat sein Andenken durch Legate an die evang. Pfarrkirche und das evang. Gymnasium zu Hermannstadt, und durch eine bedeutende Stiftung zu Stipendienbetheilungen evangelischer Studenten aus der sächsischen Nation ꝛc. verewigt. Eine einzige Tochter Sophie starb als Wittwe des ehemaligen k. k. Generalen Baron Gabriel Geringer von Oedenberg in Wien 1847, und war die Mutter des noch lebenden verdienstvollen k. k. geheimen Staats-Rathes Carl Freiherrn Geringer v. Oedenberg.

Peter Carl v. Bruckenthal ist Verfasser nachfolgender Schriften:
1. Rede auf Maria Theresia, K. von Ungarn und Böheim ꝛc. und Joseph II. Röm. Kaiser. In der kön. deutschen Gesellschaft zu Göttingen bei der Aufnahme in dieselbe gehalten von P. Carl von Bruckenthal aus Hermannstadt in Siebenbürgen. Den 23. März 1770. Göttingen, gedr. bei Joh Christian Dietrich. 4. 42 S.
2. Staats-Verfassung des Großfürstenthums Siebenbürgen im Grundriß. Mspt. (In der B. Sam. Bruckenthalischen Bibliothek unter den Handschriften der 55. Band.)

Tr. **Bruckenthal Michael Freiherr v.,**

wurde am 30. März 1746 in Leschkirch geboren. Er war der älteste Sohn des damaligen Leschkircher Königsrichters Mich. v. Bruckenthal,

---

[1]) Ueber seine und seines Onkels, des Nations-Comes Freiherr Mich. v. Bruckenthals Nachkommen s. Kővári's Erdély nevezetesebb Családai S. 56 und das Gothaische genealogische Taschenbuch der freiherrlichen Häuser auf die Jahre 1849, 1853 ff.

legte den Grund zu seiner Bildung in Hermannstadt, und trat seine politisch-juridische Laufbahn als Gubernial-Kanzlist am 22. Juni 1765 an. Schon im Jahre 1771¹) von Maria Theresia zum Gubernial-Secretär ernannt, wurde er nach 14, in diesem Dienste zugebrachten Jahren, am 30. Juli 1783 zum wirklichen Gubernial-Rathe befördert. Nach dem Ausbruch der Horaischen Unruhen, zur Dämpfung derselben vom K. Joseph II. zum kön. Commissär und Administrator der Hunyader Gespanschaft im Dezember 1784 ernannt, vollbrachte Br. dieses schwierige Geschäft zur Allerhöchsten Zufriedenheit, die ihm vom Monarchen unterm 11. Februar 1786 durch Ertheilung der geheimen Raths-Würde zu erkennen gegeben wurde. Bei der neuen Eintheilung Siebenbürgens in drei große Landes-Gebiete oder Distrikte, wurde ihm als kön. Commissär die Verwaltung des östlichen, sogenannten Fogarascher Distrikts anvertraut. Doch hörte diese Bestimmung auf, als K. Joseph II. im Jahr 1790 starb, und die frühere Landes-Eintheilung und Verwaltung wieder hergestellt wurde. So geschah es, daß Bruckenthal am 4. März 1790 vom Hermannstädter Innern und äußern Rath zum Königsrichter von Hermannstadt gewählt, — von K. Leopold II. in dieser und der verfassungsmäßig damit verbundenen Würde Comes der sächsischen Nation am 15. Juli 1790 bestätigt, und in dieselbe am 29. September d. J. nach herkömmlicher Sitte feierlich eingeführt wurde²).

Gleichwie in dem ersten und bedeutendsten Universitäts-Conflux nach

---

1) Laut dem kurzen Lebenslauf, welcher den Leichenkarten oder Gedichten der Hermannstädter Gymnasiallehrer auf B. Mich. Bruckenthal vorgedruckt ist, und darnach Siebenb. Provinzialblätter V. 231 zwar bereits im Jahre 1769 aber unrichtig, denn im Jahre 1769 wurde Bruckenthal bei einer Gubernial-Commission, deren Aufgabe es war, vorbereitende Maßregeln zur Beförderung des siebenbürgischen Commerces einzuleiten, als Aktuar mit so gutem Erfolge verwendet, daß ihn die K. Maria Theresia mittelst k. Rescript vom 19. März 1771 zum Referenten der unter Einem definitiv zusammengesetzten Commercial-Commission mit dem Range, Titel und Gehalte eines Gubernial-Secretärs zu ernennen geruhte.

2) Die Beschreibung dieser Feierlichkeiten f. in der siebenbürg. Quartalschrift III. 32—39 und in den Siebenb. Provinzial-Blättern V. 248—252. Bemerkenswerth sind die zur Feier der Bruckenthalischen Installation vom Heltauer Pfarrer Johann Filtsch am 4. October 1790 im Lese-Cabinet zu Hermannstadt gehaltene Rede (in der Siebenb. Quartalschrift II. 403—416, und „die Geschichte der Sachsen". Eine Ballade zur Volksfeyer der Installation Sr. Erz. Mich. v. Bruckenthal ꝛc. Hermannstadt, gedr. bei J. G. Mühlsteffen 1790. 8-vo. 24 S.

K. Josephs II. Tode wußte Br. während seinen ganzen vieljährigen Amts=
verwaltung die Verhandlungen der Nations-Universität mit richtigem Takte
zu leiten und selbst die von seiner Ansicht abweichenden Meinungen mit
Weisheit und Nachsicht zu vereinigen; — und unterzog sich mit aufrich=
tiger Hingebung der von der sächs. National-Versammlung gewünschten
schwierigen Sendung zum Preßburger Landtage. Und wenngleich es ihm
daselbst ebensowenig, wie den Ablegaten der siebenb. Comitate und Szekler=
stühle, gelang, die Einschaltung eines eigenen Artikels zu Gunsten der recipirten
siebenbürgischen, — insbesondere der sächs. Nation in das Inaugural-Diplom
des neuen Königs zu bewirken [1]), so wurden doch nicht lange nachher durch
die allerh. Sanktion des 13/791ger siebenb. Gesetz-Artikels im Wege der
eigenen siebenb. Gesetzgebung auch die Wünsche der Sachsen berücksichtigt.

Durch ein Diplom K. Leopolds II. vom 18. Nov. 1790 wurde
Bruckenthal nebst seinen zwei Brüdern Peter Carl und Martin in den
Freiherrnstand erhoben.

Während seiner Amtswaltung als Nations-Comes wurde von der
siebenbürgischen Hof-Kanzlei der Anfang zur Regulation der sächsischen
Nation und der sächsischen Städte und Kreise gemacht. Bei dieser Gele=
genheit wurden unter andern die Königsrichter in der ganzen Nation,
somit auch in Hermannstadt, im Jahre 1796 abgeschafft, wodurch Br.
eine empfindliche Verkürzung an seinem Gehalte erfuhr. Damit nicht
genug, gelang es seinen mächtigen Feinden, ihren Anschwärzungen Aller=
höchsten Orts Gehör zu verschaffen, und endlich sogar den allerhöchsten
Befehl vom 1. April 1799 zur Suspension Bruckenthals vom Amte und
Gehalte zu bewirken. Zugleich wurde ihm zwar freigestellt, sich über die
wider ihn vorgekommenen Beschuldigungen zu verantworten. Da jedoch
schriftliche Vorstellungen schon bis dahin höchsten Orts sehr übel auf=
genommen und für Widersetzlichkeit gegen die vorhabende Regulation
angesehen worden waren, und die Dienstbeseitigung mehrerer Beamten
auch der sächsischen Kreise zur Folge gehabt hatten, — so verfehlte auch
Bruckenthals schriftliche Rechtfertigung ihren Zweck, und er sah sich endlich
genöthigt, nach Abgabe seiner Erklärungen an den, dieserwegen von Wien
in die Mitte der sächs. Nation entsendeten kön. Comissär v. Benyovßky,
im Jahre 1800 mit allerh. Erlaubniß persönlich die Reise nach Wien zu

---

[1]) S. die aktenmäßige Darstellung der ungrischen Landtags-Verhandlungen.
Kronstadt 1866, S. 6 und 37—89.

machen, in einer eigenen Audienz dem K. Franz II. die untenerwähnte Darstellung selbst vorzutragen und um allergnädigste Abhülfe zu bitten. Wirklich bewirkte diese Darstellung, daß der gerechte Monarch eine gründliche Untersuchung der dem Comes aufgebürdeten Thatsachen befahl, durch deren Resultat Bruckenthals Ankläger Gewicht und Credit verloren, und der Comes selbst am Schluß des Jahres 1800 in Amt und Würde wieder eingesetzt wurde [1]). Ja er gewann die Gnade und das Vertrauen des Landesfürsten in dem Maße, daß er mit der Mitwirkung zur Durchführung der Regulation durch den kön. Commissär Ghyürky — der den zum siebenb. Hofrathe beförderten Benyovßky ablöste — betraut, in dieser Angelegenheit die freimüthigen Aeußerungen und Vorschläge der Communitäten und der Nations-Universität verlangt, seine Anträge gehörig gewürdigt, und sofort die Regulation im Jahre 1805/6 beendigt, und die beseitigt gewesenen sächsischen Kreisbeamten freigesprochen wurden und wieder in Dienst treten durften. Wenn ihn die verfassungsmäßigen Versammlungen der sächsischen Nations-Universität nicht nach Hermannstadt zu gehen veranlaßten, hatte Br. seinen gewöhnlichen Aufenthalt in Klausenburg, als Mitglied der hohen Landes-Regierung und führte einigemale, wo der Präsident dieser Stelle, Gouverneur Gr. Bánffy abwesend oder aber krank war, den Vorsitz an dessen Stelle, unter ungetheilter hoher Achtung und Anerkennung. Am 21. Mai 1810 wurde Br. mit dem Commandeurkreuz des hohen kaiserl. Leopoldordens ausgezeichnet. Seiner ununterbrochen fortgesetzten ämtlichen Thätigkeit setzte ein plötzlicher Schlag ein Ende, an welchem er am 18. September 1813, als er eben in Hermannstadt anwesend war, sein rühmlich geführtes Leben endete.

Die entseelte Hülle dieses wahrhaften Staatsmannes wurde am 21. September 1813, mit allen der Comes-Würde angemessenen, althergebrachten Feierlichkeiten in seine Familiengruft zu Hermannstadt beigesetzt [2]).

Die Frucht der ersten Ehe Bruckenthals mit Susanna von Nittern († 1785) war eine einzige Tochter Sophia Susanna verehl. Gräfin Kun († 1814). Von der zweiten Gemalin Christina Gräfin Teleki († 1837)

---

[1]) Umständlich handelt hievon Herrmann in dem 3. Bande seines handschriftlichen Werkes: „Das alte und neue Kronstadt."

[2]) S. die Siebenb. Provinzialblätter 5. Bd., wo auch diese Leichenfeier S. 233 beschrieben ist.

hinterließ Br. vier Töchter und einen Sohn **Michael**, welcher am 5. Februar 1855 in Klausenburg starb, und 9 Töchter und 2 Söhne aus seiner Ehe mit Johanna Freiin Vesselényi hinterließ.

Dem Comes B. Bruckenthal ließ der nachmalige Hermannstädter Bürgermeister Martin v. Hochmeister, nach einem Entwurfe Franz Neuhausers, Lehrers der Zeichenkunst zu Hermannstadt, ein Monument auf eigene Kosten in Wien verfertigen, welches am 22. Dezember 1814 in der Pfarrkirche A. B. zu Hermannstadt aufgestellt wurde. Dieses Monument ist folgenderaßen beschaffen:

Auf einem in attischem Styl verzierten Tragstein stellt sich das Brustbild des Verblichenen in römischer Tracht im Consular-Costüm dar, aus welchem Metall in Lebensgröße verfertigt. Vor der Büste liegen die Standes-Insignien, der Streitkolben, der Säbel, das Diplom, der kaiserl. Leopolds-Orden; hinter der Büste das Schild mit dem Nationalwappen und mit dem Kranz aus Kastanienblättern (als Bürgerkrone); zur Rechten die Fahne der Nation mit dem Insiegel Ad retinendam Coronam, dann die Standarte; zur Linken die Comitial-Fahne. Unter dem Tragstein auf einer Granit-Tafel liest man in goldenen Buchstaben folgende Inschrift:

Exc. ac Ill. D.
Michaeli L. B. de Bruckenthal,
J. O. J. Leop. Commend.
S. C. R. et A. M. Stat. et Exc. Reg. in Transs.
Gub. Cons. Act. Int. Incl. Nat. Sax. per
Ann. XXIII. Comiti
Nat. XXX. Mart. Ann. MDCCXLVI.
Den. XVIII. Sept. — MDCCCXIII.
Pietas Civium posuit. [1])

An den Seiten der Inschrift sind die römischen Ruthenbündel (Fasces) mit den Wappen der eilf Sachsen-Stühle, das Hermannstädter Wappen im Herzschilde, angebracht.

Zwei Handschriften des Freiherrn Mich. v. Bruckenthal sind mir bekannt:

1. Darstellung der geheimen Triebfedern und Werkzeuge von den der sächsischen Nation und ihren Beamten seit 1794 wiederfahrenen

---

[1]) In dem Buche: „Die Pfarrkirche der A. C. B. zu Hermannstadt, von Samuel Mölesch S. 99—100" ist diese Inschrift fehlerhaft abgedruckt.

Kränkungen dem Kaiser Franz II. im Jahre 1808 von B. M. Br. vorgetragen.¹)

2. Abriß der National=Constitutionen oder der innern Verfassung der Sachsen in Siebenbürgen.

Tr. **Brukenthal Samuel Freiherr von,** wurde den 26. Juli 1721 in Leschkirch geboren. Er war unter 4 Töchtern und zwei Söhnen das jüngste Kind des Leschkircher Königsrichters Michael Brekner, der laut einer Familiensage, bei dem Anzug der Kurutzen seinen Heimatsort nicht verließ, und als unerschütterlicher Anhänger seines Kaisers nach Ungarn in die Gefangenschaft geführt wurde, wo er die Kinder eines gräflichen Kurutzenführers unterrichten mußte. Nach seiner Befreiung aus der Gefangenschaft wurde ihm mit dem Prädikate „von Bruckenthal" der ungarische Adel verliehen. Samuel v. Bruckenthal legte die Humanitäts= und philosophischen Studien am Hermannstädter Gymnasium unter dem Rectorate seines Schwagers M. **Georg Soterius** zurück, studirte die vaterländischen Rechte in M.-Vásárhely, wo er sich besonders die Gunst des Protonotärs **Aluiuczi** zu erwerben wußte, und bezog 1743 nach kurzer Praxis bei dem k. Gubernium, woselbst er 1741 den 9. Februar eingetreten war, zu seiner entsprechenden juridischen und staatswissenschaftlichen Ausbildung, die Universität Halle. Während seines nicht ganz zweijährigen Aufenthaltes an dieser Hochschule, zu deren Zierden damals auch Professor M. **Schmeizel** aus Kronstadt gehörte, schloß er unter andern Studiengenossen auch mit dem jungen Grafen **Bernstorf**, der nachmals als Minister Christian VII. von Dänemark sich durch die Erlösung der dänischen Bauern von der Leibeigenschaft unsterblich gemacht hat, Freundschaft; hier wurde er auch in die Freimaurerloge aufgenommen und zum Meister vom Stuhl erwählt. Auf der Heimreise von der Universität machte Br. in Wien die für die spätere Gestaltung seines Lebens vielleicht folgenreichste Bekanntschaft mit Br. **Kornel Neny**, damals Secretär des niederländischen obersten Hofrathes, später Cabinetssecretär der Kaiserin. Bald nach seiner Rückkehr in das Vaterland heirathete er am 26. Oct. 1745 Sophie Katharine, die jüngere Tochter des Provinzialbürgermeisters **Daniel von Kloknern**, nachdem er schon früher bei dem Hermannstädter Magistrat in Dienste getreten und am 25. August 1745 als Judicial=Secretärs=Adjunct beeidigt worden war. Den 29. Dezember 1749 wurde er zum

---

¹) Abgedruckt in dem „Siebenb.=Deutschen Wochenbl." 1868 Nr. 1, 2 und 8.

ersten Judicial-Secretär und den 6. April 1751 zum Vizenotär ernannt, in' beiden letztern Aemtern führte er von 1749—1751 als Nachbarschafts=schreiber auch das Protokoll der Nachbarschaft des großen und kleinen Ringes. Von der Nations=Universität mit Peter von Hannenheim und Andr. Czekelius von Rosenfeld am 19. Februar 1751 zum Deputirten an das a. h. Hoflager, wahrscheinlich in Angelegenheit der Seeberg'schen Commission zur Untersuchung und Abhilfe der Mängel und Gebrechen in der sächs. Nation, entsendet, stand Br. am 25. März 1753 zum ersten=mal vor der großen Kaiserin Maria Theresia. Der Eindruck, den er auf die hohe Frau gemacht, muß ein bedeutender gewesen sein, denn obwohl er schon nach Verlauf eines Monates in die Heimath zurückkehrte, wurde er mit Hofreskript vom 18. Januar 1754 zum Gubernialsekretär, eine Stelle, die bis dahin kein Sachse erhalten hatte, „wegen seiner Capacität" ernannt und mittelst Gubernial=Dekretes vom 18. Februar 1755 dem Gf. Gabriel Bethlen zur Untersuchung im Fiskal=Prozeß wegen der Rodnaer Herrschaft, zugetheilt. Zu Anfang des Jahres 1759 in Privat=Angelegen=heiten mit kais. Erlaubniß in Wien anwesend, bevollmächtigte ihn die Na=tions=Universität unterm 21. Mai 1759 neuerlich zu ihrer Vertretung in Angelegenheiten des Martins=Zinses, — der Pachtung der Fiskalzehnten auf Sachsenboden, — der Immunität der Nationalbeamten, und Auf=hebung des ökonomischen Direktoriums, und ließ durch ihn der Kaiserin ein Darlehen von 200,000 fl. anbieten. Wegen des am 21. August zu eröffnenden Landtages mußte Bruckenthal nach Siebenbürgen zurückkehren. Hier wurde er seitens des Landes zum Mitglied der Commission zur Rich=tigstellung der Contributionsrückstände bestimmt und zur Directivkommission zum Zweck der gleichmäßigen Steuervertheilung zugezogen. Nach Schluß des Landtages wurde der Nation eröffnet, daß ihr Deputirter wieder nach Wien reisen könne. Mit Vollmachten der Universität, des Hermannstädter und Schäßburger Publikums, sowie des Burzenländer Capitels, welches 1752 zum drittenmal des Zehntes wegen evocirt worden war, versehen, ging Br. hierauf den 3. Februar 1760 nach Wien. Mit Hofreskript vom 26. Juli desselben Jahres zum Titular=Gubernial=Rath mit Sitz und Stimme ernannt, blieb er als Nationaldeputirter in Wien, und war so glücklich die Regelung des Quartierreglements und die Aufhebung des öko=nomischen Direktoriums sowie der Herstellung der Comeswürde, der Natio=nalverfassung und Wirthschaft zu erwirken. In Anerkennung dieser Verdienste wählte ihn denn auch die Hermannstädter Communität am 27. Nov. 1761 zu ihrem Königsrichter und Comes der Nation. Diese Wahl erhielt die

*

Bestättigung der Kaiserin, die mit Br. andere Pläne hatte, jedoch nicht, dagegen ernannte ihn seine hohe Gönnerin mittelst Handschreiben vom 11. Januar 1762 auf Empfehlung des Kommandirenden Generalen Br. Buccow, „in Anbetracht seines erprobten Eifers für das allgemeine Beste, seiner ausgezeichneten Geistesgaben, seiner Erfahrung, großen Bildung und treuen Dienste" zum siebenb. Provinzialkanzler. Mit Diplom vom 1. März desselben Jahres verlieh sie ihm, seiner Gattin und ihren Nachkommen das Baronat. Mit Br. Buccow war ihm die Durchführung der Grenzmilitarisirung übertragen. Wegen der damit verbundenen Maßnahmen vielfach angefeindet und bei Hof verdächtigt, wurden beide im Mai 1763 nach Wien berufen, und entkräfteten die gegen sie vorgebrachten Beschuldigungen. Buccow kehrte darauf im Oktober nach Hermannstadt zurück, Br. aber wurde, um die Berichte des Ersteren mit seinen Erläuterungen zu unterstützen, in Wien zurückgehalten und angewiesen, an allen Verhandlungen der Siebenb. Hofkanzlei betreff der Militärgrenze und Steuer Theil zu nehmen. Den 31. Januar 1765 zeichnete ihn die Monarchin durch Verleihung des Ritterkreuzes des St. Stephanordens aus. In demselben Jahre setzte Br. die Inskription des Fogarascher Distriktes zu Gunsten der sächsischen Nation gegen eine Inskriptionssumme von 200,000 fl. auf 99 Jahre durch. Mit Hofreskript vom 18. Juni 1765 wurde ihm die Leitung einer von der Hofkanzlei abhängigen Commission in Contributions- und Militärangelegenheiten übertragen. In dieser Eigenschaft erwirkte er die Erhebung Siebenbürgens zum Großfürstenthum, mittelst Diplom vom 2. November 1765, den Befehl, alle Hexenprozesse vor der Execution dem a. h. Hof einzusenden, und die Genehmigung der Kaiserin zum Abschluß eines Vergleiches mit dem Burzenländer Capitel, welchem 1761 drei Zehntquarten ab- und dem k. Fiskus gerichtlich zugesprochen worden waren, betreff Abtretung eines Theiles seines Zehntens zur Errichtung einer Universität in Hermannstadt.[1]) Die Ausführung dieses Unternehmens vereitelte der röm. kath. Bischof Br. Joseph v. Bajthai. In dieser Stellung unterstützte er die Bitte der sächs. Nation um den Titel Inclyta. Mit Handbillet vom 16. Januar 1766 wurde ihm der Vorsitz bei der siebenb. Hofkanzlei übertragen und am 28. Januar 1768

---

[1]) Für die Lehrkanzel der Philosophie an dieser Universität mag Br. auch Chr. Gottl. Klemm (f. Wurzbach Biogr. Lexikon 12. Bd. S. 68—70) nach Hermannstadt mitgenommen haben. Auch Sam. Chr. Fr. Hahnemann, der berühmte Begründer der Homöopathie, lebte, von Br. berufen, eine Zeit lang in Hermannstadt.

die geheime Rathswürde verliehen. Im Februar desselben Jahres wurde er, um den Mitteln zur Verbesserung des Steuersystemes nachzuforschen, nach Siebenbürgen gesendet und ihm und dem Kommandirenden Generalen Gf. O'Donnell aufgetragen, die der Errichtung der Militär-Grenze noch im Wege stehenden Hindernisse zu untersuchen und zu entfernen. Am 9. Mai 1769 unterbreitete Br. den Entwurf seines Steuersystems, der vom Staatsrath geprüft und gebilligt und von der Kaiserin gut geheißen ward. Mit Hofrescript vom 3. November desselben Jahres entsandte ihn nun die Landesfürstin zur Einführung dieses Systemes als k. Commissär nach Siebenbürgen. Br. traf am 24. Dezember im Lande ein, wurde überall mit großem Pomp empfangen, vollzog seine Mission und begründete die Steuerverfassung, die mit einigen Aenderungen bis zu Anfang des vorigen Jahrzehents in Siebenbürgen zu Recht bestanden hat. Auch für die Einführung eines Urbariums im Lande war er während dieser Zeit thätig. Am 26. November 1770 berichtete er bereits wieder in Wien über den Erfolg seiner Sendung.

In den Jahren 1772 und 1773 suchte ihn der über seinen Vorschlag zum siebenb. Gouverneur ernannte Gf. Joseph Maria v. Auersperg, hauptsächlich veranlaßt durch den mit ihm in's Land gekommenen k. ungarischen Hofsekretär Joseph v. Izdenczy, wegen angeblicher Saumseligkeit der unter Br. Leitung stehenden Hofkanzlei und seiner Beziehungen zur sächs. Nation, bei Hof zu verdächtigen. Doch Br. wußte sich beidemale glänzend zu rechtfertigen.

Im Jahre 1773 erhielt er das Commandeurkreuz des Stephan-Ordens. Im selben Jahre unternahm Kaiser Joseph II. seine erste Reise nach Siebenbürgen, Br. arbeitete zu diesem Behufe eine gedrängte Uebersicht der ältern Verfassung Siebenbürgens und eine geographische Skizze der Landestheile, welche der Kaiser besuchen wollte, bei Gelegenheit der vielen Fragen nach aus. Auf dieser Reise soll Joseph, den Angelegenheiten des Landes, ausgerufen haben: „So hat doch der Brukenthal in Allem Recht was er sagt." [1]) Im folgenden Jahr wurde Gf. Auersperg, wohl auf Grund der vom Kaiser aus eigener Anschauung gewonnenen Ueberzeugung von der Unfähigkeit desselben, aus Siebenbürgen abberufen, und Br. mit Handschreiben vom 5. Juli 1774 zum k. bevoll-

---

[1]) Die Berichte des Kaisers über diese Reise befinden sich im Archiv des Staatsraths. Dr. Carl Freiherr von Hock: der österreichische Staatsrath Wien 1868 S. 28.

mächtigten Commiſſär und Präſes des Guberniums ernannt. In die Periode ſeiner Wirkſamkeit als Gubernialpräſes fällt die Theilung des Albenſer Comitates, die auf höheren Befehl erfolgte Anordnung des Verkaufs der ſächſ. Gemeindegründe, die Anträge des Gf. Kornis zur Einführung der Concivilität in Siebenbürgen und Br. Gutachten darüber.

Mit Handſchreiben vom 16. Juli 1777 wurde Br. zum Gouverneur von Siebenbürgen ernannt und ihm unterm 17. Sept. d. J. von der Kaiſerin 1. Aufrechthaltung der katholiſchen Religion, 2. Verbeſſerung der Geſetze, 3. billige und gerechte Behandlung aller Unterthanen, 4. Betreibung der Urbarialregulation, 5. Vollbringung der Militär-Conſkription 6. Angabe der Art und Weiſe, wie die Gubernialberichte zur beſſern Einſicht der Kaiſerin gelangen könnten, — an das Herz gelegt. Am 3. October 1777 hielt Br. ſeinen feierlichen Einzug als Gouverneur in Hermannſtadt, am 12. November d. J. erfolgte die Inſtallation. Noch war kein Jahr vergangen, als die Kaiſerin ihm mit Handſchreiben vom 27. September 1778 Ihre Zufriedenheit über den neuen Stand der Dinge in Siebenbürgen zu erkennen gab.

Am 29. November 1780 ſtarb die große Kaiſerin, Joſeph II. ließ ſich auf einem bloß zu dieſem Zweck am 21. Auguſt 1781 abgehaltenen Landtag (deſſen Beſchreibung ſ. Vereinsarchiv Bd. II. S. 189—204) in Hermannſtadt von den Ständen Siebenbürgens huldigen, und nun folgten jene wohlgemeinten, aber ſchon wegen der ungeſetzlichen Art ihrer Schaffung, allenthalben übel aufgenommenen Reformen, durch die Kaiſer Joſephs II. Regierung bekannt geworden iſt. Die Geſchichte derſelben gehört nicht hieher und ſelbſt die Stellung Br. zu jeder einzelnen dieſer Beſtrebungen zu charakteriſiren, würde den Rahmen dieſer Skizze, die ſich bei der Reichhaltigkeit des Stoffes auf die bloße Darſtellung ſeiner äußern Lebensumriſſe beſchränken muß, weit überſchreiten. Erwähnt ſei bloß, daß Joſeph 1783 neuerlich Siebenbürgen bereiste und ihm Br., wohl in Folge damals erhaltenen Auftrages, eine Geſchichte des Steuerweſens in Siebenbürgen unterbreitete. In die Zeit der Br.'ſchen Landesverwaltung fallen auch die Hora und Kloscka'ſchen Unruhen. Daß der Gouverneur auch in dieſen Wirren ſeine Pflicht erfüllt habe, hat gegen die Angriffe des Gf. Dominik Teleki (A Hora támadás története Pest 865) Franz Szilágyi in der Budapesti Szemle U. F. VI. Bd. S. 320—329 (A Horávilág Erdélyben) unwiderleglich dargethan.

Anfang Februar 1787 wurde Br., deſſen conſervative Richtung dem

Kaiser weniger angenehm gewesen sein mag, vielleicht auch nicht ohne Zuthun der Gegner, an denen es ihm nicht fehlte, „in Ansehung seines hohen Alters" (65 Jahre) unter Verleihung des Großkreuzes des Stephansordens, als „Zeichen der a. h. Zufriedenheit über seine bisher dem Staate geleisteten Dienste", in den Ruhestand versetzt.

Durch 16 Jahre führte Br. nun ein wahres otium cum dignitate im Sommer in seiner Villa in Freck oder in Hermannstadt, im Winter in seinem Palais in Hermannstadt, theils mit der Verwaltung seines ausgebreiteten Besitzthums, theils mit der Vermehrung der schon während seines mehrfachen Aufenthaltes in Wien begonnenen Sammlungen von Büchern, Bildern, Münzen und Antiken[1]) beschäftigt, immer aber an dem Wohl und Wehe seiner Nation und Kirche den wärmsten Antheil nehmend, für dieselben jederzeit und auf allen Gebieten, getreu seinem Wahlspruche: Fidem genusque servabo, bedacht.

Am 9. April 1803 verschied er zu Hermannstadt in einem Alter von 81 Jahren an Altersschwäche, ohne Hinterlassung von Kindern, nachdem seine einzige Tochter noch als Kind gestorben war, und wurde am 21. April in der Pfarrkirche ohnweit des Taufbeckens begraben.

Bruckenthal hinterließ zum Besten des Hermannstädter evangelischen Gymnasiums und der Pfarrkirche ein Capital von 8000 fl., von dessen Interessen 100 fl. zu nothwendigen Reparaturen an der Kirche, der übrige Betrag derselben aber zu besserer Salarirung der Schullehrer und Auf-

---

[1]) **Dahin gehören eine Hekate und drei Mithras-Monumente, beschrieben von P. v. Köppen in den nachbenannten Abhandlungen:**

1. **Eine archäologisch-mythologische Abhandlung von P. von Köppen unterm Titel: Die dreygestaltete Hekate und ihre Rolle in den Mysterien. Nach einem Standbilde im Baron Bruckenthal'schen Museum zu Hermannstadt in Siebenbürgen findet man in den besondern Beilagen zu Hormayers Archiv für Geschichte, Statistik ꝛc Wien 1823. August-Heft Nr 94. 95. 97. 100. 104 und 107 auf 22 Seiten in 4-to wie auch für sich im nemlichen Jahre ebendaselbst 4-to.**

2. **Mithras, gefunden, wie man versichert, im Hátzeger Thale, wo einst die Colonia Sarmis oder Zarmizaegethusa (nachgehendes Ulpia Trajana genannt) stand; jetzt im Br. Bruckenthalschen Museum zu Hermannstadt befindlich. Beschrieben von P. von Köppen in den Jahrbüchern der Literatur 24. Bd. Wien 1823 im Anhang oder dem Anzeigeblatt für Wissenschaft und Kunst Nro. XXIV. S. 15—17. Auf der letzten Seite befindet sich auch ebendesselben Beschreibung zwei anderer ebentaselbst befindlicher Mithras-Monumente.**

stellung eines geschickten Zeichenmeisters oder Lehrers der Technologie verwendet werden sollten. Bibliothek, Bilder, Kupferstich-, Mineralien-, Münzen- und Antiken-Sammlung nebst einem zu deren Ergänzung, und zur Besoldung eines Custos bestimmten Capital von 36000 fl. wurden für den Fall des Aussterbens der Bruckenthal'schen Familie dem Hermannstädter evangelischen Gymnasium gewidmet, der Zugang zu diesen Sammlungen aber auch inzwischen Jedermann offen gehalten. Die Bibliothek enthält 19—20000 Bände darunter viele und werthvolle Manuskripte, namentlich auch Original-Landtagsartikel; die Mineraliensammlung ist durch ihren Gold- und Tellurstufen-Reichthum ausgezeichnet (s. Lud. Neugeboren: Die Goldstufen und reichen Erze der Freiherrlich von Bruckenthalischen Mineraliensammlung zu Hermannstadt in der „Transilvania" (Beiblatt zum Siebenb. Boten) Jahrgang 1842, Nr. 11, S. 53—55 und Ebenderselbe: Notizen über Sammlungen Siebenbürgischer Mineralien im Archiv des siebenb. Vereins für Landeskunde. Kronstadt 1867, N. F. VII. Bd., 3. Heft, S. 392—393.) Eben so reich und werthvoll ist die Münz- und Medaillensammlung, besonders gut sind darin die ungarischen Königs- und siebenb. Fürstenmünzen vertreten. Die Gemäldesammlung umfaßt in 15 Zimmern 199 Bilder der italienischen, 429 der niederländischen und 464 der deutschen Schule, darunter auch Originale von Guido Reni, Rubens, Dürer 2c. 2c. (s. Erneuerte vaterländische Blätter für den österr. Kaiserstaat, Jahrgang 1818, Nr. 92, 98, 100, Hormayers Archiv für Geographie, Historie, Staats- und Kriegskunst. Wien 1826, Nr. 68, 69, 98, 99, 100 und Jahrgang 1827 Nr. 32, 33 und 34 von J. Benigni v. Miltenberg; und L. Neugeboren: Die Gemäldegallerie des Freiherrlich v. Bruckenthalischen Museums in Hermannstadt. Herrmannstadt G. v. Closius 1844. 8-vo. II. 152 S.)

Einen des Stoffes würdigen Biographen hat Br. noch nicht gefunden. Beiträge zu seiner Biographie veröffentlichten: J. G. Schaser: Denkwürdigkeiten aus dem Leben des Freiherrn Sam. v. Bruckenthal. Hermannstadt 1848. J. K. Schuller, Maria Theresia und Freiherr Samuel v. Bruckenthal. Hermannstadt 1863; Gf. **Dominik Teleki** Erdély három államférfia a XVIII. században in Budapesti Szemle, Jahrgang 1868 N. F. X. Bd., S. 3. (Letzterer die Verdienste Bruckenthal's ungerecht schmälernd.)

Von Bruckenthal existiren 4 Porträts, das erste und beste mit dem Bruckenthal'schen Wappen und der Bezeichnung J. Hickl pinx, J. E. Mansfeld sc. 1779; ein zweites im Kostume des Großkreuzes des Stephansordens Jos. Gebbel del. F. Eybl lith. gedr. im lith. Institut in Wien; ein drittes darnach in verkleinertem Maßstabe genommenes Porträt brachte sammt kurzer biographischer Skizze Benigni's siebenb. Volkskalender für 1845; das vierte endlich von F. A. Krabs gezeichnet und in dessen lith. Anstalt in Hermannstadt gedruckt, erschien als Beigabe zu J. K. Schuller's obgenanntem Werk sammt einem Facsimile von Bruckenthal's Handschrift.

I. Baron Sam. Bruckenthalische Arbeiten:

1. Denkwürdigkeiten zur Geschichte der Sachsen in Siebenbürgen, aus bewährten Urkunden im Jahr 1759, herausgezogen.

  Im Jahre 1824 gedruckt im 6. Band der siebenbürgischen Provinzialblätter S. 1—116. (Citirt in der Quartal-Schrift I. 319 und Schlözer S. 15.)

2. Synopsis systhematica articulorum Diaetalium Transilvaniae inde a Seculo XVI usque XVIII.

  Diese Sammlung veranstaltete Bruckenthal in der Absicht, damit daraus die für das neuere Zeitalter passenden Bestimmungen auf eine schickliche Weise zusammengesetzt, und also ein neuer „Codex Juris Transilvaniae," oder „Codex Theresianus" zu Stande gebracht werden möchte. Der Tod der K. Maria Theresia und die weiter zielenden Pläne ihres Thronfolgers des K. Joseph vereitelten aber diesen Entwurf.

  (Eine Abschrift dieses Werks befindet sich im ungrischen National-Museum zu Pest unter Eders Manuscripten.)

3. Super neo-elaboratum Contributionis Systema, objectaqve in illo contenta, cum brevi enarratione rei Contributionalis antea usitatae.

  (Catal. Bibl. Sam. C. Teleki. Viennae 1811. III. 198.)

4. Memorial an die K. K. Maria Theresia, worin die vom k. Fiscus zur Erweisung seines Rechtes auf die Burzenländer Zehnden herbeigebrachten Beweise beleuchtet und entkräftet werden. Mspt. Eingereicht 19. Juli 1761.

5. Kurzgefaßte historische Beschreibung der siebenbürgischen Landes-Verfassung. Mspt.

6. Von der ältern Verfassung Siebenbürgens. Des Kaisers Majestät vor seiner Abreise nach Siebenbürgen zu Füßen gelegt. 1. Stück. Mspt. Vgl. unten lit. g.

7. Zweites Stück der Anmerkungen, die ich des Kaisers Majestät vor seiner Abreise nach Siebenbürgen zu Füßen gelegt habe. Mspt.

(Die drei Manuscripte Nr. 5, 6 und 7 sind im III. Bande der B. Bruckenthalischen Handschriften-Sammlung enthalten.)

8. Norma circa productiones Nobilium, welche das k. Gubernium den 7. Dezember 1770 zur Befolgung bekanntmachte, und von der K. K. Maria Theresia den 14. Dezember 1770 bestätigt wurde. Dieselbe hat bis auf die neueste Zeit den Gerichten zur Richtschnur gedient.

S. Vajda's Erdélyi Törvények Historiája S. 420—422.

In den Denkwürdigkeiten aus dem Leben des Sam. v. Bruckenthal ꝛc. 1848 hat Schaser, — nebst den Diplomen über Bruckenthals Ernennung zum Provincial-Kanzler vom Jahre 1762, zum Freiherrn 1762, zum kön. Commissär 1769 und zum Gubernator vom Jahre 1777, — noch folgende Bruckenthalische Arbeiten veröffentlicht:

a) Berichte über den Aufruhr walachischer Unterthanen unter Hora und Klocska und erhaltene kaisl. Befehle 1784 und 1785 Seite 60—99.
b) Testament vom. 3. Januar 1802 in Auszug S. 136—139.
c) Erklärung über das neu einzuführende Contributions-System. Anhang S. 8—17.
d) Vortrag wegen Erhebung Siebenbürgens zu einem Großherzogthum. Anhang S. 17—18.
e) Note wegen dem Titel Inclyta für die sächs. Nation. (Im Auszug.) Anhang S. 18—19.
f) Note wegen Exemtion der sächs. Beamten von der Contribution. Anhang S. 19—21.
g) Beschreibung der ältern Verfassung Siebenbürgens. Sr. Maj. 1773 unterlegt. Anhang S. 22—38.
h) Gutachten über den Vorschlag des Gr. Kornis zur Concivilität (Anhang 38—43) vom 17. November 1776. Anhang S. 43—64.
i) Geschichte der Contribution, dem allerhöchsten Hofe eingesandt 27. März 1784. Anhang S. 66—74.

II. An Gedichten zu Ehren des Freiherrn Sam. v. Bruckenthal, deren die Bibliothek desselben mehrere in Handschrift enthält, sind mir nachfolgende gedruckte Gedichte vorgekommen:

1. Cantate: Die Sachsen. Auf die Ankunft B. Bruckenthals als k. Commissär zu Hermannstadt. 1769. Hermannstadt, Fol., 4 S.

2. Ode an Dacien bei der Ankunft Sr. Exz. des k. k. Herrn geheimen Raths Sam. Freiherrn v. Br. als Commissarius regius im Großfürstenthum Siebenbürgen. Den 27. Dezember 1769 s. l. Follo, 6 Seiten.

3. Principes virtutes hieroglyphice adumbratae Exc. atque Illustr. Dni. S. L. B. de Bruckenthal etc. tunc cum Vienna redux M. P. Transilvaniae actualis Gubernator ingrederetur oblatae a Jos. Aerizer C. R. Salis fodinarum Colosiensium Perceptore etc. Claud. typis Coll. ref. anno 1777. Fol. 11 pag. cum sigg.

4. L'houreux Retour de Son Excellence Mons. le Baron de Bruckenthal etc. celebré par Jean Theodor d'Herrmann, Greffier de la Chancellerie du Gouvernement royal dans la Transylvanie. Hermannstadt le 12. Mars l'an 1768. Imprimé chez Sam. Sárdi. Fol. 4 S.

5. Gratulantia vota Exc. Dno. L. B. Sam. de Bruck etc. neo Gubernatori Regio inter communes patriae applausus nomine J. J. Comitatuum a C. Antonio Haller ab Hallerstein in J. C. Albae sup. Supremo Comite humillimo obsequii cultu devota anno 1777 d. 12. Novembr. Cibinii in Typogr. Barthiana. Folio, 4 S.

6. Ode Exc. ac Illustr. Dno. L. B. Sam. de Bruckenthal etc. Gubernatori Regio, cum Ill. D. C. Joannem Nopom. Csáki de Keresztszeg Supermi Comitis Colosiensis Magistratu — autoraret, ab J. Cottu. in tesseram gratitudinis et profundae venerationis oblata m. Aprili anno 1779. Claud. typis J. F. Kollmann. Folio 8 S.

7. Denkmal für Ihre Hochsel. Excellenz die Baronesse Sophie von Bruckenthal geb. v. Klocknerin, siebenbürgische Gubernatorin, als sie im Jahre 1782, 15. Mai an ihrem Namenstag plötzlich an einem Schlagflusse verschied. Hermannstadt, bei Hochmeister, 4-to. 7 S.

8. Auf die hochbeglückte Wiederkunft Sr. Excellenz des Herrn Gubernators B. v. Br. Von Hedwig Luise de Pernet, geborne Baron Kemmeter. Hermannstadt, bei Barth, 1780. 4-to. 2 S.

Seiv.   **Brukner Johann,**

Magister der freien Künste und Pfarrer zu Großpold unter dem Walde, geboren von bürgerlichen Eltern zu Hermannstadt den 12. März 1712. Er weihte sich der Gotteslehre, reiste 1732 zu Ende des Jahres nach Halle im Magdeburgischen, woselbst er bei dem königlichen Pädagogium 1736 als Lehrer diente, 1739 nahm er zu Wittenberg die Magisterwürde an, und kehrte endlich das folgende Jahr in sein Vaterland zurück. Hier erhielt er auf einmal 1740 den 11. Heumond das Konrectorat, und nach sechs Jahren, den 1. Oktober 1746 das Rectorat, welchem er bis 1750 mit unermüdetem Fleiße vorstand; den 19. August aber zum Pfarrer in Großpold berufen wurde. Hier erfolgte sein Tod an einer Brustkrankheit den 24. Januar 1765, in einem Alter von 52 Jahren, 10 Monden und 12 Tagen.

1. Dissertatio Academica, de Lucta Facultatis Adpetitivae inferioris et superioris, Respondente Joh. Paulo Vluhold, Gedanensi. Witebergae 1739 in 4. 64 S.
2. Dissertationes Philosophicae varii argumenti, quas Praeside Joh. Brukner, defenderunt Ordinis latini primi Membra, Halae in Paedagogio Regio, semestri hiemali 1738, semestri aestivo, 1739. Manuscript. ¹)

Tr.   **Bruckner Wilhelm,**

von Großschenk gebürtig, studirte am evang. Gymnasium in Schäßburg, an der k. k. Universität in Wien und an der k. k. Rechts-Akademie in Hermannstadt, practicirte bei der k. k. siebenbürgischen Finanz-Prokuratur, und wurde sofort Landes-Advokat in Hermannstadt.

Die Reformen Kaiser Josef II. in Siebenbürgen. Inaugural-Dissertation verfaßt und der philosophischen Facultät zu Jena zur Erlangung der Doctorwürde vorgelegt von W. B. siebenbürgischem Landesadvokaten zu Hermannstadt. Jena 1867. Druck von W. Ratz. 8-vo. 30 S.

---

¹) Es sind 29, die der Verfasser in einer schönen Abschrift des Hermannstädtischen Bibliothek, zu seinem Gedächtnisse verehrt hat.

T r. **Buchinger Joh. Georg,**

geboren in Hermannstadt am 5. April 1789, stubirte am Gymnasium daselbst, und bezog im Jahre 1809 die Hochschule zu Leipzig, von wo er nach einem Jahre in das Vaterland zurückkehrte. Nachdem er als öffentlicher Lehrer am genannten Gymnasium hinlängliche Proben seiner Geschicklichkeit und Kenntnisse abgelegt hatte, wurde er zum Rector desselben Gymnasiums gewählt im Jahre 1821; dann Pfarrer in Freck 1830, 18. Dezember, sofort in Großpold 1836, 2. April, woselbst er 1848 im August mit Tod abging.

Er besorgte im Jahr 1828 die Herausgabe einer neuen, von ihm verbesserten Auflage der lateinischen Gramatik Molnárs für die Hermannstädter Schulen, gedruckt bei Johann Barth in Hermannstadt.

1. De methodorum philosophandi Systematumque Philosophiae iisdem congruorum natura ac indole Diss. Cibinii, Barth. 1814. 8-vo. 58 S.

2. De divisionis per divisores tautogrammos Compendio ad solennem Gymnasii Cibin. A. C. lustrationem inde a III. Iduum Quintil. usque ad XVI. Cal. Sextil. 1829 celebrandam artium liberalium atque eruditionis venerandos cultores et fautores pie invitaturos scripsit J. G. B. ejusd. Gymnasii Rector. Cibinii 1829 typis Sam. Filtsch. 4-to. 18 S.

3. Meletematum mathematicorum Fasciculus I. Ad solennem Gymnasii Cibin. A. C. lustrationem inde a IV. Iduum Quintil. ad usque XVII. Cal. Sextil. 1830 celebrandam Artium liberalium atque eruditionis venerandos cultores et fautores pie invitaturus scripsit J. G. B. ejusd, Gymn. Rector. Cibinii Barth. 1830. 4-to. 28 S.

4. Trauerrede auf den Tod weil. Sr. k. k. Apostolischen Majestät des Kaisers von Oesterreich und Großfürsten von Siebenbürgen Franz des Ersten, vorgetragen in der Pfarrkirche der evang. Gemeinde A. C. in Hermannstadt am 6. April 1835. Nebst der lithographirten Abbildung und der Beschreibung des bei dieser Feierlichkeit daselbst aufgestellten Trauer-Gerüstes. Hermannstadt 1835. 4-to. 12 S. Nachtrag 9 Seiten.

(Die Elegie S. 13—19 ist von Joh. Georg Schuller. — Der Erlös war zu einem wohlthätigen Zwecke bestimmt.)

Tr. **Budacker Gottlieb,**

geboren in Bistritz am 4. Mai 1825, studirte im Jahre 1844 ꝛc. an den Universitäten zu Breslau und Leipzig, wurde Director des evang. Gymnasiums in Bistritz 19. Juni 1853 und zum Pfarrer in Lechnitz gewählt 28. October 1862.

1. Drittes Programm des evang. Gymnasiums zu Bistritz in Siebenbürgen. Herausgegeben am Schlusse des Schuljahres 1854. III. Jahrgang. Kronstadt, gedruckt bei J. Gött 1854. Im Selbstverlag des Bistritzer Gymnasiums. 4-to. 25 S.

    (Inhalt S. 3—14 über die Eintheilung der epischen Poesie von Heinr. Wittstock. S. 15—25 Schulnachrichten.)

2. Viertes Programm ꝛc. Herausgegeben am Schlusse des Schuljahres 1855. Kronstadt, gedruckt bei Joh. Gött. 1855. Im Selbstverlag des Bistritzer Gymnasiums. 4-to. 33 S.

    (Inhalt: A. Die Erbgrafschaft von Bistritz, S. 3—19. B. Schulnachrichten S. 21—33.)

3. Fünftes Programm ꝛc. Herausgegeben am Schlusse des Schuljahres 1856. Kronstadt, gedruckt bei Joh. Gött, 1856. Im Selbstverlag des Bistritzer Gymnasiums. 4-to. 35 S., nebst 2 Tabellen. Uebersicht des Lehr-Planes für das Ober- und Unter-Gymnasium.

    (Inhalt: A. Etymologische Forschungen auf dem Gebiete des Lateinischen und Griechischen von C. F. Sintenis[1]) S. 1—26. B. Schulnachrichten S. 27—35.)

4. Sechstes Programm ꝛc. Herausgegeben am Schlusse des Schuljahres 1857. Kronstadt, gedruckt und im Verlage von Johann Gött. 1857. 4-to. 34 S.

    (Inhalt: 1. Die Gliederung der römischen Familie, mit besonderer Rücksicht der privatrechtlichen Verhältnisse, in welchen die einzelnen Glieder derselben zu einander stehen. 1. Theil, dargestellt von Dr. Carl Thön[2]), S. 1—20. — 2. Schul-Nachrichten vom Director S. 21—34.)

5. Siebentes Programm ꝛc. Herausgegeben am Schlusse des Schuljahres

---

[1]) S. den Art. Sintenis.
[2]) S. die folg. Seite Nr. 9.

1858. Kronstadt, gedruckt und im Verlage bei Joh. Gött. 1858. 8-vo. 57 S.

(Inhalt: 1. Die Alliterationsperiode der deutschen Dichtung von Dr. J. Imm. Schneider S. 1—22. — 2. Schulnachrichten vom Direktor S. 23—57.)

6. Achtes Programm ꝛc. Herausgegeben am Schlusse des Schuljahres 1859. Kronstadt, gedruckt und im Verlage bei Joh. Gött. 1859. 8-vo. 72 S.

(Inhalt: A. Ueber die Phanerogamen=Flora von Bistritz, von Michael Herzog, S. 3—49. B. Schulnachrichten, vom Direktor S. 51—72.)

7. Neuntes Programm ꝛc. Herausgegeben am Schlusse des Schuljahres 1860. Bistritz, Druck von Johann Emanuel Filtsch. 8-vo. 75 Seiten.

(Inhalt: 1. Die Stellung von Bistritz im Thronstreite zwischen Ferdinand I. und Johann Zápolya, von Heinr. Wittstock, S. 3 bis 40, nebst Anhang urkundlicher Beilagen, S. 41—45. — 2. Schulnachrichten vom Direktor, S. 47—75.

8. Zehntes Programm ꝛc. Herausgegeben am Schluß des Schuljahres 1861. Bistritz. Buchdruckerei von J. E. Filtsch. 8-vo. 48 S.

(Inhalt: 1. Ueber die Entwicklung des Bibliotheks=Wesens an der Bistritzer Lehranstalt in den letzten 6 Jahren vom Direktor S. 5 bis 26. 2. Schulnachrichten von Ebendems., S. 27—48.

9. Eilftes Programm ꝛc. Herausgegeben am Schlusse des Schuljahres 1862. Bistritz, Druck von Joh. Emanuel Filtsch. 8-vo. 67 S.

(Inhalt: 1. Ueber den Einfluß der reformatorischen Bestrebungen des 16. Jahrhunderts auf die Entwicklung und Bildung der Schulen von Friedr. Storch, S. 3—47. — 2. Schulnachrichten vom Direktor. S. 49—67.)

S. 52—57 steht „ein Nekrolog" des am 15. September 1861 verstorbenen Gymnasiallehrers Dr. Karl Gottf. Thön, von Dr. J. Im. Schneider.

Tr. **Burg Carl,**

geboren in Kronstadt am 31. März 1807, studirte zu Kronstadt und Wien, übte die Arzneikunst in seiner Vaterstadt, und bekleidete daselbst die

Stelle eines Physikus, bis er am 16. Januar 1850 im Alter von 43
Jahren einem in seinem Berufe sich zugezogenen Nervenfieber unterlag.

   Diss. inaug. physiologica de Hypnologia, Pro Doctoris Medicinae laurea disquisitioni submissa 2. August. 1834. Vindobonae.
8-vo. 23 S.

T r.   **Busner Joh. Andr.,**

geboren in Hermannstadt 5. Febr. 1776, studirte im Jahre 1805 an der
Universität in Leipzig, Prediger in Hermannstadt, Pfarrer in Kastenholz
1813, 25. November, Pfarrer in Neudorf 1820 im Jänner, stirbt 16.
September 1836 in Hermannstadt im 61 Jahre.

   De patria potestate Romanorum Dissertatio. Cibinii 1807.
8-vo. 14 S.

Seiv.   **Bütner Michael,**

Pfarrer zu Neudorf im Hermannstädter Stuhle. Sein Vater gleiches
Namens war Pfarrer zu Neppendorf, und starb nach einer 42jährigen
Amtsführung 1578. Ein solches Glück hatte der Sohn nicht. Er er-
hielt zwar 1593, nach dem Tode des Johann Laurenti, die Neudorfer
Pfarre, starb aber noch in demselben Jahre. In seiner akademischen
Laufbahn zu Wittenberg, gab er folgende Gedichte heraus, davon das
erstere ein elegisches, das andere ein heroisches ist:

1. Carmen in Natalem Christi Servatoris: Litt. et S. Judic. Viro,
Georgio Brauchyno — ac optimae spei adolescenti, Michaeli Golay,
Pannoniis — dicatum. Witebergae 1582 in 4. 8 S.

2. De Morte Christi Domini, ad mortales lamentatio, Witeb. 1582 in 4.
12 Seiten.

T r.   **Capesius Bartholomäus,**

Sohn des Georg Capesius, Pfarrers in Zenderfch, Kockelburger Gespanschaft, studirte in Wittenberg 1692 und war vom Jahre 1698 bis 1700
Rektor des Schäßburger Gymnasiums, vom Jahre 1705—1714 Pfarrer
in Groß-Alisch und vom Jahre 1714 bis zu seinem Tode 1733 Pfarrer
in Roth (Zágor):

   Dissertatio ex Historia Sacrorum Rituum de Diptychis veterum cum primis Graecorum. Praeside M. Martino Chladni C. H. d. 23. Aug. Anno 1693. Witteb. 4. 16 S.

Tr. **Capesius Franz Michael,**
Sohn des Thalheimer Pfarrers Sam. Capesius, geboren in Hermannstadt 15. August 1807, studirte im Jahre 1830 ꝛc. an der protest.-theologischen Fakultät in Wien, wurde Lector in Hermannstadt 1833, Prediger in Hermannstadt 1838 und endlich Pfarrer in Bägendorf 30. März 1843 bis 1848. Er ward im Jahre 1848 von den walachischen Landstürmern aus Bägendorf vertrieben, mußte nach Hermannstadt flüchten und starb daselbst 1850. Seiner Witwe ward vom K. Franz Joseph eine Pension aus dem Staats-Schatze bewilligt.

Isagoge historico critica in Evangelium Joannis. Cibinii 1834. 8-vo. 36 S.

Tr. **Capesius Gottfried,**
geboren am 27. Nov. 1815, war der jüngste Sohn des Thalheimer Pfarrers Samuel Capesius, studirte im Jahr 1835 ꝛc. in Berlin, wurde nach seiner Rückkehr von der Universität als Lehrer am Hermannstädter evang. Gymnasium angestellt, und am 1. Dezember 1861 zum Rektor desselben Gymnasiums gewählt.

1. Hermannstadt während der Kronstreitigkeiten zwischen dem rechtmäßigen König Ferdinand I. und dem Usurpator Johann Zapolya in den Jahren 1526—1536. In dem Programm des Gymnasiums A. C. zu Hermannstadt für das Schuljahr 1855/6 S. 3—29. S. den Art. **Joseph Schneider.**
2. Programm des Gymnasiums A. C. zu Hermannstadt und der mit demselben verbundenen Lehr-Anstalten für das Schuljahr 1861/2, veröffentl. vom Rektor des Gymn. G. C. Hermannstadt 1862. Druck der Diözesandruckerei 4-to.

   Enthält S. I—XXXIX. Zur Bestimmung des täglichen Ganges der Luftwärme und des Luftdruckes in Hermannstadt von Ludw. Reissenberger; und S. 1—25 Schulnachrichten vom Rektor G. C.
3. Programm für das Schuljahr 1862/3 Hermannstadt 1863. Druck der Diözesandruckerei. 4-to.

   Enth. S. I.—LVI. Zur Interpolation von fehlenden Gliedern

in den Beobachtungsreihen periodischer Naturerscheinungen von Moritz Guist; und — S. 1—23. Schulnachrichten vom Rektor G. C.

4. Programm für das Schuljahr 1863/4 Hermannstadt 1864. Druck der Diözesanbruckerei, 4-to XLVIII. 27 S.

Enth. S. I—XLVIII. Die Fußpunktlinien der Kegelschnitte und ihre Anwendung von Karl Albrich nebst 1 lithogr. Tabelle mathematischer Figuren. — und S. 1—27 Schulnachrichten vom Rektor G. C.

5. Programm für das Schuljahr 1864/5. Hermannstadt 1865. Druck der gr. or. Archidiözesanbruckerei. 4-to XLII. und 33 S.

Enth. Siebenbürgische Kleinigkeiten, worunter S. III—XIII. Ein Brief des siebenb. Fürsten Mich. Apafi I. an Karl XI. König von Schweden aus dem J. 1687. — S. XIII—XXIX. Eine siebenbürgische Tragödie aus dem J. 1738. — S. XXX—XLII. Der Bauern-Aufstand in Ungarn aus dem J. 1514 unter dem Szekler Georg Dózsa, mitgetheilt von Joh. Jos. Wellmann. (Beide erste aus Szilágyi's Taschenbuch Klio 3. Jahrgang. — und der dritte Artikel aus Kovácsoczy's Felső Magyarországi Minerva Jahrgang 1828 übersetzt). — S. 1—33 Schulnachrichten vom Direktor. —

6. Programm für das Schuljahr 1865/6 womit zur öffentlichen Prüfung der Schüler aller Classen von Donnerstag den 5. bis Dienstag den 10. Juli 1866 ergebenst einladet G. C., Direktor. Inhalt: 1. Anwendung der Differenzenreihen zur Berechnung der irrationalen Wurzeln einer höheren Gleichung von Karl Albrich (S. III—XXXVIII.) — 2. Schulnachrichten vom Direktor (S. 1—33.) Hermannstadt 1866. Druck der griechisch-orient. Archidiözesanbruckerei 4to. XXXVII. und 33. S.

7. Programm für das Schuljahr 1866/7 womit zur öffentlichen Prüfung der Schüler aller Classen von Donnerstag den 4. bis Dienstag den 9. Juli 1867 ergebenst einladet G. C. Direktor. Inhalt: 1. Anregungen zur Nacherziehung unserer gewerblichen Jugend von J. Klein (S. 3—18.) 2. Schulnachrichten vom Direktor 33 S. Hermannstadt 1867. Druck der gr. orient. Archidiözesanbruckerei 4-to. 18 und 33 S.

Tr. **Capesius Wilhelm,**

Doct. der Medicin, von Großschenk, geboren am 7. April 1809, studirte am Gymnasium zu Hermannstadt, sofort aber 1828—1834 an der Universität in Wien, wurde Physicus im Fogarascher Distrikt 1835 und im Großschenker Stuhl 1843 dann in Hermannstadt 1851.

1. Diss. inaug. medico-ophtalmologica de eo: An operatio cataractae longaevitati obsit? Viennae 20. Novembr. 1834. 8-vo 26. S.

(Dem Wiener Professor der Augenheilkunst Anton v. Rosas zugeeignet).

Tr. **Capesius Wilhelm,**

Sohn des Thalheimer Pfarrers Samuel Capesius, geb. zu Thalheim am 28. November 1813, studirte in Hermannstadt, und im Jahr 1834—1836 in Berlin, war Professor am evang. Gymnasium zu Hermannstadt bis Jänner 1860, wo er zum Pfarrers-Substituten nach Thalheim gewählt wurde und erhielt den 8. April 1867, die Berufung zum Pfarrer in Neudorf.

1. De gerundiorum ac supinorum vi, natura et constructione, adlatus, iisque critica ratione ponderatis, grammaticorum sententiis meditatus est Guil. Capesius, theologiae Candidatus. Cibinii typis Georgii de Closius 1839. 8-vo 35 S.

2. Versuch einer Zusammenstellung der Hauptmomente der österreichischen Geschichte von der Entstehung der Ostmark bis zum Ende der französischen Kriege, mit vorzüglicher Berücksichtigung des allmäligen Anwachses der Monarchie. In dem Programm des Gymnasiums A. C. zu Hermannstadt für 1854/5 S. 3—57. 1. Aug. Joseph Schneider.

Tr. **Capinius (Kopin) Martin,**

genannt Doctor Siebenbürger „der im Jahr 1522, zu Neustadt (bei Wien) nebst Anderen den Kopf verlor, war von Hermannstadt gebürtig und seit 1505 dreimal Dechant seiner Fakultät bei der Wiener Universität gewesen. Im Jahr 1512 war er Stadtrichter zu Wien. Von ihm schreibt der Anonymus in Hieronymi Pez scriptor rerum austriacarum T. II. col. 990. „Ostentabat quandam literati hominis gravitatem et domus ejus veluti oraculum a plerisque adiri solebat." Soviel schreibt Seivert in seinen Nachrichten ꝛc. unter dem Schlagworte Wolfhard über Capinius, und führt den Letzteren, auf Grund der Aufzeichnung Martin Felmers in der

Heltauer Pfarrmatrikel, in der Reihe der Heltauer Pfarrer mit dem Beifügen an, daß sich Capinius im Jahre 1507 nach Wien begeben habe.¹)

M. Martin Capinius, Juris pontificii Doctor, war im Jahre 1503 Procurator Nationis hungaricae bei der Wiener Universität, in den Jahren 1505, 1510 und 1516 aber ebendaselbst Decan der juridischen Fakultät,²) und bekleidete in den Jahren 1512 bis 1517 und 1522 das Stadtrichter- und 1521 das Bürgermeister-Amt in Wien.³)

---

¹) Siebenbürgische Provinzialblätter III. 7. Die Angabe Felmers beruht auf den in einem von Lucas Dörner ausgestellten Transsumt vom Jahre 1507 eines Heltauer Freibriefes vom Jahre 1356 — vorkommenden Worten: „per instantiam Martini Capini, liberalium Artium Magistri et Decretorum Doctoris, Plebani de Helta." Karl Schwarz bestreitet die Identität dieses Plebans mit dem Wiener Dr. Siebenbürger in Heinr. Schmidts Siebenb. Quartalschrift, Hermannstadt 1859 S. 40, wobei er zugleich nach der Wiener Gewähr vom Jahre 1521 darthut, daß Martin Capiny der Sohn des im Jahre 1506 in Wien verstorbenen Bürgers, sowie Stadt-Säckelmeisters und ehemaligen Wiener Stadtrichter (1493—1495 l. Wiens Geschichte von Pezzel, Weidmann ꝛc. I. 120 und Hormayrs Geschichte Wiens 4. Bd. in der angehängten chronologischen Tafel) Sigmund Siebenburger war. Ueber den Letzteren, sein Grabmal in der Stephanskirche zu Wien, und die nach ihm benannte Kreuzkapelle daselbst, welche nachher die Savoyische und Eugenskapelle hieß, weil sie die Reste des Prinzen Eugen von Savoyen und seines Neffen Thomas Emanuel ꝛc. umschließt, f. Hormayer a. a. O. IV. 47, 98, 156. V Seite CCXXI. und Heinr. Schmidts Siebenb. Quartalschrift 1859. I. 40.

²) Locher's Speculum academicum Viennense S. 99 und 250.

³) Nach Hormayrs Geschichte Wiens 4. Bd., S. 156, war Martin Capinius bereits vom Jahre 1512 bis 1517, Stadt-Richter in Wien, wonach also auch Selverts obige, und Felmers Angabe des Jahres 1512 (letztere in den Siebenb. Provinzialblättern III. 7) sich vereinigen lassen. — Im Widerspruch damit wird Capinius als Wiener Stadtrichter nur in den zwei Jahren 1517 und 1522 angeführt in Wiens Geschichte, Beschreibung und Umgegend von J. Pezzl, Weidmann, Tschischka, Wien 1821 I. 154, wo nebst einer Beschreibung des Wiener Aufruhrs S. 130—133 auch ein chronologisches Verzeichniß der Wiener Bürgermeister und Stadtrichter vom 13—19 Jahrhundert steht. Unter den Bürgermeistern kömmt zwar der Namen des M. Capinius (welchen Schwarz a. a. O. mit Bezug auf Denis Buchdruckergeschichte Wiens S. 67 und Lazll Beschreibung Wiens 1619 S. 41 als Bürgermeister im Jahre 1520 anführt) bei Pezzl nicht vor. Dagegen geht aus der Bestätigungs-Urkunde K. Karls V. vom 27. Jänner 1521 (in Herbersteins Selbstbiographie S. 243—244 der Fontes rerum Austriacarum 1. Abtheilung Scriptores 1. Band) unzweifelhaft hervor, daß Martin Capinius in Folge der durch die Wahl der Wiener Genanntschaft erhaltenen Stimmenmehrheit in dem letzterwähnten Jahre auch das Amt als Bürgermeister in Wien bekleidete.

Nach dem Tode des K. Maximilian zu Wels (1519), als Ferdinand I. Oesterreich nicht als Selbstherrscher, sondern als Statthalter seines Bruders Karl (Königs in Spanien und als der V-te Kaiser in Deutschland) übernommen hatte, gerieth Wien in Aufruhr, Martin Kapinius, welcher gekränkt durch den Kanzler Schneidbeck, der ihn wegen leidenschaftlichem Verfahren bei einem Prozesse abgesetzt hatte, an der Spitze der Unzufriedenen stand, entwarf eine neue Regierungsform nach Reichsstädtischem Muster (Hamburg, Augsburg ꝛc.), zog die Gemeinen an sich, und brachte mit der Menge den Beschluß zu Stande, die hohe Landes-Verwaltung zu verjagen und eine neue einzusetzen. In Begleitung Einczings, Herbersteins u. a. m. unternahm er eine Gesandschafts-Reise über Venedig, Rom, Neapel ꝛc. zu Karl V. nach Spanien, mußte aber, als während ihrer Anwesenheit in den dortigen Städten eine Empörung ausbrach, welche durch K. Karl bezwungen wurde, Spanien unbefriedigt verlassen, und soll, nach seiner Rückkehr (in der Fastenzeit 1520) in Wien, mit Einczing die Widersetzlichkeit durch unzufriedene Reden vermehrt, ja sogar in dem Berichte an den Wiener Magistrat über seine Sendung die erhaltene Antwort so dargestellt haben, als sei das Geschehene vom Kaiser gebilligt worden. Eine zweite Deputation an den Kaiser (im März 1520), hatte ebensowenig, als die dritte Sendung der Abgeordneten Capinius, Gampus u. a. m. an die kaiserlichen Kommissäre nach Augsburg, den gehofften Erfolg. Endlich wohnten die zwei Letztgenannten nebst zwei gewählten Mitdeputirten auch der Kaiserkrönung Karls V. bei (23. Okt. 1520) nachdem sie dem Kaiser in einer Audienz zu Mastricht (18. Okt. 1520), in welcher Capinius eine lateinische Begrüßungs-Rede an den Kaiser hielt, — die Beschwerden der Städte Wien, Krems ꝛc. ꝛc. gegen die anwesenden alten Regenten vorgebracht hatten. Nach der Krönung wurden sie in Mainz vom Kaiser entlassen.

Als hierauf K. Karl und sein Bruder Ferdinand am 21. April 1521 zu Worms die österreichischen Länder theilten, und K. Karl am 7. Febr. 1522 auf ganz Oesterreich und sämmtliche deutsche Länder des Habsburgischen Hauses verzichtete, fielen dieselben Ferdinanden allein zu. Dieser kam nun am 12. Juni 1522 nach Klosterneuburg, und von da, ohne Wien zu berühren, nach Neustadt. Dahin lud er die alten und die neuen Wiener Regenten und ihre Parteien vor, und eröfnete das Gericht am 8. Juli 1522.

„Nach mehrmaliger Anhörung der Parteien und genauer Aktenuntersuchung" (so erzählt Hormayr in dem 4. Bde der Geschichte Wiens S. 161—162) „wurden beide Theile zur Anhörung der Sentenz auf den

öffentlichen Platz vor die Thore gerufen. Der Sekretär Oeder las nun
den Thatbestand, „wie die Afterregenten wider K. Maximilians letztes
Wort ein neues Regiment in Wien und Oesterreich aufgeworfen, den Pöbel zu ihrer Unterstützung aufgeregt, ungesetzliche Versammlungen ausgeschrieben, gesetzliche unterdrückt, sich der landesherrlichen Güter, Regalien
und Einkünfte unterwunden, und nach zweimaliger Abmahnung des Kaisers,
sich dieses Frevels doch nicht begeben, vielmehr Beamte und Kriegsvolk in
Eid und Pflicht genommen, Münzen geschlagen, die Briefe der alten Regenten beschimpft, des Zeughauses sich bemächtigt und die den Fürsten getreuen Offiziere abgesetzt hätten, weßhalb sie einer für alle und alle für
einen dem Herrn des Landes mit Leib und Gut verfallen seien." — Wie
er geendigt, dankten die Wortführer beider Parteien, der Schneidbeck
und der Gampp, für geleistete Gerechtigkeit, um Abschrift ersuchend. Ferdinand saß noch eine gute Weile ganz still auf dem Thron, erwartend,
daß die Verurtheilten zu seinen Füßen um Gnade flehen würden, statt
des Rechtes. Allein niemand regte sich, alle waren in hartnäckiger Wuth
versteinert. Da erhob sich plötzlich der Erzherzog und kehrte mit seinen
Räthen und den alten Regenten heim in die Burg, das Volk verlief sich,
die Verschworenen steckten in ihrer Herberge die Köpfe zusammen. Nun
traten plötzlich der Marschall, der Profoß und der Hatschier-Hauptmann
ein und führten sie ins Gefängniß. — Am 9. August stand auf dem
Platz jenes öffentlichen Gerichtes abermal eine Bühne zum Vollzug des
Bluturtheils. An der Stelle, wo man noch jetzt einen erhöhten rund aus-
gepflasterten Fleck sieht, fielen [1]) durchs Henkers-Schwert die Häupter der
trutzigen Baronen von Puchheim und Ehtzinger, der gelehrte Dr. Siebenbürger; Hanns Rinner der Gärber und vom Pöbel aufgeworfene
Bürgermeister, die Bürger Friedr. Pusch, Stephan Schlagnitweit, Martin
Flaschner und der Leinweber Hans Schwarz, von den Rebellen bestellter
Münzmeister. — Der Stadtschreiber Dr. Gampp wurde auf drei Jahre
des Landes verwiesen, 200 schwerbeschuldigte Bürger und das verführte
Volk begnadigt, die Gefangenen erledigt, die Untersuchung aufgehoben."2c. [2])

---

[1]) Am 10. August 1522 f. Dr. Th. G. v. Karajans Vorwort zu: Capiniana
Strenae anni MDCCCLI. S. 1 und Uj Magyar Muzeum Pesten 1857 S. 531.

[2]) Die Sentenz f. in Petz Scriptores rerum Austriacarum Tom. II. Lipsiae 1725, S. 1002. Wer die Geschichte der Wiener Wirren jener Zeit von ihrem
Anfange bis zu ihrem tragischen Ende, welche hier nur im Auszuge zunächst mit

K. Ludwigs II. von Ungarn schriftliche Verwendung um Begnadigung des Dr. Capinius soll zu spät an Erzherzog Ferdinand gekommen sein; dessen Verwendung für Capinius's Wittwe und vier Kinder Thomas, Andreas, Ulrich und Martha um Herausgabe des konfiszirten Vermögens des Hingerichteten, aber²) den gewünschten Erfolg gehabt haben. Capinius Sohn **Thomas Siebenburger** „der römisch kaiserl. Majestät Bau=Superintendent," verehlicht mit Barbara Obersberger, welche nach dem Tode dieses Ehegatten als eine ziemlich vermögliche Wittwe am 25. September 1578, sich mit dem kaif. Bibliothekar Hugo Blotius vermählte, hinterließ einen Sohn **Johann Baptist** Siebenburger, vermählt mit Barbara, später vereh. Pädler, mit welchem diese Familie in Wien erloschen sein soll.³)

Schriftliche Denkmäler von Martin Capinius.

1. Doctoris Martini Transylvani Oratio ad Carolum Hispaniarum et electum Romanorum Regem, futurum Imperatorem, Barchinone 1519 in Sigm. v. Herbersteins Selbstbiographie S. 210—213 des 1. Bds der 1. Abtheilung der Fontes rerum Austriacarum, Scriptores, Wien 1855. Vgl. Magazin für Gesch. ic. herausgeg. v. Trauschenfels N. F. II. 36. 38.

Rücksicht auf Capin's Betheiligung, nach der Bestimmung dieser Denkblätter dargestellt werden konnte, — ausführlicher kennen zu lernen wünscht, lese darüber die zu dem vorstehenden Artikel angeführten Werke über die Geschichte von Wien und Oesterreich, und in Bezug auf Capinius insbesondere die in der nächstfolgenden Note erwähnten geschichtlichen Aufsätze von Karl Schwarz und J. Karl Schuller, wie auch die Geschichte dieses Wiener Aufruhrs von Wilh. Schmidt in der Bielzischen Transsilvania 3. Jahrgang 1863 S. 4—6 und Herberstein's Selbstbiographie.

Eine Monographie führt den Titel: „Die Partheikämpfe in Nieder=Oesterreich, insbesondere in Wien in den Jahren 1519 und 1520 nach bisher unbenützten handschriftlichen Quellen von Carl Oberleitner. Wien 1864. 8-vo. 28 Seiten.

²) Chmels Handschriften der k. k. Hofbibliothek, Wien 1840. I. 537.

³) S. die Familie der Siebenburger in Wien (vom 14 bis 16. Jahrhundert von Karl Schwarz in Heinr. Schmidts Siebenbürger Quartalschrift, Hermannstadt 1859, S. 39 45, wo von Dr. Martin Capinius ausführlicher gehandelt wird, — und den Zusatz dazu von J. K. Schuller in Trauschenfels Magazin für Geschichte ic. Siebenbürgens N. F. II. 86-38.

Ueber Capinius und seine Familie enthalten viele Daten seine Aufzeichnungen Nr. 8134, ferner die Codices Manuscriptorum Nr. 9039 — I. 321 — unter den Handschriften des Bibliothekars Blotius Fol. 3, 77, 111, 113, 122, 131. — Cod. Mss. Nr. 8136. (Hist. prof. 928 et 329.) Lib. IX. Fol. 23. — I. 537 sämmtlich in

2. Eigenhändige Aufzeichnungen Doktor Martin Capinius, genannt Siebenburger. Original-Handschrift in der kaiserl. Hofbibliothek in Wien, in einem Folio Bande Nro. 8134. Historia prof. 198 unter dem Titel „Martini Sibenburgeri J. U. D. et Consulis Viennensis, post capito plexi sub Ferdinando I, varia scripta, cum publica, tum privata. Gesammelt von Sebastian Teugnagel." (Bibliothekar an der k. k. Hofbibliothek.)

Die einzelnen Stücke sind angeführt in Josef Echmels Handschriften der k. k. Hofbibliothek in Wien 1. Bd. Wien 1840, Seite 231—239.

Doktor Th. G. v. Karajan hat in einer in Wien bei A. Pichlers Wittwe zu Ende des Jahres 1850 auf sieben Oktavseiten gedruckten kleinen Schrift, welche den Titel führt: „Capiniana

---

der k. k. Hofbibliothek in Wien befindlich, — laut dem Archiv des Vereins für siebenb. Landeskunde II. 80.

Karl Schwarz a. a. O. zählt außer der Familie Capinius noch vier Siebenbürger auf, welche in alter Zeit Bürger und Hausbesitzer in Wien waren, und zwar: Ulrich von Siebenbürgen im Jahr 1368.

Thomas Siebenbürger, auch Genannter in Wien 1454—1461 und sein Sohn Stephan 1473. Ihr Familien-Name war, laut Hausgewähr, Gerhart. Hedwig Kaspar Panzawn, auch Siebenburger genannt 1467.

Außer den hier Benannten, erscheinen aber in der Geschichte namentlich auch: Hans Siebenburg, Goldarbeiter in Wien 1400—1427.

Thomas Sybenbnrg. desgleichen vom J. 1430—1441. Beide k. Tschischka's Geschichte der Stadt Wien, Stuttgart 1852, S. 251 und Transsilvania, herausgeg. von E. A. Bilz N. F. III. 3.

Thomas Siebenbürger, Aufseher der kaiserl. Fabriken und Bürgermeister in Wien 1560 und 1561, dann Stadtrichter daselbst 1566 und 1567. S. Pezzel's Geschichte S. 153, 154 und 146 und Transsilvania N. F. III. 4.

Dieser war eine und dieselbe Person mit dem Sohne des Dr. Martin Capinius, — und bezog aus dem kaif. Aerar einen Jahres-Gehalt von 2590 Gulden, wie dies aus den Hugo Blotiusschen Briefen erhellt, welche in Chmels Handschriften der k. Hof-Bibliothek in Wien I. 335 flg. vorkommen. Vgl. Berichte und Mittheilungen des Alterthums-Vereins zu Wien. Wien 1856 1. S. 15—16.

Der von K. Schwarz angeführte Coman Siebenbürger war derselbe, welcher (nach Behelms Chronik und einer handschriftlichen Mittheilung Dr. Schlagers, Verf. der Wiener Skizzen aus dem Mittel-Alter) dem Kaiser Friedrich IV. bei der Burgbelagerung 1462 wesentliche Dienste leistete. Seinen eigentlichen Familien-Namen Gerhart führten vor seiner Zeit:

Strenas anni MDCCCLI" — zwei von Capinius eigenhändig geschriebene Stücke aus diesem zahlreichen Belege zur Schilderung des öffentlichen= und Privatlebens Capinis enthaltenden Codex [1]), mit

---

Meister Gerhard, Pfarrer bei St. Stephan und zu Gars, Domherr zu Passau und Capellan Georgs IX., ferner Mitstifter des Prämonstratenser Nonnenklosters zur Himmelpforte in der Dreibothenstraße; sowie Stifter der Himmelspforte und St. Jobs im Klagbaum (gestorben 1271). und (laut Hormayrs Geschichte Wiens II. 4. Seite 85), Bruder des Meisters Dietrich von Siebenbürgen, Pfarrers zu Pölan, somit gleichfalls ein Siebenbürger. Meister Gerhard war Pfarrer zu Felling. Arzt Leopold's des Glorreichen und fast 20 Jahre lang Pfarrer bei St. Stephan. Von den großen Verdiensten dieses ausgezeichneten Mannes handelt umständlich Hormayrs Geschichte Wiens II. 1. S. 114—116 I. 3 S. 11—16 und die Urkunden daselbst I. 5. Seite VII. X. — dann II. 1 S. V. — IV. 2. S. 85. — V. 2. S. XVII. — II. 4. S. 85 — und I. 9. Nr. XXXII des Urkundenbuches, in welch letzterer Urkunde vom Jahre 1272 „Magister Dietericus Plebanus de Polan Procurator Sanctimonialium" heißt, — in der vorletzten aber vom Jahre 1296 sich selbst: „Maister Dietrich von Siebenberger" nennt. Besonders verdient auch gelesen zu werden: Joseph Feils Anzeige des Werkes Tschischka's: „Die Metropolitankirche zu St. Stephan in Wien 2 Ausgabe, Wien 1843, enthalten in Adolph Schmidls österr. Blättern für Literatur und Kunst 1844 Nr. 18, bis 21 und 30—94 Der selber zu frühzeitig verstorbene Verfasser, k. k. Ministerial-Sekretär J. Feil sagte mir im Februar 1862, daß er seit 1844 in den Besitz wichtiger Daten über den Pfarrer Gerhard Siebenbürger gelangt und dieselben zu einer in den Sitzungsberichten der kais. Akademie der Wissenschaften in Wien zu veröffentlichenden Monographie über Gerhard zu benützen gesonnen sei. Wie Schade, daß Feil an diesem Vorsatz durch den Tod verhindert worden ist!

Hans Siebenbürger, der Maler in Wien 1483, Seite 250 des 1. Bandes der Berichte und Mittheilungen des Alterthums=Vereins zu Wien. Wien 1856 4-to.

Mathias Fink, Abt der Benediktiner Abtei, zu den Schotten, aus Siebenbürgen, wurde am 21. Dezember 1467 mit der Infel und dem Stabe geschmückt Er war vorher Secretär K. Friedrichs III. und des K. Ladislaus von Ungarn, baute viel, verherrlichte den Gottesdienst, vermehrte die Einkünfte der Abtei durch Ankauf verschiedener Güter, und wurde bei Leopolds Heiligsprechung 1470 als Commissarius zum Inquisitor ernannt Er resignirte die Prälatur am 9. Oktober 1475. S. die Pfarre und Kirche St. Laurenz im Schottenfelde; Wien 1826. 8-vo. S 113 bis 114 und Hormayrs Geschichte Wiens. II. 2, S 161-162.

[1]) Karajan bemerkt in dem Vorworte zu diesem Schriftchen, daß mehr als gewöhnliche Geduld dazu gehöre, sich durch den Wald von Hieroglyphen (wie er die Aufzeichnungen von Capinis eigener Hand nennt) mühselig hindurch zu winden; so sei es gekommen, daß selbst ein so emsiger Forscher, wie Bucholz (in der Geschichte der Regierung Ferdinand I., Wien 1831—1839 in acht Bänden) diese für ihn wich-

dem (leider bis noch nicht erfüllten) Versprechen veröffentlicht „den ganzen Inhalt der Handschrift, in soweit er für unsere Geschichte von Wichtigkeit ist, zu veröffentlichen." Die zwei gedruckten Stücke führen den Titel:

I. Ueber die Erbhuldigung am Montag den 3. Juli 1520 zu Klosterneuburg und am Mittwoch den 11. Juli zu Wien, sowie über die Sonderung der Parteien als Folge derselben S. 3 und 4.

II. Conzept einer Denkschrift über den Landtag zu Bruck an der Muhr, Sonntag den 27. März 1519 welche nachzuweisen sucht, daß dieser die Landesfürstlichen Regenten zu Neustadt nicht anerkannt habe S. 5—7.

Tr. ## Christoph Simon.

Nicht Simonis, wie Seivert S. 401 angenommen hat, sondern Christoph war der Geschlechtsname dieses seiner besondern Schicksale wegen, merkwürdigen Mannes, der eigentlich Simon Christoph Walker hieß, und sich in der Folge Simon Christophori schrieb.

Da sich bei ihm frühzeitig Talente äußerten, so wurde er von seinen Eltern zum Studiren angehalten, darinnen aber im Jahr 1688 durch die Zeitumstände, und da sein Vater das Unglück hatte unter einige Unruhestifter zu gerathen, welche sich wider den Kronstädter Magistrat auflehnten, (f. S. 29) worüber er das Leben einbüßte, durch dessen Tod unterbrochen. Als er sich hierauf wieder den Musen weihen wollte, unterließen die Feinde seines Vaters nicht, auch ihn anzuschwärzen und sogar des Hochverraths verdächtig zu machen. Er wurde verhaftet aber unschuldig befunden, und benützte im Jahre 1690, um der Rache seiner Feinde zu entgehen, die gute Gelegenheit zur Ausführung seines Entschlusses, sich in fremde Länder zu begeben, die sich ihm darbot, durch Polen nach Frankreich zu reisen. Nachdem er hier 4 Jahre zugebracht hatte, begab er sich (24 Jahre alt) nach Wittenberg 1605, kehrte wieder zu den Musen zurück und widmete sich hauptsächlich dem Studium der Rechtswissenschaften. Nach Verlauf von 2 Jahren trat er die Rückreise in seine Vaterstadt an, wo er im

---

tigen Papiere, obwohl er sie kannte und erwähnte, nur sehr spärlich benützt habe, wie schon seine zu Capini nicht stimmenden Angaben über die Erbhuldigungen erkennen ließen. —

Juli 1696 glücklich anlangte. Hier lebte er nun still und eingezogen, in vertrauter Freundschaft mit dem nachmaligen Stadthannen Mich. Fronius, und benützte die Zeit zum Studiren. Er gehörte unter die Zahl der Pietisten seiner Zeit. Als Literatus (er pflegte sich stets Juris utriusque Studiosum academicum zu schreiben) wurde er bald in die Hundertmannschaft gezogen, 1712 als Divisor ordinarius und den 14. Aug. 1713 als Marktrichter seiner Vaterstadt angestellt. Als im J. 1718 die Pest in Kronstadt ausbrach, wurde, weil die meisten Mitglieder des Magistrats sich auf das Land flüchteten, ein Directorium aufgestellt, welches statt des Magistrats die politischen Geschäfte, hauptsächlich die Sanitätsanstalten leitete. Die Mitglieder des Directoriums waren unterm Vorsitz des Senators Mich. Fronius, der Stadtphysikus Dr. Johann Albrich, der Marktrichter Sim. Christoph und Andreas Tartler, Sekretarius. Die Geschäfte dieses Directoriums dauerten bis 7. Jan. 1720, an welchem Tage die Sperre der Stadt aufgehoben wurde. Wie heftig die Pest in dieser Zeit wüthete, läßt sich aus der Zahl der innerhalb der Stadtmauern Verstorbenen denken, welche sich auf 1830 belief. Im ganzen Distrikt und der Stadt und den Vorstädten betrug die Zahl der Verstorbenen nach ämtlichen Nachrichten 6586.

Durch seine in dieser Eigenschaft, bei steter Gefahr des eigenen Lebens, pünktlich versehenen Geschäfte, und seinen in den Versammlungen des äußern Stadtraths oder der Communität für das gemeine Beste uneigennützigen Eifer, sowie seine mit Bescheidenheit, Klugheit und vielseitiger Kenntniß bei ebendiesen Gelegenheiten gegebenen Rathschläge, erwarb sich Christoph das Vertrauen dieser Communität in dem Maaße, daß ihn dieselbe am 24. Dezember 1725 wider jedermans und selbst Christophori's eigene Erwartung, durch die Stimmenmehrheit zu ihrem Vormund oder Orator erwählte. Indessen genoß er das Glück nicht lange, in dem erhaltenen größern Wirkungskreise gemeinnützig zu sein, sondern beschloß schon am 18. Oktober 1726 seine irdische Laufbahn, nachdem er seit dem Antritt seines letzten Amtes fast immer krank gewesen war und doch seine Amtspflichten mit großer Anstrengung redlich erfüllt hatte.

Von seiner Gattin Justina, Tochter des Stadtpredigers Christian Schafer, welche ihm 1729 in die Ewigkeit nachfolgte, hinterließ er zwei minderjährige Söhne, von denen der ältere Samuel durch glückliche Pachtungen, ebenso wie der Sohn desselben gleichen Namens ein bedeutendes Vermögen erwarben, dagegen der zweite, Namens Christian Gotthold

— 214 —

als Zinngießer auf die Wanderschaft sich begab, darauf in kön. Spanische Militärdienste zu treten sich entschloß und endlich als Obristlieutenant in Spanien, mit Hinterlassung zweier Söhne gestorben ist.

1. Neu und alter Kronstädtischer Geschichts=Kalender auf die allbereits verstrichene zwei unglückselige Jahre 1704 und 1705 darinnen der kraft= und wehrlose Aufruhr der Zeckler, wie auch derer feindlicher Einfall, Verwüstung und Plünderung im Burzenland, nebst vielen andern merkwürdigen Händeln und Begebenheiten mehrentheils Kronstadt betreffend aus dem vorhergehenden Siebenzehnten Seculo mit der heutigen Zeit kollationirt, allen aus altem Sächsischem Geblüt entsprossenen Kronstädtischen Nachkömmlingen zu Lieb und Nutzen vorgestellt wird von Simone Christoph, Patricio Cor. V. J. et Phil. Civ. Stud. Acad. zu Kronstadt Anno 1708. 19 Seiten in folio. Diese Schrift ist dem Kronstädter Magistrat zugeeignet, aber nicht beendigt. Doch hat der Verf. solche nach der Zeit umgearbeitet und fortgesetzt unter folgendem Titel:

2. Simonis Christophori, Hundertmanns und Bürgers in Kronstadt, Unparteiischer Bericht von denjenigen Dingen, welche durch des malkontenten Fürsten Francisci Rakotzi veranlaßte Unruh in Siebenbürgen, zwischen Kronstadt und ihren untreuen Nachbaren, denen Háromszéker, Csiker und Gyergyóer Zeklern von A. 1704 bis 1709 inclusive sich begeben. (Eine Abschrift in 4.to hat 20 Bögen). Die Zueignung ist 1724 zu Kronstadt unterfertigt und an die damaligen Oberbeamten gerichtet, auf deren Verlangen diese Schrift, zur Beilegung in den neu aufgesetzten Purzenthurm Knopf, aufgesetzt wurde. Beigefügt sind die zwischen den kais. Bevollmächtigten und Franz Rakotzi zu Szathmár geschlossenen Friedenspunkte vom 29. April 1711.

3. Drei Lieder, welche dem 1709 in Kronstadt gedruckten Enchiridion oder kleinen Katechismus D. M. Luthers von M. Markus Fronius, beigefügt und S. 124—128 abgedruckt sind.

4. Kronstädtisches Marktprotokoll durch S. C. eingeführt im Jahr 1714. fol. 347 S.

Zugeeignet den Kronstädter Oberbeamten und dem Communitäts=Orator jener Zeit. In der Vorrede stellt der Verf. den Verfall des Marktwesens und seine Absicht, demselben auch durch Einführung dieses Protokolls abzuhelfen, vor. Er theilt das letztere in zwei Theile ab, und widmet den ersten zur Aufnahme der alten und neuen Marktartikel, Verordnungen und Gebräuche; den zweiten hingegen zur Verzeichnung der Marktstellen. Wirklich hat Christophori durch dieses Werk zur ordentlichern Führung der Marktprotokolle den Grund gelegt.

6. Ausführlicher Bericht vom Staffel=Recht (Stappel=Recht) G. S. Im angeführten Marktprotokoll S. 21—26 enthaltener eigener Aufsatz Christophori's.

Der Verf. erklärt den Begriff und die verschiedenen Arten des Stappelrechtes aus Marquard, Guicciardius, Lehmann, Klok, Louber, Mynsinger, Hormann, Mansius, Knipschild, und verweiset ferner auf Loccenius, Stypmann und Stammler, ohne insbesondere über das diesfällige Recht und den Gebrauch seiner Vaterstadt einige Nachrichten zu ertheilen.

Clausenburger David.

Seiv.

Ein Mann von großen Fähigkeiten, aber sehr unruhigem Geiste, der endlich sein Ende tragisch machte. Er war ein natürlicher Sohn der Katharine, gebornen Waida. Dieses Frauenzimmer vermählte sich mit Daniel Clausenburgern, einem reichen Patricier und Rathsherrn zu Medwisch. Nach dessen Tode heirathete sie Georg Schelker, ein Hermannstädtischer Rathsherr, der in dem unglücklichen Polnischen Kriege des Fürsten Rakozi, 1657 die sächsischen Truppen anführte. Als sie wieder Witwe geworden, hatte sie, ich weiß nicht für wen, solche Zärtlichkeit daß sie auf ihrem Landgute die Mutter dieses Sohnes ward, dem sie den Geschlechtsnamen ihres ersten Gemals beilegte. Weil er bald viele Hoffnung von sich gab, wurde er auch von dem Clausenburgischen Geschlechte willig angenommen. Er bestimmte sich der Rechtsgelehrtheit, auf die er sich 1689 zu Wittenberg und Leipzig und dann in Wien legte, auch daselbst, 1690, eine öffentliche Streitschrift vertheidigte. Darauf durchreisete er Deutschland, Frankreich und Italien; allein bei seiner Zurückkunft erfüllte er nicht die Hoffnung seines Vaterlandes. Er war stolz, eigensinnig und verwegen. Aus diesem Grunde verlor er bald seinen Sekretärdienst, den er zu Medwisch erhalten hatte. Hierauf bediente sich die Gemahlin des Superintendenten, Lukas Hermann, bei ihrer ausgebreiteten Haushaltung, seiner, als eines Schreibers. Auch hier blieb er nicht lange. Endlich erhielt er bei dem berüchtigten Johann Zabanius, Bürgermeister zu Hermannstadt, den Dienst eines Konsularsekretärs.

Einmal geschieht es aber, daß er in dessen Zimmer seine Brieftasche liegen läßt. Zabanius bemerket sie, und indem diese seine Neugierde reizt, durchsuchet, und findet er ein schriftliches Ehebündniß zwischen dem Clausenburger und der Gemahlin des Superintendenten, auf den Fall seines Todes. Dieses Geheimniß entdeckte Zabanius dem Königsrichter Valentin Frank, und dieser dem Superintendenten. Die Sache machte großes Aufsehen. Hermanns Gemahlin läugnete alles, indem sie ja nicht einmal schreiben könnte, und suchte ihre Ehre gerichtlich. Clausenburger blieb aber dabei: sie habe dieses Eheverbündniß mit ihm geschlossen. Sie war auch sicher keine Lukretia. Allein Thorheit war es, daß sich Clausenburger selbst das Urtheil des Todes sprach, wann ihm das Gegentheil erwiesen werden könnte. Man hatte eben keine große Staatskunst nöthig, um voraus zu bestimmen, welcher Theil den Prozeß verlieren würde. Clausenburger verlor ihn, und unter dem Vorwande, er hätte sich in diesem Falle, ja selbst das Todesurtheil gefällt, wurde er 1696 den 18. Christmonds, auf öffentlichem Marktplatze bey der Schandsäule, oder Pranger enthauptet. Sein Tod war eine klägliche Scene. Der unachtsame Scharfrichter traf im Zuhauen ein Bündel Ruthen, das zur Züchtigung einer Hure an den Pranger aufgestellt war. Dadurch ward der Hieb so matt, daß er Clausenburgern nur umstürzte. Zwar wiederhohlte der Scharfrichter den Hieb etlichemal, aber vergebens. Endlich faßten zwei Zigeuner das unglückliche Schlachtopfer bei den Haaren, und um den Leib, und so wurde ihm denn der Kopf abgeschnitten. Worauf sein Leichnam mit den gewöhnlichen Feierlichkeiten bei Leichenbegängnissen, hinausgetragen und begraben wurde. Zabanius sah das klägliche Trauerspiel mit freudigem Gesichte aus seinen Fenstern an, klatschte dabei in die Hände, und rief: Abermal ein Kopf weg! Allein, wie wenige Jahre verflossen, so sah sich Zabanius auf eben der traurigen Stätte, und viel mehrere klatschten in die Hände. — Clausenburgers Tod, wurde mit unter seine Blutschulden gerechnet.

Tr. Eine umständlichere Erzählung des Strafprozeßes wider Clausenburger, aus Akten geschöpft, sammt einem Auszug des wider ihn gefällten Urtheils gibt Dr. Dan. Roth in seinem politischen Roman: „Johann Zabanius Sachs v. Harteneck, Hermannstadt 1847." Seite 239—246.

Seiv. Von Klausenburgern haben wir: Exercitatio Juridica inauguralis, de subditis temporaneis, quam fovente Deo O. M. ex autoritate Mgf. Rectoris, sub Praesidio Dn. Petri Grundemann, J. F. J. N. SS. Theol. Doct. et in antiquissima Academia Viennensi Pr.

Ord. Cel. Doctoris sui venerandi, in publico eruditorum congressu defendet, David Clausenburger, Med. Patr. Transilv. d. 1. Apr. Viennae Austriae, 1690 in 4. ¹) 16 S.

Tr. **Clemens Andreas,**

Sohn des Schäßburger Goldschmidts Joh. Clemens und der Catharina, (Tochter des Holdviláger Pfarrers Franz Barth und Schwester des 1774 verstorbenen Honigberger Pfarrers Barth), wurde geboren in Schäßburg am 26. Februar 1742, studirte auf dem Gymnasium in Kronstadt 1760 und der Universität Tübingen 1769, heirathete nach seiner Rückkunft in Kronstadt im Jahre 1775 die Anna Maria, Tochter des Goldschmidts Schnell, und wurde hier 1781 als Collega der deutschen Classe, im Jahre 1789 als Stadtprediger angestellt, und von hier am 21. Juni 1795 zum Pfarrer in Brenndorf berufen, als welcher er daselbst am 18. November 1815 sein Leben beschloß.

Christian Heinrich Hiller, Doctor und Professor der Rechte an der Universität zu Tübingen, legirte mittelst Testament vom 23. April 1770

---

¹) Ein **Michael Clausenberger**, gleichfalls von Mediwisch, dessen Umstände mir übrigens unbekannt sind, hat einen Kalender nach der neuen und alten Zeitordnung, auf das Jahr 1678, zu Hermannstadt, herausgegeben. Er nennet sich darauf: Philo Mathematicum. E. G. D.

Tr. Ebenderselbe gab auch einen Kalender für das Jahr 1676 bei Stephan Jüngling in Hermannstadt in Duodez heraus, und fügte diesem bei: „Judicium astrologicum oder astrologisches Bedenken über das nach der heilsamen Geburt unseres Herrn Jesu Christi laufende 1676 Jahr. Von dessen, aus natürlichen Influens des Himmels muthmaßlichem Zustande und Beschaffenheit in Siebenbürgen und nächstumliegenden Ländern, gebührendem Fleiß aufgesetzet durch Micha. Clausenburgeron Medions. Philo-Mathomat. E. P. D. In Hermannstadt bei St. Jüngling." 26 Seiten, nebst einem Verzeichniß der siebenbürgischen Jahrmärkte nach den Tagen der Monate im Jahre 1676 (und zwar 13., 20., 25. Januar an 5 — 2., 9., 10., 14., 23., 25., 27. Februar an 8 — 1., 8., 11., 15., 22., 26., 28., 29., 31. März an 11 — 12., 23., 25. April an 6 — 1., 8., 8., 9., 14., 17., 25., 26., 28., 31. Mai an 17 — 1., 4., 7., 13., 14., 21., 24., 27., 29. Juni an 17 — 2., 9., 13., 20., 25., 26. Juli an 7 — 1., 2., 10., 20., 24., 30. August an 11 — 8., 14., 16., 21., 29. September an 8 — 2., 4., 16., 18., 23., 28. Oktober an 9 — 1., 4., 5., 11., 14., 16., 21., 25., 30. November an 13 und 6., 8., 13., 19. December an 12 benannten Orten). 5 S. Vgl den Art. Peter Mederus.

unter anderen 2000 fl. für vier an dieser Universität Theologie studirende Siebenbürger dergestalt, daß dieselben die davon einkommenden jährlichen Zinsen genießen sollten. Zugleich ernannte der Stifter gleich zum Anfang den damals in Tübingen studirenden und sich zur Wartung in des Stifters hohem Alter bequemenden A. Clemens, mit einer doppelten Portion, nebst den Siebenbürgern Auner und Simonis, mit einfachen Portionen, zu Beneficiariis. S. Blätter für Geist, Gemüth und Vaterlandskunde, Kronstadt 1838, Nr. 4 und 8 und Kurz Magazin I. 89. Es unterliegt keinem Zweifel, daß Clemens sich dies wesentliche Verdienst um seine bis auf die neuern Zeiten mit dieser Stiftung betheilten Landsleute erworben hat.

Clemens hinterließ in Handschrift:

1. Eine walachische Sprachlehre nebst Wörterbuch, welche sein Schwiegersohn der Kronstädter Prediger Georg Aesch nach seinem Tode unter dem Titel herausgegeben hat:

 Walachische Sprachlehre für Deutsche, nebst einem kleinen walachisch-deutsch und deutsch-walachischen Wörterbuche. Verfaßt von A. C. Ofen, gedruckt mit k. hung. Universitäts-Schriften 1823. 8-vo. XII. 330 S. und 2 Tabellen (die Sprachlehre) dann 440 Seiten (das Wörterbuch).

2. Ein großes walachisch-, deutsch-, ungarisch- und lateinisches Lexicon. Noch im Manuscript.

T r. **Clompe Georg,**

von Kronstadt gebürtig, studirte am Gymnasium seiner Vaterstadt 1734 und dann in Görlitz und 1742 in Halle, wurde nach seiner Rückkehr Adjunkt bei der Kronstädter Bürgerschule 1744, dann Prediger in Heldsdorf, 1751 aber Blumenauer, 1758 Martinsberger und 1760 Stadt-Prediger in Kronstadt, endlich 1765 Pfarrer zu Heldsdorf, und starb daselbst am 29. Mai 1782.

Sein einziger Sohn **Georg Franz**, der sich Klompe zu schreiben pflegte — (geb. 8. Sept. 1747), ging vom Kronstädter Gymnasium als Praktikant zur k. ungr. Hofkammer, wurde in Wien katholisch, diente dann bei dem Kronstädter Magistrat, bekleidete hier das Amt als Stadt- und Distrikts-Oberrichter vom 29. Juli 1799 bis 31. Oktober 1822 und starb im Ruhestande 20. Januar 1828 mit dem Prädikate **von Kronberg** vom K. Franz I. im Jahre 1815 geadelt. Sein einziger Sohn Friedrich starb kinderlos in Armuth.

Von Georg Clompe hat man:

> Georgii Clompe Corona Transsilvani Causae, cur doctissimus quisque non semper sit Doctor optimus — expositae 1742. Octobr. Gorlicii. Fol. 4 Seiten.

Tr. **Clompe Petrus,**

geboren in Kronstadt 15. Mai 1711, studirte in Jena 1732 ꝛc., diente als Lector am Kronstädter Gymnasium vom Jahre 1738—1748 und als Rector vom Jahre 1749—1751. In letzterer Eigenschaft starb er am 14. Jänner 1751. In seinen Universitätsjahren gab er, bei Gelegenheit der berüchtigten Wolfischen Streitigkeiten folgende Uebersetzung aus dem Französischen heraus:

1. Neue Schriften über die angegebenen Irrthümer, welche in der Philosophie des Herrn Hofraths Wolf enthalten sein sollen. Leipzig 1736 in 4. 40 S.

Seiv. Die Uebersetzer bezeichnen ihre Namen durch ihre Anfangsbuchstaben: G. und C., der erstere aber ist mir unbekannt.[1])

2. Als Seine hochgräfliche Excellenz der hochgeborne Herr **Maximilian Ulysses**, des H. Röm. Reichs **Graf Bronn** zu Montani und Camus ꝛc., Commandirender General in dem Fürstenthum Siebenbürgen mit seiner Hohen Gegenwart den 23. Mai 1750 Kronstadt beehrte, wollten dieselbige zu Bezeugung ihrer unterthänigsten Devotion einige von der hier studirenden Jugend in nachstehender Glückwünschungs-Ode besingen. Kronstadt, in der Seulerischen Buchdruckerei, druckts Martinus Fernolend. 4-to. 17 S. (35 zehnzeilige Strophen Jamben.)

---

[1]) Tr. Das in der Kronstädter Schulbibliothek befindliche Exemplar dieses Buches hat der Verfasser eigenhändig, als primitias suas, dem Senator Joh. v. Seulen zugeeignet und die Buchstaben G. und C. (welche die Namen der Uebersetzer bezeichnen) selbst in Petrus Clomp corrigirt und ausgeschrieben.

Tr. **Clos Peter,**

am 29. Juni 1703 in Kronstadt geboren, studirte in Kronstadt und Halle 1723, und kehrte, — nachdem er vom Oktober 1725 bis März 1727 in den Häusern des Bürgermeisters Müller und des Stadtpfarres Grust zu Beeskov Privatunterricht ertheilt hatte, — im December 1728 nach Kronstadt zurück. Hier diente nun Clos vom Jänner 1732 angefangen als Lehrer am Untergymnasium, wurde Prediger der aus Kärnthen nach Kronstadt versetzten Emigranten 1739, sofort aber bei der großen Stadtkirche 1743, und dann zum Pfarrer in Nußbach 1751 — in Brenndorf 1753, im nemlichen Jahre in Rosenau, und endlich am 4. August 1757 zum Stadtpfarrer in Kronstadt gewählt. Kaum hatte er das Dekanat des Burzenländer Capitels (seit 25. April 1769) ein volles Jahr bekleidet, wurde er am 20. Mai 1770, während der Predigt auf der Kanzel vom Schlag gerührt, und starb an den Folgen desselben und des auf die innern Theile seines Leibes zurückgetretenen Podagra's am 6. Jänner 1771.

In den mancherlei Kämpfen, welche Clos in seinem amtlichen und Privatleben zu bestehen hatte, bewies er vielen Muth. So wußte er sich im Jahr 1748 — als er nebst dem Superintendenten Jakob Schunn (s. d. Art.) und dem Mediascher Stadtpfarrer Georg Jerem. Haner (s. d. Art.) durch den angeblichen Proselyten Bogislaus Ignaz Makovsky des Landesverraths schändlich beschuldigt, vor der dieserwegen unter dem Vorsitz des Landes-Gouverneurs Grafen Haller ernannten Untersuchungskommission in Hermannstadt unter drohender Lebensgefahr persönlich erscheinen mußte, — glänzend zu rechtfertigen. Am Schluß der Konfrontation mit dem falschen Angeber, erklärte dieser: „Was er gethan, habe er nicht für sich gethan, höhere Personen wißten um diese Sache." Der wiederholten Konfrontation entzog sich Makovsky durch die Flucht, nachdem er selbst den Pater superior der Jesuiten in Hermannstadt um 300 Gulden bestohlen hatte, und man erfuhr nichts mehr von ihm. Die Angeklagten hingegen wurden für unschuldig erklärt und durften im Juni 1748 zu den Ihrigen heimkehren.[1])

Im November 1756 als die Pest im Kronstädter Distrikt wüthete,

---

[1]) Umständlich erzählt den Sachverhalt Johann Seivert in der Handschrift: „Die Rolle eines Abentheurers J. B. Makovsky", und darnach S—j in Heinrich Schmidts Siebenbürger Quartalschrift vom Jahre 1859, S. 151—154 und 183 bis 186.

besuchte Clos nebst seiner Gattin von Rosenau aus seinen in der Kontumatz zu Brenndorf befindlichen Schwiegersohn sammt Tochter, und wurde von diesen in der Nacht in seinem Quartier wieder besucht. Nach hievon erhaltener Nachricht ließ die Sanitätsbehörde das Rosenauer Pfarrhaus sperren, und die Gemeinde öfnete eine Thüre an der Kirchenwand unter der Kanzel, durch welche Clos aus der nahen Parochie die Kanzel betreten, und ohne Jemandem nahe zu kommen, den nemlichen Weg, nach gehaltener Predigt, zurückkehren mußte. Außerdem mußte sich Clos die Strafe, 40 Kübel Frucht zur Vertheilung unter die Gesperrten zu liefern, gefallen lassen.

Als Stadtpfarrer gerieth Clos, als Inspektor über die damalige Filialkirche zu Bartholomä[1]), ihren Prediger und dessen Einkünfte, mit dem Kronstädter Kapitel in einen heftigen Streit[2]), welcher im Jahre 1763 begann und wobei Clos von den damaligen evangelischen Magistratsbeamten denen er den bisher vom Kapitel gehabten Einfluß verschaffte, — kräftig unterstützt wurde. Ueber diese Differenz wurde selbst mit dem Superintendenten und der Synode wiederholt verkehrt, und am 31. Mai 1764 ein Vergleich zu Stande gebracht, ohne daß derselbe in Ausführung kam. Nun blieb nur der Weg einer gerichtlichen Entscheidung dieses Streites durch die Superintendentur übrig, und dieser wurde zwar auch eingeleitet, jedoch nach dem Tode des Dechanten Andreas Teutsch († 19. Dezember 1767) und einem im Jahr 1768 zu Bartholomä eingetretenen Predigerwechsel, aufgelassen. Ja das Kapitel nahm, nach beendigter Differenz, keinen Anstand, am 25. April 1769 Clos ordentlich zu seinem Dechanten zu erwählen.

Noch von früherer Zeit her hatte sich in Kronstadt eine Herrnhuter Gesellschaft gebildet, zu welcher Magister Ludwig Chares aus Nürnberg, welcher sich 1745 ohne andere Bestimmung in Kronstadt aufhielt und von Clos begünstigt wurde, jedoch nach einer dem Kapitel vorgelegten, aber ungünstig aufgenommenen Apologie, Kronstadt bald wieder verließ, den Grund mitgelegt haben soll. Als Stadtpfarrer hatte Clos viele Gemeinschaft mit dieser Gesellschaft und unterstützte dieselbe, ohne sich jedoch an ihren geheimen Zusammenkünften und Schwärmereien zu betheiligen.

---

[1]) Diese Filiale ist durch die Beschlüsse der Landeskirchen-Versammlung A. B. vom 16. September und 8. November 1862 selbstständige Pfarre und ihr Prediger dadurch Pfarrer und Mitglied des Burzenländer Capitels geworden.

[2]) S. meine Geschichte des Burzenländer Capitels S. 42. Eine ausführliche Nachricht enthält Herrmanns altes und neues Kronstadt II. 461—465.

Doch zog endlich die Gesellschaft selbst die Aufmerksamkeit der Behörden auf sich, so daß im August 1762 der Superintendent M. J. Hauer mit seinem Aktuar Johann Friedsmann zur Untersuchung nach Kronstadt kam, deren Resultat sich blos auf die Thatsache beschränkte, daß diese Gesellschaft an Sonntägen und in der Woche Abends, nach dem Beispiel der Verhonenser, sich versammelt hatte, um sich zu erbauen:[1]) Eine Folge davon war, daß Hauer die im Jahr 1764 von der geistlichen und weltlichen Universität gutgeheissenen Visitationsartikel für alle Dechanten verfaßte und herausgab.

Schon als Stadtprediger hatte übrigens Clos sich durch seine öffentlichen Vorträge als ein guter Redner den Beifall der Kronstädter erworben, wobei ihm gründliche Kenntniß in Sprachen und Wissenschaften zu großer Empfehlung unter den Gebildetern dienten. Ferner zeigte er als Pfarrer der genannten Landgemeinden, dann als Stadtpfarrer in der Stadt, in ihren Filial- und in den seiner Inspektion zugewiesenen ungarischen Distriktsgemeinden A. B. einen rastlosen Eifer zur Beförderung des Guten und Gründung guter Einrichtung in Kirchen- und Schulsachen, wobei er durch die politische Behörde thatkräftig unterstützt wurde, so daß die Kirchenbücher in Ordnung gebracht, den Kirchen- und Schuldienern ihre Amtspflichten genau vorgezeichnet, und auf ihre Festhaltung durch jährliche Visitationen gesorgt wurde. — Ein anderes Verdienst erwarb sich Clos dadurch, daß auf sein Betreiben 1760 bis 1766 im evang. Spital in der Stadt,[2]) wo vorhin die Spitälerinnen ihre Privatandacht nur in ihren Zimmern halten konnten, auf den Trümmern der 1718 abgebrannten evang. Spitalskirche ein förmliches Bethaus erbaut und eingerichtet wurde.

Auch wirkte Clos mit dem Dr. Stephan Closius thätig mit, um die Herstellung des Gewölbes in der großen Stadtkirche, welche seit dem großen Brande vom 21. April 1689 immer dringender wurde, zu Stande zu bringen, wurde jedoch vor der Vollendung vom Tode ereilt.[3])

Endlich stiftete Clos testamentarisch ein Legat von 2000 fl., wovon die Interessen auf arme Studierende und unbemittelte Geistliche im Schul-

---

[1]) Hermann a. a. O. und Heysers Kirchen-Verfassung der A. C. B. in Siebenbürgen S. 112—143.

[2]) S. über das Armenwesen in Kronstadt, Quartalschrift IV. 311—325.

[3]) Closens Nachkommenschaft ist mit seiner Tochter Sara, Gattin des Zeidner Pfarrers Georg Draudt, welche 1804 kinderlos starb, und mit seinem Enkel, dem am 8. November 1826 verstorbenen Senator Peter Clos völlig ausgestorben.

dienst sowohl, als auch im Predigtamt, nach Erkenntniß des jedesmaligen zur Zeit lebenden evang. Stadtpfarrers verwendet werden.

Noch ein Verdienst um Kronstadt und dessen sächsische Distriktsgemeinden erwarb sich Clos schon als Stadtprediger dadurch, daß er ein neues Gesangbuch zu Stande brachte, unter dem Titel:

1. Geistreiches Kronstädtisches Gesangbuch, in sich haltend den Kern alter und neuer Lieder, an der Zahl 807, wie auch besondere Lieder auf alle Sonn= und Feiertage, ein Gebet= und Kommunionbuch, die Evangelia und Episteln nebst der Passions-Historie. Zur Ehre Gottes und Erweckung der Andacht mit Fleiß ausgefertigt und mit nützlichen Registern versehen. Kronstadt 1751 8vo XVI. 708 S. (Neuaufgelegt 1759, 1768 und zuletzt 1777 und in ganz Burzenland eingeführt, und ausserdem noch in Scharkany und in der evang. Gemeinde A. B. zu Bukarest an welch letzterem Orte seit dem 15. Oktober 1857 das „Gesangbuch für die evang. Kirche in Württemberg, Stuttgart 1841" an die Stelle des Kronstädter Gesangbuch vom Jahre 1805 getreten ist — bis zur Einführung des im Jahre 1805 gedruckten neuen Kronstädter Gesangbuches¹) gebräuchlich).

Nach dem Berichte des Paul Roth mußten 44 Lieder, vom Herausgeber Clos selbst verfaßt, und schon gedruckt, den Liedern anderer Verfasser weichen und die Bögen Aa bis Ff umgedruckt werden.

2. Assertio brevis jurium Inspectoratus Coronensis. Mspt. (Um das Jahr 1765 ausgearbeitet, — die Rechte des Kirchen= und Schulen= Inspektors in der Stadt, den Filialen und den evang. Gemeinden der Stadt=Possessionen Kronstadts betreffend.)

3. Petri Clos wahrhaftige Beschreibung seines bis ins Jahr 1771 fortdauernden sehr bedenklichen Lebenslaufs, zur abzielenden Erweckung, Betrachtung und Nachahmung seiner Kinder und Nachkommen von ihm selbst in der Furcht Gottes mit allem Fleiß aufgesetzt 1757 im Febr. Mein Spruch zu innerer Tröstung und Leichentext Ps. 62 6, 7, 8. Handschrift in folio VII. 217. S.

---

¹) S. m. Gesch. des Burzenländer Capitels S 82 und die „Beschreibung der alten Kronstädter Gesangbücher aus den Jahren 1676, 1731, 1739 und 1751, dann des neuen vom Jahre 1805, von Fr. Tr. Schuster in dem Programme des evang. Gymnasiums A. C. zu Mediasch 1857/8, S. 23—27 und 29—45.

Closius Martin Traugott,

Tr.

geboren in Kronstadt den 29. Januar 1744, studirte in Kronstadt und 1766 ꝛc. an der Universität zu Jena, — diente als Lector am Gymnasium in Kronstadt 1772—1780 und darauf als Rektor daselbst 1780 bis 1782, wurde Martins=Bergprediger am 27. Juli 1782 und zuletzt Archidiakonus an der ev. Stadtkirche im Jahre 1783. Er wurde zwar im Jahr 1789 zum Prediger in St. Bartholomä bei Kronstadt bestimmt, starb aber noch ehe er dieser Filial=Gemeinde vorgestellt worden war, als Archidiakonus am 27. Juli 1789.

Von seiner Gattin Sara, Tochter des Rektors Franz Czacko von Rosenfeld (s. d. Art.) hinterließ er einen Sohn Carl Friedrich, Doctor der Medizin († kinderlos in Wien 17. Februar 1832), — und eine Tochter Johanna, die nachmalige Gattin des k. k. General=Majors Leopold v. Martini. (Sie † 14. Januar 1817).

Von Martin T. Closius hat man:
1. Trauer=Oden auf den Höchstseligen Tod Mariä Theresiä, der besten Großfürstin von Siebenbürgen. Kronstadt, in der Albrichischen Buchdruckerei, gedruckt von Martin Brennderfer 1781 in Folio, 8 Seiten. (Enthält 3 Oden, jede von 18 vierzeiligen Strophen, deren erste von **Mart. Traug. Closius**, Rektor des Gymnasiums, S. 2 bis 4, die zweite von **Johann Roth**, Conrektor S. 5 und 6, und die dritte von **Sam. Schramm**[1]), Lektor S. 7 und 8, unterzeichnet ist.)
2. Denkpredigt auf die im Jahre 1689, den 21. April zu Kronstadt in Siebenbürgen entstandene schreckliche Feuersbrunst, gehalten den 21. April 1789 von Martin Traugott Closius, erstem Stadtprediger der evangel. Parochialkirche daselbst. Wien, 1789, bei Georg Philipp Wucherer 38 S., gr. 8-vo. (Vgl. Caspar Rauß.)

Closius Petrus,

Tr.

ein Kronstädter, studirte zu Wittenberg 1684 im Juli ꝛc., wurde Lector am Gymnasium in Kronstadt 1691, Stadtprediger 1694, und starb daselbst schon am 19. Jänner 1695.

---

[1]) Welcher am 29. Januar 1807 als Stadtpfarrer in Kronstadt starb, und dessen Biographie sich in den siebenb. Provinzial=Blättern IV. 58—62 befindet.

Dissertatio de Mysterio SS. Trinitatis a primis N. T. Fidelibus ante publicum Christi praeconium cognito et credito ex Baptismi Christi Deductione, praeside Jo. Deutschmann. Witteb. 1685. 4-to. 16 S.

Wieder gedruckt in Deutschmanns Theosophia S. 129—144.

Closius Stephan v.,

T r.

Doctor der Medizin, geboren in Kronstadt am 27. September 1717, studirte in Jena 1736 ꝛc., und wurde Doctor der Medizin in Halle 1740, nach seiner Heimkehr aber, obwohl prakticirender Arzt, Orator der Kronstädter Communität seit 21. Januar 1762, bis er am 19. Januar 1769 in den Magistrat gezogen ward, und starb als Senator am 14. April 1781. Als nach der Feuersbrunst vom Jahre 1689 das ruinirte Gewölbe der Kronstädter großen Stadt=Kirche eingeschlagen werden mußte, um Unglück zu verhüten, wurden zum Bau eines neuen Gewölbes bis 1760 verschiedene Versuche gemacht, die aber wegen Unzulänglichkeit des Kirchen=Fonds alle fruchtlos waren, bis endlich Closius aus eigenem patriotischen Antrieb sich der Sache annahm, dazu eine Art Faulsteine (besser als die Mauerziegeln) im Tömöser Thale ausfindig machte, bedeutende freiwillige Beiträge durch eigene unabläßige Verwendung bei seiner ausgebreiteten Bekanntschaft zusammenbrachte, und den Bau unter eigener Leitung vom Jahre 1761 bis zum October 1772 völlig zu Stande brachte, ohne für seine Bemühungen eine Belohnung anzusprechen. Als im Jahr 1770 in der Zempliner Gespannschaft in Ungarn die Pest auszubrechen drohte, wurde er dahin berufen und erstickte diese Seuche im ersten Keime bei ihrem Ausbruch. (S. Schraubs Geschichte der Pest in Sirmien in den Jahren 1795 und 1796. Pest, 1801. I. 6.)

Er veröffentlichte in Halle:

Dissert. inaug. med. de Juvenum dispositione ad morbos Pulmonum 1740 m. Octobr. Halae Magdeburgicae 4. 48 S.

Colb Georg,

T r.

von Kronstadt gebürtig, studirte in Wittenberg 1666, Februar ꝛc., wurde Lector am Kronstädter Gymnasium im Jahre 1684, und starb schon am 9. Februar 1685 in Kronstadt.

In Wittenberg erschien seine Streitschrift:
Dissertatio de salutis oblatione in vocatione ad Ecclesiam. Praes. Constantino Zigra. Witebergae 1668. 4-to.

T r. ### Colb Lucas,

geboren in Kronstadt 1680, war noch nicht 5 Jahre alt, als er seinen Vater Georg Colb (s. d. Art.) verlor. Nach absolvirtem Gymnasial-Unterricht bezog er im Herbst 1706 die Universität Jena und brachte mehrere Jahre daselbst zu. Nach seiner Rückkehr wurde er endlich, bei dem Andrang mehrerer ältern Competenten 1716, 6. März, als Lector Gymnasii angestellt, jedoch schon am 14. November 1719 aus diesem Dienst zum Pfarrer in Nußbach abgerufen und wegen der damaligen Pest in Zeiden ordinirt. Von Nußbach wurde er am 27. Januar 1734 zum Pfarrer in Rosenau gewählt und den 17. Februar daselbst installirt. Schon als Nußbächer Pfarrer wurde er zum Syndicus des Burzenländer Capitels bestellt, zu den Synoden häufig deputirt, und nachdem das Capitel wegen dem Genuß des ganzen Zehndens Beweis zu führen, zum erstenmal vor die kön. Gerichts-Tafel vorgeladen worden war, vom Jahr 1731 an öfter zur Vertheidigung der Zehndsache als Mandatar vor die k. Tafel und nachher zum Productional-Gerichte abgesandt. Nicht nur durch seine zweckmäßigen Dispositionen rechtfertigte er vollkommen das Vertrauen seiner Committenten, sondern erwarb sich auch das bleibendste Verdienst um das Capitel durch unermüdetes Sammeln aller irgend noch vorhandenen, die Geschichte und Rechte dieses Capitels betreffenden Urkunden, welche er mit außerordentlichem Fleiß in mehreren Bänden eigenhändig zusammentrug.[1]) Das Capitel erkannte noch während seinem Leben seine Verdienste, und erwählte ihn im April 1747 zum Dechanten. Mit vieler Thätigkeit und Amts-Treue stand er nun auch diesem Dienst vor, bis er am 1. November 1753 zu früh für seine Gemeinde und das Capitel, vom Tode dahingerafft ward. Seine ausgebreiteten Kenntnisse in der Geschichte sowohl, als in den übrigen Wissenschaften und Sprachen, in Verbindung mit seinen Verdiensten, erwarben ihm die allgemeine Achtung, in Folge deren sein Verlust von seinen zahlreichen Verehrern nur so tiefer betrauert wurde. Er hinterließ eine einzige unmündige Tochter Anna Catharina, welche in der Folge der Kronstädter Lector Daniel Fronius 1755 und nach dessen Tode

---

[1]) Benkö berichtet, daß Colb selbst auf seinem Sterbebette daran fortgearbeitet habe.

den k. Perzeptor Mich. Emheter 1769 heirathete und am 7. Jan. 1795 gestorben ist. Diese Tochter nebst ihrem ersten Gatten setzten ihm das im Chor der Rosenauer Kirche links ohnweit dem Altar befindliche Denkmal mit der Inschrift: „P. M. Monumentum Viro Venerabili Clarissimo, Doctissimo Domino Lucao Colbio Ven. Capituli Barcensis Decano septenni, Rosoniensium Patri, Pastori, Patrono, cujus cineres hic conditas lugent, flent, dolent cives, propinqui, amici. Nat. 1680. Denat. 1753 quiescat — — pos. Dan. Fronius et Anna Fronius filia." Ueber dem Monument ist Colb's Portrait zu sehen.

Das Kronstädter Kapitel bewahrt seine nachbenannten Handschriften:
1. Codex privilegiorum Capituli Coronensis[1]) (nicht Cibiniensis, wogegen auch Benkö Transylvannia II. 428 richtig Coronensis schreibt.) In folio 437 S. Addito Compendio Actorum Synodalium ab a. 1545— 1730 (in Auszug). 200 S.

Enthält zugleich Privilegien, Mandate und Resolutionen die Sächs. Geistlichen und Evangelischen in Siebenbürgen überhaupt betreffend, bis zum Tod K. Leopolds I.

Den wesentlichsten Theil des Benkö'schen zu Wien 1781 in zwei 8-v Bänden herausgekommen historischen Werkes Milkovia, hat Benkö aus dieser Colbischen Handschrift hergenommen, ohne die Verdienste Colbs zu erwähnen. Auf welche Weise er dazu kam und Sulzern zuvorkam, hat letzterer in seiner Geschichte des transalpinischen Daciens Wien 1782 III. 525 ff. wo er vom Milkower Bisthum handelt, umständlich erzählt. Zugleich hat daselbst Sulzer verschiedene Stellen Benkö's, das Milkower Bisthum betreffend, berichtigt und durch Nachholung mancher von Benkö nicht benützter Daten zu vervollständigen gesucht. Benkö aber ist in seinen Behauptungen weiter gegangen, als Colbische Urkunden und glaubwürdige Beweise reichen. Daher sagt Schlözer in den krit. Sammlungen zur Geschichte der Deutschen in Siebenbürgen II. 500: „Was Herr „Benkö Milk. von einem viel ältern Milkow'schen Bisthum weitläuf„tig geschrieben hat, ist fast alles Fabel, und zum Theil zu Gunsten „seiner Sekler, sowie auch zur Untergrabung der geistlichen Unab„hängigkeit der Deutschen in Siebenbürgen gedichtet. Pray ist auch „hier klassisch." Vgl. Schlözer a. a. O. S. 616 ff. Schlözers

---

[1]) Das Original-Manuscript hat nur den Titel: Codex Privilegiorum.

Worten stimmt auch Engel bei in der Geschichte der Walachei und Moldau. Halle 1804 II. 99 sowie derselbe zugleich ebendaselbst II. 97—101. und I. 155 über diesen Gegenstand mehreres sagt. Vgl. Eders Ansicht in der Siebenb. Quartal-Schr. III. 64—68, ferner Ballmann ebend. VI. 29 — und Graf Josef Kemény in Trauschenfels Magazin ꝛc. Zweiter Band Seite 220, 226 u. 234.

Von wo Engel a. a. O. II. 99. weiß, daß Benkö in Milkovia I. 55—57 das Synodalschreiben des vorgeblichen Bischofs Laurentius vom J. 1096 welches offenbar falsch ist, aus dem Colbischen Codex genommen habe, hat er nicht angeführt. Soviel ist gewiß, daß diese falsche Urkunde im Colbischen Codex, der noch vollständig vorhanden ist, gar nicht vorkömmt. Auch von *Theodorichs* Schreiben an die Szekler Dechanten (Benkö Milkovia I. 116) findet sich in Joseph Teutschs noch vorfindigen sämmtlichen Schriften nicht die mindeste Spur, daher ist auch dieses ohne Zweifel nur ein neues Machwerk.

Uebrigens ist zu Seiverts Nachricht S. 51.[1)] „daß der Mil-„kower Bischof, Vicarius des Graner Erzbischofs gewesen sei" zur Berichtigung zu bemerken, daß derselbe laut Urkunde vom Jahr 1444 (Quartal-Schr. III. 64.) der Suffraganus dieses Erzbischofs war d. h. unter dessen Metropolitan-Gerichtsbarkeit stand.

Noch unterm 7. März 1778. schreibt Benkö selbst an Paul Roth in Kronstadt: „Laboro, multum laboro de situ Episcopatus seu Episcopii Milkoviensis, an videlicet Milkovia Oppidum fuerit in Moldavia, vel Valachia? in partes abeunt enim scriptores. Et an hodie Milkovia seu Oppidum seu pagus superet? dic — et eris mihi plus quam Apollo. Valachi et qui Valachiam a vobis adire solent, forte aliquid respondere valerent."

2. Acta Capitularia Barcensia. (Enthaltend Kapitelsrechnungen, Kurrenten und andere das gedachte Kapitel betreffende Schriften, welchen Colb David Hermanns Annales Ecclesiasticos vorausgeschickt, und

---

[1)] Die ganze Stelle bei Seivert lautet: „Colb, Dechant des Burzenländischen Capitels, welches ehemals mit dem Hermannstädtischen freie Dekanate waren. Sie stunden blos im Geistlichen unter der Gerichtsbarkeit des Erzbischofs von Gran, dessen Vicarius der Bischof zu Milkov in der Moldau, nachgehends aber der Dechant des Hermannstädtischen Capitels war. Daher genossen die Plebanen dieser Dekanale den ganzen Zehnden."

und die letztern von 1659 bis 1664 fortgesetzt hat. In drei Folio Bänden, von denen der dritte den Titel „Supplementa Annalium ecclesiasticorum" führt.

3. Collectiones Privilegiorum Clero Saxonico in Transilvania concessorum, una cum actis Synodorum inde ab a. 1545 usque 1726 inclusive celebratarum, binis item Indicibus rerum in hoc Volumine contentarum alphabeticis. Mspt 4-to 1237 Seiten.

4. Unter den Dissert. M. Marci Fronii unterm Titel Tusculanae Heltesdenses, Coronae 1704. 4-to handelt die 4. De salutis nostrae causis. 30 S. und ist von unserm Colb als Respondenten unter Fronius Vorsitz vertheidigt und dem Superintendenten Lucas Hermann zugeeignet worden.

5. Das Recht des Burzenländischen Kapitels weltliche Zeugen gerichtlich vorzuladen, dessen Gerichtskompetenz über Organisten, und das jus episcopale desselben. Mspt.

Ein vom Dechanten Daniel Fronius beabsichtigtes Zeugenverhör wider den des Ehebruchs beschuldigten Nußbächer Prediger Johann Tartler, ohne vorausgegangene Requisition des Kronstädter Magistrats zur Stellung der weltlichen Zeugen, — und die vom Magistrat gemachten Einwendungen wider die Gerichtszuständigkeit des Kapitels über den Weidenbächer Organisten, wobei das jus episcopale des Kapitels vom Magistrat bestritten wurde, — veranlaßten Colb zu dieser Ausarbeitung, und als der Magistrat seine Gründe dagegen mit vielem juridischem Aufwande dem Dechanten überschrieben hatte, zu einer zweiten Rechtfertigung des Kapitels im Juni und Oktober 1742.

Tr. Connert Georg Traugott,

geboren in Bistritz den 14. October 1798, studirte am Gymnasium seiner Vaterstadt und an der hohen Schule zu Wien, wo er 1827 zum Doctor der Medizin graduirt, und nach seiner Rückkehr ins Vaterland als Physikus in Bistritz angestellt wurde. Als solcher starb Connert daselbst im Jahre 1850 den 17. April im 52. Lebensjahre durch einen Sturz auf das Hofpflaster.

Dissertatio inaug. medica de cantharidum usu externo. Disputatum in theses adnexas in Universitatis (Viennensis) aedibus 7. April 1827. Vindob. typis Ant. Strauss 1827. 8-vo. 31 S.

Conrad Johann Simon,

Tr.

geboren in Hermannstadt am 26. December 1772, studirte in Jena und Leipzig 1794. Nach vollendeten akademischen Jahren diente er als öffentlicher Lehrer, und vom Jahre 1805—1807 als Rektor des Hermannstädter Gymnasiums, wurde Pfarrer in Freck 1807 5. November, und starb daselbst 12. Mai 1810 in einem Alter von 37 Jahren. Ihn überlebten zwei Söhne und zwar aus seiner ersten Ehe von Susanna geb. Schulz: Michael Conrad, welcher nun als pensionirter k. k. Hofrath in Wien lebte und aus der zweiten Ehe von Catharina Josepha geb. v. Hermannsfeld: Gustav Conrad, k. k. General-Major, Besitzer mehrerer Orden und jetzt Festungs-Commandant zu Theresienstadt.

Seine Schriften:
1. De animae cognitione generali Dissertatio. Cibinii 1801. 8-vo. 13 Seiten.
2. Ueber die Verwandtschaft der Siebenbürgisch-Sächsischen Sprache mit der Englischen. In den Siebenbürgischen Provinzial-Blättern II. 14—20.

Cromer Peter,

Tr.

ein Klausenburger Bürgers-Sohn, war Collaborator an der dasigen, und später Rektor an der Thordaer unitarischen Schule.

Sein in Handschrift hinterlassenes Tagebuch erwähnt der Pfarrer Andr. Thorwächter in der Chronik unitarischer Schul-Rektoren am Alt-Klausenburger Collegium, in den Siebenb. Provinzial-Blättern II. 244 und 245 und führt daraus zwei Stellen vom Jahre 1600 an.

Csaki Samuel Martin,

Tr.

Sohn und Nachfolger des Martin Csáki in dem Pfarr-Amte zu Arbegen, wozu er im Jahre 1799 als Mediascher Gymnasiallehrer berufen wurde, starb im Jahre 1816.

Commentatio de justis limitibus inter Religionem revelatam ac principia rationis humanae, deque recto sanae rationis usu in doctrina mysteriorum divinitus patefactorum, quam pro examine theologico conscripsit et edidit S. M. Csaki SS. Theol. Candidatus Mediensis. Cibinii typis M. Hochmeister 1796. 8-vo. 32 S.

Czack David,

Tr.

von Kronstadt gebürtig, ein Sohn des Kronstädter Stadtrichters gleiches Namens (dieser † 1676), studirte in Wittenberg 1665 und ward daselbst Magister 1667, nach seiner Rückkehr in das Vaterland aber Lector am Kronstädter Gymnasium, dann Prediger an der Stadt-Kirche und starb kinderlos im Jahre 1681 den 22. März.

An der Universität zu Wittenberg vertheidigte er folgende Streitschriften:

Sciv. 1. De Mysterio Praedestinationis. Praes. Joh. Deutschmann. Witeb. 1667. 4-to. 94 S.

2. Elenchus Hugonis Grotii in Aggaeum Prophetam. Praes. Ahraham. Calovio. Witeb. 1667. 4-to. 28 S.

Tr. 3. Disputatio publica de ratione existendi Entis finiti ad mentem Scholasticorum. Praeside M. Davide Czak, Corona Transylv. et Respondente Georgio Blanckenhagen, Schivelbenensi Neo-Marchico, Ad d. 1. May, anno 1667. Wittebergae. 4. 18. S.

Czako von Rosenfeld Franz,

Tr.

geboren in Kronstadt am 11. Oktober 1729, war der Enkel des, als f. siebenbürgischer Hofrath vom K. Leopold I. im Jahre 1697 mit dem Prädikate „von Rosenfeld" geadelten Georg Czako, studirte gleichzeitig mit seinem Bruder David (gest. im Bayreuthischen 1753) in Jena 1742 ꝛc., wurde nach seiner Rückkehr 1747 Lehrer, und 1751 Rektor des Kronstädter Gymnasiums, und starb am 12. Nov. 1755.

Mit seinem einzigen Sohne Georg Franz († als k. k. Hauptmann des 1. k. k. Szekler-Inf.-Gränz-Regiments am 6. Juli 1790) erlosch das männliche Geschlecht der Familie Czako v. Rosenfeld.

Vom Rektor Franz Czacko haben wir, außer verschiedenen Gelegenheits-Gedichten, auch:

Die bis zum schmählichen Kreuzes-Tod erniedrigte Liebe Jesu, deren gesegnete Früchte theils durch eine ungebundene und gebundene Rede, theils durch einen actum scholasticum, welcher das ganze Leiden unseres preiswürdigen Erlösers vermittelst 22 wechselnder Personen etwas eigentlicher abbildet; zur Aufmunterung und Erbauung einer höchst angesehenen Trauer-Versammlung am stillen Freitage in dem neuen Auditorio unserer hiesigen Schule vorgestellt worden; nun aber auf Verlangen und Befehl einiger fürnehmer Standespersonen, wie nicht weniger auf Vergünstigung unserer hochlöblichen Stadt-Obrigkeit durch einen öffentlichen Druck auch andern andächtigen Lesern und Liebhabern der Wahrheit aus einer aufrichtigen Gesinnung zu Gemüthe geführt werden von Francisco Csacko de Rosenfeld, rectore des Kronstädtischen Gymnasiums. Kronstadt, druckts Christian Lehmann 1755. 4-to. 73 S.

(Gedicht an den Leser S. 1—4. — Erste Rede von der Zulänglichkeit des Verdienstes Jesu S. 5—26. — Zweite Rede oder Gesang über die Geschichte des Leidens Jesu S. 27—41. — Actus scholasticus. Das Chor der weinenden und der betrübten Musen. S. 41—73.)

Der Vortrag dieser öffentlich gehaltenen Rede und Gedichte fand so vielen Beifall, daß die dabei anwesend gewesenen, damals zu Kronstadt in Garnison befindlichen Offiziere des k. k. Baden-Badenischen Infanterie-Regiments dieselben auf ihre eigenen Kosten in Kronstadt drucken ließen.

Tr.   ## Czekelius Joseph,

geboren in Hermannstadt 1820, Seifensieder, dann Controllor bei dem k. k. Steuer-Amte zu Hermannstadt.

Er verfaßte:

Vorschlag zu einem zweckentsprechenden System des Feldbaues auf Hermannstädter Gebiet. Auf Grund zweier von der Verwaltung des Hermannstädter landwirthschaftlichen Kreis-Vereins belohnter Preis-Arbeiten verfaßt und veröffentlicht durch dieselbe. Und Ihr werdet die Wahrheit erkennen, und die Wahrheit wird Euch frei machen. Ev. Joh. 8,32. Mit einer Beschreibung des Hermannstädter Gebiets. Hermannstadt, Fr. Robert Krabs. Gedruckt bei G. v. Closius 1848. 8-vo. I. 94 S. und eine Tabelle.

Unter den erwähnten, von Joseph Czekelius und seinem Bruder, dem Landes-Ober-Ingenieur Daniel Czekelius, geb. 12. Dezember 1806, verfaßten zwei Preis-Arbeiten, wurde jene des Erstern zum Druck vorgezogen, und durch den Sekretär des landwirthschaftlichen Kreis-Vereins Friedrich Hann (s. den Art.) für den Druck eingerichtet. Nach einer Beschreibung des Zustandes des Hermannstädter Feld-Gebietes vor dem Jahre 1797 und der seither von den Grundbesitzern, sowie von der Stadt-Genanntschaft angewendeten Bestrebungen zur besseren Feldwirthschaft, folgt die Geschichte der Verhandlungen über die Differenzen mit den Viehbesitzern ohne Feld-Eigenthum, dann die der Einführung der Sechsfelderwirthschaft und endlich der gänzlichen Aufhebung der Brache. Hierauf wird Zweck und Nutzen der Feldwirthschaft ohne Brache auseinandergesetzt, und nebst Feldpolizei und Zehntordnung, eine Territorial-Instruktion vom Jahre 1803 mit Anmerkungen, und die Beschreibung des Hermannstädter Gebiets beigefügt.

Tr. **Czirner Andreas,**
gebürtig von Birk (Petele) Thordaer Komitats, studirte in Halle 1740 ꝛc., wurde vom Adjunkten der 4. Stadt-Klasse in Kronstadt, zum Pfarrer in Neudorf, Kronstädter Distrikts, befördert am 25. März 1751 und starb daselbst in letzter Eigenschaft den 15. Februar 1781.
Seiv. Schmeizel gedenkt einer öffentlichen Rede, welche Czirner auf dem Gymnasium in Kronstadt hielt, die aber nie gedruckt wurde.

Oratio Gallicana de Saxone Transilvano, ad res capiendas perficiendasque haud inepto. 1739. M. Octob.

In Absicht des Ursprungs der siebenbürgischen Sachsen, vertheidigt er insonderheit wider Heldmann, die Meinung derer, welche sie für eine Vermischung deutscher Pflanzvölker mit den alten gothischen Einwohnern halten. Sein größter Beweis ist das National-Privilegium, so wie es Töpeltin bekannt gemacht hat; welchen er gegen den Vorwurf der Verfälschung, also vertheidigt: Injuria haec est non parva, cum homo privatus publicum scriptum, totam gentem concernens, corrumpere et mutare non fuisset ausus, et si fuisset, coram Universitate Saxonica rationem reddidisset, non sine poenis justistimis et gravissimis. Czirner urtheilet vollkommen recht; es ist aber auch geschehen. Töpelt hat sich dieserwegen schriftlich bei dem Hermannstädtischen Rathe entschuldigen und wiederrufen müssen. Seine Palinodie befindet sich noch im Hermannstädtischen Archive.[1)]

Tr. **Czoppelt Mathias,**
aus Selten gebürtig, studirte 1689—1691 in Wittenberg, wurde nach beendigter akademischer Laufbahn im Jahre 1693 Gymnastallehrer in

---
[1)] S. Verfassungszustand der sächs. Nation S. 5 und Schlözer S. 537, 538 Tr.

Mediasch, sofort Prediger an der dasigen Stadtkirche, und im Jahre 1700 Pfarrer in Bogeschdorf. Er starb, nachdem er 36 Jahre lang das dasige Pfarr-Amt und 16 Jahre hindurch das Dekanat und rücksichtlich Protekanat des Bogeschdorfer Kapitels rühmlich bekleidet hatte, — am 30. April 1736. Disputatio theologica de Christianorum Cruce ex Psalmo 68 v. 20. Praeside Jo. Deutschmann. Wittebergae 1691. 4. 28 S.

Seiv. **de Dacia Petrus,**

ein berühmter Astronom um den Anfang des vierzehnten Jahrhunderts, dessen Schriften Gesner in seiner Biblioth. S. 148, bekannt macht. Czwittinger und dessen Nachfolger in diesem Felde, halten ihn für einen Siebenbürger, aber aus keinem andern Grunde, als weil er sich de Dacia schreibet. Allein aus eben diesem Grunde halte ich ihn für keinen, sondern für einen Dänen. Denn wann hat sich jemals ein siebenbürgischer Ungar, Szekler oder Sachs, de Dacia geschrieben? Daß sich aber selbst die alten Könige von Dänemark, Reges Daciae genannt, ist bekannt genug. Man sehe auch nur ihre Münzen.

Tr. Dessenungeachtet schreibt Weszprémi in Biographia Medicorum Hung. et Transs. Cent. I. S. 31.

„*Nicolaus de Dacia, Hungarus*, Ord. Praedicat. Theologus, Astronomiae et artis medicae peritus circa annum *1464*. De hujus Manuscr. congerie anaglyphorum Astronomiae Facultatis, Jacobum Quetif. Tom. I. p. 827 adeundum monet Fabricius Bibliothecae med. et infim. aetatis Lib. XIII. 329 S.

Diversus ab hoc est *Petrus de Dacia*, quem circa annum *1300*. Imperante Alberto Caesare, *Librum de Calculo seu Computu*, item *Calendarium* contexuisse producit ex Trithemio Vossius de Scientiis mathem. cap. LXVII. § 23, pag. 397. Hunc *Petrus Bodius* in Athenis Hung. in supplement. pag. 349 lingva vernacula „*Erdélyi Péter*" nominat. Obgleich auch Benkö in Transsilv. II. 335 diesen **Petrus** „**Erdélyi Péter**" nennt, die Richtigkeit seiner ungrischen Benennung aber ebensowenig beweiset, als Weszprémi das Vaterland des Nicolaus de Dacia; so muß ich doch dem Urtheile Seiverts aus den von demselben angeführten Gründen beistimmen, und erkenne den Petrus de Dacia vom Jahre 1300 ebensowenig für einen **Siebenbürger**, wie denjenigen, welcher sich im

Jahre 1381 an der Prager Universität befand, und von welchem die im Jahre 1834 zu Prag gedruckte Matricula Facultatis juridicae Univ. Prag. S. 127 meldet: *„Anno 1381 intitulatur (scil. Baccalaureus) Petrus de Dacia aliter dictus Duo."*

Sciv. **Davidis oder David Franz,**

Hofprediger bei Johann II. und erster Unitarischer Superintendent in Siebenbürgen. Nach **Bods** Nachrichten in seinem Ungrischen Athen, war er der Sohn eines sächsischen Schusters zu Klausenburg. Er besaß große Talente, war unermüdet in Ausführung seiner Pläne, von eroberuder Beredsamkeit, und unerschöpflich in seinen Gründen für seine Grundsätze. Er versuchte anfangs die sächsische Kirche mit der ungrischen zu vereinigen, und trennte sie dadurch gänzlich, um darauf der Stifter einer eigenen Kirche zu werden. — Die Socinische Glaubenslehre ist 1571 von Johann Zapolya dem Zweiten, unter die bestätigten Religionen des Landes aufgenommen worden. Die Davidisten behaupten nach ihrem öffentlichen Glaubekenntnisse vom 1. August 1637, Christus sei nur als unser Fürsprecher, Messias und Erlöser, zu verehren und anzurufen. Ihre Gemeinde war die größte, sie verloren aber unter dem Fürsten Gabriel Bethlen, an die siebenzig Kirchspiele in den Zecklerischen Stühlen, Schepsi, Kesdi und Orbai, die sich mit den Reformirten vereinigten. Die Jüdischgesinnten folgen den letzten unseligen Glaubenslehren des Davidis, nach welchen er die Anbetung Jesu Christi gänzlich verwarf, und ihn für nichts als einen natürlichen Menschen erklärte. Diese nennen sich die wahren Unitarier, und sie heißen die Socinianer, Dualisten. Aus ihnen entstunden die Sabbatarier. (Szombatosok). Sie erwarten mit den Juden noch den Messias, halten die Beschneidung für nothwendig zur Seligkeit, feiern den Sonnabend, enthalten sich aller im Mosaischen Gesetze verbotenen Speisen, und verwerfen die Schriften des neuen Bundes. Ihr Stifter war **Simon Petschi**, ehemaliger Kanzler des Fürsten Gabriel Bethlen. Seine übertriebene Liebe zu den Orientalischen Sprachen, zu den Rabinischen- Mahomedanischen-Schriften, stürzten ihn in diesen scheußlichen Aussatz, davon ihn doch sein hohes Alter heilte. Die Fürsten Gabriel Bethlen, Georg und Rákótzi der Erste, suchten diese Sekte durch scharfe Befehle auszurotten. — Doch genug hievon.

Als ein Freund des Augsburgischen Glaubensbekenntnisses, begab sich Davidis nach Wittenberg, woselbst er sich 1548, zum Dienste der Kirche zubereitete. „Nach seiner Zurückkunft" wurde Davidis im Jahre 1551

Schulrektor in Bistritz, wo im J. 1552 Michael Raibel aus Birthälm sein Nachfolger ward.¹) Darauf erhielt er das Schulrektorat zu Klausenburg und verwaltete es mit großem Ruhme. In den theologischen Streitigkeiten des Stankarus und Kalmanschei erwarb Davidis soviele Lorbeeren, daß er 1557 die Stadtpfarrerswürde, die Kaspar Helth niedergelegt hatte, nebst der Superintendentur der Ungrischen Kirchen erlangte. Nicht weniger fand Petrus Melius, der 1558, die reformirte Glaubenslehre auf das Neue einführen wollte, an ihm einen hitzigen Gegner. Allein, noch in diesem Jahre ging Davidis zu seiner Partei über. Man sagt: seine Furcht, die Gunst einiger kalvinisch gesinnten Magnaten zu verlieren, und die Hoffnung, die Sachsen leicht zu ähnlichen Gesinnungen zu bewegen, wären die Triebfedern seiner Glaubensänderung gewesen. In Absicht der Sachsen sah er sich betrogen. Er wollte ein Markus Antonius sein, aber er fand an ihnen nicht das Heer des Lepidus.

Im Jahre 1559, berief er mit königlichem Befehle die sächsische Geistlichkeit auf den 14. August nach Mediwisch. Hier aber vertheidigten die Superintendenten der sächsischen und ungrischen evangelischen Kirchen, **Mathias Hebler,** und **Dyonisius Alesi,** ihre Lehre mit solchem Nachdrucke, daß sich Davidis vergebens geschmeichelt hatte. Nicht vortheilhafter für ihn endigte sich auch die Synode zu Enyed 1564; ob er sich gleich von der Freundschaft des bevollmächtigten Vorsitzers, der Blandrata war, sehr Vieles versprach. So unglücklich in diesen Feldzügen, entwarf sich Davidis andere Plane. Wider alle Vermuthung verließ er das Lager der Reformirten, und schwor zu Blandratens Fahne. Das große Gewicht dieses seiner Religion nach, noch ziemlich unbekannten Arztes, bei Johann dem Zweiten, und der Ruhm das Haupt einer Kirche zu werden, waren ihm Reitzungen genug, dessen Lehrsätze anzunehmen. Blandrata war auch gegen seinen Proselyten nicht undankbar. Er bewegte den Fürsten, seinen Hofprediger Alesius zu entlassen, und Daviden anzunehmen, der dann den Fürsten bald dahin führte, wohin ihn Blandrata haben wollte: ein Socinianischgesinnter zu werden, wie er war.

Die neue Verwandlung des Davidis veranlaßte neue Scenen, die endlich für ihn tragisch wurden. Da er mit seinem Freunde Blandrata

---

1) In der Reihe der Bistritzer Schul-Rektoren in dem Programm des Bistritzer evangelischen Gymnasiums vom Jahre 1852, S. 36 steht Davidis als der neunte Rektor, und nach seinem Namen die Bemerkung: Hi novem sub Papatu adhuc extitere Rectores. Tr.

große Eroberungen bei Hofe gemacht, ja selbst den Fürsten gewonnen hatte: so kündigten sie der Gottheit Jesu des Messias, und dem hochheiligen Geheimnisse der dreieinigen Gottheit öffentlich den Krieg an. Sie breiteten allerhand giftige Schriften dawider aus, und suchten so gar durch Bilder die heil. Dreieinigkeit lächerlich, wo nicht verabscheunungswürdig zu machen.¹) Welchem Freund des Christenthums konnte dieses gleichgültig sein? Besonders aber versuchte **Melius**, Pfarrer zu Debrezin, alles, den so genannten König Johann, zu einer allgemeinen Versammlung der Siebenbürgischen Geistlichkeit zu bewegen. Endlich wurden seine Wünsche erfüllt, aber ohne gehoffte Folgen. Den 8. März, 1568 traten die streitenden Parteien in Gegenwart des Fürsten, und der Magnaten, zu Weißenburg auf den Kampfplatz. Zehn Tage stritten sie mit einer Heftigkeit, die den weichen Heltai zur Flucht nöthigte, Blandraten aber eine theologische Heiserkeit verursachte.²) Zuletzt, wie gewöhnlich, blieb Jeder bei seiner Meinung. Nur Liebe zur Wahrheit, und nicht Begierde Recht zu haben, läßt bei theologischen Streitigkeiten erwünschte Folgen erwarten. Doch verband ein Fürstlicher Befehl beide Theile, bei Verlust des Kopfes, (nachdrückliche Bewegungsgründe!) sich in Zukunft aller Schmähungen gegen einander zu enthalten. Nun breitete sich die Unitarische Religion gleich Wasserfluthen aus, doch nicht unter den Sachsen, außer in Klausenburg. Feuer und Schwerdt drohete sie allgemein zu machen. Allein diese schwarze Wolke verschwand, ehe sie sich ausgießen konnte. Johann starb, Kaspar Bekeschi mußte dem Stephan Bathori das Fürstenthum überlassen, und das Land räumen. So sahen sich die Unitarier bei ihren stolzen Planen, gar bald ohne Macht und Stütze. Sie wurden auf dem Landtage, 1572, so eingeschränkt, daß sie nirgends als zu Klausenburg und Thorenburg, Synode halten durften. Zugleich verbot ihnen der Fürst die Druckfreiheit.³) Ein wirksames Mittel

---

¹) Man sehe das Werk: De falsa et vera unius Dei Patris, Filii et Spiritus S. Cognitione. Libr. II. Authoribus Ministris Ecclesiarum Consentientium in Sarmatia et Transilvania. 1 Thessal. 5. Omnia probato, quod bonum est tenete. Albae Juliae, in 4. Die Zueignungsschrift an Johann II. ist den 7 August 1567 unterschrieben. Schesäus, ein Zeitgenosse, merkt hiebei an: der Buchdrucker desselben, der auf fürstlichen Befehl dazu nach Weißenburg berufen worden, sei plötzlich darauf krank geworden und eines elenden Todes gestorben. Dieses war Raphael Hoffhalter. S. Quartalschrift V. 328.

²) Siebenb. Quartalschrift V. 323.

³) Michael Pari, in seinem Briefe an Josias Simler, vom 10. April in Miscell. Tigur. II. Theil II. Ausgabe, S. 216.

die Ausbreitung einer Lehre zu verhindern! Allein dieses Verbot wurde schlecht beobachtet.

1576, sah sich Davidis in neue Streitigkeiten verwickelt, welche die Ehre seines moralischen Charakters sehr schwärzten. Er hatte als Wittwer 1572, Katharine Baráth geheirathet; ein junges und reiches Frauenzimmer, aber eine zweite Xantippe. Diese klagte ihn jetzt der Untreue, des Meineids, und mörderischer Nachstellungen ihres Lebens an, und verlangte die Ehescheidung. Der Fürst Stephan Bathori berief eine Versammlung Ungrischer und Sächsischer Geistlichen nach Enyed, die Sache zu untersuchen. Davidis Schande wurde ganz offenbar, also das Band ihrer Ehe getrennet, und er seines Amts ganz unwürdig erklärt, doch aber nicht entsetzt.[1]) Zugleich erhielt er die Freiheit, nach zwei Jahren wieder zu heirathen.

Blandrata, der alte Freund des Davidis, wurde die Triebfeder seines Verderbens. Die geheime Ursache seines rachsüchtigen Hasses soll eine schändliche Heimlichkeit gewesen sein, welche Davidis von Blandraten, wider dessen Vermuthen, erfahren.[2]) Die öffentliche aber waren die neuen Davidischen Glaubenslehren. Es ist wahr, Davidis äußerte sogar auf der Kanzel solche Meinungen, die unsern Heiland aller Göttlichen Ehre beraubten, und ihm kaum die Vorzüge ließen, die Mahomet Jesu zugestehet.[3])

Blandrata ließ Socinus auf seine Unkosten aus Polen nach Klausenburg kommen, um Daviden eines Bessern zu belehren, eigentlich aber seine Gesinnungen mehr auszuspähen. Dieses konnte um desto leichter geschehen, da sich Socinus in Davidens Hause aufhielt. Da sie nun Stoff genug zu seinem Verderben hatten, auch Davidis seine neuen Lehren öffentlich bekannt machte: so klagten sie ihn 1579, bei dem Woiwoden, Christoph Bathori, als eine Person an, die wider die Reichsgesetze von 1571, Neuerungen in der Religion einführe, und also die strengste Ahndung verdiene. Könnten wir einem gewissen Zeugnisse glauben: so war die schreck-

---

[1]) Der Schluß ihres Endurtheils ist denkwürdig: Ac licet Franciscus juste amoveri poterat ab ecclesiastica functione, juxta dictum Pauli — sed cum nobis nihil commune sit cum eo, suspendant, si volunt, Magistrum discipuli sui; sin minus, habeant et recognoscant, ut sordescant adhuc magis (haec sunt verba Principis Stephani Bathori).

Pastores Ecclesiarum Saxonicarum et Ungaricarum Enyedini congregati.

[2]) M. sehe das Werk: Defensio Franc. Davidis 1581.

[3]) Eben daselbst.

liche Lehre: Jesus sei im Gebete nicht anzurufen, schon seit 1572, in der Klausenburger Kirche öffentlich gelehrt worden, nun auch ohne Widerspruch angenommen. Und dennoch mußte sie jetzt als eine Neuerung, Blandraten das Mittel zu Davidis Verderben werden. Dieser wurde auf die Anklage in seinem Hause gefänglich gehalten, und nach einiger Zeit nach Weißenburg abgeführet, sich vor dem Walwoden und den versammelten Ständen und Geistlichen beider Nationen, zu verantworten. Davidis läugnete seine Lehrsätze nicht, betheuerte aber, nichts darinnen zu behaupten, als was diejenigen selbst gelehrt, die jetzt sein Verderben suchten. Die Untersuchung wurde auf den folgenden Tag ausgesetzt. Sie fiel gar nicht vortheilhaft für ihn aus. Er wurde als ein Gotteslästerer und Neuling in der Religion, zu ewigem Gefängnisse verdammt. Man führte ihn also nach drei Tagen auf das Bergschloß Deva. Hier verfiel er bald in eine Schwermüthigkeit, die sich zuletzt in eine Raserei verwandelte, darinn er endlich starb.

Vitaque cum gemitu fugit indignata sub umbras.

Der Tag seines Todes wird sehr verschieden angegeben. Das Verzeichniß der Unitarischen Superintendenten bestimmet aber den 15. November.[1])

Ich komme auf Davidis Schriften, die uns ihn nach seiner verschiedenen Gestalt zeigen:

1. Responsio Philippi Melanthonis de Controversiis Stancari, scripta anno M. D. LIII. Impresa anno M. D. LIIII. in 8. ohne Meldung des Druckortes. 72 S.

    Aus dem Drucke, der dem folgenden gleich ist, erhellet, daß diese Antwort zu Klausenburg gedruckt worden, und wahrscheinlich vom Davidis herausgegeben worden, der insonderheit mit Stankarn kämpfte.

2. Dialysis scripti Stancari contra primum Articulum Synodi Szekiensis, qui de doctrina controvertitur, conscripta per Franc. Davidis. *Psalmo* XXXI. Muta fiant labia dolosa — et contumeliosa. s. zu Ende liest man: Impressum Claudiopoli Transylvaniae, per Georgium Hoffgrevium[2]). Anno M. D. LV. 80 S.

    In diesen Blättern hat Davidis nicht nur den Stankarus, sondern auch seine eigenen Schriften, die er in der Folgezeit als Socins Jünger herausgegeben, sehr wohl widerlegt.

---

[1]) Nach Székely's Unitária Vallás Törtenetei Erdélyben. Kolosv. 1839. S: 82 starb Davidis im Schlosse zu Déva am 6. Juni 1579 im 69. Lebensjahre. Tr.

[2]) Ueber Hoffgref s. die Siebenbürg. Quartal-Schrift IV. 278.

3. Consensus Doctrinae de Sacramentis Christi, Pastorum et Ministrorum Ecclesiarum in Inferiori Pannonia, et Nationis utriusqe in tota Transylvania. Conscriptus et publicatus in S. Synodo Claudiopolitana Transylvaniae, ipsa die, Sanctae, Individuae, et semper benedictae Trinitatis. Anno M. D. LVII. Claudiopoli, in officina Georgii Hoffgrevii. 4. 32 S.

Vollkommen dem Lehrbegriffe der evangelischen Kirche gemäß! Die Freunde der kalvinischen Lehre vom heil. Abendmahle überschickten diese Schrift dem Melanchton nach Wittenberg, und baten sich dessen Bedenken darüber aus. Dieses veranlassete 1558 die Synode zu Thorda, und folgende Schrift:

4. Acta Synodi Pastorum Ecclesiae Nationis Hungaricae in Transylvania, die Apostolorum Philippi et Jacobi. Anno M. D. LVIII, in Oppido Thordae, celebratae. Quibus adjunctum est Judicium inclitae Academiae Wittebergensis, de Controversia Coenae Domini, a Clarissimo et Doctissimo Viro, Phil. Melanthone conscriptum, Ecclesiisque Transylvanicis transmissum. Die et anno, ut supra. Zu Ende des Werks: Impressum Claudiopoli, in Officina Georg. Hoffgrevii. In 4. 20 S.

Die Vorrede ist von Davidis, als Pfarrer zu Klausenburg und Superintendenten, darin er wider die Feinde der Gottheit Jesu eifert. Darauf folgt: 1. Acta Synodi Thordensis. 2. Judicium Incl. Acad. Witebergensis, de Controversia Coenae Domini, a Cl. et Doctiss. Viro, Philipp. Melanthone conscriptum, Ecclesiisque Transylvanicis transmissum, A. Dni. 1558 d. 16. Jan. 3. Verba Confessionis Ecclesiarum Saxonicarum, ad quae Dn. Philippus in superiori scripto remittit, titulo, de Coena Domini. — In dieser Synode wird den Geistlichen bei Verlust ihrer Würde, die Anschaffung der h. Schrift anbefohlen. Diese, nebst dem apostolischen, nicäischen und athanasischen Glaubensbekenntnisse, wird zur Richtschnur der Lehre gesetzt. Von gottesdienstlichen Gebräuchen werden beibehalten: die Pathen bei der Taufe, die Privatbeichte, die Einführung der Neuverlobten und Sechswöchnerinnen in die Kirche nebst andern, zwar gleichgiltigen, aber der Ordnung wegen, nöthigen Ceremonien. In Absicht der Pfarrer und Diener des Wortes, wird verordnet: daß sie in weißen Chorröcken und dreimal die Woche mit ihrer Gemeine Gottesdienst halten, wie auch für das Wohl der Kirche und ihrer Obrigkeit beten sollen. Jeder soll bei seiner Gemeine bleiben, nicht Wein schenken, noch weniger selbst Weinschenken besuchen oder andere unanständige Handthierungen treiben. Kein Diener des Wortes soll ohne Erlaubniß des Superintendenten oder Archidiakonus seine Dienste antreten, wenn er gleich dazu berufen wäre. Die Schulmeister und andere untergeordnete Personen sollen ihren Pastoren redlichen Gehorsam leisten, und alle überhaupt als treue Haushalter des

Evangeliums erfunden werden. — Wie schlecht hat dieses Davidis selbst erfüllt!

5. Rövid ut mutatás az Istennek Igéjének igaz értelmére mostani Sz. Háromságról támadott vélekedésnek megfejtésére 's megitélésére hasznos és szükséges, Albae Juliae. 1567. in 4. oder Kurze und bei Widerlegung und Beurtheilung der jetzt von der heiligen Dreieinigkeit entstandenen Meinung, nützliche und nothwendige Anleitung zum wahren Verständnisse des Göttlichen Wortes.

6. Rövid Magyarázat, miképen az Anti-Kristus az igaz Istenröl-való Tudományt meghomályositotta, és a Kristus az ö Hiveinek általa tanitván minket miképen épitette meg az ö Mennyei Szent Atyáról, és a Szent Lélekröl bizonyos értelmet advján elönkbe. Albae Juliae. 1567 in 4. Oder: Kurze Erklärung, auf welche Weise der Antichrist die Lehre von dem wahren Gott verdunkelte, und Christus durch seine Gläubigen uns unterrichtend, solche aufbaute, indem er uns das gewisse Verständniß von seinem himmlischen Vater und von dem Heil. Geiste vorgelegt hat.

7. Refutatio Scripti Petri Melii, quo nomine Synodi Debrecinae docet, Jehovalitatem et Trinitarium Deum, Patriarchis, Prophetis et Apostolis Incognitum. Albae Juliae. Excudebat Typogr. Regius, Raphael Hoffhalter. Anno, Chr. Dom. M. D. LXVIII. in 4.[1]) 112 S.

Vor der Zueignungsschrift an Johann den Zweiten, die Davidis und die Aeltesten der ungrischen Kirchen in Siebenbürgen, auf der Synode zu Vásárhely den 1 September unterschrieben, sieht man das Wappenschild des Fürsten, nebst einer Erklärung in Versen. Weil es zur Erläuterung seiner Münzen nicht wenig dienet: so will ich dasselbe hier einrücken. Der Schild von einer Krone bedeckt, ist quadrirt. Das I. Feld ist gleichfalls getheilt, und führt im 1. Quartiere einen halben auf drei Hügeln aufgerichteten Wolf, darüber Sonne und Mond; im 2. das doppelte Kreuz auf drei Hügeln, im 3. die ungrischen Ströme und im 4. ein springendes Einhorn, welches nebst dem Wolfe das Zapolyasche Geschlechtswappen ist. Das II. Hauptfeld enthält den gekrönten polnischen Adler, das III. die Mailändische gekrönte, und ein Kind verschlingende Schlange, dann das IV. die drei dalmatischen Parderköpfe. Dieses erläutern folgende Verse:

---

[1]) Ueber den Buchdrucker Raphael Hoffhalter, eigentlich Skrzetelski, einen edlen Polen, s. Denis Buchdruckergeschichte Wiens, Wien 1782, S. XIV bis XVI. und dessen Nachtrag dazu, Wien 1793, S. 21.   Tr.

Cernis uti suavi labuntur quatuor amnes
   Murmure, Pannonici nobile stemma soli.
Primusque Ister adest rapidusque Tybiscus, at illos
   Dravus cum Savo fratre sequuntur amnis.
Flumina bruta suum laetantur adesse Patronum,
   Passa satis tergo flebile Martis opus.
Clara Polonorum quicquid complectitur alox,
   Hujus ad Augustam ferre laborat opem.
Fallor, an Italici florebant rura Ducatus,
   Dum Mediolanas victor habebit opes.
Conscia signa fidem faciunt: Crux, Ales et Anguis.
   Munocerosque ferox, Dalmaticusque Leo.
Desinite, o Proceres! studia in contraria scindi,
   Ne vindex laceret viscera vestra Lupus.

8. A Sz. Irásnak fundamentumából vett Magyarázat, a Jezus Kristusról, és az ö igaz Istenségéről. Albae Juliae 1568 in 4. Ober: Auf die h. Schrift gegründeter Unterricht von Jesu Christo und von seiner wahren Gottheit.

9. Litterae convocatoriae ad Seniores Ecclesiarum Superioris et Inferioris Pannoniae, ad indictam Synodum Thordanam, ad tertium Martii diem, additis Thesibus ibidem disputandis. *Ephes.* V. Omnia autem, quae arguntur, a lumine manifestantur, omne enim, quod manifestatur, lumen est. Albae Juliae. M. D. LVIII. in 4. 16 S.

So auf dem Tittelblatte: allein der Brief ist den 20. Januar 1568 unterschrieben. Jenes muß also ein Druckfehler sein, und besto sicherer, da Davidis 1558 ganz andere Gesinnungen hegte. Die abzuhandelnden Sätze betrafen die Gottheit Jesu und des heil. Geistes, zweitens die Kindertaufe.

10. Brevis enarratio Disputationis Albanae, de Deo Trino, et Christo duplici, coram Sereniss. Principe et tota Ecclesia, decem diebus habita, anno Domini, M. D. LXVIII. 8. Martii. *Ecclesiastici* 37. Qui sophistice loquitur, odibilis est, in omni re defraudabitur, non est enim illa data a Domino gratia; omni enim sapientia defraudatus est. Excusum Albae Juliae, apud viduam Raphaelis Hoffhalteri A. M. D. LXVIII. in 4. Mit einer Zugabe: Antitheses interpraetationis Melianae in Caput I. Joannis. 200 S.

Bod schreibt diese Ausgabe Daviden, Sandius aber in Biblioth. Anti-Trinit. 1681, Blandraten zu. Beide mögen wohl Antheil haben. Soviel ist gewiß, daß sie hier keine vollständige Erzählung gaben, deswegen Melius den Heltay bewegte, solches zu thun S. Helth.

11. Refutatio Propositionum Petri Melii, non inquirendae veritatis ergo;

sed ad contendendum propositarum, ad indictam Synodum Varadinam, die 22. Aug. 1568. 1 *Cor.* II. Quod si quis videtur — Ecclesiae Dei. Albae Juliae, in 4, 115 S.

Der berühmte Alsted[1]) eignet dieses Daviden zu. Die Vorrede an die Vorsteher der Kirchen in Ungarn, ist den 15. August 1568 zu Weißenburg unterschrieben a Superintendente et Ministris Ecclesiarum Consentientium in Transylvania. Das Werk selbst hat zwei Theile: Der I. enthält: 1. Responsionem ad Propositiones Petri Melii, de Jah et Jehova, vel de unitate et trinitate in Deo vero. Item, de Christi aeterna generatione et hypostatica Deitate Christi et Spiritus Sancti. Patri coaeterna et coaequali in vera unitate et identitate, jure et praerogativa soli Deo vero competenti, contra monstra hereticorum: Ebionis, Cerinthii, Sabellii, Samositani, Arrii et Photini, Macedonii, Eunomii, Serveti, Gentilis et reliquorum, qui his consentiunt. 22 die Augusti disputandas. Varadni A. D. 1568. 2. Theses Thordae disputandae ad 14 d. Nov. et in Synodo Varadina d. 22. Aug. publicatae. Der II. Theil gibt eine unitarische Erklärung des ersten Kapitels Johannes des Evangelisten.

12. Demonstratio falsitatis doctrinae Petri Melii et reliquarum Sophistarum, per Antitheses, una cum refutatione Antitheseon Veri et Turcici Christi, nunc primum Debrecini impressarum. *Psalm.* XII. Eloquia Domini, eloquiamunda, quasi argentum — septempliciter. Albae Juliae, in 4. ohne Meldung des Jahres. 28 S.

Nach dem Tod ist Davidis der Verfasser. Um diese Zeiten kamen verschiedene anonyme Schriften zu Weißenburg heraus. Ob aber Davidis, Blandrata oder ein anderer ihr Vater sei, ist mir unbekannt. Da sie jedoch zur Literärgeschichte der Unitarier gehören, will ich folgende zwei hier einrücken:

13. Aequi pollentes ex Scriptura Phrases, de Christo Filio Dei ex Maria nato, figuratae, quas si quis intellexerit, et in numerato habuerit, ad multa intelligenda in Scripturis juvari poterit. Albae Juliae, 1568. in 4. 8 S.

14. Antithesis Pseudo Christi, cum vero illo ex Maria nato — Albae Juliae, 1568 Lucae 2 et 10 — in 4-te. 23 S.

15. Refutatio Scripti *Georgii Majoris*, in quo Deum Triuunum in Personis, et unum in Essentia, unicum deinde ejus Filium in Persona, et duplicem in Naturis, ex lacunis Antichristi probare conatus est.

---

[1]) Ueber J. H. Alsteds Leben und Schriften s. Siebenb. Quartalschrift V. 209—221. Tr.

Authoribus: Francisco Davidis, Superintendente, et Georgio Blandrata Doctore. *Joh.* V. Ego veni in nomine Patris mei, et non recepistis me: alius veniet in nomine suo, et illum recipietis. *Augustinus:* Deus Verbum, Filius aeternus misit se ipsum. Venit in nomine suo, et sanctificavit se ipsum etc. *de Trinit.* L. I. Cap. 2. et L. II. Cap. 1. ac Libr. VI. Cap. 6. 1569 in 4.

Mit einer Zueignungsschrift an den Kanzler Michael Csáki [1]) und einem Anhange: Volfgangi Fabricii Capitonis, Prognosticon de Repurgatione doctrinae Ecclesiae in progressu Evangelii et majore ejus illustratione; juxta etiam suasorium, ac salutare consilium, ad piam modestiam et cunctationem continens, ante annos 36, edita et publicata. Nämlich in der Vorrede des Martin Cellarius de Operibus Dei.

16. Az Atya Istenről, Jezus Kristusról, és a Szent Lélekről, hetvenegy Predikatiziok. Albae Juliae, 1569. *Fol.* Oder: Ein und siebenzig Predigten von Gott dem Vater, Jesu Christo, und dem heiligen Geiste.

17. Váradi Disputaziónak, vagy Vételkedésnek az egy Atya Istenről, és annak Fiáról a Jezus Kristusról, és a Szent Lélekrol igazán való előszámlálása. Kolosvár, 1569. in 4. Oder: Wahrhafte Erzählung von der zu Großwardein gehaltenen Disputation von dem einigen Gotte dem Vater, und seinem Sohne Jesu Christe, und dem heil. Geiste.

18. Epistola ad Ecclesias Polonicas super quaestione, de Regno millenario Jesu Christi hic in terris. Albae Juliae, 1570.

19. Az egy ő magától való felséges Istenről, és az ő igaz Fiáról, a Nazareti Jézusról, az igaz Messiásról. A Szent Irásból vólt Vallástétel mellyben a Pápának és a Pápazoknak minden okoskodások és hamis magyarázatok megfejtetnek 1. Cor. 1. David Ferentztől a megfeszitettek Jézus Kristusnak szolgájától irattatott. Kolosvárot

---

[1]) Auch Georg Major, welcher 1574 als Professor der Theologie zu Wittenberg starb, und gegen welchen diese Refutatio gerichtet ist, hatte seine Abhandlung wider den Arianismus vom Jahr 1569 dem Kanzler Michael Csáki zugeeignet, der sich sofort durch die Refutation des Davidis und Blandratas nicht gewinnen ließ. S. Gr. Joseph Kemény's Nachrichten in dem Archiv des Vereins für siebenbürg. Landeskunde N. F. II. 121—125. Vgl. über den Kanzler Michael Csáki ebendas. S. 74—127.

Tr.

1571 esztendőben. 4-to 431 S.¹) Oder: von dem Einigen, Selbstständigen und Allerhöchsten Gott, und von seinem wahren Sohne, dem Jesus von Nazareth, dem wahren Messias, aus heil. Schrift genommene Glaubensbekenntniß, in welcher alle Schlüsse und falsche Erkärungen der Katholischen Kirche widerlegt werden. —

20. Az egy Atya Istennek, és az ő áldott Sz. Fiának a Jezus Kristusnak Istenségéről igaz vallástétel a Profetáknak és az Apostoloknak irásinak igaz folyása szerént. Iratott David Ferentztől a megfeszittett Jésus Kristusnak szolgájától, Károly Péternek és Mélius Peternek okoskodásinak ellene vettetett. Kolosvár 1571. in 4. Oder: Wahrhaftes aus der Propheten und Apostel Schriften hergeleitetes Glaubensbekenntniß von der Gottheit des Einigen Gottes des Vaters, und seines gebenedeyten heil. Sohnes Jesu Christi. Von Franz David, Diener des gekreuzigten Jesu Christi, geschrieben, und denen Schlüssen des Peter Karoli und Peter Melius entgegen gesetzt.

21. Defensio Francisci Davidis in Negotio de non invocando Jesu Christo in precibus. *Deut.* VI. 13. et X. 20. *Matth.* IV. 10. Impressa in Basiliensi. i. e. Albae Juliae A. 1581. in 4. 160 S.

Sywilllinger irret, wenn er 1580 in 8 setzt. Diese Vertheidigung enthält: 1. Davidis Theses IV de non invocando Jesu Christo in precibus sacris, Fausto Secino propositae. 2. Fausti Socini Responsio ad Theses Franc. Davidis. 3. Davidis Confutatio responsionis Faustinae. 4. Judicium Ecclesiarum Polonicarum de causa Franc. Davidis, in quaestione de vera hominis Jesu Christi, Filii Dei viventis, invocatione. Prius impressum solum Claudiopoli in Officina Relictae Casparis Heltii 1579. 5. Confutatio vera et solida Iudicii Ecclesiarum Polonicarum de caussa D. Francisci Davidis in quaestione — Authore clarissimo Philosopho et Theologo, Doctore: A — FAV. . . die übrigen Buchstaben dieses Namens sind in meinem Exemplare gänzlich ausgelöscht worden. Nach dem Saubinus ist der Verfasser dieser Widerlegung der berüchtigte Jakob Paläologus. Des Blandrata wird darinnen gar nicht geschont, und die Vorrede ist folgende: Cum mota esset controversia de invocatione Jesu Christi in precibus, ante annos circiter decem et publice proposita in Ecclesia Claudiopolitana in Transylvania, anno 1572 etc. Christum in precibus non esse invocandum, ita, ut jam plane etiam apud Auditores negotium illud esse sopitum. Sed uno 1578 et 79, nescio quo spiritu ducti, aliquot Scioli, qui Georgium Blandratam eo impulerunt, ut ei caussae, cujus antea erat fauto se

---

¹) Dem Ober-Gespan des mittlern Szolnoker Comitats Christoph Hagyrsi zugeeignet am 25. März 1571.

opponeret. Ideo Faustum Sozinum, quem vocaverat ad hoc, Francisco Davidi opponit. Antequam dolus detegeretur, Georg. Blandrata hoc Consilium dabat Francisco Davidis, videlicet scribat, inquit: Franciscus, scribat et Faustus, mittamus utraque scripta ad fratres Polonos. Ubi judicium fratrum Polonorum habebimus, convocabimus generalem Synodum et quidquid Synodus approbaverit unanimi consensu, pro rato habebimus. Ita Franc. Davidis credens verbis Blandratae, has sequentes Propositiones scripsit et Fausto tradidit.

22. Quaestiones nonnullae, ſind unter den Fragmenten des Faufts Socin, mit deſſen Antwort, der Streitſchrift wider Chriſtian Franken, beigedruckt. Sandii Bibl. Antitrin. S. 50. Folgende ſind Handſchriften:

23. Theses Blandratao oppositae, in quibus disseritur: Jesum Christum vocari nunc non posse Deum, cum non sit verus Deus; Jesum invocari non posse in precibus; justificationem et praedestinationem a Luthero et Calvino male fuisse intellectas; de Regno ejus Messiae, quem fore Prophetae divinarunt, qui esset Jesus Christus. A. 1578.

24. De Dualitate Tractatus, in tria Capita distinctus, cui adjunguntur. Tractatus II. quod unus solus Deus Israelis Pater Christi, et nullus alius invocandus sit, continens Theses XV. in generali Synodo Thordana propositas. Tractatus III. Observationes in Theses Georgii Blandratae.

25. Theses XVI. Davon die erſte: Homo ille Jesus Nazarenus Mariae Josephi filius ex ejusdem Josephi semine conceptus et natus sit, quacunque tandem ratione necesse est, si volumus eum Messiam esse in veteri testamento a Deo promissum. Und die letzte: Quam ob rem Jesu Christo in quiete sua placide versante; nihil nos ab eo nunc juvari apud Deum vel credamus, vel curemus, nisi quatenus dum hic inter nos fuit, salutis viam nobis ostendit, et ad Deum accedendi modum docuit, donec ad nos regnum accepturus revertens vere habendum veniat, et in hoc modo personaliter praesens, nos Dei veritate foveat atque sustentet. Interim ad Deum ipsum solum, nulla Christi praesente alia ope aut potestate confisi, perpetuo confugiamus. Amen.

Dieſe läſternden Sätze überſchickte Blandrata nebſt den Gegenſätzen des Fauſtus Socinus den 7. April 1759 der unitariſchen Geiſtlichkeit, und begleitete ſie mit folgender Zuſchrift:

Gratia et pax a Deo Patre nostro et Domino Jesu Christo! Quoniam in proximis Regni comitiis ad diem 26 hujus Mensis, Thordae indictis, in quibus de causa D. Francisci Davidis serie agetur, ibique, ut audiemus, de eo sententia feretur, fieri non potest, quin de tota

causa Religionis tractetur et de novatoribus diligens inquisitio et judicium simul fiat. Quae comitia consecutura est brevi Synodus Generalis, in qua potissimum fidei confessio, quae verbo Dei et Regni legibus non adversetur, constituenda erit. Visum est nobis, vos horum admonere, ut ad utrumque Conventum, ea quae nobis ad Dei gloriam pertinere videbuntur, diligenter prius mediata, quatenus oportuerit, afferre possitis. De universo enim statu Ecclesiae et singulorum, qui in ea docendi munus habent, ut videtur, agetur. Ut autem id commodius facere possitis, mittimus ad vos Theses, de quibus in Synodo tractatum iri omnino credimus, quarum ut unusquisque ex vobis publice detestetur, et quas illis theses oppositas legatis, amplectatur, putamus necesse futurum, nisi munere suo privari et extorris etiam fieri velit. Non autem quo alicui vestrum timorem incuteremus, haec vos scire volumus, ut scilicet metu adacti, contra conscientiam vestram aliquid, vel dicatis, vel faciatis; sed id praecavere, et in eo vobis prodesse officii nostri esse arbitrati sumus, ne quis ex vobis aliud quidpiam in tanto periculo prae oculis habeat, quam unam ipsam veritatem, cujus testimonium in corde suo coram Deo se habere, plane persuasus fit. Speramus Deum nobis adfuturum, si ejus opem, ut quidem nos facimus, supplices implorare, in communi hoc discrimine non intermiseritis. Ipse vero Dominus noster Jesus Christus consoletur corda vestra et sit cum Spiritu vestro. Amen!
Claudiopoli, 7. Apr. Anno 1579.

Senior et Frater vester,
G. Blandrata D. [1]

26. Confessio, edita XIII Aprilis, Anno 1579, in Conventu Thordensi.
Nach Bods Nachricht; allein der Tag scheinet mir unrichtig bezeichnet zu sein, da nach Blandratens vorhergehendem Briefe die Synode den 26. April gehalten wurde.

---

[1] Ueber Blandrata f.
1. Siebenbürg. Quartalschrift V. 316—332.
2. Dissertatio historico-critica de duplici ingressu in Transsilvaniam Georgii Blandratae. Primo quidem: Ad Aulam Isabellae Reginae anno domini 1544. Secundo autem: Ad etulam Joannis Sigismundi anno domini 1563. Recesente Michaele Byrisn, Archidiacono Cathedrali anno domini 1806. Albae Carolinae. Typis Conventus Csikiensis. 8-vo. XXVIII, 288 S.
3. Commentario delle Opere e delle vicende di Giorgio Blandrata Nobile Saluzzese Archiatro in Transilvania e in Polonia. Pado typografia Bettoni 1814. 8-vo. 122 S.
4. Georg Sylvesters, unitarischen Professors zu Klausenburg, Nachrichten über die unitarischen Superintendenten in Stäudlins und Tzschirners Archiv für alte und neue Kirchengeschichte, Leipzig 1820. 4. Band, S. 152—160.

5 Alexander Székely's Unitária vallás történetei Erdélyben. Kolosvárt 1839, S. 59 etc.

Tr. 27. Az egy Atya Istenről és az ő Fijáról a Jesus Kristusról, és a Szent Lélekről való rövid Vallás a Profoták és Apostolok Irások szerént. Irta *Dávidfi* Forentz. Kolosv. 1570. 4-to. (Laut Sándors Magyar Könyves ház Seite 4. — Ob jedoch dieses Buch den gleichnamigen Sohn des Franz Davidis zum Verfasser habe, oder mit dem vorhergehenden Nro. 19 identisch sei? ist mir nicht bekannt.)

Tr. **Decani Ernst,**

geboren in Bistritz, den 22. Mai 1801, studirte am Gymnasium seiner Vaterstadt, und an der Universität zu Wien, und erhielt das Doktorat auf der hohen Schule zu Padua 1827. Nach seiner Rückkehr in das Vaterland wurde er 1829 Physikus in Großschenk, und 1831 Kameral-Arzt bei dem Bergamte in Abrudbánya, 1842 im Oktober aber Zalathnaer kön. Berg-Kameral-Physikus an die Stelle des verstorbenen Dokt. Ladislaus Pap. Er starb in Ofen am 28. August 1860.

Dissertatio inaug. medica de graviditate extrauterina, accedit Descriptio memorandae cujusdam graviditatis tubae dextrae. Pro summis in medicina arteque obstetricia honoribus capossendis in Universitate Patavina examini submissa. Patavii 1827. 8-vo 24. S.

Tr. **Decani Johann,**

aus St. Georg bei Bistritz gebürtig, studirte 1578 ꝛc. am Kronstädter Gymnasium, und starb nachdem er, nach zurückgelegten akademischen Studien in Deutschland, sich daselbst verehlicht hatte, und mit seiner Gattin in seine Heimat zurückgekehrt war, im Jahre 1586, an der Pest, von welcher damals Bistritz mit seiner Umgebung heftig verheert wurde (Kronst. Gymn. Matrikel z. J. 1578).

Sein Andenken haben erhalten:
1. Oratio de certamine Gallorum, recitata in Schola Coronensi in festo divi Galli et scirpta a Joanne Decano Bistricio anno MDLXXVIII. Cibinii, excudebat Georgius Frautliger anno 1578 4-to 15 S.

Ein vom Verfasser, als Studenten am Kronstädter Gymnasium, seinem Zögling Johann Hirscher, welcher am Gallustage 1578 das Schulpremium erhalten hatte, gewidmetes Gedicht im herolschen Sylbenmaße.

2. Ode congratulatoria Stephano Báthori de Victoria relata de Moschis Coronae praelo Honteriano. A. 1580.

(Von einem andern Verfasser existiren in Handschrift: a. Descriptio festi in memoriam expugnatae per Stephanum Báthori, Regem Poloniae et Principem Transylvaniae, Arcis Polocensis in Lithuania anno 1579. Cibinii celebrati; und b. Descriptio festivitatis cujusdam in memoriam initae, inter Stephanum Báthori Regem Poloniae, et Basilium, Magnum Moscoviae Ducem, Pacis Cibinii d. 14. Febr. 1582 scenicae celebratae. — Beide sind in deutschem Auszug mitgetheilt worden von Benigni in den Kronstädter Blättern für Geist ꝛc. 1839. S. 167—170 und in Gustav Seiverts: „Die Stadt Hermannstadt" 1859 S. 71—75.)

3. Epithalamium in honorem Nuptiarum Reverendi et Clarissimi Viri Domini Simonis Massae Pastoris Ecclesiae Rosn. vigilantissimi et Annae filiae prudentis et Circumspecti Domini Andreae Kemmel, sponsae, scriptum a Joanne Decano, Bistric. Coronae, 1681. Excudebat Joannes Nyrő, Cibiniensis. 4-to 8 Seiten.

Decani Johann,

T r.

aus Bistritz, studirte vom 9. Oktober 1687 ꝛc. in Wittenberg, war Rektor des Bistritzer Gymnasiums 1694 bis 1701. Dann Stadtprediger, und wurde im Jahr 1707 als Pfarrer nach Mettersdorf berufen, wo er 1717 mit Tod abging.

In Wittenberg vertheidigte er zwei Strichschriften:

1. De discursu brutorum ex Physicis Praeside M. Nathanaele Falk d. 21. Martii 1688. Wittenb. 4-to 16 S.
2. De aeterna divinae commiserationis Oeconomia ex Rom. XI. 32. Praes. Joh. Deutschmann 15. Febr. 1689. Witteb. 4.to 16. S.

Decani Samuel,

T r.

ein Bistritzer, von welchem mir blos aus Cornides Bibliotheca Hungarica S. 233 bekannt ist:

Disputatio theologica de divina Scripturae S. eminentia. Albae Juliae 1641. 4-to.

Seiv. ## Decani Stephan,

Rektor des Bistritzer Gymnasiums vom J. 1660 bis 1662. Darnach Stadtpfarrer zu Bistritz seiner Vaterstadt und Dechant des Kapitels. Die Stadtpfarrerwürde erhielt er nach dem Tode des Mathias Kunzel 1667 und bekleidet sie bis zum J. 1682 welches das letzte seines Lebens war. Er hinterließ in Handschrift: „Beschreibung der Belagerung Rösens von Georgio Basta Kriegsobersten in Siebenbürgen im Jahr 1602 den 22. Februar." — Diese Beschreibung wurde in der Folge gedruckt unter folgendem Titel:

Tr. Kurz gefaßter Bericht über die Belagerung der Stadt Bistritz welche Georg Basta, General unter Ihro k. k. Majestät Rudolfus Röm. Kaiser im Jahre Christi 1602 vorgenommen und wie derselbige diese Stadt und Gebiet unter zweien Jahren beängstiget und ruinirt hat. Bistritz, druckts Christian Lehmann, 1779. Kl. 8-v 16 S.

Eben diese Schrift ist mit einer kurzen historischen Einleitung von Joseph Bedeus, — auch abgedruckt worden im Archiv für Geschichte, Statistik, Literatur und Kunst des Freiherrn von Hormayr. Wien 1823 4-to Nro. 87 S. 454—457. Nro. 90 Seite 470—473 und Nro 95, Seite 494—497. Auch hat solche ihrem wesentlichen Inhalte nach Seivert im Ungrischen Magazin I. 173—182 bekannt gemacht, und Lebrecht in seiner Gesch. der Fürsten von Siebenbürgen I. 178 ff. benützt.

Neuerlich ist dieselbe aus Hormayrs Archiv für Geschichte rc. wieder gedruckt worden in den Kronstädter Blättern für Geist, Gemüth und Vaterlandskunde 1839 Nr. 7 S. 49—50 Nr. 8 S. 57—61 und Nr. 9 S. 66—70.

Endlich lesen wir die Geschichte dieser Zeit im Bistritzer Wochenblatt vom Jahre 1867 Nr. 33 und 34 unter dem Titel: „Aus der Geschichte von Bistritz das Jahr 1603." —

Seiv. ## Deidrich Andreas,

von Hermannstadt, der freien Künste Magister, und Rektor des dasigen Gymnasiums. Sein Vater gleiches Namens, war Pfarrer zu Freck, jenseits des Altflusses. Er bezog die Universität Wittenberg im Mai 1608 und diente als Kollaborator viertehalb Jahre bei der Hermannstädter Schule; 1612 wurde er Lektor, und als der Rektor, Andreas Hasler, das folgende Jahr das Unglück hatte, von einem Bathorischen Haiduken tödtlich verwundet zu werden, übertrug ihm der Senat und der Stadtpfarrer **Besodner**, das Protektorat. Deidrich aber schlug es als etwas Neues und bisher nie Gewöhnliches klüglich aus. Indessen versah er die Rektors=Dienste bis 1614, da er denn als wirklicher Rektor eingeführet wurde. Er hat zuerst der Schulbibliothek, durch Eintheilung in gewisse Klassen eine bessere Ordnung gegeben. Ueberhaupt verwaltete er seine Dienste mit vielem Beifalle; allein seine schwächlichen Kräfte und heftigen Krankheiten, nöthigten ihn 1619, sie dem Michael Funk, einem Mühlenbächer, zu überlassen, und sich zur Ruhe zu begeben. Wie lang er nachgehends noch gelebet, ist mir unbekannt.

1. Itinerarium scholasticum, anno 1616, a restituto autem Cibinio *Tertio*, pro exemplo inventionis Poeticae, suis in Schola Patriae Auditoribus conscriptum — Cibinii, excud. Jacob Thilo, impensis Benjamin Fiebik[1]) 1616. 4-to 24 Seiten.
2. Tyrocinium Philosophico-Theologicum ad utriusque studii, sed diversimode demonstrandum, pio studio descriptum — A. 1618 a restituto Cibinio, anno quinto. Cibinii, in 4. 20. S.

   Diese neue Epoche der Hermannstädter, ihre Jahre seit ihrer Befreiung von dem eisernen Joche des Fürsten Gabriel Bathori zu zählen, hörte, so wie das jährliche Dankfest bald auf.

Deidrich Georg,

Sciv.

der fr. Künste Magister und Pfarrer zu Tekendorf im Bistritzer=Kreise. Dieses war auch sein Geburtsort, und sein Vater gleiches Namens, Pfarrer daselbst. Von der Bistritzer Schule kam er auf die Hermannstädter, woselbst er etliche Jahre lebte. Von hier begab er sich nach Klausenburg, und 1587, auf die hohe Schule nach Straßburg. Hievon singet seine Muse:

Tempus erat, canis gelidus cum montibus humor
    Liquitur, et saevo frigore cessit hyems:
At soL Ipso reCens pLVVIosIs pIIsCIbVs annVM
    CLaVserat, aC tenerae sIgna tonebat oVIs.
Teutonicos quando populos terrasque petebam,
    Quas Pater undisonis Rhenus inundat aquis.

---

[1]) S. den Art. Fiebik Benjamin.

Nachdem er hier verschiedene Proben seines Fleißes bekannt gemacht, auch den 20. März, 1589, die Magisterwürde erhalten hatte, that er eine Reise nach Italien. Zu Rom wurde er durch einen besondern Zufall bekannt. Einmal befand er sich bei einem Gastwirthe, da solche Händel unter der Gesellschaft entstanden, daß die ganze Gesellschaft in Verhaft genommen ward. Deidrich befand sich itzt in kritischen Umständen, in der Fremde, und ohne Freunde. In dieser Verlegenheit nahm er Zuflucht zu seiner Muse, und überschickte einem gewissen Prior, unfehlbar einem Jesuiten,[1] ein lateinisches Gedicht. Dieses that erwünschte Wirkungen. Denn nach etlichen Tagen erhielt er nicht nur seine Freiheit; sondern er hatte sogar die Ehre, seiner Päbstlichen Heiligkeit vorgestellt zu werden. Als Sixtus der Fünfte, sein Vaterland hörte, sagte er: Transylvani pessimi sunt haeretici, ejecerunt enim Jesuitas meos. Doch muß Deidrich viele Gnade bei demselben gefunden haben; denn sein Stammbuch zeigte das Bildniß dieses Pabstes, nebst dessen eigenhändiger Unterschrift: Sixtus V. Pont. Opt. Max. scribebat Georgio Deidricio, filio suo charissimo.

Dieses verursachte ihm nachgehends vielen Verdruß. Nach seiner Zurückkunft suchte er sein Glück zu Hermannstadt, woselbst er 1591, das Schulrektorat erhielt, welches er mit vielem Ruhme, aber auch Neid verwaltete. Das folgende Jahr hatte er das Vergnügen, daß die Schulbibliothek, durch milde Fürsorge und Unterstützung des gelehrten Königsrichters, Albert Huets, in der sogenannten Kapelle, eingerichtet, und mit Mauergemälden ausgeziert wurde, welche edle Handlung, Deidrich durch Aufschriften verewigte.[2]

Allein in eben diesem 1592. Jahre, sah er sich in große Verdrüßlichkeiten verwickelt. Lukas Hermann,[3] Lektor bei der Schule, beschuldigte ihn öffentlich, theils einer nachtheiligen Aufführung zu Rom, da er dem Pabste die Füße geküsset, theils, daß er der Urheber einiger Pasquille sei. Die Sache wurde gerichtlich, indessen beide ihrer Dienste entlassen. Mag. Leonhart erhielt das Rektorat. Endlich fällte das Hermannstädter Kapitel den 12. Mai, 1593, das Endurtheil, welches für den Deidrich sehr vortheilhaft ausfiel. Er wurde für unschuldig erklärt, sein Gegner aber

---

[1] Denn mit diesen Vätern hatte er noch in Klausenburg gute Bekanntschaft. Dieses erhellt aus den gerichtlichen Verhören bei seinem Prozesse, daraus ich euch seine Geschichte größtentheils entlehnet habe.

[2] S. Huet.

[3] In den Akten heißet er nicht selten: Ehrmann.

für einen Verläumber, der in Zukunft keine Hoffnung zu einiger Beförderung haben sollte. Das folgende Jahr, starb Deidrichs Vater, den 24. April, worauf er den 9. Brachmond, dessen Pfarre erhielt. Von seinen übrigen Schicksalen aber weiß ich nichts mehr, als daß er von seiner Pfarre 1598, ausgeschlossen worden.

1. Analysis Libri VI, Esthicorum Aristotelis ad Nicomachum, de quinque habitibus intellectus: Arte, Scientia, Prudentia, Sapientia, et Intelligentia, Praeside Joh. Ludovico Hawenreuter D. Argentorati, 1589 in 4, 20 S.
2. Elegia, de obitu Cl. et Doctiss. Piae memoriae Viri, Michaelis Bentheri, J. V. D. et Histor. in Celeb. Argitensium Academia quondam Professoris, ad prudentia, virtute doctrinaque praestautem Virum, D. Albertum Hutterum, Judicem Regium Incl. Reipublicae Cibiniensis in Transylvania, Patronum suum summa observantia colendum, Anno 1588 scripta a Georgio Deidricio, Tekensi-Trans. Argentorati. Excud. Carolus Kiefer. M. D. LXXXIX in 4. 8 S.
3. Oratio sub auspiciis Melchioris Junii, Rect. Acad. Argent. de eo: Quod sciri, certeque percipi nihil possit in hac vita. Ebend. 1589. 4to.
4. Hodoeporicon itineris Argentoratensis, insigniumque aliquot locorum et urbium, cum Ungariae, tum vero maxime Germaniae descriptiones, fluviorum item ac montium quorundam appellationes, Historicas denique nonnullas, aliaque lectu non injucunda continens, scriptum a Georgio Deidricio, Tekensi-Trans.
    Horat.
    Qui studet optatam cursu contingere metam,
    Multa tulit fecitque puer, sudavit et alsit,
    Abstinuit Venere, et vino qui Pythia cantat.
    Argentorati. Excud. Carol Kieffer. M. D. LXXXXIX. (so, soll 1589 sein) in 4. 40. S.
    Dieses Werkchen in elegischen Versen geschrieben, ist gleichfalls dem Grafen der sächsischen Nation, Albert Huet, wie auch dem Stephan Helnern, Rathsherrn zu Bistritz, zugeeignet
5. *Carmen in Laudem Principis Sigismundi.* Ein Blatt in Fol. Oben ist das Wappenschild des Fürsten, darunter: Sigismundus Bathorous. ANAGRAMMATICAS: Magnus Heros, Dius tubis. Unter dem Gedichte. Cibinii, Typis Joh. Henr. Cratonis. M. D. XCI.
    Das Bathorische Geschlechtswappen hält er gleichfalls nicht für Drachenzähne oder Klauen, sondern für Wolfszähne. Er schreibt:

At quamvis veterum tua sint pars stemmata Regum,
Romuleam ut referant dentibus illa lupam.

6. Programma ad Discipulos. Cibinii, 1591. X, Kal. Dan. Typis Joh. Henr. Cratonis. Fol. 1.
7. Theses Ethicae, da causa efficiente virtutum Moralium, ex Libr. 2. Ethic. Aristot. in celebr. Cibiniensium Gymnasio, ad disputandum 19 Febr. 1592. Mit einer Zueignungsschrift an den Kanzler Wolfgang Kowatschotzki. 1 Folioblatt.
9. Epithalamion in nuptias Rev. Clarissimique Viri, D. Georgii Melae et Annae, feminae pudicissimae, relictae quondam D. Joannis Reneri, Senat, Cibin. Cibinii, d. VI Febr. 1592 celebratas, scriptum — Cibinii, typis Joh. H. Cratonis. Anno 1592. Fol. Die Anfangsbuchstaben dieses Gedichtes enthalten: Georgius Melas, Pastor Cibiniensis.
9. Programma. Cibinii, X. Kal. Jan. 1592 typis J. H. Cratonis. Fol. 1.
10. Epigramma, in admirandam conservationem Ill. Principis Transylvaniae, et Siculorum Comitis — Dn. *Sigismundi,* nec non Magnificorum Dominorum, D. Balthasaris et D. Stephani, Bathoreorum, scriptorum — Cibinii, typis J. H. Caatonis 1593 Fol. 1.
11. Der du bist Schöpfer aller Ding.
    Diese Uebersetzung des Liedes: Deus Creator omnium, wird in des Valentin Rabez Gesangbüchlein, Klausenburg 1620, unserm Deidrich zugeschrieben.

Dendler Georg Andr.,

Tr.

geboren in Hermannstadt 21. Februar 1776. — Nachdem er seine akademischen Studien an der Universität zu Jena, welche er im Jahre 1798 bezog, und wo er im Jahre 1800 nebst **Mart. Gottlieb Bay** aus Schäßburg und **Georg Paul** aus Kronstadt unter die Mitglieder der lateinischen Gesellschaft zu Jena aufgenommen worden war, zurückgelegt hatte, begab er sich auf Verlangen des k. k. österr. Gesandten Herbert zu Constantinopel, durch den Bukurester Pfarrer Glockner im Wege des Hermannstädter Stadtpfarrers Simonis dazu aufgefordert, als deutscher Lehrer in das Haus des kön. preußischen Gesandten Baron Knobelsdorf nach Constantinopel, wo er drei Jahre zubrachte. Nach seiner Heimkehr wurde er als Gymnasial-Lehrer, und im Jahre 1807 als Prediger in Hermannstadt angestellt, sofort aber zum Pfarrer in Holzmengen 9. März 1811 und dann in Großscheuern 1830 20. Jänner, berufen. Im Jahre 1842 reiste er zur Herstellung seines geschwächten Gehöres, wiewohl ohne Erfolg, nach Karlsbad und Dresden, und starb kinderlos im April 1849. Dem Hermannstädter Kapitular-Witwen- und Waisen-Pensions-Fonde hinterließ Dendler ein Vermächtniß von 4000 Gulden Conventions-Münze.

   Testaceorum, Petrificatorum, Crustaceorum et Coralliorum Musei Gymn. Cib. Aug. Conf. Index systematicus. Cibinii Barth 1804. 8-vo. 15 S.

T r. **Dietrich Andreas,**
aus Bolkatsch gebürtig, Collaborator am Gymnasium in Mediasch, wurde Pfarrer in Sáros, Mediascher Stuhls im Jahre 1728 und starb daselbst 1736. Er bezog noch im Jahre 1708 die Akademie zu Halle, wo er im Jahre 1712 folgende Streitschriften vertheidigte:

1. De ΟΜΟΘΥΜΙΑ Fidelium. Dissertatio theologica. Praeside Paulo Antonio SS. Theologiae D. et P. P. ad diem 16. Julii 1712 etc. Halae 4-to. 28 S.

   Dem Comes der sächsischen Nation Dr. Andreas Teutsch und dem Hermannstädter Bürgermeister Johann Hoßmann von Rothenfels zugeeignet.

2. Disputatio de Acedia spirituali. Praeside D. Antonio. Ebendas.

T r. **Dietrich Georg,**
aus Kronstadt. Seine Eltern Marcus Dietrich, Pfarrer zu Rosenau und Margaretha, Tochter des Stadtpfarrers Simon Albelius, starben beide an der Pest zu Kronstadt am 27. August 1660.

Er selbst studirte 1662 ꝛc. in Kronstadt und 1668 ꝛc. in Wittenberg, starb aber nach seiner Rückkehr aus Deutschland unverehlicht zu Kronstadt am 16. Dezember 1672 im 24. Lebensjahre.

   Disp. Physica de Formae similitudine, praes. M. Christiano Röhrensee, ad diem 16. Mart. habita. Witteb. 1670. 4-to. 28 S.

T r. **Dietrich Georg,**
geboren in Mühlbach am 1. Mai 1740. Collaborator an der dasigen Schule 1762, wurde als älterer Mühlbächer Prediger 1766 zum Pfarrer in Reichau, Unterwälder Capitels berufen 1774 und starb daselbst 1784 am 18. November.

Er hinterließ in Handschrift:

Primae lineae fatorum Civitatis Sabesi. In 28 §§ bestehend. —

Eine in der Gr. Sam. Telekischen Bibliothek zu M.-Vásárhely befindliche Abschrift führt folgenden Titel: Primae lineae fatorum Civitatis Sabesi, e commissione Magistratus totiusque Publici ex veris Civitatis Archivi originalibus Documentis extractae et extradatae per *Mich Conrad* Senat. et Not. Sabesi d. 1. Junii 1784.

Nicht Mich. Conrad, sondern der obgenannte G. Dietrich ist der Verfasser.

Tr. Dietrich Heinrich Gustav,

geboren in Kronstadt am 11. April 1841, legte sein examen rigorosum über die in seiner Vaterstadt erlernte Pharmazie in Wien, und darauf die Maturitätsprüfung in Oedenburg ab, studirte aber sofort die Chemie wieder in Wien und wurde daselbst zum Doctor der Chemie promovirt am 29. Jänner 1864. Als tüchtiger Leiter einiger dasigen chemischen Fabriken bewährt, ist er dermalen zum Sequester über eine der vorzüglichsten Apotheken Wiens gerichtlich bestellt, und führt die Direktion einer dasigen Champagner-Fabrik.

Er verfaßte:

Chemische Analyse der Mineralquellen von Tusnád in Siebenbürgen von Gustav Heinrich Dietrich, Doctor der Chemie, Magister der Pharmacie. Controllirt und als vollkommen zuverlässig befunden von Dr. S. Wislicenus, Professor der Chemie an der Universität Zürich 2c. 2c. Wien 1866. Selbst-Verlag des Verfassers 8-vo. II. 37 S.

Tr. Dietrich Joh. Gottl.,

geboren in Hermannstadt am 20. August 1770, studirte 1792 an der Universität in Göttingen. Nach seiner Rückkehr in das Vaterland wurde er Gymnasiallehrer und darauf Prediger in Hermannstadt, dann Pfarrer in Reißmarkt 1805 im November, und starb daselbst 1833 den 27. März.

De Matheseos in gentibus antiquissimis origine Diss. Cibinii Hochmeister 1799. 8-vo. 14 S.

Tr. **Dietrich von Hermannsthal Friedrich,**

Hauptmann des k. k. Inf. Regiments Prinz Alexander von Hessen Nr. 46, Sohn des am 10. Mai 1836 verstorbenen Michael Dietrich, Majors im 1-ten Szekler Gränz=Inf.=Regimente (aus Hermannstadt) und der Elisabeth Bogner (aus Sächsisch Reen), war ein Zögling der Wiener=Neustädter Militär Akademie und kam als Lieutenant zuerst zu dem Inf. Regiment B. Sivkovich Nr. 41. In diesem Regiment machte er, kaum 20 Jahre alt, den ungarischen Feldzug mit, rückte zum Oberlieutenant vor und erwarb sich für sein tapferes Benehmen in der Belagerungsperiode Arads 1849 das Militär=Verdienstkreuz. Im Jahr 1851 wurde er außer der Tour zum neuerrichteten Rgte B. Jelacic Nr. 46 übersetzt, und hatte das Unglück, am 5. Juni 1859, während des Kampfes in der Schlacht bei Magenta in Italien durch die Franzosen von seiner Truppe abgeschnitten und gefangen zu werden. Die Forderungen des Völkerrechts und der Menschlichkeit hätten ihm nun die Schonung seines Lebens garantieren sollen, aber, obwohl er entwaffnet und wehrlos Pardon verlangte, ward er von einem Zuaven grausam mit dem Bajonette gemordet, als er noch nicht viel über 30 Jahre zählte. Er war ein tapferer und intelligenter Offizier, der sowohl bei Vorgesetzten, als Untergebenen, in höchster Achtung stand und seiner liebenswürdigen Persönlichkeit wegen unter seinen Kameraden sehr beliebt war. Er war auch militärischer Schriftsteller, und hat als solcher die Geschichte des Feldzugs von 1848 und 1849 in Siebenbürgen, nach den Aufzeichnungen des Generalstabs=Chefs Majors Karl Teutsch, geschrieben, die im Jahr 1853 in den Blättern des Soldatenfreundes erschien. Ihne überlebte seine Gattin, Mutter und mehrere Geschwister [1]).

Kurz vor seinem Ende erschien im Druck von ihm:

1. Geschichte des Tiroler Feld= und Land= später 46. Linien Inf. Regiments. Errichtet 1745 rebuzirt 1809. Im Auftrage nach den Akten mehrerer Archive zusammengestellt Krakau 1859 typographische Anstalt des Czas. 8-vo VI. IX 384 und 47 Seiten.

(Das Reinerträgniß ist zu gleichen Theilen dem Jelacic=Invalidenfonde und dem Offiziers=Töchter=Institute zu Oedenburg gewidmet).

---

[1]) Nach dem Siebenbürger Bothen vom 27. Juni 1859 Nr. 129.

Inhalt. Vorrede, — Einleitung, — I. Abtheilung 1745—1749. — II. Abth. 1749—1769. III. Abth. 1769—1806. — IV. Abth. 1806—1809. Das Offizierskorps. Verzeichniß der Regiments-Inhaber ꝛc. der Theresien Ritter, der mit Medaillen Betheilten. Anhang. Tapferkeits-Zeugnisse. — Errichtungsreceß. — Verfügung des Tiroler Gouvernements betreff der Errichtung, — Unterricht, wie sich die Kreisämter bei der Stellung zu benehmen haben. — Gouvernement-Verordnung 1797 an die Vorarlberger Stände, betreff der Stellung. —

Tr. **Dohler Johann,**

Landmann in Klein Probstdorf, von dessen angebornem dichterischem Talente nachfolgende Gedichte zeugen:
1. Gedichte des Johann Dohler, Landmann zu Klein-Propstdorf bei Mediasch in Siebenbürgen. Wien 1858. Druck von M. Auer, kl. 8-v 32 S.
2. Freuden-Hymne bei der Geburt des Kronprinzen von Oesterreich am 21. August 1858. fol. 1 S. Druck von M. Auer in Wien.
3. Die Treue der Sachsen in Siebenbürgen. Hermannstadt Closius'schen Buchdruckrei 1866 fol. 1 S.

Tr. **Draudt Georg,**

wurde am 9. Dezember 1729 in Kronstadt geboren und sah sich schon im 9. Jahre seiner Eltern vom Tode beraubt. Nach beendeten Schulstudien in seiner Vaterstadt, bezog er 1748 die Akademie zu Halle, mußte jedoch vor vollendeter akademischer Laufbahn seinen älteren daselbst erkrankten Bruder auf der Heimreise begleiten, auf welcher dieser in Preßburg seiner Krankheit erlag. Von da begab sich nun Georg Draudt im April 1750 auf die Universität in Jena und besuchte die Vorlesungen der berühmtesten Professoren. Im J. 1753 heimgekehrt, wurde er öffentlicher Lehrer am Kronstädter Gymnasium, bekleidete dieses Amt 12. und das Rektorat 2½ Jahre, bei geringer Besoldung, in 'rühmlichster Weise, indem er zugleich für Einführung besserer Lehrbücher und Anschaffung nützlicher Werke für die Schulbibliothek wirkte. Darauf trat er 1771 als Prediger bei der Stadtkirche ein, wurde im März 1774 zum Pfarrer in Wolkendorf, und noch im nemlichen Jahre zum Pfarrer der größeren Gemeinde Zeiten gewählt. Durch anziehenden mündlichen Vortrag und zweckmäßige Katechisationen erbaute er Jung und Alt, überwachte und verbesserte in seinen Gemeinden das Schulwesen durch Klasseneintheilung und eine neue Instruktion für die Schulen. Seinem Beispiel folgten bald auch die anderen Gemeinden im Burzenland. Sehr thätig in dem Processe, welchen der kön. Fiskus wider das Burzenländer Kapitel, wegen des ganzen Fruchtzehents führte, war er bereits auf der Reise mit dem Petersberger Pfarrer Samuel Kroner im Jahre 1772 um der Kaiserin Maria Theresia eine von ihm verfaßte Vorstellung[1]) gegen das dem Kapitel ungünstige Urtheil vorzulegen, als dem Kapitel die Bewilligung zu dieser Deputation versagt wurde, worauf beide unverrichteter Sache von Hermannstadt heimkehren mußten. Außerdem wurde er oft zu Synoden und anderen Verrichtungen nach Birthälm und Hermannstadt vom Kapitel entsendet und in den Jahren 1795 und 1796 zum Dechanten desselben gewählt. Durch Erkühlung auf einer Reise nach Hermannstadt litt Traudt vom Jahr 1777 an häufig am Podagra, welchem, sowie der zuletzt hinzugekommenen Wassersucht, und seinem Leben selbst am 6. März 1798 der Tod ein Ende machte. Er starb kinderlos und seine Wittwe Susanna Tochter des Stadtpfarrers Peter Clos folgte ihm im Jahr 1802 nach. Ueber seine Gelehrsamkeit, Erfahrung, Liebenswürdigkeit im Umgang, Geduld im Leiden ꝛc. berichtet umständlich sein Biograph Joseph Chr. Fabricius in der Siebenb. Quartalschrift VII. S. 24—44.

Außer einer bei der Leichenfeier der Katharina Schobel geb. von Seulen, im April 1769 gehaltenen, und einer andern Rede G. Preidts, (s. d. Art.) unter dem Titel „Denkmal der Liebe ꝛc." beigedruckten „Abdankungs Rede, — und einer Abhandlung: „Ueber den Ursprung der Burzenländischen Sachsen oder Teutschen in Siebenbürgen" in der Siebenbürgischen Quartalschrift III. S. 194—207 — hat man von G. Draudt in Handschrift:

1. J. N. J. Ordnung der Bruderschaft in dem k. freien Dorf Wolkendorf, im Jahre 1774 im Monat July (welche im Jahr 1803 auch vom Kronstädter Magistrat beneghmigt wurde) 38 S. 4-to.

---

[1]) Sie wurde umgearbeitet von Georg von Hermann, nachher, als das Kapitel vor dem zusammenberufenen Produktional-Gerichte davon Gebrauch machte, zu Hermannstadt im Jahre 1784 in lateinischer Sprache gedruckt. (S. den Art. G. von Herrmann.)

Unterm Titel: J. N. J. Ordnung der ersten oder ältern Bruderschaft in Weidenbach 1. Korint. 14, 40. 1808 (Kronst) 4-to 8 S. ist ein Auszug vom Weidenbächer Lokalkonsistorium im Druck herausgegeben worden.

Vgl. den Artikel: Georg Preidt.

2. Unmaßgebliche Beantwortung einiger zur Aufklärung der Geschichte der Deutschen in Siebenbürgen entworfenen Fragen. Bearbeitet im Jahr 1789. Mspt.

(Die Beantwortung der einen Frage: Haben einige Ritterorden, besonders der Deutsche und Johanniter einen Antheil an der Ansiedlung der Deutschen in Siebenbürgen gehabt? ist für sich später in der vorerwähnten Abhandlung in dem 3. Band der Siebenbürgischen Quartalschrift S. 194—207 wörtlich eingerückt worden).

3. Diejenige Schrift, welche im Jahre 1794. in den neuen Thurmknopf des Marktes Zeiden gelegt worden ist, und eine Chronik von Zeiden enthält.

Tr. **Draudt Marcus,**

Sohn des im Jahr 1706 als Dechant und Pfarer zu Marienburg verstorbenen Marcus Draudt, wurde geb. in Kronstadt am 23. September 1665, studirte bis zu seinem 21. Lebensjahr auf dem Kronstädter Gymnasium unter M. Val. Greissing, dann 1686—1688 in Wittenberg, 1688—1690 aber in Leipzig, von wo er im letztern Jahr in seine Vaterstadt zurückkehrte. Im Jahr 1693, 3. Dezember wurde er Lektor am Gymnasium, nach 2 Jahren Stadtprediger 24. Jan. 1695, und am 12. Dezember 1706 in seines Vaters Stelle zum Pfarrer in Marienburg berufen.[1] Als solcher endete er sein Leben am 4. März 1724 nachdem er ein Jahr hindurch auch die Stelle eines Dechanten des Burzenländer Kapitels bekleidet hatte. — In seiner Kindheit gerieth Draudt in mancherlei

---

[1] Seine Bestätigung erfolgte wegen den damals im Burzenland umherschwärmenden Kurutzen nur im folgenden Jahr und zwar in der Kronstädter großen Pfarrkirche in Gegenwart zweier Marienburger Markts-Geschworenen durch den damaligen Stadtpfarrer Markus Fronius am 3. März 1707, worauf er den dritten Tag unter der größten Gefahr mit Weib und Kind heimlich mitten unter den herumstreifenden Kurutzen, da er von Kronstatt nur Abends nach 5 Uhr hinausgereist war, dennoch um 10 Uhr glücklich in Marienburg ankam.

Lebensgefahren, namentlich hatte er im 5. Jahr das Unglück mit einem einsinkenden Gewölbe in den Keller zu stürzen, im 8. Jahr fiel ihm im Kirchgäßchen eine Ziegel auf den Kopf und machte eine Wunde, die schwer und mit großen Schmerzen geheilt wurde, und wieder einmal fiel er von einem hohen Stein am Gipfel der sogenannten Zinne herab und verwundete seinen Kopf, die linke Seite und einen Arm jämmerlich.

Von seinen zwei Gattinen nahm die erstere Anna geborne Töppelt (s. d. Art.) ein trauriges Ende. Nebst dem Sohn Michael überlebte sie und den Vater ein Sohn Laurentius, welcher im Jahre 1756 als Senator in Kronstadt starb.¹) Mit der zweiten Gattin Agnetha, Tochter des Rektors Johann Klein, welche als Wittwe 1751 kinderlos starb, hatte er sich im Jahr 1718 verbunden. Seine Schriften sind:

1. De officio Christi Dissertatio theologica. Praes. Johanne Deutschmann 1687 Wittenbergae litteris Johannis Wilckii. 4. VIII. 24. S.
2. Transilvania subscribens Leopoldo I. Imperatori Augustissimo etc. eo, quod superiori anno ejus corona capta est, die publica Oratione defensa Lipsiae 1689 typis Christophori Fleischeri 4-to 16 S.

Dem Magistrat und der Stadtkommunität der Stadt Kronstadt zugeeignet.

Tr. **Draut Johann Ferdinand,**

Doktor der Medizin und Chirurgie, Assistent bei dem k. k. pathologischen Museum im allgemeinen Krankenhause, dann der medizinischen Fakultät in

---

¹) Ein Enkel dieses Laurentius, Namens Michael Leopold, geboren in Kronstadt am 12. Dezember 1788, studirte daselbst und an den Universitäten zu Leipzig 1805 und Göttingen, um sich zum Schul- und Kirchen-Lehrer in seiner Vaterstadt zu bilden, die er jedoch nicht mehr sah; denn auf der Rückkehr von der Akademie nahm er eine Privatlehrer-Stelle in Wien an, und trat in Prag zur katholischen Religion über, worauf er daselbst Lehrer im gräflich Thunischen, und als er sich von Prag nach Ofen begeben hatte, im Gr. Brunsvikischen Hause wurde. Nachher ertheilte er Unterricht in den Sprachen in verschiedenen Häusern zu Pest und Ofen, bis er am 1. Mai 1851, auf dem Wege zu seiner in Ofen wohnenden Familie, in Pest vom Schlag gerührt, den Geist aufgab. Im Druck erschien von ihm — außer mehreren Artikeln in verschiedenen Zeitschriften — eine Uebersetzung aus dem Magyarischen des Stephan Horváth: „Die Jászen als magyarisch redende Nation"; Anhang zur Geschichte der Magyaren von Johann Gr Mailáth, Wien 1831 bei Tendler, 1. Bt. 157 Seiten. Hin und wo fügte Draudt einige kleine Anmerkungen in Bezug auf die Uebersetzung, sprachlichen Inhalts, bei.

Wien, und der Großherzogl. mineralogischen Gesellschaft zu Jena correspondirendes Mitglied. Er war der Sohn des Kronstädter Allod.-Perceptors Marcus Draut und der Josepha, Tochter des Schäßburger Stadtpfarrers Schenker, wurde geboren in Schäßburg in der Christnacht des Jahres 1800 und studirte in Schäßburg, und dann auf der Hochschule zu Prag. In Gesellschaft eines Mitstudirenden machte er von Prag aus eine Reise nach Deutschland, lernte an dasigen Universitäten verschiedene Studenten kennen, und wurde durch Absingung damals üblicher Burschenlieder und Theilnahme an ihren Unterhaltungen, demagogischer Umtriebe verdächtig [1]). Als er von dieser Reise nach Wien zurückkehrte, wurde er daselbst verhaftet, und sein Verhör der damals zu Mainz niedergesetzten Central-Untersuchungs-Kommission zur Verhandlung zugeschickt. Unterdessen verwendete sich einer seiner Universitäts-Freunde in Prag bei dem österreichischerseits der Mainzer Kommission beiwohnenden Untersuchungskommissär, um Drauts Entlassung, mit so glücklichem Erfolg, daß Draut nach beiläufig dreivierteljähriger Haft, während welcher er von der Regierung Taggelder bezog, als gerechtfertigt entlassen wurde. In seiner Wiener Haft wendete Draut seine Zeit dazu an, sich für das Medizinische Fach besser auszubilden, wozu ihm die nöthigen Bücher nicht verweigert wurden. Nach seiner Entlassung setzte er sein Studium in Prag fort, heirathete daselbst und wurde 1829 in Wien zum Doktor der Medizin graduirt, wie auch 1831 in die Zahl der Doktoren der Chirurgie aufgenommen, in welch beiden Eigenschaften er sofort in Wien praktizirte, bis er daselbst den 18. Dezember 1835 an der Luftröhren-Schwindsucht sein Leben kinderlos endete.

  Die Geschichte der Blattern-Impfung mit dem Impfstoffe von der arabischen Pocke, chronologisch — synchronisch und ethnographisch dargestellt. Wien 1829 bei B. Ph. Bauer. 8-vo 78 S.

T r. **Drauth Johann,**

Sohn des am 27. Aug. 1693 verstorbenen Stadtrichters Simon Drauth, wurde geboren in Kronstadt am 29. September 1679 und als er die gewöhnliche Zeit auf dem dasigen Gymnasium zugebracht hatte, von seinem Vater bestimmt, sich seinen Vorfahren nachzubilden, mithin den Rechtswis-

---

[1]) Daß Draut bei dem Erzeß der Prager Studenten zur Zeit der Anwesenheit des K. Franz I. im Theater zu Prag (August 1833) gegenwärtig gewesen und als ein Theilnehmer verhaftet worden sei, soll ungegründet sein.

senschaften und dem juridischen Stande zu widmen. Allein Kopf und Geist waren nicht geeignet, einen großen Mann aus ihm zu bilden. Roh und ungeschliffen ging er schon aus seines Vaters Hause auf die Universität hinaus. Die reichlichen Wechsel, die er von Hause erhielt, gingen in seinen Händen unter sinnlichen Ergötzungen verloren, bei welchen auf Bildung und Sittlichkeit vergessen wurde. Doch wir wollen diesfalls einen seiner Zeitgenossen selbst hören. Es gibt nemlich von ihm Schmeizel (in dem Index seiner Bibliothek S. 47) die Nachricht: „Dieser Drauth war aus einer vornehmen Familie zu Kronstadt geboren, 1700 seq. hat er zu Jena, Halle 1701 und Leipzig gelebt; er sollte Jura studiren, allein sein wollüstig-phlegmatisches Temperament, und die schlechten Fundamenta, so er mit auf die hohen Schulen gebracht, machten, daß er die Zeit mehr mit einem Glas Wein und der l'Hombre Karte, als mit Büchern zugebracht. Nach etlichen Jahren reiset er nach Haus, und wird, nachdem er zuvor katholisch geworden, in Rath gezogen." [1])

Die letzte Nachricht, daß nehmlich Drauth katholisch geworden sei, bevor er in den Rath gezogen wurde, ist nicht richtig. Denn da er schon 1704, die Tochter des reichen Stadtrichters Johann Plaukesch geheirathet hatte, so gelang es ihm bereits 1710 in den Magistrat aufgenommen zu werden. Allein zu seinem Unglück. Denn sein Uebermuth verführte ihn bald zu einem dummen Streich, dessen nur Gassenjungen sonst fähig sind. Er verfertigte nemlich ein hölzernes Bild der Jungfrau Maria mit höchst anstößigen Zügen. Die katholische Geistlichkeit erfuhr dies und die Jesuiten trieben Drauth bald so in die Enge, daß er ihnen und den Franziskanern Abbitte thun, das Bild ins Feuer werfen, und versprechen mußte, in kurzem auch selbst zur kathol. Religion hinüberzugehen. In Folge dessen legte er denn auch am 29. November 1713 bei den Jesuiten in Hermannstadt das versprochene Glaubensbekenntniß ab, nachdem er das Jahr vorher zur Sühne auf die sogenannte Zinne bei Kronstadt an Stelle eines vorhin da gestandenen einfachen Kruzifixes eine Kapelle aus eigenen Unkosten hatte bauen lassen, die nun ganz verfallen ist. Mittlerweile Witwer geworden, begab er sich 1754 mit dem Vorsatz nach Wien, sich in ein Kloster zu begeben, seine einzige Tochter aber in einem Nonnenkloster einkleiden zu lassen, und trat selbst im Jahre 1716 in den Jesuiten=Orden ein. [2]) Je-

---

[1]) Umständlichere Nachricht von Drauth gibt Schmeizel im Entwurf der vornehmsten Begebenheiten in Siebenbürgen zum Jahre 1713.

[2]) Dies meldet Georg Fejér in seiner Historia Academicas Scientiarum

doch wurden beide des Klosterlebens bald satt, und nun entschloß sich Drauth im Jahre 1719 eine Wienerin zu heiraten und im Jahre 1720 mit ihr und seiner Tochter nach Kronstadt heimzukehren. Hier trat er wieder in den Rath ein und verheirathete am 26. Dezember 1720 seine erwähnte Tochter Sara an einen in Kronstadt sich niedergelassenen quittirten Lieutenant Anton Paur¹). Ohngeachtet nun Drauth bei seinem bis dahin geführten Lebenswandel, wenigen Kenntnissen und keinem Verdienst um seine Vaterstadt, sich mit seiner Senatorsstelle billig hätte begnügen sollen, so ließ er sich doch nicht abhalten, bald höhere Ansprüche zu erheben, und fand nach dem damaligen Zeitgeist durch den Einfluß der Geistlichkeit bei dem damaligen Kommandirenden Generalen, dessen Wirkungskreis zu jener Zeit selbst auf die bürgerliche Verwaltung sich erstreckte, oder wenigstens Eingriffe gestattete, nur allzuviele Unterstützung. Als im Jahr 1728 bald nacheinander zwei Oberbeamten in Kronstadt gestorben waren, gelangte eine Empfehlung vom Komand. Generalen B. Tige an den Magistrat, wegen Besetzung einer der zwei Offizianten Stellen durch Drauth. Der Magistrat wandte ein, daß diese Besetzung von der verfassungsmäßigen Wahl der Kommunität abhänge. Die Kommunität aber ließ sich, da der Kommandirende General mittelst des Milit. Stadtkommandanten Generalen Schramm von Otterfels auch bei ihr durch Drohungen ꝛc. alles versuchte, in ihrer gesetzlichen Freiheit weder 1729 noch 1730 irre machen. Allein 1731 wollten die Vorstellungen derselben und des Magistrats von konstitutionsmäßiger Freiheit nicht mehr fruchten, da statt B. Tige mittlerweile Gr. Wallis das Generalkommando übernommen hatte. Der am 26. November 1731, ohngeachtet der bei jeder Wahl vom Mil.-Kommandanten ergangenen und besonders an diesem Tage verschärften Drohungen zu Gunsten des Drauth, zum Stadthannen rechtmäßig erwählte Valentin Tartler wurde durch militärische Exekution von seinem Platz verdrängt. Die Kommunität hingegen fügte sich selbst der

---

Pazmaniae etc. S. 50. „Joannes Drauth, Coronae parentibus lutheranis ortus, Viennam profectus et catholicam Fidem et Societatem Jesu amplexus anno 1716, — vulgatis prius fundamentalibus motivis, cur haeresim ejuraverit, Viennae 1711" (f den deutschen Titel am Schluß dieses Artikels).

1) Derselbe war von Wien gebürtig, wurde in der Folge mit dem Prädikat von Drauth geadelt, 1733 in den Rath gezogen und starb den 26. Oktober 1735. Mit seinem am 7. April 1782 als Magistrats-Sekretär unverehelicht verstorbenen Enkel „Johann" ist die Familie „Paur von Drauth" erloschen.

Exekution nicht, sondern ließ es erst am 24. Dezember als drei Deputirte von der Sächsischen Universität blos dieserwegen in Kronstadt erschienen waren, und zur Verhütung gewaltsamer Maßregeln riethen, geschehen, daß Drauth, jedoch nur unter verschiedenen Einschränkungen, das Stadthannen- oder zweite Oberbeamtens-Amt antreten konnte. Ohne Zweifel wäre jedoch Drauth am Jahrestag nicht zum Stadthannen erwählt worden. Dieß voraussehend befahl der Kommandierende General den 4. November 1732 ausdrücklich wieder mittelst eines Machtspruchs, daß kein Stadthann gewählt werden (also Drauth in der Funktion bleiben) sollte. So offenbarer Gewalt sich zu widersetzen, war nicht rathsam. Es wurde also nur die Stadtrichters Wahl vollzogen, welche auf Lukas v. Seulen fiel, und Drauth im gewaltsam erkämpften Stadthannen-Amte ohne Wahl belassen. Allein das Ziel der durch ihn verübten Ungerechtigkeit rückte heran, ohne daß er lange die Früchte davon genoß. Schon am 21. März 1733 beschloß er in Hermannstadt ein Leben, das er zum Aergerniß seiner Landsleute auf 54 Jahre gebracht hatte.

Im ersten Jahr seines Aufenthalts in Wien erschien unter Drauths Namen im Druck:

"Eile und errette deine Seel, Gen. 19. Sorge getreu bis in "den Todt, so will ich dir die Kron des Lebens geben Apoc. 2 oder "Grundbewegnussen, warum Johann Drauth, wirklicher Rathsverwandter der freien kön. Cronstadt in Siebenbürgen, einer römisch- "katholisch und Apostolisch allein Seligmachenden Kirchen beigepflichtet "habe? Im Druck herausgegeben aus Lieb gegen denen so daraussen "seind, von denen man eben muß ein gut Zeugniß haben, auf "daß man nicht in Schmach falle. 1. Tim. 3. Wien, gedruckt bei Joh. Georg Schlegel Universit. Buchdrucker 1714." 8-vo XVI. 119 S.

Auf der Rückseite des Titelblattes steht die Censur der Wiener Universität, auf welche die Zueignungs-Schrift an K. Karl VI, sowie sobann S. 1—6. eine Vorrede an die Sächsische Nation in Siebenbürgen folgt. Der Inhalt des Buchs verräth, daß nicht Drauth, sondern ein hyperorthodoxer Pfaffe der Verfasser desselben gewesen sein mag.[1]) Unter die Beweggründe seines Uebertritts zur kath. Religion wird gezählt, daß er in der Auslegung der Cartesia-

---

[1]) Vgl. Schmelzel a. a. O. zum Jahre 1719.

fischen Philosophie auf Universitäten, keine Beruhigung für seine
Seele gefunden habe sowie innerer Antrieb, da ihn die Patres, welche
er gelesen und mit der Augsb. Konfession verglichen, überzeugt
hätten, daß er bis dahin in einer irrigen Religion gestanden sei. Es
habe ihn dies um somehr bewogen, die Religion des heil. Stephan
anzunehmen, weil auch die große Kirche in seiner Geburtsstadt
Stephanopolis vom H. Stephan erbaut sei. 2c. 2c.
 (S. Hermanns altes und neues Kronst. II. 157—166.)

Tr. **von Drauth Samuel,**

Doctor der Arzneikunst und Mitglied der römisch-kaiserlichen Akademie der
Naturforscher. Gleichfalls ein Kronstädter, der zu Halle im Magdeburgischen 1734 die Doctorwürde erhielt. Allein nach wenigen Jahren fand
er in seiner Vaterstadt ein trauriges Ende. Würdig der besten Schicksale
wurde er den 1. September 1739 von einem einstürzenden neuen Gewölbe
erschlagen. Er hätte sich noch retten können, wenn er mehr für sich, als
andere besorgt gewesen wäre. Denn er bemerkte das drohende Unglück
zuerst, warnte die Bauleute die sich auch glücklich retteten; als er es aber
thun wollte, war es zu spät. Man zog ihn todt unter dem Schutte heraus,
und seine Hände zeigten deutliche Merkmale, wie er sich um seine Erret-
tung bemüht habe. S. Albrichs Brief an den Professor Schulze im
Numoph. Schulz. P. I. S. 324.
 Dissert. Inauguralis Medica de Animalibus humanorum cor-
porum infestis hospitibus, Praes. Friedr. Hoffmann, pro gradu
Doctoris, M. Maji. Halae, 1734 in 4. 80 S.

Tr. **von Drauth Samuel Friedrich,**

Sohn des Vorhergehenden, geboren in Kronstadt am 29. August 1736,
bezog die Universität zu Jena 1760, wurde daselbst zum Doctor der
Medizin promovirt 1763, prakticirte dann als Arzt in seiner Vaterstadt
und starb daselbst am 23. Sept. 1773.
 Dissertatio inauguralis medica de ortu effectuum imprimis
Febrium ex Irritatione, quam Praeside Ernesto Antonio Nicolai pro
gradu Doctoris die 10. Septembr. 1763 publice defend. Auctor S.
F. de Drauth. Jenae 4, 56 S.

Tr. ## Dück Joseph,

Besitzer des goldenen Verdienstkreuzes, geboren den 12. Jänner 1814 in Kronstadt, studirte ebenda am Gymnasium, dann 3 Jahre hindurch an der Universität zu Berlin und an der protestant. theolog. Fakultät in Wien. Seit seiner Rückkehr diente er als öffentlicher Lehrer an den Gymnasial-Classen seiner Vaterstadt, bis er im Jahre 1852 zum Prediger in der Vorstadt Blumenau ernannt, und von hier am 19. Oktober 1862 zum Pfarrer in Zeiden erwählt wurde.

1. **Geschichte des Kronstädter Gymnasiums.** Eine Festgabe zur dritten Säcularfeier desselben. Nebst dem Honterusischen Reformationsbüchlein und einigen Briefen aus der Reformations-Zeit, als Zugabe. Kronstadt 1845, Druck und Verlag von Johann Gött. In Commission in Wilh. Nemeths Buchhandlung in Kronstadt, gr. 8-vo. VIII. 119 S. Hierauf folgen:

A. Beilagen: I. J. Honteri Constitutio Scholae Coronensis [1]) approbante Senatu a. 1543 lata S. 121—130 und Leges scholasticae Gymnasii S. 130—138. II. Geschenke, Vermächtnisse und Widmungen zu Gunsten der Kronstädter evang. Schulen S. 141 bis 142. III. Verzeichniß der Stadtpfarrer und Rektoren seit der Reformation S. 145—148.

B. Zugaben: I. Reformatio Ecclesiae Coronensis ac totius Barcensis Provinciae [2]) MDXLIII. S. 1—22. II. Briefe aus der Reformations-Zeit [3]) (22 an der Zahl) S. 25—50.

C. Als Titelkupfer: Das Bildniß des Reformators Johann Honterus (nach einem alten Holzschnitte lithographirt in Wien in E. Försters artistischer Anstalt) mit dem Wahlspruch: Vigilate et orate.

(Diese Arbeit wurde vom Verein für siebenbürgische Landeskunde mit einem Preise gewürdigt.) Recensionen darüber:

   a) Von Dr. G. D. Teutsch in der Transsilvania 1845. Nro. 87.

   b) Vom Gr. Josef Kemény in Kurz Magazin ꝛc. I. 380—396.

---

[1]) S. Siebenb. Provinzialblätter I. 166.
[2]) S. Seiverts Nachrichten S. 179 Nr. 19.
[3]) Drei derselben sind auch im ungr. Magazin IV. 206—209 gedruckt.

c) Von Joseph Benigni in den österr. Blättern für Literatur und Kunst 1845 Dezember Nr. 144, S. 1127—1128 und daraus in den Blättern für Geist, Gemüth und Vaterlandskunde 1846 Nr. 16, S. 113—115.

d) Von Gabr. Döbrentei im Buda-Pesti Hiradó vom 20. Febr. 1846 Nr. 340 S. 118—119.

2. Verschiedene Gelegenheits-Reden, welche in der Kronstädter Zeitung und im Separat-Abdruck erschienen sind, unter Andern in der Beschreibung „des ersten Sängerfestes in Siebenbürgen. Gefeiert zu Kronstadt am 9—11. Juni 1862". (Separat-Abdruck aus der Kronstädter Zeitung Nr. 96 und 97.) Kronstadt, gedruckt bei Joh. Gött. 8-vo. 24 S.

Den Haupt-Inhalt macht die Weihrede auf die Fahne der Sänger aus (S. 7—17), welche Dück als Blumenauer evangel. Prediger bei diesem Feste hielt.

Eder Joseph Karl,

Tr.

Director der Normal-Hauptschule in Hermannstadt[1]).

Wenn von den nöthigen gründlichen Vorarbeiten zur kritischen und pragmatischen Geschichte unseres Vaterlandes die Rede ist, muß vor allen anderen, die sich damit beschäftigten, der Name Eders mit Hochachtung genannt werden. Er hat zuerst den Weg gezeigt, wie durch Studium der Quellen, insbesondere der vorhandenen bedeutenden, vor ihm entweder gar nicht, oder höchst mangelhaft benützten Urkundenschätze Licht über die dunkeln, früheren Zeitabschnitte unserer vaterländischen Geschichte gebracht werden könne, und daß nur in Verbindung der Thatsachen mit der Schilderung ihrer in der jedesmaligen Staats-Cultur, den Sittenverhältnissen und den Charakteren der handelnden Personen liegenden nähern und entfernteren Gründe und Triebfedern der wahre Geist und Nutzen der Geschichte liege.

Joseph Karl Eder wurde, der älteste von 4 Brüdern, am 20. Januar 1760 zu Kronstadt geboren, wo sein Vater, der früher als Regiments-Auditor ins Land gekommen war, sich verheiratet hatte, in bürgerliche

---

[1]) Nach Benignis Siebenb. Volkskalender für 1817 S. 9—12. Vgl. Annalen der Literatur und Kunst ꝛc. Wien 1810, S. 329—334. Kölesys und Melzers ungr. Plutarch, Pest 1816 III. 278—286 und Neuestes Conversations-Lexikon. Wien 1825. V. Wien 400—403.

Verhältnisse getreten und Magistrats-Rath geworden war. Der Wunsch der Eltern bestimmte den ältesten ihrer Söhne, der von seiner Mutter im 7. Monate der Schwangerschaft geboren, von sehr schwacher Leibesbeschaffenheit war, für den geistlichen Stand, wo er nach ihrer Ansicht mehr dem beschaulichen, als dem thätigen Leben huldigend, eine längere Lebensdauer hoffen könne. Bereits in seinem 18. Jahr wurde Eder zum Doktor der Philosophie und freien Künste auf der ungarischen Landes-Universität creirt, — darauf als Lehrer der Grammatik an dem Gymnasium zu Maros-Vásárhely angestellt, empfing daselbst die Priesterweihe und wurde im Jahre 1783 als Professor der Poesie an das röm.-katholische Gymnasium in Hermannstadt berufen. Gründliches Studium der alten Sprachen und ihrer klassischen Autoren, ein klarer, eindringlicher, geschmackvoller Vortrag, zweckmäßige und humane Behandlung seiner Schüler zeichnete ihn unter seinen Amtsgenossen aus, und lenkte die Aufmerksamkeit des gelehrten, für Wissenschaft und wissenschaftliche Bildung unermüdet thätigen Bischofs von Siebenbürgen, Grafen Ignatz von Bathyan auf ihn, der auch bis an sein Lebens-Ende Eders wohlwollender Gönner blieb.

Der Anempfehlung dieses seines Gönners hatte es Eder zu verdanken, daß er im Jahre 1784 der von K. Joseph II. zur Regulirung des Studienwesens berufenen Commission beigesellt und im Jahre 1787 zum Direktor der Haupt-Normalschule in Hermannstadt ernannt wurde, ein Amt das er bis zu seinem Tode bekleidete, und in welchem er eine segensreiche, allgemein anerkannte Wirksamkeit übte.

Neben seinen Berufsgeschäften widmete sich Eder mit dem regsten Eifer und Beharrlichkeit dem Studium der Geschichte seines Vaterlandes und der Quellen derselben. Vorarbeiten zu einer einstigen unpartheiischen pragmatischen Geschichte Siebenbürgens zu liefern, war der Zweck seiner mühevollen Arbeiten.

Die Verhältnisse der auf das berühmte Restitutions-Edikt K. Josephs II. folgenden Zeiten gaben für Eder den ersten Impuls als Schriftsteller aufzutreten. Vorzüglich waren es die Rechte und Freiheiten der sächsischen Nation, welcher er durch seine Geburt angehörte, deren urkundenmäßige und gründliche Vertheidigung er in seinem ersten Werke von größerem Umfange (De initiis juribusque primaevis Saxonum Transs.) übernahm. Von der neu entstandenen philohistorischen Gesellschaft hiezu beauftragt, unternahm er die Herausgabe älterer siebenbürgischer Geschichtswerke, welche er mit gelehrten und schätzbaren Anmerkungen und Abhandlungen ausstattete. Nach dem Erscheinen des ersten Bandes erhielt er im Jahre 1799 vom K. Franz I. als Anerkennung seiner Verdienste die goldene Medaille für Wissenschaft und Kunst. In eben diesem Jahre ernannte ihn die Göttingische Gesellschaft der Wissenschaften zu ihrem Mitgliede[1]. Außer mehreren andern kleinern Ausarbeitungen war sein letztes und gediegenstes Werk die im Jahre 1803 erschienenen Anmerkungen und Abhandlungen zu Felmers Leitfaden der siebenb. Geschichte, in welchen das Resultat seiner vieljährigen Forschungen niedergelegt ist.

Eder hatte auch eine bedeutende Sammlung von Handschriften und Urkunden zur Geschichte Siebenbürgens zusammengebracht. Diese, nebst seinen handschriftlichen Ausarbeitungen und seinen literarischen Tagebüchern, dem Resultate seiner bisherigen Forschungen, erkaufte noch bei Eders Lebzeiten um den Preis von 4500 fl.[2] Seine k. k. Hoheit der Erz-Herzog Palatin für das ungarische Reichs-Museum, wohin selbe jedoch dem Kaufvertrage gemäß, erst nach des Sammlers Tode abgeliefert wurden.

Nebst dem Studium der Geschichte war auch jenes der Mineralogie eine Lieblingsbeschäftigung Eders. Auf den zahlreichen Reisen die er während den Schulferien in alle Gegenden Siebenbürgens machte, fand er durch Unterstützung seiner vielen Freunde und Bekannten Gelegenheit, seine Mineraliensammlung[3] mit schönen und instruktiven Stücken zu bereichern. Er war auch der erste, welcher die ausgezeichnete Mineraliensammlung Sr. Excelenz des Freih. Sam. v. Bruckenthal systematisch ordnete und einen noch vorhandenen systematischen Catalog derselben verfaßte. Seine ausgezeichneten mineralogischen Kenntnisse bewogen die herzoglich-mineralogische Societät zu Jena, ihn zu ihrem Mitgliede und im Jahre 1805 auch zu ihrem auswärtigen Secretär zu ernennen[4].

Eder war schon von Geburt an schwächlich, insbesondere hatte die Blatternkrankheit, welche er in ihrer schlimmsten Gestalt überstanden, eine nachtheilige Einwirkung auf die Sehorgane hinterlassen. Die hievon herrührende Augenschwäche wurde noch durch Eders rastlose Studien, besonders im diplomatischen Fache befördert, so daß er schon zu Anfang des

---

[1] Siebenb. Quartalschrift VII. 176.
[2] S. Acta litteraria Musei Nationalis Hung. Budae 1818 pag. 90—91.
[3] Dieselbe wurde nebst Eders juridisch-historischer Bibliothek, nach dem Tode des Sammlers und Besitzers von dessen Erben im Jahre 1812 an die Kronstädter evang. Gymnasialbibliothek verkauft. S. Dücks Geschichte des Kronstädter Gymnasiums S. 93 und 142 und Vereins-Archiv N. F. VII. 376—378.
[4] Annalen der Literatur und Kunst ꝛc. Januar 1805. Intelligenz-Blatt I. 21.

laufenden Jahrhunderts bei Kerzenlicht zu lesen oder zu schreiben unfähig wurde, und oft fremde Hülfe bei seinen Arbeiten in Anspruch nehmen mußte. Dazu gesellten sich noch häufige Hämorhoidal- und Brust-Leiden, welche endlich in ein Zehrfieber ausarteten, das ihn, nach kaum vollendetem 50. Lebens-Jahre am 11. Februar 1810 tödtete.

Noch während Eders Leben ließ sein Freund, Professor Martin v. Schwartner in Pest ein von Neuhauser zu Hermannstadt gemaltes Porträt Eders auf eigene Kosten durch den Siebenbürger Falka in Kupfer stechen, mit der Unterschrift: „φιλιας ενεκα" und den Namens-Buchstaben im untern Winkel zur Rechten: „M. Sch." [1]).

Nach Eders und seines Neffen und Erben Karl Eder (ehemaligen k. Thesaurariats-Raths und 1861 Gubernial-Raths bei der k. siebenbürgischen Hofkanzlei, unverehelicht gestorben in Salzburg bei Wien am 21. Sept. 1863) Ableben hat Theodor Glatz in Hermannstadt ein, nach dem Original-Porträte aus des Erben Nachlaß photographirtes gelungenes Bild mit einem Facsimile der Namens-Unterschrift: „Josephus Car. Eder" geliefert.

Eders im Druck erschienene Schriften sind:
1. Supplex Libellus Valachorum Tranß. juratribus receptis Nationibus communia postliminio sibi adseri postulantium, cum notis historico-criticis J. C. E. Claudiop. 1791. 4-to.

    Der Verfasser des Supplex Libellus, zu welchem Eder diese Noten schrieb, war selbst ein Walach, Namens Méhesi von Méhes, Hof-Secretär bei der unter K. Joseph II. vereinigten ungarisch-siebenbürgischen Hof-Kanzlei.

    Schlözer fällte über diese Schrift folgendes Urtheil: „Im Text herrscht eine exemplarische Ignoranz, mit der die gelehrten Noten des Widerlegers angenehm kontrastiren." (Krit.-Samml. zur Gesch. der Deutschen in Siebenbürgen. S. 666.)

2. De initiis juribusque primaevis Saxonum Tranß. Commentatio, quam authographorum potissimum documentorum fide conscripsit J. C. Eder. Viennae 1792. 4-to. 218 S. (Gedruckt auf Kosten der National-Kasse l. Siebenbürger Intelligenzblatt vom Jahre 1803. Seite 126.)

---

[1]) Annalen der Literatur und Kunst ꝛc. Wien 1805 I. Februar. Intell.-Blatt S. 80—81. Samuel Falka aus Bikfalva gebürtig, Schriftgießer der Ofner Universitäts-Buchdruckerei starb in Ofen am 20. Jänner 1826, f. Brockhaus Conversations-Lexikon, 7. Auflage II. 267.

3. Erdély Ország ismértetésének zengéje. Kolosvártt s Szebenben. 1796. 8-vo. (Erstlinge der Kenntniß Siebenbürgens) 54 S. 2-te Auflage: Nyomtatta maga költségén Hochmeister Márton Szebenben. 1826. 8-vo. 70 S.

Die deutsche Uebersetzung: „Erste Anleitung zur Kenntniß von Siebenbürgen" erschien in Hermannstadt 1824. 8-vo. 116 S.

4. Scriptores rerum Transsilvanicarum cura et opera Societatis Philohistorum Transsilv. editi et illustrati. Tomi I. vol. I. complexum Christiani Schesaei ruinas pannonicas. Cibinii typis sumtibusque Martini Hochmeister. 1797. 4-to. XII. 300 S. [1])

5. Scriptores rerum Transsilvanicarum Tomi II. vol. I. complexum Ambrosii Simigiani Historiam rerum Ungaricarum et transsilvanicarum [2]) Cibinii typis sumtibusque Mart. Hochmeister 1800. 4. XVI. 294 S. Erst im Jahre 1840 erschien: Tomi II. Vol. II. Accurante Jos. Benigni de Mildenberg. Cibinii typis sumtibusquae haeredum Mart. de Hochmeister 4-to. II. 434 S. mit einer Vorrede des Herausgebers Benigni, blos den Text des 2., 3. und 4. Buches der Geschichte Simigians vom Jahre 1542—1606 enthaltend.

6. Breviarium Juris Transsilvanici cum prooemio de fontibus juris transs. et Indice locuplettissimo. Cibinii typis Petri Barth. C. R. Dicast. Typogr. 1800 8-vo. XXVII. 196 S., dann Index 48 S., dazu ein neues Titelblatt MDCCCXXII. (Siebenb. Quartalschrift VII. 268—269.)

7. Dictionarium ungaro-latino-germanicum, olim studio Alberti Molnár, Franc. Párizpápai et Petri Bod conscriptum, nunc revisum, emendatum et vocabulis cum aliis, tum imprimis technicis ad Philosophiam, Mathesim, Physicam, Chemiam, Phytologiam et Zoologiam pertinentibus auctum. Cibinii et Posonii 1801. 8.vo. maj. (d. i. der 2. Theil des Párizp. Wörterbuchs) nebst dem deutschen Repertorium als Anhang dazu 124 S. Ueber den ganzen Titel und Inhalt beider Theile, s. Siebenb. Quartal-Schrift VII. Seite 260—262.

---

[1]) S. Siebenb. Quartal-Schrift V. 91 und Engels Geschichte des ungr. Reichs, Wien 1813. I. S. 13, 14.

[2]) d. i das 1. Buch, enthaltend die Geschichte der Jahre 1490—1541 mit des Herausgebers Eder schätzbaren Bemerkungen und vielen Urkunden. S. Siebenb. Quartal-Schrift VII. 347—356.

8. Observationes criticae et pragmaticae ad Historiam Transs. sub Regibus Arpadianae et mixtae propaginis. Additis X Excursibus ceu Prolegomenis historiae sub Principibus Transs. Cibinii, typis Martini Hochmeister 1803. 8-vo. 280 S., welchen das an die siebenbürgische philohistorische Gesellschaft gerichtete Prooemium auf XVI. Seiten vorhergeht.

In einer von patriotischen Gefühlen durchdrungenen Vorstellung ersuchte der Verfasser die Universität der sächs. Nation (s. Archiv des Vereins für siebenb. Landeskunde II. 159—162) um die Verfügung zum Gebrauche dieses Buchs bei den sächsischen Schul-Anstalten. Einstimmige Anerkennung nicht nur der Universität, sondern auch des Ober-Consistoriums der A. C. B. zu Hermannstadt, welches gleichzeitig seine Anordnungen an die sächsischen Gymnasien erließ, sprachen sich in den Dankschreiben der Erstern vom 26. Dezember 1803 (in der Zeitschrift von und für Ungarn, Jahrgang 1804. I. S. 253—255), und des Letztern vom 15. April 1804 [1]) in der schmeichelhaftesten Weise aus.

Nebstdem bethätigte die sächsische Universität Eders ihre Erkenntlichkeit durch eine Belohnung von zweihundert Gulden (l. Annalen der Literatur und Kunst ꝛc. Wien 1805. II. Dezember. Intelligenz-Blatt S. 271.)

Die wohlverdiente Würdigung fand das Werk auch unter den Gelehrten in Recensionen von Ludwig v. Schedius [2]) in der Zeitschrift von und für Ungarn 1804. I. 38—43 und Martin von Schwartner in dessen überaus lehrreicher Recension in den Annalen der österreichischen Literatur 1804. II. 481—496.

In den handschriftlichen Anmerkungen zu seinen Observat. bemerkt Eder bei S. XII. der Vorrede: „Der Hauptgrund war, daß ich, um mehr Freiheit im Schreiben mir ungeahndet erlauben zu können, gar kein Aufsehen erregen wollte, das nicht zu vermeiden gewesen wäre, wenn ich ein eigenes Buch geschrieben hätte. So als

---

[1]) Die Urschriften beider Dankschreiben sind nebst andern literarischen Urkunden, Correspondenzen ꝛc. Eders, und einer Nachricht über die Ederischen Familienmitglieder dem B. Bruckenthal'schen Museum in Hermannstadt am 20. Jänner 1868 zur Aufbewahrung überlassen worden.

[2]) Mündlich sagte Schedius im Jahre 1831 zu mir: „Die Eder'schen Observationes können mit Gold nicht aufgewogen werden.

Anmerkungen zu Felmer werden es wenige Leute lesen, doch aber werden diejenigen, so sich um den Kern der Geschichte bekümmern, sich behelfen können, und kommt einst die Zeit, daß man eine wahre Geschichte Siebenbürgens schreiben darf: so wird der Verfasser davon mein Andenken segnen, daß ich ihm soviel vorgearbeitet habe." —

Außerdem lieferte Eder noch Beiträge zu der Zeitschrift von und für Ungarn. (IV. 1. Heft S. 15—26. IV. 3. Heft S. 149—157. IV. 2. Heft S. 113—118. I. 87—97) der siebenb. Quartalschrift (II. 90—92, 215—221, 404—431. III. 57—83. VI. 353—400) und den obgemeldeten Annalen. Auch besorgte er während des letzten Türkenkrieges gemeinschaftlich mit dem Ober-Schulen-Aufseher von Lerchenfeld die Herausgabe der Hermannstädter Zeitung.

Unter den 85 Bänden Handschriften, welche Eder wie erwähnt worden, an des Erzherzogs Palatin kaiserl. Hoheit für das ungarische National-Museum in Pest verkauft, und worüber Eder selbst einen Catalog verfaßt hat, befinden sich eigene Arbeiten Eders:

1. Analecta Diplomatum ad res Ungariae et Transsilvaniae illustrandas pertinentium. Fasciculus I. usque VI. Folio. Ein kurzes Inhalts-Verzeichniß, davon hat Eder seinen untenangeführten Adversariis S. 1641—1656 beigefügt.
2. Exercitationes diplomaticae. Fol. 177 S.
3. Chronologisches Register der Fürsten der Walachei. Aus den Sulzerischen Handschriften gezogen. (Laut Zeitschrift von und für Ungarn. VI. 202.
4. Diplomatische Angaben zur Geschichte der Walachei und Moldau. Aus seinem reichen Vorrath Siebenbürgischer Urkunde. (Laut Zeitschrift von und für Ungarn. VI. 203.)
5. Adversaria ad Historiam Transsilvaniae e Tabulariis publicis Ciboniensi, Coronensi, Albensi, Kolos-Monostoriensi, item Libris potissimum manuscriptis collecta studio et opera J. C. E. Coron. 4-to. Drei Bände in 33 Heften, 1762 Seiten bestehend. Jedes Heft hat den absonderlichen Titel: „Notaten zur siebenbürgischen Geschichte."

Dieses nicht chronologisch, sondern nach den zur Benützung erhaltenen Urkunden und Hülfsmitteln und deren Inhalt vom 20. Januar 1791 bis 1803 (wo, wie Eder S. 1692 bemerkt, Augenschwäche eintrat) zusammengetragene Werk ist eigentlich die Grundlage von Eders Observationibus criticis etc. (Vgl. die Vorrede zu letztern S. VIII.) Außer den vielen Urkunden und Bemerkungen aus andern Schriften und Protokollen findet man darinnen unter andern erhebliche Berichtigungen zum Chronicon Isaaci Hendel (S. 417—421) Chron. Joh. Fabricius et Joh. Auner (421—424) zu Schmeizels Dissert. epist. de Statu ecclesiae Lutheranorum in Transs. S. 372—386), Neugeborens commentar. de gente Báthorea (S. 386—395), Párizpápai Rudus redivivum (S. 395—402, 447 bis 460), Szentiványi Dissertatio paralipom. (S. 460—469), Haner Historia Ecclesiarum Transsilvanicarum mspta (S. 939—989), Haner Analecta historica (S. 1087—1113) und a. m.; nicht minder:

Sylloge Antiquitatum Hung. Transsilvanicarum, utpote: Rituum, vocabulorum et phrasium in veteribus scriptis a me repertorum S. 315—318 und 991—1019. 44.

Connotationes ad explendum 20. annorum inter Historias Wolfg. et Joannis Bethlen intercendentem lacunam S. 1247 bis 1278. Die Fortsetzung s. unten Nr. 26.

Vaivodae et Vice-Vayvodae Transsilvaniae, quos in Diplomatibus reperi S. 96, 273—284. S. unten absonderlich Adparatus ad Comentat. de Vaivodis etc. und Analecta ad Commentat. hanc.

De Nummis Transsilvanis Supplementa ad Köleserii Aurariam Seiverti notis auctam. S. 667—715.

De re numaria Hungariae et Transsilvaniae S. 719—762.

Index Monumentorum in Adversariis recensitorum S. 1593 bis 1640.

Index summarius Diplomatum inter *Analecta* (oben Nr. 1) existentium S. 1641—1656.

6. Hodegus Historiae Transsilvaniae J. C. Eder. Fol. 126 S. (Enthält ein alphabetisches Register über die Adversaria.)
7. Bemerkungen zu den Landtags-Artikeln von 1791. Einzig zum Privat-Gebrauch für das löbl. Kronstädter Publicum. 32 Seiten in Folio, halbbrüchig.
8. Landtags-Artikel vom Jahre 1791 zum Privatgebrauche für das löbl. Kronstädter Publicum, übersetzt von J. K. E. 221 Seiten in Folio, halbbrüchig.
9. Skizze von dem politischen Zustande der Siebenbürger Sachsen kurz vor der (Trennung Siebenbürgens von Ungarn und der darauf er-

folgten) engern Vereinigung der 3 ständischen Nationen. Mspt. Mit einem Vorwort des Schellenberger Pfarrer Johann Filtsch, gedruckt in dem Archiv des Vereins für siebenbürgische Landeskunde, erster Band, 2 Heft, Seite 34—57.

10. Von den alten Gerechtsamen der Siebenbürger Sachsen im Vergleich mit dem Abel und den Unterthanen. Mspt. 12. Mai 1792. Fol. 4 Seiten.

11. Skizze der Gerechtsame der siebenbürgisch-sächsischen Stühle auf die Talmátscher Herrschaft. Mspt.

12. Beiträge zur Erörterung einiger Fragen aus dem siebenbürgischen Staats-Recht. Mspt. 14 S. Fol.

13. Widerlegung des vom siebenbürgischen Abel, behufs der Erringung der Concivilität unter den Sachsen etwa anzuführenden Umstandes von der Fähigkeit des Abels, in den Städten Ungarns Häuser zu kaufen und zu besitzen. Mspt. 1792 den 1. Dezember. 11 S. Fol.

14. Wer waren die Provinciales in Siebenbürgen, und welchen Antheil hatten sie an der öffentlichen Verwaltung bei den Sachsen? 1796 im November. Mspt. 20 S. Fol. (Gedruckt zum Theil in Trauschenfels Magazin I. 40—53. Vollständig im Archiv des siebenb. Vereins, N. F. VII. 429—446.)

15. Von der Trennbarkeit der Ehen bei den Katholiken in Siebenbürgen. Zum siebenbürg. Landtag im Jahre 1794 ausgearbeitet. Mspt. Fol. 16 Seiten.

16. Verschiedene Gelegenheits-Reden. Mspt.

17. Fascis Statisticorum Transsilvaniae. Fol. Mspt.

18. Fasciculus itinerariorum, complexus itinera per omnem Transsilvaniam, Banatum Temesiensem usque Orsovam et quasdam alias Ungariae partes, cum observationibus omnigenis. Mspt.

19. Fasciculus literarum vel originalium, vel authenticarum per Vaivodas, Vice-Vaivodas, Principes etc. editarum. Mspt.

20. Commentarius ad Simigiani Librum II. Mspt.

21. Analecta ad Historiam Seditionis per Valachos Transsilvanos duce Hora conflatae. Mspt.

22. Adparatus ad Commentationem de Vaivodis, Vice-Vaivodis, Locumtenentibus Transsilvaniae et Comitibus Siculorum. Mspt.

23. Analecta ad Commentationem de Vaivodis etc. Mspt. Vgl. Observ. crit. S. 16.

24. Index rerum memorabilium Tomo I. Legum ecclesiasticarum Ungariae Ignatii C. Batthyán contentarum. Fol. Mſpt.
25. Adparatus ad Historiam Reformationis in Trahssilvania. 4-to. Mſpt.¹)
26. Adparatus ad Historiam Transsilvaniae sub Gabriele Báthori et Gabriele Bethlen. Mſpt. S. oben die Connotationes unter den Adversariis Nr. 5, wozu dies die Fortſetzung iſt.
27. „Erörterung einer alten" (im Muntſeler Gebirge, 5 Meilen von V.-Hunyad gefundenen) „Goldmünze". Im Siebenb. Intelligenzblatt vom Jahr 1803, Seite 175—181.

Einen Nachtrag dazu lieferte der Pfarrer Neugeboren ebendaſ. S. 207—209.

Jener Aufſatz aber wurde auch in der Zeitſchrift von und für Ungarn I. Bd., S. 87—92 unterm Titel: „Antiquariſche Erörterung, neulich in Siebenbürgen gefundener Goldmünzen und Ruinen" abgedruckt.

28. Specimen diplomaticum de iis, qui Transsilvaniam vicaria potestate tenuere, opera J. C. (Gedruckt in dem Archiv des Vereins für ſiebenb. Landeskunde N. F. VII. 447—450 it. de Voivodis Transsilvaniae. Seite 451.)

Schlüßlich muß noch bemerkt werden, daß nach dem Verkauf der Eberſchen Handſchriften an Seine k. Hoheit den Palatin Erzherzog Joseph, die gedruckten Eberſchen Werke: De initiis etc. — Schesaeus — Simigianus — und Observationes criticae von ihrem Verfaſſer mit vielen handſchriftlichen Bemerkungen auf dem eingeſchalteten Schreibpapiere verſehen wurden, und daß deren Originale nach Ebers Tode nachträglich an das königl.=ungariſche National-Muſeum in Peſt abgeſchickt wurden, wo dieſelben gegenwärtig aufbewahrt werden.

---

¹) Ohnfehlbar iſt dieſer „Adpartus ꝛc. ein und daſſelbe Werk mit demjenigen, welches Eder in ſeinen handſchriftlichen Exercitationibus diplomaticis S. 99 unterm Titel: Dissertatiuncula mea de Initiis Reformationis in Transsilvania und S. 102 mit den Worten: Egi de hac re (quod scil. Cibinienses Zapolyam Reformationi Religionis adversum esse viderint e litteris a. 1527 ad ipsos exaratis) satis accurate in Dissertatione germanica, quae exstat inter mea Mspta: Skizze der Reformations-Geſchichte unter Ludwig II. erwähnt. Vgl. die Note Eders zu ſeiner Ausgabe der Scheſäuſiſchen Ruinae pannonicae S. 50.

In der B. Sam. Bruckenthalischen Handschriften-Sammlung befinden sich ebenfalls im Manuscript und zwar im XLVII. Bande:

   a. Zrenius Szigethi.

   b. Epistola poëtica: Lucretia Matrona Ungara Csiszár, caesis nupero tumultu marito et liberis, in potestatem Valachorum redacta, opem Junii viri militaris implorat.

Beide von Eder.

Auch ist Lerchenfelds Rede: „Unsere Erwartungen oder Peter Leopold" S. 51—52 beigedruckt Eders Ode in Coetu F. F. Latomorum Cib. recitata XI. Cal. April. MDCCLXXXX.

Tr. **Ettinger Joseph,**

geboren in Hermannstadt am 10. Dezember 1786, studirte am dasigen evang. Gymnasium, und in den Jahren 1811 und 1812 an der Jenenser Hochschule. Nach seiner Heimkehr diente er als Lehrer am evangelischen Gymnasium, und sofort als Prediger an der evangelischen Pfarrkirche in Hermannstadt, worauf ihn am 8. Juni 1831 die Neppendorfer Gemeinde zu ihrem Pfarrer berief. Ettinger starb in der Folge zu Hermannstadt am 11. November 1841 im 55. Lebens-Jahre, nachdem ihm ein Jahr vorher, wegen eingetretener Körper- und Geistesschwäche J. K. Guist substituirt worden war.

1. Numophylacii Gymnasii Cib. A. C. add. Descriptio. Fasciculus I. Cibinii Barth. 1845. 4-to. 40 S.

2. Kurze Geschichte der ersten Einwanderung ober-österreichischer evangelischer Glaubensbrüder nach Siebenbürgen, in einem Vortrage an seine Gemeinde, dargestellt von dem derzeitigen evang. Pfarrer zu Neppendorf bei Hermannstadt in Siebenbürgen. Hermannstadt bei Sam. Filtsch 1835. 8-vo. 59 Seiten.

3. Der deutsche Kinderfreund. Ein Lesebuch für Volks-Schulen von F. P. Wilmsen. Zum Gebrauch für die siebenbürgischen Volks-Schulen eingerichtet. Hermannstadt, gedruckt bei Sam. Filtsch. 1828. 8-vo.

Eine neue Ausgabe dieses vom Ober-Consistorium der A. C. B. in Siebenbürgen, allen Domestikal-Consistorien mittelst Verordnung vom 3. Febr. 1828 zur Einführung in den Landschulen, nach Vorschrift des Schulplanes empfohlenen, und durch Ettinger mit Aenderungen für die deutsche Jugend Siebenbürgens versehenen Werkes erschien in ebendemselben Verlage 1846. 8-vo. IV. 256 S.

T r.   ## Everth Johann,

geboren in Birthälm 5. Jänner 1793, studirte in Jena 1815 ꝛc., wurde nach seiner Rückkehr Lehrer am Gymnasium zu Mediasch, dann Stadtprediger daselbst, ferner Pfarrer in Bußd 1830, sowie in Groß-Kopisch 1844, und in Meschen 1849, endlich aber Generaldechant im Januar 1859 bis 1862.

De necessitate symbolicae Aestheticae in Religione Diss. Cibinii Barth 1821. 8-vo. IV. 30 S.

T r,   ## Fabini Friedrich,

geboren in Mediasch am 13. November 1788, bezog, nachdem er in seiner Vaterstadt das Gymnasium absolvirt hatte, die Universität Tübingen 1811, diente nach seiner Rückkehr eine Zeitlang als Lehrer am Mediascher Gymnasium, begab sich dann als Privatlehrer nach Livorno, von wo er wieder nach Tübingen kam, um die Arzneikunst zu studiren. Zwar wurde er daselbst auch zum Doktor der Medizin graduirt, weil aber in den österreichischen Staaten kein Doktor der Medizin practiciren darf, welcher, wenn er auf einer ausländischen Universität promovirt worden, die für Oesterreich vorgeschriebenen Bedingungen nicht erfüllt und sich nicht auch von einer inländischen Universität das Diplom verschafft hat, so kam er im Jahre 1817 nach Wien, dann nach Pest, wo sein Bruder als Professor der Ophtalmie lebte, studirte am letztern Orte weiter und graduirte endlich auch hier. Nach seiner Zurückkunft in Mediasch erhielt er bald den Beruf in Dr. Platz's Stelle nach Bistritz als Distrikts-Physicus, wurde aber im August 1823 zum siebenbürgischen Provinzial-Augenarzt, deren in Siebenbürgen zwei aufgestellt waren, ernannt. Doch legte er diese Stelle (um das Jahr) 1835 nieder und nahm das Physikat im Großschenker Stuhle an, welches er bis 1843 bekleidete, darauf in Mediasch privatisirte. Endlich nahm er eine Contumaz-Arztensstelle an der Donau in der Walachei an, legte jedoch auch diese nieder, als seine Tochter einen Apotheker, Namens Binder daselbst heirathete. Bei dieser Tochter lebte er sodann bis zu seinem am 2. Juli 1864 in seinem 76. Lebensjahre erfolgten Tode in Giurgiu.

Er war Mitarbeiter an den in Wien erscheinenden „Medizinischen Jahrbüchern des k. k. österreichischen Staates", herausgegeben von Dr. Raimann, 8-vo.

1. Dissertatio medico-chyrurgica de Hypopio. Pro gradu Doctoris. Tubingae 1818. 8-vo 36 S.
2. Diss. politico-medica de inhumatione mortuorum, in Universitate Pesthinensi publicae disquisitioni submissa. Pesthini 1822 gr. 8-vo 36 S.
3. Pflege gesunder und kranker Augen für Nicht=Aerzte. Leipzig und Pest 1831 8-vo VI. 46 S. 2. Aufl. Leipzig 1835. (Pest, bei Hechenast) 8-vo.)
4. Das Heilverfahren in Krankheiten, wo schnelle Hilfe nöthig ist. Hermannstadt 1846. Gedruckt bei Georg von Closius. 8-vo II. 30 S.
5. Itinerär oder Handbuch für Reisende in Siebenbürgen. Hermann= stadt gedr. bei Samuel Filtsch 1848. 8-vo 51 S.
6. Reise in Italien und zur See nach Spanien. Hermannstadt 1848 gedr. bei Georg von Closius. 8-vo II, 76 S.

Tr. **Dr. Fabini Johann,**

von Scheuern, Hermannstädter Stuhls, gebürtig, war Pfarrer in Tobs=
dorf 1618—1623, sowie in Pretay Mediascher Stuhls vom Jahre 1623—
1643 und Generaldechant vom 1639—1643. Von hier wurde er zum
Stadtpfarrer in Schäßburg berufen im Juni 1643 und starb daselbst an
der Pest 1646 den 23. September.

Von ihm stammt das noch blühende Geschlecht der Fabinis ab.
Im Mediascher Kapitels=Archiv wird von ihm aufbewahrt:

Oratio in Comitiis Albae Juliae coram Regni Transilvaniae
Dynastis ac Proceribus trium Nationum propter Pastorem Bürkö-
siensem ejusdemque Decimas per ejusdem loci Nobiles infestatas a
Ven. ac Clariss. Viro D. J. F. anno 1641 m. Julio publico de-
clamata. Mspt. Nachher gedruckt im Ver.=Archiv N. F. I, 203—211.

Nach dem Tode des sächsischen Pfarrers in Bürkös, Ober=
Albenser Komitats, im Jahre 1641 hinderten die adeligen Grund=
besitzer die Berufung eines neuen Pfarrers, und versetzten einen un=
garischen Geistlichen in die Stelle desselben. Hierüber beschwerte
sich der Senior des sächsischen Clerus und Generaldechant Fabini
im Weißenburger Landtag 1642 durch Abhaltung der obigen kraftvollen
Rede, aus welcher erhellt, daß der sächsische Pfarrer zu Bürkös seit
der Collation des Fundus Regius an die Sachsen, den ganzen

Zehnden vom Bürköser Weichbild bezog. Dieserwegen behauptet Fabini, daß Bürkös ursprünglich zum Fundus Regius gehört habe, und zu der Zeit, als die Sachsen daselbst ihre Kirche und Pfarrhaus erbauten, keine Walachen dort existirt hätten. — Der Streit wurde durch einen im nämlichen Monate Juli 1642 zwischen den Grundbesitzern von Bürkös einerseits, und der weltlichen und geistlichen Universität der sächsischen Nation andererseits, zu Stande gekommenen und am 10. d. M. vom Fürsten G. Rákotzi förmlich bestätigten Vergleich beigelegt, vermöge dessen bestimmt ward, daß von der Zeit an ein ungarischer und ein sächsischer Pfarrer bestehen, und jeder die Hälfte des Zehndens, in dem Fall aber, wenn einer von beiden ganz abkäme, der fortbestehende drei Quarten beziehen, und die vierte Quarte zur Herstellung der Kirche verwendet werden solle.

Tr. Fabini Johann Gottlieb,

geboren am 5. Juli 1791 in Hasság, Mediascher Stuhles, — wo sein Vater Pfarrer war, — studirte in Mediasch 1799—1808 und am Lyceum zu Klausenburg 1808—1809, sowie an der Universität in Wien 1810—1815, wo er sich dem Studium der Medizin und Chyrurgie widmete, mit Auszeichnung. Nach abgelegter gesetzlicher Prüfung erhielt er die Stelle eines SekundarArztes im Wiener allgemeinen Krankenhause 1815 und that sich an dieser, und besonders an der Augenheil-Anstalt so hervor, daß er als Assistent des Professors G. J. Beer, dessen Liebling er ward, bald rühmlich bekannt wurde. Nachdem er sofort am 11. Mai 1816 Doktor der Medizin und am 12. Juli 1816 Doktor der Augenheilkunst geworden war, kehrte er im Oktober 1816 nach Mediasch zurück, erhielt aber schon am 2. Juni 1817 den Ruf zum ordentlichen öffentlichen Professor der Augenheilkunst an der Pester Universität und wurde am 27. Juni 1817 in diesem Berufe ordentlich eingeführt.

Während seinem akademischen Lehramte erwarb er sich die allgemeine Achtung in dem Maaße, daß er nebst seinen männlichen Nachkommen im Jänner 1840 vom K. Ferdinand I. in den Adelstand erhoben, und im Jahre 1846 zum königlichen Rathe ernannt, wie auch zum Pester Komitats-Gerichtstafel-Beisitzer gewählt, und zum Mitgliede der medizinischen Fakultät in Wien, sowie mehrer gelehrten Gesellschaften aufgenommen wurde. Außerdem fungirte Fabini verschiedenemale als Dekan der medizinischen Fakultät an dieser Universität, und vom Jahre 1845 bis 1847 als Rector magnificus ¹). Er starb am 30. November 1847. Seinen Tod meldete die „Pester Zeitung" (und darnach der Siebenbürgische Volksfreund vom 10. Dezember 1847 S. 386) mit dem Nachrufe: „Er" (Fabini) „der so vielen Tausenden die köstliche Himmelsgabe des Augenlichtes erhalten und zurückgegeben, ist nicht mehr. Er war 30 Jahre hindurch eine Zierde der Pester Universität. Nach seinem ausgezeichneten Werke über Augenheilkunde werden an einigen auswärtigen Universitäten, so namentlich in Padua und Harlem Vorlesungen gehalten, auch ist dasselbe ins Englische übersetzt worden. Die Pester evangel. Gemeinde verliert an dem Hingeschiedenen eines ihrer eifrigsten und umsichtigsten Mitglieder."

Fabini war Mitarbeiter an den in Wien gedruckten medizinischen Jahrbüchern des k. k. österreichischen Staates, herausgegeben von Dr. Raimann und Verfasser der nachbenannten Werke:

1. Dissertatio inauguralis medica de Amaurosi, quam in Univers. Vindobonensi publicae disquisitioni submittit J. T. F. d. April. 1816. Viennae, typis M. A. Schmidt, 8-vo 56 S.

2. Doctrina de morbis oculorum. In usum Auditorum suorum edidit J. Th. Fabini. Pestini 1823 apud J. Th. Trattner 364 S. gr. 8-vo. Editio altera, denuo elaborata. Pestini ap. Ott. Wigand. 1831 gr. 8-vo VI 370 S. Recens. im Orvosi Tár. Pest 1831. II. 72—73.

   In ungarischer Uebersetzung: Fabini János, orvos Doctor, szemész Mester, s a Magyar Kir. Egyetemben a Szemészet Nyilv. rend. Professora, Tanítmánya a Szembetegségekről. A második javított Kiadás után fordítá Vajnocz János. A Magyar Tudos Társaság Költségein, Budán, a Magyar Királyi Egyetem betüivel 1837. VI 332 S. gr. 8-vo.

3. De praecipuis corneae morbis. Prolusio academica qua diem 27. Jun. 1830 cum R. Univ. Hung. Pestiensis 50. instaurationis annum solenni ritu celebraret, recolit J. T. F. Budae 8-vo 60 S.

   Recens. im Orvosi Tár Pest 1831 1. 65—73.

4. A helybéli Véruritések czélirányos használásáról a szembetegségeiben. Im Orvosi Tár Pest 1831 II. 7—14.

---

¹) Uj Magyar Muzeum 1856. S. 220.

Fabini Samuel Joseph,

Tr.

geboren in Hasság Mediascher Stuhls 1794 den 28. Juli. Sein Vater, dasiger Pfarrer, starb frühzeitig, doch nahm sich sein mütterlicher Großvater Mag. Johann Schmidt, Stadtpfarrer in Mediasch, seiner an. Nachdem er sein Studium auf dem Mediascher Gymnasium beendigt hatte, erwarb er sich als Lehrer der deutschen Sprache in Privat-Häusern zu Maros-Vásárhely und in Livorno die Mittel, um in Tübingen 1818 fg. weiter zu studiren, wurde nach seiner Rückkehr 1819 als Lehrer am Mediascher Gymnasium angestellt, nachher zum Stadtprediger befördert, am 13. Februar 1830 zum Pfarrer in Waldhütten berufen und im Jahre 1844 24. Juni zum General-Syndicus erwählt. Er erhielt, nach Ableben des Superintendenten Bergleiter im Jahre 1843 von der Birthälmer Gemeinde, nach Binder, die meisten Stimmen zu Bergleiters Nachfolger, und entfaltete viele Thätigkeit bei den Ober-Ehegerichtlichen und Synodal-Verhandlungen seiner Glaubensgenossen. Am 18. Februar 1845 zum Reichersdorfer Pfarrer, und im Jahre 1852 zum Mediascher Kapitels- und General-Dechanten erwählt, wurde er noch am 3. August des letzteren Jahres zum Stadtpfarrer nach Mediasch berufen, und erwarb sich durch seine seit Abschaffung der Natural-Zehnt-Entschädigung im Jahre 1848 verfaßten Arbeiten und Deputationen nach Pest und Wien, in der Zehnt-Entschädigung-Angelegenheit große Verdienste um die sächsische Geistlichkeit. Außerdem hat er das Verdienst, gemeinschaftlich mit den zwei Mediascher Magistratsbeamten Daniel und Samuel Gräser durch Einladung an Freunde der Wissenschaft zur Versammlung in Mediasch im Oktober 1840 das Zustandekommen des „Vereins für siebenbürgische Landeskunde" dessen Ausschußmitglied Fabini seit der Gründung bis auf den heutigen Tag ist, bewirkt zu haben.

1. Der Sachsen Zukunft. Elegie zur 700jährigen Feier des Einwanderungs-Jubiläums. Kronstadt, gedruckt bei Joh. Gött. 4-to 8 S.
2. Leichenpredigt über 2. Petri 1, 13—15 gehalten von J. F. (S. 10—19 in der Staub- und Leichenrede bei der Beerdigungs-Feier weil. des hochw. H. Johannes Bergleiter, Superintendenten der A. K. V. Hermannstadt 1843. 8-vo).
3. Aufruf an die Glaubensgenossenschaft der evangelischen Landeskirche Siebenbürgens zum Anschlusse an den evangelischen Verein der Gustav-Adolph-Stiftung. Kronstadt 1860. Druck von Joh. Gött. 8-vo 17 S.

   Inhalt: Einleitung S. 3. I. Wer Gustav Adolph gewesen

und was er für den evang. Glauben gethan S. 4—7. II. Entstehung und Zweck des Gustav-Adolph-Vereins S. 7—8. III. Weitere Ausbildung und Wirksamkeit des Gustav-Adolph-Vereins S. 8—11. IV. Aufruf S. 11—12. Anhang. Statuten des evang. Vereins der Gustav-Adolphs-Stiftung in ihrer jetzigen Geltung S. 13—17.

Die in Bezug auf die Ausführung dieses Aufrufs gleich nach dessen Veröffentlichung aufgestoßenen Hindernisse bekämpfte und überwältigte Fabini mit Ausdauer und Geschick.

Nach den zu Stande gebrachten „Statuten des evang. Vereins der Gustav-Adolph-Stiftung für Siebenbürgen" schließt sich derselbe als Haupt-Verein, der sich in 10 Zweigvereine gliedert — (welche ihren Sitz in Mediasch, Hermannstadt, Kronstadt, Bistritz, Mühlbach, Schäßburg, Reps, Kleinschelken, Großschenk und Sächsisch-Reen haben) — dem Gesammt-Verein, der seinen Central-Vorstand in Leipzig hat, an, und befolgt in Allem dessen Statuten. Er hat zum Zweck, den kirchlichen Nöthen evang. Glaubensgenossen in und außer Siebenbürgen nach Kräften abzuhelfen. Hiernach haben sich konstituirt und bestanden schon im Jahre 1862:

Zweig-Verein	Tag der Constituirung	Zahl der Orts-Vereine	Mitglieder-Zahl	Jahres-Einnahme	
				fl.	kr.
Kronstadt	2. Dez. 1861	17	7055	1624	55
Reps	4. „ „	16	2492	282	98
Großschenk	9. „ „	27	1160	296	66
Reen	10. „ „	13	1565	285	2
Bistritz	17. „ „	29	3315	460	—
Mediasch	19. „ „	30	3197	801	36
Schäßburg	27. „ „	23	3040	423	23
Schelk	27. „ „	26	2214	253	63
Mühlbach	18. März 1862	20	1968	545	34
Hermannstadt	25. April „	31	4691	1332	43
Zusammen		232	30697	6305	20

Den 5. und 6. August 1862 hielt zu Mediasch, und seither jährlich der siebenbürgische Hauptverein zur Zeit und am Orte der General-Versammlung des Vereins für siebenbürgische Landeskunde seine Haupt-Versammlungen unter Fabini's Leitung und Vorsitz.

Ueber die gesegnete Thätigkeit der einzelnen Vereine und des Haupt-Vereins und ihren Zuwachs an Mitgliedern und Beiträgen, sowie über die Verwendung der letzteren geben die Jahresberichte, deren bis einschlüssig 1866/7 im Auftrag des Vereins-Vorstandes sechs durch den jedesmaligen Schriftführer zusammengestellt und im Druck verbreitet worden sind, ausführliche Rechenschaft. Laut dem letzten derselben bestanden im Verwaltungsjahr 1866/7 nebst den 10 Zweig-Vereinen 255 Orts-Vereine, 41,278 Mitglieder, mit einem reinen Jahres-Einkommen von 3955 fl. 42½ kr., welche ihrer statutenmäßigen Bestimmung zugeführt worden sind.

Seiv. Fabricius Johann,

von Dobra in der Arvaer Gespanschaft. Ein gelehrter Mann, aber von einer sehr heftigen Gemüthsart, die ihm in der Folgezeit nicht wenig schädlich wurde. Unterstützt von Stephan Witnedy, einem von Abel, sah er sich so glücklich, hohe Schulen besuchen zu können. Er studirte zu Tübingen, Jena und Wittenberg, erhielt auch am vorletztern Orte die Magisterwürde. Nach seiner Zurückkunft wurde er Rektor zu Brezno, nachgehends zu Kaschau, wie auch erster Professor. In die damaligen Religionsstreitigkeiten verwickelte er sich mit mehrerm Muthe als Klugheit, daher er sich den ganzen Haß der Jesuiten zuzog. Nicht weniger verdarb er es mit seiner eigenen Obrigkeit. Seine nachläßige Besoldung setzte ihn in solche Hitze, daß er ihr den empfindlichsten Brief zuschickte [1]. Dieses aber machte ihn unglücklich. Er sah sich genöthigt Kaschau zu verlassen, ohne zu wissen, wo er sein Glück finden könnte. Nach einiger Herumschweifung kam er endlich nach Hermannstadt, woselbst er den 24. April 1673, als Professor an das dasige Gymnasium berufen wurde. Als aber der Rektor, Andreas Belzelius, 1675, das Archidiakonat erhielt, folgte er ihm den 16. April mit Behaltung seines vorigen Gehalts, im Rektorate. Bald darauf

---

[1] Er schreibt darin: Salvete Patres Patriae, id est: Voragines et Gurgites Patriae, qui Ecclesiam et Scholam praeclare defenditis, id est evertitis, pessum datis, qui pietate Majorum sustinendo Gymnasio descripta Minervalia procuratis et merentibus juste transcribitis, id est: abliguritis, in censum privatum redigitis, focis et aratro vestro inde prospicitis. Digni estis omnium indignatione, risu, contemptu, Satyra, o Vitrici! — M. s. Andr. Schmals Adversaria ad illustrand. Historism Ecclesiast. Evangelico-Hungaricam.

*

wollte er Susannen, eine Pfarrerstochter von Sáros heirathen; allein der Tag zu seiner Vermählung bestimmt, wurde der Tag seines Todes. Er starb den 22. September an der Ruhr, die jetzt Hermannstadt gleich einer Pest verwüstete, im ein und vierzigsten Jahre seines Alters [2]) und in ziemlicher Armuth. Den folgenden Tag wurde er in die Parochialkirche in Gegenwart seiner Braut, und ihrer Eltern begraben. Von seinen Schriften sind mir bekannt geworden:

1. Dissertatio de Ubietate Universalium. Magdeburgi, typis Joan. Mülleri. 1665 in 4-to. Hierin gedenket er der Wohlthaten seines Gönners, Witnedy.
2. Dissertatio Theologica, de Veritate sensus literalis, cujusque dicti Scripturae Sacrae. Leutschoviae, 1667 in 4-to.
3. Examen Discursus P. Holoviti, quondam Academiae Tyrnaviensis Rectore. Leutschov. 1667 in 4-to.
4. Diss. Apologetica, in qua Theses Proemiales Controversiarum Fidei, Matthiae Sámbár, in Collegio Cassoviensi Professoris, examinantur, discutiuntur, et refutantur, conscripta anno 1669 in 4-to.
   Eine Beantwortung folgender Schrift: Theses Controversiarum Fidei Proemiales et simul compendiales pro omni Articulo Fidei, facile decidendo; tribus Luthero-Calvinicis Gymnasiis, Cassoviensi, Eperiesiensi, Patakiensi, ad discutiendum propositae, in alma Episcopali Universitate Cassoviensi Soc. Jesu, a Joh. Debrödi, A. A. et Philos. Magistro — Praeside, Matthia Sámbár, e Soc. Jesu, Philosoph. Doct. et S. Scripturae Controversiarumque Professore Ord. An. 1699 in 12. 108 S.
5. Exercitatio Theologica, de Distinctionibus voluntatis Divinae, I. in absolutam, et conditionatam, II. In antecedentem, et consequentem. III. In efficacem et inefficacem, opposita Johan. Maccovio — Leutschov. 1669. in 4-to.
6. Theses Theologicae de Scriptura S. quas favente divina gratia, Mag. Joan. Fabricius, Gymn. Cibin. Moderator et Professor Publicus, ad diem 30. Augusti — ad ventilandum proposuit, Resp. Mich. Czinnio, h. t. Gymnasii Praefecto. Cibinii, per Steph. Jüngling. 1673. in 4-to. 12 S.
7. Theses Theologicae, de Deo Optimo Maximo, Resp. Leonh. Conrad, Rosavallensi, ad diem 24. Jan. '1674. Ebendaselbst in 4-o. 16 S.

---

[2]) Math. Miles, in seinem Kalender von diesem Jahre. In der Schulmatrikel wird des Fabricius unter den Rektoren, aus mir unbekannten Ursachen, gar nicht gedacht.

8. Adamas Coelestis veritatis, quo veritatis expertem pumicem Sámbario-Dobrödianum, falso appellatum: *Lapillum Davidis*, M. Joh. Fabricius, in Gymn. Cibin. Publicus Prof. contrivit, Theopoli, sub Signo Providentiaedi vinae, in 4-to ohne Meldung des Jahres. IX 36 S.

    Dieses Werkchen ist 1674 zu Kronstadt gedruckt, und dem Fürsten Michael Apafi, zugeschrieben. Der Verfasser ließ es auch dem Hermannstädtischen Rath überreichen, allein dieser schickte es ihm den 12. November mit feierlicher Protestation zurück.

9. Solidissimus coelestis Veritatis Malleus, quo Zephyrium Sámbario-Dobrödianum Ovum, M. Joh. Fabricius, Gymn. Cassov. Rector et Profess. Primarius, concussit, contrivit, et disjecit. Stephanopoli recusus, 1664. in 4-to 82 S. das Jahr der ersten Ausgabe ist mir unbekannt.[1]

Tr.
Fabricius Johann,
Buchdrucker in Hermannstadt,

gab zum Schulgebrauche heraus:

    Dicta Graeciae Sapientum, interprete Erasmo Roterodamo. Item Mimi Publiani. Nunc recenter Latino, Ungarico et Germanico idiomate tradita. Cibinii, Excudebat Joannes Fabricius 1598, 12-mo II. 79 S.

    Mit der Zueignung: „Clarissimo ac Generosi nominis Viro D. Petro Lupino, Amplissimi Cibiniensis Senatus conjurato, ac Sedis Zeredaheliensis Judici Regio;" in welcher der Herausgeber sagt, daß er dieses vom Erasmus in die lateinische, und von einem Andern in die ungarische Sprache übersetzt in seine Hände gekommene Werkchen zum Besten der Jugend mit beigefügter deutscher Uebersetzung herauszugeben für nützlich erachtet habe. Auf der Rückseite des Titelblattes sagt der Herausgeber:

    „Ad Juventutem.
Accipe Grajorum sapienter dicta juventus,
    Communis vitae, quae documenta tenent.

---

[1] Solidissimus — Malleus etc. Stephanopoli recusus 1671. 1-to. 84 S. Diese Ausgabe besitzt der Talmátser Pfarrer Martin Reschner, und es wäre somit dieselbe die 3. Ausgabe, wenn anders nicht bei Seivert das Jahr 1664 gefehlt sein, und 1674 heißen sollte.   Tr.

Insita naturae prudentia tempore crescit,
Si tamen huuc tenens, hac oris arte sagax."
Auf der letzten Seite sind in einem dreieckigen Holzschnitte die
drei Wolfszähne (das Báthorische Wappen) sichtbar.

Tr. Fabricius Joseph Christian,

geboren in Schäßburg den 22. Januar 1766 verlor seinen Vater[1]) als
er kaum 8 Jahre alt war, im Februar 1774 durch den Tod. Paul
Roth, der Universitätsfreund des Vaters und Pathe unseres Fabricius,
damaliger Rektor in Kronstadt, nahm sich des verwaisten Sohnes väterlich
an, ließ ihn seit dem November 1774, wo derselbe nach Kronstadt kam,
bei freiem Genuß von Kost und Quartier und der besten Obsorge, die
untern und obern Schulen Kronstadts besuchen, und beförderte ihn endlich
auf die Akademie zu Jena. Nach vollbrachten Universitätsjahren und erfolgter Rückkehr in das Vaterland, wurde Fabricius als Adjunkt, im Jahre
1789 aber als Collega, und 1791 als Lector am Gymnasium angestellt,
im Dezember 1797 als Adjunkt dem kranken Pfarrer der Gemeinde Tartlau
beigeordnet, nach des letztern Tod im Jahre 1798 zum Stadt= dann zum
Bergprediger ernannt, und 1810 unter besondern Begünstigungen in das
Gymnasialrektorat berufen. Obwohl man von ihm mit Recht sagen kann,
daß er unter den gleichzeitigen Lehrern, seinem hohen Vorbilde Paul Roth
am nächsten gekommen sei, so mußte er doch die schmerzliche Erfahrung
machen, seine Verdienste und Geschicklichkeit so wenig belohnt zu sehen, daß
in mehrmaligen Pfarrers=Kandidationen noch mit seinen ehemaligen Schülern die Wahlen für ihn ungünstig ausfielen, bis ihn endlich die Tartlauer
Gemeinde, eingedenk seiner 37 Jahre früher gehabten Bemühungen zur
Verbreitung von Sittlichkeit und Religiosität, am 27. November 1825
zu ihrem Seelenhirten erwählte. Nach 25jährigem verdienstlichem Wirken
starb dieser Mann am 30. Juli 1851 zu Tartlau in seinem 86. Lebensjahr.

1. Nekrolog des Herrn Georg Draudt, Pfarrers in Zeiden und Pro-
dechanten des Burzenländer Kapitels. In der Siebenbürgischen Quartalschrift VII 24—44.

---

[1]) Johann Fabricius, Pfarrer in Meßburg starb im Jahre 1769 und der
Großvater Andreas Fabricius, Pfarrer in Trapold im Februar 1774. Letzterer war
früher Pfarrer in Dunnesdorf, und vom Jahre 1736—1771 in Trapold.

2. Die Wohlfahrt und Blüthe der sächsischen Nation in Siebenbürgen wird vorzüglich dadurch bewahrt und befördert, wenn in derselben für gute Schulen gesorgt wird. Eine Schul-Rede zur Eröffnung der feierlichen Herbst-Schul-Prüfung des Jahres 1815. Gedruckt zum Vortheil dieses Gymnasiums. (Hermannstadt, bei Hochmeister 1816) 8-vo 16 S.

3. Reformatio Scholarum Barcensium simul cum Reformatione Ecclesiarum feliciter peracta. Festo Reformationis Seculari tertio in Auditorio Gymnasii Coronensis d. 22. Dec. A. 1817 publice praelecta. Addito Indice Scriptorum a divis Reformatoribus Coronensibus typis vulgatorum. Mspt.

4. Ode auf die höchst ersehnte, glückliche Ankunft JJ. Majestäten des Kaisers und der Kaiserin von Oesterreich Franz I. und Karolina Augusta zu Kronstadt in Siebenbürgen den 13. September 1817. (Kronstadt 1817) Fol. 2 S.

5. Lieder auf die höchst erwünschte Ankunft JJ. Majestäten des Kaisers und der Kaiserin von Oesterreich Franz und Karolina Augusta zu Kronstadt in Siebenbürgen den 13. September 1817 für die Schul-Jugend. (Kronstadt) 8-vo 4 S.

(Nr. 4 und 5 erschienen im Jahre 1818 auch in der 4-to in Wien gedruckten Zeitschrift: „Sammler".)

6. Entwurf einer neuen Einrichtung der Kronstädter evangelischen Knabenschulen.

Am 5. Mai 1812 dem Kronstädter Local-Consistorium vorgelegt, durch dasselbe am 10. d. M. genehmigt, und mit Anfang des neuen Schuljahres eingeführt.

S. auch Dücks Geschichte des Kronstädter Gymnasiums S. 106—108.

Tr.   **Fabricius Tobias,**

ein Siebenbürger, vertheidigte die Streitschrift:

Disputatio de Deo trino et uno, Praes. Christoph. Pelargo Francofurti habita. V. hujus Locorum Theologicorum ΕΞΕΓΑΣΙΣ. Francof. 1595. Decad. III. Disp. II.

Seiv, **Fabricius Valentin,**

von Trapold im Schäßburger Stuhle und Pfarrer daselbst. Als Diakonus zu Schäßburg, wurde er 1623, zu diesem Kirchspiele berufen, woselbst er sein Leben 1645, beschloß. Zu Thorn, wo er um das Jahr 1619, sich der Wissenschaften befleißigte, gab er heraus:

Disquisitio de Formis Stili variis, exhibita juxta consultationis modum in Gymnasio Thorunensi, per Oratiunculas aliquot concinnuatas, a Valentino Fabricio, Trapoldensi-Transylvano, Gymnasii tum praedicti Alumno. Typis August. Ferberi, 1619. in 4-to. 120 S.

Es sind zwölf Reden, die er seinen Mäcenen zu Hermannstadt zueignet, dem Königsrichter Kollmann Goßmeister, dem Bürgermeister Michael Lutsch, dem Stuhlrichter Petrus Ludovici und dem ältesten Rathsherrn Petrus Kamner.

Tr. **Fabritius Carl,**

geboren in Schäßburg 6. November 1826, studirte hier und an der Universität in Leipzig 1847, ward Gymnasiallehrer in Schäßburg, dann Stadtprediger daselbst, und seit Februar 1868 Pfarrer in Trapold.

Er lieferte viele Beiträge zu politischen Blättern, — redigirte, nachdem er eine Zeitlang Mitredakteur der „Preßburger deutschen Zeitung" gewesen, im August und September 1850 den „Siebenbürger Boten" in Hermannstadt, und schrieb — nebst mehreren, mit seinem Namen bezeichneten, schätzbaren Abhandlungen in dem Archiv des Vereins für siebenbürgische Landeskunde:

1. Der Prozeß des Schäßburger Bürgermeisters Johann Schuller von Rosenthal. Wien 1852 8-vo 80 S. (Aus dem IX. Bande des von der kaiserlichen Akademie der Wissenschaften herausgegebenen Archivs für Kunde österreichischer Geschichts-Quellen besonders abgedruckt.)

Der Verfasser dieser aus zahlreichen Aktenstücken und Protokollen des Schäßburger Archivs umsichtig bearbeiteten Abhandlung erwähnt nicht und scheint also auch nicht gekannt zu haben den Inhalt des Adelsbriefs, welchen Schuller mit dem Prädikate von Rosenthal vom K. Leopold am 31. Januar 1702 erhielt, da er desselben S. 15 nur obenhin erwähnt, obschon dieser Adelbrief Vieles über Schullers frühere Schicksale und Reisen enthält. Ebensowenig dürfte dem Verfasser Sachs v. Harteneck's handschriftliches Werk über

das ältere Steuerwesen in Siebenbürgen, und B. Sam. Brucken=
thals Denkwürdigkeiten ꝛc. im 5. Bande der Siebenbürgischen Pro=
vinzialblätter bekannt gewesen sein, als er sein hartes Urtheil wider
die sächsischen Beamten S. 5 ꝛc. schrieb, sonst würde er den größern
Theil der ihnen aufgeladenen Schuld wohl den unseligen Zeitum=
ständen und Verhältnissen der Sachsen als Steuerträger zu Ende
des 17. und Anfang des 18. Jahrhunderts zuzuschreiben schwerlich
Anstand genommen haben. — Auch verdient das herbe Urtheil über
die sächsischen Geistlichen in den Jahren 1636 (auf ein Pasquille
des Andreas Graffius gebaut) und 1703 einige Milderung, indem
sich doch nicht leugnen läßt, daß auch zu jener Zeit die sächsischen
Geistlichen sich und ihr Volk zu bilden bemüht waren, und daß auch
auf ihre Rechnung ein Theil der Verdienste zu schreiben ist, welche
der Pfarrer Martin Schuster in den Siebenbürgischen Provinzial=
blättern 5. Bd., S. 163 den sächsischen Geistlichen neuerer Zeit
vindicirt hat.

Einen Auszug der vorstehenden Abhandlung findet man in
den Kronstädter Blättern für Geist, Gemüth und Vaterlandskunde
1852 S. 141—197.

Unter den im Anhang S. 60—80 enthaltenen 21 Aktenstücken
fehlt leider das Urtheil des Schäßburger Magistrats, vermöge welchem
Schuller am 28. September 1703 mit dem Schwerte hingerichtet
wurde. Der Wortlaut dieses Urtheils wäre doch in mehrfacher Be=
ziehung für viele Leser von großem Interesse gewesen.

2. „Die Schäßburger Chronisten des 17. Jahrhunderts" als Ein=
leitung zur siebenbürgischen Chronik des Schäßburger Stadtschreibers
Georg Kraus (f. d. Artikel), herausgegeben vom Ausschusse des
Vereins für siebenbürgische Landeskunde in der ersten Abtheilung
der Fontes rerum austriacarum der kaiserlichen Akademie der Wissen=
schaften in Wien im Jahre 1864 zu Wien aus der k. k. Hof= und
Staatsdruckerei CII S.

(Der Verfasser handelt nach einer Einleitung S. V. von den
Chronisten Peter Surlus S. XVI. Mich. Moses S. XVIII. Johann
Ursinus S. XXI. Zacharias Filkenius S. XXIV. Georg Kraus d. ä. S.
XXXIV. Johann Göbel und Georg Wachsmann S. LVIII. Andreas
Gebell S. LXIII. Johann Krempes S. LXV. Georg Kraus d. j. S.
LXXI. M. Martin Kelp S. LXXV. und M. Georg Hauer S.

LXXVII und fügt seiner Abhandlung 13 verschiedene Beilagen bei S. LXXXV—CII. — Auch ist K. Fabrittius der Verfasser des trefflichen alphabetischen Indexes über die ganze Kraus'sche Chronik.)

Tr. Fabrittius Joseph,

geboren in Schäßburg am 18. November 1818, hat am Schäßburger Gymnasium bis 1837, und dann an der Universität Wien studirt, und wurde in Wien 1845 zum Doktor der Arzneikunst graduirt, war von 1853 bis zur Auflösung der kais. Gerichtsbehörden, Gerichtsarzt bei dem Kronstädter k. k. Kreisgericht und lebt nun als praktischer Arzt in Kronstadt.

1. Die Mineral-Quellen zu Zaizon in Siebenbürgen. Naturhistorisch und medicinisch dargestellt. Wien bei Carl Gerold 1845 8-vo. 30 S.

Dem Dr. Joseph Wächter, Mitglied der Gesellschaft der Aerzte in Wien und praktischen Arzt in Hermannstadt zugeeignet S. 3. Hierauf folgt die Einleitung S. 5—8. Lage von Zaizon (aus den Zaizoner Erinnerungsblättern) S. 9—12. Physikalisch-chemische Untersuchung der Quellen (Ebenbaher sowie aus der Analyse der Ferdinands- und Franzens-Quelle in Zaizon von Dr. v. Greissing und den Apothekern Miller und Schnell) S. 13—16. Von dem dynamischen Verhältnisse des Zaizoner Jodwassers zum gesunden und kranken Leben des menschlichen Organismus, nebst 2 Krankengeschichten S. 17—24. Regeln bei dem Gebrauche der kalten Vollbäder (vom Kronstädter Magistrat vorgeschrieben) S. 25—30.

Tr. Facetius Elias,

aus der zum Bogeschdorfer Capitel gehörigen sächsischen Gemeinde Alisch gebürtig, studirte an der Universität zu Leipzig 1666 ꝛc., und übte die Arzneikunst als Physikus in der Alt-Mark.

Er vertheidigte zwei Streitschriften, und zwar:

Die 1. Dissertatio inauguralis medica de Febre hungarica Praeside Amanno 1668. Lipsae 4 to. 20 S.

Die 2. gleicherweise pro gradu über den nemlichen Gegenstand an der Universität zu Jena „De morbo hungarico" unter dem Vorsitz des August Heinrich Faschius.

Tr.   **Faubert Johann Georg,**

von Hermannstadt gebürtig, war der Sohn des Michelsberger, früher Thorbaer Pfarrers Georg Faubert († 1808 [1]), studirte an der Universität in Jena 1792, war nachher Prediger in Hermannstadt, darauf Pfarrer in Kerz 20. November 1809, und starb daselbst am 23. Oktober 1826.

De Aristotelis Categoriis Diss. Cibinii Hochmeister 1799. 8-vo. 13 S.

Tr.   **Fay Martin,**

Pfarrer in Sáros, Mediascher Stuhls, wohin er am 24. April 1758 aus dem Mediascher Prediger-Amte berufen wurde, war gebürtig von Bolkats, hatte im Jahre 1747 in Halle studirt, und starb als General-Syndicus am 13. März 1786. Dieser fleißige Mann hat 26 Folio-Bände handschriftlicher Sammlungen hinterlassen. Sie enthalten:
1. Codex Privilegiorum ex variis Manuscriptis descriptorum. Ab a. 1223—1773. Neun Bände.
2. Codex Litterarum seu Epistolarum magnorum virorum, Supplicationum ad Reges et Principes, Discursuum, Orationum, Confessionum Religionis, Propositionum, Responsionum, Concordiarum ab a. 1539 bis 1699. Ein Band.
3. Codex Actorum Synodalium 1554—1779. Vier Bände.
4. Compendium Actorum Synodalium, inchoatum ab Andrea Scharsio et continuatum per G. Haner, utrumque Superintendentem, Nath. Schuller, et (ab a. 1765) per M. Fay. 1770 d. 3. Apr. et sequ.
5. Historia manuscripta ecclesiastico-politico diplomatica continens Religionis seriem atque varietatem politiae miram administrationem praeprimis Saxonum Transs. subque Romanorum Imperatoribus Regum Hung. et Transsilvaniae Principibus ratione perceptionis Decimarum fata, acta et facta perpessa, ex Decretis Regum Hung. Principumque Transs. Comitiis publicis, collatis Cleri Sax. actorum synodalium canonibus, Nationis utriusque Universitatis Statutis et Articulis conditis, Privilegiis, Mandatis Rescriptis, Ordinationibus

---

[1] Von den humoristischen Aufzeichnungen dieses Mannes über Michelsberger Dinge und eigene Erlebnisse gibt Mich. Fuß ein Pröbchen Seite II. seiner Flora Transsilvaniae excursoria.

et Assecurationibus praedictae Nationi et Clero successive elargitis depromta et in hunc ordinem redacta per M. Fay anno 1779 et sequ. 1. Bb. II. 678 S. 2. Bb. 536 S. Fol. (Den Anfang macht G. Haner Historia Ecclesiarum mspta in §-os redacta, Auctorumve allegata post §-os collocata, multisque Privilegiis et aliis Documentis aucta et continuata per M. Fay usque 1703.)

6. Codex Causarum sive Processuum decimalium (i. e. Szászvárosiensis, Barcensis, ratione arum Decim. majorum et minorum, Pastorumque Tekensis, Birthalbensis et Hondorf.) Fol. 685 S.

7. Historisch-diplomatisch-kritische Erörterung des dem Clero Sax. bebürdungsmäßig aufgelegten und seit 1283—1784 innerhalb 499 ganzer Jahre beständig theils gedoppelt, theils gezwungen praenumerando abgetragenen, plenarie bezahlten Census cathedratici und anderer vielen Taxen, entworfen von M. Fay, 1784 den 21. Apr. Fol. 186 S.

8. Abschriften verschiedener Graffiusischen, Honterusischen (Reform. et Apologia Reformationis), Dav. Hermannischen, Ziegler und Hanerischen Werke. 4 Bde. in Fol.

9. Rudera Census S. Martini Saxonum Transsilvaniae praeprimis Fundi eorundum Regii historico-critico diplomatica, exquisita et collecta, observationibusque, quoad fieri potuit, simul illustrata per Mart. Fay. Fol. 48 S.

10. Miscellanea in Fol. 1. Bd. 237 S. 2. Bd. 190 S. Enthaltend an Fayischen Arbeiten im 1. Bd. S. 1—14. Entwurf alles dessen, was in denen den Bolgátschern und Seidnern dienenden Privilegiis von 1443—1615, inclusive enthalten, punktweise herausgezogen und aus der siebenbürgischen Historie in etwas beleuchtet 1768 den 25. November. Im 2. Bd. S. 57—76 Positiones tempore electionis novi Superintendentis 1778, 16. Martii in Synodali Congregatione publica ob controversiam de vocato Pastore Cibin. Daniele Filtsch in Pastorem Birthalbensem declinandam, tenendae ac necessario observandae generales historico ecclesiasticae per M. Fay Syndicum gen. Synodo propositae et conceptae. Ebend. S. 122—133. Jus educillationis Clero Saxonum Fundi regii eidem sine aliquo tributo aut censu alicui pendendo sub nomenclatione immunitatis et emolumentorum annuorum competente adsertum per M. Fay, Past. Saros. 1780 dieb. Aug. Ebend. S. 138—145. De decimis Pastorum et Diaconorum Fundi Saxonum Regii ex propriis

agris et vineis eorum proveniendis neque in integrum, neque in aliqua parte seu Quarta Fisco Regio nullibi adserta Observationes historico-diplomaticae d. 20. sequ. Decembr. 1782.

Tr. **Felmer Joh. Mich.,**

Sohn des Hermannstädter Stadtpfarrers Martin Felmer, studirte an der Universität Erlangen, dann zu Leipzig 1783 ꝛc., wurde Prediger in Hermannstadt, darauf Pfarrer in Hammersdorf den 30. August 1792 und starb am 30. März 1817.

Inscriptiones Monumentorum in Templo Cibiniensi Parochiali. Mspt. 1781.

In der B. Sam. Bruckenthallschen Bibliothek 98 Seiten, unter den Handschriften Nr. LII. in 4-to. befindlich.

Solv. **Felmer Martin,**

Mitglied der Gesellschaft der freien Künste zu Leipzig und Stadtpfarrer zu Hermannstadt. An diesem Orte wurde er den 1. November 1720 von bürgerlichen Eltern geboren. Von seiner Kindheit an zeigte er eine so überwiegende Neigung zu den Wissenschaften, daß endlich sein Vater bewogen ward, ihn seinem Triebe und der göttlichen Fürsorge zu überlassen. Er bereitete sich auf dem Hermannstädter Gymnasium mit solch glücklichem Erfolge zu, daß er im zwanzigsten Jahre seines Alters 1740 den 22. März, auf hohe Schulen gehen konnte. Da er sich denn Halle erwählte, und daselbst 1741 eine eigene Streitschrift von der natürlichen und übernatürlichen Kraft der h. Schrift, mit großem Beifalle vertheidigte. Im Maimonde des folgenden Jahres kehrte er nach Wien zurück. Hier blieb er bis gegen das Ende des Jahres, übte sich in der geistlichen Beredsamkeit, und nützte die dasigen berühmten Büchersammlungen nach Möglichkeit und mit Vortheil. Den 22. Christmond kam er glücklich und reich an gelehrten Schätzen nach Hause. Hierauf diente er bei dem dasigen Gymnasium bis den 7. Hornung 1750, im Ministerium aber bis 1756, da er denn als Montagsprediger wieder zu Schuldiensten und zum Conrectorate, mit einer erhöhten Besoldung, berufen wurde. Nach zwei Jahren erhielt er den 4. Hornung 1758 das Rectorat, welches er mit großem Ruhme und Zusammenflusse von Schülern aus allen sächsischen Städten verwaltete. Allein 1763 den 26. März erwählten ihn die Heltauer zu ihrem Oberseelenhirten. Hier weihete er seine Muse insonderheit der vaterländischen Geschichte. Und wie Vieles hätten wir von seinem guten Geschmack, unermüdeten Fleiße und ausgebreiteten Einsichten erwarten können, wenn er nicht so bald dem ruhigen Landleben wäre entzogen worden! Folgte er Herrn Andreas Schunn im Rectorate; so folgte er ihm auch in der Stadtpfarrerswürde den 29. Januar 1766. Mitten in seinen podagrischen Schmerzen mußte er nach Hermannstadt kommen, und dieses hatte so traurige Folgen, daß er in eine Schwindsucht verfiel, die ihn den 28. März 1767 dem Vaterlande und der gelehrten Welt viel zu früh! durch den Tod entriß, nachdem er 46 Jahre, 4 Monden und 48 Tage gelebt hatte.

Schade! seine vorzüglichsten Schriften sind ungedruckt, und theils, daß man sagen muß:

Defuit et scriptis ultima lima suis.

1. Dissertatio Theologica, de Efficacia S. Scripturae naturali et supernaturali, sub Praesid. Sigism. Jacobi Baumgarten; subjicit Auctor, Martin. Felmer, C. T. ad diem — Oct. 1742. Halae in 4. 44 S.

2. Tabulae oratoriae Freyerianae, Praelectionibus publicis accomodatae. 8, ohne Meldung des Orts und Jahres.

Felmer gab sie als Rector der Rhetorischen Klasse, zum Gebrauch seiner Schüler, zu Hermannstadt heraus. Im Jahre 1761 wurden sie wieder aufgelegt, und ein Tyrocinium Poeticum vermehrte sie, dessen Verfasser Daniel Fillsch, damaliger Lector der Dichtkunst war.

3. H. Pastor Felmers zu Hermannstadt in Siebenbürgen, Schreiben an den Herausgeber dieses Neuesten.

S. das Neueste aus der anmuthigen Gelehrsamkeit vom Jahre 1761. N. X. S, 743—51. In diesem Schreiben handelt Felmer, damals Schulrector, nicht aber Pfarrer, doch weil er Diakonus gewesen, unterschreibet er sich: Diener des Wortes. 1. Von der Münze des ungrischen Königs Samuel, den die Geschichtschreiber Abba, Oba nennen. 2. Von der merkwürdigen siebenbürgischen Münze mit der Aufschrift: A TERGO ET FRONTE MALUM. TANDEM DEUS PROPITIARE. A. M. DCII. FATALI. TRANSSYLVANI.

4. Im zweiten Theile des Joachimischen neueröffneten Münzkabinets, Nürnberg 1764, sind Felmers Anmerkungen über zehn ungarische Münzen, von S. 21—31, eingerückt; wie auch S. 328 sein Schreiben, die im ersten Bande, Tab. XXXIV b, befindlichen ungarischen Münzen betreffend.

5. Ehrgedächtniß des Wohlgeb. H. Herrn **Joseph von Sachsenfels** —

gewesenen Rittmeisters bei dem löbl. Husarenregimente von Kálnoky — Hermannstadt 1763, Fol. II. 16 S.

Joseph von Sachsenfels war der älteste Sohn des kais. königlichen Raths und Provincialkonsuls zu Hermannstadt, Petrus Binder von Sachsenfels, und starb in der Blüthe seiner Jahre den 2. Januar 1763 zu Trautenau in Böhmen. Felmer hielt diese Gedächtnißrede in der Parochialkirche, über Gen. XXXVII. v. 31, 32.

6. Kurzgefaßte und mit Hauptsprüchen der h. Schrift bewiesene Grundsätze der christlichen Religion in 8.

Ist zum Gebrauche der Schulen, durch die Fürsorge des damaligen Rectors H. Daniel Filtsch 1764 zu Hermannstadt und Medwisch gedruckt worden. Auch 1780. 8-vo. 104 S.

7. Panegyricum Francisci I. Imperatoris *Augusti* 1765, Fol. S.17—24.

Diese Lob- und Gedächtnißrede hielt Felmer als Heltauer Pfarrer zu Hermannstadt den 10. Oktober. S. Schunn.

8. Primae Lineae, M. Principatus Transylvaniae Historiam, antiqui, medii et recentioris aevi referentes et illustrantes. Cibinii, Typis Barthianis 1780 in 8.¹)

Dieses Handbuch der vaterländischen Geschichte würde wohl nie, wenn Felmer gelebt hätte, in dieser Gestalt in der gelehrten Welt erschienen sein. Es ist ein Werk seiner jüngern Jahre, das er zwar bis 1762 fortsetzte, aber zugleich auch Willens war, es ganz umzuschmelzen, und zu verbessern. Allein, hievon hat er nur einen Anfang machen können, vielleicht durch den Tod verhindert! Hat nun dasselbe gleich das gewöhnliche Schicksal der Posthumischen und nicht zum Druck bestimmten Schriften: so ist es doch bis noch, das beste Handbuch unsrer Geschichte, und die Felmerischen Erben sahen sich auf gewisse Art genöthigt, es dem Drucke zu überlassen²).

9. Deutsches Register, zu dem im Jahre 1767 in Hermannstadt gedruckten ungrischen Wörterbuch von Franz Páriz Pápai und Peter Bod l. Siebenb. Quartalschrift VI. 155.

Die vorzüglichsten seiner handschriftlichen Werke sind:
1. Geschichte von Siebenbürgen.

---

¹) Die Vorrede IV. Selten schrieb der Hermannstädter Senator Johann Friedr. v. Rosenfeld (s. d. Art.) zu Hermannstadt am 20. Juli 1779. Das Buch selbst erhielt im Jahre 1803 ein neues Titelblatt: „Martini Felmer primae Lineae Historiae Transsilv. antiqui, medii et recentioris aevi. Accesserunt Observationes criticae et pragmaticas cum X. Excursibus. Opera J. C. Eder, Venum prostat Cibinii et Claudiopoli in Bibliopoliis Martini Hochmeister." Ueber die Observationes s. den Art. Eder. Tr.

Felmers Entwurf war, diese Geschichte in drei Theilen abzuhandeln. Der I. sollte die ältere Geschichte bis zur Regierung K. Stephans des Heiligen, enthalten; der II. die neuere bis auf unsere Zeiten, und der III. eine Kritik über die zwei ersten Theile. Diesen würde er wohl ohne seinen Namen bekannt gemacht haben. Uebereilt vom Tode, hat er aber nur den ersten Theil, der Presse würdig hinterlassen. Seine Wittwe konnte einmal dreißig Dukaten für die Handschrift haben nebst der Versicherung, sie drucken zu lassen.

2. Kurzgefaßte historische Nachricht von der walachischen Völkerschaft überhaupt, und insonderheit derjenigen, die heut zu Tage in dem kaiserl. königl. Erbfürstenthume Siebenbürgen anzutreffen ist [1]).

3. Catalogus Woyvodorum Transylvaniae ex Diplomatibus erutus. Anno 1764.

An Stelle des Catalogs, welchen Seivert Seite 86—89 mittheilt, genügt es, zur Ersparung des Raumes in diesen Denkblättern, zu erwähnen, daß seit der Erscheinung der Seivertischen Nachrichten mehrere neuere Cataloge bekannt geworden sind, z. B. Lehoczky's Stemmatographia Hung. I. 79—82. — Ein handschriftlicher Catalog Eders f. dessen Observ. crit. S. 16. — Kosa de publica administratione Transsilvaniae sub Voivodis S. 59—62. Neugeborens Geschichte Siebenbürgens S. 331—341. Söllners Statistik Siebenbürgens S. 90—95. — Vorzüglich aber Fejér's Codex diplomaticus Hung. und dazu Czinár's Index alphabeticus, — G. D. Teutsch's und Firnhaber's Urkundenbuch zur Geschichte Siebenbürgens I. 247—251 und der handschriftliche Index historicus, diplomaticus etc. C. Josephi Kemény voce: Voivodae Transsilv. Tr.

4. Episcopi Transylvani, ex Diplomatibus eruti 1764. Der erste ist **Villarius**, der unter K. Kolomann 1113 diese Würde bekleidete, der letzte **J. Antonius Baitai** vom Jahre 1761.

5. Elenchus Pastorum Cibiniensium et Rectorum, qui sub inspectione eorundem Gymnasium direxere, inde a tempore Reformationis concinnatus 1765. Der erste ist **Mathias Ramaschi**, der als Pleban zu Broos 1536 den 17. Mai berufen wurde. Hiebei widerlegt der Verfasser diejenigen, welche den Ramaschi zum Nachfolger des **Mathias Kollmann**, der 1521 gestorben ist, halten. Denn auf Kollmann folgte **Martin Huet** (Pileus) und auf diesen **Petrus Woll**, der 1536 im Februar starb.

6. Catalogus Judicum Regiorum Civitatis Cibiniensis et Comitum Na-

---

[1]) Nachher gedruckt in dem Archiv des Vereins für siebenb. Landeskunde N. F. VII. 414—428.

tionis Saxonicae in Transylvania, inde a vetustioribus temporibus, quoad fieri licuit, deductus 1765.

Nach dem Privilegium des Königs Andreas von Jerusalem vom Jahre 1224, erkannte die sächsische Völkerschaft in Siebenbürgen, keinen höhern Richter, außer dem Könige, als den Königsrichter zu Hermannstadt, welcher deswegen Graf der sächsischen Nation genannt wurde. In derselben Urkunde heißt es: Volumus etiam et firmiter praecipimus, quatenus illos nullus judicet, nisi Nos, vel Comes Scybiniensis, quem nos eis loco et tempore constituemus. Weil aber ehemals alle Richter, auch auf den Dörfern Comites genannt wurden, so wird es ganz zweifelhaft, ob die Comites de Cibinio allemal Grafen der Nation und Königsrichter zu Hermannstadt gewesen sind, wenn gleich auch solche Comites de Cibinio, Judices Regiae Majestatis heißen, denn so nannten sich alle, die auf königlichen Befehl in besondern Fällen das Richteramt verwalteten. Dieses hat Felmern bewogen:
   I. Diejenigen anzumerken, die in alten Urkunden: Comites de Cibinio, und Judices Regiae Majestatis heißen. Da ist der erste Albertus 1272.
   II. Die wirklichen Grafen der Nation und Königsrichter zu Hermannstadt, so viele er aus sichern Urkunden sammeln konnte. Von 1411, da Andreas diese Würde bekleidete, bis auf seine Zeiten.

7. Series Magistrorum Civium Cibiniensium, ex Documentis 1765.

Von Jahrhunderten her ist der Bürgermeister zu Hermannstadt nebst dem dasigen Königsrichter das Haupt der Hermannstädter Provinz oder der sächsischen Nation gewesen. In der Stadt hat er den Rang vor dem letztern, außerhalb der Stadt aber dieser. Die Bürgermeister besorgen die Oekonomie der Provinz, die Königsrichter aber das Justizwesen[1]. In ältern Urkunden heißen sie allezeit Magistri Civium, und die Rathsherrn nicht selten Consules. Erst im 17. Jahrhunderte ist der Name Consul Provincialis gebräuchlich geworden. Der erste Bürgermeister, den Felmer entdeckt hat, ist Michael Unnenkleppel in den Jahren 1372—74. Eine Stolzenburger Urkunde zeigt uns aber einen ältern. Nach derselben war es Jakob Henczemaniße 1366.

8. *Martinii Schmeizelii*, Bibliotheca Hungarica, sive, de Scriptoribus Rerum Hungaricarum, Transylvanicarum, vicinarumque Provinciarum, Commentatio Litterario-Critica, aucta et emendata, studio et opera Martini Felmer, Cibinio-Transylv. 1764.

9. *Georgii Soterii*, Transylvania celebris — auctior et emendatior, a Martino Felmer, t. t. Pastore Heltensi.

10. Adversaria ad Historiam Transsilvaniae ordine alphabeti. Das

---

[1] S. Schuler v Libloy's Siebenb. Rechtsgesch. 2. Auflage II. 325 ꝛc. Ungr. Magazin II. 267 ꝛc.

Original befindet sich unter den Eberischen Handschriften in dem ungr. National-Museum zu Pest.

11. Diarium, welches in der Siebenb. Quartalschrift IV. 96 erwähnt wird.

12. Abhandlung von dem Ursprung der verschiedenen Völkerschaften in Siebenbürgen. Ebenfals im Pester National-Museum befindlich, scheint ein Auszug aus folgender Handschrift zu sein:

13. Abhandlung von dem Ursprung der sächsischen Nation in Siebenbürgen, worinnen nach einer vorläufigen Einleitung, die wahrscheinlichste Meinung bestätigt, die gegenseitigen (d. i. entgegengesetzten aber aus zuverlässigen Gründen widerlegt worden. Mspt.

Vom Verfasser der Gesellschaft der freien Künste in Leipzig zugeeignet.

Nach einer allgemeinen geschichtlichen und ethnographischen Einleitung zählt der Verfasser die Stühle, Distrikte und Ortschaften der Sachsen auf, gibt verschiedene Nachrichten über ihre Namen, Sprache, Kleidung, Sitten, Gebräuche u. s. w., und geht dann auf ihre politische Verfassung über, — die Schilderung dieser Verfassung aber, sowie den zweiten und dritten Abschnitt des Werkes, — d. i. über die Meinungen vom Ursprunge der Sachsen, — ist Felmer auszuarbeiten verhindert worden. In der Folge hat Seivert, vielleicht nach Felmerischen Daten, diese Meinungen auseinandergesetzt und beurtheilt, und nach Seiverts Tode ist dessen Arbeit durch Windisch im Neuen ungarischen Magazin I. S. 305—347 und 365—388 veröffentlicht worden.

Zur angeführten Felmerischen Abhandlung haben wir gelehrte Bemerkungen, welche Daniel Cornides aus Klausenburg im Jahr 1764 an Felmer selbst sandte, und welche Cornides in seiner (im Cornidesischen Bibliotheks-Catalog Pest 1792 angeführten) Abhandlung: „Veteres Dacos fuisse Saxonum hodiornorum tum in Transsilvania, tum in Saxonia habitantium Majores, ostendit Dan. Cornides" weiter ausgeführt haben dürfte.

Auch hat der k. Rath und Mediascher Bürgermeister Mich. v. Heydendorf, ein Schüler Felmers, seiner Abschrift des Felmerischen Werkes verschiedene interessante Bemerkungen beigefügt. Diese Abschrift und die Eintheilung des Werkes selbst beschreibt Friedrich Müller in der Einleitung zu seinen „Deutschen Sprachdenkmälern aus Siebenbürgen, Hermannstadt 1864". S. IV.—VII.

14. Anleitung zur nöthigen Kenntniß des Fürstenthums Siebenbürgen. Mspt. Die Vorrede ist unterschrieben in Hermannstadt 1760.

Erster Theil, welcher die Geschichte dieses Landes in sich fasset von der Sündfluth bis auf gegenwärtige Zeiten.

1. Haupt-Abschnitt, vom Jahr der Welt 1657 bis auf das Jahr nach Christi Geburt 1538.

2. Haupt-Abschnitt, Geschichte von Siebenbürgen seit desselben Absonderung vom Königreich Ungarn bis auf gegenwärtige Zeiten und zwar erstes Buch 1538—1699 und zweites Buch vom Carlowitzischen Frieden 1699—1760.

Zweiter Theil. Beschreibung des abwechselnden Zustandes von Siebenbürgen, nebst einem Anhang, welcher ein kritisches Verzeichniß der zur Kenntniß von Siebenbürgen gehörigen Schriftsteller enthalten sollte (um, wie Felmer in der Vorrede sagt, die in deren Anführung getroffene Wahl zu rechtfertigen und die Mittel zur Erlangung einer vollständigen Kenntniß des Vaterlandes anzugeben).

(Ob Felmer nach diesem Plan das Werk ganz ausgearbeitet habe, und in wie weit dies eins und das nemliche mit der Geschichte von Siebenbürgen, welche Seivert S. 80 Nr. 1 anführt, sei, kann ich nicht bestimmen. In der Kronstädter Schul-Bibliothek existirt eine Abschrift des ersten Haupt-Abschnittes oder der Geschichte bis zum Jahre 1538, enthaltend 335 §§, und in der Vorrede dazu sagt Felmer, daß er den Hauptstoff zum 2. Theil bereits unter Händen habe, demohngeachtet ihm sehr angenehm sein würde, wenn er von Liebhabern seiner Unternehmung besondere Nachrichten von der natürlichen, geographischen und politischen Beschaffenheit einzelner Gegenden und Oerter in Siebenbürgen erhalten werde, — und daß er mit gutem Vorbedacht die Geschichte der Beschreibung vorangehen lasse, weil der Zustand eines Landes aus den Schicksalen desselben am bequemsten könne hergeleitet und begriffen werden.)

Eder heißt Felmern: „den bei weitem gebildetsten aller bisherigen (1798) sächsischen historischen Scribenten." Siebenbürger Quartal-Schrift V. 389.

Tr. **Felmer Michael Joseph,**
Sohn des Hamersdorfer Pfarrers Michael Felmer, studirte an der protest.-theolog. Fakultät in Wien 1821 ꝛc., und hat als Gymnasiallehrer, dann aber als Prediger in Hermannstadt gedient, bis er wegen zunehmender

an Erblindung gränzenden Augenschwäche, auf sein Ansuchen pensionirt worden ist.

Historia receptae in Canonem Epistolae Jacobi Apostoli. Cibinii 1832. 8-vo. 26 S.

Tr. **Femger Georg,**

ein Hermannstädter ¹), studirte in Wittenberg 1669 ꝛc., wurde zum Pfarrer nach Urwegen berufen als Hermannstädter Donnerstagsprediger im Jänner 1683, und starb daselbst 1686 am 25. Juli im 46. Lebensjahre.

Disp. de Nestorio, praes. M. Joh. Simone, Franco d. 27. Aug. 1670. Witeb. 4. 16 S.

Tr. **Femmich Johann,**

aus Leschkirch, Lector der Klausenburger Schule der Augsburgischen Confessions-Verwandten, dann aber der Unitarier vom Jahre 1540—1564, nahm als Verfasser Antheil an der Gregor Molnarischen lateinischen Grammatik. Laut den Siebenbürgischen Provinzialblättern II. S. 229.

Benkö's Transsilvania II. 347 und Székely Unitária Vallás történetei S. 102 gedenken Femmichs nicht. Die Molnárische Grammatik hat folgenden Titel:

„Elementa Grammaticae latinae pro recta Scholasticae juventutis institutione ex praecipuis Grammaticorum praeceptis. Claudiopoli 1556. 8-vo. — Iterum ab Alberto Molnár cum aliqua emendatione edita. Norimbergae circa annum 1604 et a Georgio Enyedi Transsilvano Norimbergae 1651. 12-mo. 6 Bögen l. Bénkö's Transsilvania II. 594.

Seiv. **Fenser Johann,**

ein Bistritzer, den ich aber nur aus der Nachricht des gelehrten Herrn Mag. Kornides kenne. Als er zu Königsberg studirte, gab er heraus:

1. Oratio de Censu habito ab Augusto Caesare, quo regnante natus est Christus Redemtor noster. Regiomonti 1652. 4. In seinem Vaterlande aber:

---

¹) Zeuge der Wittenberger Universitäts-Matrikel, nach der Urweger Kirchen-Matrikel hingegen (s. Provinzialblätter III. 132) „ein geborner Bistritzer."

2. Pro Unitate verae Ecclesiae simul ac pace Reipublicae conservanda, Decas Thesium antea proposita atque defensa in sancta Synodo Generali Transsilvaniensi celebrata. apud Maros-Vásárhelinum 25. usque 27. Junii, jam vero repetenda in Alma Universitate Albensi dd. 14., 15. Julii, ad ampliorem veritatis evictionem, speciatim ad corroborandam Transsilvaniam Catholico - Reformatarum sanctam unionem. Albae Juliae 1656. 4.

Tr. **von Fichtel Johann Ehrenreich,**[1]
geboren zu Preßburg am 29. September 1732, Mitglied der Gesellschaft naturforschender Freunde zu Berlin, der ökonomischen Societät zu Leipzig 1781 und der Societät der Bergkunde, — studirte theils auf dem Gymnasium seiner Vaterstadt, theils auf anderen ungarischen Schulen. Nach vollendetem Studium der höheren Wissenschaften unterzog er sich schon im 17. Jahr seines Alters der juristischen Praxis an der Seite berühmter Rechtsgelehrten, und setzte sie 8 Jahre lang fort. Er war schon beeidigter Advokat, als er Gelegenheit fand, eine Reise nach Siebenbürgen zu unternehmen. Dort wurde ihm zu Hermannstadt bei einer königl. Commissions-Kanzlei der Zutritt verstattet, und da bald darauf ein sogenanntes Wirthschafts-Directorium der sächsischen Nation errichtet ward, erhielt er dabei die Stelle eines Aktuars. Die sächsische Nation war aber mit dieser Einrichtung unzufrieden, und das Directorium wurde 1762 wieder aufgehoben. Er ging nun nach Wien und wurde bei der Hof-Rechenkammer angestellt, wo man ihn, ohne einen bestimmten Charakter bis 1768 brauchte, in welchem Jahr er wieder nach Siebenbürgen befördert, und bei der kön. Cameral-Buchhaltung als zweiter, und bald hernach als erster Buchhalter angestellt wurde. Im Oktober 1778 wurde er Thesaurariats-Rath zu Hermannstadt, 1785 ward er zum Regisseur oder Director der neuerrichteten Bancal-Gefällen- oder Mauth-Regie zu Wien ernannt, und als 1787 das Thesaurariat und die Kammer in Siebenbürgen in das vereinigte Gubernium verwandelt wurde, ward er zugleich zum siebenbürgischen Gubernial-Rath ernannt.

---

[1] Intelligenzblatt zur allg Literatur-Zeitung 1795 Nr. 33. — Schlichtegrolls Nekrolog auf das Jahr 1795 zweiter Band. Gotha 1798, S 346—357. — Meusels Lexikon der vom Jahre 1750—1800 verstorbenen deutschen Schriftsteller, Leipzig 1804. III. 329—330.

Von dem Gelehrten Johann Friedwalsky, Verfasser der Mineralogia Transsilv. zum Studium der Mineralogie aufgemuntert, durchsuchte Fichtel bei seinen häufigen Dienstreisen die meisten Gegenden Ungarns und besonders Siebenbürgens, bestieg viele Gebirge und sammelte Mineralien und Fossilien, meist an ihren Geburtsstätten. Außer der praktischen Bergwerks=kunde fand er in Siebenbürgen weder einen theoretischen Mineralien=kenner, noch eine Sammlung, noch die zu dieser Absicht dienenden Bücher vor. Das fachte seinen Eifer desto mehr an, die Produkte eines an unterirdischen Schätzen so reichen Landes ans Licht zu bringen. Er ord=nete seine Sammlung und konnte sie als die erste Mineraliensammlung in Siebenbürgen aufstellen [1]).

Als siebenbürgischer Gubernial=Rath machte Fichtel auf Befehl des K. Josephs II. im Mauthgeschäfte zwei große Reisen durch Slavonien und das Litorale. Nach K. Joseph II. Tode und Herstellung der alten sieben=bürgischen Landes=Verfassung behielt Fichtel seinen Rang und Gehalt, wurde wieder in Mauthgeschäften verwendet, und ihm Ausarbeitungen auf=getragen. Im Oktober und November 1794 durchreiste er das kroatisch=türkische Gränz=Revier und Litorale, bestimmte den Mauth= und Contumaz=Häusern ihre Plätze, und wußte überall die Vortheile des Gränz=Militärs und Mauthgefälls zu vereinbaren. Durch diese Reise in rauher Herbst=zeit, bei fast täglichem Regen oder Schnee, litt aber Fichtels Gesundheit außerordentlich und beschleunigte sein Ende. Er starb den 4. Februar 1795 am Schleimschlagflusse in Wien.

1. Beitrag zur Mineralgeschichte von Siebenbürgen. I. Theil, welcher die Nachricht von den Versteinerungen enthält, mit einem Anhange und beigefügter Tabelle über die sämmtlichen Mineralien und Fossilien dieses Landes. Verfaßt von J. E. v. F. und herausgegeben von der Gesellschaft naturforschender Freunde zu Berlin. Mit einer Landkarte von Siebenbürgen und 6 andern Kupfern. II. Theil, welcher die Geschichte des Steinsalzes enthält, mit 4 illum. Kupfer=tafeln, worunter die erste den Plan des Salzstockes von der Walachei durch Siebenbürgen, Ungarn und Galizien enthält. Nürnberg. Im Verlag der Raspischen Buchhandlung. 1780. 4-to. 1. Theil 158 S. 2. Theil 134 S.

---

[1]) S. Schlichtegroll a. a. O. S. 856 und Archiv des Vereins für siebenb. Landeskunde N. F. VII. 376—877

2. Mineralogische Bemerkungen von den Karpathen, mit Kupfer und Charte des vulkanischen Gebirges von Eperies bei Tokay. 2 Thle. Wien 1791. 8-vo. Zusammen 730 S.

3. Mineralogische Aufsätze. Wien 1794. 8-vo. 374 S. In dem Catal. Bibliothecae Hungaricae C. Szechényi T. I. P. I. Sopronii 1799. Seite 363—364 sind die Abhandlungen, welche Ungarn und Siebenbürgen betreffen und in diesen mineralogischen Aufsätzen vorkommen, verzeichnet.

4. Nachricht von einem in Ungarn entdeckten ausgebrannten Vulkan. Berlin, bei Rollmann, gr. 8-vo. Auch in den Schriften der Gesellschaft naturforschender Freunde zu Berlin. XI. Band erstes Stück (1793).

5. J. E. Fichtel et Mole Testacea microscopica aliaque mineralogica. Cum tabulis aeneis. Viennae apud Camesina. Gr. 4-to. (l. Kaisers deutscher Bücherkunde, Leipzig 1825. I. S. 360.)

6. Ein von Fichtl mit nützlichen Bemerkungen begleiteter umständlicher, eigenhändig geschriebener lateinischer Catalog über seine Sammlungen. Zwei große Folio-Bände in Handschrift.

T r. **Fiebick Benjamin,**

der sich selbst „Buchführer in Hermannstadt" nennt, gab heraus:

Gesangbuch, darinnen Psalmen[1]) und geistliche Lieder Dr. Martini Lutheri und andrer frommer Christen, sowohl auch Hymni, Responsoria und andere Cantica, so in der christlichen Kirche durchs ganze Jahr über gesungen (auch daheim bei gottseligen Haus-Vätern und Hausmüttern sammt ihren Kindern und Gesinde mögen gesungen werden) welche denn bisher in keinem Gesangbuch also beisammen gefunden sind worden: Itzo aber mit sondern Fleiß aus allen Psalmen und Gesang-Büchlein zusammengetragen, zu nutz und gut allen Liebhabern göttliches Wort, und der gemeinen Jugend zur gottseligen Uebung, und zu Trost ihrer Seelen, Heil und Seligkeit durch **Benjamin Fiebick**, Buchführer

---

[1]) Seit diesem Liederbuch mag sich der gemeine Sprachgebrauch in Hermannstadt erhalten haben, wornach auch das neue Kirchenlieder- oder Gesangbuch gemeinhin „Psalmenbuch" genannt wird.

in der Hermannstadt. Jetzunder zum erstenmal in Druck gegeben und mit einem ordentlichen Register verfertigt. In der Hermannstadt, druckts Jakob Thilen, mit Verlegung Benj. Fieblck. Im Jahr 1616. 8-vo.

Der zweite Theil führt folgenden Titel:

Psalmen und geistliche Lieder Dr. M. Luther und anderer frommen Christen: So in den christlichen Kirchen durchs ganze Jahr über gesungen werden, welche bisher in keinem Gesangbuche also beisammen gefunden sind worden, und in das andere Theil dieses Gesangbuchs zusammengetragen. Durch Benjamin Fieblck, Buchführer in Hermannstadt. Gedruckt in der Hermannstadt durch Jakob Thilen, in Verlegung Benjamin Fieblck's. Anno 1617, klein 8-vo.

Der 1. Theil enthält 18, und der 2. Theil mit dem Anhang 36 Druckbögen. Mit Holzschnitten und einigen musikalischen Noten.

Im ganzen 396 Lieder, wovon 150 im 1. und 246 im 2. Theile stehen, darunter 58 lateinische.

Nach den geistlichen Liedern folgen:

Odae ex diversis Poëtis in usum Ludi literarii decerptae, et recens aliquot locis auctae, atque a mendis repurgatae.[1]

Darauf folgen noch 6 schöne Psalmen, welche nach christlicher Ordnung bei uns in der Vesper gesungen werden. Zu Ende des ganzen Werkes liest man: Finis Psalmorum et Orationum. Endlich ein Register der Gesänge und Psalmen, so man das ganze Jahr oder auf alle Sonntage und Feste pflegt zu singen.

Seivert nennt es ein seltsames Werk! und bemerkt dabei: „Römische Dichter mögen wohl damals bei der Schuljugend seltener gewesen sein; allein in einem geistlichen Gesangbuche auch: Maecenas atavis edite Regibus etc. — Sic te diva potens Cypri etc. — Odi profanum vulgus etc. u. dgl. zu finden, wem sollte das wohl nur träumen?

Von diesem Gesangbuche, und den in der Folge im Gebrauch gewesenen alten Hermannstädter Gesangbüchern aus den Jahren 1616 und 1617—1700 mit einem Anhang, dann 1733, 1747,

---

[1] Ist wahrscheinlich ein Abdruck der von Honterus 1548 in Kronstadt herausgegebenen Oden. S. den Art. Honterus.

1766 (veranstaltet durch Martin Felmer) und 1783, wie auch von dem neuen „christlichen Gesangbuch zum Gebrauch der evangelischen Gemeinden in Siebenbürgen" [1]. Hermannstadt, gedruckt bei Johann Barth 1793. 8-vo. (besorgt durch Daniel Filtsch, Andr. Funk, Jakob Aurelius Müller, Dan. G. Neugeboren und Johann Filtsch, ersterer und letzterer Hermannstädter Stadtpfarrer, und die andern evangelische Superintendenten) gibt Fr. Traug. Schuster umständliche Nachrichten in der Abhandlung: „Das deutsche Kirchenlied in Siebenbürgen", enthalten in dem Programm des evang. Gymnasiums A. C. zu Mediasch für das Schuljahr 1856/7; S. 15—43, nebst alphab. Verzeichniß der in den alten und neuen Hermannstädter Gesangbüchern enthaltenen Lieder und ihrer Verfasser, Seite 43—70.

Tr. **Filkeni Bartholomäus,**

aus Schäßburg, vermuthlich ein Sohn des im Jänner 1653 verstorbenen Schäßburger Stadt-Pfarrers gleiches Namens.

Nach G. D. Teutsch's Programm des evang. Gymnasiums in Schäßburg für das Jahr 1852/3, Kronstadt 1853 S. 37, bekleidete Barthol. Filkeni das Schäßburger Rektorat vom 21. April 1677, bis 13. Mai 1678, ward darauf Montagsprediger, 1678 Pfarrer in Trapold, und starb in Schäßburg 3. Dezember 1693. Er war l. Ebendess. Programm für das Jahr 1851/2. Ebendas. 1852, S. 32) ein Schäßburger [2]) und hatte von 1670—1677 als Lector am Schäßburger Gymnasium gelehrt. (In der Reihe der Trapolder Pfarrer in den Siebenb. Provinzial-Blättern IV. 105 heißt er Fukenius.

Er vertheidigte in Wittenberg:

    Disputatio de vita aeterna. Sub praesidio D. Joh. Deutschmann. Witteb. 1669. 4-to.

---

[1]) Im Kronstädter Kreise war stets und ist noch ein anderes eigenes Gesangbuch gebräuchlich, welches Fr. Traug. Schuster in dem Mediascher Schul-Programm für 1857/8, Seite 5—27 und 29—45 gleichfalls ausführlich beschrieben hat.

[2]) Auch in der Matrikel der Wittenberger Universität von den Jahren um 1669 kommt kein Bistritzer Filkeni, sondern nur der im Mai 1669 immatrikulirte Barth. Filkeni aus Schäßburg vor.

Filkenius Zacharias,

Tr.

auch Weirauch und Literatus genannt, Schwestersohn des David Weirauch, war Notarius Segesváriensis publicus vom Jahr 1623—1634, später Königs-Richter in Reps, als welcher er den 14. Februar 1642 starb, und hinterließ in Handschrift:

„Enchiridion rerum variarum, homini polytico, officiali, non inutile", einen mäßigen Foliobanb füllend. Dieses melbet Dr. G. D. Teutsch, bei Mittheilung eines Beschlußes der ungarischen und Szekler Stände Siebenbürgens vom Jahre 1625, hinsichtlich des Häuserkaufs in den sächsischen Städten, als Auszugs aus Filkeni's Enchiridion — in dem Archiv des Vereins für siebenbürgische Landeskunde 2. Bd., S. 30—33, und theilt auch andere Auszüge mit. Ebendas. S. 305—316 und 4. Bd. 1. Heft S. 83—96.

v. Filstich Johann,

Tr.

Rektor des Kronstädter Gymnasiums[1], wurde geboren in Kronstadt am 9. November 1684. Seine Eltern waren Stephan v. Filstich, Gubernial-Rath und Stabt-Richter in Kronstadt und Martha, Tochter des Stabtpfarrers Joh. Honterus, welche alles anwandten, um ihm eine gute Erziehung zu geben. Nach absolvirten Studien in den untern und obern Schulen des Kronstädter Gymnasiums schickte ihn sein Vater 1702 mit den Landtagsdeputirten nach Weißenburg, wo er unter Professor Samuel Kapusi studirte, bis 1703 ihn eine Schwindsucht überfiel, derentwegen ihn sein Vater nach Hause brachte. Als ihn hier der Physicus Dr. Lukas Seulen hergestellt hatte, reiste er nach Groß-Enyed und hörte den Professor Stephan Szigethi an, mußte aber nach einem halben Jahr der Rákotzischen Unruhen wegen nach Hause zurückkehren. Nun studirte er wieder auf dem Kronstädter Gymnasium von 1704—1706, reiste mit seinen Landsleuten Lukas Colb, Valentin Igel, Georg Draubt, Joh. Barbenius und Joh. Albrich am 3. August 1706, wegen den Krieges-Unruhen in Siebenbürgen, durch die Walachei über das eiserne Thor, Serbien, Slavonien, Croatien und Steiermark unter großen Gefahren und Mühseligkeiten nach Wien, wo er vom siebenbürgischen Hofkanzler Gr. Kálnoki

---

[1] S. Beiträge zu den Actis historiae ecclesiasticae 1. Theil S. 466 und Abelungs Fortsetzung des Jöcher'schen Gelehrten-Lexikons II. 1100.

viele Beweise seiner Gewogenheit und Wohlwollens erfuhr, und von da über Schlesien und Leipzig nach Halle. Igel und Colb gingen nach Jena, Filstich aber blieb mit den übrigen in Halle, wo sie von den Professoren und Rektoren Johann Hoffmann und Cellarius immatriculirt wurden und unter andern auch die Professoren August Franke, beide Michaelis, Heinke und Schneider anhörten. Filstich erhielt und genoß durch 2½ Jahre die Kost bei dem berühmten Professor und Stifter des Waisenhauses M. Aug. Franke. Die gewöhnlichen Tischgesellschafter waren M. Achilles, Professor Freylingshausen, einige andere Professoren der Theologie und englische Edelknaben, welche an Franke aus England empfohlen waren. Letzterer erhielt von allerhand Reisenden hoher und niederer Stände, besonders vielen Zuspruch, die dann meistens seine Gäste waren. Häufig theilte er seinen Gästen die über gelehrte Gegenstände erhaltenen Briefe mit. Sonst wurde bei Tisch durch den ältesten Vorschneider der Speisen immer ein Capitel aus der Bibel vorgelesen, um (wie Filstich schreibt) allen sündlichen Ausschweifungen und Possen vorzubeugen. Aus diesem Kapitel mußte sich jeder Gast etwas merken und dann vorbringen, worüber bei Tisch sofort mehr gesprochen wurde. Im März 1709 wollte Filstich nach Gießen reisen, um den Professor Heinr Majus anzuhören, änderte indessen bald seinen Vorsatz und ging nach Leipzig, die Professoren Gottlieb Olearius, Dr. Rechenberger, M. Pfeiffer, M. Polycarp Müller ꝛc. anzuhören, da ihm jedoch die vielen Messen, Ferien, Theuerung und andere Zerstreuungen hier das Studiren erschwerten, reiste er im Oktober 1710 nach Jena, und hörte hier die Professoren Förtschen, Fr. Budäus, Danz, Hamberger, beide Struwe ꝛc., im Englischen den Professor Langenhausen, und im Französischen den Professor Roux an. Endlich trat er auf Verlangen der Seinigen, die ihm eine Reise nach England und Holland vorzunehmen nicht erlaubten, in der Leipziger Ostermesse 1712 in Gesellschaft des Petrus Auner, Medicinae Licentiaten aus Mediasch und Martin Closius, Candidaten der Jurisprudenz die Heimreise an. Von diesen und einigen Kaufleuten wurde er jedoch schon in Breslau getrennt. Es hatte nämlich vor mehreren Jahren ein gewisser von Heyden, welcher als k. Offizier in Kronstadt gelegen, eine Kronstädterin Agnetha Plecker[1]) gehei-

---

[1]) Agnetha Plecker war die Tochter des (am 8. Januar 1689 verstorbenen) reichen Kronstädter Stadthannen Valentin Plecker, welcher einst während der Regierung des Fürsten Apasi als Geisel an die Ottomanische Pforte in Konstantinopel geschickt

rathet. Dieser lud unsern Filstich auf sein Landgut in Schlesien zu den Pfingstfeiertägen ein. Nach einigem Aufenthalt hierselbst reiste er daher mit einem griechischen Knechte, den seine Reise-Gesellschaft in Breslau zurückgelassen hatte, über den gefährlichen schlesischen Paß Jablunka, und holte seine Reise-Gesellschaft auf der Gränze von Ungarn glücklich ein. In seiner Vaterstadt langte er am letzten Juni 1712 nebst einem geschickten Gärtner aus Hamburg, den er mit einer Quantität junger Zwergbäume mit sich brachte, glücklich an.

Hier hielt er sich 1½ Jahre in seines Vaters Hause auf, vermählte sich am 31. Januar 1714 mit Anna Catharina, Tochter des Communitäts-Verw. Joh. Abraham. Schon am 16. Januar 1715 entriß ihm der Tod diese Gattin, indem sie im Kinderbett starb. Er selbst verfiel hierauf etlichemale in harte Krankheiten, heirathete aber doch 1717 die Agnetha Fronius, Stieftochter des Marienburger Pfarrers Marcus Draudt, und mußte sich mit ihr und seiner im Jahre 1718 gebornen Tochter Agnetha, wegen der ausgebrochenen Pest und Sperre der Stadt im Oktober 1718 auf den Marienburger Pfarrhof flüchten, wo er sich so lange aufhielt, bis er, weil eben seine Gattin an der Pest erkrankte, sich mit ihr auf den Pfarr-Meierhof begeben mußte, wo sie nach Empfang des heil. Abendmahls an der Pest auch starb. Filstich selbst, obwohl er sein geliebtes Weib in keinem Augenblick verlassen hatte, blieb von der Pest verschont, kehrte 1720 in seine Vaterstadt zurück, und erhielt den Beruf zur erledigten Stelle eines Rectors Gymnasii [1]), den er auch annahm, wenn er gleich wegen den Beschwerlichkeiten dieses Amts eine Predigers-Stelle in einer Vorstadt sich lieber gewünscht hätte. Als Rektor insinuirte er sich vor einem äußerst

---

worden war, und dessen erster Gattin Agnetha, Tochter des ohne männliche Nachkommen im Jahre 1674 verstorbenen Stadthaunen Lukas Hirscher. — Sie war die erste Kronstädterin, welche als Witwe des Johann Dietrich am 20. April 1691 einen Militär-Offizier in der Person des Georg Abraham von der Heyden, k. k. Oberstlieutenants des Regiments Metternich heirathete, und mit ihrem Gemal und ihrem am 22. September 1692 in Kronstadt geborenen Sohne Georg Friedrich von der Heyden nach Schlesien übersiedelte.

Die Sage vom Reichthum dieser Frau scheint auch auf die Nachkommen der Bewohner ihrer neuen Heimath übergegangen zu sein, indem noch neulich Ludwig Bechstein in dem ersten Theile seines Romanes „die Geheimnisse eines Wundermannes" (Leipzig 1856, Seite 73 fg.) davon zu erzählen gewußt hat. —

[1]) S. Dücks Geschichte des Kronstädter Gymnasiums S. 78 :c.

zahlreichen Auditorium mit einer Rede „de fatis rei literariae in Transsilvania", und erhielt am 26. Februar vom damaligen Stadtpfarrer und Inspektor folgende Lektionen angewiesen: 1. Explicatio librorum symbolicorum Ecclesiarum nostrarum. 2. Historia Reformationis Lutheranae. Dann lag ihm die Einrichtung des während der Pest in große Verwirrung gerathenen Schulwesens ob, wobei er nicht nur mit vieler Anstrengung, sondern auch Widerwärtigkeiten zu kämpfen hatte, indem (wie er selbst berichtet) „viele Splitterrichter und Mlomi aus Neid und Falschheit nachtheilige Gerüchte wider ihn ausbreiteten, denen er doch von Herzen gerne sein herrliches Amt cedirt hätte, wenn es ihm nur möglich gewesen wäre. (Doch schuf Gott auch hierinnen seinen armen Schuldiener.)"

Im nemlichen Jahre heirathete er zum drittenmal die Susanna, Tochter des Centumv. Joh. Fleischer, welche er vorzüglich wegen ihres Betragens gegen seine zwei Töchter aus der ersten und zweiten Ehe, und dadurch ihm bereiteten Zufriedenheit in seinem Tagebuch lobt. Außer drei Töchtern überlebten ihn aus dieser Ehe zwei Söhne, Samuel, der 1793 als Communitäts-Verwandter, und Johann, welcher 1808 als Hofkriegs-Raths-Registraturs-Abjunct in Pension[1]) gestorben, und mit welchen der Familien-Name „Filstich" erloschen ist.

Den beschwerlichen Rektorsdienst führte Filstich zwar unter manchen für ihn, als Freund der Wissenschaften, angenehmen Ereignissen, aber auch vielen Widerwärtigkeiten durch 24 Jahre mit aller Treue und Gewissenhaftigkeit. Selbst seine vielfältigen körperlichen Leiden hielten ihn von dem unermüdeten Unterricht der Studirenden, den er ihnen nicht selten im Bette liegend ertheilte, keineswegs ab, und die Zweckmäßigkeit dieses Unterrichts hat sich in der Folge an seinen hier und in andern Kreisen sich ausgezeichneten Schülern bewährt. Hauptsächlich waren Theologie, Philosophie und Geschichte die Gegenstände seines Unterrichts, und seine in Handschrift noch vorhandenen Vorlesungen über siebenbürgische Kirchen-

---

[1]) S. dessen Nekrolog in den Siebenb. Provinzialblättern IV. 70—86. In Klausenburg bekleidete Peter Filstich im Jahre 1612 das Königs-Richters-, und Lorenz Filstich im Jahre 1641 das Stadt-Richters-Amt. Ersterer war zugleich Oberaufseher der Nagy-Bányaer Münze und Pfandbesitzer von Offenbánya sammt vier Dörfern. Die männliche Nachkommenschaft dieses Klausenburger Familienzweiges erlosch noch im 17. Jahrhundert, und ihr Güterbesitz ging auf Catharina verehlichte B Sigmund Bánffi über. S. Kővári's Erdély nevezetesebb Családai S. 86 und Vass's Emlékalapok Kolozsvár Előkorából S. 25.

Geschichte beweisen, sowie seine Gelehrsamkeit, also insbesondere auch seine gründliche Kenntniß der lateinischen Sprache. Als er nun das Rektorat so lange, wie vor ihm noch keiner in Kronstadt, verwaltet hatte, und am Abend des 17. Dezembers 1743 eben eine Weihnachts-Rede beendigte, wobei er sich gegen seine Gattin über große Abmattung beklagte, wurde er am folgenden Morgen den 18. Dezember 1743 unverhofft von einem Schlagfluß gerührt, welcher seinem auf 59 Jahre und wenige Tage gebrachten (wie der Verfasser seines Lebenslaufs sich ausdrückt) Schul-Märtyrer-Leben ein Ende machte.

Von Filstich hat man mit Ausnahme der nachbenannten beiden ersten gedruckten Schriften, blos in Handschrift:

1. Seiv. Schediasma Historicum de Walachorum Historia, annalium Transsilvanensium multis in punctis magistra et ministra. Jenae 1743 4. 24 Seiten.

> Eine öffentliche Rede, die Filstich auf dem Gymnasium gehalten hat. Ihre Aufschrift läßt uns mehr erwarten, als wir in der Abhandlung finden. S. 11. leitet er die sächsische Benennung der Walachen, Bloch, von dem Wort Bloch (Truncus) ziemlich lächerlich her. Weil sie nämlich so grob und ungeschliffen wie ein Klotz wären. Daher hießen wir nach einen groben Menschen, da Bloch! Das letztere kann sein, denn auch in Fritschens Wörterbuche heißt es: Bloch, Blok. Truncus it. Homo stupidus, allein wer wird den Namen der Walachen davon herleiten? welche in alten Urkunden von dem griechischen Βλαχχοι, Blacci genannt werden, und daher in einigen sächsischen Mundarten Blach.

2. Briefe an den Professor Schulze in Halle 1741, 1742 und 1743, im 1. Theil des Numophylacii Schulziani S. 369 fg.

3. Tr. Historia Walachorum, methodo Cellariana 1741 elaborata.

4. Historiola Moldaviae sind zwar von Filstich ausgearbeitet worden (wie er im Schediasma hist. de Valachorum Historia S. 19 selbst berichtet) finden sich aber (mit Ausnahme eines Tentaminis hist. Valachicae vom Jahre 1728[1]) unter den in der Kronstädter Gymnasial-Bibliothek befindlichen Filstichischen Manuscripten nicht vor. Auch in Johann Seiverts Handschriften-Nachlaß fand davon Johann Filtsch, nachher Stadtpfarrer in Hermannstadt, ebensowenig als von Paul Benkners walachischer Geschichte irgend eine Spur.

In des Superintendenten G. Jerem. Hauer, Sylloges Historico-Politicae seu Scriptorum Historiam Hungariae et Transsilvaniae Civilem tractantium Collectionis in 4-to. Tomo VII-mo., jedoch

---

[1] S. weiter unten den hier bezeichneten Filstich'schen Schriften Nr. 11.

existiren in Abschrift zwei Filstich'sche Handschriften, welche beide der hier weiter unten Nr. 11 angeführten Historia Regni Transsilvanici Civili angehängt sind, unterm Titel: Historia Valachiae 14 S. und Moldaviae Historia 9 S.

5. Historie von der ersten Hereinkunft der Römer und dem von ihnen nachmals aufgerichteten walachischen Reiche, welche anno 1727 den 5. September aus eines Anonymi Msto. Valachico von uns in die Teutsche Sprache übersetzen angefangen worden."

Das Original hat 344 Quart-Seiten und geht bis auf den Hospodaren **Constantin Brankowan Bassaraba.** Hierauf folgt:

6. Nach einer Zueignungs-Schrift an diesen Fürsten, dessen Biographie auf 363 Quartseiten. Die Zueignungs-Schrift ist unterfertigt: „Der alleruntertänigste Vasall Ihrer Durchlaucht Rádul Logofetul, Secretarius aus Gretschán."

Ueber diese Biographie Brankowans vergleiche den Artikel **Marienburg.**

Von der Chronik Rádul Logofoctul's handelt St. D. Grecianu in der walachischen Zuschrift: „Revista romana pentru sciinte littere si arte. Jahrgang 1861, S. 575—588" und bemerkt S. 579, daß die walachische Urschrift bis nun nicht aufgefunden worden sei.

7. Illustratio Articulorum quorundam historicorum rem et Historiam Valachorum concernentium. (Ist unter den Filstich'schen Mspten den hier Nr. 5 und 6 angeführten Stücken beigebunden (Sulzer führt in der Geschichte des transalp. Daciens III. 570 einige Bruchstücke daraus an und sagt darüber: „Der Eingang mit den Worten: Desideratam a Serenissimo Principe Moldaviae 14. Articulorum Historiam Val. concernentium illustrationem ex variis Auctoribus fide dignissimis sequenti ratione sistere conabor, und ihr Inhalt selbst zeigt, daß diese Artikel oder gelehrte Fragpunkte von einem wißbegierigen Fürsten der Moldau, worunter ich den Fürsten Constantin Mauro-Corbat vermuthe, irgend einem sächsischen Schulmann in Siebenbürgen zur Beantwortung vorgelegt worden."

Engel in seiner Geschichte der Moldau und Walachei, Halle 1804. I. 64, führt diese 14 Fragpunkte (mit Ausnahme des 8. und 9) ganz an, und hat, wie er daselbst I. 84 bekennt, Filstichs Arbeiten vorzüglich benützt, ja die meiste historische Ausbeute daraus geschöpft oder (wie er S. V. in der Vorrede richtiger anführt) die

Geschichte der Walachei auf dieser Grundlage zusammentragen. Vgl. den Art. **Thomas Tartler.**

8. Historica Transsilvaniae, Hungariae, Valachiae et Moldaviae Descriptio. Mspt.

In der B. Sam. Bruckenthalischen Bibliothek Nr. XXV. Fol.-Mspt., befindet sich davon eine durch Thomas Tartler besorgte Abschrift.

9. Historia Ecclesiastica totius Transsilvaniae, sub Dei omnia dirigentis moderamine ac ductu, anno 1739, elaborata, et usibus quorundam Studiosorum pro temporum exigentia accomodata. Pars I-ma., quae Historiam Ecclesiasticam Saxonum Transsilvaniam inhabitantium complectitur. Pars II-da continet Historiam persecutionis in Hungaria anno 1670, 1673, 1674 ex Heiddeggeri Historia Papatus depromtam.

Ob der Verfasser auch den 2. Theil ausgearbeitet habe, ist mir nicht bekannt. Der angezeigte erste Theil ist sehr weitläufig, aus bekannten Quellen geschrieben, den Kronstädter Studirenden im Jahre 1743 diktirt worden, und hat folgende Abtheilungen: Prolegomena 22 §. Tractatio ipsa, Caput I. De Sacris antiquissimorum Transsilvanorum sive Dacorum sub Gentilismo stantium 1—30 §. Caput II. De Dacis antiquis ad Christianorum Sacra perductis 31—82. §. Caput III. De Gotho-Saxonum Reformatione ecclesiastica 83—142. §. Caput IV. De impedimentis tentatae Reformationis variis 143—242. §. Caput V. De Actis Ecclesiae Lutheranae in Transsilvania plantatae, quoad Seculum XVII. ad subjectionem usque Regni Domui Austriacae, breviter recensitis et consignatis 243—342. §. Caput VI. De Universitate Ecclesiastica post Reformationem in Transsilvania erecta 343—362. §. Caput VII. De Vestitu Ecclesiasticorum Transsilvanicorum 363—389. §. Caput VIII. De Lutheranis Transsilvanorum cum Germanorum Lutheranis in Doctrina Fidei vorae bone convenientibus 1—67. §. Caput IX. De ritibus Saxonum Transsilvaniensium ecclesiasticis 1—61. §. Caput X. De Privilegiis et Immunitatibus Pastoribus Ecclesiarum Saxonicalium, Deo sic dirigente, a Regibus et Principibus olim in Transsilvania concessis 1—107 §. Caput XI. Quod exhibet diversos Ministerii ecclesiastici in Transsilvania constituti, hostes et osores 1—40. §. Caput XII. Tristissimi et fatales quorumdam in doctrina Fidei Evangelicae proterve errantium, aliosque improba vita offendentium, ut et Ecclesiam Christi Transsilvanam haeresibus et peccatis turbantium obitus et interitus 1—33. §. Georg Mathiä, Pfarrer in Brennborf meldet von Filstich: Parti I-mae cum fine anni 1743, finem quoque historiae ecclesiasticae imposuit. Das nemliche geht aus der Kirchengeschichte selbst Cap. X. § 105, hervor.

10. Historia Reformationis a Mart. Luthero circa initium Seculi 16 in Saxonia masculo susceptae, Civibus Gymnasii Coron. a. 1720 in auditorio in calamum dictata. 4-to. *Liber I.* de Initiis Reformationis usque ad Lutheri mortem. *Sectio I.* de statu Ecclesiae ante Reformationem hujusque necessitate. *Memb. 1*, de statu corrupto Ecclesiae 10. §. *Memb. 2* de neccessitate Reformationis Ecclesiae 8. §. *Memb. 3* de Praeparatione ad Reformationem 10. §. *Sectio II. Memb. 1* de Reformatione ipsa 34. §. *Memb. 2* de felici Reformationis progressu 38. §. *Memb. 3* de exhibita Aug. Confessione 20. §. Zusammen 139 S. Ob die Fortsetzung von Filstich existirt, weiß ich nicht, da das mir Bekannte in der Kronstädter Schul-Bibliothek befindliche Exemplar nur eine Abschrift ist, und blos die angeführten Abschnitte enthält.

11. Historia Regni Transsilvanici civilis. (S. oben Nr. 4.)
12. Kurze geographische und historische Anmerkungen von dem Fürstenthume Siebenbürgen.
13. Tentamen Historiae Valachicae in Dei cuncta creantis et conservantis gloriam pro virium mensura et subsidiorum penuria a me elaborandae susceptum. 4-to. 352 S. (In der Kronstädter evang. Gymnasial-Bibliothek befindlich.)

Beim Anfang bemerkt der Verfasser: *Anno 1728 m. Nov. incepta et sub ductu divino continuata.* Die Eintheilung ist nach der Cellariusschen Methode, wie der Verfasser S. 52 selbst bemerkt (nemlich alte, mittlere und neuere Geschichte) und zwar wie folgt: S. I—IV. Praefatio S. 1—50. *Lib. I. De statu geographico* und zwar S. 1—18. Cap. 1 de variis Valachiae appellationibus. S. 18—22 cap. 2 de limitibus antiquis et recentioribus. Seite 22—27 cap. 3 de Provinciae hujus bonitate et fortilitate. Seite 27—38 cap. 4 de indole et moribus Valachorum. S. 38—40 cap. 5 de divisione geographica. S. 40—50 cap. 6 de praecipuis transalpinorum Valachorum proventibus. S. 50—314. *Lib. II. De statu historico.* S. 53—64. Sectio 1 de Historia antiquissima.

S. 65—116. Sect. 2 de historia medii aevi. S. 117—314. Sect. 3 de Historia recentiori (sub Vajvodis a Banovetz Bessarabio ejusque Successore Rudolpho nigro (Rádul Negrovode) usque Constant. Brankováu, motusque Tökelianos) ubi Auctor desinit, eosque qui plura scire caperent, ad Biographiam Brankováni inviat (de qua videnda sunt, quae infra ad pag. Scivortil 92, Nr. 8 notavi). S. 316—338. Lib. III. De statu politico § 12, S. 340—354. Liber IV. De statu ecclesiastico § 8.

Laut der Vorrede hat der Verfasser seine Nachrichten von walachischen Geistlichen, Kaufleuten und andern Landes-Kundigen eingeholt „weil die gedruckten Bücher über die Walachei, welche selbst von Ungarn und Polen, die dort Verkehr gehabt, herausgegeben worden seien, viele Unrichtigkeit enthielten."

4. Excerpta Patriae vicinarumque Regionum Historiam concernentia. Ebenfalls in der Kronstädter evangelischen Gymnasialbibliothek befindlich.

Tr. **Filtsch Daniel,**

geboren von wohlhabenden Eltern in Hermannstadt den 10. Dezember 1730, ein Mann von vorzüglichen Talenten, studirte auf dem dasigen Gymnasium unter der Leitung des M. Joh. Bruckner, und legte sich in Jena 1750 besonders auf das Studium der Natur und Weltweisheit unter Daries. Nach seiner Rückkehr lebte er vertraulich mit Schunn und Felmer, und reiste mit denselben in Siebenbürgen umher, um Erfahrungen zu sammeln. Zehn Jahre diente er bei der Schule, bis er am 9. April 1763 Felmers Nachfolger im Rektorat wurde. Im Jahr 1767 den 1. Juli wurde er Stadtprediger, am 21. September 1767 Pfarrer in Großau, am 29. Januar 1772 Stadtpfarrer in Hermannstadt, und im Jahre 1778 Dechant des Hermannstädter Capitels. Er war ein Mitglied der Theresianischen Agricultur-Gesellschaft in Siebenbürgen, legte eine Naturalien- und Modellsammlung an, ordnete Lehrstunden der Naturgeschichte und Zeichenkunst auf dem Hermannstädter Gymnasium an, ließ im evang. Waisenhause durch die Kinder die Seiden-Raupen pflegen, und Strohtassen verfertigen, sowie das neue Schul-Gebäude errichten. In den Jahren 1777 und 1778 brachte er 15 Monate in Wien zu, um die Sache der sächsischen Geistlichkeit, wegen ihren vom k. Fiscus bestrittenen 3. Zehnd-Quarten am Hof der K. Maria Theresia zu vertheidigen, wo diese Monarchin sammt ihrem Sohn K. Joseph II. seine Geistes=Gegenwart und Beredsamkeit bei den Audienzen bewunderten. Während dieser seiner Abwesenheit aus dem Vaterlande wurde er nach dem Tode des Superintendenten Hauer, der am 9. März 1777 erfolgte, von der Virthälmer Gemeinde zum Pfarrer erwählt, und würde ohne Zweifel auch zum Superintendenten erwählt worden sein, hätte er sich nicht den Beruf verbeten. In seiner Thätigkeit bei Ausführung großer Pläne wurde er plötzlich durch einen Schlagfluß gehemmt, und auf 2 Jahre unthätig gemacht, bis am 24. Dezember 1793 der Tod auch seinem Dasein ein Ende machte.

Ein wohlgetroffenes Porträt Daniel Filtsch's, von M. Stock gemalt, besitzt das Hermannstädter evang. Gymnasium¹)

Seine Schriften:
1. Neujahrs=Wunsch an den kommandirenden Generalen Maximilian Ulysses, Grafen Broun, in einem heroischen lateinischen Gedichte, welches S. 7—17 abgedruckt ist in: Faustissimum anni novi primum in Transsilvania feliciter celebrati auspicium Excelmo. ac Illmo. D. Max. Ulyssi S. R. J. Comiti Broune de Montani et Camus S. C. R. Hung. et Bohemiae Majestatis Camerario, Consiliario Status Actuali Intimo, nec non Aulae Bellico, Generali rei tormentariae Praefecto, unius Legionis Pedestris Tribuno, ut et Generali Principatus Transsilvaniae Commendanti ad testandum tenerimum pietatis devotionisque adfectum summa veneratione, debitaque observantia, anno 1749 exeunte, adprecabatur Gymnasium Cibiniense. Cibinii in Typographia publica excudit Sam. Sárdi. 4-to. 24 S. ²)
2. Tyrocinium Poëticum seu primae Poëseos Lineae in praelectionibus publicis ulterius ducendae. 8-vo.

Erschien mit der 2. Ausgabe der Felmerischen Tabulae Oratoriae Freyerianae. Cibinii typis Samuelis Sárdi 1761.
3. Eine deutsche Ode und ein lateinisches Gedicht auf den Tod K. Franz des I., gedruckt in: Das Lob Franz I., weil. röm. Kaisers. Hermannstadt 1765. Folio 30 S. S. 17—21. ³)

---

¹) S. den Nekrolog in der Siebenb. Quartalschrift S. 96—102.

²) S. 1—6 ist eine Rede von Joh. Georg Keßler und S. 18—24 eine deutsche Ode von Martin Reder enthalten.

³) Die deutsche Rede S. 1—16 ist von Andr. Schunn und die lateinische S. 22—30 von Martin Felmer.

4. Trauerrede auf Maria Josepha, römische Kaiserin, gehalten den 19. Juli 1767 von D. F., des Hermannstädter evang. Gymnasiums Rektor. Hermannstadt 14 S. in Folio.

5. Sinngedichte auf Joseph II., römischen Kaiser, aus dessen Reise in Siebenbürgen. Hermannstadt 1773. Klein 8-vo. 60 S.

Enthält mehrere merkwürdige Reden und Handlungen Josephs, während seiner Siebenbürger Reise, und ist seiner Vorzüglichkeit wegen auch in Deutschland nachgedruckt worden. (Quartal-Schrift IV. S. 49.)

6. Trauer-Rede auf den Tod der K. K. Maria Theresia, gehalten in der Hermannstädter evang. Pfarrkirche den 22. Januar 1781. Gedruckt S. 3—12 in: Das Gedächtniß des Lebens und des Todes Marie Theresie, röm. K. K. und Großfürstin von Siebenbürgen, öffentlich gefeiert in der evang. großen Pfarrkirche zu Hermannstadt. Im Jahr 1781 den 22. und 23. Januar. Hermannstadt bei Petr. Barth in Fol. 45 S. mit Kupf.

Seite 13—23 folgt ein deutsches Gedicht von Jak. Aurel. Müller, S. 25—32 eine lateinische Rede von Joh. Dietrich, Pfarrer in Heltau, und S. 33—45 ein lateinisches Gedicht von Johann Joseph Bruckner, Lector I. (Bruckners Biographie s. in den Siebenb. Provincialblättern I. 271—277.)

7. Der Brand im Getraide, dessen Ursachen und Mittel darwider. Hermannstadt, bei Hochmeister 1791. 8-vo. 23 S. mit 1 Kupfer.

Im Jahr 1770 für die siebenbürgische Agricultur-Societät ausgearbeitet, und auch in der siebenbürgischen Quartal-Schrift, Band II., S. 111—113 abgedruckt.

8. Physisch-ökonomische Beurtheilung der in Siebenbürgen entdeckten Steinkohlen. Hermannstadt 1792. 8-vo. 28 S.

Im Jahre 1771 ebenfalls für die siebenbürgische Agricultur-Societät verfertigt, und auch der siebenbürgischen Quartal-Schrift III. 1—28 einverleibt.

9. Plan zur bessern Lehr-Art im Unterricht der Schuljugend. Mscr.

10. Deductio Diplomatum Juris Decimarum Cleri Saxonici in Transsilvania. Mspt. Vgl. unten Nr. 13.

(Catalogus Manuscript. Szechény. II. 242.)

11. Zwei Lieder Nr. 44 und 45 in dem mit Anfang des Jahres 1793 in Hermannstadt öffentlich eingeführten neuen Gesangbuch, sowie das alte von ihm verbesserte Lied Nr. 209.

12. Ode auf Joseph v. Sachsenfels. Ein Anhang zu Felmers Ehren-
gedächtniß 2c. (S. d. Art. Felmer) Nr. 5, S. 11—16. Fol.
(Hermannstadt 1763.)
13. Kurze Geschichte der Zehnten der sächsischen Geistlichkeit in Siebenbürgen. (Gedruckt in der Siebenb. Quartalschrift V. 33—51 und
115—131.)

     Einer von Dan. Filtsch der K. K. Maria Theresia im
Namen des gesammten sächs. Clerus auf dem Fundo regio eingereichten Bittschrift entnommen, in welcher der Verfasser diesem Aufsatz den Titel gegeben hat: „Wahrhafte und aus diplomatischen
Urkunden gezogene Geschichte des Zehnd-Rechts."

Tr.   **Filtsch Johann,**

Sohn des Hermannstädter Sporermeisters Andr. Filtsch (dessen Vater und
Großvater ebendasselbe Gewerbe übten), wurde geboren in Hermannstadt
15. Dezember 1753, studirte bis 1775 am Hermannstädter Gymnasium,
dann an den Universitäten zu Erlangen und 1777 zu Göttingen und
kehrte im Herbst 1777 über Dessau, wo ihm Basedow eine Lehrerstelle
am Philantropin antrug, in das Vaterland zurück. Hier wurde er 1781
Gymnasiallehrer, sodann 1784 Montags-Prediger in Hermannstadt, und
zum Pfarrer nach Heltau den 5. Oktober, 1791 nach Urwegen, den 1.
Dezember 1797, und als Stadtpfarrer nach Hermannstadt am 25. März
1805, berufen. Am 23. November 1799 wurde er von der k. Groß-
brittanischen Societät der Wissenschaften in Göttingen zum correspondirenden
Mitglied aufgenommen (Quartal-Schrift VII. 176).

 Im März 1835 entsagte er, seines hohen Alters wegen, der Stadt-
pfarrerswürde freiwillig, zog sich in den Privatstand zurück, und starb in
Hermannstadt an Altersschwäche am 13. Oktober 1836 in seinem 83.
Lebensjahre.

 Er war Dechant des Hermannstädter Capitels vom Jahre 1809
bis zum Ende des Jahres 1817.

 Sein Verdienst ist die unmittelbare Veranlassung und Betreibung
der Ausarbeitung der kritischen Sammlungen zur Geschichte der Teutschen
in Siebenbürgen von A. C. Schlözer, wozu er vom vormaligen Gouverneur
Samuel Freiherr v. Bruckenthal und vom Hermannstädter Bürgermeister
Friedr. v. Rosenfeld aufgemuntert wurde. (S. die Nachrichten darüber in
Johann Filsch [seines ältern Sohnes und Pfarrers zu Schellenberg] Rück-

blick auf das Leben des Johann Filtsch, Hermannstädter evang. Stadtpfarrers und Capitels-Pro-Dechanten S. 25—31.) Schlözers Briefe an Filtsch (jene dieses letztern an den erstern sind unbekannt, und vermuthlich auch nicht mehr vorhanden) hat B. Joseph Bedeus (s. den Art.) in einer eigenen Handschrift in 4-to. chronologisch geordnet und mit einem Vorworte begleitet. Eine Sammlung verschiedener Gelegenheits-Reden Filtsch's versprach sein Sohn herauszugeben (s. Rückblick ꝛc. S. 35), ohne jedoch dieses Versprechen zu erfüllen. Ihm vorzüglich verdankte Stephan Connert v. Szépviz aus Großschenk, nachmals Lehrer des Gr. Emrich Teleki, seine Ausbildung (Rückblick S. 11); er half dem damaligen Hammersdorfer Pfarrer Jak. Aurel. Müller das Gesangbuch umarbeiten (Rückb. S. 22); bewirkte ansehnliche Schenkungen an die Kirchen und Schulen der Evangelischen in Hermannstadt (Rückbl. S. 38—40); weckte und unterstützte manches aufkeimende Talent; hielt die kirchliche Feier in Hermannstadt ab bei Anwesenheit des K. Franz I. daselbst, und bei dem 300jährigen Reformationsfest (Rückbl. S. 45 und 51), und veranlaßte die akademischen Lehrer des Hermannstädter Gymnasiums zu vorzugsweiser Bearbeitung vaterländischer Gegenstände in ihren Amts-Antritts-Dissertationen.

Seine Schriften:

1. Siebenbürgische Quartal-Schrift. Hermannstadt 1790—1801. 8-vo. Sieben Jahrgänge. I. 467. II. 434. III. 369. IV. 403. V. 390. VI. 400. VII. 366 und 4 Seiten Register.

Durch die Herausgabe dieser vortrefflichen Zeitschrift hat sich Filtsch ein unvergängliches Verdienst erworben. Er besorgte dieselbe anfangs allein, nach seiner Entfernung von Heltau aber zugleich mit Abbé Eder und Conrektor Johann Binder.

In der Siebenb. Quartal-Schrift befinden sich Aufsätze von folgenden Sachsen, oder werden andere ihrer Schriften erwähnt:

Ballmann J., Pfarrer in Daraus III. 316—331.
Ballmann Joh. Mich. IV. 399. VI. 34. 338.
Barbenius Dr. Jos. II. 403.
Binder Johann IV. 393. VII. 72, 80, 151, 175, 259. III. 265—267, 357—368.
Bruckenthal B. Mich. I. 459—467.
Caspari Andr. II. 207—214.
Draudt Georg III. 207, 24—44 im 7. Bd.
Eder Jos. Carl II. 311. III. 57—83. IV. 181. V. 78,

163, 261, 282. VI. 357, 400. VII. 176, 261, 268, 347. II. 90—92, 215—221, 404—431.
Engelleiter VII. 52.
Fabricius Jos. Christ. VII. 44. IV. 91—95.
Filtsch Daniel IV. 98. II. 111—133. III. 1—28.
Filtsch Johann III. 172. VII. 50, 263, I. 403—416.
Fronius Michael IV. 310. II. 36—54.
Gebauer Simon V. 388.
Gräser Daniel VI. 178.
Gräser Dan., Pfarrer VII. 204—217.
Hager Daniel VII. 218—224.
Herrmann G. M. G. VII. 247—255. 285—320.
Kenzeli Jos. VII. 74.
Kleinkauf Joh. II. 54. III. 113. IV. 105—128, 311 bis 361. VII. 337.
Kräutner Sam. III. 357. VII. 45—49.
Lange Dr. Martin I. 434. II. 221. III. 114, 121—170, 342. IV. 300.
Lebrecht Mich. I. 329, 337. II. 92, 223. I. 28—61.
Lerchenfeld I. 140—170.
Marienburg L. Jos. VII. 229, 243.
Michaelis Jakob VII. 203.
Müller Joh. III. 171.
Neustädter Mich. III. 193, 265, 341. IV. 180, 246. V. 32—144.
Neugeboren Dan. I. 1—27, 82—109, 209—242, 283—312.
Rosenfeld Friedr. I. 455—459. VI. 40—78.
Schech Martin II. 153. III. 288. I. 377—402. III. 29—56.
Schmidt Joh. I. 399.
Sigerus Petrus I. 340, II. Tabelle nach 314.
Seivert Joh. I. 62—70, 171—208, 249—282, 345—376. II. 1—35, 154—206, 235—300, 315—352. IV. 129—169. V. 202—257, 289—332. VI. 149—170, 219—246, 297—315. VII. 1—23, 273—284.
Steinburg Carl VII. 246.
Thorwächter Andr. IV. 283. V. 24, 159. VII. 81—93. Vgl. Prov.-Blätter III. 194.
Wolff Andr. III. 240. IV. 88. VI. 148, 193—218, 279.

1. **Siebenbürgische Provinzial=Blätter.** Hermannstadt 1805—1824. 8-vo., 5 Bde. I. 296. II. 290. III. 279. IV. 260. V. 300 S.

Die Redaktion dieser Provinzialblätter besorgte mehrerer Einheit wegen, Filtsch allein, und wenngleich deren Gehalt geringer ist, als jener der Quartal=Schrift (wovon die Schuld die Verfasser selbst trifft), so haben dieselben doch mehrerer vorzüglicher Aufsätze wegen und bei der so großen Seltenheit anderer Schriften über das Vaterland, während den Jahren ihrer Erscheinung, immer noch einen sehr großen Werth.

In den Siebenb. Provinzialblättern befinden sich Aufsätze von folgenden Sachsen oder werden andere ihrer Schriften erwähnt:

Ackner M. IV. 91, 92.
Arz Johann I. 241—249.
Arz Joh. II. 271—278.
Arz Martin II. 254—276.
Bachner II. 171, 172.
Ballmann Joh. Mich. I. 12—22, 105—160, 189, 253 bis 267, III. 217—242.
Balthes II. 246—253.
Barbenius Dr. Jos. V. 178, 181.
Bedeus II. 81—85.
Bedeus Dr. Sam. IV. 86—88.
Bergleiter Joh. I. 283—296.
Bergleiter Mich. III. 78, 79.
Binder Joh. I. 173—187, II. 68—80, 81—85, 88—90.
Brenner J. C. 172—174.
Bruckner Joh. Jos. I. 277.
Bruckenthal B. Sam. V. 1—116.
Busner Joh. III. 79—81.
Czoppelt Math. Gottl. I. 253—267.
Conrad Joh. Sim. II. 14—20, 88—90.
Deubler II. 278.
Dietrich Joh. Gottl. II. 85—87.
Dietrich Joh. IV. 161—165.
Fanbert Joh. Georg II. 87, 88.
Filtsch Joh. I. 88—104, 215, 216. II. 67. III. 43—51, 112—147.
Filtsch Joh. IV. 93—94.

Filtsch Jos. III. 273—275.
Grafflus Georg II. 56—66.
Gottschling Dan. Jos. II. 278.
Hager Dan. I. 56—76. IV. 31—58.
Herrmann Georg von I. 23—54. IV. 63—79.
Hehser Christian V. 193, 212, 222.
Hißmann Mich. I. 88—104.
Heinrich Dan. II. 175—179.
Hirling II. 221—227.
Klein Mich. II. 278.
Klein Joh. T. III. 152—155.
Lebrecht Mich. III. 156—160.
Marienburg L. J. I. 1—11, 161—172, 193—214, 217 bis 240, 219. II. 21—45, 95—98, 180—190, 288 bis 290. III. 72—78.
Marienburg Georg III. 32—42. IV. 160—174.
Neustädter Mich. II. 161—166.
Olert Friedr. III. 278—279.
Plecker Jos. III. 52—68, 243—254. IV. 58—85.
Preidt Georg III. 52—62.
Phleps Petr. II. 169—171.
Rosenfeld Friedr. II. 136—151. IV. 233—239.
Schneider Joh. II. 280—282.
Schuster Joh. II. 276—278.
Sigerus II. 98, 99.
Simonis Mart. III. 68—71.
Schenker Joh. Gottfr. IV. 97—136.
Sternheim M. Gottl. III. 254—263.
Severinus J. Andr. III. 276—278.
Steinburg Karl IV. 239—246.
Schuster Mart., Pfarrer in Mehburg V. 117—173.
Tartler Georg III. 62—68.
Thorwächter Andr. II. 152—160, 228—245. III. 165 bis 187, 192—216.
Wolff Andr. II. 90—94, 100. IV. 246—251.
Wolff Samuel II. 174—175.
Ziegler Christian V. 201—211.
Ziegler Joh. II. 283—287.

3. Georgii Jer. Haneri Adversaria de Scriptoribus rerum Hungaricarum et Transsilvanicarum etc. Totius Operis Tomus II. Cibinii 1798. II. 506 S. in 8-vo.

In der Vorrede versprach Filtsch den dritten, von Haner unvollendet zurückgelassenen Band zu beendigen, und ebenfalls herauszugeben. Leider ist dies Versprechen unerfüllt geblieben.

4. Rede bei dem feierlichen Leichenbegängniß der hoffnungsvollen Fräulein **Justina Catharina Martha von Hannenhelm** am 20. Juni 1789 in der evang. Pfarrkirche zu Hermannstadt gehalten. Hermannstadt, bei Mühlsteffen. 8-vo. 31 S.

Auf Filtsch's Rede S. 3—16 folgen S. 17—20 fünf Gedichte von Freundinnen der Verklärten, und S. 21—31. Gedanken am Grabe der Unschuld, ein Gedicht vom Lehrer der Verstorbenen Johann Binder.

5. Trauerrede auf den Tod der Verwitweten **Kaiserin Königin Marie Louise**, gehalten in der Hermannstädter evang. Pfarrkirche den 19. Juli 1792. Hermannstadt, bei Barth. 8-vo.

(Quartal-Schrift III. 172.)

6. Rede bei Eröffnung des freiherrlich **Bruckenthal'schen Museums** in dem großen Hörsaale des Hermannstädter evang. Gymnasiums am 25. Febr. 1817 gehalten. Hermannstadt, bei Hochmeister 1817. 4-to. 12 S.

Auf die Rede S. 3—6 folgt ein Gedicht des Bibliothekars Joh. Joseph Roth S. 7—10, dann von der Direktion des Museums die Tag- und Stunden-Bestimmung und Gesetze für das Lesekabinet S. 11 und 12. Die Rede selbst aber ist auch im 5. Band der Siebenbürgischen Provinzial-Blätter S. 266—273 abgedruckt.

7. Einige Worte der Religion gesprochen 17. April 1818 am Grabe der weil. Hochw. **Josepha Elisabeth** geb. v. Draudt, Gemahlin des Herrn Johann Tartler, Comes der sächs. Nation ıc. Hermannstadt. 4-to. 6 S.

8. Trauer-Rede, gehalten am 30. März 1825, bei dem feierlichen Leichenbegängniß des weil. Hochwohlg. Herrn **Joh. Tartler**, Ritter des h. k. österr. Leopoldordens, k. siebenb. Gubernial-Raths und der löbl. sächsischen Nation Comes. Hermannstadt, bei Hochmeister. 1825. 8-vo. 8 S.

9. Predigt zur Feier des Regierungs=Antritts Sr. Maj. K. Ferdinand I., gehalten am 8. April 1835 in der Hermannstädter Pfarr=Kirche A. C. Hermannstadt, bei Hochmeister. 4-to. 8 S.

Tr. **Filtsch Johann,**

Sohn des Hermannstädter Stadtpfarrers gleiches Namens, geb. in Hermannstadt im Jahre 1783 den 30. Oktober, studirte in Hermannstadt, und im Jahre 1805 ꝛc. an der Universität zu Göttingen, wurde nach zurückgelegter akademischer Laufbahn Gymnasiallehrer, und sofort Prediger in Hermannstadt, darauf aber Pfarrer in Talmáts 1817, 13. März, dann in Schellenberg 1823 den 9. April, und Dechant des Hermannstädter Capitels 14. Mai 1850.

Wegen zunehmender Altersschwäche verlangte Filtsch im Jahre 1863 einen Substituten, zu welchem sofort sein Schwiegersohn Samuel Philp am 30. Dezember 1863 erwählt wurde. Filtsch starb in Schellenberg am 4. März 1867.

1. De Romanorum in Dacia Coloniis Diss. Accedit Appendix continens Daciam in Nummis antiquis. Cibinii, Hochmeister. 1808. 8-vo. 56 Seiten.[1])
2. Die Schlacht bei Schellenberg (1599) Mspt. Unter dem Titel: „Die jährliche Feier des 28. Oktobers in der evang. Kirche zu Schellenberg", aufgenommen in die Blätter für Geist, Gemüth und Vaterlandskunde. Kronstadt 1838 Nr. 17, S. 137—141.
3. Rückblick auf das Leben des Johann Filtsch, Hermannstädter evang. Stadtpfarrers und Capitels=Prodechanten, mitgetheilt von dessen ältestem Sohne J. F., Pfarrer in Schellenberg. Hermannstadt 1837. 8-vo. 64 S.

Tr. **Filtsch Johann,**

wurde im Jahre 1769 in Hermannstadt geboren, und ließ sich in Bistritz nieder, wo er als Buchdrucker und Allodial=Perceptor am 22. September 1835 mit Tod abging.

---

¹) Vollständiger als diese und die derselben vorhergegangene ungedruckt gebliebene Martin Schmelzel'sche Abhandlung: „Antiquitates Transsilvanicae ex lapidum inscriptionibus numismisque antiquis Romanorum erutae etc." sind die hieher gehörigen neuern Arbeiten Joh. Mich. Ackners (s. S. 5 und 6 dieser „Denkblätter").

Er gab heraus:

Christian Friedrich Daniel Schubarts Gedichte aus dem Kerker (von der Veste Asperg). Herausgegeben von Johann Filtsch, Bistritz 1816, 100 S. in klein 8-vo. Auf der letzten Seite des Umschlags steht: Bistritz, bei Johann Filtsch 1816. Nach der Vorrede scheint der Herausgeber nicht gewußt zu haben, daß diese Gedichte bereits auch sonst im Druck erschienen waren.

Tr. **Filtsch Joseph,**

Sohn des Stolzenburger Pfarrers Thomas Filtsch, geboren am 27. Dez. 1782, studirte an der Universität zu Göttingen 1806 ꝛc. Als Prediger in Hermannstadt wurde er zum Pfarrer in Broos erwählt am 16. Dez. 1808, dann in Urwegen 1819 im Oktober, und endlich in Mühlbach 1828, wo er vom Schlag gerührt am 16. Jänner 1860 sein Leben beschloß.

1. Do occasu Imperii Romani Populorumque tum temporis Europae partes incolentium situ Diss. d. 27. Jan. 1808 defensa. Cibinii, typis Joh. Barth. 1807. 8-vo. 24 S.
2. Rede in Betreff der Erbauung einer neuen evang. Kirche zu Szászváros, gehalten am 3. November 1816, auf Verlangen des dasigen löbl. evang. Consistoriums gedruckt in Klausenburg mit k. Lyceal-Schriften. 8-vo. 20 S.
3. Einige Gelegenheits-Gedichte in deutscher und sächsischer Sprache von L. J. F. Hermannstadt 1802. 8-vo. 32 S.
4. Eine Gesellschaftsreise auf den Surul. Von L. J. F. Hermannstadt 1802. 8-vo. 29 S.

Zehn Gedichte in sächsischer Sprache.

---

¹) Sein jüngster Sohn, das Wunderkind Carl Filtsch, geboren in Mühlbach am 28. Mai 1830, zog noch als Kind als Violin-Virtuose die Aufmerksamkeit und Bewunderung der Musikfreunde in Siebenbürgen, Wien, Paris u. a O. auf sich, starb aber frühzeitig in Venedig, wo er Heilung seines Brustleidens suchte, schon am 11. Mai 1845. Seine Pflegemutter, die Gemalin des Gr. Dionys Bánffy ließ ihm ein marmornes Denkmal auf dem Friedhofe zu Venedig errichten S. Wurzbach's biograph. Lerikon des Kaiserthums Oesterreich. IV. 229.

5. Die Würde der Frauen, nach Schiller. (In den Abendunterhaltungen zum Vortheil der Hausarmen Wiens. Wien 1816—1817. S. 316—318.)

Tr. **Flechtenmacher Christian,**

wurde am 24. September 1785 in Kronstadt, in der Altstadt, als der Sohn eines Maurermeisters gleichen Namens geboren. Nach Vollendung der Gymnasial- und philosophischen Studien an dem ev. Gymnasium A. B. in seiner Vaterstadt und Ablegung der Abgangsprüfung trat er als Sekretär im Juli 1806 bei dem Magistrate daselbst in Dienste und wurde 1808 zum Archivar ernannt. Diese Stelle legte er im Juli 1811 aus eigenem Antriebe nieder und ging zu seiner weitern, namentlich juridischen Ausbildung nach Wien. Von hier wurde er 1813 durch die moldauische Regierung als Pravilist (Rechtskonsulent) hauptsächlich auf Betrieb der Brüder Laskar und Gregor Stourdza mit dem legistul Ananica nach Jassy berufen und arbeitete in Gemeinschaft mit den Obgenannten unter dem Vorsitz des Fürsten Carl Kalimachi den unter dem Titel Kodika lui Kalimachi bekannten Civilrechtskodex der Moldau 1814 aus[1]). Derselbe erschien zuerst in griechischer Sprache, wurde dann von Flechtenmacher ins Romänische übersetzt, diese Uebersetzung blieb jedoch in Folge der inzwischen ausgebrochenen Unruhen bis 1833 liegen, in welchem Jahre sie auf Vorschlag des moldauischen Justizministers Stourdza zum erstenmal veröffentlicht wurde.

Fürst Kalimach anerkannte in einem Erlaß ddto. Jassy 28. Febr. 1819, daß Flechtenmacher bei diesem Geschäft „eingehende Kenntniß, unermüdlichen Fleiß, und vielen Scharfsinn in Entwicklung der Motive bewiesen habe, wobei er seine fürstlichen Nachfolger auffordert, diesen verdienstvollen Mann, zur Aneiferung Anderer, ihre Gnade und Anerkennung zu würdigen." Nicht minder belobte Fürst Mich. Gregor Stourdza in einem Erlaß vom 22. November 1838 „die unermüdete Thätigkeit Flechtenmachers, theils in Uebertragung der Gesetze, theils in ihrer Auslegung, sowie die Pünktlichkeit seiner Dienstleistung, welche Fl. als Staats-Jurisconsult (wozu er bei der Einführung des organischen Reglements 1832 ernannt worden war) bethätigt habe."

---

[1]) S. Neigebaurs Beschreibung der Moldau und Walachei. Leipzig 1818. Seite 284.

Bei Gelegenheit der Schulreform in der Moldau 1828 wurde Flechtenmacher auch zum Professor der lateinischen Sprache am Gymnasium zu Jassy und am Seminar Benjamin daselbst ernannt, nachdem er schon früher den nachherigen Fürsten Mich. Gregor Stourdza privatim in der deutschen und lateinischen Sprache unterrichtet hatte. Ueberdieß hielt er als Jurisconsult Vorträge über moldauische Gesetzgebung in romänischer Sprache.

In Anerkennung seiner vielseitigen Verdienste wurde Fl. vom Fürsten Mich. Gregor Stourdza mit Diplom vom 17. März 1835 in den moldauischen Adelstand mit dem Range als Kaminár (viertletzte Classe der Bojarie) erhoben. Er starb, nachdem er körperlich dienstunfähig geworden, seine Pensionirung angesucht und erhalten hatte, den 13. Mai 1843 im 58. Lebensjahre mit Hinterlassung einer Witwe und mehrerer Kinder, deren Pension im Jahre 1853 aus Anlaß einer in der „Gazeta de Moldavia" vom 3. August 1853 Nr. 61 durch den Redacteur Postelnik Georg Asaki veröffentlichten, warm geschriebenen Biographie Fl. auf die Summe erhöht wurde, die ihr verstorbener Gatte als Pension bezogen hatte.

Außer mehreren Brochuren, die mir zu verschaffen selber nicht möglich war, und Gedichten in deutscher und romänischer Sprache, so unter Andern eines vom Jahre 1838 an den Fürsten Stourdza, in Jassy gedruckt, hat Flechtenmacher geschrieben:

1. Κοδιξ πολιτικος τȣ πριγκιπατȣ της Μολδαβιας. Μερος Α. Β. και Γ 'Εν 'Ιασιω. Α, Ωις. 'Εν τῶ νεȣργηθέντι Ἑλληνικῶ Τυπογραφειω 'Ενδον τȣ Ἱερȣ Μοναστηριȣ τῶν τριῶν Ἱεραρχῶν. Folio. Der 1. Band hat XVII. 89 S., der 2. 308 S., der 3. 58 S., welchem die Tafeln über die Verwandschafts-Grade und 99 S. Register folgen. Sammt einem Titelkupfer und einem schön gestochenen Porträt des Fürsten Carl Alex. Kalimachos, unter welchem die Wappen des Fürstenthums Moldau und der einzelnen Distrikte dieses Landes abgebildet sind.

Die Sanktion dieses Gesetzbuchs vom Fürsten ist datirt zu Jassy vom 1. Juli 1817.

In Wildners Zeitschrift „der Jurist" 1. Band, Wien 1847 S. 352—438 findet man unter dem Titel: „Die Civil-Gesetzgebung der Moldau", eine umständliche Beschreibung dieses Gesetzbuches, worin dessen Inhalt von § zu § angeführt, und am Schluß das

Urtheil gefällt wird: „Ein Ueberblick der voranstehenden Darstellung führt zu dem Ergebnisse, daß der Civil-Codex des Fürstenthums Moldau eine treue Nachbildung des (öster.) bürgerl. Gesetzbuchs sei, modificirt nach den besonderen Anforderungen des Landes, für welches diese fremde Gesetzgebung ‚adoptirt worden ist.‟

Ueber die Entstehung und selbst über den Namen des Verfassers dieses Gesetzbuchs war der Einsender der erwähnten Beschreibung (Dr. Hillbricht) unrichtig berichtet. Ueber den Titel der romänischen Uebersetzung, welchen ich, in Ermanglung eigener Anschauung nicht ausführlich folgen lassen kann, — und über die Eintheilung des Werkes aber berichtet Dr. Hillbricht a. a. O. S. 356—357:
„Das moldauische Civil-Gesetzbuch (Kodike polititschaske — polititischer Codex betitelt) beginnt mit einer Vorrede des Justizministers Constantin Sturdza, worin als Grundlage dieses Gesetzbuchs der griechische Codex Callimachi bezeichnet, die Zeit und Art der 'gegenwärtigen Uebersetzung und deren gesetzliche Giltigkeit kraft des organischen Reglements bekanntgegeben, endlich die Widmung für die Landtags-Versammlung (Generalnitscho Adunare obstaske) mit dem Schlußwort ausgesprochen wird, es möge dieses Gesetz als ein Monument der Gerechtigkeit zur Sicherheit und Beglückung des Vaterlandes gereichen. Das Gesetzbuch enthält das eigentliche Privatrecht in 3 Theilen und 1973 §§, sodann die Concurs-Ordnung von § 1974 bis § 2032, endlich eine öffentliche Lizitations-Ordnung in 12 §§. Der 1. Theil § 1—377 enthält die Einleitung und das Personenrecht, der 2. Theil § 378—1770 die dinglichen Sachenrechte und das persönliche Sachenrecht. Der 3. Theil § 1771—1973 die gemeinschaftlichen Bestimmungen der Personen und Sachrechte und die Lehre von der Verjährung.‟

2. Codice civile etc. In dem Beiblatte zur Kronstädter walachischen Zeitung vom Jahre 1830: Foaia pentru minte, inima schi Literatura Nr. 27, S. 215—216 steht eine Ankündigung vom Kaminar Christian Flechtenmacher Juris Consultul Statului zu Jassy im September 1838 unterschrieben. Er fordert darinnen zur Pränumeration auf das nachbenannte Werk auf:

„Codice civile, kulesze din trupul Lodsiuirilor Emporatului Justinian ku Citazie din Vazilikale, kum schi din Armonopol traduszo, schi lemurite en limba Romaneszke de Pravilisztu Chr.

Flechtenmacher, pentru luminároá tuturor Dregetorilor de ramul Dsiudeketoreszk schi a persoanilor doritoare de avea o praktike Stiintze deszpre Ledsi."

Fl. theilt dieses aus den römischen Gesetzen zusammengestellte bürgerliche Gesetzbuch in 6 Theile, oder 36 Capitel ein, und handelt in dem

1. Theile ab. Nach einer allgemeinen Anweisung, die Biographie des Kaisers Justinian und seines Ministers Trebonian, nebst einer Belehrung über die in der Moldau und Bessarabien geltenden Gesetze.
2. Theil. Von den persönlichen Rechten.
3. Theil. Von dinglichen Rechten.
4. Theil. Von den Erbschafts-Rechten.
5. Theil. Von Contrakten.
6. Theil. Von der Einsetzung in den vorigen Stand und Rechts-Regeln.

Das Ganze sollte in vier Bänden jeder etwa 50 Bögen enthaltend, bestehen, und in dem Fall, wenn sich 300 Pränumeranten meldeten, 6 Dukaten, wenn aber deren Zahl größer sein, und sich bis auf 500 belaufen würde, 5 Dukaten der Pränumerationspreis für die 4 Bände sein.

Ob dieses Werk sodann auch wirklich gedruckt wurde, oder nicht? — ist mir unbekannt. Die Quelle Vazilikále ist der vom Moldauer Fürsten Alexander dem Guten (regirte 1401—1433) veranstaltete Auszug der unter dem Namen Libri basilicorum oder τῶν βασιλικῶν, bekannte postjustinianischen Gesetze, — wozu unter dem Fürsten Basilius, dem Albaner, (regirte 1634—1654) eine Sammlung moldauischer Rechts-Gewohnheiten gekommen war. S. Wolfs Beschreibung der Moldau I. 114 und II. 138, sowie Kantemirs Beschreibung der Moldau S. 234, wornach Engels Meinung, in dessen Geschichte der Walachei und Moldau I. 135 und II. 120, in Bezug auf die Moldau berichtigt werden muß, wenn man dieselbe auch rücksichtlich der Walachei gelten lassen wollte. Meldet doch Engel später im Leben des genannten Fürsten Basilius (a. a. O. II. S. 268) auch selbst: „Ferner ließ er nach Kantemir alle geschriebenen und ungeschriebenen positiven und Gewohnheitsrechte sammeln und ein Gesetzbuch zusammentragen."

Flechtner Caspar,

Seiv.

von Kronstadt, Pfarrer zu Wölz 1594, hernach zu Hetzeldorf im Med‏wischer Stuhle: General-Dechant 1614 und das folgende Jahr Aeltester des General-Kapitels¹).

Er hat sich im Felde der Dichter durch folgende Schriften bekannt gemacht:

1. Vita Juliani Apostatae, Imperatoris Romanorum tricesimi noni, ex Ecclesiasticis Scriptoribus excerpta. Coronae, in officina Joh. Nitrei, Cibin. 1580. 4. 16 S.

    Ein elegisches Gedicht das der Verfasser dem berühmten Grafen der Nation und Königsrichter zu Hermannstadt **Albert Huet**, zugeeignet.

2. Jonae Prophetae Historia, continens exemplum verae poenitentiae, non solum consideratione, verum etiam imitatione, hac praecipue ultimi Saeculi tempestate dignissimum, reddita Elegiaco Carmine, a Casparo Flechtnero, Coronensi. *Matth. C. III. v. 2. Resipiscite, appropinquavit enim regnum caelorum.* Cibinii, typ. Jo. Henr. Cratonis in 4. Auf die Zueignungsschrift an den Bürgermeister **Joh. Eisemberger**, den Königsrichter **Servatius Guss**, den Stuhl‏richter **Georg Breet** und die übrigen Rathsherrn zu Schäßburg unterschrieben: Datum Wölzino 1594, folgt eine Alkaische Ode von dem Unterschiede der heidnischen und christlichen Buße. Zu Ende: *ad Momum.*

    Haec dices magni, scio, Mome haud esse momenti;
    Si scis, si probus es, fac meliora, precor.

3. ἔπος, ad Rev. et ornatiss. Virum, Dn. Christianum Lupinum, Past. Eccl. Cibin. Mscr.

Fogrescher Thomas,

Seiv.

von Kronstadt, erhielt das Rektorat bei der dasigen Schule den 16. Dec. 1625. Er hatte zu Danzig studirt, woselbst er 1623 drei Streitschriften

---

¹) Flechtner war erst Prediger in Reichesdorf, als welcher er 1591 zum Pfarrer in Wölz erwählt, von hier aber nach Schaal berufen wurde. (Provinzial-Blätter III. 204.) Im Jahre 1607 wurde er Pfarrer in Hetzeldorf und starb in diesem Berufe daselbst im April 1624. Tr.

unter dem Vorsitze des Andr. Hoier vertheidigte: de Praedicamentis respectivis; de causa gratuitae justificationis und de bonis Operibus[1]): als Verfasser aber:

Disp. Scholastico-Theologica, de divina apud creaturas omnipraesentia carnis Christi 1624 20. Mart. in 4.

Tr.   **Forgáts Michael,**

seinem Gewerbe nach ein Fleischhacker, Sohn des Kronstädter Bürgers Valentin Forgáts und der Getrud Rau, geboren in Kronstadt den 29. September 1563, stammte aus Ungarn von der berühmten adelichen Familie Forgáts. Er kam 1585 in Dienst des Vohwoden der Walachei Peter, auch Cherchel genannt, und mit diesem am 18. März desselben Jahres nach Rosenau, wurde nach seiner Rückkehr in die Vaterstadt 1596 den 28. Dezember in die Hundertmannschaft, und am 28. Dezember 1604 in den Rath gezogen, und gab schon im August 1603 als Deputirter im Devaer Landtag einen Augenzeugen der unterm Generalen Basta vorgefallenen Schreckensscenen ab. Er selbst entging jedoch glücklich nebst seinen Landsleuten der großen Gefahr, deren Opfer der Richter und 2 Raths-Geschworene von Broos wurden. Den 17. März 1612 begleitete er wieder den Walachen-Capitän Cherchel Vode nach Rosenau, als derselbe von hieraus zur Verstärkung der Besatzung im dasigen Schloß wider Gabriel Báthori zog. Den 4. Juni 1612 wurde er mit 2 Senatoren und 3 Hundertmännern zu Báthori in das Lager geschickt, um zwischen demselben und den Kronstädtern den Frieden zu Stande zu bringen. Weil jedoch der Versuch nicht gelang, so wurde er am 27. September 1612 mit dem Stadthannen Georg Heltner zum Rádul Vajda in die Walachei geschickt. Dieser ging das angetragene Schutz-Bündniß mit der Stadt ein, gab darüber Brief und Siegel, und ward treubrüchig. Den 20. Febr. 1613 nach Hermannstadt deputirt, knüpfte Forgáts daselbst mit Báthori selbst die erste Friedens-Unterhandlung an, und also kam am 14. März 1613 der Friede endlich zu Stande. Hierauf ging er am 3. Juni nebst

---

[1]) Letztere richtiger: De Augustana Confessione, in specie de bonis Operibus. Anno 1623 m. Octobr. Praes. Andr. Hoiero Dantisci 1623. 4. 16 S.

Dieser Streitschrift — der vierzehnten unter den Hoierischen — ist ein Gedicht von Stephan Heiber aus Kronstadt beigefügt.   Tr.

dem Andr. Götzi und dem Senator Andr. Hedghesch als Deputirter zu Báthori nach Salzburg, und wurde hier vom Fürsten mit dem Ebesfalver Zehnden beschenkt. Im nemlichen Jahre gerieth er bei dem türkischen Feldherrn Magyar Ogli Bassa und den beiden Wohwoden der Moldau und Walachei, wohin er mit Joh. Benkner und Georg Horváth geschickt wurde, wegen seiner Anhänglichkeit an Gabriel Báthori in große Gefahr, woraus er sich nebst den übrigen Anhängern Báthori's nur mit beträchtlichen Geschenken loswand. Als Fürst Gabriel Bethlen nach Kronstadt kam, hatte Forgáts am 3. April 1614 mit Georg Draudt, Joh. Chrestels und Joh. Hirscher sammt den Ehefrauen die Ehre, bei demselben den ganzen Tag über zu Gast zu sein. Noch im nemlichen Jahr am 27. Juli wurde er wegen Szkender Bassa an Rádul Vajna in die Walachei, vermuthlich dem erstern entgegen geschickt, weil dieser den 3. August darauf mit den fürstlichen Geschenken aus der Walachei nach Kronstadt herankam, bei welcher Gelegenheit auch Forgáts vom Wohwoden wohlbegabt wurde. Forgáts starb, nachdem er seinen Platz im Magistrat bis zum Ende seines Lebens mit Würde bekleidet hatte, am 16. Januar 1633.

Seine Familie ist, obwohl er mit 4 Gattinen 11 Kinder gezeugt hat, schon mit seinen Enkeln erloschen.

Diarium vom Jahr 1383—1631. Mspt. Aus eigener Erfahrung fängt Forgáts mit dem Jahr 1585 an zu schreiben. Aus dem vorhergehenden erhellt, daß er zu seiner Zeit keine unwichtige Rolle gespielt hat, also die Begebenheiten derselben genauer, wie viele andere wissen mußte, und daher in seinem Tagbuch vorzüglich Glauben verdient. Das Original seines Tagebuchs ist in einem Paul Eberischen Calendarium vom Jahre 1556 enthalten, und in dasselbe nicht nach der Jahresfolge, sondern nach der Reihe der Kalendertäge eingeschrieben.

Frätschkes Carl,

Tr.

Professor am evang. Gymnasium zu Kronstadt, Sohn des Pfarrers zu Bartholomä bei Kronstadt Samuel Frätschkes, geboren den 20. Mai 1834, studirte in Kronstadt, dann in Berlin (1853—1855), Tübingen 1855 und in Wien 1856, ist gegenwärtig Lehrer an der Kronstädter Realschule.

Der Rechenunterricht in den Volksschulen. Vortrag, gehalten in der General-Versammlung des Burzenländer Volksschullehrer-

Vereins am 1. Dezember 1865. Gedruckt im Auftrag und auf Kosten des Burzenländer evang. Volksschullehrer-Vereins. Druck von Joh. Gött in Kronstadt. 1865. 8-vo. 12 S.

Tr. **Frätschkes Samuel,**

Sohn des Kronstädter Tischlermeisters Johann Frätschkes, geboren in Kronstadt am 23. Oktober 1802, studirte am Kronstädter Gymnasium und an dem evangelischen Lyceum zu Preßburg, und lehrte am Gymnasium seiner Vaterstadt als Collega vom 10. Oktober 1829, als Lector vom 12. August 1834 und als Rektor vom Jahre 1836—1856 den 3. April, als dem Tage seiner Ernennung zum Ober-Prediger an der damaligen Kronstädter, zur Altstädter Vorstadt gehörigen Filiale, „Bartholomä".

Als am 10. Mai 1863 die Bartholomäer Filial-Kirchengemeinde in Folge Entscheidung des Landes-Consistoriums vom 16. Septemb. 1862 durch die ausgeschickten Landes-Consistorial-Commissäre Michael Schuller, Stadtpfarrer und Bezirks-Dechant in Schäßburg und Dr. G. D. Teutsch, Schäßburger Gymnasial-Rektor zu einer selbstständigen Pfarrgemeinde erhoben ward, — wurde Samuel Frätschkes gleichzeitig durch den Dechanten Friedr. Philippi der Gemeinde als Pfarrer feierlich präsentirt, und sofort auch zum Mitgliede des Burzenländer oder Kronstädter Kapitels aufgenommen.

1. Erstes Programm des evang. Gymnasiums zu Kronstadt in Siebenbürgen nebst Anschluß des unter derselben Direktion stehenden Lehrerseminars, sowie auch der Unterrealschule. Am Schlusse des Schuljahres 1851/2, veröffentlicht durch den Gymnasial-Direktor S. F. Kronstadt, gedruckt bei J. Gött. 1852. 4-to. 16 S.

   Inhalt: A. Abhandlung über den Umfang des philosophischen Studiums am Gymnasium, S. 5—7 und B. Schulnachrichten S. 8—16.

2. Zweites Programm 2c. 1853/4 2c. Ebendas. 1854. 4-to. 37 S.

   Inhalt: A. Einige Bemerkungen, betreffend das Fachsystem in seinem Verhältniß zu dem im Organisations-Entwurf für österreichische Gymnasien gestellten höchsten Zweck der Gymnasialbildung: „Daß aus demselben ein edler Charakter hervorgehe", von Johann Vogt, S. 3—7. B. Schulnachrichten S. 9—36.

3. Drittes Programm 2c., sowie auch der Unterreal- und Volks-Schule

1854/5. Veröffentlicht durch den Gymnasial=Direktor S. F. Im Verlag des Kronstädter Gymnasiums. Ebendaselbst 1855. 4-to. 53 Seiten.

Inhalt: I. Das Höhenmessen mit dem Barometer und Thermometer von Franz Eduard Lurtz, S. 3—17. II. Zur Frage des lateinischen Sprachunterrichts an unsern Gymnasien von Friedr. Schiel, S. 19—33 und Schulnachrichten, S. 35—53.

S. weiter den Artikel Sam. Schiel.

4. Wohlgemeinte Rathschläge zu einer vortheilhaften Führung der Landwirthschaft. Zu Nutz und Frommen der den Landbau auf der Kronstädter Gemarkung Treibenden. Auf Veranlassung und mit Zustimmung des Bartholomäer Kirchenrathes herausgegeben von S. F., Seelsorger der Bartholomäer Gemeinde. Kronstadt, Druck und Verlag von Römer & Kamner. 1863. 8-vo. 42 S.

Tr. **Francisci Johann,**

ein Kronstädter, Doctor der Philosophie und Magister der freien Künste, bezog die Universität zu Wittenberg 1686, wurde nach seiner Rückkehr von dort bei dem Kronstädter Gymnasium im Jahre 1694 als Lector angestellt, und starb in dieser Eigenschaft am 20. März 1696. Benkö in Transsilvania II. 426, verwechselt ihn offenbar mit seinem Bruder Paul, indem er berichtet, daß derselbe 1678 zum Dr. Medicinae graduirt worden sei.

Seiv. In Wittenberg vertheidigte Francisci folgende Streitschriften:
1. De Angelo in assumto corpore apparente. Praes. M. Nathan. Falk. 17. Aug. 1687. Wittenb. 4. 16 S.
2. Positiones selectae ex Pnevmaticis de anima separata. Praes. M. Nathan. Falk. 19. Oct. 1687. Wittenb. 4. 12 S.
3. De aeterna paradisiacae conversationis oeconomia, e Prov. cap. 8. v. 31. Praes. Joh. Deutschmann. Witteb. 1688. 4. 16 S.
4. Joh. Francisci Dacia Consularis 29. Martii 1690. Lipsiae 1698. Disp. 47. B. apud Nicolaum Scipionem. 4. 4 S.

Diese unter dem Vorsitz des Professors C. S. Schurzfleisch vertheidigten XI Sätze befinden sich auch unter den zusammengedruckten Dissertationen Schulzfleisch's in 4.

5. Memorabilia aliquot Transsilvaniae. Praeside M. Johanne Fran-

cisci, Corona-Transsilv, Respondente Thoma Scharsio Mediensi d. 16. April. Wittebergae 1690. 4-to. 18 S.

Der Verfasser handelt 1. de Provincia Dacia sub Romanorum Imperio in Alpensem, Ripensem et Consularem divisa. 2. De Daciae Consularis denominatione und 3. de Incolis Transsilvaniae, atque terrae fertilitate.

Tr. **Francisci Marcus,**

aus Kronstadt, Sohn des Markus Francisci, Pfarrers in Weidenbach, studirte in Kronstadt und im Jahre 1692 ze. zu Wittenberg, wurde Prediger bei der Stadt=Kirche zu Kronstadt 1710, Pfarrer in Neustadt 1719, und starb daselbst schon am 8. Mai des Jahres 1719.

1. Diss. Historica de ritibus circa Sacramentum Eucharisticum institutis, praes. Abrah. Henr. Deutschmann. Witteb. 1693. 4. 20 S.
2. Diss. theologica de Oratione dominica, et specialiter de secunda petitione, praes. Joh. Deutschmann. Witteb. 1694. 4. 16 S.

Seiv. **Francisci Paul,**

Doctor der Arzneikunst und Bruder des Johann Francisci, studirte zu Altdorf, wo er 1678 die Doctorwürde erhielt; ward nachgehends Stadtarzt zu Stonsibel im Vogtlande, und lebte noch daselbst 1711.

Tr. Nicht zu Stonsibel, sondern Wonsibel (richtiger Wunsiedel) im dermaligen Obermainkreise war Francisci Stadt=Arzt. Er hatte die Philosophie auf dem Gymnasium seiner Vaterstadt Kronstadt rühmlich absolvirt, bevor er sich auf die Universität zu Altdorf begab. Sein Ruf bewog seine Mitbürger, ihn nach mehreren in Wunsiedel zugebrachten Jahren nach Kronstadt zurückzuberufen, woselbst er dann weiter als Arzt practicirt haben soll, bis er sein Leben im ledigen Stande beschloß. Also meldet Weszprémi in Biographia Medicor. Hung. et Trauss. Cent. II. P. II. pag. 105. In Kronstädter einheimischen Nachrichten jedoch finde ich dieses nicht, soviel aber wohl, daß um jene Zeit Lucas Seulen und nach Seulen der Dr. Joh. Albrich das Physikat bekleideten.

1. Disputatio inauguralis de Paralysi ex colica Altdorfii 1678. 4-to. 16 Seiten.
2. Tr. Disputatio medica de Vertigine Praeside Joh. Alb. Sebizio d. Febr. Paulus Francisci Corona Transsilvanas. Argentorati 1668. 4-to. 28 S.

Seiv. **Franke Christian,**

geboren zu Garbeleben in der alten Mark 1549, von evangelischen Eltern, bekannte sich aber in seinem zwanzigsten Jahre zur römischen Kirche, und trat darauf zu Rom in den Jesuitenorden. Doch auch dieser Kirche blieb er nicht treu, sondern ging zu dem Lager der Socinianer über. Nachdem er einige Zeit Rektor zu Chmielenitz in Polen gewesen, kam er nach Klausenburg, wo er 1585 als Lector bei der unitarischen Schule lebte. 1590 verließ er wegen des Türkenkrieges Siebenbürgen wieder, bekannte sich zu Prag zum brittenmale zur römischen Religion, und hielt sich 1595 zu Regensburg auf. Seine Schriften führet Jöcher aus des Sandius Bibl. Antitrinit. an, denen noch beizufügen ist:

Epicteti Philosophi Stoici Enchiridion, in quo ingeniosissime docetur, quemadmodum ad animi tranquilitatem, beatitudinemque praesentis vitae perveniri possit: quam ingeniosus Lector profecto consequetur, si adjectas quoque commentationes in pectus admiserit. Claudiopoli, apud Casparem Holti, a. 1585 in 8-vo. 248 S.

T r. Im Jahrg. 1805 der Bredetzkyischen Beiträge zur Topographie des Königreichs Ungarn S. 94 wird eine andere Ausgabe angeführt unterm Titel:

Epicteti Enchiridion in latinam lingvam conversum a Frankio Claudiop. 1592.

T r. **Frank Andreas,**

Diarium Historicum de rebus gestis a die 25. Octobris anni 1657 usque ad diem 1. Novembr. anni 1661 in Folio. [1])

---

[1]) In Kovachich's Scriptoribus rerum Hung. minoribus T. I. Append. pag. 53 Nr. 138 heißt es davon: „Inter Mss. C. Joann. Nepom. Eszterházy. In Programmate Societatis Transsilv. inter Mss. inedita locatur ad annum 1600. Frank Diariuma Szeben meg-szállásáról Bartsai Ákos Fejedelem alatt; in „Magyar Nyelv mivelö Társaság Munk." p. 197 locatur intra annum 1659 et 1660 et loco Barthal ponitur Botskay, qui prius vixit annis 60."

Dieses Tagebuch erwähnt auch Katona Hist. crit. R. Hung. Tom. XXXIII pag. 161 und nach ihm Mailath in seiner Geschichte der Magyaren.

Frank Peter Joseph,

Tr.

Privat-Ingenieur, Redakteur der seit 24. Juni 1865 bei Joseph Drotleff in Hermannstadt wöchentlich auf einem Bogen in Quartformat erscheinenden „Siebenbürgischen Zeitschrift für Handel, Gewerbe und Landwirthschaft" [1]), und öffentlicher Lehrer an der Realschule in Hermannstadt, hatte als Baubeamter, Fabriks- und Bergwerks-Direktor, sowie als Oekonom in Kronstadt, häufige Gelegenheit, die volkswirthschaftlichen Zustände Siebenbürgens, besonders seiner Heimath zu beobachten und mit denen anderer Länder zu vergleichen. Diese seine Kenntnisse und Erfahrungen sucht derselbe mit vielem Geschick in der obenerwähnten Zeitschrift gemeinnützig zu machen.

Er wurde geboren in Heltau am 29. Juni 1827, und studirte nach Absolvirung des Hermannstädter ev. Gymnasiums Technik in den Jahren 1846—1850 in Wien und Karlsruhe.

Siebenbürgens hervorragende Bestimmung als Industrie-Land. Hermannstadt im Verlage von Frank & Dresnandt. Druck von Joseph Drotleff 1868. 8-vo. VIII. 166.

Dem Grafen Emrich Mikó, kön. ungar. Minister für Communikationen zugeeignet.

Frank Valentin,

Tr.

geboren in Sächsisch-Reen im Jahre 1590, studirte zu Bistritz und sofort 1610 zu Klausenburg, war dann Hauslehrer bei dem Kaufmann Tobias Stubick in Wien 1613—1621; mit dessen vier Söhnen Mathias, Lazarus, Gottfried und Sigismund Stubik von Königstein, er nach Tobias Stubik's Tode, unterstützt durch dessen Witwe Martha und ihren Vater Lazarus Henkel vom Jahre 1622—1623 an der Universität zu Straßburg studirte, und das Jahr 1624 in Wien zubrachte. Nach seiner Rückkehr nach Siebenbürgen wurde Frank Rektor des Hermannstädter Gymnasiums im Jahre 1625 im folgenden Jahr aber schon Provincial-Notär, und bekleidete in den Jahren 1632 und 1633 das Stadthannen-, ferner vom 29. Dezember 1839 bis 18. Juni 1645 das Bürgermeister-, und endlich von dem letzterwähnten Tage an bis zu seinem am 9. Mai 1648 erfolgten

---

[1]) Sie erscheint seit Anfang Juni 1868 bei dem nemlichen Verleger vereint mit dem „Siebenbürgisch-Deutschen Wochenblatt" jeden Mittwoch zu zwei Bögen in Quart. —

Tode das, mit der Würde des Comes der sächsischen Nation [1]) verbundene Königs-Richter-Amt in Hermannstadt.

Die Beschreibung und Inschrift des ihm von seinem Sohne in der Hermannstädter evang. Pfarrkirche errichteten Denkmals s. in Möckesch's „Die Pfarrkirche der A. C. V. zu Hermannstadt", S. 57.

Diss. de Calvinismo fugiendo ob depravationem et elusionem dictorum Sacrae Scripturae de reproborum induratione. Praeside Joh. Gisenio SS. Theol. Doct. et Prof. Argentorati anno Christi. quo AMator DeI CVrat qVae sVperna sVnt. 1621. 4-to.

Sciv. **Frank von Frankenstein Valentin,** wirklicher kön. geheimer Regierungsrath im Fürstenthum Siebenbürgen, Graf der sächsischen Nation und Königsrichter zu Hermannstadt [2]) ein Mann von großer Kenntniß der Sprachen und Wissenschaften, — Sohn des im Jahre 1648 gestorbenen Nations-Grafen Valentin Frank (s. d. Art.), — geboren den 20. Oktober 1643, studirte zu Hermannstadt und nachgehends zu Altdorf, woselbst er 1666 unter dem Professor Dürr eine Streitschrift, de Aequitate, 4, 24 S. vertheidigte. Nach seiner Zurückkunft verwaltete er verschiedene Aemter zu Hermannstadt, wurde 1682 Provincialnotarius, wobei er sich die Liebe der Bürger so ungemein zu erwerben mußte, daß er nach dem Tode des Königsrichters Johann Haupt 1686 den 14. Hornung dessen Würde erhielt. Der Fürst Apafi bestätigte ihn als Grafen der Nation, und erklärte ihn den 11. März des folgenden Jahres zum fürstlichen geheimen Rathe. Ordentlicher Weise waren diese drei Würden allezeit mit einander verbunden, so, daß die Hermannstädtischen Königsrichter, zugleich Grafen der Nation und fürstliche geheime Räthe waren. Die Geschichte zeigt uns nur einen gegenseitigen Fall. Aus vatinianischem Haß gegen die Hermannstädter erklärte der Fürst Gabriel Báthori 1612 den David Weyrauch, Königsrichter zu Reps, zu einem Grafen der sächsischen Nation, allein das blutige Ende des Fürsten war auch das Ende seiner Würde.

Frankensteins Amtsführung wurde von wichtigen Begebenheiten begleitet. Den 28. Oktober 1686 besetzten die kaiserlichen Kriegsvölker unter dem General Scherfenberger Hermannstadt. Im Jahre 1688 begaben

---

[1]) S. Ungrisches Magazin III. 397—402
[2]) S. Ungr. Magazin III. 416—421.

sich der Fürst Apafi und die Landesstände unter römisch-kaiserlichen Schutz, darauf auch die übrigen Städte und Grenzfestungen kaiserliche Besatzung bekamen. Nach dem Tode des Fürsten Apafi wurde auf allerhöchsten Befehl von dem kommandirenden Generale Grafen Veterani ein Regierungsrath von zwölf Personen im Fürstenthume eingesetzt. Dieses geschah den 9. April 1692 auf dem Landtage zu Hermannstadt. Vielleicht ist bei diesen Feierlichkeiten folgende seltene Münze von feinem Silber, und der Größe und Dicke eines doppelten Dukaten, ausgetheilt worden:

Av. LEOPOLDUS. D.ei G.ratia R.omanorum I.mporator S.emper A.ugustus, G.ermaniae H.ungariae ET B.oemiae R.ex. Der doppelte kaiserliche Adler, unter einer Krone, mit einem Scepter in der rechten Klaue und dem Schwerte in der linken. Der gekrönte Brustschild enthält das Hermannstädtische Stadtwappen oder zwei umgekehrte und kreuzweis gelegte Schwerter, in einem Dreiecke, dessen jede Spitze ein Seeblatt führt, welches letztere sowohl die sächsische Universität, als das Hermannstädtische Judikat in ihren Siegeln hat.

Rev. MONETA NOVA TRANSYLVANIAE 1692. Die sieben sächsischen Kastelle, 1, 3, 3 unter der kaiserlichen Krone und zwischen zwei Lorbeerzweigen.

Graf **Georg Bánfi** von Loschoncz wurde zum Gubernator erklärt, und zu geheimen Regierungsräthen drei von der katholischen, drei von der reformirten, drei von der evangelischen und drei von der unitarischen Kirche. Frankenstein wurde auch ein Mitglied derselben, und erhielt zugleich vom Kaiser **Leopold** die Bestätigung, als Graf seiner Nation, wie auch den adelichen Beinamen **von Frankenstein**. Er war ein rechter Märtyrer des Podagra und dieses beschleunigte auch seinen Tod, der 1697 den 27. September, in einem Alter von 54 Jahren, erfolgte.

Sein Denkmal in der Hermannstädter Pfarrkirche, enthält die von ihm selbst bis auf die letzten Zeilen verfertigte Aufschrift, welche wir in Möckesch's „Die Pfarrkirche der A. C. B. zu Hermannstadt" S. 103 finden.

Frankenstein hatte zwei Gemahlinen. Die erste **Margaretha Klokner** heirathete er den 15. Februar 1668, und sie starb 1692 den 24. Aug., die zweite **Anna Maria Rosenauer**, verwitwete **Wayda**, nahm er den 11. November 1693 zur Ehe. Aus der ersten Ehe hatte er zwei Söhne und zwei Töchter, davon der älteste Georgius, das Geschlecht fortgepflanzt hat (das aber schon mit dem Enkel dieses Sohnes, nemlich dem am 20. Oktober 1794 mit Hinterlassung von drei Töchtern, verstorbenen Hermannstädter Senator Carl v. Frankenstein in der männlichen Linie erloschen ist. Tr.). Sein Bildniß und adeliches Wappen finden wir in einer Sammlung von kleinen Lob- und andern Gedichten seiner Freunde und Verehrer, die unter der Aufschrift. Rosetum Franckianum 1692 zu Wien in 12 gedruckt worden. Czwittingers Nachricht von dem Frankenstein S. 158 will ich auch in Absicht auf dessen Schriften ergänzen:

1. Hundert sinnreiche Grabschriften etlicher tugend- und lasterhaften Gemüther, zu Liebe und stets grünenden Ehren des unsterblichen Dichtergeistes in Druck verordnet 1677, von denen Mache Meinen Muth Voller Freuden Christe! *(Matthias Miles Mediensis, Valentinus Franck Cibiniensis.)* Rectus est cervi cursus, sed periculosus, Vulpeculae flexuosus, sed tutior. Hermannstadt druckts Steph. Jüngling. 8. 24 S.

   Die meisten sind aus Hofmannswaldaus poetischen Grabschriften, doch ohne Anzeigung desselben, genommen worden, manche mit einigen Veränderungen. J. E.

   Des Römers Kurtius.

   Durch diesen Hellen Schlund war mit bewehrter Hand,
   Der Kurtius von Rom nach Pluto Reich gesandt.
   Wie ihn die große Schaar der Teufel hat empfangen,
   Erlerustu mit der Zeit, wann du wirst hingelangen.

   Zuletzt ist eine Ingabe von dem brennenden Brunnen zu Hahnen im Mediascher Stuhle, der sich 1672 entdeckte.[1]

2. Hecatombe Sententiarum Ovidianarum, germanice imitatarum, d. i. Nachahmung auserlesener Sprüche des berühmten Poeten Ovidii Nasonis, aufgesetzt von Val, Franck, Patricio. Cibinii, excud. Steph. Jüngling. 1679 in 8. 48 S.

   Er gab sie als Burggraf bei dem rothen Thurme, heraus. Einige sind zugleich in ungrischer, walachischer und siebenbürgisch-sächsischer Sprache übersetzt.

3. Favor Avonius quodoam erga D. Valentinum Franck Juniorem, Patricium Cibiniensem, declaratus a nonnullis fautoribus et amicis, nunc vero in eorundem Authorum gratiam et honorem lege talionis vulgatus. *Salust.* Difficillimum inter mortales est gloria iuvidiam vincere. — Cibinii, per Steph. Jüngling 1679 in 8. 16 S.

---

[1] Siebenb. Quartalschrift II. 207.

Das Rosetum Franckianum ist eine vermehrte Ausgabe von dieser Sammlung.

4. Breviculus Originum Nationum et praecipue Saxonicae in Transsilvania, cum nonnullis aliis observationibus ad ejusdem jura spectantibus, e ruderibus Privilegiorum et Historicorum desumtus. Cibinii 1696 in 12. 36 S.

In gleichem Formate wurde dieses Werkchen 1697 zu Klausenburg 43 S. gedruckt; auch gib es Johann Fabricius in demselben Jahre, nebst einem Briefe an den Verfasser, unter der Aufschrift Origines Nationum et praecipue Saxonicae — zu Helmstädt in 4-to. IV. 28 S. heraus. — Eine Ausgabe zu Danzig im Jahre 1701 12-mo. 56 Seiten, befindet sich im ungr. National-Museum (l. Catal. I 384). Die Hermannstädter Ausgabe vom Jahre 1696 enthält weniger als die zweite: Claudiopoli ex officina Nicolai K. de Totfalu 1607, 12-mo. IV. 43 Seiten. Der große Leibnitz urtheilt von diesem Werkchen sehr vortheilhaft. Man sehe sein Otium Hanoverianum, S. 84—89. So auch Schurzfleisch in seinem Briefe an den Verfasser, der ihm sein Werkchen überschickt hatte: Atque tuum illud opusculum plane est exquisitum et omnibus doctrinae gravis et seriae partibus, numerisque expletum, tantoque mihi carius et pretio suo magis aestimandum. S. dessen Epist. Arcan. N. CXX. In einem Briefe an den M. Fronius nennt er Frankensteinen, den siebenbürgischen Kato — Die sächsische Völkerschaft in Siebenbürgen ist sogar unsern Geschichtsschreibern ein Aergerniß. Wären sie gleich durch unterirdische Wege in das Land gekommen, so könnten die Meinungen von ihrem Ursprunge kaum verschiedener sein. Einige sehen diese Sachsen für Ueberbleibsel der alten Dacier und Gothen an, die sich in der Folgezeit mit aufkommenden Deutschen vereinigt. Andere behaupten, sie seien ein deutsches Pflanzvolk. Wie verschieden sind aber ihre Meinungen in Absicht der Zeit ihrer Hereinkunft! Diese lassen sie unter Geisa dem Ersten und dessen Prinzen, K. Stephan dem Heiligen, nach Siebenbürgen kommen; jene behaupten solches von den Zeiten des Königs Geisa des Zweiten. Noch andere glauben, sie haben ihren Ursprung den deutschen Kriegsvölkern zu danken, mit welchen der unglückliche König Bela der Vierte, in sein verwüstetes Königreich zurück gekehrt ist. Der unwahrscheinlichen Meinung, als habe K. Karl der Große einen Theil der Sachsen hieher verbannt, zu geschweigen.

Mich däucht aber, hier sei nicht die Frage: zu welchen Zeiten deutsche Kolonien nach Siebenbürgen gekommen sind? Denn dieses möchte wohl noch unter dem h. Könige Stephan, unter Bela dem Vierten, und zu manchen andern Zeiten geschehen sein, sondern: wann die sächsische Völkerschaft, welche König Andreas von Jerusalem 1221, mit besondern Freiheiten beehrte, und die Grenzen ihres Gebietes bestimmte, in das Land gekommen sei. — Diesen Gordischen Knoten kann das Andreanische Privilegium selbst am sichersten auflösen. Heißt es darinnen: K. Geisa habe diese Deutschen nach Siebenbürgen berufen, wer könnte darnach zweifeln, daß der Ursprung der heutigen Sachsen hier zu suchen sei? Und geschah solches nach dem wichtigen Zeugnisse ihrer ältesten Siegel, zur Erhaltung der Krone: ad retinendam Coronam? so wird die Nachricht des Vaters Schmith[1]) als wären die Sachsen durch die große Theuerung, die um das Jahr 1143 herrschte, genöthigt worden, sich in Ungarn und Siebenbürgen niederzulassen, allen Glanz der Wahrscheinlichkeit verlieren. Nun deckt Frankenstein den Irrthum eines Töpelts und andrer auf, die aus dieser Andreanischen Urkunde beweisen wollten, die siebenbürgischen Sachsen seien vom Könige Geisa nur mit besondern Freiheiten und Vorrechten begnadigt worden. Er zeigt, daß die Originalurkunde nicht donati, sondern vocati habe. Sollte er aber dieses aus dem urschriftlichen Diplome selbst, oder nur aus Transumten sagen? Ich glaube das Erstere nicht, obgleich Szegedi[2]) uns bereden will, das Original sei nur vor etlichen Jahren an den kais. Hof nach Wien geschickt worden. Hätte es Frankenstein im Hermannstädtischen Archive gefunden, würde er wohl einem gewissen gelehrten Freund, dessen Mittheilung allezeit nur versprochen, nie aber geleistet haben? und was er ihm einmal zeigte, war gar nicht dasselbe. Fehlet uns aber das Original, so bewahret dasselbe Archiv doch verschiedene alte und urschriftliche Transsumte. Dieser eines mag unfehlbar der Zeuge unseres Frankensteins sein. Schade! daß er nicht die ganze Urkunde eingerückt hat! Ich werde es mit einem Transumte des Königs Karl Robert, bei dem Artikel: Töpelt, thun.

Bei dem Ursprunge der Ungarn und Szekler verweist der Verfasser seine Leser auf die ungrischen Geschichtschreiber. Er scheint denen beizupflichten, welche den Namen der Szekler von Scythis, Scythulis herleiten. Da aber die Ungarn in Siebenbürgen von ihren Gespanschaften Komitatenser, die Sachsen von ihren sieben Hauptpflanzstätten, Siebenbürger (septem Castrenses) heißen: sollte es nicht mehrere Wahrscheinlichkeit haben, daß die Szekler, deren Gebieth in Stühle eingetheilt ist, von Szék, einem Stuhle, den Namen Szekler und Siculi, erhalten haben? — Die Walachen sind dem Verfasser, so wie den meisten Schriftstellern, Ueberbleibsel der alten römischen Kolonien. Wenn sie aber Jemand für Abkömmlinge der alten Dacier, deren Muttersprache mit der römischen, durch ihren langen Umgang, vermischt worden, halten sollte: so würde ich nicht sehr widersprechen. Man sehe die Kleidung der alten Dacier auf der Trajanischen Säule zu Rom, wer wird darinnen die heutigen Walachen verkennen? — Von den Wiedertäufern, die sich zu unsern Zeiten zu einer im Lande bestätigten Religion haben bekennen müssen, berichtet Frankenstein: sie seien unter dem dreißigjährigen Kriege vom Fürsten Gabriel Bethlen aus Mähren

---

[1]) S. dessen Archiepisc. Strigonienses. T. 1, S. 61.

[2]) In seinem Werkchen: Andreas II. Adsertor libertatis Saxonum in Trassilvania, Jaurini 1751.

herein gebracht worden. Es geschah aber nicht aus Mähren, sondern aus Ungarn, von der Echtlitzer und Tschächlitzer Herrschaft, wie sich eines ihrer Jahrbücher ausdrückt. Ihre Anzahl war überhaupt 183 Personen, die den 1. April 1621 zu Winz ober Alvinz ankamen. Franz Walther war Diener des Wortes, Konrad, Hurz Haushalter.¹)

Eine deutsche Uebersetzung dieses Frankensteinischen Werkchens hat Friderici herausgegeben.

5. Breviculus Pyrotechnicus memoriae artificium in ea re commendatus Cibinii d. 4. Mart. A. 1697. 1 Bog. in 12.

Im 1. Hauptstücke handelt der Verfasser, de Tormentis, im 2. de Dosi materiarum machinis pyrotechnicis convenientium, welches er mit folgenden Worten beschließt: praecedentes compositiones sunt partim aliunde, partim propria industria comparatae, omnesque infallibi successu probatae, a me V. F. de Franckenstein. — Daniel Hera, K. gekrönter Dichter, hat ein prächtiges Lobgedicht darauf geschrieben. Man liest es im Roset. Franck. S. 23.

6. Jus Publicum Transsilvaniae. Ein handschriftliches Werk, das ich aber nie gesehen habe.

7. Tr. Scherzeri Definitiones theologicae Cibinii. (In usum Praelectionum scholasticarum.)

8. Decas Quaestionum philosophicarum illustrium Cibinii 1676 4-to. (laut Cornides Bibl. hung. S. 235.)

9. Liber niger Frankianus. Angeführt in Engel's Monumentis ungricis Viennae 1809. S. 299 und 302 und unter dem Titel: *Liber Frankianus* citirt von Martin Felmer in seinen handschriftlichen Adversariis voce: „Bistric."

Zu Ehren Frankensteins (außer dem oben Nr. 3 angeführten *Favor avonius*) gedruckte Schriften:

1. Obsequium Honore filialiqve combinatum amore, erga Spect. Gen. Ampl. Prudentem ac Circumsp. D. D. Valent. Frank a Frankenstein, R. Transs. Gubernii Consil. Intimum etc. in ipsa Diei Valentiniani celebritate exhibitum *Michaelis N. Solymosi* Paed. Cib. Hung. sinceritate declamatum dilectorum ejusdem discipulorum alacritate. Cibinii anno 1697. 12-mo. 32 S.

2. Rosetum Frankianum, quod spinoso at innoxio livoro cinctum, Columbarum concordi amore vinctum, pretioso gemmearum virtutum

---

¹) S. Ungr. Magazin III. B, S. 219.

splendore distinctum: Rosis gentilitiis Spect. Gen. Ampliss. ac Doctiss. D. Valentini Frank, Ill. Gubernii Transsilvanici R. Consiliarii Intimi, Nationis Saxonicae Comitis confirmati, nec non Civit. Cibiniensis Judicis Regii meritissimi sacrum esse voluerunt sinceri Frankiani nominis virtutumqve Cultores, Amici et Clientes. Viennae Austriae 1692. 12. 7. B. Fol. 2 *cum Figuris aeneis.*

3. Die benen schmerzlich leibtragenden Wittwen Cypressen entgegengestellt auch ewig grün und blühende Rosen=Au ꝛc. bei der zweiten Vermählung des Herrn Val. Frank von Frankenstein und Frau Anna Maria Rosenaurin, verwitwete Johann Waybin den 11. Nov. 1693. Druckts Casparus Polumski in Hermannstadt 1695. 12-mo. 1 B.

Auctoribus M. Joanne Zabanio Not. Publ. Martino Tutio, Phys. Med. C. O. et Valentino Frank. Editio haec altera et auctior. Prima sub titulo illo Zabanii Carmen Nuptiate tantum exhibens, excusa est Cibinii 1693 in 4.

4. Metilotos Epithalamia, edulcorando sincerioris adfectus palato in solenni festivitate nuptiali DD. Valentini Frank de Frankenstein etc. et D. Annae Mariae Waidin natae Rosenaurin ab assiduis Frankiani nominis Cultoribus. 1693, 11. Nov. Cibinii exc. Joh. Barth. 4. 4 S.

Auctoribus: Isaaco Zabanio, P. Cib. Barthol. Fabricio, Past. Orbacensi, Gabr. Ritter, P. Dobrecensi, Mart. Tutio, Phil. Med. C. O.

5. Musarum Choreae seu Applausus Heliconius festiva Nuptiali die, Divo Martino sacra d. 11. Nov. 1693 dedicatus honori etc. a P. Antonio Templmann Soc. Jesu. Cibinii, excud. Joh Barth. 4-to. 12 S.

6. Mercurius in curis suis incuriosior, seu: Fama tarda et Post Festivitates Nuptiales, Quas Triga Maximorum in Transsilvania Virorum, utpote Vir Magnificus — D. Valentinus Frank a Frankenstein — Nationis Sax. Comes, — Vir summe Venerabilis — D. Lucas Herrmannus — Eccl. Sax. Superintendens, — Vir Summe Reverendus — D. Daniel Femgerus in Civitate Sabesiensi Pastor meritissimus — solenniter instituerunt: Die 27. Decembris Vitebergam appellens. In Dialogo cum Musis Cibinio Vittebergensibus in debitaе observatiae testificationem depicta a Johanne Kinder S. S. S. S. S. Anno 1693, die 29. Decembr. 8-vo. 18 S.

7. Carmen gratulatorium Joannis Krempes et Epistola genethliaca Georgii Franc. Lanik P. S. J. ad Val. Frank (laut Czwittingers Specimien Hungariae literatae Frankof. 1711, 159 S.)

Friderici Johann,

Seiv.

von Hermannstadt. Nachdem er die Pfarren zu Klausenburg und Kastenholz verwaltete, wurde er 1704 nach Großscheuern berufen, starb aber das folgende Jahr im Christmonde. Als er noch bei der Hermannstädtischen Schule diente, gab er eine Uebersetzung des Frankensteinischen Werkchens de origine Nationum — unter der Aufschrift heraus:

Kurzgefaßter Bericht von den Einwohnern, sonderlich aber der sächsischen Nation in Siebenbürgen, Ursprung und etlichen Gebräuchen, durch die viel- und wohlerfahrene Feder, des hoch- und wohledelgebornen, Namhaften, hochweisen, hoch- und wohlgelehrten Herrn Valentin Frankens von Frankenstein, des hochlöbl. königl. siebenbürgischen Gubernii, hochmeritirten geheimen Raths, der sächsischen Nation confirmirten Comitis, wie auch Königsrichters zu Hermannstadt, nach Inhalt der alten Grundschriften und Original-Privilegien, in lateinischer Sprache entworfen; damit er aber jedermänniglich kund werde, auch in das Hochdeutsche übersetzt, von Johann Friederici, der H. S. und W. W. Ergebenen, wie auch p.r.n. C. C. C. II. (Collegii Cibiniensis Collaboratore secundo) Hermannstadt 1696 in 12. 72 S.

Dieses deutsche Kleid ist dem römischen gar nicht angemessen. Der Uebersetzer verändert die Folge der Sätze, läßt weg, setzet hinzu, so, daß ich glaube, Frankenstein müsse selbst die Aufschrift über diese Uebersetzung geführet haben. Denn eine solche Behandlung seiner Arbeit hätte er gewiß im gegenseitigen Falle, nicht mit kaltem Blute ertragen. Der Mann war er nicht. — Frankensteins Wappenschild, nebst einigen Versen auf dasselbe, und an den Stadtpfarrer M. Isaak Zabanius, den Bürgermeister M. Johann Zabanius, den Stuhlrichter Petrus Weber, den Hermannstädtischen Rath, Hundertmannschaft und die Bürger, sind vom Friderici vorausgesetzt worden.

Friedenreich Joh. Christoph.

Tr.

Doctor der Medicin und Physicus des Bistritzer Distrikts, aus dem Elsaß stammend, starb in Bistritz am 24. August 1793 im 65. Jahre.

Anweisung, wie man sich vor allen ansteckenden Krankheiten, insonderheit für jetzt grassirenden hitzigen Fleck- und Fäulungs-Fiebern verwahren könne. Für solche, die nicht selbst Aerzte sind. Auf Verordnung Eines Wohllöbl. Magistrats der k. Freistadt Bistritz und des dazu gehörigen Distrikts. Vor hiesige Stadt- und Land-Leute zum Besten und wohlmeinenden Unterricht entworfen. Bistritz bei Petr. Eckhart 1791. 8-vo. 22 S.

T r.   ### Friedsmann Andreas,

der sich Ireneus nannte, Sohn des Christian Friedsmann († 26. Sept. 1554 im 57. Jahre), aus Holdvilág, und der Margaretha, Tochter des Anton Fölken aus Mayrpach (Marpod?), wurde geboren zu Leschkirch 15. November 1529, studirte in Kronstadt 1547 und wurde am 14. Jänner 1557 mit 12 anderen Theologen in Hermannstadt zum Bistritzer Prediger geweiht, im Mai 1557 aber zum Pfarrer in Budack gewählt. Friedsmann bezog seine Parochie den 3. Juni und die K. Isabella bestätigte diese Wahl den 13. August 1557. Seiner am 9. Juni 1583 im 56. Lebensjahre verstorbenen Gattin Dorothea folgte Friedsmann im Jahre 1589 in die Ewigkeit nach.

Excerpta Traussilvaniae et in specie Districii Historiam concernentia, Fastis in Germania olim autore Philippo Melantone typis editis, jam vero acophalis partim per *Andream Ireneum* (Friedsmann) Parochum Budacensem anno 1557 electum, partim per *Georgium Totscherum* ad Parochiam Civitatis Bistriciensis anno 1640 vocatum; partim per Fastorum proprietarium, modernum Judicem Primarium Bistriciensem Joannem Emanuelem *Regius* addita insertaque.

Eine Abschrift des Vereins für Vaterlandskunde hat 30 Folio-Seiten, die Urschrift ist durch Schenkung des Herrn Regius mein Eigenthum.

Totscher, der Friedmanns Geschichts-Kalender fortsetzte, war der Sohn des am 13. April 1602 im 48. Lebens-Jahre verstorbenen Predigers zu Bistritz Johann Totscher, und bekleidete das Stadtpfarrer-Amt in Bistritz vom 23. November 1640 bis zum Jahre 1660, in welchem er mit Tod abging.

Regius, geboren in Bistritz am 17. November 1779, bekleidete die dasige Distrikts-Ober-Richters-Würde vom Jahre 1839 bis

31. Oktober 1847, und starb in Pension zu Bistritz am 3. Mai 1860, im 80. Lebensjahre. Ueber seine Stiftung zu Schulzwecken, sowie Prämien und Stipendien für Studirende aus dem Bistritzer Kreise per 8012 fl. 51 kr. Wiener Währung, s. das Programm des Bistritzer evang. Gymnasiums vom Jahre 1852, S. 43.

Tr. **Fröhlich Adolph,**

Doctor der Medicin, von Hermannstadt gebürtig.

Dissertatio inaug. medica de Balneis aquosis simplicibus. Viennae 1839.

Tr. **Fronius Andreas,**

Sohn des Daniel Fronius, Pfarrers in Honigberg und Dechanten des Kronstädter Capitels († 31. August 1743), geboren in Kronstadt am 9. Juli 1714, studirte an der Universität zu Halle 1736 ꝛc., wo er 1740 Doctor der Arzneikunst wurde. Darauf übte er die ärztliche Praxis in seiner Vaterstadt und starb daselbst am 25. Jänner 1764.

Dissertatio inauguralis medica de Febrium malignarum indole et curatione, praes. Jo. Henrico Schulze. Halae 1740. 4-to. X. 39 Seiten.

Tr. **Fronius Franz Friedrich,**

Sohn des Radescher, nachmals Groß-Alischer Pfarrers und Bogeschdorfer Capitels-Dechanten Johann Georg Fronius, geboren am 4. Jänner 1829, studirte nach Vollendung des Gymnasial-Curses zu Schäßburg, an der Universität zu Leipzig 1847—1849, diente als Lehrer am Schäßburger Gymnasium 1850—1859, worauf er zum Pfarrsubstituten in Arkeden und von hier im Jahre 1868 zum Pfarrer in Agnethlen erwählt wurde.

Nebst etlichen Berichten über botanische Excursionen, gedruckt in den Verhandlungen und Mittheilungen des naturwissenschaftlichen Vereins zu Hermannstadt und in dem Archiv des Vereins für siebenb. Landeskunde, lieferte er einen Beitrag zu dem, zum Besten der Abgebrannten in Bistritz unter dem Titel: „Aus Siebenbürgens Vorzeit und Gegenwart, in Hermannstadt 1857" gedruckten Album S. 24—32. „Eine Kindstaufe in den 13 Dörfern." — Vielen Beifall fanden seine humoristischen Vorträge „zur siebenbürgisch-sächsischen Cultur- und Sitten-Geschichte" in den General-Versammlungen des Vereins für siebenb. Landeskunde, welche sofort in dem „Sächsischen Hausfreund" (Kronstädter Kalender) aufgenommen worden sind, und zwar: Jahrgang 1860, S. 70—84, „Deutsches Babeleben in Siebenbürgen"; — 1861 S. 40—53, „Eine sächsische Bauernhochzeit im Haferland"; — 1863 S. 79—93, „Die sächsische Bruderschaft, ein Sittenbild aus dem Haferland"; 1864, S. 45—60, „Sächsisches Bauernleben im Haferland"; 1866 S. 69—84 „Kinderleben unter sächsischen Bauern im Haferland".

Andere Druckschriften:

1. Flora von Schäßburg. Ein Beitrag zur Flora von Siebenbürgen. In dem Programm des evang. Gymnasiums in Schäßburg 1857/8 s. den Art. G. D. Teutsch.

2. Bericht über die 2. Haupt-Versammlung des evang. Hauptvereins der Gustav-Adolph-Stiftung für Siebenbürgen, abgehalten in Großschenk am 4. und 5. August 1863. Im Auftrage des Hauptvorstandes zusammengestellt von Fr. Friedr. Fronius, Pfarramts-Substituten in Arkeden. Kronstadt, gedruckt und im Verlag bei Johann Gött. 1863. 8-vo. 37 S.

3. Beiträge zur Entwicklungs-Geschichte der evang.-sächsischen Gemeinde Arkeden. Festgabe zur Erinnerung an die vierte Jahres-Versammlung des Schäßburger Zweigvereins der Gustav-Adolf-Stiftung für Siebenbürgen, in Arkeden, am Feste Pauli und Petri 1866. Hermannstadt, Buchdruckerei S. Filtsch, 1866. 8-vo. 40 S.

Tr. **Fronius M. Marcus,**

Sohn des Neustädter Pfarrers Petrus Fronius und der Barbara, Tochter des Stadtpfarrers Sim. Albelius, wurde geboren 1659, studirte in Kronstadt, vorzüglich unter Georg Bayers, dann in Kézdi-Vásárhely gegen 3 Jahre lang unter Georg Vajdas, und in Hermannstadt unter des Stadtpfarrers Isaak Zabanius Leitung, in dessen Hause er auch wohnte, endlich wieder in Kronstadt unter M. Valent. Greißing und Gorgias, bezog sofort 1680 die Universität Wittenberg, wo er Abraham Calovius, Meißner, Quenstedt Deutschmann, Walther, Röhrensee, Donati und Schurzfleisch anhörte, und mit Dr. Joh. Friedr. Mayer bekannt wurde, mit dem letztern aber, weil derselbe ihn verdächtig machen wollte, in einen Streit gerieth, der nur durch den Churfürsten selbst beigelegt wurde[1]). Nach C

---

[1]) S. die Dissertation des M. Fronius: Eccur pras se ferat aliud etc. unter Nr. 4.

Jahren, als er auch Leipzig, Helmstädt, Jena und Erfurt gesehen, und die Kunde von seines Vaters Tod an ihn gelangte, kehrte er 1686 in seine Vaterstadt zurück, und übernahm den Unterricht und die Sorge für seine verwaisten 3 Brüder. Hier diente er ein Jahr als Lector 1690, 3 Jahre als Prediger 1691 ꝛc., und brachte als Pfarrer in Heldsdorf 7 (1696 ꝛc.) und in Rosenau (1701) 2 Jahre zu, worauf er 1703, 22. November zum Stadtpfarrer in Kronstadt erwählt wurde. Nach seinem bescheidenen Urtheil besaß er kein besonderes Genie und Gedächtniß, hatte aber doch ein ausgezeichnetes Judicium, und ward durch seinen unermüdeten Fleiß einer der größten Gelehrten seiner Zeit in der sächsischen Nation. Daher wurde er denn auch im Jahre 1710 von der Birthälmer Gemeinde zu ihrem Pfarrer erwählt, und wäre ohne Zweifel auch von der Geistlichkeit zum Superintendenten gewählt worden, wenn er nicht den Bitten der Kronstädter, welche ihn nicht verlieren wollten, bescheiden nachgegeben hätte¹). Er führte die Kirchen-Visitationen, von denen es seit des Stadtpfarrers Mederus Zeiten abgekommen war, wieder und an Stelle der anderwärts unter den Sachsen A. B. noch gewöhnlichen Sonntags-Nachmittags-Predigten, die Kinder Examina oder Catechisationen²) zuerst ein, hielt als Pfarrer in Heldsdorf mit den jungen Theologen seiner Vaterstadt Disputationen, woher die Tusculanae Holtesdenses entstanden, und ertheilte daselbst auch den Kronstädter Studirenden, welche sich während den Sommer-Schulferien (diebus canicularibus) Quartiere daselbst mietheten, in der lateinischen Gramatik Unterricht³). Doch wurde durch die Gicht, derentwegen er im Essen und Trinken ungemein mäßig war, sowie durch zu anhaltendes Studiren und viel Nachtwachen, wozu sich ein ziemlicher Grad von Hypochondrie gesellte, sein Körper dergestalt geschwächt, daß er nicht eine lange Dauer versprach. Dazu kam, daß er dem 21. April 1710, als dem letzten Tag seines Lebens, in Folge einer nach seiner eigenen Erzählung im Jahre 1704, ihm zu Rosenau gewordenen göttlichen

---

¹) Herrmanns a. u. n. Kronstadt II. 209.

²) Schmelzel Diss: de statu Luth. in Transs. S. 71—72, Note 14

³) Als Stadtpfarrer trug er selbst den Studirenden im kleinen Hörsaale des Gymnasiums die Theologie unter dem Bild der reisenden Psyche vor, hielt mit den Academicis Disputationen auf der Parochie über die Glaubens-Artikel, konnte aber die beabsichtigte Schulen-Reform nicht ausführen. Von seinen Verdiensten um das Schulwesen in Kronstadt, s. Schmelzels Entwurf der vornehmsten Begebenheiten, zum Jahre 1713 und Dück's Geschichte des Kronstädter Gymnasiums, S. 69—75.

Offenbarung, mit Gewißheit entgegensah. Er machte gegen diesen Tag seine letztwilligen Anordnungen und nahm rührend von den Seinigen Abschied. Doch traf seine Erwartung so wenig ein, daß er an jenem Tage, einem Sonntag, die gewöhnliche Predigt und nach dem Gottes-Dienst das Kinder-Examen selbst hielt. — Den beiden Kaisern Leopold I. und Joseph I. hielt er ersterm am 6. Juli 1705 letzterm den 21. Juni 1711 die Exequien, dem K. Carl VI. am 18. November 1711 die Wahlrede, und dem Kronstädter Stadt-Richter Georg Jekel am 29. Juni 1708 die Leichen-Rede in Kronstadt, wurde mehreremale, und insonderheit zu drei Superintendenten-Wahlen, in die Synoden deputirt, vollzog gegen 20 Pfarrers-Ordinationen und Confirmationen, und war 6 Jahre hindurch Dechant des Burzenländer Capitels. Als sich gegen das Ende seines Lebens die Wassersucht bei ihm äußerte, glaubte er davon befreit werden zu können, indem er sich der Behandlung seines geschickten Ordinarii Dr. Lukas Seulen entzog, und einem Neudörfer Bauern anvertraute, dessen merkurialische Pillen ihm einen Speichelfluß und unsägliche Schmerzen im Munde verursachten, so daß er nach etlichen Tagen fast nicht mehr sprechen konnte, und man bis an seinen Tod, der am 14. April 1713 erfolgte, aus seinem Munde nichts als Seufzer und Anrufungen der Vorsehung vernahm [1]).

Im Jahr 1707 hatte er noch einen Streit mit dem Stadt-Richter Andreas Rheter, wegen Bestellung des Markus Francisci zum Prediger in Bartholomä, während welchem er am Ostertag und etliche folgende Sonntage hindurch in der Altstadt predigte, obwohl er in der neuen Stadt Kronstadt wohnte (s. die gedruckte Schrift: Ruhe der Seelen). Sonst war Anspruchslosigkeit ein Hauptzug seines Charakters, und sein Wahlspruch: Serviendo aliis consummimur [2]).

Er war ein guter Musikus und Dichter, hatte eine ungewöhnliche Gewandheit in der lateinischen Sprache und Fertigkeit im Zeichnen, wovon seine vielen Manuscripte, deren Verzeichniß Thomas Tartler in seinem Elenchus alphabeticus Pastorum Barceusium gibt, hinlänglichen Beweis liefern.

---

[1]) Lesenswerth ist sein, von Thom. Tartler alsogenannter Schwanengesang in seinem Umlaufschreiben an das Kronstädter Capitel vom 8. Februar 1713.

[2]) Unter sein Porträt ließ Fronius schreiben:
    Servio quando aliis consummar sub tamen alis
    Christe et praesidio concomitante tuo.

Von seiner ersten Gattin, Catharina, Tochter des Senators Steph. Letz hinterließ er einen Sohn Theodorus († 1721), von der zweiten, Margaretha verw. Joh. Mankesch, Tochter des Neustädter Pfarrers Caspar Rauß aber 2 Töchter, Barbara und Dorothea und einen Sohn Gabriel, der 1751 als Pfarrer von Rothbach starb. Von seiner dritten Gattin Martha, Tochter des Stadthannen Bartholomäus Hirscher, Wittwe des Honigberger Pfarrers Paul Greissing, dann des Rosenauer Pfarrers Martin Albrich, mit welcher er sich den 1. März 1700 verband, und die ihm am 8. Juli 1718 in die Ewigkeit nachfolgte, hat er keine Kinder hinterlassen.

Seine Druckschriften sind:

1. Diss. de τριαδγοωσια primorum N. T. Fidelium, ante publicum Christi Praeconium, Praes. Joh. Deutschmann. Witeb. 1682 in 4. 16 Seite.

   Man findet sie auch in Deutschmanns Sammlung: Theosophia et Triadosophia, Witebergao 1685 in 4, welche Deutschmann dem Superintendenten, Generaldechanten, und der ganzen sächsischen Geistlichkeit in Siebenbürgen zugeeignet hat, weil alle diese Streitschriften von Siebenbürgern vertheidigt worden. Außer dem Fronius sind es: M. Johann Albrich, Johann Mankesch, Andreas Scharsius, Andreas Sattler, Markus Königer, Johann Widmann, Jakob Zultner, Petrus Clostus, und Johann Arz.

2. Diss. Metaphysica, de distinctione, Praesido Christ. Donati Kal. Nov. Witebergae 1671 in 4. 22 S.

3. Diss. de distinctione Totius et Partium, Respond. Joh. Hoch, Parathia — Transsilvano. Kal. Nov. Witeb. 1672 in 4 mit einer Zueignungsschrift an seinen Vater Petrus Fronius 16 S.

4. Eccur prae se ferat aliud, aliud animo destinet, Deus Optim. Max., Praeside M. Marco Fronio, Andreas Nekesch, Cibiniens. Transsilv. propugnabit, anno 1686 d. 3. Februar. Witebergae in 4. 24 S.

   Anstatt der Zueignungsschrift ist ein Brief der von unserm Fronius handelt, aber mir sehr räthselhaft ist. Es ist folgender:

   Illmo de Maurmhir.
   Illme Domine.

   Optarem quidem vel Fronio tuo tantillum inobedientior existere possem, vel ipse mihi obedientiam suam magis probaret; sed rigida ejus virtus (contumacitatem in tacendo puto) eheu quando eam franget, totoque mundo fabricatam in se illius homuncionis protervitatem. — At meum est, ut lubens sim ingratus. Infelix calame, cui altius volare non licet! Tamen secunda vice tibi dedicare constitui et ea adscribere, quae vel maximam partem ex ore ejus hausi, vel eo duc-

tore in auctoribus demonstrata mihi fuerunt, cum ille haec verba ad
me diceret: „En speculum, quod caveat Narcissus". Et cum incusarem tarditatem, respondebat: „Utere tu Pegaso, me fortuna damnavit ad asinam, ad rosas aliquendo mittendam. „Tu ipse velim, ut
judices, quid ulterius hoc in puncto suscipiendum, Me interim apud
cum excusatum habeas, qui per Fronii tui amorem morior
Illmae. T. Dominatiouis
Servus obstrictissimus,
Ph. a S. L. P.

T r.   Eine andere Ausgabe ebendaselbst in 4-to. auf 14 Seiten gedruckt, in welcher jedoch dem Text die Anmerkungen nicht beigefügt sind, enthält auf der Rückseite des Titelblattes den nachfolgenden Brief:

X.
Illmo. de Muarkmhir.

Ns. obsequii gloriam invides, ns. igneis aspernaris nostros, istbunc
quoque furtivorum focorum fumum sustinebis. Vix ille audacter
satis e cineribus prorumpit. Facit tamen stillicidio cum imbribus
commutato. Rodis ungvem? Non ita credas ripae: Aries etiamnum
vellera siccat. Ulbi sorta legebas nuper, ibi remo esse opus memento. Vide autem cui lembo salutem Tuam credis, immo nostram; possitne eo pervenire poenitentia. Ego vero, quid tibi videatur, exspectabo. Vale   Tibi

Tuoque
M. F.

X.

Thomas Tartler in seinem Elenchus historico — alphabeticus
Pastorum Bärcensium berichtet unter andern über unsern Fronius:
„Wittebergae cum celeberimo Mayero" (b. i. Friedr. Mayer s.
Jöchers allg. Gelehrten-Lexikon 3. Th., S. 321) intimo amicitiae
vinculo conjunctus vixit, quocum de eruditionis principatu contendit.
Vide Epistolas ejus ad Familiares, item Dissertationes varias Wittebergae editas 1686 d. 3. Febr. videlicet sub suo praesidio: dedicatam *Mayero ficto nomine* „Eccur prae se ferat aliud, aliud
animo destinet Deus Optimus Maximus."

5. Tusculanae Heltesdenses. Coronae, typis Lucae, Seuleri, M. D. per Stephanum Müller. Anno M. DCC. IV. in 4. 268 S.

     Auf der andern Seite liest man: Dissertationes de SS. Theologia, qui bus Articulorum Fidei omnium connexio methodo scripturaria e septem omnino S. Sc. Locis deducta, commonstratur, ventilatae, Praeside Marco Fronio, P. M. et n. Past, Cor. quorum nomina dabunt singulae, Sie sind gesprächsweise und in latonischer Schreibart verfasset. Davon die I. Ingressic. Act. XIV. 17. Respond. Simone Gust. Rosis. XIII. Kal. Dec. 1701.

II. De Theologiae Praecognitis. Tit. I. 1—3. Respond. Trostfried Greißing, Cor, Rosis, Prid. Id. Dec. 1701.

III. De Theologiae subjecto, quod est homo peccator. Rom. V. 12 Resp. Nathan. Trausch, Cor. Rosis, III. Non. Febr. 1702.

IV. De salutis nostrae caussis. Joh. III. 16—19. Resp. Luca Kolbio, Cor. Rosis, VI. id. Mart. 1702.

V. De conferendae salutis modo. Tit. III. 4—7. Resp. Valent. Igel, Rosis, Non. Jul. 1703.

VI. De Mediis salutis humanae. 1 Joh. V. 8. Resp. Mart. Albrich Rosis, Prid. Non. Aug. 1703.

VII. De Ecclesia. Eph. IV. 15 sequ. 30 Resp. Joh. Barbenio, Cor. Rosis, Prid. Non. Aug. 1703.

VIII. De Novissimis. 1 Cor. XV. 22—24, 28. Resp. Georg. Drauth, Jun. Rosis, Domin. XVII. p. Trin. 1703.

IX. Conclusio. Act. XX. 27 Resp. Josepho Schobel, Cor. Prid. Kal. Jun. 1704. Hier rechtfertigt Fronius zugleich die Aufschrift seines Werks.

Unfehlbar redet Schurzfleisch in seinem 27 Briefe von diesen, wenn er an den Verfasser schreibt: Meditationes tuae nitorem orationis praeferunt et subtiliter arguteque conceptae, pariter atque confectae sunt, quas multa cum voluptate perlegi; exemplum hoc sequantur alii et tersum accuratumque scribendi genus afferant, partesque suas recte agant. —

Tr. Diese Tusculanae Heltesd haben nach 1½ Jahrhundert eine rühmliche Würdigung erhalten in den Kronstädter Blättern für Geist, Gemüth und Vaterlandskunde vom 1. und 8. April 1857 Nr. 13 und 14, durch den Marienburger Pfarrer J. G. Giesel.

6. Patriam quaerens Exul Psyche!

    Terra domus animis non est accommoda nostris,
        Altius it nostrae conditionis honos.
    Qui nimium terras amat et mortalia tecta,
        Fallitur. Est alio patria nostro loco.
    Hic sumus extorres, alienaque regna tenemus,
        Sub gravis exilii servitiique jugo. I. B.

In placidum eruditorum examen vocata, a Marco Fronio, P. D. P. C. *(Pro-Decano, Pastore Coronensi.)* Coronae, 1705, curr, Febr. in 8. 208 S.

7. Der Artikel von der Busse, in etlichen Sermonen fürgestellt, aus den Worten des Propheten Joels, II. 12—14. Kronstadt, in der Seulerischen Druckerei. Druckts Steph. Müller. 1707, in 8. 196 S.

8. Ordinationspredigt, als Herr Simon Draub, Gymn. Coronensis Loctor, zum Pfarrer in Rothbach ordinirt und installirt wurde, im Jahre Christi, 1709 den 12. Horn. Kronstadt in 8. 32 S.

9. Enchiridon oder kleiner Katechismus. Ebendas. 1709 mit Kupfern, in 8-vo. XXIV. 126 S. [1]

10. Die heimliche und verborgene Weisheit Gottes, welche Gott verordnet hat vor der Welt, zu unsrer Herrlichkeit. 1. Theil. In sieben Sprüchen heil. Schrift entworfen, seinen Kindern aber gezeiget, von M. F. P. C. Ebendas. in 8. 96 S.

11. Sprüche, woraus die Glaubensartikel in schriftmäßiger Ordnung nach Anleitung der sieben Grundsprüche, welche unterm Namen der himmlischen und verborgenen Weisheit Gottes, herausgegeben und abgehandelt worden. II. Theil. Ebendas. 1710 in 8. 64 S. Davon erschien die 4. Auflage 1757. 8-vo. 54 S. und die 5. Auflage 1765. 8-vo. 54 Seiten.

12. Die von unserm Herrn Jesu allen denen zu ihm Kommenden und Beladenen versprochene Ruhe der Seele, in einer Festandacht betrachtet, zu Kronstadt, im Augustmonate des Jahres 1711. Ebendaselbst in 8. 40 S. [2]

13. Ordinationspredigt, als Herr Georgius Marci, aus Kronstaat nach Klausenburg berufen worden, über Matth. XXVIII. 18—20. Ebendas. 1711 in 8. 32 S.

14. Ists auch recht? Bei dem betrübten Falle eines Eigenmordes abgehandelt. Kronstadt 1712, Am Sonntage Trinit. über das ordentliche Evangelium, von M. F. C. D. in 8. 34 S.

15. Von der zum Himmel führenden heimlichen und verborgenen Weisheit, wie sie uns Gott durch seine Propheten und Apostel hat wissen lassen. Psal. 51,8. 1. Cor. 2,7. Kronstadt, bei Lucas Seulern M. D. Druckts Stephanus Müller 1704. 8-vo. 39 S.

16. Cum coelum levius sit, sitque gravissima terra,
    Quare plus ista ponderis illud habet?

---

[1] Fronius hat eine Vorrede, Einleitung und drei Lieder beigefügt.
[2] Ueber Luc. XXII. 24—30.

Obscura est terra, et parva est, dat obebriculosa
  Gaudia inops rerum est, deniqu plena malis;
At coelum illustre est, tegit omnia, et omnia transit:
  Absunt inde vices, nescit item lachrymas:
Marte ac Morte caret, nil dat nisi gaudia plena
  Solum felices aut facit, aut recipit.

  Recte judicavit adeo
Pietatisque juxta et prudentiae argumentum reliquit
  Samuel Sinonius,
  Veri piique Studiosus,
dum illam cum isthoc A. MDCC. d. 21. Martii commutavit.
  Terra vale, dixit, salve, dixit quoqve, coelum
  Illic sunt luctus, hic habitare bonum est.
  Impressum Coronae, Typis Lucae Seuleri M. D. 8-vo. 29 S.

In der Handschrift hat Fronius hinterlassen:

1. Epithalamium in nuptias Georgii Cantacuzeni Principis Valachiae Coronae d. 8. Martii 1689 celebratas.
2. Visitationsbüchlein. (Ist im Jahre 1868 im Druck erschienen, s. den Art. Traufchenfels.)
3. Κυρζο-λαβατζολογια. Eine Geschichte des letztern Malkontenten-krieges, da die Rákoczi'schen Mißvergnügten, wahrscheinlich von den alten Cruciatis, Kuruzen genannt wurden, die ungrischen Hußaren aber, welche für den Kaiser Leopold fochten, Labanzen. Dieser letztere Name ist noch unter den Botschkaischen Unruhen aufgekommen; dagegen hieß man die Botschkaischen, zu ihrem größten Aergernisse, Durbanten.[1])
4. Historia Biblica, ab Orbe condito, ad usque Messiae adventum. Anno 1690.
5. Aestivae Musarum umbrae. A. 1690.
6. Diaconus Barcensis. 1705.
7. Hypotheses de Vocatione.
8. Catechismus Lutheri, commentatione illustratus. 1706.
9. Cursus Theologicus in Tabellis.
10. Eine deutsche Theologie. 1702.

---

[1]) S. hievon ein Mehreres im Ungr. Magazine, S. 221 des I. Bandes.

11. Tr. Brevis ac succincta Dialysis Thesium Papisticarum cujusdam Josephi Malavalette. (Das Original ist in der Kronstädter Gymnasial=Bibliothek und hat 78 Oktav=Seiten.)
12. Oratio inauguralis de studiorum impedimentis in Transsilvania habita a. M. M. Fronius, Rectore Coronensi, Coronae 1690.

Aus dem erwähnten Thomas Tartlerischen Verzeichnisse und zum Theil nach eigener Anschauung bezeichne ich von Froniusischen Handschriften, deren Tartler 88 Stücke anführt, namentlich noch folgende:

13. Reliquiae ex incendio (scil. Coronensi) 1689.
14. Fatalis urbis (scil. Coronensis) exustio. 1689. 4-to. Ein Auszug hat den Titel: Corona in coeno 1689 in Fol.
15. Joci quotidiani. 1689. 8-vo.
16. Nova prisca. 1690, 1691. 8-vo.
17. Fata 1692, 1693, 1694. 2 Octavbände.
18. Fasti Heropolitani 1697. 1698. 8-vo.
19. Nova Ecclesia et Schola ad Brassobi radices. 1703 sequ. 8-vo.
20. Epocha nova Czeida Drauthificata 1706. 8-vo.
21. Diaria ab anno 1706—1712. In 9 Bänden.
22. Rudimenta cosmographica Heldopolitana. 1697. 8-vo.
23. Tabulae chronologicae 1695. 8-vo.
24. Volumen Epistolarum familiarium b. Mag. Marci Fronii ad alios. 4-to.
25. Rerum Transsilvanicarum Annales. 4-to.
26. Consilium de Schola (s. Dück's Geschichte des Kronstädter Gymnasiums, S. 70.)

Die meisten dieser Handschriften sind nicht mehr vorhanden. Die hier nicht benannten enthalten die gesammten Predigten, katechetischen, physikalischen, mathematischen und mehrere andere wissenschaftliche Arbeiten von Fronius.

In dem „Geistreichen Kronstädtischen Gesangbuch" ꝛc. (s. Seite 223 dieses Schriftsteller=Lexikons) stehen zwei Lieder von Fronius Nr. 631 und 772, von welchen das letztere die Uebersetzung eines andren aus dem Lateinischen des Fronius ist.

Selv. In Schurzfleisch's Epistolis arcanis 1712 befinden sich drei Briefe an Fronius und in dem letztern über diesen ein sehr günstiges Urtheil. S. Epist. CXI.—CXXVII und CCLXX.

Fronius Martin Gottlieb,

Tr.

Sohn des Kronstädter Arztes Dr. Andreas Fronius, geboren zu Kronstadt am 13. Mai 1743, studirte die Arzneikunst an den Universitäten zu Jena 1762 und zu Halle 1763 ꝛc., wo er im Jahr 1765 Doctor der Medizin wurde.

Nach seiner Rückkehr in das Vaterland, nahm er den Ruf zum Physicus in Mediasch an und widmete sich demselben mit verdienter Anerkennung. Er starb unverhofft in Kronstadt, wohin er gereist war, seine Verwandten zu besuchen, am 18. August 1792. (Siebenbürg. Quartalschrift III. 84.)

Dissertatio inauguralis medica de differentia graduali morborum malignorum. Praeside Andrea Nunn. Pro gradu Doctoris die 20. April 1765. Erfordiae, Stanno Nonniano. 4-to. 34 S.

Fronius Matthias,

Tr.

geboren in Kronstadt am 28. Februar 1522, war der Sohn des am 16. August 1567 verstorbenen Petersberger Pfarrers Andreas Fronius[1]), studirte unter Luther und Melanchton an der Universität zu Wittenberg 30. März 1543 folg.[2]), wurde Lehrer, und 1545—1546 Rektor am Gymnasium zu Kronstadt[3]), und war vom Jahre 1545—1569 Stadt-Notarius und zugleich Senator bis zum Jahre 1573, in welchem er zufolge gesetzlicher Wahl das Stadthannen-Amt bekleidete. Er trat sofort wieder in die Reihe der Raths-Mitglieder ein, wurde im Jahre 1588 nebst dem Pro-Judex Peter Hirscher zu Mitrichtern des erkrankten Stadtrichters Lukas Hirscher († 30. April 1590 in einem Alter von 71 Jahren gewählt[4]), starb aber schon in dem Jahre des Antritts dieses Amtes 1588[5].

---

[1]) Der Großvater Daniel Fronius starb als Stadtrichter im Jahre 1500, wie dies dessen Grabschrift in der evang. Stadtkirche zu Kronstadt bezeugt: „Daniel Fronius Senator et Judex Incl. Reipublicae Coronensis per XXVI annos maxime claruit. Obiit anno MD. cum vixisset annos CXI menses IX. Quiescat in pace."

[2]) Archiv des Vereins N. F. II, 136 und diese Denkblätter S. 158.

[3]) Dücks Geschichte des Kronstädter Gymnasiums S. 44 und 146.

[4]) Chronikon Fuchs etc. Ed. Trausch I. S. 81.

[5]) Nach genealogischen Familien-Aufzeichnungen, von welchen die älteste im Jahre 1617 auf Pergament geschrieben worden ist, hatte Matth. Fronius von drei Gemalinen 12 Söhne und eine Tochter. Diese starb im Jahre 1572 an ihrem

Die Werke desselben sind:
1. Sciv. Statuta Jurium Municipalium Saxonum in Transsilvania, opera Math. Fronii. revisa, locupletata, cum gratia Regia et Privilegio decennali 1583 in 4. Zu Ende liest man: Impressum in Inclyta Transsilvania Corona. 113 S.

Auf der andern Seite ist ein gekrönter Schild mit dem polnischen Adler, in dessen Brustschilde das Báthori'sche Geschlechtswappen oder drei Wolfszähne erscheinen. Darauf folgt: Georgii Helneri, Coron. Carmen ad Sereniss. Regem Poloniae, Stephanum Bátori, ejus nominis I. Victorem et Triumphatorem potentiss., alsdann Paul Kerzii, Coron. Med. D. Elegia ad Consules, Judices, Juratosque Senatores Civitatum, ac Sedium Saxonicarum in Transsilvania. Hier schreibt dieser gelehrte Arzt von unserm Fronius:

Hochzeitstage. Von den Söhnen aber pflanzten nur drei ihre Familie fort, welche in der männlichen Linie der am 17. März 1855 in Hermannstadt verstorbene k. k. Oberkriegs-Commissär Heinrich von Fronius geschlossen hat. — Mathias Fronius selbst ist von Manchen (u. a. sogar von G. v. Herrmann in dem Alten und neuen Kronstadt I 437–439) mit seinem gleichnamigen Sohne verwechselt worden. Ganz richtig schreibt daher Seivert: „Wann Fronius gestorben, ist mir unbekannt. Denn Mathias Fronius, der den 27. März 1609 als Richter zu Kronstadt starb, scheint mir dessen Sohn gewesen zu sein." Als gewiß gibt das Todesjahr (ohne Anführung des Tages des Absterbens Martin Ziegler (s. d. Art.) in seiner Handschrift: „Virorum Coronae illustrium vita etc. mit den Worten an: „Anno 1588 obiit Vir generosus atque amplissimus dominus Mathias Fronius, Reipublicae Coronensis Judex dignissimus, Statutorum provincialium conditor"; — und diese Nachricht gewinnt dadurch an Glaubwürdigkeit, daß a) der nachmalige Richter Mich. Weiß unsern Fronius schon im Jahre 1590, als Weiß sich in Kronstadt niederließ, unter allen in seinem Tagebuche namentlich angeführten Rathsmitgliedern nicht erwähnt; und b) jener Mathias Fronius, welcher laut dem Weissischen Tagebuch erst im Jahre 1596 wirkliches Mitglied des Kronstädter Rathes wurde, nach Statut I. B. 1. Tit. 2. § nicht der frühere Stadtrichter, sondern nur der jüngere dieses Namens sein konnte, welcher geb. 1568 sofort 1603 Stadthann und 1608 Stadtrichter wurde, und am 27. März 1609 (zwar seit 1592 verehlicht, jedoch) kinderlos starb, und jedem Rathsgeschwornen zwei harte Thaler, sowie jedem Hundertmann einen Dukaten vermachte. (Deutsche Fundgruben der Geschichte Siebenbürgens N. F. Herausgeg. von Dr. v. Trauschenfels S. 66, 135, 137, 140, 141, 252.) Endlich c) Sagt Michael Weiß (Fundgruben N. F. S. 141) ausdrücklich: „Anno 1610 in locum Judicis defuncti substituitur Frater Michael Fronius". Dieser letztere war aber der unbezweifelte jüngere Bruder des jungen Mathias Fronius (geb. 1575, gest. 3. Januar 1615), und hatte 1615 zum Nachfolger im Rath den jüngsten Bruder Daniel Fronius (geb. 1578, gest. 19. März 1631. Fundgruben ic. N. F. Seite 335.)

Tu quoque carminibus semper celebrabere nostris
  Pro studio et meritis, Fronie docte! tuis.
Cui virtus, doctrina, fides, pietatis alumna,
  Verus sincerae Religionis amor,
Aeternam laudem peperit, gratumque favorem
  Multorum et dulces junxit amicitias.
Vive, valeque diu, Musarum candide fautor!
  Ac superes Pylii secula multa senis.

Diese Rechte sind von dem Verfasser größtentheils aus Honterus Compendium Juris und Bomels Auszug der sächsischen Rechte, gesammelt, vermehrt und zuletzt von dem berühmten Grafen der sächsischen Nation Albert Huet (Süveg) und den gelehrten Kronstädtischen Rathsherren Lukas und Petrus Hirscher, kritisch durchgesehen worden. Die Abgeordneten, welche sie im Namen der sächsischen Nation dem Könige von Polen, zur Bestätigung überreichten, waren außer dem Fronius und Albert Huet, Dominikus Dietrich, Königsrichter zu Schäßburg, Joachim Koch, Bürgermeister zu Medwisch und Kaspar Budaker, Richter zu Bistritz. Zu den vorhergehenden Zeiten bediente man sich bei gerichtlichen Fällen des Rechts des Herkommens und der alten Gewohnheiten, die oft seltsam genug waren; zu Hermannstadt aber insonderheit eines handschriftlichen Gesetzbuchs, das der Bürgermeister Thomas Altenberger 1481 verfertigen ließ. Es enthielt das Nürnbergische und Iglauische Stadtrecht. und war auf Pergament in Folio, mit schön ausgezierten und stark vergoldeten Anfangsbuchstaben geschrieben. Mehreres davon habe ich in einem Briefe von den Rechten der Sächsischen Nation in Siebenbürgen gesagt, der sich im V. Jahrgange der Wiener Anzeigen S. 212 — befindet, wie auch im Ungr. Magazine I. Bandes 2. Stücke.

2. Der Sachsen im Siebenbürgen Statuta: Oder eigen Landrecht. Durch Matthiam Fronium übersehen, gemehrt und mit Kön. Majest. in Pohlen Gnad und Privilegio in Druck gebracht. Anno M. D. LXXXIII in 4. 199 S.

Auf der letzten Seite: Gedruckt in Kronstadt in Siebenbürgen durch Georg Greus, in Verlegung Herrn Mathiä Froni. Schmeltzel muß diese ersten Ausgaben nicht gesehen haben, sonst würde er in seiner Bibliotheca Hungarica, Sect. II. de Scriptoribus Transsilv. nicht behaupten: die lateinische sei 1583 zu Hermannstadt gedruckt, und die deutsche, die einen ihm unbekannten Uebersetzer habe, sei später erfolgt. Bei den sächsischen Gerichten bedient man sich eigentlich nur der deutschen oder sächsischen Sprache, also auch nur dieser Uebersetzung, und vielleicht weiß wohl mancher Richter, bei allem Stolze auf seine Einsichten nicht einmal, daß das Original unserer Nationalrechte lateinisch sei. In diesem deutschen Kleide sind sie in der Folgezeit mehrmals gedruckt worden, als: 1681 durch Stephan Jüngling zu Hermannstadt 4-to. 150 S. und ebendaselbst 1721 durch Johann Barth.

4-to. 102 S. Die neueste Ausgabe, lateinisch und deutsch, nebst einer Erläuterung derselben, ist die Reissenfelsische zu Leipzig 1744. 4-to. 110 S.

Tr. Den vorstehenden Bemerkungen Seiverts fügt der Verfasser der gegenwärtigen Denkblätter bei:

A. Der lateinischen Ausgabe vom Jahre 1583 ist auch ein Abdruck des dem Mathias Fronius und seinen Nachkommen vom König Stephan Báthori mittelst Adelbriefes vom 13. März 1583 verliehenen Wappens, der deutschen aber nur das oben beschriebene Báthori'sche Geschlechtswappen beigefügt. In dem nicht beigedruckten Privilegium vom 3. April 1583 sagt K. Stephan Báthori: „Quod quum Fideles Nostri Universitas Saxonum Transsilvanorum Jurium municipalium suorum Confirmationem accepissent a Nobis, atque in eis perscribendis et in ordinem redigendis Fidelis Nobis dilectus Egregius *Mathias Fronius* Juratus civis civitatis nostrae Coronensis praecipuam operam navasset, ne ab aliis fructus laborum suorum interverteretur etc. etc. — benigno illi annuendum — id duximus atque sanciendum hoc praesenti *Edicto nostro*, ne quisquam praefata Saxonum nostrorum Jura a primo editionis eorum tempore intra decennium absque ejus permissu edere, publicare aut alibi edita et typis impressa in quascunque Ditiones nostras importare vendere, distrahereque audeat, sub poena confiscationis Librorum et 500 ungaricalium aureorum, quorum tam librorum, quam aureorum pars dimidia Fisco, altera parti laesae applicetur" etc. etc.

B. Einem dem Christoph Gotsmeister gehörig gewesenen Exemplar der 1583ger Ausgabe der deutschen Statuten, in welches dieser eigenhändig einschrieb:

„Dieß Recht hab' ich nicht selbst erdacht
Es haben's die Alten auf uns gebracht,
Unsere liebe Vorfahren,
Kann ich's, so will ich's auch bewahren;

ist eine Uebersetzung der Statuten in die ungrische Sprache beigebunden, an deren Ende es heißt: „Finitum anno domini 1644 die 13 mensis Martii." Ob diese Uebersetzung nicht schon früher zu Stande kam? habe ich nicht ermitteln können, jedoch ungarische Uebersetzungen aus neuerer Zeit öfter, aber nur in Handschrift zu Gesicht bekommen.

Zwar veröffentlichte Joseph Intze v. Dálnok im Jahre 1830 eine: „Hiradás" (d. i. Ankündigung) über eine unter dem Titel: „Honnyi

Törvény" mit Bewilligung der kön. Landes-Regierung vom Jahre 1830, Zahl 7680 herauszugeben beabsichtigte ungarische Uebersetzung des sächsischen Municipal-Rechtes, — gedruckt bei Johann Gött in Kronstadt, 4-to. 14 Seiten. In dieser Ankündigung ist der Inhalt jedes § der Statuten und das Verzeichniß der Pränumeranten-Sammler angegeben. Allein die Herausgabe selbst unterblieb wegen Mangel an Pränumeranten, — und der Uebersetzer beschränkte sich auf die Herausgabe der hier weiter unten (lit. F.) angeführten sächsischen Proceßordnung in ungrischer Sprache.

Eine Uebersetzung in neugriechischer Sprache hat Dr. Zachariä, Sohn des berühmten Heidelberger Professors, in einer Handschrift in Griechenland entdeckt (s. Transsilvania vom Jahr 1840 Nr. 95 Seite 384).

C. Die Aufgabe, welche sich der geheime Justizrath und Professor der Rechte zu Breslau **Dr. Ernst Theodor Gaupp**, berühmt durch seine Schriften über altdeutsche Land- und städtische Rechte, in Folge einer vom Ausschusse des Vereins für siebenbürgische Landeskunde unterstützten Anregung des Verfassers dieser Denkblätter gestellt hatte, die Frage: „Ob sich zwischen den Gewohnheiten der Sachsen in Siebenbürgen, und gewissen deutschen Land- und Stadt-Rechten eine genauere innere Verwandtschaft darthun und dießbezüglich über die Quelle der sächsischen Statutar-Gesetze eine bestimmte Auskunft gewinnen lasse?" in einer besonderen Abhandlung zu lösen, hat Dr. Gaupp leider nicht gelöset. Sein am 10. Juni 1859 erfolgter Tod vereitelte die Erfüllung seines diesfälligen Versprechens.

Eine Monographie über die Verwandtschaft der Statuten der Siebenbürger Sachsen mit jenen der Zipser Sachsen (letztere in Wagners Analectis terrae Scepusiensis I. 240—261 und correcter in Michnay und Lichners Ofner Stadtrecht, Preßburg 1845, Seite 221—235 gedruckt) — über welche Eder in Comment. do initiis Saxonum Seite 133 blos im Allgemeinen sagt: „Leges hospitum Scepusiensium vestustissimae Statutis Saxonum Transsilvanorum perquam adfines sunt" — wäre eine würdige Aufgabe für den rechtsgelehrten Professor Schuler v. Libloy.

In dem zu Kronstadt im Jahre 1818 gedruckten walachischen Gesetzbuche des Fürsten der Walachei Johann Georg Kárádsa (Fol. II. 108 Seiten) und in dem Gesetzbuche für die Moldau vom Jahre

817 (f. b. Art. Flechtenmacher) befinden sich viele, wenn nicht wörtlich mit den sächsischen Statuten übereinstimmende, doch denselben analoge Gesetzesstellen.

D. Neuere Ausgaben der **lateinischen Statuten** hat man von den Jahren:

1711 in Hermannstadt gedruckt in 4-to. 68 Seiten nebst Register.

1779 in Klausenburg in 4-to. 61 S. sowohl, als auch in 8-vo. 94 S. und wieder

1815 in Klausenburg in 4-to., XIV. 64 S. als Anhang zu den Approbatis et Compilatis Constitutionibus Transsilvaniae. Der letztern Ausgabe ist ein umständliches Register vom Gubernial-Secretär Stephan Halmágyi beigedruckt. 70 S.

Ferner sind dieselben vollständig abgedruckt im P. Johann Szegodi's Tripartit. Juris hungarici Tyrocinium Part. III. tit. 3, § 35.

Am Ende des Gedichts des Doktors Paul Kerzer, welches den lateinischen Statuten vorgedruckt ist, nennt der Dichter die Männer, welche die Froniusische Arbeit geprüft haben, nemlich: Martinus Borsovicii, Joannes Vaida, Albertus Hutterus Judex regius, Lucas Hirsorus und Petrus Hirsor, deren Namen in den unmittelbar den von Seivert in seiner Note zu Nr. 1 angeführten 8. Versen vorhergehenden 10 Zeilen: Multum At Retribuaus TIbi NII mina Summa etc. etc. bis Ingenuo Rectum SempER amore colit" mit großen Buchstaben eingedruckt sind.

E. Neuere Ausgaben der **deutschen Statuten** sind erschienen: Im Jahre 1779 in Hermannstadt. 4-to. VI. 117 S. und alphab. Register. Im Jahre 1839, ebendaselbst bei den Martin v. Hochmeisterischen Erben (o. J.) 4-to. VI. 117 Seiten und alphabet. Register. 16 S.

F. Hieher gehörige Abhandlungen, Commentare u. s. w. über das Municipal-Recht der Siebenbürger Sachsen haben verfaßt: Lorenz Töppelt, Georg und Johann Georg Reußner von Reußenfels, Carl v. Steinburg, Johann Carl Albrich, Simon Schreiber, Joseph Trausch, Michael Mös, Friedr. Schuler v. Libloy, Friedrich von Sachsenheim (s. die Artikel), — sowie auch Joseph Intze v. Dálnok. Az Erdélyi Szász Nemzetnek Törvénykezés módja. Brassóban 1837. 8-vo. XI. 630 S.

Steph. Banó Jus romanum privatum, secundum Vestigia Clar. Viri Antonii Haimberger ad Statuta jurium municipalium Saxonicae Nationis in Transsilvania applicatum. Claudiopoli 1842. 8-vo. XV. 630 S.

Bei dem Vortrag des römischen Privatrechts am Klausenburger Lyceum wurde ehemals auf das Privatrecht der sächsischen Nation keine Anwendung gemacht, — bis endlich mittelst Hofdecret vom 13. März 1833, Hof-Zahl 1949 im 7. Punkte verfügt ward: „In tradendo Jure Romano ad Statuta Saxonum peculiariter reflectendum esse". Dieser Vorschrift genügte Stephan Banó, Professor der Rechtswissenschaften am Klausenburger Lyceum, durch diese Arbeit und seine darüber gehaltenen öffentlichen Vorträge, wofür er von der sächsischen Nations-Universität fünfzig Dukaten erhielt.

Ladisl. Nagy de Branyicska Jus Transsilvanico Saxonicum. Claudiopoli 1845. 8-vo, IV. 216 S. und Anhang: Syntagma certarum contrarietatum et dubietatum e Statutis desumtaerum et resolutarum. XXXIX S.

(Der sächsischen Nations-Universität zugeeignet.)

Abhandlungen über Rechtsfragen und einzelne Stellen des Statutar-Gesetzes in verschiedenen Zeitschriften, z. B. Juridische Bemerkung zum 2. Buch, 5. Tit. 9. § in der Siebenb. Quartalschrift V. 184—185.

Aehnliche Arbeiten verschiedener praktischer Juristen unter den Siebenbürger Sachsen aus älterer und neuerer Zeit kommen in Handschriften vor, wie z. B. „Georgii Herrmann Quaestoris Coronensis († 24. Juni 1763) Annotata in Statuta Saxonum Transsilv. 1761" u. a. m.

G. Ueber die Rechtspflege in der sächsischen Nation vor und nach dem Jahre 1583 sehe man außer den in Seiverts Note obenangeführten Wiener Anzeigen V. 212 und Ungr. Magazin I. 169 bis 173 die siebenbürgische Quartalschrift IV. 121 ꝛc. Transsilvania, Zeitschrift von Benigni und Neugeboren II. 100 ꝛc. ꝛc. Die Beschreibung des nun in der Freiherrlich Samuel v. Bruckenthalischen Bibliothek im Original aufbewahrten Thomas Altenbergerischen Gesetzbuchs, s. in Kurz Magazin 2. Band, Note zu Seite 137—139 und in Schuler v. Libloy's Ausgabe der Statuta jurium municipalium vom Jahre 1853, Seite 1 und 2.

H. Noch muß zur obigen Seivertischen Note bemerkt werden, daß aus der berücksichtigungswerthen Vorrede, welche Math. Fronius der ersten Ausgabe der deutschen Statuten vorausgeschickt hat, unter Andern auch erhellt, „daß der Froniusische Entwurf auf die Aufforderung der sächs. **Nations-Universität** an alle sächsischen Städte, und durch den Kronstädter Rath insbesondere an M. Fronius, — von ihm neu geordnet, berichtigt und mit Berücksichtigung der Gewohnheits-Rechte der Städte, der Privilegien der Sachsen und des römischen Rechts mehrere Punkte und Rechtsfälle beigefügt, dann aber diese Fronlusische Arbeit sowohl durch die **sächsische Nations-Universität,** als auch auf Befehl des K. Stephan vor der Bestätigung durch den Kanzler Martin v. **Berzewicz** [1]) und die Rechts-

---

[1]) Martin von Berczewiczy stammte aus einer der ältesten sächsischen Familien, in der Zips ab, welche im 14 und 15. Jahrhundert in beständigem Haber mit der ebenfalls sächsischen Görgei'schen Familie war (Kaltenbäcks österr. Zeitschrift. Wien 1837, S. 195—196 und 198-200), und war in seiner Jugend Secretär des Palatins Thomas von Nádasd, dann Notarius juratus bei der kön.-ungarischen Hof-Kanzlei. Im Jahre 1563 ernannte ihn K. Maximilian II. zum Aulac Familiaris (k. ungr. Truchseß, s. Schwartners Statistik II. 81). Endlich trat er als Kanzler von Siebenbürgen in die Dienste Stephan Báthori's, Fürsten Siebenbürgens und nachherigen Königs von Polen, und begleitete ihn nach Polen, wo er zum Ritter, Freiherrn von Donbaug und Capitän von Stargard erhoben, am 16. Dezember 1596 starb, und am 30. April 1596 im Maßek begraben wurde. Er hatte 1577 von Albert Friedrich, Markgrafen von Brandenburg das Landgut Leistenau oder Niswip in Preußen erhalten, das ihm K. Sigmund von Polen als Ober-Lehensherr 1588 bestätigte. Er correspondirte mit Muretus, wie seine Briefe an ihn Lib. I., Ep. 45, p. 511. Lib. II., Ep. 5, p. 587, beweisen. Schmal in seinen Adversariis Cap. 7, Sect. 1, p. 159, rechnet ihn unter die ersten, die auf die deutschen Universitäten hinausgingen. Seine Söhne Johann und Christoph verkauften 1613 ihre ungarischen Güter an die nächsten Verwandten. Da Johann viele Schulden hinterlassen hatte, so mußte seine Witwe 1653 auch seine preußischen und polnischen Güter verkaufen, und so verschwand der Name Berzevicy in Polen. Doch blühet er noch in Ungarn, wo sich in neuerer Zeit Gregor v. Berzeviczy (geb. in Groß-Lomniz 15. Juni 1763 und gest. ebendas. 24. Febr. 1822) um seine lutherischen Glaubensgenossen, und zum Theil um das ganze Vaterland verdient gemacht hat.

Die Geschichte der Görgeischen Familie beginnt mit der Einwanderung der Sachsen unter K. Geysa II. in die Grafschaft Zips in die ungarischen Bergstädte und in Siebenbürgen, auf welche Colonisirung selbst das Wappen der Görgei'schen Familie deutet, nemlich wilde, nackte, sächsisch mit Eichenlaub bekränzte und gegürtete Männer, auf den Karpathen stehend und ganze Bäume entwurzelnd (S. die Familie

Gelehrten Syndicus Dr. Heinrich Lemka, Johann Torbek, Secretär der Stadt Danzig und kön. Legaten und Simon Brunschwig, kön. Fiscal von Preußen in Nepolemitza geprüft und verbessert wurden."

I. Zufolge des kaiserlichen Patents vom 29. Mai 1853, welches dem gleichzeitig in deutscher, ungarischer und romänischer Sprache veröffentlichten „Allgemeinen österreichischen Gesetzbuch", „kundgemacht mit dem Patente vom 29. Mai 1853 in dem **Groß-** „**fürstenthume Siebenbürgen** sammt den auf dieses Gesetzbuch sich „beziehenden, in dem Anhange enthaltenen nachträglichen Verord= „nungen, Wien aus der k. k. Hof- und Staats=Druckerei 1853. „8-vo. 1. Theil XXIV. 110 S. 2. Theil 395 S. 3. Theil 56 „S., nebst alphab. Register CLXXVI S. und Anhang zum allg. „bürgerl. Gesetzbuche für Siebenbürgen 119 S." — Seite III bis XX vorgedruckt ist, wird seit 1. September 1853, sowie in ganz Siebenbürgen, also auch in der sächsischen Nation dieses neue allg. bürgerl. Gesetzbuch befolgt, und hat damit die Wirksamkeit des sächsischen **Privat**- oder **Statutar-Rechts** mit dem **31. August 1853** aufgehört.

Endlich kann nicht unerwähnt bleiben, daß Bob in seinem ungrischen Athen S. 140 unsern Fronius unrichtig für den Verfasser der Diatribe „Antikorzius", erklärt, und daß Weszprémi in Biographia Medicorum Hung. Cent. II., pag. 110—111 dies wiederholt und dazu beifügt, daß Antikorzius im Druck herausgekommen sei. Das Buch ist blos Handschrift und der Verfasser Daniel **Reipchius** (s. d. Art.).

Ebenso unrichtig wird von Andern unserm Fronius die **Kronstädter Wand-Chronik** zugeschrieben (s. d. Art. Kertzius).

Tr.   **Fronius Michael,**

der jüngste Sohn des Neustädter Pfarrers Petrus Fronius und Bruder des Magister Marcus Fronius, geboren in Neustadt 1675. Da er seinen Vater frühzeitig verlor, so vertrat sein ebenerwähnter Bruder Vaters-

---

Görgey von Dr. Rumy in Kaltenbäcks österr. Zeitschrift, Wien 1837, S. 195.) — Dieses Wappen erinnert an das älteste Nationalsiegel der Siebenbürger Sachsen auf dem Titelblatte der Eberischen Commentatio de Initiis Saxonum etc.

Stelle, welche Sorge dann ihr gemeinschaftlicher Stiefvater, der Stadt-Richter Georg Jeckel mit demselben theilte. In Bölön brachte er 1692 mit seinem Bruder Daniel 8 Monate zu, um von Mich. Dombah die ungr. Sprache zu erlernen, bezog dann das Enyeder Collegium 1694 im Januar, wo er bis zum folgenden Jahr unter den Professoren Enyedi, Kolosvári und Pápai hauptsächlich das Studium der Grammatik und Poesie betrieb. Zu Anfang des Jahres 1696 begab er sich nach Wien, um bei der neuerrichteten siebenbürgischen Hof-Kanzlei durch Verwendung des Hof-Secretärs Georg Czako anzukommen. Da indessen die Hof-Kanzlei nur noch die Herren: Samuel Kálnoki, Andr. Szentkereszti, Andr. Henter, Georg Czako, Franz Pálfi und etliche Kanzlisten zählte, somit noch nicht völlig organisirt war, so verließ er Wien am 9. November 1696 und reiste über Prag und Dresden nach Wittenberg, wo er am 29. Novemb. mit seinem Bruder Daniel zusammentraf. Hier studirte er bis zur Ostermesse 1697 unter M. Schöning und Peisker, von der Zeit an hingegen in Leipzig sammt seinem Bruder Daniel durch 3 Jahre unter den Professoren Weidling, Frankenstein, Menke, Rüssel und M. Roth, worauf er am 19. Oktober 1699 Leipzig verließ, eine Reise über Weissenfels, Naumburg, Jena, Weimar, Erfurt, nach Frankfurt am Main, Mainz, Köln und Nimwegen in Holland, ferner Utrecht, Amsterdam, Leiden, Hag, Roterdam ꝛc. und von da wieder zurück auf der See nach Hamburg machte und über Berlin und Wittenberg nach Leipzig zurückkehrte. Nachdem er am 10. Januar 1700 auch Halle gesehen hatte, trat er seine Heimreise von Leipzig über Breslau mit seinem Landsmann Marcus Vagner an, und sah am 30. März 1700 seine Vaterstadt wieder. Daselbst wurde er im Jahre 1701 in die Communität eingenommen, 1703 als Ammanuensis, 1705 als Divisor, 1707 als Secretarius und am 16. September 1715 als Senator angestellt, endlich 1727 den 27. Dezember zum Stadthannen erwählt, in welchem Amt er am 21. August 1728 an einem hitzigen Fieber sein Leben beschloß. Er verwaltete alle diese Aemter mit Fleiß, Treue und Geschicklichkeit, wurde von den Kronstädtern mehreremale zu den Landtägen deputirt, und leitete die Sanitäts-Anstalten bei der im Jahre 1718 bis 1719 in Kronstadt wüthenden Pestseuche mit dem ihm vom Magistrate beigegebenen Directorium mit vieler Klugheit und eigener Lebensgefahr, wobei ihm die thätige Mitwirkung Dr. Joh. Albrichs und Simon Christophoris mächtigen Vorschub leistete.

  In der Ehe lebte er erstlich mit der Tochter des Stadt-Richters Georg Dranth, Anna Christina von 1700—1715 und dann mit Anna

Maria, Tochter des Joh. Herrmann und Witwe des Stadt-Richters Bartholomäus Seulen von 1716 bis an seinen Tod. Zwei Söhne überlebten ihn, Mich. Gottlob, der im Jahre 1752 als Senator, und Joh. Blum, welcher 1776 als Divisor starb. Der letztere wurde mit dem Prädikat von Blumenfeld von der K. Maria Theresia beehrt, und war Ritter des heil. Constantin-Ordens. Nun ist diese Linie gänzlich erloschen.

Von ihm hat man:
1. Cum Imperator Clementissimus Leopoldus Per Illustrem atque Amplissimum Dominum Georgium Csacko de Rosenfeld Sacratissimae Suae Majestatis Cancellarium et Taxatorem Regiae, Liberaeque Civitatis Coronensis Notarium Juratum, insigni nominis honorisque augmento condecorasset Patriae dulcissimae (quanquam nunc et afflictissimae) applaudebat Michael Fronius. Lipsiae, Literis Immanuelis Titii s. a. in Fol. 12 S. (Gedruckt 1697.)
2. Diarium vom Jahr 1715–1727 im Manuscript.

Ein Bruchstück daraus steht in den Blättern für Geist ꝛc. Kronstadt 1844, 4-to. Nr. 45, 1840, S. 315 und Transsilv. 1847, S. 115.

Tr. **Fronius Michael,**

k. siebenbürgischer Gubernial-Rath und Stadt-Richter in Kronstadt. Er war der Sohn des Kronstädter Bürgers Mich. Fronius und der Martha, Tochter des verdienten Notarius Mart. v. Seewald, welchen Eltern er am 31. Oktober 1727 geboren wurde. Nach absolvirtem Gymnasial-Studium in seiner Vaterstadt, wurde er am 29. März 1745 als Bürger der Universität Jena, und nachdem er hier 3 Jahre zugebracht, den 18. Juni 1748 zu Halle aufgenommen. Im folgenden Jahr kehrte er nach Kronstadt zurück, und trat den 28. Januar 1750 in die Ehe mit Martha, Tochter des Stadthannen Georg Rheter. Bei vorzüglichen Fähigkeiten, womit die Natur unsern Fronius ausgerüstet hatte, verdankte derselbe mehr noch der Anleitung seines Schwiegervaters, eines ausgezeichneten Lateiners und Geschäftsmannes, der ihn theils vor seiner ersten Anstellung im Jahre 1751, theils nachher in Dienstgeschäften verwendete, seine gründlichen und ausgebreiteten Kenntnisse. Seine erste Anstellung erhielt Fronius als Cassier bei der Steuer-Cassa zur Seite des k. Perceptors v. Herbertsheim 1751, wurde dann Secretarius 1753, als solcher aber bis 1756 bei der wegen Ausbruch der Pest allerh. angeordneten Sanitäts-Commission (obwohl 1758 zum Vice-Notär und den 20. September 1762 zum Notarius befördert), auch nach erloschenem Pestübel bis 1763 als Actuar verwendet, und endlich am 30. Juni 1763 als Senator in den Magistrat aufgenommen. Obwohl durch die überhäuften, bei Tag und Nacht fortgesetzten Arbeiten in Gefahr gebracht, sein Augenlicht zu verlieren, ließ sich Fronius doch auch von 1763 weiterhin als Senator, in welcher Eigenschaft nach damaliger Einrichtung die meisten Individuen außer dem Besuch der Sitzungen wenige Verrichtungen übernahmen, zu allen Diensten willig finden, und wurde zu den wichtigsten Geschäften stets mitverwendet. Als 1770 die Pest wieder ausbrach, wohnte Fronius, der unter den Generalen Albersdorf und Eichholz angeordneten Sanitäts-Commission als Beisitzer bei, und vollzog auf Gubernial-Befehl mühsame Untersuchungen wegen der Pest, theils im Miklosvárer Stuhle, theils im Fogarascher Distrikt, ging 1772 auf Befehl des Gouverneurs Gr. Auersperg nach Hermannstadt, und brachte daselbst dieses und die folgenden Jahre bis 1778 fast ununterbrochen im Geschäfte der Revision der sächsischen Allodial-Rechnungen unter dem Comes Sam. v. Baußnern zu, wobei er so glücklich war, sich die besondere Zufriedenheit nicht nur des Gr. v. Auersperg, sondern auch des Freiherrn Sam. v. Bruckenthal zu erwerben. Im Jahre 1778 zum Kronstädter Stadthannen erwählt und allerhöchst bestätigt, wendete er auch in diesem an sich schon beschwerlichen, durch das dazu gekommene Recrutirungs- und Remondirungs-Geschäft besonders erschwerten Dienst, alle Thätigkeit an, worüber ihm die allerh. Zufriedenheit der Kaiserin in einem eigenen Decret zu erkennen gegeben wurde. Demohngeachtet, und obwohl er auch von der Communität im Jahre 1781 wieder zum Stadthannen durch Stimmen-Mehrheit erwählt worden war, wurde nicht er, sondern der katholische Joh. Gräf vom Hof in dieser Eigenschaft wegen der damals bestehenden geometrischen Proportion, da nemlich Schobeln als ein Evangelischer wieder in das Stadt-Richter-Amt eintrat, confirmirt. Somit lag er als Pro-Quästor bis Ende 1781 der Revision der Allodial-Rechnungen ob, wurde zu Anfang des Jahres 1782 zur Universität in Hermannstadt deputirt, wo er bis Ende Februar den Sitzungen beiwohnte, und nach geendigtem Conflux wieder der Revision der National-Rechnungen sich annahm, bis er im Juni 1782 wegen Krankheit des Stadt-Richter v. Schobeln nach Kronstadt zurückberufen, auf Verlangen der Communität das Magistrats-Präsidium übernahm. Dieß geschah zu einer Zeit, als das Kronstädter Gemeinwesen durch die an Wahnsinn gränzenden Umtriebe des Senators Mich. v. Cronenthal, der jedoch nachher zum Stadthannen erwählt und den 22. Dezember 1783 auch (sowie Fronius, als erwählter Stadt-Richter) bestätigt wurde, in der Gefahr einer völligen Zerrüttung war. Zudem kamen ungeheuere Rückstände, welche zum Theil diese Collisionen, zum Theil Unthätigkeit und Unfähigkeit einiger Magistrats-Mitglieder verursacht hatten, und was am bedenklichsten war, zu derselben Zeit, als die Horjaischen Unruhen ausgebrochen waren, auch verschiedene Bewegungen der Kronstädter Stadt-Unterthanen wider ihre Grundherrschaft in eine offenbare Empörung auszubrechen drohten. Endlich war das Rechnungswesen von mehreren Jahren her in Verwirrung. Es erforderte demnach unbeschreibliche Mühe, Klugheit und Ueberlegung, unter solchen Umständen die Direction zu führen. Cronenthals Bruder war Nations-Comes, dessen Ansehen lange Magistrat und Communität abhielt, wider Michael Cronenthal ihre gegründeten Klagen zu erheben. Als aber dessen Anmaßungen alle Schranken überstiegen, erbat die Communität vom Gubernium eine Untersuchung, in deren Folge der Stadthann Michael von Cronenthal vom Gubernium durch die Entscheidung vom 9. September 1784 seines Amts entsetzt und zu weitern Diensten unfähig erklärt wurde. Nun kehrte Eintracht unter die Mitglieder des Magistrats und der Communität zurück, die von Jahr zu Jahr gehäuften Verordnungen, Processe und Bittschriften wurden nach und nach vom Magistrat erledigt, die Rechnungen zu Stande gebracht, und wenn auch unter den Stadt-Unterthanen erst nach Einführung der neuen Landes-Verfassung 1787 Ruhe ward, doch gewaltsame Handlungen völlig verhütet. Daß alles dieß vorzüglich Fronius's Direction zuzuschreiben war, ist nicht zu bezweifeln.

Seine ausgezeichneten Fähigkeiten und Kenntnisse blieben auch den höhern Behörden so wenig, als dem Kaiser Joseph II. selbst, unbekannt. Als letzterer 1783 nach Siebenbürgen und Kronstadt kam, reiste ihm der Stadt-Richter Fronius nach Zeiden entgegen, und mußte den Kaiser, der incognito mit Zurücklassung seiner Wägen von Zeiden in die Stadt ritt, zu Pferde dahin begleiten, und auch daselbst immer um ihn herum sein, weil er ihm die befriedigendste Auskunft zu geben im Stande war. Seiner eingedenk ernannte ihn der Kaiser im März 1786, als eine neue Regulation des Guberniums verordnet wurde, zum wirklichen siebenbürgischen Gubernial-Rath, in Folge dessen Fronius am 18. April 1786 vom Kronstädter Magistrat und Communität Abschied nahm, und bald nachher zu Hermannstadt in den ihm angewiesenen höhern Wirkungskreis eintrat. Wiewohl er auch in diesem höhern Dienst gleich anfangs unter Andern durch Ausarbeitung der Instruktion für die Untersuchungs-

Commissarien, welche das k. Gubernium zur allgemeinen Richtschnur vorschrieb, wofür dieselbe heute noch gilt, sowie durch andere wichtige Arbeiten sich als einen seinem Posten gewachsenen Mann bewährte, so traten doch schon im Jahre 1787 solche Dienstverhältnisse ein, welche ihn bewogen, seinem Beruf zu entsagen, in das Privatleben sich zurückzuziehen und seiner häuslichen und Wirthschafts-Angelegenheiten durch eigene Besorgung des seit etlichen Jahren gepachteten Fiscal-Gutes Sárkány umsomehr anzunehmen, da seine Gattin am 2. Februar dieses Jahres mit Tod abgegangen war. Nach Annahme eines Jahres-Gehaltes zog er sich also nach Sárkány zurück, und lebte hier sich und seiner Familie bis zum Jahr 1790, in welchem er bei Wiederherstellung der alten Verfassung am 23. April durch die Kronstädter Communität, eingedenk seiner frühern Dienste, mittelst Stimmen-Mehrheit constitutionsmäßig zum Stadt-Richter erwählt wurde. Diesem Beruf folgend, kehrte er in seine Vaterstadt und zum öffentlichen Dienst zurück, und übernahm wieder die Leitung der Stadt und des seit 1. November 1784 von derselben in der Verwaltung getrennt gewesenen, nun jedoch wieder vereinigten Kronstädter Distrikts. In Verbindung mit dem neuen Magistrat machte er glücklich den Anfang der Restauration, überließ aber dann diesem die Fortsetzung, da er zum ersten Conflux, den die sächs. Nation noch im März 1790 voll Entzückung über ihre Wieder-Aufhebung abhielt, deputirt wurde. Gleicherweise wohnte er auch den zweiten bis 1791, und wieder im September dieses Jahres gehaltenen Conflux und dem merkwürdigen Landtag im nemlichen Jahr als Deputirter des Kronstädter Distrikts bei, und wurde hier unter andern der Ehre gewürdigt, zu einem Mitglied der systematischen Deputation in Publico politicis ernannt und verwendet zu werden. Theils unmittelbar zu Klausenburg in diesem Landtag, theils mittelbar von Kronstadt aus, während den nächstfolgenden zwei Landtägen, war er am thätigsten damit beschäftigt, die Concivilität in der sächsischen Nation abzuwenden, und brachte zu dem Ende sein untenbenanntes Werk über diesen Gegenstand zu Stande. Großen Antheil hatte er auch an dem Werk: Recht des Eigenthums der sächs. Nation rc., dessen völlige Ausarbeitung Joh. Tartler (s. den Art.) besorgte, wie der noch vorhandene erste Entwurf beweist, den theils Fronius, theils Joh. Jüngling (nachmaliger k. Rath und Feldkriegs-Secretär) und Michael Fronius (nachmaliger siebenbürg. Hof-Secretär) geschrieben haben. Wäre seinem Rath gemäß den beiden andern recipirten Nationen die Concivilität freiwillig einzuräumen, wie der von ihm richtig eingesehene Zeitgeist forderte, von der Universität im Landtag gehandelt worten, so würden die Resultate des 1791er Landtages nicht so schädlich für die sächsische Nation ausgefallen sein, als sie wirklich ausfielen. (S. Schlözers kritische Sammlungen I. 133 fg. 160. III. 664. So lag die Schuld wenigstens an Fronius nicht, daß von der Universität nichts aufgegeben werden wollte, womit so zu sagen, alles verloren ging.

Noch drückender als die Resultate des Landtags, waren für Fronius die persönlichen Unannehmlichkeiten, welche ihm durch die Nachsucht des erwähnten Michael von Cronenthal, der seit seiner Beseitigung in Wien lebte, bereitet wurden. Dieser hatte es dahin gebracht, daß die sogenannte Hallersche Kronstädter Untersuchung vom Jahr 1782 vom Hof dem Gubernium zur Veranlassung einer weitern Untersuchung herabgesendet und vom letztern zu dem Ende der Gubernial-Secretär Sándor mit dem Landes-Buchhalter Wolff 1792 nach Kronstadt geschickt wurden. Vor dieser Commission erschien demnach Cronenthal als Denunciant persönlich und machte insonderheit neue Anzeigen wider Fronius. Die Commission fiel dem Magistrat bis 1794 lästig, und bezog ansehnliche Taggelder. Ihre Untersuchung gab nach der Zeit einen gelegenen Vorwand zu großen Uebertreibungen; als aber die lange verzögerte völlige Erledigung erfolgte, und die Beschuldigten absolvirt wurden, so wurde das Publikum über Cronenthals Nachsucht und Einfluß nur noch mehr aufgeklärt[1]). Mehreren Collisionen auszuweichen, entschloß sich demnach Fronius, seine Entlassung anzusuchen, und wurde vom Hof seinem Wunsche, vermöge Gubernial-Verordnung vom 14. April 1795, nebst der angesuchten Pension von 1000 fl. gewährt. Als aber der Verordnung gemäß neu gewählt werden sollte, gab er dem Wunsch einiger Magistratualen und mehrerer Communität-Glieder, bei dem Kronstädter Publicum zu bleiben, um so bereitwilliger nach, als ihn bereits die Reue über seine Resignation angekommen war. Indessen konnte er die Wahl, die auf höhern Befehl sofort doch vorgenommen werden mußte, nicht hindern. Da jedoch diese nicht bestätigt wurde und auch über nachher wiederholt anbefohlene Wahlen, worüber immer Anstände gemacht wurden, die Confirmation nicht erfolgte, so blieb er in der Funktion als Stadt-Richter bis zum Jahr 1798, wo er zu Anfang August unter dem Vorwand, seiner zerrüttete Gesundheit zu pflegen, nach Halmágy, im Repser Stuhl, abging. Der am 10. Februar 1798 in Kronstadt ausgestreute berüchtigte Aufruf und der unselige Selbstmord

---

[1]) Siebenb. Quartal-Schrift VI. 397.

des Senators Joseph Drauth, hatten die Aussendung des PreßburgerVice-Gespans Michael Benyovsky als k. Commissärs nach Kronstadt, zur Folge gehabt. Derselbe kam mit den ärgsten Begriffen von Aufruhr einerseits und Unredlichkeit der Beamten andererseits dahin, und gab feindseligen Einflüsterungen leicht Gehör, ja sein Argwohn wider Fronius nahm nach kurzer Bekanntschaft dergestalt zu, daß er bald zum Terrorismus überging. Natürlich litt dadurch das Ansehen des Stadt-Richters, und es fehlte nicht an Anzeigen, die bei Benyovsky wider ihn eingereicht, von demselben aber begierig aufgenommen, und über die Fronius seine Verantwortung oft auf sehr inhumane Art abgefordert wurde. Ueberdrüssig dessen, begab sich also Fronius erwähntermaßen nach Halmágy und ließ Benyovsky in Kronstadt walten. Wie nun dieser Froniusen in seinen Untersuchungsberichten geschildert hatte, bewies der Erfolg, als das allerh. Rescript vom 7. März 1799 erfloß, vermöge dessen Fronius unterm Titel: „zur Begründung einer guten Ordnung und Behebung der bisher obgewalteten Verwirrungen" nebst dem Comes Bruckenthal [1]) und Provincial-Bürgermeister Rosenfeld, aus Ursache der wider sie aus den Benyovskyischen Untersuchungs-Akten hervorgekommenen Beschwerden, — von Dienst und Gehalt suspendirt wurden, und über diese Beschwerden vom k. Commissär Ghyürky, welcher an Stelle des zum siebenbürgischen Hof-Rath (statt dem zur siebenbürgischen Hof-Kanzlei übersetzten Somlyai), hinaufberufenen Benyovsky nach Kronstadt kam, weiter angehört werden sollten. Also erfolgte die Beseitigung der Beschuldigten, **noch ehe sie ganz angehört worden waren**, und so erging es im Juli desselben Jahres auch andern verdienten Kronstädter Beamten: Herrmann, Ennheter, Paul Plecker, Wentzel und Rauß. Umsonst beriefen sie sich auf den am 28. November 1792 allerhöchst bestätigten 25. Landtags-Artikel, es wurde vielmehr noch weiter gegangen, und im September 1799 die Sperre des Vermögens dieser schon ihrer Gehalte entblößten Beamten, und im November 1799, insbesondere auch des Froninischen Vermögens befohlen. Diese letzte Kränkung erlebte jedoch Fronius nicht, denn schon am 28. Juni 1799 beschloß er sein Leben an der Wassersucht in Halmágy. Daher mußten seine Söhne, 4 an der Zahl (**Georg**, Postmeister und dann Senator in Kronstadt; **Michael**, Oberlieutenant, welcher die Maria Thuri in Beßöd geheirathet hatte und dessen Kinder magyarisirt worden sind; **Joseph**, k. k. Major und **Friedrich**,

---

[1]) Vgl. diese Denkblätter S. 185.

nachmaliger Postmeister in Kronstadt) für den Vater Rechenschaft geben, was sie auch mit so gutem Erfolge thaten, daß nach einigen Jahren (nachdem Michael Cronenthal inzwischen gestorben war), der Vermögens-Sequester aufgehoben wurde, gleichwie das nemliche auch mit dem Vermögen der andern Beamten geschah, welche wieder dienstfähig erklärt wurden. So endete ein gewaltiger Sturm, der bei einem ordentlichen und gemäßigten Verfahren sich nicht hätte erheben können, wobei für das gemeine Wohl wahrlich keine Nachtheile entstanden wären. In der öffentlichen Meinung verloren jene, die so harte Schläge erfahren mußten, darum ihren Credit nicht, und es betrauerten vielmehr die besserunterrichteten Zeitgenossen den Fall der obgenannten und anderer verdienten Beamten in der sächsischen Nation mit aufrichtiger Theilnahme.

Wie Fronius die adeliche Portion in Halmágy vom Freiherrn Martin Seeberg an sich gekauft, nach seinem Tod sodann seine Söhne dieselbe an den Edelmann Alexius Köntzei verkauft haben, erzählt Marienburg in der siebenbürgischen Geographie II. 290, wo S. 291 auch die (fehlerhaft gedruckte) Inschrift des Fronius, von seinen Söhnen, errichteten Monuments, zu finden ist.

Die Leichenrede auf Fronius hielt der Halmágyer Pfarrer Privighei, wonach sie auch gedruckt unter folgendem Titel herauskam: „Néhai Méltoságos Fronius Mihály Ur, volt Guberniális Consiliárius és Ns. Brasso Vidéke s Várossa Fö-Birája ö Nagysága tetemei felett mondatott Halotti Beszéd 1799 Juniusnak 30 Ns. Köhalom Székben a Halmágyi Evangelica Ekklesiában Privigyei Ananiás a' nevezett Ekklésia Papja által. Nyomtatatott Hochmeister Márton betüivel (Szebenben). 4-to. 16 Seiten.

Schriften von Michael Fronius:

1. Eigene Verfassungen der k. freien Stadt Kronstadt, wie solche im Jahre 1782 angefangen und endlich im Jahre 1785, nachdem sie vollkommen ausgefertigt und von Magistrat und Communität bestätigt worden, hieher zur künftigen Wissenschaft und Darnachrichtung eingetragen worden sind. Nebst einem Anhang von Juraments-Formeln für alle, welche bei dieser Stadt in öffentlichen Diensten angestellt sind. Fol. II, 653 S. und 6 Register. Mspt.

Die Vorrede ist folgende:

Dieses Buch ist eigentlich eins von den 3 Ehren-Zeichen gewesen, welches nebst einem Schwert und dem Läbel mit den 3 Stadt-Insiegeln dem Stadt-Richter bei Antretung seines Amtes pflegt übergeben zu werden. Es soll denselben stets erinnern, daß es zu seiner Pflicht gehöre, sowohl in den Magistrats-Versammlungen, als auch in seinem eigenen Haus die Protokolle ordentlich und fleißig zu halten. Allein ich habe mich noch in meiner Jugend darüber nicht genugsam verwundern können, daß die Bögen und Blätter dieses Buchs immer leer geblieben sind, und habe daher die Veranlassung genommen, da ich durch die göttliche Vorsicht zu diesem Richter-Amt gelanget und mir dieses Buch mitübergeben worden, einige von den leeren Bögen, welche ich hiemit dem Publikum überreiche, dadurch nützlicher zu machen, daß ich die vorgeschriebenen Pflichten der Beamten und Eidesformeln hineinschreiben lasse. Vielleicht werden hiedurch nach mir andere angereizt werden, noch mehrere nützliche Sachen, besonders bei denen allem Anschein nach, bevorstehenden Veränderungen, darin für die Nachwelt aufzubewahren. Wie belohnt wird meine diesfällige Arbeit sein, wenn dieser Anfang dazu die Gelegenheit gegeben.

Kronstadt den 29. April im Jahre 1783.

M. Fronius m. p.
Stadt-Richter.

Nebst den alten Instruktionen vom Jahre 1745 und den neuern verbesserten von 1782 sind auch die Ghyurkiischen Instruktionen vom Jahre 1805 und sowohl alte als neue Eidesformeln eingetragen worden.

2. Nr. Gub. 6101/786. Instructio Commissariis Investigatoribus sive a Regio Gubernio, sive a praepositis suis Instantiis exmittendis pro Cynosura deservitura. (Cibinii 1786.) Fol. 12 S. Auch der im Jahr 1827 bei Hochmeister zu Hermannstadt 8-vo. erschienenen Auflage der: Instructio pro Tabula Regia Indiciaria Transilvanica beigefügt. S. 193—213.

3. Ueber das ausschließende Bürgerrecht der Sachsen in Siebenbürgen auf ihrem Grund und Boden. Von den Repräsentanten der Nation. Wien, bei Joh. Georg Edlen von Mösle 1792. 8-vo. 103 S.

Dieses Buch wurde, Zeuge des siebenbürgischen Intelligenzblattes vom Jahr 1803 S. 126 auf Kosten der sächsischen National-Cassa gedruckt. Marienburg hat Recht, wenn er in der Siebenb. Geographie II. 291 berichtet, daß Fronius der Verfasser davon sei, hat jedoch nicht gewußt, daß dasselbe gedruckt ist. Durch Vergleichung der von Marienburg erwähnten Original-Handschrift aber mit dem Buche selbst habe ich mich überzeugt, daß beide wörtlich übereinstimmen. Es ist also falsch, was in den Siebenbürg. Provincial-Blättern IV. 238 gesagt wird, daß Friedr. von Rosenfeld, Verfasser dieses Buches und des Gegenstückes: das Recht des Eigenthums sei. Laut Rosenfelds eigener Verantwortung über die ihm nach seiner Beseitigung zur Aufklärung mitgetheilten Punkte ddto. Hermannstadt 18. September 1799, deren einer war: „daß Rosenfeld beide Schriften und die Commentatio de initiis Saxonum (von Eder) habe drucken lassen", verhält sich die Sache also, daß Rosenfeld diese Piecen auf Verlangen der Universität während seinem Aufenthalt als Landesdeputirter in Wien, nach eingeholter **Bewilligung der Hof-Censur**, dem Druck übergab und einen Theil der Kosten aus eigenen Mitteln vorschoß. Rosenfeld selbst sagt nirgends mehr dabei gethan zu haben. Dagegen bestätigen, sowohl Eder in seinen schriftlichen Anmerkungen zu seinen Observat. criticis S. 224 und 225, als auch das Aktenstück Nro. 969/792 im Kronstädter Magistratual-Archiv ausdrücklich, daß Fronius der Verfasser dieses Buches sei. Ebenso unbezweifelt ist, daß **Tartler** Verfasser des Rechts des Eigenthums ist, und Fronius an der Hermannischen Abhandlung: **Ueber das Andreanische Privilegium** (s. Marienburgs Geographie II. 291—292) nicht mitgearbeitet hat, wovon ich mich ebenfalls aus der Ansicht der Originale überzeugt habe.

Uebrigens scheint dieses Werkchen, wenn dasselbe auch gleich wider den siebenbürgischen Landtags-Artikel 19/791 und die demselben vorausgegangenen Landtags-Verhandlungen über die Concivilität gerichtet ist, doch nicht (wie es allerdings mit dem „Recht des Eigenthums" zc. der Fall war) zur Einreichung an die siebenbürgischen Landes-Stände bestimmt gewesen zu sein. Denn nicht nur erhellt solches aus dem Inhalte desselben nicht, sondern es heißt vielmehr in der Vorrede, dasselbe werde dem **unpartheiischen Publikum** vorgelegt. Nun aber ist bekannt, daß die 2 andern recipirten Nationen, welche mit der sächsischen die Stände gesetzlich ausmachten, und durch die sächsische vom Bürgerrecht unter sich bis dahin ausgeschlossen wurden, eben deren Gegner, folglich nicht unpartheiisch waren, wie insbesondere die weiteren in den Landtags-Protokollen von 1792 und 1794/5 vorkommenden dießfälligen Verhandlungen mehr als hinlänglich beweisen. Dennoch war manchen Landtags-Mitgliedern die Publicität, welche der Sache auch durch dieses Buch außerhalb Siebenbürgen und am allerh. Hof verschafft worden war, nicht wenig zuwider, und man sprach von Bestrafung der sächsischen Deputirten, welche solches zum Druck befördert hatten, weil im Buche kränkende Ausdrücke wider die 2 anderen Nationen gebraucht worden sein sollten. Diese erfolgte indessen nicht, und man beschränkte sich (wie sich Gr. Ladislaus Bethlen laut Landtags-Protokoll vom Jahre 1792, S. 197 — der einzigen Stelle, wo meines Wissens in einem Landtags-Protokoll dieser Abhandlung Erwähnung geschieht — ausdrückte) auf eine „freundliche und stille Entkräftung der Angaben der Sachsen durch Anführung gesetzlicher Gründe" von Seiten der im Jahre 1791 nach Wien geschickten siebenbürgischen Landtags-Deputirten Die fernern Debatten zwischen · den Sachsen und den zwei andern Nationen, welche mit der allerh. Entscheidung vom 10. April 1793 und der Protestation der sächsischen Nation (Landtags-Protokoll von 1794/5, S. 74. 361) endeten, betreffen wohl diesen Gegenstand, aber nicht dieses Buch.

4. Einige aus der Geschichte und diplomatischen Urkunden gesammelte Materialien zur Beantwortung der Bittschrift der gesammten walachischen Nation in Siebenbürgen, um Aufnahme in die Concivilität der drei andern Nationen. Mspt. Vgl. den Artikel Georg von **Herrmann**.

5. „Sammlung von Original-Schreiben siebenbürgischer Fürsten an die Kronstädter", deren Joseph Benkö in seinem Bericht an die siebenbürgische philohistorische Gesellschaft (s. Uj Magyar Muzeum 1854, Maiheft S. 407, mit den Worten: „Fronius Tanácsos Urnak gazdag gyüjtemönyében az Erdélyi Fejedelmek némely Lovelei"), gedenkt. Der Enkel des Sammlers Eduard Fronius, welcher als Kronstädter Magistrats-Archivar am 1. Juli 1819 starb, ordnete diese und andere alte Original-Urkunden chronologisch in zwei Bände, welche in dem Kronstädter Stadt-Archiv aufbewahrt werden.

6. Als im Jahr 1769 die Constitutiones Theresianas zufolge allerh. Befehl vom k. Gubernium, sowohl der k. Tafel, als auch der sächs. Universität und zwar dieser letztern zu dem Ende mitgetheilt wurden, um dieselben den sächsischen Municipal-Rechten und ihrer Verfassung anzupassen und die Modifications-Vorschläge, nach vorheriger concertanter Prüfung durch eine Deputation aus den 3 Nationen, allerh. Orts einzuschicken, — wurde von der sächs. Universität **Fronius** beauftragt, jene Constitutiones Theresianas mit der in der sächs. Nation im Gebrauch befindlichen Hals Gerichts-Ordnung K. Karls

V. und den sächsischen Privat-Rechten zusammenzuhalten, und das Operat über seine gemachten Bemerkungen der Universität zur weitern Verhandlung zu unterlegen, zu welch letzterer das Hofdecret vom 22. Mai 1770 die nähere Bestimmung in angeführter Weise enthielt. (S. Seite 195 dieser Denk-Blätter.)

Vorausgegangen war die Arbeit einer aus den drei Nationen Siebenbürgens verordneten Gesetzprüfungs-Commission, welche in den Jahren 1762 und 1763 zu Maros-Vásárhely ihr Amt gehandelt hatte, und zu welcher aus der sächsischen Nation eben auch unser Fronius zum Mitgliede ernannt war.

Eine andere, gleichfalls im Jahre 1762, auf Befehl der Landesfürstin K. K. Maria Theresia unterm Vorsitz des Grafen Adam Nemes bestellte Landes-Commission — zu deren Mitgliedern aus den drei landesständischen Nationen Ladislaus Szombatffalvi, Protonotär, Alexius Geréb, Andreas Bandi, Johann Simonfalvi, **Martin Closius**, Senator aus Kronstadt und **Johann Salmen**, Senator aus Schäßburg, erkoren wurden, hatte die Bestimmung, eine neue Gerichts-Ordnung zu verfassen. Zufolge ihrer Ausarbeitung wurden im Jahre 1763 die Filial-, Partial- und General-Sedrien aufgehoben, und statt derselben *Tabulae continas* eingeführt. (S. Nemes Erdély Ország Nagy Fejedelemségének ujabb Országgyülési Végzései etc. magyarositotta Dálnoki Incze József. Kolozsvárt 1845 gr. 8-vo. I. S. 103—104 und Benkö Transsilvania II. 40.) Die Gerichts-Ordnung für die ungarischen und szeklerischen Gerichte wurde erst später durch den Freiherrn Wolfgang Bánfi v. Losoncz vollständig ausgearbeitet, und nach erhaltener allerhöchster Sanction vom 6. August 1777 unter dem Titel: „Instructio pro Tabula regia judiciaria Transsilvanica" eingeführt, und hat von diesem Jahre bis zum Jahre 1786 und dann wieder vom Jahre 1790—1848 zur Richtschnur der k. Tafel und ihrer untergeordneten sowohl, als Ober-Gerichte gedient. (Siebenb. Quartalschrift V. 346. Vajda Erdélyi Törvények Historiája S. 423.)

T r.   ## Fronius Michael Traugott,

geboren in Kronstadt am 23. März 1761. Daniel Fronius, aus der alten Familie, deren Stammvater der Verfasser des sächsischen Municipal-Rechtes Mathias Fronius war, entsprossen und Anna Catharina, Tochter des Burzenländer Dechanten und Pfarrers zu Rosenau, Lucas Colb, waren seine Eltern. Kaum 7 Jahre alt, verlor Fronius seinen Vater, damaligen Lector am Kronstädter Gymnasium, durch den Tod. Frühzeitig äußerten sich bei dem Knaben außerordentliche Anlagen, durch welche, in Verbindung mit besonderem Fleiße, derselbe in Stand gesetzt wurde, sich vor allen seinen Mitschülern auf dem Gymnasium hervorzuthun, und nebstbei in Nebenstunden auch die französische und italienische Sprache mit so gutem Erfolge zu erlernen, daß er während dem letzten Jahre seines Aufenthalts am Gymnasium seinen Mit-Studirenden selbst Unterricht im Französischen ertheilen konnte, und aus freiem Antrieb den ersten Theil der Geschichte von Siebenbürgen, welche der damalige Rector Paul Roth in deutscher Sprache öffentlich vortrug, in französischer, den zweiten hingegen in italienischer und den dritten Theil in lateinischer Sprache[1]) niederschrieb. Auch besang er den Tod der Kaiserin Maria Theresia in einer deutschen und französischen Elegie, welche auf öffentliche Kosten gedruckt wurde. Zur Beziehung höherer Lehranstalten vollkommen vorbereitet, begab er sich, nach rühmlich überstandener öffentlicher Prüfung im Mai 1781 auf die Universität zu Göttingen. Hier brachte er über drei Jahre zu, binnen denen er unter Gatterer, Schlözer, Meiners, Heyne, Walch, Spittler und Feber sich weiter ausbildete. Kaum ein Jahr zu Göttingen befindlich, lieferte er den unten Nr. 3 bemerkten Beitrag zum Ungrischen Magazin.

---

¹) Das Manuscript hat den Titel: La premiere partie de l'histoire universelle de la Transsilvanie selon l'ouvrage de Mr. Felmer expeliqué a la leçon publique par Mr. Paul Roth alors digne Recteur du Gymnase ecrite dans la meme leçon, tantot en Français, tantot en Latin, tantot en Italien par M. Fr. alors Etudiant Chlamidato a l'ecole anno 1778, 1779, avec quelques autres pieces et une Preface Anglaise. IV. 574 S. in 4-to.

Den Anhang machen folgende Aufsätze von Fronius.
1. Versuch über die Vortheile, die man aus der Erlernung der Geschichte ziehen kann. Eine Schul-Rede 29 S.
2. Rede von dem Zustande Siebenbürgens unter den Fürsten Botskai, Rákoczi und Gabriel Báthori. Gehalten im October 1779, 38 S. (S. unten Nr. 6, Abriß der Drangsale ꝛc.
3. Oratio desuper, quae fuerit Transsilvaniae imperantibus Sigismundo, Michaele et Basta tristis conditio? in Gymn. Cor. habita. 26 S.
4. Gedichte: a. Die sterbende Theresia. Eine Cantate, 11 S.
   b. Der Sommerabend, 5 S.
   c. Der Jüngling. Jambische Ode, 7 S.
   d. Die Wollust. Eine Ode, 8 S.

Reich an wissenschaftlicher Bildung, mit welcher seine sittliche Bildung gleichen Schritt hielt, kehrte er im November 1784 in sein Vaterland zurück, wo er auf dem Heimwege des Horjaischen Aufruhrs wegen im Hunyader Comitat großer Gefahr ausgesetzt war, der er jedoch glücklich entging. Nach seiner Zurückkunft practicirte er anfangs bei dem Stadthannen-Amte, dann vom 11. Juni 1785, weiter als Supernumerär-Magistratual-Secretär in Kronstadt, verließ jedoch, indem dieser Dienst seinen Geist zu wenig befriedigte, und andrerseits bei den neuen Einrichtungen des K. Joseph II. günstigere Aussichten ihm eröffnet wurden, den 22. Dezember 1785 freiwillig diesen Dienst, und wurde 7. März 1786 auf die Empfehlung seiner Göttinger Universitäts-Freunde B. Pronay und Podmanitzky, als Actuar bei der k. Ober-Studien-Direction des Kaschauer Literar-Bezirks angestellt. Diese Anstellung resignirte er den 24. April 1786 und nahm Dienste bei dem königl. siebenbürgischen Gubernium in Hermannstadt, bis er den 1. Januar 1787 vom damaligen kön. Commissär des Ugotsaer Comitats Andreas v. Rosenfeld zum königl. Ober-Commissions-Actuar und Registranten berufen wurde. Hier genügte er nicht allein seinen Dienstpflichten, sondern leistete insbesondere zur Steuerung der in jener Zeit im Munkátser Distrikt herrschenden Hungersnoth wesentliche Dienste. Demnach wurde er bald zum Protokollisten und schon am 1. November 1788 zum k. Commissions-Secretär (als welcher er den Charakter und Rang eines k. Statthalterei-Secretärs bekleidete) mit jährlich 800 Rsl. Gehalt befördert. Durch Thätigkeit, Gewissenhaftigkeit und Geschicklichkeit ausgezeichnet und von seinen hohen Vorgesetzten vollkommener Zufriedenheit gewürdigt, wurde ihm auch die allerhöchste Anerkennung seiner Verdienste und Fähigkeiten zu theil, als durch die Wiederherstellung der alten Verfassung sein Geschäft als k. Commissions-Secretär aufhörte, er wurde nemlich vom K. Leopold II. am 5. März 1791 zum wirklichen Hof-Concipisten bei der k. siebenbürgischen Hof-Kanzlei mit 800 Gulden Gehalt ernannt. In dieser Eigenschaft verrichtete er längere Zeit hindurch, wegen Ermanglung der systemisirten Zahl der Hof-Secretäre, wirkliche Hof-Secretärs-Dienste, und wurde auf besondere Empfehlungen des Hof-Kanzlers Gr. Sam. Teleki bei mehreren Zusammentretungen der Hofstellen, sowie allerhöchst angeordneten Hof-Commissionen, und insbesondere im Jahr 1803, bei der, wegen Regulirung der sächsischen Nation angeordneten Hof-Commission unterm Vorsitz des Grafen Reischach als Aktuar verwendet. In Folge solch zweckmäßiger Verwendungen empfahl ihn im Jahre 1804 die Hof-Kanzlei der Huld und Gnade des Monarchen, der ihn sofort am 21. Juni 1804 zum wirklichen Hof-Secretär mit 1200 Rfl. Gehalt ernannte. Als dann weiter gegen Ende des Jahres 1804 die Regulation der sächsischen Nation durch den dazu eigens ernannten k. Commissär und Hof-Rath Györky eingeführt werden sollte, wurde demselben Fronius als Commissions-Secretär beigegeben. Beide bereisten mit dem Nations-Comes Michael Freiherrn v. Bruckenthal sämmtliche sächsische Kreise, und Fronius[1]) entwickelte im Regulations-Geschäfte einen solchen Fleiß, Kenntniß der National-Verfassung, sowie der Local-Verhältnisse, und Scharfsinn zur Behebung vorkommender Schwierigkeiten, daß er sich ebensosehr die sächsische Nation zu großem Dank verpflichtete, als andererseits der k. Commissär selbst, der ihn bei jedem Geschäft zu Rathe zog, seine Verdienste mittelst eines ihm ohne vorheriges Ansuchen ertheilten schriftlichen Zeugnisses unverholen anerkannte. Nach vollendeter Regulation im Jahre 1805 kehrte Fronius an seinen Bestimmungs-Ort zurück, und wurde von Sr. Majestät den 30. November 1806 mit einer Gehalts-Vermehrung von 300 fl. und mit dem Charakter eines kön. Raths taxfrei begnadigt, im Jahre 1810 aber zum Regalisten bei dem damaligen siebenbürgischen Landtag ernannt[2]). Indessen wurde er durch seinen Dienst verhindert, diesem Landtag beizuwohnen. Außerdem hatte bei einer von Natur schon schwächlichen Körperbeschaffenheit seine Gesundheit durch angestrengte dienstliche Arbeiten merklich gelitten. Bereits nach vollendeter Regulation in seiner Vaterstadt 1805 erkrankte er, reiste demohngeachtet, kaum hergestellt, an seinen Bestimmungsort zurück, und suchte dadurch seine geschwächte Gesundheit herzustellen, daß er von da an jeden Sommer in den schönen Umgebungen Wiens, namentlich meistens in Dornbach zubrachte. Auch von da aus erfüllte er mit gewohnter Pünktlichkeit seine Obliegenheiten. In Folge solcher Anstrengung auf Kosten seiner geschwächten Gesundheit erkrankte Fronius plötzlich wieder im März 1812 und endete schon am 16. desselben Monats in Wien unter den heftigsten Körperschmerzen sein gemeinnütziges Dasein am Nierenbrand. Er hinterließ eine kinderlose Witwe Maria, Tochter seines ehemaligen Chefs, des am 3. Febr. 1808 verstorbenen siebenbürgischen Ober-Landes-Commissärs Andr. Freiherrn von Rosenfeld (welche am 9. August 1828 ebenfalls in Wien starb), und

---

[1]) S. Siebenb. Bote 1815 Nr. 52, S. 205.
[2]) Prot. Diaet. Transs. anni 1810/1 S. 162.

eine Büchersammlung, welche er nach seinem Tode an die Schulbibliothek seiner Vaterstadt abzugeben bestimmt hatte. Diese Bestimmung des Seligen blieb jedoch unerfüllt, weil er darüber ein förmliches Testament zu errichten durch seinen schnellen Tod verhindert wurde. Weniger zahlreich, als gewählt, hatten seine Bücher in Wien solchen Ruf erlangt, daß dieselben den 25. November 1812 um hohe Preise auf Betrieb der Witwe veräußert wurden.

Außer mehreren gehaltreichen Recensionen über historische und politische, besonders vaterländische Schriften, und andern Abhandlungen in verschiedenen Journalen, bei denen Fronius aus gewohnter Bescheidenheit ungenannt blieb, sind von ihm im Druck erschienen:

1. Thränen, welche auf das Grab der unvergleichlichen Frl. Johanna Friedrika Josepha, des Wohlgeb. Herrn Christoph Val. v. Fronius, k. k. Hauptmanns innigstgeliebten Tochter, als dieselbe zu Kronstadt den 21. Jänner 1781 in der schönsten Blüthe von 10 Jahren, 3 Monaten an den Kinderblattern starb, geweint wurden, von einem gerührten Freunde und Vetter M. T. F. der fr. Künste Beflissenen. Kronstadt 1781, 4 S. 4-to.

2. Versuch den am 29. November des 1780ten Jahres erfolgten und für jeden Unterthanen höchst schmerzlichen Hintritt Ihro römisch kaisl. kön. und apostolischen Majestät Marien Theresiens, unserer allergnädigsten Großfürstin zu besingen. Von M. T. F. der freien Künste Beflissenen. Kronstadt 1781. 4-to. 6 Seiten. Dann: Essai sur la mort de Majesté Imperiale, Royale et Apostolique. 2 Seiten. 4-to.

3. Untersuchungen über einige barbarische Völker, die das römische Reich beunruhigt und sich in Deutschland unter den Galliern und andern nördlichen Provinzen des röm. Reichs niedergelassen haben. Von Herrn Deguignes. 1. Abhandlung: Die Hunnen, Alanen, Iguren und Sabiren. (Ein Auszug aus dem 28. Bande der Memoires der Pariser kön. Akademie der Inschriften, S. 85 bis 107 den 15. April 1782 von Göttingen eingeschickt.) Im Ungrischen Magazin II. Band, S. 335—367. Die 2. Abtheilung sollte von den Awaren handeln, ist jedoch nicht im Druck erschienen. Ein andrer Auszug aus diesen Memoires über die Völker, welche das Trajanische Dacien bewohnen, erschien von Dan. Neugeboren in der Siebenbürgischen Quartalschrift I. 283—312.

4. Anonimische Schrift, die im Großfürstenthum Siebenbürgen in

Vorſchein gekommen iſt, und die Trennung der ſiebenbürgiſchen Hof-Kanzlei von der ungariſchen zum Gegenſtande hat. Auch mit dem lateiniſchen Titel: Scriptum anonymum, quod in Magno Transsilvaniae Principatu in lucem prodiit; argumentum ejus est: Transsilvanicam Aulicam Cancellariam ab Hungarica separandam esse, 1791, 8-vo., in deutſcher und lateiniſcher Sprache, ohne Angabe des Druckortes, 31 S.

Daß Fronius Herausgeber dieſer Schrift war, und die lateiniſche Ueberſetzung des deutſchen Urtextes von ihm rühre, iſt gewiß. Allein, Verfaſſer ſcheint ſonſt Jemand von den Deputirten der Sachſen beim ſiebenbürgiſchen Landtag 1791 geweſen zu ſein.

5. Brief aus Siebenbürgen. Enthält: A. Capitulation des Grafen der Sachſen in Siebenbürgen mit ſeiner Nation, in 11 Punkten. B. Eidſchwur, ebendeſſelben, den er vor den Deputirten ſeiner Nation ablegen mußte. C. Vertheidigungs-Anſtalten der Sachſen zu Kronſtadt in Siebenbürgen 1491. Eingerückt im „Hiſtoriſch-politiſchen Journal der k. k. Erblande." Wien 1792. 1. Heft, S. 75—90.

An der Herausgabe dieſes Journals, wovon 6 Hefte erſchienen ſind, hatte Fronius Antheil.

6. Abriß der Drangſale, welche Hermannſtadt und Kronſtadt unter dem Fürſten Gabriel Bathori erlitten.

Eine Jugend-Arbeit des Fronius, welche der Kronſtädter Prediger Kleinkauf im Jahre 1790 an die Herausgeber der Siebenbürg. Quartal-Schrift einſchickte, wo ſolche im 1. Bande S. 36 bis 54, eingerückt wurde.

7. Recenſion von Forgach's Rerum Hung. Commentarii etc. Posonii 1788. In der Siebenb. Quartal-Schrift I. Bd., S. 435—440.

8. Beſchreibung eines im Jahr 1781 an der Gränze Siebenbürgens, unweit Kronſtadt gefundenen wilden Menſchen. Eingeſchickt von Wien im November 1794.

In der Siebenb. Quartal-Schrift IV. Bd., S. 301—310. und daraus S. 301—309, wörtlich abgedruckt in Sartori's Naturwundern des öſterr. Kaiſerthums. Wien 1809. IV. 203—208.

Eine gleiche Beſchreibung iſt in Michael Wagners Beiträgen zur Antropologie 2. Theil eingeſchaltet [1])

---

[1]) Analoge Fälle ſind erwähnt in Pierer's Univerſal-Lerikon, Altenburg 1836, 25. Bd., voce Verwildete Menſchen S. 178.

9. Schreiben an Herrn Dr. Lange, den Werth der Contumaz oder Quarantaine betreffend, aus cameralistischen Gründen. Beigefügt „D. Paskal Joseph Ferro's nähere Untersuchung der Pestansteckung, nebst zwei Aufsätzen von der Glaubwürdigkeit der meisten Pestberichte aus der Moldau und Walachei und der Schädlichkeit der bisherigen Contumazen von Dr. Lange und Fronius. Wien, bei Kurzbeck 1787. 8-vo. XVI. 208 Seiten" und zwar von S. 177—198.

10. Betrachtung über die dermalige Regulation der sächsischen Nation in Siebenbürgen. Mspt.

Enthält die Beantwortung der zwei Fragen: 1. In welchem Verhältnisse steht die sächs. Nation mit dem höchsten Interesse. 2. Ist die dermalige Regulation der Sachsen diesem höchsten Interesse angemessen?

Der Verfasser schickte, nebst dem damaligen siebenb. Hof=Secretär Dan. Heinrich, den Aufsatz dieser Schrift gegen Ende des Jahres 1797 an den Gubernial=Secretär Joachim Bedeus, welcher dieselbe in Abschrift, mit einer anonymen Begleitung, an die deutschen k. k. Minister, von Klausenburg nach Wien senden sollte. — Durch die, unter halb veränderten und der Anhörung solcher Vorschläge ungünstigen Umständen, kurz darauf mittelst k. Rescript vom 7. April 1798 erfolgte Ausschickung des Mich. v. Benyhölzky als kön. Commissärs in die Mitte der sächs. Nation bewogen, machte jedoch weder Fronius, noch Bedeus den vorgehabten Gebrauch von dieser Schrift.

Tr. **Fronius Petrus,**

aus Kronstadt, ein Sohn des Mathias Fronius, Verfassers der siebenbürgisch-sächsischen Municipalrechte, geboren im Jahre 1572, studirte am Kronstädter Gymnasium 1593, dann an der Universität zu Frankfurt 1595, wurde zum Pfarrer in Tartlau gewählt am 29. September 1603, und starb am 28. Juli 1610.

1. De electione ex 1. Cap. ad Ephes. v. 4. praeside Christophoro *Pelargo.* S. desselben Locorum Theolog. EΞετασισ 1595. Decad. VII. Disp. 1.

2. De scientiae demonstrativae divisione cognitis et pugnantibus, respondet Petrus Fronius, Coronensis Transilv. f. *Leont. Herrmann.*

Frühbeck Franz,

Tr.

geboren zu Elisabethstadt im Jahre 1811, studirte Pharmacie in Wien und Pest, und lebt gegenwärtig in Hermannstadt.

  Belehrung über den Gebrauch und die Wirkung der Dampf- und Douche-Bäder. Nach Doctor Wilhelm Gollmann's Werkchen: „Die Dampf- und Douche-Bäder. Herausgegeben von Franz Frühbeck, diplomirten Apotheker, zur Anleitung für P. T. Badende, in dessen, zu diesem Behufe neu errichteter Badeanstalt. Hermannstadt 1853, Druck von Theodor Steinhaußen. 12-mo. 23 S.

Fuchs Johann,

Tr.

ein Kronstädter, war ein Sohn des Marienburger Pfarrers Markus Fuchs († 1633), studirte am Kronstädter Gymnasium, dann zu Iglo in der Zips und endlich an der Universität zu Wittenberg. Nach seiner Rückkehr in das Vaterland, wurde er Gymnasiallehrer in Kronstadt 1657 und sofort Pfarrer zu Weidenbach im Jahre 1662. In dieser Eigenschaft beschloß er sein Leben am 15. Juli 1686 im 55. Lebensjahre.

Von ihm hat man:

1. De constitutione Metaphysicae Diss. I. sub praes. M. Aegidii Strauch's d. 10. Aug. 1653. Witteb. exc. Joh. Röhmerus Acad. Typogr. anno 1653. 4 to. 12 S.
2. Collegii metaphysici Disp. II. proponens Axiomata affectionis entis disjunctas partim primarias, partim secundarias concernentia. Praes. M. Johanne Weissen, Isennaco-Thuringo Ampl. Fac. phil. Adjuncto d. 18. Maii. Witteb. literis exscribebat Joh. Röhmerus 1653. 4-to. 16 S.
3. Exercitatio metaphisica de ratione Entis in ordine ad inferiora, quam Ente entium annuente sub praes. M. Josiae Christoph. Neandri Lubena — Lusati publice ventilandam sistit J. F. ad diem 25. Junii. Witteb. typis Mich. Wendt 1633. 4-to. 20 S.
4. Exercitationum physicarum Disp. II. de causis corporis naturalis in genere et in specie de materia. Praes. M. Johanne Frid. Tatinghoff Enchusa — Batavo, d. 23. Julii. Witteb. typis Mich. Wendt, 1653. 4-to. 20 S.
5. Jehova feliciter concedente de Coelo Ex Physicis praes. M. Joh.

Frid. Tatinghof etc. d. 23. Junii 1654. Ibid. 1654. 4-to. 20 Seiten ¹).

6. Centuriae primae axiomatum sive Regularum philosophicarum Decas IX. Praes. M. Christophoro Graumüllero, Eisenbergense Osterlando Facult. philos. Adjuncto d.   Febr. Ibid. 1654. 4-to. 44 Seiten.

Zu diesen sechs Streitschriften ließ Fuchs, als Lector am Gymnasium zu Kronstadt, eine vom 18. Febr. 1659 datirte Zueignung an den Kronstädter Richter Michael Goldschmidt und etliche andere Mitglieder des Kronstädter Raths drucken und vertheilen unter dem Titel: „Fasciculus Disputationum philosophicarum, quem Jehova feliciter concedente in electorali ad Albim Academia Wittebergensi Florentissima, totoque orbe celeberrima, consentiente tamen et permittente Amplissima Facultate philosophica publici academici exercitii gratia placido dextro Philosophantium examini exposuit in Auditione Philosophorum A. C 1653 et 1654. J. F. Coronensis. Typis Michaelis Herrmanni. 4-to. 4 S.

7. Juveni Praeeximio etc. Martino Albrichio Mediensi Transsilvano Supremam in Philosophia Lauream Wittebergae dignissime adepto bene precatur Johannes Fuchs Corona - Transsilv. Wittebergae, Typis Mich. Wendt 1652. 4. Fol. 2.

Tr.   **Fuchs Marcus,**

Sohn des Honigberger Pfarrers Nikolaus Fuchs ¹), wurde im Jahr 1557 in Kronstadt geboren. Nachdem er in seiner Vaterstadt auf dem Gymnasium, sowie auf verschiedenen Universitäten Deutschlands rühmliche Kenntnisse gesammelt hatte, wurde er in Kronstadt 1582 als öffentlicher Lehrer angestellt. Also diente er 4 Jahre als Lector bei dem Gymnasium, und ebensolange als Prediger bei der großen Stadt-Kirche, bis er im Jahre 1590 zum Pfarrer nach Honigberg berufen wurde. Durch Empfehlung Mich. Forgatsch's und Johann Benkners mit dem Alexandrinischen Patriarchen Cyrillus bekannt geworden, disputirte er mit letzterm

---

¹) Diese Streitschrift ist auch besonders gedruckt und allen damals zu Wittenberg studirenden Siebenbürgern, zugeschrieben, deren 34 waren.

²) S. meine Beiträge und Aktenstücke zur Reformationsgeschichte von Kronstadt. Seite 8.

schriftlich über die Anrufung der Heiligen. Er hinterließ einen einzigen Sohn Marcus, der am 17. März 1633 als Pfarrer in Marienburg starb, und auch von diesem nur einen Enkel Joh. Fuchs, welcher im Jahre 1686 Pfarrer in Weidenbach starb, und mit welchem die männliche Linie als dieser Familie in Kronstadt erlosch.

Seiv.   Unter den Bedingungen, welche unserm Marcus Fuchs bei seiner Berufung zum Stadtpfarrer in Kronstadt vorgelegt wurden, war auch eine, daß kein Pfarrer Macht haben sollte, weltliche Personen der Hurerei wegen um **Geld** zu strafen; welche aber nur bedingungsweise angenommen wurde.

Tr.   Simon Nösner, der als Pfarrer zu Heldsdorf am 12. April 1619 starb, meldet Fuchsens Tod mit folgenden Worten: „Anno 1619 d. 28. Januarii hora 12 antelucana moritur doctissimus et pientissimus Vir, columna et ornamentum Collegii Barcensis, immo totius Universitatis almae et patriae afflictissimae, postquam fideliter magno cum fructu et honore laborasset in vinea Domini annis 33, aetatis suae 63, *Marcus Fuchsius* Coronensis, Senior Capituli Barcensis." (S. Deutsche Fundgruben der Geschichte Siebenbürgens N. F. Herausgegeben von Dr. v. Trauschenfels S. 79.)

Er hinterließ in Handschrift:

Notatio historica rerum gestarum in Hungaria et Transsilvania etc. ab anno Christi 1586 usque ad haec nostra tempora. (d. i. bis 1618.)

Diese Handschrift ist von mir in dem Chronicon Fuchsio-Lupino-Oltardinum 1. Bd., S. 80—217 und 227 bis 293 im Jahre 1847 veröffentlicht worden. S. d. Art. Trausch.

Füger von Rechtborn Maximilian,

Tr.

Ritter des kaiserl. österr. Leopold-Ordens, ist der Sohn Joachim **Füger's**, Hofraths bei der obersten k. k. Justiz-Stelle [1]), geb. in Olmütz, erzogen in Czernovitz, widmete sich den Rechtsstudien, und bekleidete letztlich die Stelle eines Präsidenten bei dem k. k. Landes-Strafgerichte in der Bukowina. Von da zum Referenten bei der provisorischen Ober-Landes-Gerichts-Commission nach Hermannstadt im Jahre 1852 berufen, ward er bei der Ge-

---

[1]) Nach **Wurzbach's** biogr. Lexikon für das Kaiserthum Oesterreich 5. Th., S. 3 wurde Joachim **Füger** in Wien geboren 1772 und starb 14. Jänner 1833.

richts-Organisation in Siebenbürgen 1852 Vice-Präsident des k. k. Ober-Landes-Gerichts für Siebenbürgen, auch Curator der k. k. Rechtsakademie in Hermannstadt und leitete als Prüfungs-Commissions-Vorsteher die Richter-Amts- und Advokaten-Prüfungen in diesem Lande. Nach Auflösung der k. k. Gerichtsbehörden im Jahre 1861 kam er als Hofrath zu dem k. k. obersten Gerichtshof in Wien und von da als Vicepräsident zum k. k. Ober-Landesgericht in Lemberg. Gegenwärtig lebt er im Ruhestand in Hermannstadt.

1. Das alte und neue Privatrecht in Ungarn, Siebenbürgen, Slavonien, Serbien und dem temescher Banat, bezüglich seiner Fortdauer und Rückwirkung, dargestellt von Maximilian Füger von Rechtborn, Vice-Präsident des k. k. siebenbürgischen Ober-Landes-Gerichts, Ritter des kaisl. österr. Leopold-Ordens, Curator der k. k. Hermannstädter Rechts-Akademie, Präses der Staatsprüfungs-Commission. Hermannstadt, Druck und Verlag von Theodor Steinhaußen 1858. 8-vo. X. 404 S.

2. Beiträge zur Reform des gerichtlichen Verfahrens in dem österreichischen Kaiserstaate. Hermannstadt, Buchhandlung S. Filtsch 1859. 8-vo. VI. 299 S.

(Handelt von dem Strafgesetze ddto. 27. Mai 1852 von der Straf- und Civil-Jurisdictions-Norm, Grundbüchern, Bagatell-Processen, Einführung der Friedensrichter und Grundsätzen einer allgemeinen Civil-Proceß-Ordnung.)

3. Das Erbrecht nach dem österreichischen allgemeinen bürgerl. Gesetzbuch systematisch dargestellt und mit den früheren Landes-Gesetzen in Siebenbürgen, verglichen von Dr. Max. F. v. R. 2c.

1. Theil. Das Erb- und Testirungs-Recht. Hermannstadt 1860. Druck von Theodor Steinhaußen. 8-vo. II. 166 S.

2. Theil. Förmlichkeiten und Auslegungen der Erklärungen des letzten Willens. Ebendas. 1860. IV. 322 S.

3. Theil. Gesetzliche Erbfolge. Erbfolge in dem Pflichttheil. Anwendbarkeit der früheren Landes-Gesetze. Verlassenschafts-Abhandlungen. Ebendas. X. 334 S.

(Ist auch in ungarischer Sprache erschienen.)

4. Ueber die Wiederherstellung des bestandenen ungarischen Privatrechtes. Ein civilistischer Beitrag zur Erörterung einer der belangreichsten Fragen für den bevorstehenden Landtag. Hermannstadt 1861, Druck und Verlag von Th. Steinhaußen. 8-vo. 113 S.

5. Der Beweis durch Eide im Civilprozesse nach allgemeinen Grundsätzen der Beweistheorie mit Erläuterung der diesfälligen Bestimmungen der Gerichtsordnungen Oesterreichs dargestellt, gr. 8. Wien
1865. Lechner.
6. Systematische Darstellung der Rechtswirkungen der Einträge in die
öffentlichen Bücher, nach den Grundsätzen des österr. allg. bürgerl.
Gesetzbuches, gr. 8. Ebendas. 1865.

Funk Andreas,

Tr.

aus Hermannstadt, studirte an der Universität in Jena 1747 ꝛc., wurde
als Mittwochprediger zu Hermannstadt, Pfarrer in Neppendorf 17. Juni
1764, darauf Pfarrer in Birthelm und Superintendent 1. Juli 1778,
und starb am 23. Dezember 1791, alt 65 Jahre.

Er arbeitete „mit thätigem Eifer" (s. Quartal=Schrift II. 35) an
einer verbesserten Liturgie für seine Siebenbürger Glaubensgenossen, ohne
das Zustandekommen derselben zu erleben.
1. Maria Theresia die Große, dies= und jenseits des Grabes. Trauer-
rede, gehalten am 7. Januar 1781.
    (In der B. Sam. Bruckenthalischen Bibliothek unter den
    Handschriften Nr. XLVII.)
2. Rede über Römer 11 bei der zu Birthelm im Jahr 1789 den 12.
Oktober an dem Wohledlen und Wohlgelahrten Herrn Martin Kuhn,
vormaligen ansehnlichen jüdischen Rabbiner, vollzogenen öffentlichen
Tauf=Feierlichkeit, gehalten und auf besondere Veranlassung herausgegeben von A. F. S. der A. C. B. in S. und Pfarrer in B.,
Hermannstadt bei Mühlsteffen. 8-ro. 23 S.

Furmann Johann,

Tr.

von Bistritz gebürtig, studirte in Wittenberg und Jena 1690 ꝛc., wurde
Pfarrer in Wallendorf 1707, in Senndorf 1710, in Skt. Georgen 1714,
in Mettersdorf 1717 und starb 1720.
1. De Daemonologia recentiorum Auctorum falsa, praes. Nathan. Falk
    d. 1. Octobr. 1692. Witeb. 4. 32 S.
2. Subjectum Philosophiae moralis, generali triade positionum expo-
    situm. Praeside Joh. Deutschmann 1690, Witteb. 4.

Tr. **Fuß Carl,**

evangelischer Stadtpfarrer in Hermannstadt, — wo er am 29. Oktober 1817 geboren wurde, — sowie Mitglied des zoologisch-botanischen Vereins in Wien, des Ausschusses des Vereins für siebenbürgische Landeskunde, des siebenbürgischen Vereins für Naturwissenschaften zu Hermannstadt, des Stettiner entomologischen Vereins, correspondirendes Mitglied des zoologischen Vereins zu Regensburg, der naturwissenschaftlichen Gesellschaft zu Halle ein Sohn des Hermannstädter Capitels-Dechanten und Pfarrers zu Großscheuern Christian Fuß, studirte am Gymnasium zu Hermannstadt und vom Jahre 1835—1837 an der Universität zu Berlin. Als akademischer Lehrer an diesem Gymnasium war er zugleich Schriftführer der Bezirkskirchen-Gemeinde und des Bezirks-Consistoriums in Hermannstadt und einige Zeit hindurch des Vereins für siebenbürgische Landeskunde, — wurde Conrector an Stelle des zum Rector erwählten Gottfried Capesius in Hermannstadt, 1861 den 1. Dezember, sofort zum Pfarrer in Holzmengen berufen am 30. Dezember 1865, und am 26. August 1866 zum Stadtpfarrer in Hermannstadt gewählt.

1. Mehrere Aufsätze in den Verhandlungen und Mittheilungen des siebenbürgischen Vereins für Naturwissenschaften und in dem Archiv des Vereins für siebenbürgische Landeskunde.

2. Die Käfer Siebenbürgens, beschrieben von K. F. (In dem **Programm** des Gymnasiums A. C. zu Hermannstadt ꝛc. für 1856/7, veröffentlicht vom Director Jos. **Schneider.** Hermannstadt 4. Seite 3—36.

   Der Verfasser erklärt im Eingange: „Bezüglich dieser Abhandlung sieht sich der Verfasser zu der Bemerkung veranlaßt, daß sie als der Anfang einer umfassenden und für einen andern Zweck abgefaßten Arbeit hier nun die durch das Ausbleiben der zugesagten Abhandlung entstandene Lücke ausfüllen will."

3. Fortsetzung der Arbeit: „Die Käfer Siebenbürgens", beschrieben von K. F. (In dem **Programm** des Gymnasiums A. C. zu Hermannstadt ꝛc. für 1857/8, veröffentlicht vom Director J. **Schneider,** Hermannstadt 4. S. 3—65.)

4. Erster Jahresbericht der evangelischen Gemeinde A. B. zu Hermannstadt über das Jahr 1866. Im Namen des Presbyteriums veröffentlicht vom Stadtpfarrer der Gemeinde. Hermannstadt 1867. Gedruckt bei S. Filtsch. 8-vo. 30 S.

Fuß Christian,

Tr.

geboren in Groß-Scheuern, Hermannstädter Stuhls, im Jahr 1788. Als Prediger in Hermannstadt erhielt er den Beruf zum Pfarrer in Holzmengen 1830 10. Februar, dann in Neudorf 1836 21. September und endlich nach Großscheuern 1849 im Mai, wo er als Probechant des Hermannstädter Kapitels am 14. April 1861 im 73. Jahre sein Leben beschloß.

Numophylacii Gymn. Cib. A. C. add. Descriptio Fasciculi II. Pars 2. Cibinii, Hochmeister. 1817. 4-to. 35 S.

Fuß Michael,

Tr.

Sohn des Neudorfer, dann Großscheuerner Pfarrers Christian Fuß, geboren am 5. Oktober 1814, studirte in Hermannstadt und im Jahre 1832—1834 an der protest. theol. Lehr-Anstalt in Wien, ward ordentliches Mitglied des zoologisch mineralogischen Vereins zu Regensburg am 4. Jänner 1848, Lehrer und vom Jahre 1854 an Conrector am Hermannstädter evang. Gymnasium, Ehrenmitglied der Polichia, Mitglied des zoologisch-botanischen Vereins in Wien, sowie Ausschußmitglied des Vereins für siebenbürgische Landeskunde und des siebenbürgischen Vereins für Naturwissenschaften zu Hermannstadt. Er wurde am 30. Mai 1861 zum Pfarrer in Gierelsau gewählt.

Außer mehreren Beiträgen zu den Verhandlungen und Mittheilungen des siebenbürgischen Vereins für Naturwissenschaften hat man von ihm:

1. Lehrbuch der Natur-Geschichte als Leitfaden bei Vorlesungen an Gymnasien. 2. Heft Botanik. Hermannstadt, im Verlag des ev. Gymnasiums. Gedruckt bei Georg v. Closius. 1840. 8-vo. 99 S.

Angefangen von J. Ludw. Neugeboren und vollendet durch Fuß.

2. Lehrbuch der Naturgeschichte, als Leitfaden bei Vorlesungen an Gymnasien, mit besonderer Berücksichtigung Siebenbürgens ausgearbeitet. 3. Heft Zoologie. Ebendas. 1845. II. 227 S.

In der Vorrede erklärt Fuß, daß durch Neugeborens Versetzung in ein anderes Amt, ihm, als Lehrer der Naturgeschichte am Hermannstädter Gymnasium, die Fortsetzung dieses Werkes zu Theil geworden sei, welches er bescheiden, blos für einen, für Siebenbürgische Verhältnisse und für den Zweck des Vortrags der Naturgeschichte auf Gymnasien überhaupt genügenden Auszug aus **Lennis Synopsis** ꝛc. 1. Theil, Zoologie erklärt.

3. Enumeratio Stirpium Magno Transsilvaniae Principatui praeprimis indigenarum in usum nostratum Botanophilorum conscripta, in que ordinem sexuali-naturalem concinnata auctore Joh. Christ. Gottlob *Baumgarten* Phil. et Med. Doctore Soc. Linn. Lipsiensis Sodali. *Tomus Quartus.* Classis XXI. Cryptogamarum Sect. I—III exhibens. Cibinii typis haeredum M. nobilis de Hochmeister (Theod' Steinhaussen) 1846. 8-vo. Proemium (von Baumgarten geschrieben Schaesburgi ipsis Calendis Maji 1840) S. III und IV und 236 Seiten. Darauf folgt:

Indices ad J. C. G. Baumgarten Enumerationem Stirpium Transsilvanicarum, curante *Michaele Fuss*, Professore Gymn. Cibin. A. C. A. Cibinii typis haeredum M. nobilis de Hochmeister (Theod. Steinhaussen). Ohne Angabe des Jahres, jedoch ebenfalls 1846 gedruckt. 8-vo. 112 S. (und zwar S. 3—89: Index generum, specierum et synonymorum latinorum; S. 90—101: Index generum germanicorum; und S. 102—112: Index generum hungaricorum).

Die Redaction dieses 4. Theils der noch durch Baumgarten ausgearbeitet und in Handschrift hinterlassenen Cryptogamen, nebst dem Index zu den 4 Bänden des ganzen Baumgartenischen Werkes und der Mantissa Plantarum phanerogamarum übertrug der Verein für siebenbürgische Landeskunde im Jahre 1844 dem Vereins-Ausschußmitgliede Mich. Fuß, nachdem mit Dr. Baumgartens Erben das Uebereinkommen getroffen worden war, den Druck des 4. Bandes auf Kosten des Vereins in der Art zu übernehmen, daß der nach Ersatz der Druckkosten sich herausstellende Gewinn den Erben Baumgartens zukommen sollte. Die Vollendung des Drucks und Herausgabe wurde durch die Revolution 1848/9 unterbrochen, und erfolgte erst im Jahre 1860. Nichtsdestoweniger steht auf dem Titelblatt das Jahr 1846.

S. Protokoll des Vereins für siebenbürgische Landeskunde S. 42, 57, 173, 210.

In Adolph Schmidls österr. Blättern für Literatur, Kunst ꝛc. Jahrgang 1847 Nr. 219 steht ein von Fuß in der Versammlung der Freunde der Natur-Wissenschaften in Wien am 3. September 1847 gehaltenen Vortrag über den Inhalt des 4. Bandes dieser *Flora Transsilvanica.*

4. Bericht über den Stand der Kenntniß der Phanerogamen Flora

Siebenbürgens mit dem Schlusse des Jahres 1853. (Im Programm des Gymnasium zu Hermannstadt für 1853/4, S. 3—31[1])

5. Auszug aus dem Berichte über eine im Auftrage Sr. Durchlaucht Carl Fürsten zu Schwarzenberg, Gouverneur von Siebenbürgen, k. k. Feldzeugmeister, Kommandanten des 12. Armee-Corps, Ritter des goldenen Vließes 2c., vom 5. Juli bis 15. August 1853 unternommene botanische Rundreise durch Siebenbürgen von Dr. Ferdinand Schur, auf Anordnung der k. k. siebenbürg. Statthalterei, redigirt von M. F. Hermannstadt, gedruckt in der Georg von Klosiusischen Buchdruckerei. 1859. 8-vo. 143 S.

(Erschien in den Verhandlungen und Mittheilungen des siebenbürgischen Vereins für Naturwissenschaften. Jahrgang X. 1859.)

6. Flora Transsilvaniae excursoria auctore M. F. Munificentia Societatis pro illustranda Transsilvaniae cognitione et Ex. D. Archi-Episcopi Dr. L. Haynald edidit Societas naturae Curiosorum Transsilvanica Cibiniensis. Cibinii 1866, typis haeredum Georgii de Closius. 8-vo. Praefatio V. S. Florae Familiarum Conspectus S. 1—6. Text des Werkes S. 7—774. Index specierum et synonymorum (alphabeticus) S. 777—863.

Von dem Verfasser den Manen seines Vaters Christian Fuß zugeeignet.

---

[1] In Hornyansky's protestantischen Jahrbüchern für Oesterreich, Pest 1854 S. 447 wird darüber gesagt: „Das Programm beginnt mit einem höchst interessanten, mit Fleiß und Umsicht verfaßten Bericht über den Stand der Phanerogamen Flora Siebenbürgens mit dem Schlusse des Jahres 1853 von Mich. Fuß. Der rühmlich bekannte Gelehrte stellte sich die Aufgabe, dasjenige, was seit dem Erscheinen des Baumgartenischen Werkes (1816) auf dem Gebiete der siebenbürgischen Flora geschehen, und sich in verschiedenen Zeitschriften und einzelnen, zwar selbstständigen, aber wenig zur allgemeinen Kenntniß gelangten Werken zerstreut vorfindet, möglichst genau und vollständig zusammenzustellen, und so eine übersichtliche Darstellung von dem Stande zu geben, auf welchem sich die Kenntniß der Phanerogamen Siebenbürgens mit dem Schlusse des Jahres 1853 befindet. Der Aufsatz zerfällt in 2 Abtheilungen, von denen die erste sich mit Berichtigung Baumgartenischer Angaben beschäftigt, die zweite aber eine Aufzählung der seit 1816 in Siebenbürgen angegebenen Pflanzen nach natürlichen Familien, wie sie in Reichenbach's Herbarienbuch aufgestellt sind, enthält. Eine tabellarische Zusammenstellung am Schlusse enthält die Anzahl der Arten einer Familie bei Baumgarten, die Artenzahl nach dem jetzigen Stande und die Verhältnißzahl der Familie zur ganzen Flora."

Ende des ersten Bandes.